法研法典书

民诉小全书

刘哲玮 | 编

CIVIL PROCEDURAL LAW

北京大学出版社
PEKING UNIVERSITY PRESS

图书在版编目(CIP)数据

民诉小全书/刘哲玮编.—北京:北京大学出版社,2020.9
ISBN 978-7-301-31579-8

Ⅰ.①民… Ⅱ.①刘… Ⅲ.①民事诉讼法—基本知识—中国 Ⅳ.①D925.1

中国版本图书馆CIP数据核字(2020)第166407号

书　　　名	民诉小全书 MINSU XIAOQUANSHU	
著作责任者	刘哲玮　编	
责任编辑	郭薇薇	
标准书号	ISBN 978-7-301-31579-8	
出版发行	北京大学出版社	
地　　　址	北京市海淀区成府路205号　100871	
网　　　址	http://www.pup.cn	
电子信箱	law@pup.pku.edu.cn	
新浪微博	@北京大学出版社　@北大出版社法律图书	
电　　　话	邮购部 010-62752015　发行部 010-62750672 编辑部 010-62752027	
印　刷　者	北京宏伟双华印刷有限公司	
经　销　者	新华书店	
	880毫米×1230毫米　32开本　17.25印张　669千字 2020年9月第1版　2020年9月第1次印刷	
定　　　价	40.00元	

未经许可,不得以任何方式复制或抄袭本书之部分或全部内容。
版权所有,侵权必究
举报电话:010-62752024　电子信箱:fd@pup.pku.edu.cn
图书如有印装质量问题,请与出版部联系,电话:010-62756370

编写说明

这是一本编者拟自用的法条汇编书。同时,也可供法科学生学习法律,以及从事争议解决的法官、律师、仲裁员和企业法务人员查阅法律使用。

在收录对象上,本书力争收录在中国从事争议解决工作所需的与民事诉讼法、仲裁法相关的各类法条,但为了平衡篇幅,在具体收录时按以下标准进行取舍:**(1) 失效的法条一律不收录**。本书只收录现行有效的法条,对于经过修订的法条,也只保留其最终的有效版本。**(2) 内容重复的法条只收录一次,并且原则上以一般法和新法优先**。一些单行性的司法文件,由于其内容已经被其他法条吸收,本书不再收录。**(3) 太过地域化和行业化的法条不收录**。一些只针对某一类特殊行业或者某一个地域才适用的法条,由于适用范围太窄,本书不再收录。在涉外民事诉讼部分,我国存在港澳台三个地区的区际司法协助,同一性质的文件,往往存在三个安排。从实务的角度看,由于香港地区的业务量明显高于其他地区,因此本书只收录了与香港地区的各种区际司法协助安排。**(4) 只涉及法院系统内部操作的法条基本不收录**。最高人民法院出台的各类与民事诉讼相关的文件中,有大量涉及人民法院内部的操作规范。从受众来说也仅仅针对法院干警,而与广大法学研究者和律师基本无关,本书基本不收录此类法条。**(5) 已被《民法小全书》收录的法条,本书不再收录**。作为系列书,本书可与《民法小全书》配合使用,从而实现实体法与程序法的结合,因此重复的法条不再收录。

在编排体例上,本书采取与《民法小全书》类似的编排:(1) **横向上根据法条的效力层级分为三个板块**,分别对应**法典**(《民事诉讼法》和《仲裁法》)、**法规和解释**(行政法规、两高司法解释)、**文件**(两高和仲裁机构的其他文件),以罗马数字Ⅰ、Ⅱ、Ⅲ编号。(2) **纵向上根据法典的体系结构,按照总则、审判程序、执行程序、涉外民诉程序和仲裁程序的顺序分为五编**,分别以 A、B、C、D、E 编号,在每编之下,又可能根据具体内容再做细分,例如审判程序中区分为诉讼程序(B1)、救济程序(B2)、公益诉讼程序(B3)、非讼程序(B4)。因此,《最高人民法院关于人民法院登记立案若干问题的规定》层级属于司法解释,内容属于审判程序中的诉讼程序的立案环节,其对应编号就为 Ⅱ.B1-1。

在具体内容上,完全按照全国人大、两高公报和仲裁机构官网所列条文的原貌收录,未再做任何改动。编者原希望从美观上,统一全书条款序列号的符号(两高的一些文件未使用第×条的表述,而是直接用阿拉伯数字),但最终为了体现对法条的尊重,依然放弃直接在正文中修改的做法,只在页眉处作出标志。

在检索技巧上,编者根据自己从事教学研究和实务工作的体会,筛选了两百余个对于理解中国民事诉讼较为重要的关键词,放置在本书最后作为索引。希望在不改变法条原貌的前提下,体现编者对于中国民诉法条核心内容的认识。

法律需要稳定,但也会一直发展。未来编者还会根据我国民事诉讼立法和司法的修订变化,结合自己的民诉教学和实务,持续更新、完善本书的编写。而本书是否真的方便实用,更有待读者诸君的检验和建议。

目录 CONTENTS

I. 法 典

中华人民共和国民事诉讼法 / 3

A 第一编 总 则

第一章　任务、适用范围和基本原则 / 3
第二章　管辖 / 4
第三章　审判组织 / 6
第四章　回避 / 7
第五章　诉讼参加人 / 7
第六章　证据 / 9
第七章　期间、送达 / 11
第八章　调解 / 13
第九章　保全和先予执行 / 13
第十章　对妨害民事诉讼的强制措施 / 14
第十一章　诉讼费用 / 16

B 第二编 审判程序

第十二章　第一审普通程序 / 17
第十三章　简易程序 / 22
第十四章　第二审程序 / 22
第十五章　特别程序 / 24
第十六章　审判监督程序 / 26
第十七章　督促程序 / 28
第十八章　公示催告程序 / 29

民诉小全书

C 第三编 执行程序	第十九章	一般规定 / 30
	第二十章	执行的申请和移送 / 31
	第二十一章	执行措施 / 32
	第二十二章	执行中止和终结 / 34
D 第四编 涉外民事诉讼 程序的特别规定	第二十三章	一般原则 / 35
	第二十四章	管辖 / 35
	第二十五章	送达、期间 / 35
	第二十六章	仲裁 / 36
	第二十七章	司法协助 / 37

中华人民共和国仲裁法 / 39

第一章	总则 / 39
第二章	仲裁委员会和仲裁协会 / 39
第三章	仲裁协议 / 40
第四章	仲裁程序 / 41
第五章	申请撤销裁决 / 44
第六章	执行 / 45
第七章	涉外仲裁的特别规定 / 45
第八章	附则 / 46

II. 法规、解释

总　则

通则

A1-1　繁简分流试点决定（2019） / 49
A1-2　民诉解释（2015） / 50
A1-3　互联网法院规定（2018） / 112

诉讼主体

A2-1　级别管辖异议规定（2010） / 117
A2-2　军事法院管辖规定（2012） / 118
A2-3　合议庭规定（2002） / 119
A2-4　合议庭规定二（2010） / 122

A2-5 回避规定（2011）／124
A2-6 证券代表人诉讼（2020）／126
A2-7 代理人阅卷规定（2002）／132

证据

A3-1 证据规定（2020）／133
A3-2 公证规定（2014）／147
A3-3 委托鉴定规定（2002）／148
A3-4 技术调查官规定（2019）／150

辅助制度

A4-1 邮寄送达规定（2005）／151
A4-2 无法送达批复（2004）／153
A4-3 财产保全规定（2016）／154
A4-4 行为保全规定（2019）／158
A4-5 人身保护令批复（2016）／161
A4-6 诉讼费用交纳办法（2007）／162
A4-7 庭审录音录像规定（2017）／170
A4-8 流程公开规定（2018）／172
A4-9 文书公开规定（2016）／174

调解制度

A5-1 法院调解规定（2004）／177
A5-2 特邀调解规定（2016）／180

诉讼程序

B1-1 登记立案规定（2015）／184
B1-2 法庭规则（2016）／187
B1-3 民刑交叉规定（1998）／190
B1-4 延长审限规定（2019）／192
B1-5 审限规定（2000）／193
B1-6 简易程序规定（2003）／197

救济程序与检察监督

B2-1 再审解释（2008）／202
B2-2 重审再审规定（2015）／207
B2-3 检察监督规则（2013）／209

B 审判程序

公益诉讼程序

B3-1 环境公益诉讼解释（2015） / 225
B3-2 消费公益诉讼解释（2016） / 229
B3-3 检察公益诉讼试点办法（2016） / 231
B3-4 两高检察公益诉讼解释（2018） / 238
B3-5 生态赔偿规定（2019） / 241

非讼程序

B4-1 司法确认规定（2011） / 245
B4-2 督促程序规定（2001） / 246

C 执行程序

C1 执行解释（2009） / 248
C2 执行规定（1998） / 252
C3 执行异议规定（2015） / 266
C4 委托执行规定（2011） / 272
C5 执行和解规定（2018） / 274
C6 执行担保规定（2018） / 277
C7 强执公证规定（2018） / 278
C8 财产调查规定（2017） / 281
C9 查扣冻规定（2005） / 285
C10 拍卖变卖规定（2005） / 290
C11 委托评估拍卖规定（2012） / 295
C12 处置定价规定（2018） / 296
C13 首封法院与优先债权批复（2016） / 302
C14 网络法拍规定（2017） / 303
C15 执行抵押房屋规定（2005） / 309
C16 网络执行存款规定（2013） / 310
C17 迟延利息解释（2014） / 311
C18 变更追加执行人规定（2016） / 312
C19 限高规定（2015） / 317
C20 失信规定（2017） / 318

D 涉外民诉

D1 涉外管辖规定（2002） / 322
D2 司法协助规定（2013） / 323
D3 涉外送达规定（2006） / 324
D4 与香港送达安排（1999） / 326
D5 港澳送达规定（2009） / 327

	D6	与香港委托取证安排（2017） / 329
	D7	与香港执行民商事判决安排（2019） / 331
	D8	与香港执行协议管辖判决安排（2008） / 336
	D9	与香港执行家事判决安排（2017） / 339

	E1	仲裁解释（2006） / 344
	E2	仲裁司法审查规定（2018） / 347
E	E3	仲裁执行规定（2018） / 350
	E4	仲裁报核规定（2018） / 354
仲　裁	E5	先予仲裁批复（2018） / 356
	E6	与香港仲裁互助保全安排（2019） / 357
	E7	与香港执行仲裁安排（2000） / 359

Ⅲ. 规范类文件

	A1	繁简分流试点办法（2020） / 365
	A2	司法责任制意见（2015） / 370
	A3	法官行为规范（2010） / 378
	A4	裁判文书制作规范（2016） / 391
A	A5	立审执意见（2018） / 402
	A6-1	级别管辖通知（2015） / 406
总　则	A6-2	级别管辖通知（2018） / 407
	A6-3	级别管辖通知（2019） / 408
	A7	送达意见（2017） / 409
	A8	委托鉴定评估拍卖规定（2007） / 411

	B1	民事案由规定（2011） / 419
B	B2	防范虚假诉讼意见（2016） / 432
审判程序	B3	审理公益诉讼实施办法（2016） / 434
	B4	再审立案意见（2002） / 437

	C1	规范执行通知（2018） / 440
C	C2	执行立案结案意见（2014） / 442
执行程序	C3	执行款物规定（2017） / 449
	C4	执转破意见（2017） / 453

	C5	终本规定（2016） / 456
	C6	执行检察监督规定（2017） / 459
	C7	执行信访意见（2016） / 461
	C8	制裁规避执行意见（2011） / 465

D

涉外民诉

D1	涉外级别管辖通知（2018） / 469

E

仲 裁

E1	贸仲规则（2015） / 471
E2	北仲规则（2019） / 489
E3	深国仲规则（2019） / 506

附 录

附录一 最新民诉法律规范 / 527
附录二 民事诉讼法修订历程 / 527

索 引 / 529

后记：认真对待民诉法条 / 538

I・法典

中华人民共和国民事诉讼法

(1991年4月9日第七届全国人民代表大会第四次会议通过并施行，2007年10月28日第十届全国人民代表大会常务委员会第三十次会议第一次修正，2012年8月31日第十一届全国人民代表大会常务委员会第二十八次会议第二次修正，2017年6月27日第十二届全国人民代表大会常务委员会第二十八次会议第三次修正)

第一编 总 则

第一章 任务、适用范围和基本原则

第一条 中华人民共和国民事诉讼法以宪法为根据，结合我国民事审判工作的经验和实际情况制定。

第二条 中华人民共和国民事诉讼法的任务，是保护当事人行使诉讼权利，保证人民法院查明事实，分清是非，正确适用法律，及时审理民事案件，确认民事权利义务关系，制裁民事违法行为，保护当事人的合法权益，教育公民自觉遵守法律，维护社会秩序、经济秩序，保障社会主义建设事业顺利进行。

第三条 人民法院受理公民之间、法人之间、其他组织之间以及他们相互之间因财产关系和人身关系提起的民事诉讼，适用本法的规定。

第四条 凡在中华人民共和国领域内进行民事诉讼，必须遵守本法。

第五条 外国人、无国籍人、外国企业和组织在人民法院起诉、应诉，同中华人民共和国公民、法人和其他组织有同等的诉讼权利义务。

外国法院对中华人民共和国公民、法人和其他组织的民事诉讼权利加以限制的，中华人民共和国人民法院对该国公民、企业和组织的民事诉讼权利，实行对等原则。

第六条 民事案件的审判权由人民法院行使。

人民法院依照法律规定对民事案件独立进行审判，不受行政机关、社会团体和个人的干涉。

第七条 人民法院审理民事案件，必须以事实为根据，以法律为准绳。

第八条 民事诉讼当事人有平等的诉讼权利。人民法院审理民事案件，应当保障和便利当事人行使诉讼权利，对当事人在适用法律上一律平等。

第九条 人民法院审理民事案件，应当根据自愿和合法的原则进行调解；调解

不成的,应当及时判决。

第十条 人民法院审理民事案件,依照法律规定实行合议、回避、公开审判和两审终审制度。

第十一条 各民族公民都有用本民族语言、文字进行民事诉讼的权利。

在少数民族聚居或者多民族共同居住的地区,人民法院应当用当地民族通用的语言、文字进行审理和发布法律文书。

人民法院应当对不通晓当地民族通用的语言、文字的诉讼参与人提供翻译。

第十二条 人民法院审理民事案件时,当事人有权进行辩论。

第十三条 民事诉讼应当遵循诚实信用原则。

当事人有权在法律规定的范围内处分自己的民事权利和诉讼权利。

第十四条 人民检察院有权对民事诉讼实行法律监督。

第十五条 机关、社会团体、企业事业单位对损害国家、集体或者个人民事权益的行为,可以支持受损害的单位或者个人向人民法院起诉。

第十六条 民族自治地方的人民代表大会根据宪法和本法的原则,结合当地民族的具体情况,可以制定变通或者补充的规定。自治区的规定,报全国人民代表大会常务委员会批准。自治州、自治县的规定,报省或者自治区的人民代表大会常务委员会批准,并报全国人民代表大会常务委员会备案。

第二章 管 辖

第一节 级别管辖

第十七条 基层人民法院管辖第一审民事案件,但本法另有规定的除外。

第十八条 中级人民法院管辖下列第一审民事案件:

(一)重大涉外案件;

(二)在本辖区有重大影响的案件;

(三)最高人民法院确定由中级人民法院管辖的案件。

第十九条 高级人民法院管辖在本辖区有重大影响的第一审民事案件。

第二十条 最高人民法院管辖下列第一审民事案件:

(一)在全国有重大影响的案件;

(二)认为应当由本院审理的案件。

第二节 地域管辖

第二十一条 对公民提起的民事诉讼,由被告住所地人民法院管辖;被告住所地与经常居住地不一致的,由经常居住地人民法院管辖。

对法人或者其他组织提起的民事诉讼,由被告住所地人民法院管辖。

同一诉讼的几个被告住所地、经常居住地在两个以上人民法院辖区的,各该人民法院都有管辖权。

第二十二条 下列民事诉讼,由原告住所地人民法院管辖;原告住所地与经常居住地不一致的,由原告经常居住地人民法院管辖:
(一) 对不在中华人民共和国领域内居住的人提起的有关身份关系的诉讼;
(二) 对下落不明或者宣告失踪的人提起的有关身份关系的诉讼;
(三) 对被采取强制性教育措施的人提起的诉讼;
(四) 对被监禁的人提起的诉讼。

第二十三条 因合同纠纷提起的诉讼,由被告住所地或者合同履行地人民法院管辖。

第二十四条 因保险合同纠纷提起的诉讼,由被告住所地或者保险标的物所在地人民法院管辖。

第二十五条 因票据纠纷提起的诉讼,由票据支付地或者被告住所地人民法院管辖。

第二十六条 因公司设立、确认股东资格、分配利润、解散等纠纷提起的诉讼,由公司住所地人民法院管辖。

第二十七条 因铁路、公路、水上、航空运输和联合运输合同纠纷提起的诉讼,由运输始发地、目的地或者被告住所地人民法院管辖。

第二十八条 因侵权行为提起的诉讼,由侵权行为地或者被告住所地人民法院管辖。

第二十九条 因铁路、公路、水上和航空事故请求损害赔偿提起的诉讼,由事故发生地或者车辆、船舶最先到达地、航空器最先降落地或者被告住所地人民法院管辖。

第三十条 因船舶碰撞或者其他海事损害事故请求损害赔偿提起的诉讼,由碰撞发生地、碰撞船舶最先到达地、加害船舶被扣留地或者被告住所地人民法院管辖。

第三十一条 因海难救助费用提起的诉讼,由救助地或者被救助船舶最先到达地人民法院管辖。

第三十二条 因共同海损提起的诉讼,由船舶最先到达地、共同海损理算地或者航程终止地的人民法院管辖。

第三十三条 下列案件,由本条规定的人民法院专属管辖:
(一) 因不动产纠纷提起的诉讼,由不动产所在地人民法院管辖;
(二) 因港口作业中发生纠纷提起的诉讼,由港口所在地人民法院管辖;
(三) 因继承遗产纠纷提起的诉讼,由被继承人死亡时住所地或者主要遗产所在地人民法院管辖。

第三十四条 合同或者其他财产权益纠纷的当事人可以书面协议选择被告住所地、合同履行地、合同签订地、原告住所地、标的物所在地等与争议有实际联系的地点的人民法院管辖,但不得违反本法对级别管辖和专属管辖的规定。

第三十五条 两个以上人民法院都有管辖权的诉讼,原告可以向其中一个人民法院起诉;原告向两个以上有管辖权的人民法院起诉的,由最先立案的人民法院管辖。

第三节 移送管辖和指定管辖

第三十六条 人民法院发现受理的案件不属于本院管辖的,应当移送有管辖权的人民法院,受移送的人民法院应当受理。受移送的人民法院认为受移送的案件依照规定不属于本院管辖的,应当报请上级人民法院指定管辖,不得再自行移送。

第三十七条 有管辖权的人民法院由于特殊原因,不能行使管辖权的,由上级人民法院指定管辖。

人民法院之间因管辖权发生争议,由争议双方协商解决;协商解决不了的,报请它们的共同上级人民法院指定管辖。

第三十八条 上级人民法院有权审理下级人民法院管辖的第一审民事案件;确有必要将本院管辖的第一审民事案件交下级人民法院审理的,应当报请其上级人民法院批准。

下级人民法院对它所管辖的第一审民事案件,认为需要由上级人民法院审理的,可以报请上级人民法院审理。

第三章 审判组织

第三十九条 人民法院审理第一审民事案件,由审判员、陪审员共同组成合议庭或者由审判员组成合议庭。合议庭的成员人数,必须是单数。

适用简易程序审理的民事案件,由审判员一人独任审理。

陪审员在执行陪审职务时,与审判员有同等的权利义务。

第四十条 人民法院审理第二审民事案件,由审判员组成合议庭。合议庭的成员人数,必须是单数。

发回重审的案件,原审人民法院应当按照第一审程序另行组成合议庭。

审理再审案件,原来是第一审的,按照第一审程序另行组成合议庭;原来是第二审的或者是上级人民法院提审的,按照第二审程序另行组成合议庭。

第四十一条 合议庭的审判长由院长或者庭长指定审判员一人担任;院长或者庭长参加审判的,由院长或者庭长担任。

第四十二条 合议庭评议案件,实行少数服从多数的原则。评议应当制作笔录,由合议庭成员签名。评议中的不同意见,必须如实记入笔录。

第四十三条 审判人员应当依法秉公办案。

审判人员不得接受当事人及其诉讼代理人请客送礼。

审判人员有贪污受贿,徇私舞弊,枉法裁判行为的,应当追究法律责任;构成犯罪的,依法追究刑事责任。

第四章 回 避

第四十四条 审判人员有下列情形之一的,应当自行回避,当事人有权用口头或者书面方式申请他们回避:

(一)是本案当事人或者当事人、诉讼代理人近亲属的;

(二)与本案有利害关系的;

(三)与本案当事人、诉讼代理人有其他关系,可能影响对案件公正审理的。

审判人员接受当事人、诉讼代理人请客送礼,或者违反规定会见当事人、诉讼代理人的,当事人有权要求他们回避。

审判人员有前款规定的行为的,应当依法追究法律责任。

前三款规定,适用于书记员、翻译人员、鉴定人、勘验人。

第四十五条 当事人提出回避申请,应当说明理由,在案件开始审理时提出;回避事由在案件开始审理后知道的,也可以在法庭辩论终结前提出。

被申请回避的人员在人民法院作出是否回避的决定前,应当暂停参与本案的工作,但案件需要采取紧急措施的除外。

第四十六条 院长担任审判长时的回避,由审判委员会决定;审判人员的回避,由院长决定;其他人员的回避,由审判长决定。

第四十七条 人民法院对当事人提出的回避申请,应当在申请提出的三日内,以口头或者书面形式作出决定。申请人对决定不服的,可以在接到决定时申请复议一次。复议期间,被申请回避的人员,不停止参与本案的工作。人民法院对复议申请,应当在三日内作出复议决定,并通知复议申请人。

第五章 诉讼参加人

第一节 当事人

第四十八条 公民、法人和其他组织可以作为民事诉讼的当事人。

法人由其法定代表人进行诉讼。其他组织由其主要负责人进行诉讼。

第四十九条 当事人有权委托代理人,提出回避申请,收集、提供证据,进行辩论,请求调解,提起上诉,申请执行。

当事人可以查阅本案有关材料,并可以复制本案有关材料和法律文书。查阅、复制本案有关材料的范围和办法由最高人民法院规定。

当事人必须依法行使诉讼权利,遵守诉讼秩序,履行发生法律效力的判决书、裁定书和调解书。

第五十条 双方当事人可以自行和解。

第五十一条 原告可以放弃或者变更诉讼请求。被告可以承认或者反驳诉讼请求,有权提起反诉。

第五十二条 当事人一方或者双方为二人以上,其诉讼标的是共同的,或者诉讼标的是同一种类、人民法院认为可以合并审理并经当事人同意的,为共同诉讼。

共同诉讼的一方当事人对诉讼标的有共同权利义务的，其中一人的诉讼行为经其他共同诉讼人承认，对其他共同诉讼人发生效力；对诉讼标的没有共同权利义务的，其中一人的诉讼行为对其他共同诉讼人不发生效力。

第五十三条 当事人一方人数众多的共同诉讼，可以由当事人推选代表人进行诉讼。代表人的诉讼行为对其所代表的当事人发生效力，但代表人变更、放弃诉讼请求或者承认对方当事人的诉讼请求，进行和解，必须经被代表的当事人同意。

第五十四条 诉讼标的是同一种类、当事人一方人数众多在起诉时人数尚未确定的，人民法院可以发出公告，说明案件情况和诉讼请求，通知权利人在一定期间向人民法院登记。

向人民法院登记的权利人可以推选代表人进行诉讼；推选不出代表人的，人民法院可以与参加登记的权利人商定代表人。

代表人的诉讼行为对其所代表的当事人发生效力，但代表人变更、放弃诉讼请求或者承认对方当事人的诉讼请求，进行和解，必须经被代表的当事人同意。

人民法院作出的判决、裁定，对参加登记的全体权利人发生效力。未参加登记的权利人在诉讼时效期间提起诉讼的，适用该判决、裁定。

第五十五条 对污染环境、侵害众多消费者合法权益等损害社会公共利益的行为，法律规定的机关和有关组织可以向人民法院提起诉讼。

人民检察院在履行职责中发现破坏生态环境和资源保护、食品药品安全领域侵害众多消费者合法权益等损害社会公共利益的行为，在没有前款规定的机关和组织或者前款规定的机关和组织不提起诉讼的情况下，可以向人民法院提起诉讼。前款规定的机关或者组织提起诉讼的，人民检察院可以支持起诉。

第五十六条 对当事人双方的诉讼标的，第三人认为有独立请求权的，有权提起诉讼。

对当事人双方的诉讼标的，第三人虽然没有独立请求权，但案件处理结果同他有法律上的利害关系的，可以申请参加诉讼，或者由人民法院通知他参加诉讼。人民法院判决承担民事责任的第三人，有当事人的诉讼权利义务。

前两款规定的第三人，因不能归责于本人的事由未参加诉讼，但有证据证明发生法律效力的判决、裁定、调解书的部分或者全部内容错误，损害其民事权益的，可以自知道或者应当知道其民事权益受到损害之日起六个月内，向作出该判决、裁定、调解书的人民法院提起诉讼。人民法院经审理，诉讼请求成立的，应当改变或者撤销原判决、裁定、调解书；诉讼请求不成立的，驳回诉讼请求。

第二节　诉讼代理人

第五十七条　无诉讼行为能力人由他的监护人作为法定代理人代为诉讼。法定代理人之间互相推诿代理责任的，由人民法院指定其中一人代为诉讼。

第五十八条　当事人、法定代理人可以委托一至二人作为诉讼代理人。

下列人员可以被委托为诉讼代理人：

（一）律师、基层法律服务工作者；

（二）当事人的近亲属或者工作人员；

（三）当事人所在社区、单位以及有关社会团体推荐的公民。

第五十九条　委托他人代为诉讼，必须向人民法院提交由委托人签名或者盖章的授权委托书。

授权委托书必须记明委托事项和权限。诉讼代理人代为承认、放弃、变更诉讼请求，进行和解，提起反诉或者上诉，必须有委托人的特别授权。

侨居在国外的中华人民共和国公民从国外寄交或者托交的授权委托书，必须经中华人民共和国驻该国的使领馆证明；没有使领馆的，由与中华人民共和国有外交关系的第三国驻该国的使领馆证明，再转由中华人民共和国驻该第三国使领馆证明，或者由当地的爱国华侨团体证明。

第六十条　诉讼代理人的权限如果变更或者解除，当事人应当书面告知人民法院，并由人民法院通知对方当事人。

第六十一条　代理诉讼的律师和其他诉讼代理人有权调查收集证据，可以查阅本案有关材料。查阅本案有关材料的范围和办法由最高人民法院规定。

第六十二条　离婚案件有诉讼代理人的，本人除不能表达意思以外，仍应出庭；确因特殊情况无法出庭的，必须向人民法院提交书面意见。

第六章　证　据

第六十三条　证据包括：

（一）当事人的陈述；

（二）书证；

（三）物证；

（四）视听资料；

（五）电子数据；

（六）证人证言；

（七）鉴定意见；

（八）勘验笔录。

证据必须查证属实，才能作为认定事实的根据。

第六十四条　当事人对自己提出的主张，有责任提供证据。

当事人及其诉讼代理人因客观原因不能自行收集的证据，或者人民法院认为审理案件需要的证据，人民法院应当调查收集。

人民法院应当按照法定程序，全面地、客观地审查核实证据。

第六十五条 当事人对自己提出的主张应当及时提供证据。

人民法院根据当事人的主张和案件审理情况，确定当事人应当提供的证据及其期限。当事人在该期限内提供证据确有困难的，可以向人民法院申请延长期限，人民法院根据当事人的申请适当延长。当事人逾期提供证据的，人民法院应当责令其说明理由；拒不说明理由或者理由不成立的，人民法院根据不同情形可以不予采纳该证据，或者采纳该证据但予以训诫、罚款。

第六十六条 人民法院收到当事人提交的证据材料，应当出具收据，写明证据名称、页数、份数、原件或者复印件以及收到时间等，并由经办人员签名或者盖章。

第六十七条 人民法院有权向有关单位和个人调查取证，有关单位和个人不得拒绝。

人民法院对有关单位和个人提出的证明文书，应当辨别真伪，审查确定其效力。

第六十八条 证据应当在法庭上出示，并由当事人互相质证。对涉及国家秘密、商业秘密和个人隐私的证据应当保密，需要在法庭出示的，不得在公开开庭时出示。

第六十九条 经过法定程序公证证明的法律事实和文书，人民法院应当作为认定事实的根据，但有相反证据足以推翻公证证明的除外。

第七十条 书证应当提交原件。物证应当提交原物。提交原件或者原物确有困难的，可以提交复制品、照片、副本、节录本。

提交外文书证，必须附有中文译本。

第七十一条 人民法院对视听资料，应当辨别真伪，并结合本案的其他证据，审查确定能否作为认定事实的根据。

第七十二条 凡是知道案件情况的单位和个人，都有义务出庭作证。有关单位的负责人应当支持证人作证。

不能正确表达意思的人，不能作证。

第七十三条 经人民法院通知，证人应当出庭作证。有下列情形之一的，经人民法院许可，可以通过书面证言、视听传输技术或者视听资料等方式作证：

（一）因健康原因不能出庭的；

（二）因路途遥远，交通不便不能出庭的；

（三）因自然灾害等不可抗力不能出庭的；

（四）其他有正当理由不能出庭的。

第七十四条 证人因履行出庭作证义务而支出的交通、住宿、就餐等必要费用以及误工损失，由败诉一方当事人负担。当事人申请证人作证的，由该当事人先行垫付；当事人没有申请，人民法院通知证人作证的，由人民法院先行垫付。

第七十五条 人民法院对当事人的陈述,应当结合本案的其他证据,审查确定能否作为认定事实的根据。

当事人拒绝陈述的,不影响人民法院根据证据认定案件事实。

第七十六条 当事人可以就查明事实的专门性问题向人民法院申请鉴定。当事人申请鉴定的,由双方当事人协商确定具备资格的鉴定人;协商不成的,由人民法院指定。

当事人未申请鉴定,人民法院对专门性问题认为需要鉴定的,应当委托具备资格的鉴定人进行鉴定。

第七十七条 鉴定人有权了解进行鉴定所需要的案件材料,必要时可以询问当事人、证人。

鉴定人应当提出书面鉴定意见,在鉴定书上签名或者盖章。

第七十八条 当事人对鉴定意见有异议或者人民法院认为鉴定人有必要出庭的,鉴定人应当出庭作证。经人民法院通知,鉴定人拒不出庭作证的,鉴定意见不得作为认定事实的根据;支付鉴定费用的当事人可以要求返还鉴定费用。

第七十九条 当事人可以申请人民法院通知有专门知识的人出庭,就鉴定人作出的鉴定意见或者专业问题提出意见。

第八十条 勘验物证或者现场,勘验人必须出示人民法院的证件,并邀请当地基层组织或者当事人所在单位派人参加。当事人或者当事人的成年家属应当到场,拒不到场的,不影响勘验的进行。

有关单位和个人根据人民法院的通知,有义务保护现场,协助勘验工作。

勘验人应当将勘验情况和结果制作笔录,由勘验人、当事人和被邀参加人签名或者盖章。

第八十一条 在证据可能灭失或者以后难以取得的情况下,当事人可以在诉讼过程中向人民法院申请保全证据,人民法院也可以主动采取保全措施。

因情况紧急,在证据可能灭失或者以后难以取得的情况下,利害关系人可以在提起诉讼或者申请仲裁前向证据所在地、被申请人住所地或者对案件有管辖权的人民法院申请保全证据。

证据保全的其他程序,参照适用本法第九章保全的有关规定。

第七章 期间、送达

第一节 期 间

第八十二条 期间包括法定期间和人民法院指定的期间。

期间以时、日、月、年计算。期间开始的时和日,不计算在期间内。

期间届满的最后一日是节假日的,以节假日后的第一日为期间届满的日期。

期间不包括在途时间，诉讼文书在期满前交邮的，不算过期。

第八十三条 当事人因不可抗拒的事由或者其他正当理由耽误期限的，在障碍消除后的十日内，可以申请顺延期限，是否准许，由人民法院决定。

第二节 送 达

第八十四条 送达诉讼文书必须有送达回证，由受送达人在送达回证上记明收到日期，签名或者盖章。

受送达人在送达回证上的签收日期为送达日期。

第八十五条 送达诉讼文书，应当直接送交受送达人。受送达人是公民的，本人不在交他的同住成年家属签收；受送达人是法人或者其他组织的，应当由法人的法定代表人、其他组织的主要负责人或者该法人、组织负责收件的人签收；受送达人有诉讼代理人的，可以送交其代理人签收；受送达人已向人民法院指定代收人的，送交代收人签收。

受送达人的同住成年家属，法人或者其他组织的负责收件的人，诉讼代理人或者代收人在送达回证上签收的日期为送达日期。

第八十六条 受送达人或者他的同住成年家属拒绝接收诉讼文书的，送达人可以邀请有关基层组织或者所在单位的代表到场，说明情况，在送达回证上记明拒收事由和日期，由送达人、见证人签名或者盖章，把诉讼文书留在受送达人的住所；也可以把诉讼文书留在受送达人的住所，并采用拍照、录像等方式记录送达过程，即视为送达。

第八十七条 经受送达人同意，人民法院可以采用传真、电子邮件等能够确认其收悉的方式送达诉讼文书，但判决书、裁定书、调解书除外。

采用前款方式送达的，以传真、电子邮件等到达受送达人特定系统的日期为送达日期。

第八十八条 直接送达诉讼文书有困难的，可以委托其他人民法院代为送达，或者邮寄送达。邮寄送达的，以回执上注明的收件日期为送达日期。

第八十九条 受送达人是军人的，通过其所在部队团以上单位的政治机关转交。

第九十条 受送达人被监禁的，通过其所在监所转交。

受送达人被采取强制性教育措施的，通过其所在强制性教育机构转交。

第九十一条 代为转交的机关、单位收到诉讼文书后，必须立即交受送达人签收，以在送达回证上的签收日期，为送达日期。

第九十二条 受送达人下落不明，或者用本节规定的其他方式无法送达的，公告送达。自发出公告之日起，经过六十日，即视为送达。

公告送达，应当在案卷中记明原因和经过。

第八章 调 解

第九十三条 人民法院审理民事案件，根据当事人自愿的原则，在事实清楚的基础上，分清是非，进行调解。

第九十四条 人民法院进行调解，可以由审判员一人主持，也可以由合议庭主持，并尽可能就地进行。

人民法院进行调解，可以用简便方式通知当事人、证人到庭。

第九十五条 人民法院进行调解，可以邀请有关单位和个人协助。被邀请的单位和个人，应当协助人民法院进行调解。

第九十六条 调解达成协议，必须双方自愿，不得强迫。调解协议的内容不得违反法律规定。

第九十七条 调解达成协议，人民法院应当制作调解书。调解书应当写明诉讼请求、案件的事实和调解结果。

调解书由审判人员、书记员署名，加盖人民法院印章，送达双方当事人。

调解书经双方当事人签收后，即具有法律效力。

第九十八条 下列案件调解达成协议，人民法院可以不制作调解书：

（一）调解和好的离婚案件；

（二）调解维持收养关系的案件；

（三）能够即时履行的案件；

（四）其他不需要制作调解书的案件。

对不需要制作调解书的协议，应当记入笔录，由双方当事人、审判人员、书记员签名或者盖章后，即具有法律效力。

第九十九条 调解未达成协议或者调解书送达前一方反悔的，人民法院应当及时判决。

第九章 保全和先予执行

第一百条 人民法院对于可能因当事人一方的行为或者其他原因，使判决难以执行或者造成当事人其他损害的案件，根据对方当事人的申请，可以裁定对其财产进行保全、责令其作出一定行为或者禁止其作出一定行为；当事人没有提出申请的，人民法院在必要时也可以裁定采取保全措施。

人民法院采取保全措施，可以责令申请人提供担保，申请人不提供担保的，裁定驳回申请。

人民法院接受申请后，对情况紧急的，必须在四十八小时内作出裁定；裁定采取保全措施的，应当立即开始执行。

第一百零一条 利害关系人因情况紧急，不立即申请保全将会使其合法权益受到难以弥补的损害的，可以在提起诉讼或者申请仲裁前向被保全财产所在地、被申请人住所地或者对案件有管辖权的人民法院申请采取保全措施。申请人应当提供担保，不提供担保的，裁定驳回申请。

人民法院接受申请后,必须在四十八小时内作出裁定;裁定采取保全措施的,应当立即开始执行。

申请人在人民法院采取保全措施后三十日内不依法提起诉讼或者申请仲裁的,人民法院应当解除保全。

第一百零二条 保全限于请求的范围,或者与本案有关的财物。

第一百零三条 财产保全采取查封、扣押、冻结或者法律规定的其他方法。人民法院保全财产后,应当立即通知被保全财产的人。

财产已被查封、冻结的,不得重复查封、冻结。

第一百零四条 财产纠纷案件,被申请人提供担保的,人民法院应当裁定解除保全。

第一百零五条 申请有错误的,申请人应当赔偿被申请人因保全所遭受的损失。

第一百零六条 人民法院对下列案件,根据当事人的申请,可以裁定先予执行:

(一)追索赡养费、扶养费、抚育费、抚恤金、医疗费用的;
(二)追索劳动报酬的;
(三)因情况紧急需要先予执行的。

第一百零七条 人民法院裁定先予执行的,应当符合下列条件:

(一)当事人之间权利义务关系明确,不先予执行将严重影响申请人的生活或者生产经营的;
(二)被申请人有履行能力。

人民法院可以责令申请人提供担保,申请人不提供担保的,驳回申请。申请人败诉的,应当赔偿被申请人因先予执行遭受的财产损失。

第一百零八条 当事人对保全或者先予执行的裁定不服的,可以申请复议一次。复议期间不停止裁定的执行。

第十章 对妨害民事诉讼的强制措施

第一百零九条 人民法院对必须到庭的被告,经两次传票传唤,无正当理由拒不到庭的,可以拘传。

第一百一十条 诉讼参与人和其他人应当遵守法庭规则。

人民法院对违反法庭规则的人,可以予以训诫,责令退出法庭或者予以罚款、拘留。

人民法院对哄闹、冲击法庭,侮辱、诽谤、威胁、殴打审判人员,严重扰乱法庭秩序的人,依法追究刑事责任;情节较轻的,予以罚款、拘留。

第一百一十一条 诉讼参与人或其他人有下列行为之一的,人民法院可以根据情节轻重予以罚款、拘留;构成犯罪的,依法追究刑事责任:

(一)伪造、毁灭重要证据,妨碍人民法院审理案件的;

（二）以暴力、威胁、贿买方法阻止证人作证或者指使、贿买、胁迫他人作伪证的；

（三）隐藏、转移、变卖、毁损已被查封、扣押的财产，或者已被清点并责令其保管的财产，转移已被冻结的财产的；

（四）对司法工作人员、诉讼参加人、证人、翻译人员、鉴定人、勘验人、协助执行的人，进行侮辱、诽谤、诬陷、殴打或者打击报复的；

（五）以暴力、威胁或者其他方法阻碍司法工作人员执行职务的；

（六）拒不履行人民法院已经发生法律效力的判决、裁定的。

人民法院对有前款规定的行为之一的单位，可以对其主要负责人或者直接责任人员予以罚款、拘留；构成犯罪的，依法追究刑事责任。

第一百一十二条 当事人之间恶意串通，企图通过诉讼、调解等方式侵害他人合法权益的，人民法院应当驳回其请求，并根据情节轻重予以罚款、拘留；构成犯罪的，依法追究刑事责任。

第一百一十三条 被执行人与他人恶意串通，通过诉讼、仲裁、调解等方式逃避履行法律文书确定的义务的，人民法院应当根据情节轻重予以罚款、拘留；构成犯罪的，依法追究刑事责任。

第一百一十四条 有义务协助调查、执行的单位有下列行为之一的，人民法院除责令其履行协助义务外，并可以予以罚款：

（一）有关单位拒绝或者妨碍人民法院调查取证的；

（二）有关单位接到人民法院协助执行通知书后，拒不协助查询、扣押、冻结、划拨、变价财产的；

（三）有关单位接到人民法院协助执行通知书后，拒不协助扣留被执行人的收入、办理有关财产权证照转移手续、转交有关票证、证照或者其他财产的；

（四）其他拒绝协助执行的。

人民法院对有前款规定的行为之一的单位，可以对其主要负责人或者直接责任人员予以罚款；对仍不履行协助义务的，可以予以拘留；并可以向监察机关或者有关机关提出予以纪律处分的司法建议。

第一百一十五条 对个人的罚款金额，为人民币十万元以下。对单位的罚款金额，为人民币五万元以上一百万元以下。

拘留的期限，为十五日以下。

被拘留的人，由人民法院交公安机关看管。在拘留期间，被拘留人承认并改正错误的，人民法院可以决定提前解除拘留。

第一百一十六条 拘传、罚款、拘留必须经院长批准。

拘传应当发拘传票。

罚款、拘留应当用决定书。对决定不服的，可以向上一级人民法院申请复议一次。复议期间不停止执行。

第一百一十七条 采取对妨害民事诉讼的强制措施必须由人民法院决定。任何单位和个人采取非法拘禁他人或者非法私自扣押他人财产追索债务的，应当依法追究刑事责任，或者予以拘留、罚款。

第十一章 诉讼费用

第一百一十八条 当事人进行民事诉讼，应当按照规定交纳案件受理费。财产案件除交纳案件受理费外，并按照规定交纳其他诉讼费用。

当事人交纳诉讼费用确有困难的，可以按照规定向人民法院申请缓交、减交或者免交。

收取诉讼费用的办法另行制定。

B 第二编 审判程序

第十二章 第一审普通程序

第一节 起诉和受理

第一百一十九条 起诉必须符合下列条件：

（一）原告是与本案有直接利害关系的公民、法人和其他组织；

（二）有明确的被告；

（三）有具体的诉讼请求和事实、理由；

（四）属于人民法院受理民事诉讼的范围和受诉人民法院管辖。

第一百二十条 起诉应当向人民法院递交起诉状，并按照被告人数提出副本。

书写起诉状确有困难的，可以口头起诉，由人民法院记入笔录，并告知对方当事人。

第一百二十一条 起诉状应当记明下列事项：

（一）原告的姓名、性别、年龄、民族、职业、工作单位、住所、联系方式，法人或者其他组织的名称、住所和法定代表人或者主要负责人的姓名、职务、联系方式；

（二）被告的姓名、性别、工作单位、住所等信息，法人或者其他组织的名称、住所等信息；

（三）诉讼请求和所根据的事实与理由；

（四）证据和证据来源，证人姓名和住所。

第一百二十二条 当事人起诉到人民法院的民事纠纷，适宜调解的，先行调解，但当事人拒绝调解的除外。

第一百二十三条 人民法院应当保障当事人依照法律规定享有的起诉权利。对符合本法第一百一十九条的起诉，必须受理。符合起诉条件的，应当在七日内立案，并通知当事人；不符合起诉条件的，应当在七日内作出裁定书，不予受理；原告对裁定不服的，可以提起上诉。

第一百二十四条 人民法院对下列起诉，分别情形，予以处理：

（一）依照行政诉讼法的规定，属于行政诉讼受案范围的，告知原告提起行政诉讼；

（二）依照法律规定，双方当事人达成书面仲裁协议申请仲裁、不得向人民法院起诉的，告知原告向仲裁机构申请仲裁；

（三）依照法律规定，应当由其他机关处理的争议，告知原告向有关机关申请解决；

（四）对不属于本院管辖的案件，告知原告向有管辖权的人民法院起诉；

（五）对判决、裁定、调解书已经发生法律效力的案件，当事人又起诉的，告知原告申请再审，但人民法院准许撤诉的裁定除外；

（六）依照法律规定，在一定期限内不得起诉的案件，在不得起诉的期限内起诉的，不予受理；

（七）判决不准离婚和调解和好的离婚案件，判决、调解维持收养关系的案件，没有新情况、新理由，原告在六个月内又起诉的，不予受理。

第二节 审理前的准备

第一百二十五条 人民法院应当在立案之日起五日内将起诉状副本发送被告，被告应当在收到之日起十五日内提出答辩状。答辩状应当记明被告的姓名、性别、年龄、民族、职业、工作单位、住所、联系方式；法人或者其他组织的名称、住所和法定代表人或者主要负责人的姓名、职务、联系方式。人民法院应当在收到答辩状之日起五日内将答辩状副本发送原告。

被告不提出答辩状的，不影响人民法院审理。

第一百二十六条 人民法院对决定受理的案件，应当在受理案件通知书和应诉通知书中向当事人告知有关的诉讼权利义务，或者口头告知。

第一百二十七条 人民法院受理案件后，当事人对管辖权有异议的，应当在提交答辩状期间提出。人民法院对当事人提出的异议，应当审查。异议成立的，裁定将案件移送有管辖权的人民法院；异议不成立的，裁定驳回。

当事人未提出管辖异议，并应诉答辩的，视为受诉人民法院有管辖权，但违反级别管辖和专属管辖规定的除外。

第一百二十八条 合议庭组成人员确定后，应当在三日内告知当事人。

第一百二十九条 审判人员必须认真审核诉讼材料，调查收集必要的证据。

第一百三十条 人民法院派出人员进行调查时，应当向被调查人出示证件。

调查笔录经被调查人校阅后，由被调查人、调查人签名或者盖章。

第一百三十一条 人民法院在必要时可以委托外地人民法院调查。

委托调查，必须提出明确的项目和要求。受委托人民法院可以主动补充调查。

受委托人民法院收到委托书后，应当在三十日内完成调查。因故不能完成的，应当在上述期限内函告委托人民法院。

第一百三十二条 必须共同进行诉讼的当事人没有参加诉讼的，人民法院应当通知其参加诉讼。

第一百三十三条 人民法院对受理的案件，分别情形，予以处理：

（一）当事人没有争议，符合督促程序规定条件的，可以转入督促程序；

（二）开庭前可以调解的，采取调解方式及时解决纠纷；

（三）根据案件情况，确定适用简易程序或者普通程序；

（四）需要开庭审理的，通过要求当事人交换证据等方式，明确争议焦点。

第三节 开庭审理

第一百三十四条 人民法院审理民事案件,除涉及国家秘密、个人隐私或者法律另有规定的以外,应当公开进行。

离婚案件,涉及商业秘密的案件,当事人申请不公开审理的,可以不公开审理。

第一百三十五条 人民法院审理民事案件,根据需要进行巡回审理,就地办案。

第一百三十六条 人民法院审理民事案件,应当在开庭三日前通知当事人和其他诉讼参与人。公开审理的,应当公告当事人姓名、案由和开庭的时间、地点。

第一百三十七条 开庭审理前,书记员应当查明当事人和其他诉讼参与人是否到庭,宣布法庭纪律。

开庭审理时,由审判长核对当事人,宣布案由,宣布审判人员、书记员名单,告知当事人有关的诉讼权利义务,询问当事人是否提出回避申请。

第一百三十八条 法庭调查按照下列顺序进行:

（一）当事人陈述;

（二）告知证人的权利义务,证人作证,宣读未到庭的证人证言;

（三）出示书证、物证、视听资料和电子数据;

（四）宣读鉴定意见;

（五）宣读勘验笔录。

第一百三十九条 当事人在法庭上可以提出新的证据。

当事人经法庭许可,可以向证人、鉴定人、勘验人发问。

当事人要求重新进行调查、鉴定或者勘验的,是否准许,由人民法院决定。

第一百四十条 原告增加诉讼请求,被告提出反诉,第三人提出与本案有关的诉讼请求,可以合并审理。

第一百四十一条 法庭辩论按照下列顺序进行:

（一）原告及其诉讼代理人发言;

（二）被告及其诉讼代理人答辩;

（三）第三人及其诉讼代理人发言或者答辩;

（四）互相辩论。

法庭辩论终结,由审判长按照原告、被告、第三人的先后顺序征询各方最后意见。

第一百四十二条 法庭辩论终结,应当依法作出判决。判决前能够调解的,还可以进行调解,调解不成的,应当及时判决。

第一百四十三条 原告经传票传唤，无正当理由拒不到庭的，或者未经法庭许可中途退庭的，可以按撤诉处理；被告反诉的，可以缺席判决。

第一百四十四条 被告经传票传唤，无正当理由拒不到庭的，或者未经法庭许可中途退庭的，可以缺席判决。

第一百四十五条 宣判前，原告申请撤诉的，是否准许，由人民法院裁定。

人民法院裁定不准许撤诉的，原告经传票传唤，无正当理由拒不到庭的，可以缺席判决。

第一百四十六条 有下列情形之一的，可以延期开庭审理：

（一）必须到庭的当事人和其他诉讼参与人有正当理由没有到庭的；

（二）当事人临时提出回避申请的；

（三）需要通知新的证人到庭，调取新的证据，重新鉴定、勘验，或者需要补充调查的；

（四）其他应当延期的情形。

第一百四十七条 书记员应当将法庭审理的全部活动记入笔录，由审判人员和书记员签名。

法庭笔录应当当庭宣读，也可以告知当事人和其他诉讼参与人当庭或者在五日内阅读。当事人和其他诉讼参与人认为对自己的陈述记录有遗漏或者差错的，有权申请补正。如果不予补正，应当将申请记录在案。

法庭笔录由当事人和其他诉讼参与人签名或者盖章。拒绝签名盖章的，记明情况附卷。

第一百四十八条 人民法院对公开审理或者不公开审理的案件，一律公开宣告判决。

当庭宣判的，应当在十日内发送判决书；定期宣判的，宣判后立即发给判决书。

宣告判决时，必须告知当事人上诉权利、上诉期限和上诉的法院。

宣告离婚判决，必须告知当事人在判决发生法律效力前不得另行结婚。

第一百四十九条 人民法院适用普通程序审理的案件，应当在立案之日起六个月内审结。有特殊情况需要延长的，由本院院长批准，可以延长六个月；还需要延长的，报请上级人民法院批准。

第四节　诉讼中止和终结

第一百五十条 有下列情形之一的，中止诉讼：

（一）一方当事人死亡，需要等待继承人表明是否参加诉讼的；

（二）一方当事人丧失诉讼行为能力，尚未确定法定代理人的；

（三）作为一方当事人的法人或者其他组织终止，尚未确定权利义务承受人的；

（四）一方当事人因不可抗拒的事由，不能参加诉讼的；

（五）本案必须以另一案的审理结果为依据，而另一案尚未审结的；
（六）其他应当中止诉讼的情形。
中止诉讼的原因消除后，恢复诉讼。

第一百五十一条 有下列情形之一的，终结诉讼：
（一）原告死亡，没有继承人，或者继承人放弃诉讼权利的；
（二）被告死亡，没有遗产，也没有应当承担义务的人的；
（三）离婚案件一方当事人死亡的；
（四）追索赡养费、扶养费、抚育费以及解除收养关系案件的一方当事人死亡的。

第五节 判决和裁定

第一百五十二条 判决书应当写明判决结果和作出该判决的理由。判决书内容包括：
（一）案由、诉讼请求、争议的事实和理由；
（二）判决认定的事实和理由、适用的法律和理由；
（三）判决结果和诉讼费用的负担；
（四）上诉期间和上诉的法院。
判决书由审判人员、书记员署名，加盖人民法院印章。

第一百五十三条 人民法院审理案件，其中一部分事实已经清楚，可以就该部分先行判决。

第一百五十四条 裁定适用于下列范围：
（一）不予受理；
（二）对管辖权有异议的；
（三）驳回起诉；
（四）保全和先予执行；
（五）准许或者不准许撤诉；
（六）中止或者终结诉讼；
（七）补正判决书中的笔误；
（八）中止或者终结执行；
（九）撤销或者不予执行仲裁裁决；
（十）不予执行公证机关赋予强制执行效力的债权文书；
（十一）其他需要裁定解决的事项。
对前款第一项至第三项裁定，可以上诉。
裁定书应当写明裁定结果和作出该裁定的理由。裁定书由审判人员、书记员署名，加盖人民法院印章。口头裁定的，记入笔录。

第一百五十五条 最高人民法院的判决、裁定，以及依法不准上诉或者超过上诉期没有上诉的判决、裁定，是发生法律效力的判决、裁定。

第一百五十六条 公众可以查阅发生法律效力的判决书、裁定书,但涉及国家秘密、商业秘密和个人隐私的内容除外。

第十三章　简易程序

第一百五十七条 基层人民法院和它派出的法庭审理事实清楚、权利义务关系明确、争议不大的简单的民事案件,适用本章规定。

基层人民法院和它派出的法庭审理前款规定以外的民事案件,当事人双方也可以约定适用简易程序。

第一百五十八条 对简单的民事案件,原告可以口头起诉。

当事人双方可以同时到基层人民法院或者它派出的法庭,请求解决纠纷。基层人民法院或者它派出的法庭可以当即审理,也可以另定日期审理。

第一百五十九条 基层人民法院和它派出的法庭审理简单的民事案件,可以用简便方式传唤当事人和证人、送达诉讼文书、审理案件,但应当保障当事人陈述意见的权利。

第一百六十条 简单的民事案件由审判员一人独任审理,并不受本法第一百三十六条、第一百三十八条、第一百四十一条规定的限制。

第一百六十一条 人民法院适用简易程序审理案件,应当在立案之日起三个月内审结。

第一百六十二条 基层人民法院和它派出的法庭审理符合本法第一百五十七条第一款规定的简单的民事案件,标的额为各省、自治区、直辖市上年度就业人员年平均工资百分之三十以下的,实行一审终审。

第一百六十三条 人民法院在审理过程中,发现案件不宜适用简易程序的,裁定转为普通程序。

第十四章　第二审程序

第一百六十四条 当事人不服地方人民法院第一审判决的,有权在判决书送达之日起十五日内向上一级人民法院提起上诉。

当事人不服地方人民法院第一审裁定的,有权在裁定书送达之日起十日内向上一级人民法院提起上诉。

第一百六十五条 上诉应当递交上诉状。上诉状的内容,应当包括当事人的姓名,法人的名称及其法定代表人的姓名或者其他组织的名称及其主要负责人的姓名;原审人民法院名称、案件的编号和案由;上诉的请求和理由。

第一百六十六条 上诉状应当通过原审人民法院提出,并按照对方当事人或者代表人的人数提出副本。

当事人直接向第二审人民法院上诉的,第二审人民法院应当在五日内将上诉状移交原审人民法院。

第一百六十七条 原审人民法院收到上诉状,应当在五日内将上诉状副本送达对方当事人,对方当事人在收到之日起十五日内提出答辩状。人民法院应当在收到答辩状之日起五日内将副本送达上诉人。对方当事人不提出答辩状的，不影响人民法院审理。

原审人民法院收到上诉状、答辩状，应当在五日内连同全部案卷和证据，报送第二审人民法院。

第一百六十八条 第二审人民法院应当对上诉请求的有关事实和适用法律进行审查。

第一百六十九条 第二审人民法院对上诉案件，应当组成合议庭，开庭审理。经过阅卷、调查和询问当事人，对没有提出新的事实、证据或者理由，合议庭认为不需要开庭审理的，可以不开庭审理。

第二审人民法院审理上诉案件，可以在本院进行，也可以到案件发生地或者原审人民法院所在地进行。

第一百七十条 第二审人民法院对上诉案件，经过审理，按照下列情形，分别处理：

（一）原判决、裁定认定事实清楚，适用法律正确的，以判决、裁定方式驳回上诉，维持原判决、裁定；

（二）原判决、裁定认定事实错误或者适用法律错误的，以判决、裁定方式依法改判、撤销或者变更；

（三）原判决认定基本事实不清的，裁定撤销原判决，发回原审人民法院重审，或者查清事实后改判；

（四）原判决遗漏当事人或者违法缺席判决等严重违反法定程序的，裁定撤销原判决，发回原审人民法院重审。

原审人民法院对发回重审的案件作出判决后，当事人提起上诉的，第二审人民法院不得再次发回重审。

第一百七十一条 第二审人民法院对不服第一审人民法院裁定的上诉案件的处理，一律使用裁定。

第一百七十二条 第二审人民法院审理上诉案件，可以进行调解。调解达成协议，应当制作调解书，由审判人员、书记员署名，加盖人民法院印章。调解书送达后，原审人民法院的判决即视为撤销。

第一百七十三条 第二审人民法院判决宣告前，上诉人申请撤回上诉的，是否准许，由第二审人民法院裁定。

第一百七十四条 第二审人民法院审理上诉案件，除依照本章规定外，适用第一审普通程序。

第一百七十五条 第二审人民法院的判决、裁定，是终审的判决、裁定。

第一百七十六条 人民法院审理对判决的上诉案件，应当在第二审立案之日起三个月内审结。有特殊情况需要延长的，由本院院长批准。

人民法院审理对裁定的上诉案件，应当在第二审立案之日起三十日内作出终审裁定。

第十五章 特别程序
第一节 一般规定

第一百七十七条 人民法院审理选民资格案件、宣告失踪或者宣告死亡案件、认定公民无民事行为能力或者限制民事行为能力案件、认定财产无主案件、确认调解协议案件和实现担保物权案件，适用本章规定。本章没有规定的，适用本法和其他法律的有关规定。

第一百七十八条 依照本章程序审理的案件，实行一审终审。选民资格案件或者重大、疑难的案件，由审判员组成合议庭审理；其他案件由审判员一人独任审理。

第一百七十九条 人民法院在依照本章程序审理案件的过程中，发现本案属于民事权益争议的，应当裁定终结特别程序，并告知利害关系人可以另行起诉。

第一百八十条 人民法院适用特别程序审理的案件，应当在立案之日起三十日内或者公告期满后三十日内审结。有特殊情况需要延长的，由本院院长批准。但审理选民资格的案件除外。

第二节 选民资格案件

第一百八十一条 公民不服选举委员会对选民资格的申诉所作的处理决定，可以在选举日的五日以前向选区所在地基层人民法院起诉。

第一百八十二条 人民法院受理选民资格案件后，必须在选举日前审结。

审理时，起诉人、选举委员会的代表和有关公民必须参加。

人民法院的判决书，应当在选举日前送达选举委员会和起诉人，并通知有关公民。

第三节 宣告失踪、宣告死亡案件

第一百八十三条 公民下落不明满二年，利害关系人申请宣告其失踪的，向下落不明人住所地基层人民法院提出。

申请书应当写明失踪的事实、时间和请求，并附有公安机关或者其他有关机关关于该公民下落不明的书面证明。

第一百八十四条 公民下落不明满四年，或者因意外事故下落不明满二年，或者因意外事故下落不明，经有关机关证明该公民不可能生存，利害关系人申请宣告其死亡的，向下落不明人住所地基层人民法院提出。

申请书应当写明下落不明的事实、时间和请求，并附有公安机关或者其他有关机关关于该公民下落不明的书面证明。

第一百八十五条 人民法院受理宣告失踪、宣告死亡案件后，应当发出寻找下落不明人的公告。宣告失踪的公告期间为三个月，宣告死亡的公告期间为一年。因意外事故下落不明，经有关机关证明该公民不可能生存的，宣告死亡的公告期间为三个月。

公告期间届满,人民法院应当根据被宣告失踪、宣告死亡的事实是否得到确认,作出宣告失踪、宣告死亡的判决或者驳回申请的判决。

第一百八十六条 被宣告失踪、宣告死亡的公民重新出现,经本人或者利害关系人申请,人民法院应当作出新判决,撤销原判决。

第四节 认定公民无民事行为能力、限制民事行为能力案件

第一百八十七条 申请认定公民无民事行为能力或者限制民事行为能力,由其近亲属或者其他利害关系人向该公民住所地基层人民法院提出。

申请书应当写明该公民无民事行为能力或者限制民事行为能力的事实和根据。

第一百八十八条 人民法院受理申请后,必要时应当对被请求认定为无民事行为能力或者限制民事行为能力的公民进行鉴定。申请人已提供鉴定意见的,应当对鉴定意见进行审查。

第一百八十九条 人民法院审理认定公民无民事行为能力或者限制民事行为能力的案件,应当由该公民的近亲属为代理人,但申请人除外。近亲属互相推诿的,由人民法院指定其中一人为代理人。该公民健康情况许可的,还应当询问本人的意见。

人民法院经审理认定申请有事实根据的,判决该公民为无民事行为能力或者限制民事行为能力人;认定申请没有事实根据的,应当判决予以驳回。

第一百九十条 人民法院根据被认定为无民事行为能力人、限制民事行为能力人或者他的监护人的申请,证实该公民无民事行为能力或者限制民事行为能力的原因已经消除的,应当作出新判决,撤销原判决。

第五节 认定财产无主案件

第一百九十一条 申请认定财产无主,由公民、法人或者其他组织向财产所在地基层人民法院提出。

申请书应当写明财产的种类、数量以及要求认定财产无主的根据。

第一百九十二条 人民法院受理申请后,经审查核实,应当发出财产认领公告。公告满一年无人认领的,判决认定财产无主,收归国家或者集体所有。

第一百九十三条 判决认定财产无主后,原财产所有人或者继承人出现,在民法通则规定的诉讼时效期间可以对财产提出请求,人民法院审查属实后,应当作出新判决,撤销原判决。

第六节 确认调解协议案件

第一百九十四条 申请司法确认调解协议,由双方当事人依照人民调解法等法律,自调解协议生效之日起三十日内,共同向调解组织所在地基层人民法院提出。

第一百九十五条 人民法院受理申请后,经审查,符合法律规定的,裁定调解

协议有效,一方当事人拒绝履行或者未全部履行的,对方当事人可以向人民法院申请执行;不符合法律规定的,裁定驳回申请,当事人可以通过调解方式变更原调解协议或者达成新的调解协议,也可以向人民法院提起诉讼。

第七节 实现担保物权案件

第一百九十六条 申请实现担保物权,由担保物权人以及其他有权请求实现担保物权的人依照物权法等法律,向担保财产所在地或者担保物权登记地基层人民法院提出。

第一百九十七条 人民法院受理申请后,经审查,符合法律规定的,裁定拍卖、变卖担保财产,当事人依据该裁定可以向人民法院申请执行;不符合法律规定的,裁定驳回申请,当事人可以向人民法院提起诉讼。

第十六章 审判监督程序

第一百九十八条 各级人民法院院长对本院已经发生法律效力的判决、裁定、调解书,发现确有错误,认为需要再审的,应当提交审判委员会讨论决定。

最高人民法院对地方各级人民法院已经发生法律效力的判决、裁定、调解书,上级人民法院对下级人民法院已经发生法律效力的判决、裁定、调解书,发现确有错误的,有权提审或者指令下级人民法院再审。

第一百九十九条 当事人对已经发生法律效力的判决、裁定,认为有错误的,可以向上一级人民法院申请再审;当事人一方人数众多或者当事人双方为公民的案件,也可以向原审人民法院申请再审。当事人申请再审的,不停止判决、裁定的执行。

第二百条 当事人的申请符合下列情形之一的,人民法院应当再审:

(一) 有新的证据,足以推翻原判决、裁定的;

(二) 原判决、裁定认定的基本事实缺乏证据证明的;

(三) 原判决、裁定认定事实的主要证据是伪造的;

(四) 原判决、裁定认定事实的主要证据未经质证的;

(五) 对审理案件需要的主要证据,当事人因客观原因不能自行收集,书面申请人民法院调查收集,人民法院未调查收集的;

(六) 原判决、裁定适用法律确有错误的;

(七) 审判组织的组成不合法或者依法应当回避的审判人员没有回避的;

(八) 无诉讼行为能力人未经法定代理人代为诉讼或者应当参加诉讼的当事人,因不能归责于本人或者其诉讼代理人的事由,未参加诉讼的;

(九) 违反法律规定,剥夺当事人辩论权利的;

(十) 未经传票传唤,缺席判决的;

(十一) 原判决、裁定遗漏或者超出诉讼请求的;

(十二) 据以作出原判决、裁定的法律文书被撤销或者变更的;

(十三) 审判人员审理该案件时有贪污受贿,徇私舞弊,枉法裁判行为的。

第二百零一条 当事人对已经发生法律效力的调解书，提出证据证明调解违反自愿原则或者调解协议的内容违反法律的，可以申请再审。经人民法院审查属实的，应当再审。

第二百零二条 当事人对已经发生法律效力的解除婚姻关系的判决、调解书，不得申请再审。

第二百零三条 当事人申请再审的，应当提交再审申请书等材料。人民法院应当自收到再审申请书之日起五日内将再审申请书副本发送对方当事人。对方当事人应当自收到再审申请书副本之日起十五日内提交书面意见；不提交书面意见的，不影响人民法院审查。人民法院可以要求申请人和对方当事人补充有关材料，询问有关事项。

第二百零四条 人民法院应当自收到再审申请书之日起三个月内审查，符合本法规定的，裁定再审；不符合本法规定的，裁定驳回申请。有特殊情况需要延长的，由本院院长批准。

因当事人申请裁定再审的案件由中级人民法院以上的人民法院审理，但当事人依照本法第一百九十九条的规定选择向基层人民法院申请再审的除外。最高人民法院、高级人民法院裁定再审的案件，由本院再审或者交其他人民法院再审，也可以交原审人民法院再审。

第二百零五条 当事人申请再审，应当在判决、裁定发生法律效力后六个月内提出；有本法第二百条第一项、第三项、第十二项、第十三项规定情形的，自知道或者应当知道之日起六个月内提出。

第二百零六条 按照审判监督程序决定再审的案件，裁定中止原判决、裁定、调解书的执行，但追索赡养费、扶养费、抚育费、抚恤金、医疗费用、劳动报酬等案件，可以不中止执行。

第二百零七条 人民法院按照审判监督程序再审的案件，发生法律效力的判决、裁定是由第一审法院作出的，按照第一审程序审理，所作的判决、裁定，当事人可以上诉；发生法律效力的判决、裁定是由第二审法院作出的，按照第二审程序审理，所作的判决、裁定，是发生法律效力的判决、裁定；上级人民法院按照审判监督程序提审的，按照第二审程序审理，所作的判决、裁定是发生法律效力的判决、裁定。

人民法院审理再审案件，应当另行组成合议庭。

第二百零八条 最高人民检察院对各级人民法院已经发生法律效力的判决、裁定，上级人民检察院对下级人民法院已经发生法律效力的判决、裁定，发现有本法第二百条规定情形之一的，或者发现调解书损害国家利益、社会公共利益的，应当提出抗诉。

地方各级人民检察院对同级人民法院已经发生法律效力的判决、裁定，发现有本法第二百条规定情形之一的，或者发现调解书损害国家利益、社会公共利益的，可以向同级人民法院提出检察建议，并报上级人民检察院备案；也可以提请上级人民检察院向同级人民法院提出抗诉。

各级人民检察院对审判监督程序以外的其他审判程序中审判人员的违法行为，有权向同级人民法院提出检察建议。

第二百零九条 有下列情形之一的，当事人可以向人民检察院申请检察建议或者抗诉：

（一）人民法院驳回再审申请的；

（二）人民法院逾期未对再审申请作出裁定的；

（三）再审判决、裁定有明显错误的。

人民检察院对当事人的申请应当在三个月内进行审查，作出提出或者不予提出检察建议或者抗诉的决定。当事人不得再次向人民检察院申请检察建议或者抗诉。

第二百一十条 人民检察院因履行法律监督职责提出检察建议或者抗诉的需要，可以向当事人或者案外人调查核实有关情况。

第二百一十一条 人民检察院提出抗诉的案件，接受抗诉的人民法院应当自收到抗诉书之日起三十日内作出再审的裁定；有本法第二百条第一项至第五项规定情形之一的，可以交下一级人民法院再审，但经该下一级人民法院再审的除外。

第二百一十二条 人民检察院决定对人民法院的判决、裁定、调解书提出抗诉的，应当制作抗诉书。

第二百一十三条 人民检察院提出抗诉的案件，人民法院再审时，应当通知人民检察院派员出席法庭。

第十七章 督促程序

第二百一十四条 债权人请求债务人给付金钱、有价证券，符合下列条件的，可以向有管辖权的基层人民法院申请支付令：

（一）债权人与债务人没有其他债务纠纷的；

（二）支付令能够送达债务人的。

申请书应当写明请求给付金钱或者有价证券的数量和所根据的事实、证据。

第二百一十五条 债权人提出申请后，人民法院应当在五日内通知债权人是否受理。

第二百一十六条 人民法院受理申请后，经审查债权人提供的事实、证据，对债权债务关系明确、合法的，应当在受理之日起十五日内向债务人发出支付令；申请不成立的，裁定予以驳回。

债务人应当自收到支付令之日起十五日内清偿债务，或者向人民法院提出书面异议。

债务人在前款规定的期间不提出异议又不履行支付令的,债权人可以向人民法院申请执行。

第二百一十七条 人民法院收到债务人提出的书面异议后,经审查,异议成立的,应当裁定终结督促程序,支付令自行失效。

支付令失效的,转入诉讼程序,但申请支付令的一方当事人不同意提起诉讼的除外。

第十八章 公示催告程序

第二百一十八条 按照规定可以背书转让的票据持有人,因票据被盗、遗失或者灭失,可以向票据支付地的基层人民法院申请公示催告。依照法律规定可以申请公示催告的其他事项,适用本章规定。

申请人应当向人民法院递交申请书,写明票面金额、发票人、持票人、背书人等票据主要内容和申请的理由、事实。

第二百一十九条 人民法院决定受理申请,应当同时通知支付人停止支付,并在三日内发出公告,催促利害关系人申报权利。公示催告的期间,由人民法院根据情况决定,但不得少于六十日。

第二百二十条 支付人收到人民法院停止支付的通知,应当停止支付,至公示催告程序终结。

公示催告期间,转让票据权利的行为无效。

第二百二十一条 利害关系人应当在公示催告期间向人民法院申报。

人民法院收到利害关系人的申报后,应当裁定终结公示催告程序,并通知申请人和支付人。

申请人或者申报人可以向人民法院起诉。

第二百二十二条 没有人申报的,人民法院应当根据申请人的申请,作出判决,宣告票据无效。判决应当公告,并通知支付人。自判决公告之日起,申请人有权向支付人请求支付。

第二百二十三条 利害关系人因正当理由不能在判决前向人民法院申报的,自知道或者应当知道判决公告之日起一年内,可以向作出判决的人民法院起诉。

第三编 执行程序

第十九章 一般规定

第二百二十四条 发生法律效力的民事判决、裁定,以及刑事判决、裁定中的财产部分,由第一审人民法院或者与第一审人民法院同级的被执行的财产所在地人民法院执行。

法律规定由人民法院执行的其他法律文书,由被执行人住所地或者被执行的财产所在地人民法院执行。

第二百二十五条 当事人、利害关系人认为执行行为违反法律规定的,可以向负责执行的人民法院提出书面异议。当事人、利害关系人提出书面异议的,人民法院应当自收到书面异议之日起十五日内审查,理由成立的,裁定撤销或者改正;理由不成立的,裁定驳回。当事人、利害关系人对裁定不服的,可以自裁定送达之日起十日内向上一级人民法院申请复议。

第二百二十六条 人民法院自收到申请执行书之日起超过六个月未执行的,申请执行人可以向上一级人民法院申请执行。上一级人民法院经审查,可以责令原人民法院在一定期限内执行,也可以决定由本院执行或者指令其他人民法院执行。

第二百二十七条 执行过程中,案外人对执行标的提出书面异议的,人民法院应当自收到书面异议之日起十五日内审查,理由成立的,裁定中止对该标的的执行;理由不成立的,裁定驳回。案外人、当事人对裁定不服,认为原判决、裁定错误的,依照审判监督程序办理;与原判决、裁定无关的,可以自裁定送达之日起十五日内向人民法院提起诉讼。

第二百二十八条 执行工作由执行员进行。

采取强制执行措施时,执行员应当出示证件。执行完毕后,应当将执行情况制作笔录,由在场的有关人员签名或者盖章。

人民法院根据需要可以设立执行机构。

第二百二十九条 被执行人或者被执行的财产在外地的,可以委托当地人民法院代为执行。受委托人民法院收到委托函件后,必须在十五日内开始执行,不得拒绝。执行完毕后,应当将执行结果及时函复委托人民法院;在三十日内如果还未执行完毕,也应当将执行情况函告委托人民法院。

受委托人民法院自收到委托函件之日起十五日内不执行的,委托人民法院可以请求受委托人民法院的上级人民法院指令受委托人民法院执行。

第二百三十条 在执行中,双方当事人自行和解达成协议的,执行员应当将协议内容记入笔录,由双方当事人签名或者盖章。

申请执行人因受欺诈、胁迫与被执行人达成和解协议，或者当事人不履行和解协议的，人民法院可以根据当事人的申请，恢复对原生效法律文书的执行。

第二百三十一条 在执行中，被执行人向人民法院提供担保，并经申请执行人同意的，人民法院可以决定暂缓执行及暂缓执行的期限。被执行人逾期仍不履行的，人民法院有权执行被执行人的担保财产或者担保人的财产。

第二百三十二条 作为被执行人的公民死亡的，以其遗产偿还债务。作为被执行人的法人或者其他组织终止的，由其权利义务承受人履行义务。

第二百三十三条 执行完毕后，据以执行的判决、裁定和其他法律文书确有错误，被人民法院撤销的，对已被执行的财产，人民法院应当作出裁定，责令取得财产的人返还；拒不返还的，强制执行。

第二百三十四条 人民法院制作的调解书的执行，适用本编的规定。

第二百三十五条 人民检察院有权对民事执行活动实行法律监督。

第二十章 执行的申请和移送

第二百三十六条 发生法律效力的民事判决、裁定，当事人必须履行。一方拒绝履行的，对方当事人可以向人民法院申请执行，也可以由审判员移送执行员执行。

调解书和其他应当由人民法院执行的法律文书，当事人必须履行。一方拒绝履行的，对方当事人可以向人民法院申请执行。

第二百三十七条 对依法设立的仲裁机构的裁决，一方当事人不履行的，对方当事人可以向有管辖权的人民法院申请执行。受申请的人民法院应当执行。

被申请人提出证据证明仲裁裁决有下列情形之一的，经人民法院组成合议庭审查核实，裁定不予执行：

（一）当事人在合同中没有订有仲裁条款或者事后没有达成书面仲裁协议的；

（二）裁决的事项不属于仲裁协议的范围或者仲裁机构无权仲裁的；

（三）仲裁庭的组成或者仲裁的程序违反法定程序的；

（四）裁决所根据的证据是伪造的；

（五）对方当事人向仲裁机构隐瞒了足以影响公正裁决的证据的；

（六）仲裁员在仲裁该案时有贪污受贿，徇私舞弊，枉法裁决行为的。

人民法院认定执行该裁决违背社会公共利益的，裁定不予执行。

裁定书应当送达双方当事人和仲裁机构。

仲裁裁决被人民法院裁定不予执行的，当事人可以根据双方达成的书面仲裁协议重新申请仲裁，也可以向人民法院起诉。

第二百三十八条 对公证机关依法赋予强制执行效力的债权文书，一方当事人不履行的，对方当事人可以向有管辖权的人民法院申请执行，受申请的人民法院应当执行。

公证债权文书确有错误的，人民法院裁定不予执行，并将裁定书送达双方当事人和公证机关。

第二百三十九条 申请执行的期间为二年。申请执行时效的中止、中断，适用法律有关诉讼时效中止、中断的规定。

前款规定的期间，从法律文书规定履行期间的最后一日起计算；法律文书规定分期履行的，从规定的每次履行期间的最后一日起计算；法律文书未规定履行期间的，从法律文书生效之日起计算。

第二百四十条 执行员接到申请执行书或者移交执行书，应当向被执行人发出执行通知，并可以立即采取强制执行措施。

第二十一章 执行措施

第二百四十一条 被执行人未按执行通知履行法律文书确定的义务，应当报告当前以及收到执行通知之日前一年的财产情况。被执行人拒绝报告或者虚假报告的，人民法院可以根据情节轻重对被执行人或者其法定代理人、有关单位的主要负责人或者直接责任人员予以罚款、拘留。

第二百四十二条 被执行人未按执行通知履行法律文书确定的义务，人民法院有权向有关单位查询被执行人的存款、债券、股票、基金份额等财产情况。人民法院有权根据不同情形扣押、冻结、划拨、变价被执行人的财产。人民法院查询、扣押、冻结、划拨、变价的财产不得超出被执行人应当履行义务的范围。

人民法院决定扣押、冻结、划拨、变价财产，应当作出裁定，并发出协助执行通知书，有关单位必须办理。

第二百四十三条 被执行人未按执行通知履行法律文书确定的义务，人民法院有权扣留、提取被执行人应当履行义务部分的收入。但应当保留被执行人及其所扶养家属的生活必需费用。

人民法院扣留、提取收入时，应当作出裁定，并发出协助执行通知书，被执行人所在单位、银行、信用合作社和其他有储蓄业务的单位必须办理。

第二百四十四条 被执行人未按执行通知履行法律文书确定的义务，人民法院有权查封、扣押、冻结、拍卖、变卖被执行人应当履行义务部分的财产。但应当保留被执行人及其所扶养家属的生活必需品。

采取前款措施，人民法院应当作出裁定。

第二百四十五条 人民法院查封、扣押财产时，被执行人是公民的，应当通知被执行人或者他的成年家属到场；被执行人是法人或者其他组织的，应当通知其法定代表人或者主要负责人到场。拒不到场的，不影响执行。被执行人是公民的，其工作单位或者财产所在地的基层组织应当派人参加。

对被查封、扣押的财产，执行员必须造具清单，由在场人签名或者盖章后，交被执行人一份。被执行人是公民的，也可以交他的成年家属一份。

第二百四十六条 被查封的财产，执行员可以指定被执行人负责保管。因被执行人的过错造成的损失，由被执行人承担。

第二百四十七条 财产被查封、扣押后，执行员应当责令被执行人在指定期间履行法律文书确定的义务。被执行人逾期不履行的，人民法院应当拍卖被查封、扣押的财产；不适于拍卖或者当事人双方同意不进行拍卖的，人民法院可以委托有关单位变卖或者自行变卖。国家禁止自由买卖的物品，交有关单位按照国家规定的价格收购。

第二百四十八条 被执行人不履行法律文书确定的义务，并隐匿财产的，人民法院有权发出搜查令，对被执行人及其住所或者财产隐匿地进行搜查。

采取前款措施，由院长签发搜查令。

第二百四十九条 法律文书指定交付的财物或者票证，由执行员传唤双方当事人当面交付，或者由执行员转交，并由被交付人签收。

有关单位持有该项财物或者票证的，应当根据人民法院的协助执行通知书转交，并由被交付人签收。

有关公民持有该项财物或者票证的，人民法院通知其交出。拒不交出的，强制执行。

第二百五十条 强制迁出房屋或者强制退出土地，由院长签发公告，责令被执行人在指定期间履行。被执行人逾期不履行的，由执行员强制执行。

强制执行时，被执行人是公民的，应当通知被执行人或者他的成年家属到场；被执行人是法人或者其他组织的，应当通知其法定代表人或者主要负责人到场。拒不到场的，不影响执行。被执行人是公民的，其工作单位或者房屋、土地所在地的基层组织应当派人参加。执行员应当将强制执行情况记入笔录，由在场人签名或者盖章。

强制迁出房屋被搬出的财物，由人民法院派人运至指定处所，交给被执行人。被执行人是公民的，也可以交给他的成年家属。因拒绝接收而造成的损失，由被执行人承担。

第二百五十一条 在执行中，需要办理有关财产权证照转移手续的，人民法院可以向有关单位发出协助执行通知书，有关单位必须办理。

第二百五十二条 对判决、裁定和其他法律文书指定的行为，被执行人未按执行通知履行的，人民法院可以强制执行或者委托有关单位或者其他人完成，费用由被执行人承担。

第二百五十三条 被执行人未按判决、裁定和其他法律文书指定的期间履行给付金钱义务的，应当加倍支付迟延履行期间的债务利息。被执行人未按判决、裁定和其他法律文书指定的期间履行其他义务的，应当支付迟延履行金。

第二百五十四条 人民法院采取本法第二百四十二条、第二百四十三条、第二百四十四条规定的执行措施后,被执行人仍不能偿还债务的,应当继续履行义务。债权人发现被执行人有其他财产的,可以随时请求人民法院执行。

第二百五十五条 被执行人不履行法律文书确定的义务的,人民法院可以对其采取或者通知有关单位协助采取限制出境,在征信系统记录、通过媒体公布不履行义务信息以及法律规定的其他措施。

第二十二章 执行中止和终结

第二百五十六条 有下列情形之一的,人民法院应当裁定中止执行:

(一)申请人表示可以延期执行的;

(二)案外人对执行标的提出确有理由的异议的;

(三)作为一方当事人的公民死亡,需要等待继承人继承权利或者承担义务的;

(四)作为一方当事人的法人或者其他组织终止,尚未确定权利义务承受人的;

(五)人民法院认为应当中止执行的其他情形。

中止的情形消失后,恢复执行。

第二百五十七条 有下列情形之一的,人民法院裁定终结执行:

(一)申请人撤销申请的;

(二)据以执行的法律文书被撤销的;

(三)作为被执行人的公民死亡,无遗产可供执行,又无义务承担人的;

(四)追索赡养费、扶养费、抚育费案件的权利人死亡的;

(五)作为被执行人的公民因生活困难无力偿还借款,无收入来源,又丧失劳动能力的;

(六)人民法院认为应当终结执行的其他情形。

第二百五十八条 中止和终结执行的裁定,送达当事人后立即生效。

D 第四编 涉外民事诉讼程序的特别规定

第二十三章 一般原则

第二百五十九条 在中华人民共和国领域内进行涉外民事诉讼,适用本编规定。本编没有规定的,适用本法其他有关规定。

第二百六十条 中华人民共和国缔结或者参加的国际条约同本法有不同规定的,适用该国际条约的规定,但中华人民共和国声明保留的条款除外。

第二百六十一条 对享有外交特权与豁免的外国人、外国组织或者国际组织提起的民事诉讼,应当依照中华人民共和国有关法律和中华人民共和国缔结或者参加的国际条约的规定办理。

第二百六十二条 人民法院审理涉外民事案件,应当使用中华人民共和国通用的语言、文字。当事人要求提供翻译的,可以提供,费用由当事人承担。

第二百六十三条 外国人、无国籍人、外国企业和组织在人民法院起诉、应诉,需要委托律师代理诉讼的,必须委托中华人民共和国的律师。

第二百六十四条 在中华人民共和国领域内没有住所的外国人、无国籍人、外国企业和组织委托中华人民共和国律师或者其他人代理诉讼,从中华人民共和国领域外寄交或者托交的授权委托书,应当经所在国公证机关证明,并经中华人民共和国驻该国使领馆认证,或者履行中华人民共和国与该所在国订立的有关条约中规定的证明手续后,才具有效力。

第二十四章 管 辖

第二百六十五条 因合同纠纷或者其他财产权益纠纷,对在中华人民共和国领域内没有住所的被告提起的诉讼,如果合同在中华人民共和国领域内签订或者履行,或者诉讼标的物在中华人民共和国领域内,或者被告在中华人民共和国领域内有可供扣押的财产,或者被告在中华人民共和国领域内设有代表机构,可以由合同签订地、合同履行地、诉讼标的物所在地、可供扣押财产所在地、侵权行为地或者代表机构住所地人民法院管辖。

第二百六十六条 因在中华人民共和国履行中外合资经营企业合同、中外合作经营企业合同、中外合作勘探开发自然资源合同发生纠纷提起的诉讼,由中华人民共和国人民法院管辖。

第二十五章 送达、期间

第二百六十七条 人民法院对在中华人民共和国领域内没有住所的当事人送达诉讼文书,可以采用下列方式:

(一)依照受送达人所在国与中华人民共和国缔结或者共同参加的国际条约中规定的方式送达;

（二）通过外交途径送达；

（三）对具有中华人民共和国国籍的受送达人，可以委托中华人民共和国驻受送达人所在国的使领馆代为送达；

（四）向受送达人委托的有权代其接受送达的诉讼代理人送达；

（五）向受送达人在中华人民共和国领域内设立的代表机构或者有权接受送达的分支机构、业务代办人送达；

（六）受送达人所在国的法律允许邮寄送达的，可以邮寄送达，自邮寄之日起满三个月，送达回证没有退回，但根据各种情况足以认定已经送达的，期间届满之日视为送达；

（七）采用传真、电子邮件等能够确认受送达人收悉的方式送达；

（八）不能用上述方式送达的，公告送达，自公告之日起满三个月，即视为送达。

第二百六十八条 被告在中华人民共和国领域内没有住所的，人民法院应当将起诉状副本送达被告，并通知被告在收到起诉状副本后三十日内提出答辩状。被告申请延期的，是否准许，由人民法院决定。

第二百六十九条 在中华人民共和国领域内没有住所的当事人，不服第一审人民法院判决、裁定的，有权在判决书、裁定书送达之日起三十日内提起上诉。被上诉人在收到上诉状副本后，应当在三十日内提出答辩状。当事人不能在法定期间提起上诉或者提出答辩状，申请延期的，是否准许，由人民法院决定。

第二百七十条 人民法院审理涉外民事案件的期间，不受本法第一百四十九条、第一百七十六条规定的限制。

第二十六章 仲　裁

第二百七十一条 涉外经济贸易、运输和海事中发生的纠纷，当事人在合同中订有仲裁条款或者事后达成书面仲裁协议，提交中华人民共和国涉外仲裁机构或者其他仲裁机构仲裁的，当事人不得向人民法院起诉。

当事人在合同中没有订有仲裁条款或者事后没有达成书面仲裁协议的，可以向人民法院起诉。

第二百七十二条 当事人申请采取保全的，中华人民共和国的涉外仲裁机构应当将当事人的申请，提交被申请人住所地或者财产所在地的中级人民法院裁定。

第二百七十三条 经中华人民共和国涉外仲裁机构裁决的，当事人不得向人民法院起诉。一方当事人不履行仲裁裁决的，对方当事人可以向被申请人住所地或者财产所在地的中级人民法院申请执行。

第二百七十四条 对中华人民共和国涉外仲裁机构作出的裁决，被申请人提出证据证明仲裁裁决有下列情形之一的，经人民法院组成合议庭审查核实，裁定不予执行：

（一）当事人在合同中没有订有仲裁条款或者事后没有达成书面仲裁协议的；

（二）被申请人没有得到指定仲裁员或者进行仲裁程序的通知，或者由于其他不属于被申请人负责的原因未能陈述意见的；

（三）仲裁庭的组成或者仲裁的程序与仲裁规则不符的；

（四）裁决的事项不属于仲裁协议的范围或者仲裁机构无权仲裁的。

人民法院认定执行该裁决违背社会公共利益的，裁定不予执行。

第二百七十五条 仲裁裁决被人民法院裁定不予执行的，当事人可以根据双方达成的书面仲裁协议重新申请仲裁，也可以向人民法院起诉。

第二十七章　司法协助

第二百七十六条 根据中华人民共和国缔结或者参加的国际条约，或者按照互惠原则，人民法院和外国法院可以相互请求，代为送达文书、调查取证以及进行其他诉讼行为。

外国法院请求协助的事项有损于中华人民共和国的主权、安全或者社会公共利益的，人民法院不予执行。

第二百七十七条 请求和提供司法协助，应当依照中华人民共和国缔结或者参加的国际条约所规定的途径进行；没有条约关系的，通过外交途径进行。

外国驻中华人民共和国的使领馆可以向该国公民送达文书和调查取证，但不得违反中华人民共和国的法律，并不得采取强制措施。

除前款规定的情况外，未经中华人民共和国主管机关准许，任何外国机关或者个人不得在中华人民共和国领域内送达文书、调查取证。

第二百七十八条 外国法院请求人民法院提供司法协助的请求书及其所附文件，应当附有中文译本或者国际条约规定的其他文字文本。

人民法院请求外国法院提供司法协助的请求书及其所附文件，应当附有该国文字译本或者国际条约规定的其他文字文本。

第二百七十九条 人民法院提供司法协助，依照中华人民共和国法律规定的程序进行。外国法院请求采用特殊方式的，也可以按照其请求的特殊方式进行，但请求采用的特殊方式不得违反中华人民共和国法律。

第二百八十条 人民法院作出的发生法律效力的判决、裁定，如果被执行人或者其财产不在中华人民共和国领域内，当事人请求执行的，可以由当事人直接向有管辖权的外国法院申请承认和执行，也可以由人民法院依照中华人民共和国缔结或者参加的国际条约的规定，或者按照互惠原则，请求外国法院承认和执行。

中华人民共和国涉外仲裁机构作出的发生法律效力的仲裁裁决，当事人请求执行的，如果被执行人或者其财产不在中华人民共和国领域内，应当由当事人直接向有管辖权的外国法院申请承认和执行。

第二百八十一条 外国法院作出的发生法律效力的判决、裁定,需要中华人民共和国人民法院承认和执行的,可以由当事人直接向中华人民共和国有管辖权的中级人民法院申请承认和执行,也可以由外国法院依照该国与中华人民共和国缔结或者参加的国际条约的规定,或者按照互惠原则,请求人民法院承认和执行。

第二百八十二条 人民法院对申请或者请求承认和执行的外国法院作出的发生法律效力的判决、裁定,依照中华人民共和国缔结或者参加的国际条约,或者按照互惠原则进行审查后,认为不违反中华人民共和国法律的基本原则或者国家主权、安全、社会公共利益的,裁定承认其效力,需要执行的,发出执行令,依照本法的有关规定执行。违反中华人民共和国法律的基本原则或者国家主权、安全、社会公共利益的,不予承认和执行。

第二百八十三条 国外仲裁机构的裁决,需要中华人民共和国人民法院承认和执行的,应当由当事人直接向被执行人住所地或者其财产所在地的中级人民法院申请,人民法院应当依照中华人民共和国缔结或者参加的国际条约,或者按照互惠原则办理。

第二百八十四条 本法自公布之日起施行,《中华人民共和国民事诉讼法(试行)》同时废止。

中华人民共和国仲裁法

(1994年8月31日第八届全国人民代表大会常务委员会第九次会议通过，自1995年9月1日起施行。2009年8月27日第十一届全国人民代表大会常务委员会第十次会议第一次修正，2017年9月1日第十二届全国人民代表大会常务委员会第二十九次会议第二次修正)

第一章 总 则

第一条 为保证公正、及时地仲裁经济纠纷，保护当事人的合法权益，保障社会主义市场经济健康发展，制定本法。

第二条 平等主体的公民、法人和其他组织之间发生的合同纠纷和其他财产权益纠纷，可以仲裁。

第三条 下列纠纷不能仲裁：
（一）婚姻、收养、监护、扶养、继承纠纷；
（二）依法应当由行政机关处理的行政争议。

第四条 当事人采用仲裁方式解决纠纷，应当双方自愿，达成仲裁协议。没有仲裁协议，一方申请仲裁的，仲裁委员会不予受理。

第五条 当事人达成仲裁协议，一方向人民法院起诉的，人民法院不予受理，但仲裁协议无效的除外。

第六条 仲裁委员会应当由当事人协议选定。

仲裁不实行级别管辖和地域管辖。

第七条 仲裁应当根据事实，符合法律规定，公平合理地解决纠纷。

第八条 仲裁依法独立进行，不受行政机关、社会团体和个人的干涉。

第九条 仲裁实行一裁终局的制度。裁决作出后，当事人就同一纠纷再申请仲裁或者向人民法院起诉的，仲裁委员会或者人民法院不予受理。

裁决被人民法院依法裁定撤销或者不予执行的，当事人就该纠纷可以根据双方重新达成的仲裁协议申请仲裁，也可以向人民法院起诉。

第二章 仲裁委员会和仲裁协会

第十条 仲裁委员会可以在直辖市和省、自治区人民政府所在地的市设立，也可以根据需要在其他设区的市设立，不按行政区划层层设立。

仲裁委员会由前款规定的市的人民政府组织有关部门和商会统一组建。

设立仲裁委员会，应当经省、自治区、直辖市的司法行政部门登记。

第十一条 仲裁委员会应当具备下列条件：

（一）有自己的名称、住所和章程；
（二）有必要的财产；
（三）有该委员会的组成人员；
（四）有聘任的仲裁员。

仲裁委员会的章程应当依照本法制定。

第十二条 仲裁委员会由主任一人、副主任二至四人和委员七至十一人组成。

仲裁委员会的主任、副主任和委员由法律、经济贸易专家和有实际工作经验的人员担任。仲裁委员会的组成人员中，法律、经济贸易专家不得少于三分之二。

第十三条 仲裁委员会应当从公道正派的人员中聘任仲裁员。

仲裁员应当符合下列条件之一：

（一）通过国家统一法律职业资格考试取得法律职业资格，从事仲裁工作满八年的；
（二）从事律师工作满八年的；
（三）曾任法官满八年的；
（四）从事法律研究、教学工作并具有高级职称的；
（五）具有法律知识、从事经济贸易等专业工作并具有高级职称或者具有同等专业水平的。

仲裁委员会按照不同专业设仲裁员名册。

第十四条 仲裁委员会独立于行政机关，与行政机关没有隶属关系。仲裁委员会之间也没有隶属关系。

第十五条 中国仲裁协会是社会团体法人。仲裁委员会是中国仲裁协会的会员。中国仲裁协会的章程由全国会员大会制定。

中国仲裁协会是仲裁委员会的自律性组织，根据章程对仲裁委员会及其组成人员、仲裁员的违纪行为进行监督。

中国仲裁协会依照本法和民事诉讼法的有关规定制定仲裁规则。

第三章 仲裁协议

第十六条 仲裁协议包括合同中订立的仲裁条款和以其他书面方式在纠纷发生前或者纠纷发生后达成的请求仲裁的协议。

仲裁协议应当具有下列内容：

（一）请求仲裁的意思表示；
（二）仲裁事项；
（三）选定的仲裁委员会。

第十七条 有下列情形之一的，仲裁协议无效：

（一）约定的仲裁事项超出法律规定的仲裁范围的；
（二）无民事行为能力人或者限制民事行为能力人订立的仲裁协议；

（三）一方采取胁迫手段，迫使对方订立仲裁协议的。

第十八条 仲裁协议对仲裁事项或者仲裁委员会没有约定或者约定不明确的，当事人可以补充协议；达不成补充协议的，仲裁协议无效。

第十九条 仲裁协议独立存在，合同的变更、解除、终止或者无效，不影响仲裁协议的效力。

仲裁庭有权确认合同的效力。

第二十条 当事人对仲裁协议的效力有异议的，可以请求仲裁委员会作出决定或者请求人民法院作出裁定。一方请求仲裁委员会作出决定，另一方请求人民法院作出裁定的，由人民法院裁定。

当事人对仲裁协议的效力有异议，应当在仲裁庭首次开庭前提出。

第四章 仲裁程序

第一节 申请和受理

第二十一条 当事人申请仲裁应当符合下列条件：

（一）有仲裁协议；

（二）有具体的仲裁请求和事实、理由；

（三）属于仲裁委员会的受理范围。

第二十二条 当事人申请仲裁，应当向仲裁委员会递交仲裁协议、仲裁申请书及副本。

第二十三条 仲裁申请书应当载明下列事项：

（一）当事人的姓名、性别、年龄、职业、工作单位和住所，法人或者其他组织的名称、住所和法定代表人或者主要负责人的姓名、职务；

（二）仲裁请求和所根据的事实、理由；

（三）证据和证据来源、证人姓名和住所。

第二十四条 仲裁委员会收到仲裁申请书之日起五日内，认为符合受理条件的，应当受理，并通知当事人；认为不符合受理条件的，应当书面通知当事人不予受理，并说明理由。

第二十五条 仲裁委员会受理仲裁申请后，应当在仲裁规则规定的期限内将仲裁规则和仲裁员名册送达申请人，并将仲裁申请书副本和仲裁规则、仲裁员名册送达被申请人。

被申请人收到仲裁申请书副本后，应当在仲裁规则规定的期限内向仲裁委员会提交答辩书。仲裁委员会收到答辩书后，应当在仲裁规则规定的期限内将答辩书副本送达申请人。被申请人未提交答辩书的，不影响仲裁程序的进行。

第二十六条 当事人达成仲裁协议，一方向人民法院起诉未声明有仲裁协议，人民法院受理后，另一方在首次开庭前提交仲裁协议的，人民法院应当驳回起诉，但仲裁协议无效的除外；另一方在首次开庭前未对人民法院受理该案提出异议的，视为放弃仲裁协议，人民法院应当继续审理。

第二十七条 申请人可以放弃或者变更仲裁请求。被申请人可以承认或者反驳仲裁请求,有权提出反请求。

第二十八条 一方当事人因另一方当事人的行为或者其他原因,可能使裁决不能执行或者难以执行的,可以申请财产保全。

当事人申请财产保全的,仲裁委员会应当将当事人的申请依照民事诉讼法的有关规定提交人民法院。

申请有错误的,申请人应当赔偿被申请人因财产保全所遭受的损失。

第二十九条 当事人、法定代理人可以委托律师和其他代理人进行仲裁活动。委托律师和其他代理人进行仲裁活动的,应当向仲裁委员会提交授权委托书。

第二节 仲裁庭的组成

第三十条 仲裁庭可以由三名仲裁员或者一名仲裁员组成。由三名仲裁员组成的,设首席仲裁员。

第三十一条 当事人约定由三名仲裁员组成仲裁庭的,应当各自选定或者各自委托仲裁委员会主任指定一名仲裁员,第三名仲裁员由当事人共同选定或者共同委托仲裁委员会主任指定。第三名仲裁员是首席仲裁员。

当事人约定由一名仲裁员成立仲裁庭的,应当由当事人共同选定或者共同委托仲裁委员会主任指定仲裁员。

第三十二条 当事人没有在仲裁规则规定的期限内约定仲裁庭的组成方式或者选定仲裁员的,由仲裁委员会主任指定。

第三十三条 仲裁庭组成后,仲裁委员会应当将仲裁庭的组成情况书面通知当事人。

第三十四条 仲裁员有下列情形之一的,必须回避,当事人也有权提出回避申请:

(一)是本案当事人或者当事人、代理人的近亲属;

(二)与本案有利害关系;

(三)与本案当事人、代理人有其他关系,可能影响公正仲裁的;

(四)私自会见当事人、代理人,或者接受当事人、代理人的请客送礼的。

第三十五条 当事人提出回避申请,应当说明理由,在首次开庭前提出。回避事由在首次开庭后知道的,可以在最后一次开庭终结前提出。

第三十六条 仲裁员是否回避,由仲裁委员会主任决定;仲裁委员会主任担任仲裁员时,由仲裁委员会集体决定。

第三十七条 仲裁员因回避或者其他原因不能履行职责的,应当依照本法规定重新选定或者指定仲裁员。

因回避而重新选定或者指定仲裁员后,当事人可以请求已进行的仲裁程序重新进行,是否准许,由仲裁庭决定;仲裁庭也可以自行决定已进行的仲裁程序是否重新进行。

第三十八条 仲裁员有本法第三十四条第四项规定的情形,情节严重的,或者有本法第五十八条第六项规定的情形的,应当依法承担法律责任,仲裁委员会应当将其除名。

第三节 开庭和裁决

第三十九条 仲裁应当开庭进行。当事人协议不开庭的,仲裁庭可以根据仲裁申请书、答辩书以及其他材料作出裁决。

第四十条 仲裁不公开进行。当事人协议公开的,可以公开进行,但涉及国家秘密的除外。

第四十一条 仲裁委员会应当在仲裁规则规定的期限内将开庭日期通知双方当事人。当事人有正当理由的,可以在仲裁规则规定的期限内请求延期开庭。是否延期,由仲裁庭决定。

第四十二条 申请人经书面通知,无正当理由不到庭或者未经仲裁庭许可中途退庭的,可以视为撤回仲裁申请。

被申请人经书面通知,无正当理由不到庭或者未经仲裁庭许可中途退庭的,可以缺席裁决。

第四十三条 当事人应当对自己的主张提供证据。

仲裁庭认为有必要收集的证据,可以自行收集。

第四十四条 仲裁庭对专门性问题认为需要鉴定的,可以交由当事人约定的鉴定部门鉴定,也可以由仲裁庭指定的鉴定部门鉴定。

根据当事人的请求或者仲裁庭的要求,鉴定部门应当派鉴定人参加开庭。当事人经仲裁庭许可,可以向鉴定人提问。

第四十五条 证据应当在开庭时出示,当事人可以质证。

第四十六条 在证据可能灭失或者以后难以取得的情况下,当事人可以申请证据保全。当事人申请证据保全的,仲裁委员会应当将当事人的申请提交证据所在地的基层人民法院。

第四十七条 当事人在仲裁过程中有权进行辩论。辩论终结时,首席仲裁员或者独任仲裁员应当征询当事人的最后意见。

第四十八条 仲裁庭应当将开庭情况记入笔录。当事人和其他仲裁参与人认为对自己陈述的记录有遗漏或者差错的,有权申请补正。如果不予补正,应当记录该申请。

笔录由仲裁员、记录人员、当事人和其他仲裁参与人签名或者盖章。

第四十九条 当事人申请仲裁后,可以自行和解。达成和解协议的,可以请求仲裁庭根据和解协议作出裁决书,也可以撤回仲裁申请。

第五十条 当事人达成和解协议,撤回仲裁申请后反悔的,可以根据仲裁协议申请仲裁。

第五十一条 仲裁庭在作出裁决前，可以先行调解。当事人自愿调解的，仲裁庭应当调解。调解不成的，应当及时作出裁决。

调解达成协议的，仲裁庭应当制作调解书或者根据协议的结果制作裁决书。调解书与裁决书具有同等法律效力。

第五十二条 调解书应当写明仲裁请求和当事人协议的结果。调解书由仲裁员签名，加盖仲裁委员会印章，送达双方当事人。

调解书经双方当事人签收后，即发生法律效力。

在调解书签收前当事人反悔的，仲裁庭应当及时作出裁决。

第五十三条 裁决应当按照多数仲裁员的意见作出，少数仲裁员的不同意见可以记入笔录。仲裁庭不能形成多数意见时，裁决应当按照首席仲裁员的意见作出。

第五十四条 裁决书应当写明仲裁请求、争议事实、裁决理由、裁决结果、仲裁费用的负担和裁决日期。当事人协议不愿写明争议事实和裁决理由的，可以不写。裁决书由仲裁员签名，加盖仲裁委员会印章。对裁决持不同意见的仲裁员，可以签名，也可以不签名。

第五十五条 仲裁庭仲裁纠纷时，其中一部分事实已经清楚，可以就该部分先行裁决。

第五十六条 对裁决书中的文字、计算错误或者仲裁庭已经裁决但在裁决书中遗漏的事项，仲裁庭应当补正；当事人自收到裁决书之日起三十日内，可以请求仲裁庭补正。

第五十七条 裁决书自作出之日起发生法律效力。

第五章　申请撤销裁决

第五十八条 当事人提出证据证明裁决有下列情形之一的，可以向仲裁委员会所在地的中级人民法院申请撤销裁决：

（一）没有仲裁协议的；

（二）裁决的事项不属于仲裁协议的范围或者仲裁委员会无权仲裁的；

（三）仲裁庭的组成或者仲裁的程序违反法定程序的；

（四）裁决所根据的证据是伪造的；

（五）对方当事人隐瞒了足以影响公正裁决的证据的；

（六）仲裁员在仲裁该案时有索贿受贿，徇私舞弊，枉法裁决行为的。

人民法院经组成合议庭审查核实裁决有前款规定情形之一的，应当裁定撤销。

人民法院认定该裁决违背社会公共利益的，应当裁定撤销。

第五十九条 当事人申请撤销裁决的，应当自收到裁决书之日起六个月内提出。

第六十条 人民法院应当在受理撤销裁决申请之日起两个月内作出撤销裁决或

者驳回申请的裁定。

第六十一条 人民法院受理撤销裁决的申请后，认为可以由仲裁庭重新仲裁的，通知仲裁庭在一定期限内重新仲裁，并裁定中止撤销程序。仲裁庭拒绝重新仲裁的，人民法院应当裁定恢复撤销程序。

第六章 执　行

第六十二条 当事人应当履行裁决。一方当事人不履行的，另一方当事人可以依照民事诉讼法的有关规定向人民法院申请执行。受申请的人民法院应当执行。

第六十三条 被申请人提出证据证明裁决有民事诉讼法第二百一十三条第二款规定的情形之一的，经人民法院组成合议庭审查核实，裁定不予执行。

第六十四条 一方当事人申请执行裁决，另一方当事人申请撤销裁决的，人民法院应当裁定中止执行。

人民法院裁定撤销裁决的，应当裁定终结执行。撤销裁决的申请被裁定驳回的，人民法院应当裁定恢复执行。

第七章　涉外仲裁的特别规定

第六十五条 涉外经济贸易、运输和海事中发生的纠纷的仲裁，适用本章规定。本章没有规定的，适用本法其他有关规定。

第六十六条 涉外仲裁委员会可以由中国国际商会组织设立。

涉外仲裁委员会由主任一人、副主任若干人和委员若干人组成。

涉外仲裁委员会的主任、副主任和委员可以由中国国际商会聘任。

第六十七条 涉外仲裁委员会可以从具有法律、经济贸易、科学技术等专门知识的外籍人士中聘任仲裁员。

第六十八条 涉外仲裁的当事人申请证据保全的，涉外仲裁委员会应当将当事人的申请提交证据所在地的中级人民法院。

第六十九条 涉外仲裁的仲裁庭可以将开庭情况记入笔录，或者作出笔录要点，笔录要点可以由当事人和其他仲裁参与人签字或者盖章。

第七十条 当事人提出证据证明涉外仲裁裁决有民事诉讼法第二百五十八条第一款规定的情形之一的，经人民法院组成合议庭审查核实，裁定撤销。

第七十一条 被申请人提出证据证明涉外仲裁裁决有民事诉讼法第二百五十八条第一款规定的情形之一的，经人民法院组成合议庭审查核实，裁定不予执行。

第七十二条 涉外仲裁委员会作出的发生法律效力的仲裁裁决，当事人请求执行的，如果被执行人或者其财产不在中华人民共和国领域内，应当由当事人直接向有管辖权的外国法院申请承认和执行。

第七十三条 涉外仲裁规则可以由中国国际商会依照本法和民事诉讼法的有关规定制定。

第八章 附 则

第七十四条 法律对仲裁时效有规定的,适用该规定。法律对仲裁时效没有规定的,适用诉讼时效的规定。

第七十五条 中国仲裁协会制定仲裁规则前,仲裁委员会依照本法和民事诉讼法的有关规定可以制定仲裁暂行规则。

第七十六条 当事人应当按照规定交纳仲裁费用。

收取仲裁费用的办法,应当报物价管理部门核准。

第七十七条 劳动争议和农业集体经济组织内部的农业承包合同纠纷的仲裁,另行规定。

第七十八条 本法施行前制定的有关仲裁的规定与本法的规定相抵触的,以本法为准。

第七十九条 本法施行前在直辖市、省、自治区人民政府所在地的市和其他设区的市设立的仲裁机构,应当依照本法的有关规定重新组建;未重新组建的,自本法施行之日起届满一年时终止。

本法施行前设立的不符合本法规定的其他仲裁机构,自本法施行之日起终止。

第八十条 本法自 1995 年 9 月 1 日起施行。

II · 法规、解释

A 总则

通则

A1-1 繁简分流试点决定（2019）

全国人民代表大会常务委员会关于授权最高人民法院在部分地区开展民事诉讼程序繁简分流改革试点工作的决定

（2019年12月28日第十三届全国人民代表大会常务委员会第十五次会议通过）

为进一步优化司法资源配置，推进案件繁简分流、轻重分离、快慢分道，深化民事诉讼制度改革，提升司法效能，促进司法公正，第十三届全国人民代表大会常务委员会第十五次会议决定：授权最高人民法院在北京、上海市辖区内中级人民法院、基层人民法院，南京、苏州、杭州、宁波、合肥、福州、厦门、济南、郑州、洛阳、武汉、广州、深圳、成都、贵阳、昆明、西安、银川市中级人民法院及其辖区内基层人民法院，北京、上海、广州知识产权法院、上海金融法院，北京、杭州、广州互联网法院，就优化司法确认程序、完善小额诉讼程序、完善简易程序规则、扩大独任制适用范围、健全电子诉讼规则等，开展民事诉讼程序繁简分流改革试点工作。试点期间，试点法院暂时调整适用《中华人民共和国民事诉讼法》第三十九条第一款、第二款，第四十条第一款，第八十七条第一款，第一百六十二条，第一百六十九条第一款，第一百九十四条。试点工作应当遵循民事诉讼法的基本原则，充分保障当事人诉讼权利，促进提升司法效率，确保司法公正。试点具体办法由最高人民法院牵头研究制定，报全国人民代表大会常务委员会备案。试点期限为二年，自试点办法印发之日起算。

最高人民法院应当加强对试点工作的组织指导和监督检查。试点过程中，最高人民法院应当就试点情况向全国人民代表大会常务委员会作出中期报告。试点期满后，对实践证明可行的，应当修改完善有关法律；对实践证明不宜调整的，恢复施行有关法律规定。

本决定自2019年12月29日起施行。

A1-2 民诉解释（2015）

最高人民法院关于适用《中华人民共和国民事诉讼法》的解释

（法释〔2015〕5号。2014年12月18日最高人民法院审判委员会第1636次会议通过，2015年1月30日公布，自2015年2月4日起施行）

2012年8月31日，第十一届全国人民代表大会常务委员会第二十八次会议审议通过了《关于修改〈中华人民共和国民事诉讼法〉的决定》。根据修改后的民事诉讼法，结合人民法院民事审判和执行工作实际，制定本解释。

一、管辖

第一条 民事诉讼法第十八条第一项规定的重大涉外案件，包括争议标的额大的案件、案情复杂的案件，或者一方当事人人数众多等具有重大影响的案件。

第二条 专利纠纷案件由知识产权法院、最高人民法院确定的中级人民法院和基层人民法院管辖。

海事、海商案件由海事法院管辖。

第三条 公民的住所地是指公民的户籍所在地，法人或者其他组织的住所地是指法人或者其他组织的主要办事机构所在地。

法人或者其他组织的主要办事机构所在地不能确定的，法人或者其他组织的注册地或者登记地为住所地。

第四条 公民的经常居住地是指公民离开住所地至起诉时已连续居住一年以上的地方，但公民住院就医的地方除外。

第五条 对没有办事机构的个人合伙、合伙型联营体提起的诉讼，由被告注册登记地人民法院管辖。没有注册登记，几个被告又不在同一辖区的，被告住所地的人民法院都有管辖权。

第六条 被告被注销户籍的，依照民事诉讼法第二十二条规定确定管辖；原告、被告均被注销户籍的，由被告居住地人民法院管辖。

第七条 当事人的户籍迁出后尚未落户，有经常居住地的，由该地人民法院管辖；没有经常居住地的，由其原户籍所在地人民法院管辖。

第八条 双方当事人都被监禁或者被采取强制性教育措施的，由被告原住所地人民法院管辖。被告被监禁或者被采取强制性教育措施一年以上的，由被告被监禁地或者被采取强制性教育措施地人民法院管辖。

第九条 追索赡养费、抚育费、扶养费案件的几个被告住所地不在同一辖区的，可以由原告住所地人民法院管辖。

第十条 不服指定监护或者变更监护关系的案件，可以由被监护人住所地人民法院管辖。

第十一条 双方当事人均为军人或者军队单位的民事案件由军事法院管辖。

第十二条 夫妻一方离开住所地超过一年，另一方起诉离婚的案件，可以由原告住所地人民法院管辖。

夫妻双方离开住所地超过一年，一方起诉离婚的案件，由被告经常居住地人民法院管辖；没有经常居住地的，由原告起诉时被告居住地人民法院管辖。

第十三条 在国内结婚并定居国外的华侨，如定居国法院以离婚诉讼须由婚姻缔结地法院管辖为由不予受理，当事人向人民法院提出离婚诉讼的，由婚姻缔结地或者一方在国内的最后居住地人民法院管辖。

第十四条 在国外结婚并定居国外的华侨，如定居国法院以离婚诉讼须由国籍所属国法院管辖为由不予受理，当事人向人民法院提出离婚诉讼的，由一方原住所地或者在国内的最后居住地人民法院管辖。

第十五条 中国公民一方居住在国外，一方居住在国内，不论哪一方向人民法院提起离婚诉讼，国内一方住所地人民法院都有权管辖。国外一方在居住国法院起诉，国内一方向人民法院起诉的，受诉人民法院有权管辖。

第十六条 中国公民双方在国外但未定居，一方向人民法院起诉离婚的，应由原告或者被告原住所地人民法院管辖。

第十七条 已经离婚的中国公民，双方均定居国外，仅就国内财产分割提起诉讼的，由主要财产所在地人民法院管辖。

第十八条 合同约定履行地点的，以约定的履行地点为合同履行地。

合同对履行地点没有约定或者约定不明确，争议标的为给付货币的，接收货币一方所在地为合同履行地；交付不动产的，不动产所在地为合同履行地；其他标的，履行义务一方所在地为合同履行地。即时结清的合同，交易行为地为合同履行地。

合同没有实际履行，当事人双方住所地都不在合同约定的履行地的，由被告住所地人民法院管辖。

第十九条 财产租赁合同、融资租赁合同以租赁物使用地为合同履行地。合同对履行地有约定的，从其约定。

第二十条 以信息网络方式订立的买卖合同，通过信息网络交付标的的，以买受人住所地为合同履行地；通过其他方式交付标的的，收货地为合同履行地。合同对履行地有约定的，从其约定。

第二十一条 因财产保险合同纠纷提起的诉讼，如果保险标的物是运输工具或者运输中的货物，可以由运输工具登记注册地、运输目的地、保险事故发生地人民法院管辖。

因人身保险合同纠纷提起的诉讼，可以由被保险人住所地人民法院管辖。

第二十二条 因股东名册记载、请求变更公司登记、股东知情权、公司决议、公司合并、公司分立、公司减资、公司增资等纠纷提起的诉讼，依照民事诉讼法第二十六条规定确定管辖。

第二十三条 债权人申请支付令，适用民事诉讼法第二十一条规定，由债务人住所地基层人民法院管辖。

第二十四条 民事诉讼法第二十八条规定的侵权行为地,包括侵权行为实施地、侵权结果发生地。

第二十五条 信息网络侵权行为实施地包括实施被诉侵权行为的计算机等信息设备所在地,侵权结果发生地包括被侵权人住所地。

第二十六条 因产品、服务质量不合格造成他人财产、人身损害提起的诉讼,产品制造地、产品销售地、服务提供地、侵权行为地和被告住所地人民法院都有管辖权。

第二十七条 当事人申请诉前保全后没有在法定期间起诉或者申请仲裁,给被申请人、利害关系人造成损失引起的诉讼,由采取保全措施的人民法院管辖。

当事人申请诉前保全后在法定期间内起诉或者申请仲裁,被申请人、利害关系人因保全受到损失提起的诉讼,由受理起诉的人民法院或者采取保全措施的人民法院管辖。

第二十八条 民事诉讼法第三十三条第一项规定的不动产纠纷是指因不动产的权利确认、分割、相邻关系等引起的物权纠纷。

农村土地承包经营合同纠纷、房屋租赁合同纠纷、建设工程施工合同纠纷、政策性房屋买卖合同纠纷,按照不动产纠纷确定管辖。

不动产已登记的,以不动产登记簿记载的所在地为不动产所在地;不动产未登记的,以不动产实际所在地为不动产所在地。

第二十九条 民事诉讼法第三十四条规定的书面协议,包括书面合同中的协议管辖条款或者诉讼前以书面形式达成的选择管辖的协议。

第三十条 根据管辖协议,起诉时能够确定管辖法院的,从其约定;不能确定的,依照民事诉讼法的相关规定确定管辖。

管辖协议约定两个以上与争议有实际联系的地点的人民法院管辖,原告可以向其中一个人民法院起诉。

第三十一条 经营者使用格式条款与消费者订立管辖协议,未采取合理方式提请消费者注意,消费者主张管辖协议无效的,人民法院应予支持。

第三十二条 管辖协议约定由一方当事人住所地人民法院管辖,协议签订后当事人住所地变更的,由签订管辖协议时的住所地人民法院管辖,但当事人另有约定的除外。

第三十三条 合同转让的,合同的管辖协议对合同受让人有效,但转让时受让人不知道有管辖协议,或者转让协议另有约定且原合同相对人同意的除外。

第三十四条 当事人因同居或者在解除婚姻、收养关系后发生财产争议,约定管辖的,可以适用民事诉讼法第三十四条规定确定管辖。

第三十五条 当事人在答辩期间届满后未应诉答辩,人民法院在一审开庭前,发现案件不属于本院管辖的,应当裁定移送有管辖权的人民法院。

第三十六条 两个以上人民法院都有管辖权的诉讼,先立案的人民法院不得将案件移送给另一个有管辖权的人民法院。人民法院在立案前发现其他有管辖权的人民法院已先立案的,不得重复立案;立案后发现其他有管辖权的人民法院已先立案的,裁定将案件移送给先立案的人民法院。

第三十七条 案件受理后,受诉人民法院的管辖权不受当事人住所地、经常居住地变更的影响。

第三十八条 有管辖权的人民法院受理案件后,不得以行政区域变更为由,将案件移送给变更后有管辖权的人民法院。判决后的上诉案件和依审判监督程序提审的案件,由原审人民法院的上级人民法院进行审判;上级人民法院指令再审、发回重审的案件,由原审人民法院再审或者重审。

第三十九条 人民法院对管辖异议审查后确定有管辖权的,不因当事人提起反诉、增加或者变更诉讼请求等改变管辖,但违反级别管辖、专属管辖规定的除外。

人民法院发回重审或者按第一审程序再审的案件,当事人提出管辖异议的,人民法院不予审查。

第四十条 依照民事诉讼法第三十七条第二款规定,发生管辖权争议的两个人民法院因协商不成报请它们的共同上级人民法院指定管辖时,双方为同属一个地、市辖区的基层人民法院的,由该地、市的中级人民法院及时指定管辖;同属一个省、自治区、直辖市的两个人民法院的,由该省、自治区、直辖市的高级人民法院及时指定管辖;双方为跨省、自治区、直辖市的人民法院,高级人民法院协商不成的,由最高人民法院及时指定管辖。

依照前款规定报请上级人民法院指定管辖时,应当逐级进行。

第四十一条 人民法院依照民事诉讼法第三十七条第二款规定指定管辖的,应当作出裁定。

对报请上级人民法院指定管辖的案件,下级人民法院应当中止审理。指定管辖裁定作出前,下级人民法院对案件作出判决、裁定的,上级人民法院应当在裁定指定管辖的同时,一并撤销下级人民法院的判决、裁定。

第四十二条 下列第一审民事案件,人民法院依照民事诉讼法第三十八条第一款规定,可以在开庭前交下级人民法院审理:

(一)破产程序中有关债务人的诉讼案件;
(二)当事人人数众多且不方便诉讼的案件;
(三)最高人民法院确定的其他类型案件。

人民法院交下级人民法院审理前,应当报请其上级人民法院批准。上级人民法院批准后,人民法院应当裁定将案件交下级人民法院审理。

二、回避

第四十三条 审判人员有下列情形之一的,应当自行回避,当事人有权申请其回避:

(一)是本案当事人或者当事人近亲属的;
(二)本人或者其近亲属与本案有利害关系的;

（三）担任过本案的证人、鉴定人、辩护人、诉讼代理人、翻译人员的；

（四）是本案诉讼代理人近亲属的；

（五）本人或者其近亲属持有本案非上市公司当事人的股份或者股权的；

（六）与本案当事人或者诉讼代理人有其他利害关系，可能影响公正审理的。

第四十四条 审判人员有下列情形之一的，当事人有权申请其回避：

（一）接受本案当事人及其受托人宴请，或者参加由其支付费用的活动的；

（二）索取、接受本案当事人及其受托人财物或者其他利益的；

（三）违反规定会见本案当事人、诉讼代理人的；

（四）为本案当事人推荐、介绍诉讼代理人，或者为律师、其他人员介绍代理本案的；

（五）向本案当事人及其受托人借用款物的；

（六）有其他不正当行为，可能影响公正审理的。

第四十五条 在一个审判程序中参与过本案审判工作的审判人员，不得再参与该案其他程序的审判。

发回重审的案件，在一审法院作出裁判后又进入第二程序的，原第二审程序中合议庭组成人员不受前款规定的限制。

第四十六条 审判人员有应当回避的情形，没有自行回避，当事人也没有申请其回避的，由院长或者审判委员会决定其回避。

第四十七条 人民法院应当依法告知当事人对合议庭组成人员、独任审判员和书记员等人员有申请回避的权利。

第四十八条 民事诉讼法第四十四条所称的审判人员，包括参与本案审理的人民法院院长、副院长、审判委员会委员、庭长、副庭长、审判员、助理审判员和人民陪审员。

第四十九条 书记员和执行员适用审判人员回避的有关规定。

三、诉讼参加人

第五十条 法人的法定代表人以依法登记的为准，但法律另有规定的除外。依法不需要办理登记的法人，以其正职负责人为法定代表人；没有正职负责人的，以其主持工作的副职负责人为法定代表人。

法定代表人已经变更，但未完成登记，变更后的法定代表人要求代表法人参加诉讼的，人民法院可以准许。

其他组织，以其主要负责人为代表人。

第五十一条 在诉讼中，法人的法定代表人变更的，由新的法定代表人继续进行诉讼，并应向人民法院提交新的法定代表人身份证明书。原法定代表人进行的诉讼行为有效。

前款规定，适用于其他组织参加的诉讼。

第五十二条 民事诉讼法第四十八条规定的其他组织是指合法成立、有一定的组织机构和财产，但又不具备法人资格的组织，包括：
（一）依法登记领取营业执照的个人独资企业；
（二）依法登记领取营业执照的合伙企业；
（三）依法登记领取我国营业执照的中外合作经营企业、外资企业；
（四）依法成立的社会团体的分支机构、代表机构；
（五）依法设立并领取营业执照的法人的分支机构；
（六）依法设立并领取营业执照的商业银行、政策性银行和非银行金融机构的分支机构；
（七）经依法登记领取营业执照的乡镇企业、街道企业；
（八）其他符合本条规定条件的组织。

第五十三条 法人非依法设立的分支机构，或者虽依法设立，但没有领取营业执照的分支机构，以设立该分支机构的法人为当事人。

第五十四条 以挂靠形式从事民事活动，当事人请求由挂靠人和被挂靠人依法承担民事责任的，该挂靠人和被挂靠人为共同诉讼人。

第五十五条 在诉讼中，一方当事人死亡，需要等待继承人表明是否参加诉讼的，裁定中止诉讼。人民法院应当及时通知继承人作为当事人承担诉讼，被继承人已经进行的诉讼行为对承担诉讼的继承人有效。

第五十六条 法人或者其他组织的工作人员执行工作任务造成他人损害的，该法人或者其他组织为当事人。

第五十七条 提供劳务一方因劳务造成他人损害，受害人提起诉讼的，以接受劳务一方为被告。

第五十八条 在劳务派遣期间，被派遣的工作人员因执行工作任务造成他人损害的，以接受劳务派遣的用工单位为当事人。当事人主张劳务派遣单位承担责任的，该劳务派遣单位为共同被告。

第五十九条 在诉讼中，个体工商户以营业执照上登记的经营者为当事人。有字号的，以营业执照上登记的字号为当事人，但应同时注明该字号经营者的基本信息。

营业执照上登记的经营者与实际经营者不一致的，以登记的经营者和实际经营者为共同诉讼人。

第六十条 在诉讼中，未依法登记领取营业执照的个人合伙的全体合伙人为共同诉讼人。个人合伙有依法核准登记的字号的，应在法律文书中注明登记的字号。全体合伙人可以推选代表人；被推选的代表人，应由全体合伙人出具推选书。

第六十一条 当事人之间的纠纷经人民调解委员会调解达成协议后，一方当事人不履行调解协议，另一方当事人向人民法院提起诉讼的，应以对方当事人为被告。

第六十二条 下列情形，以行为人为当事人：

（一）法人或者其他组织应登记而未登记，行为人即以该法人或者其他组织名义进行民事活动的；

（二）行为人没有代理权、超越代理权或者代理权终止后以被代理人名义进行民事活动的，但相对人有理由相信行为人有代理权的除外；

（三）法人或者其他组织依法终止后，行为人仍以其名义进行民事活动的。

第六十三条 企业法人合并的，因合并前的民事活动发生的纠纷，以合并后的企业为当事人；企业法人分立的，因分立前的民事活动发生的纠纷，以分立后的企业为共同诉讼人。

第六十四条 企业法人解散的，依法清算并注销前，以该企业法人为当事人；未依法清算即被注销的，以该企业法人的股东、发起人或者出资人为当事人。

第六十五条 借用业务介绍信、合同专用章、盖章的空白合同书或者银行账户的，出借单位和借用人为共同诉讼人。

第六十六条 因保证合同纠纷提起的诉讼，债权人向保证人和被保证人一并主张权利的，人民法院应当将保证人和被保证人列为共同被告。保证合同约定为一般保证，债权人仅起诉保证人的，人民法院应当通知被保证人作为共同被告参加诉讼；债权人仅起诉被保证人的，可以只列被保证人为被告。

第六十七条 无民事行为能力人、限制民事行为能力人造成他人损害的，无民事行为能力人、限制民事行为能力人和其监护人为共同被告。

第六十八条 村民委员会或者村民小组与他人发生民事纠纷的，村民委员会或者有独立财产的村民小组为当事人。

第六十九条 对侵害死者遗体、遗骨以及姓名、肖像、名誉、荣誉、隐私等行为提起诉讼的，死者的近亲属为当事人。

第七十条 在继承遗产的诉讼中，部分继承人起诉的，人民法院应通知其他继承人作为共同原告参加诉讼；被通知的继承人不愿意参加诉讼又未明确表示放弃实体权利的，人民法院仍应将其列为共同原告。

第七十一条 原告起诉被代理人和代理人，要求承担连带责任的，被代理人和代理人为共同被告。

第七十二条 共有财产权受到他人侵害，部分共有权人起诉的，其他共有权人为共同诉讼人。

第七十三条 必须共同进行诉讼的当事人没有参加诉讼的，人民法院应当依照民事诉讼法第一百三十二条的规定，通知其参加；当事人也可以向人民法院申请追加。人民法院对当事人提出的申请，应当进行审查，申请理由不成立的，裁定驳回；申请理由成立的，书面通知被追加的当事人参加诉讼。

第七十四条 人民法院追加共同诉讼的当事人时，应当通知其他当事人。应当追加的原告，已明确表示放弃实体权利的，可不予追加；既不愿意参加诉讼，又不放弃实体权利的,仍应追加为共同原告,其不参加诉讼,不影响人民法院对案件的审理和依法作出判决。

第七十五条 民事诉讼法第五十三条、第五十四条和第一百九十九条规定的人数众多,一般指十人以上。

第七十六条 依照民事诉讼法第五十三条规定,当事人一方人数众多在起诉时确定的,可以由全体当事人推选共同的代表人,也可以由部分当事人推选自己的代表人;推选不出代表人的当事人,在必要的共同诉讼中可以自己参加诉讼,在普通的共同诉讼中可以另行起诉。

第七十七条 根据民事诉讼法第五十四条规定,当事人一方人数众多在起诉时不确定的,由当事人推选代表人。当事人推选不出的,可以由人民法院提出人选与当事人协商;协商不成的,也可以由人民法院在起诉的当事人中指定代表人。

第七十八条 民事诉讼法第五十三条和第五十四条规定的代表人为二至五人,每位代表人可以委托一至二人作为诉讼代理人。

第七十九条 依照民事诉讼法第五十四条规定受理的案件,人民法院可以发出公告,通知权利人向人民法院登记。公告期间根据案件的具体情况确定,但不得少于三十日。

第八十条 根据民事诉讼法第五十四条规定向人民法院登记的权利人,应当证明其与对方当事人的法律关系和所受到的损害。证明不了的,不予登记,权利人可以另行起诉。人民法院的裁判在登记的范围内执行。未参加登记的权利人提起诉讼,人民法院认定其请求成立的,裁定适用人民法院已作出的判决、裁定。

第八十一条 根据民事诉讼法第五十六条的规定,有独立请求权的第三人有权向人民法院提出诉讼请求和事实、理由,成为当事人;无独立请求权的第三人,可以申请或者由人民法院通知参加诉讼。

第一审程序中未参加诉讼的第三人,申请参加第二审程序的,人民法院可以准许。

第八十二条 在一审诉讼中,无独立请求权的第三人无权提出管辖异议,无权放弃、变更诉讼请求或者申请撤诉,被判决承担民事责任的,有权提起上诉。

第八十三条 在诉讼中,无民事行为能力人、限制民事行为能力人的监护人是他的法定代理人。事先没有确定监护人的,可以由有监护资格的人协商确定;协商不成的,由人民法院在他们之中指定诉讼中的法定代理人。当事人没有民法通则第十六条第一款、第二款或者第十七条第一款规定的监护人的,可以指定该法第十六条第四款或者第十七条第三款规定的有关组织担任诉讼中的法定代理人。

第八十四条 无民事行为能力人、限制民事行为能力人以及其他依法不能作为诉讼代理人的,当事人不得委托其作为诉讼代理人。

第八十五条 根据民事诉讼法第五十八条第二款第二项规定，与当事人有夫妻、直系血亲、三代以内旁系血亲、近姻亲关系以及其他有抚养、赡养关系的亲属，可以当事人近亲属的名义作为诉讼代理人。

第八十六条 根据民事诉讼法第五十八条第二款第二项规定，与当事人有合法劳动人事关系的职工，可以当事人工作人员的名义作为诉讼代理人。

第八十七条 根据民事诉讼法第五十八条第二款第三项规定，有关社会团体推荐公民担任诉讼代理人的，应当符合下列条件：

（一）社会团体属于依法登记设立或者依法免予登记设立的非营利性法人组织；

（二）被代理人属于该社会团体的成员，或者当事人一方住所地位于该社会团体的活动地域；

（三）代理事务属于该社会团体章程载明的业务范围；

（四）被推荐的公民是该社会团体的负责人或者与该社会团体有合法劳动人事关系的工作人员。

专利代理人经中华全国专利代理人协会推荐，可以在专利纠纷案件中担任诉讼代理人。

第八十八条 诉讼代理人除根据民事诉讼法第五十九条规定提交授权委托书外，还应当按照下列规定向人民法院提交相关材料：

（一）律师应当提交律师执业证、律师事务所证明材料；

（二）基层法律服务工作者应当提交法律服务工作者执业证、基层法律服务所出具的介绍信以及当事人一方位于本辖区内的证明材料；

（三）当事人的近亲属应当提交身份证件和与委托人有近亲属关系的证明材料；

（四）当事人的工作人员应当提交身份证件和与当事人有合法劳动人事关系的证明材料；

（五）当事人所在社区、单位推荐的公民应当提交身份证件、推荐材料和当事人属于该社区、单位的证明材料；

（六）有关社会团体推荐的公民应当提交身份证件和符合本解释第八十七条规定条件的证明材料。

第八十九条 当事人向人民法院提交的授权委托书，应当在开庭审理前送交人民法院。授权委托书仅写"全权代理"而无具体授权的，诉讼代理人无权代为承认、放弃、变更诉讼请求，进行和解，提出反诉或者提起上诉。

适用简易程序审理的案件，双方当事人同时到庭并径行开庭审理的，可以当场口头委托诉讼代理人，由人民法院记入笔录。

四、证据

第九十条 当事人对自己提出的诉讼请求所依据的事实或者反驳对方诉讼请求所依据的事实，应当提供证据加以证明，但法律另有规定的除外。

在作出判决前，当事人未能提供证据或者证据不足以证明其事实主张的，由负有举证证明责任的当事人承担不利的后果。

第九十一条 人民法院应当依照下列原则确定举证证明责任的承担，但法律另有规定的除外：

（一）主张法律关系存在的当事人，应当对产生该法律关系的基本事实承担举证证明责任；

（二）主张法律关系变更、消灭或者权利受到妨害的当事人，应当对该法律关系变更、消灭或者权利受到妨害的基本事实承担举证证明责任。

第九十二条 一方当事人在法庭审理中，或者在起诉状、答辩状、代理词等书面材料中，对于己不利的事实明确表示承认的，另一方当事人无需举证证明。

对于涉及身份关系、国家利益、社会公共利益等应当由人民法院依职权调查的事实，不适用前款自认的规定。

自认的事实与查明的事实不符的，人民法院不予确认。

第九十三条 下列事实，当事人无须举证证明：

（一）自然规律以及定理、定律；

（二）众所周知的事实；

（三）根据法律规定推定的事实；

（四）根据已知的事实和日常生活经验法则推定出的另一事实；

（五）已为人民法院发生法律效力的裁判所确认的事实；

（六）已为仲裁机构生效裁决所确认的事实；

（七）已为有效公证文书所证明的事实。

前款第二项至第四项规定的事实，当事人有相反证据足以反驳的除外；第五项至第七项规定的事实，当事人有相反证据足以推翻的除外。

第九十四条 民事诉讼法第六十四条第二款规定的当事人及其诉讼代理人因客观原因不能自行收集的证据包括：

（一）证据由国家有关部门保存，当事人及其诉讼代理人无权查阅调取的；

（二）涉及国家秘密、商业秘密或者个人隐私的；

（三）当事人及其诉讼代理人因客观原因不能自行收集的其他证据。

当事人及其诉讼代理人因客观原因不能自行收集的证据，可以在举证期限届满前书面申请人民法院调查收集。

第九十五条 当事人申请调查收集的证据，与待证事实无关联、对证明待证事实无意义或者其他无调查收集必要的，人民法院不予准许。

第九十六条 民事诉讼法第六十四条第二款规定的人民法院认为审理案件需要的证据包括：

（一）涉及可能损害国家利益、社会公共利益的；

（二）涉及身份关系的；

(三) 涉及民事诉讼法第五十五条规定诉讼的;
(四) 当事人有恶意串通损害他人合法权益可能的;
(五) 涉及依职权追加当事人、中止诉讼、终结诉讼、回避等程序性事项的。

除前款规定外,人民法院调查收集证据,应当依照当事人的申请进行。

第九十七条 人民法院调查收集证据,应当由两人以上共同进行。调查材料要由调查人、被调查人、记录人签名、捺印或者盖章。

第九十八条 当事人根据民事诉讼法第八十一条第一款规定申请证据保全的,可以在举证期限届满前书面提出。

证据保全可能对他人造成损失的,人民法院应当责令申请人提供相应的担保。

第九十九条 人民法院应当在审理前的准备阶段确定当事人的举证期限。举证期限可以由当事人协商,并经人民法院准许。

人民法院确定举证期限,第一审普通程序案件不得少于十五日,当事人提供新的证据的第二审案件不得少于十日。

举证期限届满后,当事人对已经提供的证据,申请提供反驳证据或者对证据来源、形式等方面的瑕疵进行补正的,人民法院可以酌情再次确定举证期限,该期限不受前款规定的限制。

第一百条 当事人申请延长举证期限的,应当在举证期限届满前向人民法院提出书面申请。

申请理由成立的,人民法院应当准许,适当延长举证期限,并通知其他当事人。延长的举证期限适用于其他当事人。

申请理由不成立的,人民法院不予准许,并通知申请人。

第一百零一条 当事人逾期提供证据的,人民法院应当责令其说明理由,必要时可以要求其提供相应的证据。

当事人因客观原因逾期提供证据,或者对方当事人对逾期提供证据未提出异议的,视为未逾期。

第一百零二条 当事人因故意或者重大过失逾期提供的证据,人民法院不予采纳。但该证据与案件基本事实有关的,人民法院应当采纳,并依照民事诉讼法第六十五条、第一百一十五条第一款的规定予以训诫、罚款。

当事人非因故意或者重大过失逾期提供的证据,人民法院应当采纳,并对当事人予以训诫。

当事人一方要求另一方赔偿因逾期提供证据致使其增加的交通、住宿、就餐、误工、证人出庭作证等必要费用的,人民法院可予支持。

第一百零三条 证据应当在法庭上出示,由当事人互相质证。未经当事人质证的证据,不得作为认定案件事实的根据。

当事人在审理前的准备阶段认可的证据,经审判人员在庭审中说明后,视为质证过的证据。

涉及国家秘密、商业秘密、个人隐私或者法律规定应当保密的证据，不得公开质证。

第一百零四条 人民法院应当组织当事人围绕证据的真实性、合法性以及与待证事实的关联性进行质证，并针对证据有无证明力和证明力大小进行说明和辩论。

能够反映案件真实情况、与待证事实相关联、来源和形式符合法律规定的证据，应当作为认定案件事实的根据。

第一百零五条 人民法院应当按照法定程序，全面、客观地审核证据，依照法律规定，运用逻辑推理和日常生活经验法则，对证据有无证明力和证明力大小进行判断，并公开判断的理由和结果。

第一百零六条 对以严重侵害他人合法权益、违反法律禁止性规定或者严重违背公序良俗的方法形成或者获取的证据，不得作为认定案件事实的根据。

第一百零七条 在诉讼中，当事人为达成调解协议或者和解协议作出妥协而认可的事实，不得在后续的诉讼中作为对其不利的根据，但法律另有规定或者当事人均同意的除外。

第一百零八条 对负有举证证明责任的当事人提供的证据，人民法院经审查并结合相关事实，确信待证事实的存在具有高度可能性的，应当认定该事实存在。

对一方当事人为反驳负有举证证明责任的当事人所主张事实而提供的证据，人民法院经审查并结合相关事实，认为待证事实真伪不明的，应当认定该事实不存在。

法律对于待证事实所应达到的证明标准另有规定的，从其规定。

第一百零九条 当事人对欺诈、胁迫、恶意串通事实的证明，以及对口头遗嘱或者赠与事实的证明，人民法院确信该待证事实存在的可能性能够排除合理怀疑的，应当认定该事实存在。

第一百一十条 人民法院认为有必要的，可以要求当事人本人到庭，就案件有关事实接受询问。在询问当事人之前，可以要求其签署保证书。

保证书应当载明据实陈述、如有虚假陈述愿意接受处罚等内容。当事人应当在保证书上签名或者捺印。

负有举证证明责任的当事人拒绝到庭、拒绝接受询问或者拒绝签署保证书，待证事实又欠缺其他证据证明的，人民法院对其主张的事实不予认定。

第一百一十一条 民事诉讼法第七十条规定的提交书证原件确有困难，包括下列情形：

（一）书证原件遗失、灭失或者毁损的；

（二）原件在对方当事人控制之下，经合法通知提交而拒不提交的；

（三）原件在他人控制之下，而其有权不提交的；

（四）原件因篇幅或者体积过大而不便提交的；

（五）承担举证证明责任的当事人通过申请人民法院调查收集或者其他方式无法获得书证原件的。

前款规定情形，人民法院应当结合其他证据和案件具体情况，审查判断书证复制品等能否作为认定案件事实的根据。

第一百一十二条 书证在对方当事人控制之下的，承担举证证明责任的当事人可以在举证期限届满前书面申请人民法院责令对方当事人提交。

申请理由成立的，人民法院应当责令对方当事人提交，因提交书证所产生的费用，由申请人负担。对方当事人无正当理由拒不提交的，人民法院可以认定申请人所主张的书证内容为真实。

第一百一十三条 持有书证的当事人以妨碍对方当事人使用为目的，毁灭有关书证或者实施其他致使书证不能使用行为的，人民法院可以依照民事诉讼法第一百一十一条规定，对其处以罚款、拘留。

第一百一十四条 国家机关或者其他依法具有社会管理职能的组织，在其职权范围内制作的文书所记载的事项推定为真实，但有相反证据足以推翻的除外。必要时，人民法院可以要求制作文书的机关或者组织对文书的真实性予以说明。

第一百一十五条 单位向人民法院提出的证明材料，应当由单位负责人及制作证明材料的人员签名或者盖章，并加盖单位印章。人民法院就单位出具的证明材料，可以向单位及制作证明材料的人员进行调查核实。必要时，可以要求制作证明材料的人员出庭作证。

单位及制作证明材料的人员拒绝人民法院调查核实，或者制作证明材料的人员无正当理由拒绝出庭作证的，该证明材料不得作为认定案件事实的根据。

第一百一十六条 视听资料包括录音资料和影像资料。

电子数据是指通过电子邮件、电子数据交换、网上聊天记录、博客、微博客、手机短信、电子签名、域名等形成或者存储在电子介质中的信息。

存储在电子介质中的录音资料和影像资料，适用电子数据的规定。

第一百一十七条 当事人申请证人出庭作证的，应当在举证期限届满前提出。

符合本解释第九十六条第一款规定情形的，人民法院可以依职权通知证人出庭作证。

未经人民法院通知，证人不得出庭作证，但双方当事人同意并经人民法院准许的除外。

第一百一十八条 民事诉讼法第七十四条规定的证人因履行出庭作证义务而支出的交通、住宿、就餐等必要费用，按照机关事业单位工作人员差旅费用和补贴标准计算；误工损失按照国家上年度职工日平均工资标准计算。

人民法院准许证人出庭作证申请的，应当通知申请人预缴证人出庭作证费用。

第一百一十九条 人民法院在证人出庭作证前应当告知其如实作证的义务以及作伪证的法律后果,并责令其签署保证书,但无民事行为能力人和限制民事行为能力人除外。

证人签署保证书适用本解释关于当事人签署保证书的规定。

第一百二十条 证人拒绝签署保证书的,不得作证,并自行承担相关费用。

第一百二十一条 当事人申请鉴定,可以在举证期限届满前提出。申请鉴定的事项与待证事实无关联,或者对证明待证事实无意义的,人民法院不予准许。

人民法院准许当事人鉴定申请的,应当组织双方当事人协商确定具备相应资格的鉴定人。当事人协商不成的,由人民法院指定。

符合依职权调查收集证据条件的,人民法院应当依职权委托鉴定,在询问当事人的意见后,指定具备相应资格的鉴定人。

第一百二十二条 当事人可以依照民事诉讼法第七十九条的规定,在举证期限届满前申请一至二名具有专门知识的人出庭,代表当事人对鉴定意见进行质证,或者对案件事实所涉及的专业问题提出意见。

具有专门知识的人在法庭上就专业问题提出的意见,视为当事人的陈述。

人民法院准许当事人申请的,相关费用由提出申请的当事人负担。

第一百二十三条 人民法院可以对出庭的具有专门知识的人进行询问。经法庭准许,当事人可以对出庭的具有专门知识的人进行询问,当事人各自申请的具有专门知识的人可以就案件中的有关问题进行对质。

具有专门知识的人不得参与专业问题之外的法庭审理活动。

第一百二十四条 人民法院认为有必要的,可以根据当事人的申请或者依职权对物证或者现场进行勘验。勘验时应当保护他人的隐私和尊严。

人民法院可以要求鉴定人参与勘验。必要时,可以要求鉴定人在勘验中进行鉴定。

五、期间和送达

第一百二十五条 依照民事诉讼法第八十二条第二款规定,民事诉讼中以时起算的期间从次时起算;以日、月、年计算的期间从次日起算。

第一百二十六条 民事诉讼法第一百二十三条规定的立案期限,因起诉状内容欠缺通知原告补正的,从补正后交人民法院的次日起算。由上级人民法院转交下级人民法院立案的案件,从受诉人民法院收到起诉状的次日起算。

第一百二十七条 民事诉讼法第五十六条第三款、第二百零五条以及本解释第三百七十四条、第三百八十四条、第四百零一条、第四百二十二条、第四百二十三条规定的六个月,民事诉讼法第二百二十三条规定的一年,为不变期间,不适用诉讼时效中止、中断、延长的规定。

第一百二十八条 再审案件按照第一审程序或者第二审程序审理的,适用民事诉讼法第一百四十九条、第一百七十六条规定的审限。审限自再审立案的次日起算。

第一百二十九条 对申请再审案件,人民法院应当自受理之日起三个月内审查完毕,但公告期间、当事人和解期间等不计入审查期限。有特殊情况需要延长的,由本院院长批准。

第一百三十条 向法人或者其他组织送达诉讼文书,应当由法人的法定代表人、该组织的主要负责人或者办公室、收发室、值班室等负责收件的人签收或者盖章,拒绝签收或者盖章的,适用留置送达。

民事诉讼法第八十六条规定的有关基层组织和所在单位的代表,可以是受送达人住所地的居民委员会、村民委员会的工作人员以及受送达人所在单位的工作人员。

第一百三十一条 人民法院直接送达诉讼文书的,可以通知当事人到人民法院领取。当事人到达人民法院,拒绝签署送达回证的,视为送达。审判人员、书记员应当在送达回证上注明送达情况并签名。

人民法院可以在当事人住所地以外向当事人直接送达诉讼文书。当事人拒绝签署送达回证的,采用拍照、录像等方式记录送达过程即视为送达。审判人员、书记员应当在送达回证上注明送达情况并签名。

第一百三十二条 受送达人有诉讼代理人的,人民法院既可以向受送达人送达,也可以向其诉讼代理人送达。受送达人指定诉讼代理人为代收人的,向诉讼代理人送达时,适用留置送达。

第一百三十三条 调解书应当直接送达当事人本人,不适用留置送达。当事人本人因故不能签收的,可由其指定的代收人签收。

第一百三十四条 依照民事诉讼法第八十八条规定,委托其他人民法院代为送达的,委托法院应当出具委托函,并附需要送达的诉讼文书和送达回证,以受送达人在送达回证上签收的日期为送达日期。

委托送达的,受委托人民法院应当自收到委托函及相关诉讼文书之日起十日内代为送达。

第一百三十五条 电子送达可以采用传真、电子邮件、移动通信等即时收悉的特定系统作为送达媒介。

民事诉讼法第八十七条第二款规定的到达受送达人特定系统的日期,为人民法院对应系统显示发送成功的日期,但受送达人证明到达其特定系统的日期与人民法院对应系统显示发送成功的日期不一致的,以受送达人证明到达其特定系统的日期为准。

第一百三十六条 受送达人同意采用电子方式送达的,应当在送达地址确认书中予以确认。

第一百三十七条 当事人在提起上诉、申请再审、申请执行时未书面变更送达地址的,其在第一审程序中确认的送达地址可以作为第二审程序、审判监督程序、执行程序的送达地址。

第一百三十八条 公告送达可以在法院的公告栏和受送达人住所地张贴公告,

也可以在报纸、信息网络等媒体上刊登公告,发出公告日期以最后张贴或者刊登的日期为准。对公告送达方式有特殊要求的,应当按要求的方式进行。公告期满,即视为送达。

人民法院在受送达人住所地张贴公告的,应当采取拍照、录像等方式记录张贴过程。

第一百三十九条 公告送达应当说明公告送达的原因;公告送达起诉状或者上诉状副本的,应当说明起诉或者上诉要点,受送达人答辩期限及逾期不答辩的法律后果;公告送达传票,应当说明出庭的时间和地点及逾期不出庭的法律后果;公告送达判决书、裁定书的,应当说明裁判主要内容,当事人有权上诉的,还应当说明上诉权利、上诉期限和上诉的人民法院。

第一百四十条 适用简易程序的案件,不适用公告送达。

第一百四十一条 人民法院在定期宣判时,当事人拒不签收判决书、裁定书的,应视为送达,并在宣判笔录中记明。

六、调解

第一百四十二条 人民法院受理案件后,经审查,认为法律关系明确、事实清楚,在征得当事人双方同意后,可以径行调解。

第一百四十三条 适用特别程序、督促程序、公示催告程序的案件,婚姻等身份关系确认案件以及其他根据案件性质不能进行调解的案件,不得调解。

第一百四十四条 人民法院审理民事案件,发现当事人之间恶意串通,企图通过和解、调解方式侵害他人合法权益的,应当依照民事诉讼法第一百一十二条的规定处理。

第一百四十五条 人民法院审理民事案件,应当根据自愿、合法的原则进行调解。当事人一方或者双方坚持不愿调解的,应当及时裁判。

人民法院审理离婚案件,应当进行调解,但不应久调不决。

第一百四十六条 人民法院审理民事案件,调解过程不公开,但当事人同意公开的除外。

调解协议内容不公开,但为保护国家利益、社会公共利益、他人合法权益,人民法院认为确有必要公开的除外。

主持调解以及参与调解的人员,对调解过程以及调解过程中获悉的国家秘密、商业秘密、个人隐私和其他不宜公开的信息,应当保守秘密,但为保护国家利益、社会公共利益、他人合法权益的除外。

第一百四十七条 人民法院调解案件时,当事人不能出庭的,经其特别授权,可由其委托代理人参加调解,达成的调解协议,可由委托代理人签名。

离婚案件当事人确因特殊情况无法出庭参加调解的,除本人不能表达意志的以外,应当出具书面意见。

第一百四十八条 当事人自行和解或者调解达成协议后,请求人民法院按照和解协议或者调解协议的内容制作判决书的,人民法院不予准许。

无民事行为能力人的离婚案件，由其法定代理人进行诉讼。法定代理人与对方达成协议要求发给判决书的，可根据协议内容制作判决书。

第一百四十九条 调解书需经当事人签收后才发生法律效力的，应当以最后收到调解书的当事人签收的日期为调解书生效日期。

第一百五十条 人民法院调解民事案件，需由无独立请求权的第三人承担责任的，应当经其同意。该第三人在调解书送达前反悔的，人民法院应当及时裁判。

第一百五十一条 根据民事诉讼法第九十八条第一款第四项规定，当事人各方同意在调解协议上签名或者盖章后即发生法律效力的，经人民法院审查确认后，应当记入笔录或者将调解协议附卷，并由当事人、审判人员、书记员签名或者盖章后即具有法律效力。

前款规定情形，当事人请求制作调解书的，人民法院审查确认后可以制作调解书送交当事人。当事人拒收调解书的，不影响调解协议的效力。

七、保全和先予执行

第一百五十二条 人民法院依照民事诉讼法第一百条、第一百零一条规定，在采取诉前保全、诉讼保全措施时，责令利害关系人或者当事人提供担保的，应当书面通知。

利害关系人申请诉前保全的，应当提供担保。申请诉前财产保全的，应当提供相当于请求保全数额的担保；情况特殊的，人民法院可以酌情处理。申请诉前行为保全的，担保的数额由人民法院根据案件的具体情况决定。

在诉讼中，人民法院依申请或者依职权采取保全措施的，应当根据案件的具体情况，决定当事人是否应当提供担保以及担保的数额。

第一百五十三条 人民法院对季节性商品、鲜活、易腐烂变质以及其他不宜长期保存的物品采取保全措施时，可以责令当事人及时处理，由人民法院保存价款；必要时，人民法院可予以变卖，保存价款。

第一百五十四条 人民法院在财产保全中采取查封、扣押、冻结财产措施时，应当妥善保管被查封、扣押、冻结的财产。不宜由人民法院保管的，人民法院可以指定被保全人负责保管；不宜由被保全人保管的，可以委托他人或者申请保全人保管。

查封、扣押、冻结担保物权人占有的担保财产，一般由担保物权人保管；由人民法院保管的，质权、留置权不因采取保全措施而消灭。

第一百五十五条 由人民法院指定被保全人保管的财产，如果继续使用对该财产的价值无重大影响，可以允许被保全人继续使用；由人民法院保管或者委托他人、申请保全人保管的财产，人民法院和其他保管人不得使用。

第一百五十六条 人民法院采取财产保全的方法和措施，依照执行程序相关规定办理。

第一百五十七条 人民法院对抵押物、质押物、留置物可以采取财产保全措施，但不影响抵押权人、质权人、留置权人的优先受偿权。

第一百五十八条 人民法院对债务人到期应得的收益，可以采取财产保全措施，限制其支取，通知有关单位协助执行。

第一百五十九条 债务人的财产不能满足保全请求，但对他人有到期债权的，人民法院可以依债权人的申请裁定该他人不得对本案债务人清偿。该他人要求偿付的，由人民法院提存财物或者价款。

第一百六十条 当事人向采取诉前保全措施以外的其他有管辖权的人民法院起诉的，采取诉前保全措施的人民法院应当将保全手续移送受理案件的人民法院。诉前保全的裁定视为受移送人民法院作出的裁定。

第一百六十一条 对当事人不服一审判决提起上诉的案件，在第二审人民法院接到报送的案件之前，当事人有转移、隐匿、出卖或者毁损财产等行为，必须采取保全措施的，由第一审人民法院依当事人申请或者依职权采取。第一审人民法院的保全裁定，应当及时报送第二审人民法院。

第一百六十二条 第二审人民法院裁定对第一审人民法院采取的保全措施予以续保或者采取新的保全措施的，可以自行实施，也可以委托第一审人民法院实施。

再审人民法院裁定对原保全措施予以续保或者采取新的保全措施的，可以自行实施，也可以委托原审人民法院或者执行法院实施。

第一百六十三条 法律文书生效后，进入执行程序前，债权人因对方当事人转移财产等紧急情况，不申请保全将可能导致生效法律文书不能执行或者难以执行的，可以向执行法院申请采取保全措施。债权人在法律文书指定的履行期间届满后五日内不申请执行的，人民法院应当解除保全。

第一百六十四条 对申请保全人或者他人提供的担保财产，人民法院应当依法办理查封、扣押、冻结等手续。

第一百六十五条 人民法院裁定采取保全措施后，除作出保全裁定的人民法院自行解除或者其上级人民法院决定解除外，在保全期限内，任何单位不得解除保全措施。

第一百六十六条 裁定采取保全措施后，有下列情形之一的，人民法院应当作出解除保全裁定：

（一）保全错误的；

（二）申请人撤回保全申请的；

（三）申请人的起诉或者诉讼请求被生效裁判驳回的；

（四）人民法院认为应当解除保全的其他情形。

解除以登记方式实施的保全措施的，应当向登记机关发出协助执行通知书。

第一百六十七条 财产保全的被保全人提供其他等值担保财产且有利于执行的，人民法院可以裁定变更保全标的物为被保全人提供的担保财产。

第一百六十八条 保全裁定未经人民法院依法撤销或者解除,进入执行程序后,自动转为执行中的查封、扣押、冻结措施,期限连续计算,执行法院无需重新制作裁定书,但查封、扣押、冻结期限届满的除外。

第一百六十九条 民事诉讼法规定的先予执行,人民法院应当在受理案件后终审判决作出前采取。先予执行应当限于当事人诉讼请求的范围,并以当事人的生活、生产经营的急需为限。

第一百七十条 民事诉讼法第一百零六条第三项规定的情况紧急,包括:
（一）需要立即停止侵害、排除妨碍的;
（二）需要立即制止某项行为的;
（三）追索恢复生产、经营急需的保险理赔费的;
（四）需要立即返还社会保险金、社会救助资金的;
（五）不立即返还款项,将严重影响权利人生活和生产经营的。

第一百七十一条 当事人对保全或者先予执行裁定不服的,可以自收到裁定书之日起五日内向作出裁定的人民法院申请复议。人民法院应当在收到复议申请后十日内审查。裁定正确的,驳回当事人的申请;裁定不当的,变更或者撤销原裁定。

第一百七十二条 利害关系人对保全或者先予执行的裁定不服申请复议的,由作出裁定的人民法院依照民事诉讼法第一百零八条规定处理。

第一百七十三条 人民法院先予执行后,根据发生法律效力的判决,申请人应当返还因先予执行所取得的利益的,适用民事诉讼法第二百三十三条的规定。

八、对妨害民事诉讼的强制措施

第一百七十四条 民事诉讼法第一百零九条规定的必须到庭的被告,是指负有赡养、抚育、扶养义务和不到庭就无法查清案情的被告。

人民法院对必须到庭才能查清案件基本事实的原告,经两次传票传唤,无正当理由拒不到庭的,可以拘传。

第一百七十五条 拘传必须用拘传票,并直接送达被拘传人;在拘传前,应当向被拘传人说明拒不到庭的后果,经批评教育仍拒不到庭的,可以拘传其到庭。

第一百七十六条 诉讼参与人或者其他人有下列行为之一的,人民法院可以适用民事诉讼法第一百一十条规定处理:
（一）未经准许进行录音、录像、摄影的;
（二）未经准许以移动通信等方式现场传播审判活动的;
（三）其他扰乱法庭秩序,妨碍审判活动进行的。

有前款规定情形的,人民法院可以暂扣诉讼参与人或者其他人进行录音、录像、摄影、传播审判活动的器材,并责令其删除有关内容;拒不删除的,人民法院可以采取必要手段强制删除。

第一百七十七条 训诫、责令退出法庭由合议庭或者独任审判员决定。训诫的内容、被责令退出法庭者的违法事实应当记入庭审笔录。

第一百七十八条 人民法院依照民事诉讼法第一百一十条至第一百一十四条的规定采取拘留措施的，应经院长批准，作出拘留决定书，由司法警察将被拘留人送交当地公安机关看管。

第一百七十九条 被拘留人不在本辖区的，作出拘留决定的人民法院应当派员到被拘留人所在地的人民法院，请该院协助执行，受委托的人民法院应当及时派员协助执行。被拘留人申请复议或者在拘留期间承认并改正错误，需要提前解除拘留的，受委托人民法院应当向委托人民法院转达或者提出建议，由委托人民法院审查决定。

第一百八十条 人民法院对被拘留人采取拘留措施后，应当在二十四小时内通知其家属；确实无法按时通知或者通知不到的，应当记录在案。

第一百八十一条 因哄闹、冲击法庭，用暴力、威胁等方法抗拒执行公务等紧急情况，必须立即采取拘留措施的，可在拘留后，立即报告院长补办批准手续。院长认为拘留不当的，应当解除拘留。

第一百八十二条 被拘留人在拘留期间认错悔改的，可以责令其具结悔过，提前解除拘留。提前解除拘留，应报经院长批准，并作出提前解除拘留决定书，交负责看管的公安机关执行。

第一百八十三条 民事诉讼法第一百一十条至第一百一十三条规定的罚款、拘留可以单独适用，也可以合并适用。

第一百八十四条 对同一妨害民事诉讼行为的罚款、拘留不得连续适用。发生新的妨害民事诉讼行为的，人民法院可以重新予以罚款、拘留。

第一百八十五条 被罚款、拘留的人不服罚款、拘留决定申请复议的，应当自收到决定书之日起三日内提出。上级人民法院应当在收到复议申请后五日内作出决定，并将复议结果通知下级人民法院和当事人。

第一百八十六条 上级人民法院复议时认为强制措施不当的，应当制作决定书，撤销或者变更下级人民法院作出的拘留、罚款决定。情况紧急的，可以在口头通知后三日内发出决定书。

第一百八十七条 民事诉讼法第一百一十一条第一款第五项规定的以暴力、威胁或者其他方法阻碍司法工作人员执行职务的行为，包括：

（一）在人民法院哄闹、滞留，不听从司法工作人员劝阻的；

（二）故意毁损、抢夺人民法院法律文书、查封标志的；

（三）哄闹、冲击执行公务现场，围困、扣押执行或者协助执行公务人员的；

（四）毁损、抢夺、扣留案件材料、执行公务车辆、其他执行公务器械、执行公务人员服装和执行公务证件的；

（五）以暴力、威胁或者其他方法阻碍司法工作人员查询、查封、扣押、冻结、划拨、拍卖、变卖财产的；

（六）以暴力、威胁或者其他方法阻碍司法工作人员执行职务的其他行为。

第一百八十八条 民事诉讼法第一百一十一条第一款第六项规定的拒不履行人民法院已经发生法律效力的判决、裁定的行为，包括：

（一）在法律文书发生法律效力后隐藏、转移、变卖、毁损财产或者无偿转让财产、以明显不合理的价格交易财产、放弃到期债权、无偿为他人提供担保等，致使人民法院无法执行的；

（二）隐藏、转移、毁损或者未经人民法院允许处分已向人民法院提供担保的财产的；

（三）违反人民法院限制高消费令进行消费的；

（四）有履行能力而拒不按照人民法院执行通知履行生效法律文书确定的义务的；

（五）有义务协助执行的个人接到人民法院协助执行通知书后，拒不协助执行的。

第一百八十九条 诉讼参与人或者其他人有下列行为之一的，人民法院可以适用民事诉讼法第一百一十一条的规定处理：

（一）冒充他人提起诉讼或者参加诉讼的；

（二）证人签署保证书后作虚假证言，妨碍人民法院审理案件的；

（三）伪造、隐藏、毁灭或者拒绝交出有关被执行人履行能力的重要证据，妨碍人民法院查明被执行人财产状况的；

（四）擅自解冻已被人民法院冻结的财产的；

（五）接到人民法院协助执行通知书后，给当事人通风报信，协助其转移、隐匿财产的。

第一百九十条 民事诉讼法第一百一十二条规定的他人合法权益，包括案外人的合法权益、国家利益、社会公共利益。

第三人根据民事诉讼法第五十六条第三款规定提起撤销之诉，经审查，原案当事人之间恶意串通进行虚假诉讼的，适用民事诉讼法第一百一十二条规定处理。

第一百九十一条 单位有民事诉讼法第一百一十二条或者第一百一十三条规定行为的，人民法院应当对该单位进行罚款，并可以对其主要负责人或者直接责任人员予以罚款、拘留；构成犯罪的，依法追究刑事责任。

第一百九十二条 有关单位接到人民法院协助执行通知书后，有下列行为之一的，人民法院可以适用民事诉讼法第一百一十四条规定处理：

（一）允许被执行人高消费的；

（二）允许被执行人出境的；

（三）拒不停止办理有关财产权证照转移手续、权属变更登记、规划审批等手续的；

（四）以需要内部请示、内部审批，有内部规定等为由拖延办理的。

第一百九十三条 人民法院对个人或者单位采取罚款措施时，应当根据其实施妨害民事诉讼行为的性质、情节、后果，当地的经济发展水平，以及诉讼标的额等因素，在民事诉讼法第一百一十五条第一款规定的限额内确定相应的罚款金额。

九、诉讼费用

第一百九十四条 依照民事诉讼法第五十四条审理的案件不预交案件受理费，结案后按照诉讼标的额由败诉方交纳。

第一百九十五条 支付令失效后转入诉讼程序的，债权人应当按照《诉讼费用交纳办法》补交案件受理费。

支付令被撤销后，债权人另行起诉的，按照《诉讼费用交纳办法》交纳诉讼费用。

第一百九十六条 人民法院改变原判决、裁定、调解结果的，应当在裁判文书中对原审诉讼费用的负担一并作出处理。

第一百九十七条 诉讼标的物是证券的，按照证券交易规则并根据当事人起诉之日前最后一个交易日的收盘价、当日的市场价或者其载明的金额计算诉讼标的金额。

第一百九十八条 诉讼标的物是房屋、土地、林木、车辆、船舶、文物等特定物或者知识产权，起诉时价值难以确定的，人民法院应当向原告释明主张过高或者过低的诉讼风险，以原告主张的价值确定诉讼标的金额。

第一百九十九条 适用简易程序审理的案件转为普通程序的，原告自接到人民法院交纳诉讼费用通知之日起七日内补交案件受理费。

原告无正当理由未按期足额补交的，按撤诉处理，已经收取的诉讼费用退还一半。

第二百条 破产程序中有关债务人的民事诉讼案件，按照财产案件标准交纳诉讼费，但劳动争议案件除外。

第二百零一条 既有财产性诉讼请求，又有非财产性诉讼请求的，按照财产性诉讼请求的标准交纳诉讼费。

有多个财产性诉讼请求的，合并计算交纳诉讼费；诉讼请求中有多个非财产性诉讼请求的，按一件交纳诉讼费。

第二百零二条 原告、被告、第三人分别上诉的，按照上诉请求分别预交二审案件受理费。

同一方多人共同上诉的，只预交一份二审案件受理费；分别上诉的，按照上诉请求分别预交二审案件受理费。

第二百零三条 承担连带责任的当事人败诉的，应当共同负担诉讼费用。

第二百零四条 实现担保物权案件，人民法院裁定拍卖、变卖担保财产的，申请费由债务人、担保人负担；人民法院裁定驳回申请的，申请费由申请人负担。

申请人另行起诉的，其已经交纳的申请费可以从案件受理费中扣除。

第二百零五条 拍卖、变卖担保财产的裁定作出后，人民法院强制执行的，按照执行金额收取执行申请费。

第二百零六条 人民法院决定减半收取案件受理费的，只能减半一次。

第二百零七条 判决生效后，胜诉方预交但不应负担的诉讼费用，人民法院应当退还，由败诉方向人民法院交纳，但胜诉方自愿承担或者同意败诉方直接向其支付的除外。

当事人拒不交纳诉讼费用的，人民法院可以强制执行。

十、第一审普通程序

第二百零八条 人民法院接到当事人提交的民事起诉状时，对符合民事诉讼法第一百一十九条的规定，且不属于第一百二十四条规定情形的，应当登记立案；对当场不能判定是否符合起诉条件的，应当接收起诉材料，并出具注明收到日期的书面凭证。

需要补充必要相关材料的，人民法院应当及时告知当事人。在补齐相关材料后，应当在七日内决定是否立案。

立案后发现不符合起诉条件或者属于民事诉讼法第一百二十四条规定情形的，裁定驳回起诉。

第二百零九条 原告提供被告的姓名或者名称、住所等信息具体明确，足以使被告与他人相区别的，可以认定为有明确的被告。

起诉状列写被告信息不足以认定明确的被告的，人民法院可以告知原告补正。原告补正后仍不能确定明确的被告的，人民法院裁定不予受理。

第二百一十条 原告在起诉状中有谩骂和人身攻击之辞的，人民法院应当告知其修改后提起诉讼。

第二百一十一条 对本院没有管辖权的案件，告知原告向有管辖权的人民法院起诉；原告坚持起诉的，裁定不予受理；立案后发现本院没有管辖权的，应当将案件移送有管辖权的人民法院。

第二百一十二条 裁定不予受理、驳回起诉的案件，原告再次起诉，符合起诉条件且不属于民事诉讼法第一百二十四条规定情形的，人民法院应予受理。

第二百一十三条 原告应当预交而未预交案件受理费，人民法院应当通知其预交，通知后仍不预交或者申请减、缓、免未获批准而仍不预交的，裁定按撤诉处理。

第二百一十四条 原告撤诉或者人民法院按撤诉处理后，原告以同一诉讼请求再次起诉的，人民法院应予受理。

原告撤诉或者按撤诉处理的离婚案件，没有新情况、新理由，六个月内又起诉的，比照民事诉讼法第一百二十四条第七项的规定不予受理。

第二百一十五条 依照民事诉讼法第一百二十四条第二项的规定，当事人在书面合同中订有仲裁条款，或者在发生纠纷后达成书面仲裁协议，一方向人民法院起诉的，人民法院应当告知原告向仲裁机构申请仲裁，其坚持起诉的，裁定不予受理，但仲裁条款或者仲裁协议不成立、无效、失效、内容不明确无法执行的除外。

第二百一十六条 在人民法院首次开庭前，被告以有书面仲裁协议为由对受理民事案件提出异议的，人民法院应当进行审查。

经审查符合下列情形之一的，人民法院应当裁定驳回起诉：
（一）仲裁机构或者人民法院已经确认仲裁协议有效的；
（二）当事人没有在仲裁庭首次开庭前对仲裁协议的效力提出异议的；
（三）仲裁协议符合仲裁法第十六条规定且不具有仲裁法第十七条规定情形的。

第二百一十七条 夫妻一方下落不明，另一方诉至人民法院，只要求离婚，不申请宣告下落不明人失踪或者死亡的案件，人民法院应当受理，对下落不明人公告送达诉讼文书。

第二百一十八条 赡养费、扶养费、抚育费案件，裁判发生法律效力后，因新情况、新理由，一方当事人再行起诉要求增加或者减少费用的，人民法院应作为新案受理。

第二百一十九条 当事人超过诉讼时效期间起诉的，人民法院应予受理。受理后对方当事人提出诉讼时效抗辩，人民法院经审理认为抗辩事由成立的，判决驳回原告的诉讼请求。

第二百二十条 民事诉讼法第六十八条、第一百三十四条、第一百五十六条规定的商业秘密，是指生产工艺、配方、贸易联系、购销渠道等当事人不愿公开的技术秘密、商业情报及信息。

第二百二十一条 基于同一事实发生的纠纷，当事人分别向同一人民法院起诉的，人民法院可以合并审理。

第二百二十二条 原告在起诉状中直接列写第三人的，视为其申请人民法院追加该第三人参加诉讼。是否通知第三人参加诉讼，由人民法院审查决定。

第二百二十三条 当事人在提交答辩状期间提出管辖异议，又针对起诉状的内容进行答辩的，人民法院应当依照民事诉讼法第一百二十七条第一款的规定，对管辖异议进行审查。

当事人未提出管辖异议，就案件实体内容进行答辩、陈述或者反诉的，可以认定为民事诉讼法第一百二十七条第二款规定的应诉答辩。

第二百二十四条 依照民事诉讼法第一百三十三条第四项规定，人民法院可以在答辩期届满后，通过组织证据交换、召集庭前会议等方式，作好审理前的准备。

第二百二十五条 根据案件具体情况，庭前会议可以包括下列内容：
（一）明确原告的诉讼请求和被告的答辩意见；

（二）审查处理当事人增加、变更诉讼请求的申请和提出的反诉，以及第三人提出的与本案有关的诉讼请求；

（三）根据当事人的申请决定调查收集证据，委托鉴定，要求当事人提供证据，进行勘验，进行证据保全；

（四）组织交换证据；

（五）归纳争议焦点；

（六）进行调解。

第二百二十六条 人民法院应当根据当事人的诉讼请求、答辩意见以及证据交换的情况，归纳争议焦点，并就归纳的争议焦点征求当事人的意见。

第二百二十七条 人民法院适用普通程序审理案件，应当在开庭三日前用传票传唤当事人。对诉讼代理人、证人、鉴定人、勘验人、翻译人员应当用通知书通知其到庭。当事人或者其他诉讼参与人在外地的，应当留有必要的在途时间。

第二百二十八条 法庭审理应当围绕当事人争议的事实、证据和法律适用等焦点问题进行。

第二百二十九条 当事人在庭审中对其在审理前的准备阶段认可的事实和证据提出不同意见的，人民法院应当责令其说明理由。必要时，可以责令其提供相应证据。人民法院应当结合当事人的诉讼能力、证据和案件的具体情况进行审查。理由成立的，可以列入争议焦点进行审理。

第二百三十条 人民法院根据案件具体情况并征得当事人同意，可以将法庭调查和法庭辩论合并进行。

第二百三十一条 当事人在法庭上提出新的证据的，人民法院应当依照民事诉讼法第六十五条第二款规定和本解释相关规定处理。

第二百三十二条 在案件受理后，法庭辩论结束前，原告增加诉讼请求，被告提出反诉，第三人提出与本案有关的诉讼请求，可以合并审理的，人民法院应当合并审理。

第二百三十三条 反诉的当事人应当限于本诉的当事人的范围。

反诉与本诉的诉讼请求基于相同法律关系、诉讼请求之间具有因果关系，或者反诉与本诉的诉讼请求基于相同事实的，人民法院应当合并审理。

反诉由其他人民法院专属管辖，或者与本诉的诉讼标的及诉讼请求所依据的事实、理由无关联的，裁定不予受理，告知另行起诉。

第二百三十四条 无民事行为能力人的离婚诉讼，当事人的法定代理人应当到庭；法定代理人不能到庭的，人民法院应当在查清事实的基础上，依法作出判决。

第二百三十五条 无民事行为能力的当事人的法定代理人，经传票传唤无正当理由拒不到庭，属于原告方的，比照民事诉讼法第一百四十三条的规定，按撤诉处理；属于被告方的，比照民事诉讼法第一百四十四条的规定，缺席判决。

必要时，人民法院可以拘传其到庭。

第二百三十六条 有独立请求权的第三人经人民法院传票传唤，无正当理由拒不到庭的，或者未经法庭许可中途退庭的，比照民事诉讼法第一百四十三条的规定，按撤诉处理。

第二百三十七条 有独立请求权的第三人参加诉讼后，原告申请撤诉，人民法院在准许原告撤诉后，有独立请求权的第三人作为另案原告，原案原告、被告作为另案被告，诉讼继续进行。

第二百三十八条 当事人申请撤诉或者依法可以按撤诉处理的案件，如果当事人有违反法律的行为需要依法处理的，人民法院可以不准许撤诉或者不按撤诉处理。

法庭辩论终结后原告申请撤诉，被告不同意的，人民法院可以不予准许。

第二百三十九条 人民法院准许本诉原告撤诉的，应当对反诉继续审理；被告申请撤回反诉的，人民法院应予准许。

第二百四十条 无独立请求权的第三人经人民法院传票传唤，无正当理由拒不到庭，或者未经法庭许可中途退庭的，不影响案件的审理。

第二百四十一条 被告经传票传唤无正当理由拒不到庭，或者未经法庭许可中途退庭的，人民法院应当按期开庭或者继续开庭审理，对到庭的当事人诉讼请求、双方的诉辩理由以及已经提交的证据及其他诉讼材料进行审理后，可以依法缺席判决。

第二百四十二条 一审宣判后，原审人民法院发现判决有错误，当事人在上诉期内提出上诉的，原审人民法院可以提出原判决有错误的意见，报送第二审人民法院，由第二审人民法院按照第二审程序进行审理；当事人不上诉的，按照审判监督程序处理。

第二百四十三条 民事诉讼法第一百四十九条规定的审限，是指从立案之日起至裁判宣告、调解书送达之日止的期间，但公告期间、鉴定期间、双方当事人和解期间、审理当事人提出的管辖异议以及处理人民法院之间的管辖争议期间不应计算在内。

第二百四十四条 可以上诉的判决书、裁定书不能同时送达双方当事人的，上诉期从各自收到判决书、裁定书之日计算。

第二百四十五条 民事诉讼法第一百五十四条第一款第七项规定的笔误是指法律文书误写、误算，诉讼费用漏写、误算和其他笔误。

第二百四十六条 裁定中止诉讼的原因消除，恢复诉讼程序时，不必撤销原裁定，从人民法院通知或者准许当事人双方继续进行诉讼时起，中止诉讼的裁定即失去效力。

第二百四十七条 当事人就已经提起诉讼的事项在诉讼过程中或者裁判生效后再次起诉，同时符合下列条件的，构成重复起诉：

（一）后诉与前诉的当事人相同；

（二）后诉与前诉的诉讼标的相同；

（三）后诉与前诉的诉讼请求相同，或者后诉的诉讼请求实质上否定前诉裁判结果。

当事人重复起诉的，裁定不予受理；已经受理的，裁定驳回起诉，但法律、司法解释另有规定的除外。

第二百四十八条 裁判发生法律效力后，发生新的事实，当事人再次提起诉讼的，人民法院应当依法受理。

第二百四十九条 在诉讼中，争议的民事权利义务转移的，不影响当事人的诉讼主体资格和诉讼地位。人民法院作出的发生法律效力的判决、裁定对受让人具有拘束力。

受让人申请以无独立请求权的第三人身份参加诉讼的，人民法院可予准许。受让人申请替代当事人承担诉讼的，人民法院可以根据案件的具体情况决定是否准许；不予准许的，可以追加其为无独立请求权的第三人。

第二百五十条 依照本解释第二百四十九条规定，人民法院准许受让人替代当事人承担诉讼的，裁定变更当事人。

变更当事人后，诉讼程序以受让人为当事人继续进行，原当事人应当退出诉讼。原当事人已经完成的诉讼行为对受让人具有拘束力。

第二百五十一条 二审裁定撤销一审判决发回重审的案件，当事人申请变更、增加诉讼请求或者提出反诉，第三人提出与本案有关的诉讼请求的，依照民事诉讼法第一百四十条规定处理。

第二百五十二条 再审裁定撤销原判决、裁定发回重审的案件，当事人申请变更、增加诉讼请求或者提出反诉，符合下列情形之一的，人民法院应当准许：

（一）原审未合法传唤缺席判决，影响当事人行使诉讼权利的；

（二）追加新的诉讼当事人的；

（三）诉讼标的物灭失或者发生变化致使原诉讼请求无法实现的；

（四）当事人申请变更、增加的诉讼请求或者提出反诉，无法通过另诉解决的。

第二百五十三条 当庭宣判的案件，除当事人当庭要求邮寄发送裁判文书的外，人民法院应当告知当事人或者诉讼代理人领取裁判文书的时间和地点以及逾期不领取的法律后果。上述情况，应当记入笔录。

第二百五十四条 公民、法人或者其他组织申请查阅发生法律效力的判决书、裁定书的，应当向作出该生效裁判的人民法院提出。申请应当以书面形式提出，并提供具体的案号或者当事人姓名、名称。

第二百五十五条 对于查阅判决书、裁定书的申请，人民法院根据下列情形分别处理：

（一）判决书、裁定书已经通过信息网络向社会公开的，应当引导申请人自行查阅；

（二）判决书、裁定书未通过信息网络向社会公开，且申请符合要求的，应当及时提供便捷的查阅服务；

（三）判决书、裁定书尚未发生法律效力，或者已失去法律效力的，不提供查阅并告知申请人；

（四）发生法律效力的判决书、裁定书不是本院作出的，应当告知申请人向作出生效裁判的人民法院申请查阅；

（五）申请查阅的内容涉及国家秘密、商业秘密、个人隐私的，不予准许并告知申请人。

十一、简易程序

第二百五十六条 民事诉讼法第一百五十七条规定的简单民事案件中的事实清楚，是指当事人对争议的事实陈述基本一致，并能提供相应的证据，无须人民法院调查收集证据即可查明事实；权利义务关系明确是指能明确区分谁是责任的承担者，谁是权利的享有者；争议不大是指当事人对案件的是非、责任承担以及诉讼标的争执无原则分歧。

第二百五十七条 下列案件，不适用简易程序：

（一）起诉时被告下落不明的；

（二）发回重审的；

（三）当事人一方人数众多的；

（四）适用审判监督程序的；

（五）涉及国家利益、社会公共利益的；

（六）第三人起诉请求改变或者撤销生效判决、裁定、调解书的；

（七）其他不宜适用简易程序的案件。

第二百五十八条 适用简易程序审理的案件，审理期限到期后，双方当事人同意继续适用简易程序的，由本院院长批准，可以延长审理期限。延长后的审理期限累计不得超过六个月。

人民法院发现案情复杂，需要转为普通程序审理的，应当在审理期限届满前作出裁定并将合议庭组成人员及相关事项书面通知双方当事人。

案件转为普通程序审理的，审理期限自人民法院立案之日计算。

第二百五十九条 当事人双方可就开庭方式向人民法院提出申请，由人民法院决定是否准许。经当事人双方同意，可以采用视听传输技术等方式开庭。

第二百六十条 已经按照普通程序审理的案件，在开庭后不得转为简易程序审理。

第二百六十一条 适用简易程序审理案件，人民法院可以采取捎口信、电话、短信、传真、电子邮件等简便方式传唤双方当事人、通知证人和送达裁判文书以外的诉讼文书。

以简便方式送达的开庭通知，未经当事人确认或者没有其他证据证明当事人已经收到的，人民法院不得缺席判决。

适用简易程序审理案件，由审判员独任审判，书记员担任记录。

第二百六十二条 人民法庭制作的判决书、裁定书、调解书，必须加盖基层人民法院印章，不得用人民法庭的印章代替基层人民法院的印章。

第二百六十三条 适用简易程序审理案件，卷宗中应当具备以下材料：

（一）起诉状或者口头起诉笔录；
（二）答辩状或者口头答辩笔录；
（三）当事人身份证明材料；
（四）委托他人代理诉讼的授权委托书或者口头委托笔录；
（五）证据；
（六）询问当事人笔录；
（七）审理（包括调解）笔录；
（八）判决书、裁定书、调解书或者调解协议；
（九）送达和宣判笔录；
（十）执行情况；
（十一）诉讼费收据；
（十二）适用民事诉讼法第一百六十二条规定审理的，有关程序适用的书面告知。

第二百六十四条 当事人双方根据民事诉讼法第一百五十七条第二款规定约定适用简易程序的，应当在开庭前提出。口头提出的，记入笔录，由双方当事人签名或者捺印确认。

本解释第二百五十七条规定的案件，当事人约定适用简易程序的，人民法院不予准许。

第二百六十五条 原告口头起诉的，人民法院应当将当事人的姓名、性别、工作单位、住所、联系方式等基本信息，诉讼请求，事实及理由等准确记入笔录，由原告核对无误后签名或者捺印。对当事人提交的证据材料，应当出具收据。

第二百六十六条 适用简易程序案件的举证期限由人民法院确定，也可以由当事人协商一致并经人民法院准许，但不得超过十五日。被告要求书面答辩的，人民法院可在征得其同意的基础上，合理确定答辩期间。

人民法院应当将举证期限和开庭日期告知双方当事人，并向当事人说明逾期举证以及拒不到庭的法律后果，由双方当事人在笔录和开庭传票的送达回证上签名或者捺印。

当事人双方均表示不需要举证期限、答辩期间的，人民法院可以立即开庭审理或者确定开庭日期。

第二百六十七条 适用简易程序审理案件，可以简便方式进行审理前的准备。

第二百六十八条 对没有委托律师、基层法律服务工作者代理诉讼的当事人，人民法院在庭审过程中可以对回避、自认、举证证明责任等相关内容向其作必要的解释或者说明,并在庭审过程中适当提示当事人正确行使诉讼权利、履行诉讼义务。

第二百六十九条 当事人就案件适用简易程序提出异议,人民法院经审查,异议成立的,裁定转为普通程序;异议不成立的,口头告知当事人,并记入笔录。

转为普通程序的,人民法院应当将合议庭组成人员及相关事项以书面形式通知双方当事人。

转为普通程序前,双方当事人已确认的事实,可以不再进行举证、质证。

第二百七十条 适用简易程序审理的案件,有下列情形之一的,人民法院在制作判决书、裁定书、调解书时,对认定事实或者裁判理由部分可以适当简化:

(一) 当事人达成调解协议并需要制作民事调解书的;

(二) 一方当事人明确表示承认对方全部或者部分诉讼请求的;

(三) 涉及商业秘密、个人隐私的案件,当事人一方要求简化裁判文书中的相关内容,人民法院认为理由正当的;

(四) 当事人双方同意简化的。

十二、简易程序中的小额诉讼

第二百七十一条 人民法院审理小额诉讼案件,适用民事诉讼法第一百六十二条的规定,实行一审终审。

第二百七十二条 民事诉讼法第一百六十二条规定的各省、自治区、直辖市上年度就业人员年平均工资,是指已经公布的各省、自治区、直辖市上一年度就业人员年平均工资。在上一年度就业人员年平均工资公布前,以已经公布的最近年度就业人员年平均工资为准。

第二百七十三条 海事法院可以审理海事、海商小额诉讼案件。案件标的额应当以实际受理案件的海事法院或者其派出法庭所在的省、自治区、直辖市上年度就业人员年平均工资百分之三十为限。

第二百七十四条 下列金钱给付的案件,适用小额诉讼程序审理:

(一) 买卖合同、借款合同、租赁合同纠纷;

(二) 身份关系清楚,仅在给付的数额、时间、方式上存在争议的赡养费、抚育费、扶养费纠纷;

(三) 责任明确,仅在给付的数额、时间、方式上存在争议的交通事故损害赔偿和其他人身损害赔偿纠纷;

(四) 供用水、电、气、热力合同纠纷;

(五) 银行卡纠纷;

(六) 劳动关系清楚,仅在劳动报酬、工伤医疗费、经济补偿金或者赔偿金给付数额、时间、方式上存在争议的劳动合同纠纷;

(七) 劳务关系清楚,仅在劳务报酬给付数额、时间、方式上存在争议的劳务合同纠纷;

（八）物业、电信等服务合同纠纷；
（九）其他金钱给付纠纷。

第二百七十五条 下列案件，不适用小额诉讼程序审理：
（一）人身关系、财产确权纠纷；
（二）涉外民事纠纷；
（三）知识产权纠纷；
（四）需要评估、鉴定或者对诉前评估、鉴定结果有异议的纠纷；
（五）其他不宜适用一审终审的纠纷。

第二百七十六条 人民法院受理小额诉讼案件，应当向当事人告知该类案件的审判组织、一审终审、审理期限、诉讼费用交纳标准等相关事项。

第二百七十七条 小额诉讼案件的举证期限由人民法院确定，也可以由当事人协商一致并经人民法院准许，但一般不超过七日。

被告要求书面答辩的，人民法院可以在征得其同意的基础上合理确定答辩期间，但最长不得超过十五日。

当事人到庭后表示不需要举证期限和答辩期间的，人民法院可立即开庭审理。

第二百七十八条 当事人对小额诉讼案件提出管辖异议的，人民法院应当作出裁定。裁定一经作出即生效。

第二百七十九条 人民法院受理小额诉讼案件后，发现起诉不符合民事诉讼法第一百一十九条规定的起诉条件的，裁定驳回起诉。裁定一经作出即生效。

第二百八十条 因当事人申请增加或者变更诉讼请求、提出反诉、追加当事人等，致使案件不符合小额诉讼案件条件的，应当适用简易程序的其他规定审理。

前款规定案件，应当适用普通程序审理的，裁定转为普通程序。

适用简易程序的其他规定或者普通程序审理前，双方当事人已确认的事实，可以不再进行举证、质证。

第二百八十一条 当事人对按照小额诉讼案件审理有异议的，应当在开庭前提出。人民法院经审查，异议成立的，适用简易程序的其他规定审理；异议不成立的，告知当事人，并记入笔录。

第二百八十二条 小额诉讼案件的裁判文书可以简化，主要记载当事人基本信息、诉讼请求、裁判主文等内容。

第二百八十三条 人民法院审理小额诉讼案件，本解释没有规定的，适用简易程序的其他规定。

十三、公益诉讼

第二百八十四条 环境保护法、消费者权益保护法等法律规定的机关和有关组织对污染环境、侵害众多消费者合法权益等损害社会公共利益的行为，根据民事诉讼法第五十五条规定提起公益诉讼，符合下列条件的，人民法院应当受理：
  （一）有明确的被告；
  （二）有具体的诉讼请求；
  （三）有社会公共利益受到损害的初步证据；
  （四）属于人民法院受理民事诉讼的范围和受诉人民法院管辖。

第二百八十五条 公益诉讼案件由侵权行为地或者被告住所地中级人民法院管辖，但法律、司法解释另有规定的除外。

因污染海洋环境提起的公益诉讼，由污染发生地、损害结果地或者采取预防污染措施地海事法院管辖。

对同一侵权行为分别向两个以上人民法院提起公益诉讼的，由最先立案的人民法院管辖，必要时由它们的共同上级人民法院指定管辖。

第二百八十六条 人民法院受理公益诉讼案件后，应当在十日内书面告知相关行政主管部门。

第二百八十七条 人民法院受理公益诉讼案件后，依法可以提起诉讼的其他机关和有关组织，可以在开庭前向人民法院申请参加诉讼。人民法院准许参加诉讼的，列为共同原告。

第二百八十八条 人民法院受理公益诉讼案件，不影响同一侵权行为的受害人根据民事诉讼法第一百一十九条规定提起诉讼。

第二百八十九条 对公益诉讼案件，当事人可以和解，人民法院可以调解。

当事人达成和解或者调解协议后，人民法院应当将和解或者调解协议进行公告。公告期间不得少于三十日。

公告期满后，人民法院经审查，和解或者调解协议不违反社会公共利益的，应当出具调解书；和解或者调解协议违反社会公共利益的，不予出具调解书，继续对案件进行审理并依法作出裁判。

第二百九十条 公益诉讼案件的原告在法庭辩论终结后申请撤诉的，人民法院不予准许。

第二百九十一条 公益诉讼案件的裁判发生法律效力后，其他依法具有原告资格的机关和有关组织就同一侵权行为另行提起公益诉讼的，人民法院裁定不予受理，但法律、司法解释另有规定的除外。

十四、第三人撤销之诉

第二百九十二条 第三人对已经发生法律效力的判决、裁定、调解书提起撤销之诉的，应当自知道或者应当知道其民事权益受到损害之日起六个月内，向作出生效判决、裁定、调解书的人民法院提出，并应当提供存在下列情形的证据材料：
  （一）因不能归责于本人的事由未参加诉讼；
  （二）发生法律效力的判决、裁定、调解书的全部或者部分内容错误；
  （三）发生法律效力的判决、裁定、调解书内容错误损害其民事权益。

第二百九十三条 人民法院应当在收到起诉状和证据材料之日起五日内送交对方当事人,对方当事人可以自收到起诉状之日起十日内提出书面意见。

人民法院应当对第三人提交的起诉状、证据材料以及对方当事人的书面意见进行审查。必要时,可以询问双方当事人。

经审查,符合起诉条件的,人民法院应当在收到起诉状之日起三十日内立案。不符合起诉条件的,应当在收到起诉状之日起三十日内裁定不予受理。

第二百九十四条 人民法院对第三人撤销之诉案件,应当组成合议庭开庭审理。

第二百九十五条 民事诉讼法第五十六条第三款规定的因不能归责于本人的事由未参加诉讼,是指没有被列为生效判决、裁定、调解书当事人,且无过错或者无明显过错的情形。包括:

(一)不知道诉讼而未参加的;
(二)申请参加未获准许的;
(三)知道诉讼,但因客观原因无法参加的;
(四)因其他不能归责于本人的事由未参加诉讼的。

第二百九十六条 民事诉讼法第五十六条第三款规定的判决、裁定、调解书的部分或者全部内容,是指判决、裁定的主文,调解书中处理当事人民事权利义务的结果。

第二百九十七条 对下列情形提起第三人撤销之诉的,人民法院不予受理:

(一)适用特别程序、督促程序、公示催告程序、破产程序等非讼程序处理的案件;
(二)婚姻无效、撤销或者解除婚姻关系等判决、裁定、调解书中涉及身份关系的内容;
(三)民事诉讼法第五十四条规定的未参加登记的权利人对代表人诉讼案件的生效裁判;
(四)民事诉讼法第五十五条规定的损害社会公共利益行为的受害人对公益诉讼案件的生效裁判。

第二百九十八条 第三人提起撤销之诉,人民法院应当将该第三人列为原告,生效判决、裁定、调解书的当事人列为被告,但生效判决、裁定、调解书中没有承担责任的无独立请求权的第三人列为第三人。

第二百九十九条 受理第三人撤销之诉案件后,原告提供相应担保,请求中止执行的,人民法院可以准许。

第三百条 对第三人撤销或者部分撤销发生法律效力的判决、裁定、调解书内容的请求,人民法院经审理,按下列情形分别处理:

(一)请求成立且确认其民事权利的主张全部或部分成立的,改变原判决、裁定、调解书内容的错误部分;
(二)请求成立,但确认其全部或部分民事权利的主张不成立,或者未提

出确认其民事权利请求的,撤销原判决、裁定、调解书内容的错误部分;
(三)请求不成立的,驳回诉讼请求。
对前款规定裁判不服的,当事人可以上诉。
原判决、裁定、调解书的内容未改变或者未撤销的部分继续有效。

第三百零一条 第三人撤销之诉案件审理期间,人民法院对生效判决、裁定、调解书裁定再审的,受理第三人撤销之诉的人民法院应当裁定将第三人的诉讼请求并入再审程序。但有证据证明原审当事人之间恶意串通损害第三人合法权益的,人民法院应当先行审理第三人撤销之诉案件,裁定中止再审诉讼。

第三百零二条 第三人诉讼请求并入再审程序审理的,按照下列情形分别处理:
(一)按照第一审程序审理的,人民法院应当对第三人的诉讼请求一并审理,所作的判决可以上诉;
(二)按照第二审程序审理的,人民法院可以调解,调解达不成协议的,应当裁定撤销原判决、裁定、调解书,发回一审法院重审,重审时应当列明第三人。

第三百零三条 第三人提起撤销之诉后,未中止生效判决、裁定、调解书执行的,执行法院对第三人依照民事诉讼法第二百二十七条规定提出的执行异议,应予审查。第三人不服驳回执行异议裁定,申请对原判决、裁定、调解书再审的,人民法院不予受理。

案外人对人民法院驳回其执行异议裁定不服,认为原判决、裁定、调解书内容错误损害其合法权益的,应当根据民事诉讼法第二百二十七条规定申请再审,提起第三人撤销之诉的,人民法院不予受理。

十五、执行异议之诉

第三百零四条 根据民事诉讼法第二百二十七条规定,案外人、当事人对执行异议裁定不服,自裁定送达之日起十五日内向人民法院提起执行异议之诉的,由执行法院管辖。

第三百零五条 案外人提起执行异议之诉,除符合民事诉讼法第一百一十九条规定外,还应当具备下列条件:
(一)案外人的执行异议申请已经被人民法院裁定驳回;
(二)有明确的排除对执行标的执行的诉讼请求,且诉讼请求与原判决、裁定无关;
(三)自执行异议裁定送达之日起十五日内提起。
人民法院应当在收到起诉状之日起十五日内决定是否立案。

第三百零六条 申请执行人提起执行异议之诉,除符合民事诉讼法第一百一十九条规定外,还应当具备下列条件:
(一)依案外人执行异议申请,人民法院裁定中止执行;
(二)有明确的对执行标的继续执行的诉讼请求,且诉讼请求与原判决、裁定、裁定无关；

（三）自执行异议裁定送达之日起十五日内提起。

人民法院应当在收到起诉状之日起十五日内决定是否立案。

第三百零七条 案外人提起执行异议之诉的，以申请执行人为被告。被执行人反对案外人异议的，被执行人为共同被告；被执行人不反对案外人异议的，可以列被执行人为第三人。

第三百零八条 申请执行人提起执行异议之诉的，以案外人为被告。被执行人反对申请执行人主张的，以案外人和被执行人为共同被告；被执行人不反对申请执行人主张的，可以列被执行人为第三人。

第三百零九条 申请执行人对中止执行裁定未提起执行异议之诉，被执行人提起执行异议之诉的，人民法院告知其另行起诉。

第三百一十条 人民法院审理执行异议之诉案件，适用普通程序。

第三百一十一条 案外人或者申请执行人提起执行异议之诉的，案外人应当就其对执行标的享有足以排除强制执行的民事权益承担举证证明责任。

第三百一十二条 对案外人提起的执行异议之诉，人民法院经审理，按照下列情形分别处理：

（一）案外人就执行标的享有足以排除强制执行的民事权益的，判决不得执行该执行标的；

（二）案外人就执行标的不享有足以排除强制执行的民事权益的，判决驳回诉讼请求。

案外人同时提出确认其权利的诉讼请求的，人民法院可以在判决中一并作出裁判。

第三百一十三条 对申请执行人提起的执行异议之诉，人民法院经审理，按照下列情形分别处理：

（一）案外人就执行标的不享有足以排除强制执行的民事权益的，判决准许执行该执行标的；

（二）案外人就执行标的享有足以排除强制执行的民事权益的，判决驳回诉讼请求。

第三百一十四条 对案外人执行异议之诉，人民法院判决不得对执行标的执行的，执行异议裁定失效。

对申请执行人执行异议之诉，人民法院判决准许对该执行标的的执行的，执行异议裁定失效，执行法院可以根据申请执行人的申请或者依职权恢复执行。

第三百一十五条 案外人执行异议之诉审理期间，人民法院不得对执行标的进行处分。申请执行人请求人民法院继续执行并提供相应担保的，人民法院可以准许。

被执行人与案外人恶意串通，通过执行异议、执行异议之诉妨害执行的，人民法院应当依照民事诉讼法第一百一十三条规定处理。申请执行人因此受到损害的，可以提起诉讼要求被执行人、案外人赔偿。

第三百一十六条 人民法院对执行标的裁定中止执行后，申请执行人在法律规定的期间内未提起执行异议之诉的，人民法院应当自起诉期限届满之日起七日内解除对该执行标的采取的执行措施。

十六、第二审程序

第三百一十七条 双方当事人和第三人都提起上诉的，均列为上诉人。人民法院可以依职权确定第二审程序中当事人的诉讼地位。

第三百一十八条 民事诉讼法第一百六十六条、第一百六十七条规定的对方当事人包括被上诉人和原审其他当事人。

第三百一十九条 必要共同诉讼人的一人或者部分人提起上诉的，按下列情形分别处理：

（一）上诉仅对与对方当事人之间权利义务分担有意见，不涉及其他共同诉讼人利益的，对方当事人为被上诉人，未上诉的同一方当事人依原审诉讼地位列明；

（二）上诉仅对共同诉讼人之间权利义务分担有意见，不涉及对方当事人利益的，未上诉的同一方当事人为被上诉人，对方当事人依原审诉讼地位列明；

（三）上诉对双方当事人之间以及共同诉讼人之间权利义务承担有意见的，未提起上诉的其他当事人均为被上诉人。

第三百二十条 一审宣判时或者判决书、裁定书送达时，当事人口头表示上诉的，人民法院应告知其必须在法定上诉期间内递交上诉状。未在法定上诉期间内递交上诉状的，视为未提起上诉。虽递交上诉状，但未在指定的期限内交纳上诉费的，按自动撤回上诉处理。

第三百二十一条 无民事行为能力人、限制民事行为能力人的法定代理人，可以代理当事人提起上诉。

第三百二十二条 上诉案件的当事人死亡或者终止的，人民法院依法通知其权利义务承继者参加诉讼。

需要终结诉讼的，适用民事诉讼法第一百五十一条规定。

第三百二十三条 第二审人民法院应当围绕当事人的上诉请求进行审理。

当事人没有提出请求的，不予审理，但一审判决违反法律禁止性规定，或者损害国家利益、社会公共利益、他人合法权益的除外。

第三百二十四条 开庭审理的上诉案件，第二审人民法院可以依照民事诉讼法第一百三十三条第四项规定进行审理前的准备。

第三百二十五条 下列情形，可以认定为民事诉讼法第一百七十条第一款第四项规定的严重违反法定程序：

（一）审判组织的组成不合法的；

（二）应当回避的审判人员未回避的；

(三）无诉讼行为能力人未经法定代理人代为诉讼的；
(四）违法剥夺当事人辩论权利的。

第三百二十六条 对当事人在第一审程序中已经提出的诉讼请求，原审人民法院未作审理、判决的，第二审人民法院可以根据当事人自愿的原则进行调解；调解不成的，发回重审。

第三百二十七条 必须参加诉讼的当事人或者有独立请求权的第三人，在第一审程序中未参加诉讼，第二审人民法院可以根据当事人自愿的原则予以调解；调解不成的，发回重审。

第三百二十八条 在第二审程序中，原审原告增加独立的诉讼请求或者原审被告提出反诉的，第二审人民法院可以根据当事人自愿的原则就新增加的诉讼请求或者反诉进行调解；调解不成的，告知当事人另行起诉。

双方当事人同意由第二审人民法院一并审理的，第二审人民法院可以一并裁判。

第三百二十九条 一审判决不准离婚的案件，上诉后，第二审人民法院认为应当判决离婚的，可以根据当事人自愿的原则，与子女抚养、财产问题一并调解；调解不成的，发回重审。

双方当事人同意由第二审人民法院一并审理的，第二审人民法院可以一并裁判。

第三百三十条 人民法院依照第二审程序审理案件，认为依法不应由人民法院受理的，可以由第二审人民法院直接裁定撤销原判裁，驳回起诉。

第三百三十一条 人民法院依照第二审程序审理案件，认为第一审人民法院受理案件违反专属管辖规定的，应当裁定撤销原裁判并移送有管辖权的人民法院。

第三百三十二条 第二审人民法院查明第一审人民法院作出的不予受理裁定有错误的，应当在撤销原裁定的同时，指令第一审人民法院立案受理；查明第一审人民法院作出的驳回起诉裁定有错误的，应当在撤销原裁定的同时，指令第一审人民法院审理。

第三百三十三条 第二审人民法院对下列上诉案件，依照民事诉讼法第一百六十九条规定可以不开庭审理：

（一）不服不予受理、管辖权异议和驳回起诉裁定的；
（二）当事人提出的上诉请求明显不能成立的；
（三）原判决、裁定认定事实清楚，但适用法律错误的；
（四）原判决严重违反法定程序，需要发回重审的。

第三百三十四条 原判决、裁定认定事实或者适用法律虽有瑕疵，但裁判结果正确的，第二审人民法院可以在判决、裁定中纠正瑕疵后，依照民事诉讼法第一百七十条第一款第一项规定予以维持。

第三百三十五条 民事诉讼法第一百七十条第一款第三项规定的基本事实，是指用以确定当事人主体资格、案件性质、民事权利义务等对原判决、裁定的结果有实质性影响的事实。

第三百三十六条 在第二程序中,作为当事人的法人或者其他组织分立的,人民法院可以直接将分立后的法人或者其他组织列为共同诉讼人;合并的,将合并后的法人或者其他组织列为当事人。

第三百三十七条 在第二审程序中,当事人申请撤回上诉,人民法院经审查认为一审判决确有错误,或者当事人之间恶意串通损害国家利益、社会公共利益、他人合法权益的,不应准许。

第三百三十八条 在第二审程序中,原审原告申请撤回起诉,经其他当事人同意,且不损害国家利益、社会公共利益、他人合法权益的,人民法院可以准许。准许撤诉的,应当一并裁定撤销一审裁判。

原审原告在第二审程序中撤回起诉后重复起诉的,人民法院不予受理。

第三百三十九条 当事人在第二审程序中达成和解协议的,人民法院可以根据当事人的请求,对双方达成的和解协议进行审查并制作调解书送达当事人;因和解而申请撤诉,经审查符合撤诉条件的,人民法院应予准许。

第三百四十条 第二审人民法院宣告判决可以自行宣判,也可以委托原审人民法院或者当事人所在地人民法院代行宣判。

第三百四十一条 人民法院审理对裁定的上诉案件,应当在第二审立案之日起三十日内作出终审裁定。有特殊情况需要延长审限的,由本院院长批准。

第三百四十二条 当事人在第一审程序中实施的诉讼行为,在第二审程序中对该当事人仍具有拘束力。

当事人推翻其在第一审程序中实施的诉讼行为时,人民法院应当责令其说明理由。理由不成立的,不予支持。

十七、特别程序

第三百四十三条 宣告失踪或者宣告死亡案件,人民法院可以根据申请人的请求,清理下落不明人的财产,并指定案件审理期间的财产管理人。公告期满后,人民法院判决宣告失踪的,应当同时依照民法通则第二十一条第一款的规定指定失踪人的财产代管人。

第三百四十四条 失踪人的财产代管人经人民法院指定后,代管人申请变更代管的,比照民事诉讼法特别程序的有关规定进行审理。申请理由成立的,裁定撤销申请人的代管人身份,同时另行指定财产代管人;申请理由不成立的,裁定驳回申请。

失踪人的其他利害关系人申请变更代管的,人民法院应当告知其以原指定的代管人为被告起诉,并按普通程序进行审理。

第三百四十五条 人民法院判决宣告公民失踪后,利害关系人向人民法院申请宣告失踪人死亡,自失踪之日起满四年的,人民法院应当受理,宣告失踪的判决即是该公民失踪的证明,审理中仍应依照民事诉讼法第一百八十五条规定进行公告。

第三百四十六条 符合法律规定的多个利害关系人提出宣告失踪、宣告死亡申请的，列为共同申请人。

第三百四十七条 寻找下落不明人的公告应当记载下列内容：

（一）被申请人应当在规定期间内向受理法院申报其具体地址及其联系方式。否则，被申请人将被宣告失踪、宣告死亡；

（二）凡知悉被申请人生存现状的人，应当在公告期间内将其所知道情况向受理法院报告。

第三百四十八条 人民法院受理宣告失踪、宣告死亡案件后，作出判决前，申请人撤回申请的，人民法院应当裁定终结案件，但其他符合法律规定的利害关系人加入程序要求继续审理的除外。

第三百四十九条 在诉讼中，当事人的利害关系人提出该当事人患有精神病，要求宣告该当事人无民事行为能力或者限制民事行为能力的，应由利害关系人向人民法院提出申请，由受诉人民法院按照特别程序立案审理，原诉讼中止。

第三百五十条 认定财产无主案件，公告期间有人对财产提出请求的，人民法院应当裁定终结特别程序，告知申请人另行起诉，适用普通程序审理。

第三百五十一条 被指定的监护人不服指定，应当自接到通知之日起三十日内向人民法院提出异议。经审理，认为指定并无不当的，裁定驳回异议；指定不当的，判决撤销指定，同时另行指定监护人。判决书应当送达异议人、原指定单位及判决指定的监护人。

第三百五十二条 申请认定公民无民事行为能力或者限制民事行为能力的案件，被申请人没有近亲属的，人民法院可以指定其他亲属为代理人。被申请人没有亲属的，人民法院可以指定经被申请人所在单位或者住所地的居民委员会、村民委员会同意，且愿意担任代理人的关系密切的朋友为代理人。

没有前款规定的代理人的，由被申请人所在单位或者住所地的居民委员会、村民委员会或者民政部门担任代理人。

代理人可以是一人，也可以是同一顺序中的两人。

第三百五十三条 申请司法确认调解协议的，双方当事人应当本人或者由符合民事诉讼法第五十八条规定的代理人向调解组织所在地基层人民法院或者人民法庭提出申请。

第三百五十四条 两个以上调解组织参与调解的，各调解组织所在地基层人民法院均有管辖权。

双方当事人可以共同向其中一个调解组织所在地基层人民法院提出申请；双方当事人共同向两个以上调解组织所在地基层人民法院提出申请的，由最先立案的人民法院管辖。

第三百五十五条 当事人申请司法确认调解协议，可以采用书面形式或者口头形式。当事人口头申请的，人民法院应当记入笔录，并由当事人签名、捺印或者盖章。

第三百五十六条 当事人申请司法确认调解协议，应当向人民法院提交调解协议、调解组织主持调解的证明，以及与调解协议相关的财产权利证明等材料，并提供双方当事人的身份、住所、联系方式等基本信息。

当事人未提交上述材料的，人民法院应当要求当事人限期补交。

第三百五十七条 当事人申请司法确认调解协议，有下列情形之一的，人民法院裁定不予受理：

（一）不属于人民法院受理范围的；

（二）不属于收到申请的人民法院管辖的；

（三）申请确认婚姻关系、亲子关系、收养关系等身份关系无效、有效或者解除的；

（四）涉及适用其他特别程序、公示催告程序、破产程序审理的；

（五）调解协议内容涉及物权、知识产权确权的。

人民法院受理申请后，发现有上述不予受理情形的，应当裁定驳回当事人的申请。

第三百五十八条 人民法院审查相关情况时，应当通知双方当事人共同到场对案件进行核实。

人民法院经审查，认为当事人的陈述或者提供的证明材料不充分、不完备或者有疑义的，可以要求当事人限期补充陈述或者补充证明材料。必要时，人民法院可以向调解组织核实有关情况。

第三百五十九条 确认调解协议的裁定作出前，当事人撤回申请的，人民法院可以裁定准许。

当事人无正当理由未在限期内补充陈述、补充证明材料或者拒不接受询问的，人民法院可以按撤回申请处理。

第三百六十条 经审查，调解协议有下列情形之一的，人民法院应当裁定驳回申请：

（一）违反法律强制性规定的；

（二）损害国家利益、社会公共利益、他人合法权益的；

（三）违背公序良俗的；

（四）违反自愿原则的；

（五）内容不明确的；

（六）其他不能进行司法确认的情形。

第三百六十一条 民事诉讼法第一百九十六条规定的担保物权人，包括抵押权人、质权人、留置权人；其他有权请求实现担保物权的人，包括抵押人、出质人、财产被留置的债务人或者所有权人等。

第三百六十二条 实现票据、仓单、提单等有权利凭证的权利质权案件，可以由权利凭证持有人住所地人民法院管辖；无权利凭证的权利质权，由出质登记地人民法院管辖。

第三百六十三条 实现担保物权案件属于海事法院等专门人民法院管辖的,由专门人民法院管辖。

第三百六十四条 同一债权的担保物有多个且所在地不同,申请人分别向有管辖权的人民法院申请实现担保物权的,人民法院应当依法受理。

第三百六十五条 依照物权法第一百七十六条的规定,被担保的债权既有物的担保又有人的担保,当事人对实现担保物权的顺序有约定,实现担保物权的申请违反该约定的,人民法院裁定不予受理;没有约定或者约定不明的,人民法院应当受理。

第三百六十六条 同一财产上设立多个担保物权,登记在先的担保物权尚未实现的,不影响后顺位的担保物权人向人民法院申请实现担保物权。

第三百六十七条 申请实现担保物权,应当提交下列材料:

(一)申请书。申请书应当记明申请人、被申请人的姓名或者名称、联系方式等基本信息,具体的请求和事实、理由;

(二)证明担保物权存在的材料,包括主合同、担保合同、抵押登记证明或者他项权利证书,权利质权的权利凭证或者质权出质登记证明等;

(三)证明实现担保物权条件成就的材料;

(四)担保财产现状的说明;

(五)人民法院认为需要提交的其他材料。

第三百六十八条 人民法院受理申请后,应当在五日内向被申请人送达申请书副本、异议权利告知书等文书。

被申请人有异议的,应当在收到人民法院通知后的五日内向人民法院提出,同时说明理由并提供相应的证据材料。

第三百六十九条 实现担保物权案件可以由审判员一人独任审查。担保财产标的额超过基层人民法院管辖范围的,应当组成合议庭进行审查。

第三百七十条 人民法院审查实现担保物权案件,可以询问申请人、被申请人、利害关系人,必要时可以依职权调查相关事实。

第三百七十一条 人民法院应当就主合同的效力、期限、履行情况,担保物权是否有效设立、担保财产的范围、被担保的债权范围、被担保的债权是否已届清偿期等担保物权实现的条件,以及是否损害他人合法权益等内容进行审查。

被申请人或者利害关系人提出异议的,人民法院应当一并审查。

第三百七十二条 人民法院审查后,按下列情形分别处理:

(一)当事人对实现担保物权无实质性争议且实现担保物权条件成就的,裁定准许拍卖、变卖担保财产;

(二)当事人对实现担保物权有部分实质性争议的,可以就无争议部分裁定准许拍卖、变卖担保财产;

(三)当事人对实现担保物权有实质性争议的,裁定驳回申请,并告知申请人向人民法院提起诉讼。

第三百七十三条 人民法院受理申请后,申请人对担保财产提出保全申请的,可以按照民事诉讼法关于诉讼保全的规定办理。

第三百七十四条 适用特别程序作出的判决、裁定,当事人、利害关系人认为有错误的,可以向作出该判决、裁定的人民法院提出异议。人民法院经审查,异议成立或者部分成立的,作出新的判决、裁定撤销或者改变原判决、裁定;异议不成立的,裁定驳回。

对人民法院作出的确认调解协议、准许实现担保物权的裁定,当事人有异议的,应当自收到裁定之日起十五日内提出;利害关系人有异议的,自知道或者应当知道其民事权益受到侵害之日起六个月内提出。

十八、审判监督程序

第三百七十五条 当事人死亡或者终止的,其权利义务承继者可以根据民事诉讼法第一百九十九条、第二百零一条的规定申请再审。

判决、调解书生效后,当事人将判决、调解书确认的债权转让,债权受让人对该判决、调解书不服申请再审的,人民法院不予受理。

第三百七十六条 民事诉讼法第一百九十九条规定的人数众多的一方当事人,包括公民、法人和其他组织。

民事诉讼法第一百九十九条规定的当事人双方为公民的案件,是指原告和被告均为公民的案件。

第三百七十七条 当事人申请再审,应当提交下列材料:

(一)再审申请书,并按照被申请人和原审其他当事人的人数提交副本;

(二)再审申请人是自然人的,应当提交身份证明;再审申请人是法人或者其他组织的,应当提交营业执照、组织机构代码证书、法定代表人或者主要负责人身份证明书。委托他人代为申请的,应当提交授权委托书和代理人身份证明;

(三)原审判决书、裁定书、调解书;

(四)反映案件基本事实的主要证据及其他材料。

前款第二项、第三项、第四项规定的材料可以是与原件核对无异的复印件。

第三百七十八条 再审申请书应当记明下列事项:

(一)再审申请人与被申请人及原审其他当事人的基本信息;

(二)原审人民法院的名称,原审裁判文书案号;

(三)具体的再审请求;

(四)申请再审的法定情形及具体事实、理由。

再审申请书应当明确申请再审的人民法院,并由再审申请人签名、捺印或者盖章。

第三百七十九条 当事人一方人数众多或者当事人双方为公民的案件,当事人分别向原审人民法院和上一级人民法院申请再审且不能协商一致的,由原审人民法院受理。

第三百八十条 适用特别程序、督促程序、公示催告程序、破产程序等非讼程序审理的案件,当事人不得申请再审。

第三百八十一条 当事人认为发生法律效力的不予受理、驳回起诉的裁定错误的,可以申请再审。

第三百八十二条 当事人就离婚案件中的财产分割问题申请再审,如涉及判决中已分割的财产,人民法院应当依照民事诉讼法第二百条的规定进行审查,符合再审条件的,应当裁定再审;如涉及判决中未作处理的夫妻共同财产,应当告知当事人另行起诉。

第三百八十三条 当事人申请再审,有下列情形之一的,人民法院不予受理:

(一)再审申请被驳回后再次提出申请的;

(二)对再审判决、裁定提出申请的;

(三)在人民检察院对当事人的申请作出不予提出再审检察建议或者抗诉决定后又提出申请的。

前款第一项、第二项规定情形,人民法院应当告知当事人可以向人民检察院申请再审检察建议或者抗诉,但因人民检察院提出再审检察建议或者抗诉而再审作出的判决、裁定除外。

第三百八十四条 当事人对已经发生法律效力的调解书申请再审,应当在调解书发生法律效力后六个月内提出。

第三百八十五条 人民法院应当自收到符合条件的再审申请书等材料之日起五日内向再审申请人发送受理通知书,并向被申请人及原审其他当事人发送应诉通知书、再审申请书副本等材料。

第三百八十六条 人民法院受理申请再审案件后,应当依照民事诉讼法第二百条、第二百零一条、第二百零四条等规定,对当事人主张的再审事由进行审查。

第三百八十七条 再审申请人提供的新的证据,能够证明原判决、裁定认定基本事实或者裁判结果错误的,应当认定为民事诉讼法第二百条第一项规定的情形。

对于符合前款规定的证据,人民法院应当责令再审申请人说明其逾期提供该证据的理由;拒不说明理由或者理由不成立的,依照民事诉讼法第六十五条第二款和本解释第一百零二条的规定处理。

第三百八十八条 再审申请人证明其提交的新的证据符合下列情形之一的,可以认定逾期提供证据的理由成立:

(一)在原审庭审结束前已经存在,因客观原因于庭审结束后才发现的;

(二)在原审庭审结束前已经发现,但因客观原因无法取得或者在规定的期限内不能提供的;

（三）在原审庭审结束后形成，无法据此另行提起诉讼的。

再审申请人提交的证据在原审中已经提供，原审人民法院未组织质证且未作为裁判根据的，视为逾期提供证据的理由成立，但原审人民法院依照民事诉讼法第六十五条规定不予采纳的除外。

第三百八十九条 当事人对原判决、裁定认定事实的主要证据在原审中拒绝发表质证意见或者质证中未对证据发表质证意见的，不属于民事诉讼法第二百条第四项规定的未经质证的情形。

第三百九十条 有下列情形之一，导致判决、裁定结果错误的，应当认定为民事诉讼法第二百条第六项规定的原判决、裁定适用法律确有错误：

（一）适用的法律与案件性质明显不符的；
（二）确定民事责任明显违背当事人约定或者法律规定的；
（三）适用已经失效或者尚未施行的法律的；
（四）违反法律溯及力规定的；
（五）违反法律适用规则的；
（六）明显违背立法原意的。

第三百九十一条 原审开庭过程中有下列情形之一的，应当认定为民事诉讼法第二百条第九项规定的剥夺当事人辩论权利：

（一）不允许当事人发表辩论意见的；
（二）应当开庭审理而未开庭审理的；
（三）违反法律规定送达起诉状副本或者上诉状副本，致使当事人无法行使辩论权利的；
（四）违法剥夺当事人辩论权利的其他情形。

第三百九十二条 民事诉讼法第二百条第十一项规定的诉讼请求，包括一审诉讼请求、二审上诉请求，但当事人未对一审判决、裁定遗漏或者超出诉讼请求提起上诉的除外。

第三百九十三条 民事诉讼法第二百条第十二项规定的法律文书包括：

（一）发生法律效力的判决书、裁定书、调解书；
（二）发生法律效力的仲裁裁决书；
（三）具有强制执行效力的公证债权文书。

第三百九十四条 民事诉讼法第二百条第十三项规定的审判人员审理该案件时有贪污受贿、徇私舞弊、枉法裁判行为，是指已经由生效刑事法律文书或者纪律处分决定所确认的行为。

第三百九十五条 当事人主张的再审事由成立，且符合民事诉讼法和本解释规定的申请再审条件的，人民法院应当裁定再审。

当事人主张的再审事由不成立，或者当事人申请再审超过法定申请再审期限、超出法定再审事由范围等不符合民事诉讼法和本解释规定的申请再审条件的，人民法院应当裁定驳回再审申请。

第三百九十六条 人民法院对已经发生法律效力的判决、裁定、调解书依法决定再审,依照民事诉讼法第二百零六条规定,需要中止执行的,应当在再审裁定中同时写明中止原判决、裁定、调解书的执行;情况紧急的,可以将中止执行裁定口头通知负责执行的人民法院,并在通知后十日内发出裁定书。

第三百九十七条 人民法院根据审查案件的需要决定是否询问当事人。新的证据可能推翻原判决、裁定的,人民法院应当询问当事人。

第三百九十八条 审查再审申请期间,被申请人及原审其他当事人依法提出再审申请的,人民法院应当将其列为再审申请人,对其再审事由一并审查,审查期限重新计算。经审查,其中一方再审申请人主张的再审事由成立的,应当裁定再审。各方再审申请人主张的再审事由均不成立的,一并裁定驳回再审申请。

第三百九十九条 审查再审申请期间,再审申请人申请人民法院委托鉴定、勘验的,人民法院不予准许。

第四百条 审查再审申请期间,再审申请人撤回再审申请的,是否准许,由人民法院裁定。

再审申请人经传票传唤,无正当理由拒不接受询问的,可以按撤回再审申请处理。

第四百零一条 人民法院准许撤回再审申请或者按撤回再审申请处理后,再审申请人再次申请再审的,不予受理,但有民事诉讼法第二百条第一项、第三项、第十二项、第十三项规定情形,自知道或者应当知道之日起六个月内提出的除外。

第四百零二条 再审申请审查期间,有下列情形之一的,裁定终结审查:

(一)再审申请人死亡或者终止,无权利义务承继者或者权利义务承继者声明放弃再审申请的;

(二)在给付之诉中,负有给付义务的被申请人死亡或者终止,无可供执行的财产,也没有应当承担义务的人的;

(三)当事人达成和解协议且已履行完毕的,但当事人在和解协议中声明不放弃申请再审权利的除外;

(四)他人未经授权以当事人名义申请再审的;

(五)原审或者上一级人民法院已经裁定再审的。

(六)有本解释第三百八十三条第一款规定情形的。

第四百零三条 人民法院审理再审案件应当组成合议庭开庭审理,但按照第二审程序审理,有特殊情况或者双方当事人已经通过其他方式充分表达意见,且书面同意不开庭审理的除外。

符合缺席判决条件的,可以缺席判决。

第四百零四条 人民法院开庭审理再审案件,应当按照下列情形分别进行:

(一)因当事人申请再审的,先由再审申请人陈述再审请求及理由,后由

被申请人答辩、其他原审当事人发表意见;

(二) 因抗诉再审的,先由抗诉机关宣读抗诉书,再由申请抗诉的当事人陈述,后由被申请人答辩、其他原审当事人发表意见;

(三) 人民法院依职权再审,有申诉人的,先由申诉人陈述再审请求及理由,后由被申诉人答辩、其他原审当事人发表意见;

(四) 人民法院依职权再审,没有申诉人的,先由原审原告或者原审上诉人陈述,后由原审其他当事人发表意见。

对前款第一项至第三项规定的情形,人民法院应当要求当事人明确其再审请求。

第四百零五条 人民法院审理再审案件应当围绕再审请求进行。当事人的再审请求超出原审诉讼请求的,不予审理;符合另案诉讼条件的,告知当事人可以另行起诉。

被申请人及原审其他当事人在庭审辩论结束前提出的再审请求,符合民事诉讼法第二百零五条规定的,人民法院应当一并审理。

人民法院经再审,发现已经发生法律效力的判决、裁定损害国家利益、社会公共利益、他人合法权益的,应当一并审理。

第四百零六条 再审审理期间,有下列情形之一的,可以裁定终结再审程序:

(一) 再审申请人在再审期间撤回再审请求,人民法院准许的;

(二) 再审申请人经传票传唤,无正当理由拒不到庭的,或者未经法庭许可中途退庭,按撤回再审请求处理的;

(三) 人民检察院撤回抗诉的;

(四) 有本解释第四百零二条第一项至第四项规定情形的。

因人民检察院提出抗诉裁定再审的案件,申请抗诉的当事人有前款规定的情形,且不损害国家利益、社会公共利益或者他人合法权益的,人民法院应当裁定终结再审程序。

再审程序终结后,人民法院裁定中止执行的原生效判决自动恢复执行。

第四百零七条 人民法院经再审审理认为,原判决、裁定认定事实清楚、适用法律正确的,应予维持;原判决、裁定认定事实、适用法律虽有瑕疵,但裁判结果正确的,应当在再审判决、裁定中纠正瑕疵后予以维持。

原判决、裁定认定事实、适用法律错误,导致裁判结果错误的,应当依法改判、撤销或者变更。

第四百零八条 按照第二审程序再审的案件,人民法院经审理认为不符合民事诉讼法规定的起诉条件或者符合民事诉讼法第一百二十四条规定不予受理情形的,应当裁定撤销一、二审判决,驳回起诉。

第四百零九条 人民法院对调解书裁定再审后,按照下列情形分别处理:

(一) 当事人提出的调解违反自愿原则的事由不成立,且调解书的内容不违反法律强制性规定的,裁定驳回再审申请;

（二）人民检察院抗诉或者再审检察建议所主张的损害国家利益、社会公共利益的理由不成立的，裁定终结再审程序。

前款规定情形，人民法院裁定中止执行的调解书需要继续执行的，自动恢复执行。

第四百一十条 一审原告在再审审理程序中申请撤回起诉，经其他当事人同意，且不损害国家利益、社会公共利益、他人合法权益的，人民法院可以准许。裁定准许撤诉的，应当一并撤销原判决。

一审原告在再审审理程序中撤回起诉后重复起诉的，人民法院不予受理。

第四百一十一条 当事人提交新的证据致使再审改判，因再审申请人或者申请检察监督当事人的过错未能在原程序中及时举证，被申请人等当事人请求补偿其增加的交通、住宿、就餐、误工等必要费用的，人民法院应予支持。

第四百一十二条 部分当事人到庭并达成调解协议，其他当事人未作出书面表示的，人民法院应当在判决中对该事实作出表述；调解协议内容不违反法律规定，且不损害其他当事人合法权益的，可以在判决主文中予以确认。

第四百一十三条 人民检察院依法对损害国家利益、社会公共利益的发生法律效力的判决、裁定、调解书提出抗诉，或者经人民检察院检察委员会讨论决定提出再审检察建议的，人民法院应予受理。

第四百一十四条 人民检察院对已经发生法律效力的判决以及不予受理、驳回起诉的裁定依法提出抗诉的，人民法院应予受理，但适用特别程序、督促程序、公示催告程序、破产程序以及解除婚姻关系的判决、裁定等不适用审判监督程序的判决、裁定除外。

第四百一十五条 人民检察院依照民事诉讼法第二百零九条第一款第三项规定对有明显错误的再审判决、裁定提出抗诉或者再审检察建议的，人民法院应予受理。

第四百一十六条 地方各级人民检察院依当事人的申请对生效判决、裁定向同级人民法院提出再审检察建议，符合下列条件的，应予受理：

（一）再审检察建议书和原审当事人申请书及相关证据材料已经提交；

（二）建议再审的对象为依照民事诉讼法和本解释规定可以进行再审的判决、裁定；

（三）再审检察建议书列明该判决、裁定有民事诉讼法第二百零八条第二款规定情形；

（四）符合民事诉讼法第二百零九条第一款第一项、第二项规定情形；

（五）再审检察建议经该人民检察院检察委员会讨论决定。

不符合前款规定的，人民法院可以建议人民检察院予以补正或者撤回；不予补正或者撤回的，应当函告人民检察院不予受理。

第四百一十七条 人民检察院依当事人的申请对生效判决、裁定提出抗诉，符合下列条件的，人民法院应当在三十日内裁定再审：

（一）抗诉书和原审当事人申请书及相关证据材料已经提交；
（二）抗诉对象为依照民事诉讼法和本解释规定可以进行再审的判决、裁定；
（三）抗诉书列明该判决、裁定有民事诉讼法第二百零八条第一款规定情形；
（四）符合民事诉讼法第二百零九条第一款第一项、第二项规定情形。

不符合前款规定的，人民法院可以建议人民检察院予以补正或者撤回；不予补正或者撤回的，人民法院可以裁定不予受理。

第四百一十八条 当事人的再审申请被上级人民法院裁定驳回后，人民检察院对原判决、裁定、调解书提出抗诉，抗诉事由符合民事诉讼法第二百条第一项至第五项规定情形之一的，受理抗诉的人民法院可以交由下一级人民法院再审。

第四百一十九条 人民法院收到再审检察建议后，应当组成合议庭，在三个月内进行审查，发现原判决、裁定、调解书确有错误，需要再审的，依照民事诉讼法第一百九十八条规定裁定再审，并通知当事人；经审查，决定不予再审的，应当书面回复人民检察院。

第四百二十条 人民法院审理因人民检察院抗诉或者检察建议裁定再审的案件，不受此前已经作出的驳回当事人再审申请裁定的影响。

第四百二十一条 人民法院开庭审理抗诉案件，应当在开庭三日前通知人民检察院、当事人和其他诉讼参与人。同级人民检察院或者提出抗诉的人民检察院应当派员出庭。

人民检察院因履行法律监督职责向当事人或者案外人调查核实的情况，应当向法庭提交并予以说明，由双方当事人进行质证。

第四百二十二条 必须共同进行诉讼的当事人因不能归责于本人或者其诉讼代理人的事由未参加诉讼的，可以根据民事诉讼法第二百条第八项规定，自知道或者应当知道之日起六个月内申请再审，但符合本解释第四百二十三条规定情形的除外。

人民法院因前款规定的当事人申请而裁定再审，按照第一审程序再审的，应当追加其为当事人，作出新的判决、裁定；按照第二审程序再审，经调解不能达成协议的，应当撤销原判决、裁定，发回重审，重审时应当追加其为当事人。

第四百二十三条 根据民事诉讼法第二百二十七条规定，案外人对驳回其执行异议的裁定不服，认为原判决、裁定、调解书内容错误损害其民事权益的，可以自执行异议裁定送达之日起六个月内，向作出原判决、裁定、调解书的人民法院申请再审。

第四百二十四条 根据民事诉讼法第二百二十七条规定，人民法院裁定再审后，案外人属于必要的共同诉讼当事人的，依照本解释第四百二十二条第二款规定处理。

案外人不是必要的共同诉讼当事人的,人民法院仅审理原判决、裁定、调解书对其民事权益造成损害的内容。经审理,再审请求成立的,撤销或者改变原判决、裁定、调解书;再审请求不成立的,维持原判决、裁定、调解书。

第四百二十五条 本解释第三百四十条规定适用于审判监督程序。

第四百二十六条 对小额诉讼案件的判决、裁定,当事人以民事诉讼法第二百条规定的事由向原审人民法院申请再审的,人民法院应当受理。申请再审事由成立的,应当裁定再审,组成合议庭进行审理。作出的再审判决、裁定,当事人不得上诉。

当事人以不应按小额诉讼案件审理为由向原审人民法院申请再审的,人民法院应当受理。理由成立的,应当裁定再审,组成合议庭审理。作出的再审判决、裁定,当事人可以上诉。

十九、督促程序

第四百二十七条 两个以上人民法院都有管辖权的,债权人可以向其中一个基层人民法院申请支付令。

债权人向两个以上有管辖权的基层人民法院申请支付令的,由最先立案的人民法院管辖。

第四百二十八条 人民法院收到债权人的支付令申请书后,认为申请书不符合要求的,可以通知债权人限期补正。人民法院应当自收到补正材料之日起五日内通知债权人是否受理。

第四百二十九条 债权人申请支付令,符合下列条件的,基层人民法院应当受理,并在收到支付令申请书后五日内通知债权人:

(一)请求给付金钱或者汇票、本票、支票、股票、债券、国库券、可转让的存款单等有价证券;

(二)请求给付的金钱或者有价证券已到期且数额确定,并写明了请求所根据的事实、证据;

(三)债权人没有对待给付义务;

(四)债务人在我国境内且未下落不明;

(五)支付令能够送达债务人;

(六)收到申请书的人民法院有管辖权;

(七)债权人未向人民法院申请诉前保全。

不符合前款规定的,人民法院应当在收到支付令申请书后五日内通知债权人不予受理。

基层人民法院受理申请支付令案件,不受债权金额的限制。

第四百三十条 人民法院受理申请后,由审判员一人进行审查。经审查,有下列情形之一的,裁定驳回申请:

(一)申请人不具备当事人资格的;

（二）给付金钱或者有价证券的证明文件没有约定逾期给付利息或者违约金、赔偿金，债权人坚持要求给付利息或者违约金、赔偿金的；
（三）要求给付的金钱或者有价证券属于违法所得的；
（四）要求给付的金钱或者有价证券尚未到期或者数额不确定的。

人民法院受理支付令申请后，发现不符合本解释规定的受理条件的，应当在受理之日起十五日内裁定驳回申请。

第四百三十一条 向债务人本人送达支付令，债务人拒绝接收的，人民法院可以留置送达。

第四百三十二条 有下列情形之一的，人民法院应当裁定终结督促程序，已发出支付令的，支付令自行失效：

（一）人民法院受理支付令申请后，债权人就同一债权债务关系又提起诉讼的；
（二）人民法院发出支付令之日起三十日内无法送达债务人的；
（三）债务人收到支付令前，债权人撤回申请的。

第四百三十三条 债务人在收到支付令后，未在法定期间提出书面异议，而向其他人民法院起诉的，不影响支付令的效力。

债务人超过法定期间提出异议的，视为未提出异议。

第四百三十四条 债权人基于同一债权债务关系，在同一支付令申请中向债务人提出多项支付请求，债务人仅就其中一项或者几项请求提出异议的，不影响其他各项请求的效力。

第四百三十五条 债权人基于同一债权债务关系，就可分之债向多个债务人提出支付请求，多个债务人中的一人或者几人提出异议的，不影响其他请求的效力。

第四百三十六条 对设有担保的债务的主债务人发出的支付令，对担保人没有拘束力。

债权人就担保关系单独提起诉讼的，支付令自人民法院受理案件之日起失效。

第四百三十七条 经形式审查，债务人提出的书面异议有下列情形之一的，应当认定异议成立，裁定终结督促程序，支付令自行失效：

（一）本解释规定的不予受理申请情形的；
（二）本解释规定的裁定驳回申请情形的；
（三）本解释规定的应当裁定终结督促程序情形的；
（四）人民法院对是否符合发出支付令条件产生合理怀疑的。

第四百三十八条 债务人对债务本身没有异议，只是提出缺乏清偿能力、延缓债务清偿期限、变更债务清偿方式等异议的，不影响支付令的效力。

人民法院经审查认为异议不成立的，裁定驳回。

债务人的口头异议无效。

第四百三十九条 人民法院作出终结督促程序或者驳回异议裁定前,债务人请求撤回异议的,应当裁定准许。

债务人对撤回异议反悔的,人民法院不予支持。

第四百四十条 支付令失效后,申请支付令的一方当事人不同意提起诉讼的,应当自收到终结督促程序裁定之日起七日内向受理申请的人民法院提出。

申请支付令的一方当事人不同意提起诉讼的,不影响其向其他有管辖权的人民法院提起诉讼。

第四百四十一条 支付令失效后,申请支付令的一方当事人自收到终结督促程序裁定之日起七日内未向受理申请的人民法院表明不同意提起诉讼的,视为向受理申请的人民法院起诉。

债权人提出支付令申请的时间,即为向人民法院起诉的时间。

第四百四十二条 债权人向人民法院申请执行支付令的期间,适用民事诉讼法第二百三十九条的规定。

第四百四十三条 人民法院院长发现本院已经发生法律效力的支付令确有错误,认为需要撤销的,应当提交本院审判委员会讨论决定后,裁定撤销支付令,驳回债权人的申请。

二十、公示催告程序

第四百四十四条 民事诉讼法第二百一十八条规定的票据持有人,是指票据被盗、遗失或者灭失前的最后持有人。

第四百四十五条 人民法院收到公示催告的申请后,应当立即审查,并决定是否受理。经审查认为符合受理条件的,通知予以受理,并同时通知支付人停止支付;认为不符合受理条件的,七日内裁定驳回申请。

第四百四十六条 因票据丧失,申请公示催告的,人民法院应结合票据存根、丧失票据的复印件、出票人关于签发票据的证明、申请人合法取得票据的证明、银行挂失止付通知书、报案证明等证据,决定是否受理。

第四百四十七条 人民法院依照民事诉讼法第二百一十九条规定发出的受理申请的公告,应当写明下列内容:

(一)公示催告申请人的姓名或者名称;

(二)票据的种类、号码、票面金额、出票人、背书人、持票人、付款期限等事项以及其他可以申请公示催告的权利凭证的种类、号码、权利范围、权利人、义务人、行权日期等事项;

(三)申报权利的期间;

(四)在公示催告期间转让票据等权利凭证,利害关系人不申报的法律后果。

第四百四十八条 公告应当在有关报纸或者其他媒体上刊登,并于同日公布于人民法院公告栏内。人民法院所在地有证券交易所的,还应当同日在该交易所公布。

第四百四十九条 公告期间不得少于六十日,且公示催告期间届满日不得早于票据付款日后十五日。

第四百五十条 在申报期届满后、判决作出之前,利害关系人申报权利的,应当适用民事诉讼法第二百二十一条第二款、第三款规定处理。

第四百五十一条 利害关系人申报权利,人民法院应当通知其向法院出示票据,并通知公示催告申请人在指定的期间查看该票据。公示催告申请人申请公示催告的票据与利害关系人出示的票据不一致的,应当裁定驳回利害关系人的申报。

第四百五十二条 在申报权利的期间无人申报权利,或者申报被驳回的,申请人应当自公示催告期间届满之日起一个月内申请作出判决。逾期不申请判决的,终结公示催告程序。

裁定终结公示催告程序的,应当通知申请人和支付人。

第四百五十三条 判决公告之日起,公示催告申请人有权依据判决向付款人请求付款。

付款人拒绝付款,申请人向人民法院起诉,符合民事诉讼法第一百一十九条规定的起诉条件的,人民法院应予受理。

第四百五十四条 适用公示催告程序审理案件,可由审判员一人独任审理;判决宣告票据无效的,应当组成合议庭审理。

第四百五十五条 公示催告申请人撤回申请,应在公示催告前提出;公示催告期间申请撤回的,人民法院可以径行裁定终结公示催告程序。

第四百五十六条 人民法院依照民事诉讼法第二百二十条规定通知支付人停止支付,应当符合有关财产保全的规定。支付人收到停止支付通知后拒不止付的,除可依照民事诉讼法第一百一十一条、第一百一十四条规定采取强制措施外,在判决后,支付人仍应承担付款义务。

第四百五十七条 人民法院依照民事诉讼法第二百二十一条规定终结公示催告程序后,公示催告申请人或者申报人向人民法院提起诉讼,因票据权利纠纷提起的,由票据支付地或者被告住所地人民法院管辖;因非票据权利纠纷提起的,由被告住所地人民法院管辖。

第四百五十八条 依照民事诉讼法第二百二十一条规定制作的终结公示催告程序的裁定书,由审判员、书记员署名,加盖人民法院印章。

第四百五十九条 依照民事诉讼法第二百二十三条的规定,利害关系人向人民法院起诉的,人民法院可按票据纠纷适用普通程序审理。

第四百六十条 民事诉讼法第二百二十三条规定的正当理由,包括:

(一)因发生意外事件或者不可抗力致使利害关系人无法知道公告事实的;

(二)利害关系人因被限制人身自由而无法知道公告事实,或者虽然知道公告事实,但无法自己或者委托他人代为申报权利的;

（三）不属于法定申请公示催告情形的；
（四）未予公告或者未按法定方式公告的；
（五）其他导致利害关系人在判决作出前未能向人民法院申报权利的客观事由。

第四百六十一条 根据民事诉讼法第二百二十三条的规定，利害关系人请求人民法院撤销除权判决的，应当将申请人列为被告。

利害关系人仅诉请确认其为合法持票人的，人民法院应当在裁判文书中写明，确认利害关系人为票据权利人的判决作出后，除权判决即被撤销。

二十一、执行程序

第四百六十二条 发生法律效力的实现担保物权裁定、确认调解协议裁定、支付令，由作出裁定、支付令的人民法院或者与其同级的被执行财产所在地的人民法院执行。

认定财产无主的判决，由作出判决的人民法院将无主财产收归国家或者集体所有。

第四百六十三条 当事人申请人民法院执行的生效法律文书应当具备下列条件：

（一）权利义务主体明确；
（二）给付内容明确。

法律文书确定继续履行合同的，应当明确继续履行的具体内容。

第四百六十四条 根据民事诉讼法第二百二十七条规定，案外人对执行标的提出异议的，应当在该执行标的的执行程序终结前提出。

第四百六十五条 案外人对执行标的提出的异议，经审查，按照下列情形分别处理：

（一）案外人对执行标的不享有足以排除强制执行的权益的，裁定驳回其异议；

（二）案外人对执行标的享有足以排除强制执行的权益的，裁定中止执行。

驳回案外人执行异议裁定送达案外人之日起十五日内，人民法院不得对执行标的进行处分。

第四百六十六条 申请执行人与被执行人达成和解协议后请求中止执行或者撤回执行申请的，人民法院可以裁定中止执行或者终结执行。

第四百六十七条 一方当事人不履行或者不完全履行在执行中双方自愿达成的和解协议，对方当事人申请执行原生效法律文书的，人民法院应当恢复执行，但和解协议已履行的部分应当扣除。和解协议已经履行完毕的，人民法院不予恢复执行。

第四百六十八条 申请恢复执行原生效法律文书，适用民事诉讼法第二百三十九条申请执行期间的规定。申请执行期间因达成执行中的和解协议而中断，其期间自和解协议约定履行期限的最后一日起重新计算。

第四百六十九条 人民法院依照民事诉讼法第二百三十一条规定决定暂缓执行的，如果担保是有期限的，暂缓执行的期限应当与担保期限一致，但最长不得超过一年。被执行人或者担保人对担保的财产在暂缓执行期间有转移、隐藏、变卖、毁损等行为的，人民法院可以恢复强制执行。

第四百七十条 根据民事诉讼法第二百三十一条规定向人民法院提供执行担保的，可以由被执行人或者他人提供财产担保，也可以由他人提供保证。担保人应当具有代为履行或者代为承担赔偿责任的能力。

他人提供执行保证的，应当向执行法院出具保证书，并将保证书副本送交申请执行人。被执行人或者他人提供财产担保的，应当参照物权法、担保法的有关规定办理相应手续。

第四百七十一条 被执行人在人民法院决定暂缓执行的期限届满后仍不履行义务的，人民法院可以直接执行担保财产，或者裁定执行担保人的财产，但执行担保人的财产以担保人应当履行义务部分的财产为限。

第四百七十二条 依照民事诉讼法第二百三十二条规定，执行中作为被执行人的法人或者其他组织分立、合并的，人民法院可以裁定变更后的法人或者其他组织为被执行人；被注销的，如果依照有关实体法的规定有权利义务承受人的，可以裁定该权利义务承受人为被执行人。

第四百七十三条 其他组织在执行中不能履行法律文书确定的义务的，人民法院可以裁定执行对该其他组织依法承担义务的法人或者公民个人的财产。

第四百七十四条 在执行中，作为被执行人的法人或者其他组织名称变更的，人民法院可以裁定变更后的法人或者其他组织为被执行人。

第四百七十五条 作为被执行人的公民死亡，其遗产继承人没有放弃继承的，人民法院可以裁定变更被执行人，由该继承人在遗产的范围内偿还债务。继承人放弃继承的，人民法院可以直接执行被执行人的遗产。

第四百七十六条 法律规定由人民法院执行的其他法律文书执行完毕后，该法律文书被有关机关或者组织依法撤销的，经当事人申请，适用民事诉讼法第二百三十三条规定。

第四百七十七条 仲裁机构裁决的事项，部分有民事诉讼法第二百三十七条第二款、第三款规定情形的，人民法院应当裁定对该部分不予执行。

应当不予执行部分与其他部分不可分的，人民法院应当裁定不予执行仲裁裁决。

第四百七十八条 依照民事诉讼法第二百三十七条第二款、第三款规定，人民法院裁定不予执行仲裁裁决后，当事人对该裁定提出执行异议或者复议的，人民法院不予受理。当事人可以就该民事纠纷重新达成书面仲裁协议申请仲裁，也可以向人民法院起诉。

第四百七十九条 在执行中，被执行人通过仲裁程序将人民法院查封、扣押、冻结的财产确权或者分割给案外人的，不影响人民法院执行程序的进行。

案外人不服的，可以根据民事诉讼法第二百二十七条规定提出异议。

第四百八十条 有下列情形之一的，可以认定为民事诉讼法第二百三十八条第二款规定的公证债权文书确有错误：

（一）公证债权文书属于不得赋予强制执行效力的债权文书的；

（二）被执行人一方未亲自或者未委托代理人到场公证等严重违反法律规定的公证程序的；

（三）公证债权文书的内容与事实不符或者违反法律强制性规定的；

（四）公证债权文书未载明被执行人不履行义务或者不完全履行义务时同意接受强制执行的。

人民法院认定执行该公证债权文书违背社会公共利益的，裁定不予执行。

公证债权文书被裁定不予执行后，当事人、公证事项的利害关系人可以就债权争议提起诉讼。

第四百八十一条 当事人请求不予执行仲裁裁决或者公证债权文书的，应当在执行终结前向执行法院提出。

第四百八十二条 人民法院应当在收到申请执行书或者移交执行书后十日内发出执行通知。

执行通知中除应责令被执行人履行法律文书确定的义务外，还应通知其承担民事诉讼法第二百五十三条规定的迟延履行利息或者迟延履行金。

第四百八十三条 申请执行人超过申请执行时效期间向人民法院申请强制执行的，人民法院应予受理。被执行人对申请执行时效期间提出异议，人民法院经审查异议成立的，裁定不予执行。

被执行人履行全部或者部分义务后，又以不知道申请执行时效期间届满为由请求执行回转的，人民法院不予支持。

第四百八十四条 对必须接受调查询问的被执行人、被执行人的法定代表人、负责人或者实际控制人，经依法传唤无正当理由拒不到场的，人民法院可以拘传其到场。

人民法院应当及时对被拘传人进行调查询问，调查询问的时间不得超过八小时；情况复杂，依法可能采取拘留措施的，调查询问的时间不得超过二十四小时。

人民法院在本辖区以外采取拘传措施时，可以将被拘传人拘传到当地人民法院，当地人民法院应予协助。

第四百八十五条 人民法院有权查询被执行人的身份信息与财产信息，掌握相关信息的单位和个人必须按照协助执行通知书办理。

第四百八十六条 对被执行的财产，人民法院非经查封、扣押、冻结不得处分。对银行存款等各类可以直接扣划的财产，人民法院的扣划裁定同时具有冻结的法律效力。

第四百八十七条 人民法院冻结被执行人的银行存款的期限不得超过一年,查封、扣押动产的期限不得超过两年,查封不动产、冻结其他财产权的期限不得超过三年。

申请执行人申请延长期限的,人民法院应当在查封、扣押、冻结期限届满前办理续行查封、扣押、冻结手续,续行期限不得超过前款规定的期限。

人民法院也可以依职权办理续行查封、扣押、冻结手续。

第四百八十八条 依照民事诉讼法第二百四十七条规定,人民法院在执行中需要拍卖被执行人财产的,可以由人民法院自行组织拍卖,也可以交由具备相应资质的拍卖机构拍卖。

交拍卖机构拍卖的,人民法院应当对拍卖活动进行监督。

第四百八十九条 拍卖评估需要对现场进行检查、勘验的,人民法院应当责令被执行人、协助义务人予以配合。被执行人、协助义务人不予配合的,人民法院可以强制进行。

第四百九十条 人民法院在执行中需要变卖被执行人财产的,可以交有关单位变卖,也可以由人民法院直接变卖。

对变卖的财产,人民法院或者其工作人员不得买受。

第四百九十一条 经申请执行人和被执行人同意,且不损害其他债权人合法权益和社会公共利益的,人民法院可以不经拍卖、变卖,直接将被执行人的财产作价交申请执行人抵偿债务。对剩余债务,被执行人应当继续清偿。

第四百九十二条 被执行人的财产无法拍卖或者变卖的,经申请执行人同意,且不损害其他债权人合法权益和社会公共利益的,人民法院可以将该项财产作价后交付申请执行人抵偿债务,或者交付申请执行人管理;申请执行人拒绝接收或者管理的,退回被执行人。

第四百九十三条 拍卖成交或者依法定程序裁定以物抵债的,标的物所有权自拍卖成交裁定或者抵债裁定送达买受人或者接受抵债物的债权人时转移。

第四百九十四条 执行标的物为特定物的,应当执行原物。原物确已毁损或者灭失的,经双方当事人同意,可以折价赔偿。

双方当事人对折价赔偿不能协商一致的,人民法院应当终结执行程序。申请执行人可以另行起诉。

第四百九十五条 他人持有法律文书指定交付的财物或者票证,人民法院依照民事诉讼法第二百四十九条第二款、第三款规定发出协助执行通知后,拒不转交的,可以强制执行,并可依照民事诉讼法第一百一十四条、第一百一十五条规定处理。

他人持有期间财物或者票证毁损、灭失的,参照本解释第四百九十四条规定处理。

他人主张合法持有财物或者票证的,可以根据民事诉讼法第二百二十七条规定提出执行异议。

第四百九十六条 在执行中，被执行人隐匿财产、会计账簿等资料的，人民法院除可依照民事诉讼法第一百一十一条第一款第六项规定对其处理外，还应责令被执行人交出隐匿的财产、会计账簿等资料。被执行人拒不交出的，人民法院可以采取搜查措施。

第四百九十七条 搜查人员应当按规定着装并出示搜查令和工作证件。

第四百九十八条 人民法院搜查时禁止无关人员进入搜查现场；搜查对象是公民的，应当通知被执行人或者他的成年家属以及基层组织派员到场；搜查对象是法人或者其他组织的，应当通知法定代表人或者主要负责人到场。拒不到场的，不影响搜查。

搜查妇女身体，应当由女执行人员进行。

第四百九十九条 搜查中发现应当依法采取查封、扣押措施的财产，依照民事诉讼法第二百四十五条第二款和第二百四十七条规定办理。

第五百条 搜查应当制作搜查笔录，由搜查人员、被搜查人及其他在场人签名、捺印或者盖章。拒绝签名、捺印或者盖章的，应当记入搜查笔录。

第五百零一条 人民法院执行被执行人对他人的到期债权，可以作出冻结债权的裁定，并通知该他人向申请执行人履行。

该他人对到期债权有异议，申请执行人请求对异议部分强制执行的，人民法院不予支持。利害关系人对到期债权有异议的，人民法院应当按照民事诉讼法第二百二十七条规定处理。

对生效法律文书确定的到期债权，该他人予以否认的，人民法院不予支持。

第五百零二条 人民法院在执行中需要办理房产证、土地证、林权证、专利证书、商标注册证、车船执照等有关财产权证照转移手续的，可以依照民事诉讼法第二百五十一条规定办理。

第五百零三条 被执行人不履行生效法律文书确定的行为义务，该义务可由他人完成的，人民法院可以选定代履行人；法律、行政法规对履行该行为义务有资格限制的，应当从有资格的人中选定。必要时，可以通过招标的方式确定代履行人。

申请执行人可以在符合条件的人中推荐代履行人，也可以申请自己代为履行，是否准许，由人民法院决定。

第五百零四条 代履行费用的数额由人民法院根据案件具体情况确定，并由被执行人在指定期限内预先支付。被执行人未预付的，人民法院可以对该费用强制执行。

代履行结束后，被执行人可以查阅、复制费用清单以及主要凭证。

第五百零五条 被执行人不履行法律文书指定的行为，且该项行为只能由被执行人完成的，人民法院可以依照民事诉讼法第一百一十一条第一款第六项规定处理。

被执行人在人民法院确定的履行期间内仍不履行的,人民法院可以依照民事诉讼法第一百一十一条第一款第六项规定再次处理。

第五百零六条 被执行人迟延履行的,迟延履行期间的利息或者迟延履行金自判决、裁定和其他法律文书指定的履行期间届满之日起计算。

第五百零七条 被执行人未按判决、裁定和其他法律文书指定的期间履行非金钱给付义务的,无论是否已给申请执行人造成损失,都应当支付迟延履行金。已经造成损失的,双倍补偿申请执行人已经受到的损失;没有造成损失的,迟延履行金可以由人民法院根据具体案件情况决定。

第五百零八条 被执行人为公民或者其他组织,在执行程序开始后,被执行人的其他已经取得执行依据的债权人发现被执行人的财产不能清偿所有债权的,可以向人民法院申请参与分配。

对人民法院查封、扣押、冻结的财产有优先权、担保物权的债权人,可以直接申请参与分配,主张优先受偿权。

第五百零九条 申请参与分配,申请人应当提交申请书。申请书应当写明参与分配和被执行人不能清偿所有债权的事实、理由,并附有执行依据。

参与分配申请应当在执行程序开始后,被执行人的财产执行终结前提出。

第五百一十条 参与分配执行中,执行所得价款扣除执行费用,并清偿应当优先受偿的债权后,对于普通债权,原则上按照其占全部申请参与分配债权数额的比例受偿。清偿后的剩余债务,被执行人应当继续清偿。债权人发现被执行人有其他财产的,可以随时请求人民法院执行。

第五百一十一条 多个债权人对执行财产申请参与分配的,执行法院应当制作财产分配方案,并送达各债权人和被执行人。债权人或者被执行人对分配方案有异议的,应当自收到分配方案之日起十五日内向执行法院提出书面异议。

第五百一十二条 债权人或者被执行人对分配方案提出书面异议的,执行法院应当通知未提出异议的债权人、被执行人。

未提出异议的债权人、被执行人自收到通知之日起十五日内未提出反对意见的,执行法院依异议人的意见对分配方案审查修正后进行分配;提出反对意见的,应当通知异议人。异议人可自收到通知之日起十五日内,以提出反对意见的债权人、被执行人为被告,向执行法院提起诉讼;异议人逾期未提起诉讼的,执行法院按照原分配方案进行分配。

诉讼期间进行分配的,执行法院应当提存与争议债权数额相应的款项。

第五百一十三条 在执行中,作为被执行人的企业法人符合企业破产法第二条第一款规定情形的,执行法院经申请执行人之一或者被执行人同意,应当裁定中止对该被执行人的执行,将执行案件相关材料移送被执行人住所地人民法院。

第五百一十四条 被执行人住所地人民法院应当自收到执行案件相关材料之日起三十日内,将是否受理破产案件的裁定告知执行法院。不予受理的,应当将相关案件材料退回执行法院。

第五百一十五条 被执行人住所地人民法院裁定受理破产案件的,执行法院应当解除对被执行人财产的保全措施。被执行人住所地人民法院裁定宣告被执行人破产的,执行法院应当裁定终结对该被执行人的执行。

被执行人住所地人民法院不受理破产案件的,执行法院应当恢复执行。

第五百一十六条 当事人不同意移送破产或者被执行人住所地人民法院不受理破产案件的,执行法院就执行变价所得财产,在扣除执行费用及清偿优先受偿的债权后,对于普通债权,按照财产保全和执行中查封、扣押、冻结财产的先后顺序清偿。

第五百一十七条 债权人根据民事诉讼法第二百五十四条规定请求人民法院继续执行的,不受民事诉讼法第二百三十九条规定申请执行时效期间的限制。

第五百一十八条 被执行人不履行法律文书确定的义务的,人民法院除对被执行人予以处罚外,还可以根据情节将其纳入失信被执行人名单,将被执行人不履行或者不完全履行义务的信息向其所在单位、征信机构以及其他相关机构通报。

第五百一十九条 经过财产调查未发现可供执行的财产,在申请执行人签字确认或者执行法院组成合议庭审查核实并经院长批准后,可以裁定终结本次执行程序。

依照前款规定终结执行后,申请执行人发现被执行人有可供执行财产的,可以再次申请执行。再次申请不受申请执行时效期间的限制。

第五百二十条 因撤销申请而终结执行后,当事人在民事诉讼法第二百三十九条规定的申请执行时效期间内再次申请执行的,人民法院应当受理。

第五百二十一条 在执行终结六个月内,被执行人或者其他人对已执行的标的有妨害行为的,人民法院可以依申请排除妨害,并可以依照民事诉讼法第一百一十一条规定进行处罚。因妨害行为给执行债权人或者其他人造成损失的,受害人可以另行起诉。

二十二、涉外民事诉讼程序的特别规定

第五百二十二条 有下列情形之一,人民法院可以认定为涉外民事案件:

(一)当事人一方或者双方是外国人、无国籍人、外国企业或者组织的;
(二)当事人一方或者双方的经常居所地在中华人民共和国领域外的;
(三)标的物在中华人民共和国领域外的;
(四)产生、变更或者消灭民事关系的法律事实发生在中华人民共和国领域外的;
(五)可以认定为涉外民事案件的其他情形。

第五百二十三条 外国人参加诉讼,应当向人民法院提交护照等用以证明自己身份的证件。

外国企业或者组织参加诉讼,向人民法院提交的身份证明文件,应当经所

在国公证机关公证,并经中华人民共和国驻该国使领馆认证,或者履行中华人民共和国与该所在国订立的有关条约中规定的证明手续。

代表外国企业或者组织参加诉讼的人,应当向人民法院提交其有权作为代表人参加诉讼的证明,该证明应当经所在国公证机关公证,并经中华人民共和国驻该国使领馆认证,或者履行中华人民共和国与该所在国订立的有关条约中规定的证明手续。

本条所称的"所在国",是指外国企业或者组织的设立登记地国,也可以是办理了营业登记手续的第三国。

第五百二十四条 依照民事诉讼法第二百六十四条以及本解释第五百二十三条规定,需要办理公证、认证手续,而外国当事人所在国与中华人民共和国没有建立外交关系的,可以经该国公证机关公证,经与中华人民共和国有外交关系的第三国驻该国使领馆认证,再转由中华人民共和国驻该第三国使领馆认证。

第五百二十五条 外国人、外国企业或者组织的代表人在人民法院法官的见证下签署授权委托书,委托代理人进行民事诉讼的,人民法院应予认可。

第五百二十六条 外国人、外国企业或者组织的代表人在中华人民共和国境内签署授权委托书,委托代理人进行民事诉讼,经中华人民共和国公证机构公证的,人民法院应予认可。

第五百二十七条 当事人向人民法院提交的书面材料是外文的,应当同时向人民法院提交中文翻译件。

当事人对中文翻译件有异议的,应当共同委托翻译机构提供翻译文本;当事人对翻译机构的选择不能达成一致的,由人民法院确定。

第五百二十八条 涉外民事诉讼中的外籍当事人,可以委托本国人为诉讼代理人,也可以委托本国律师以非律师身份担任诉讼代理人;外国驻华使领馆官员,受本国公民的委托,可以以个人名义担任诉讼代理人,但在诉讼中不享有外交或者领事特权和豁免。

第五百二十九条 涉外民事诉讼中,外国驻华使领馆授权其本馆官员,在作为当事人的本国国民不在中华人民共和国领域内的情况下,可以以外交代表身份为其本国国民在中华人民共和国聘请中华人民共和国律师或者中华人民共和国公民代理民事诉讼。

第五百三十条 涉外民事诉讼中,经调解双方达成协议,应当制发调解书。当事人要求发给判决书的,可以依协议的内容制作判决书送达当事人。

第五百三十一条 涉外合同或者其他财产权益纠纷的当事人,可以书面协议选择被告住所地、合同履行地、合同签订地、原告住所地、标的物所在地、侵权行为地等与争议有实际联系地点的外国法院管辖。

根据民事诉讼法第三十三条和第二百六十六条规定,属于中华人民共和国法院专属管辖的案件,当事人不得协议选择外国法院管辖,但协议选择仲裁的除外。

第五百三十二条 涉外民事案件同时符合下列情形的，人民法院可以裁定驳回原告的起诉，告知其向更方便的外国法院提起诉讼：

（一）被告提出案件应由更方便外国法院管辖的请求，或者提出管辖异议；

（二）当事人之间不存在选择中华人民共和国法院管辖的协议；

（三）案件不属于中华人民共和国法院专属管辖；

（四）案件不涉及中华人民共和国国家、公民、法人或者其他组织的利益；

（五）案件争议的主要事实不是发生在中华人民共和国境内，且案件不适用中华人民共和国法律，人民法院审理案件在认定事实和适用法律方面存在重大困难；

（六）外国法院对案件享有管辖权，且审理该案件更加方便。

第五百三十三条 中华人民共和国法院和外国法院都有管辖权的案件，一方当事人向外国法院起诉，而另一方当事人向中华人民共和国法院起诉的，人民法院可予受理。判决后，外国法院申请或者当事人请求人民法院承认和执行外国法院对本案作出的判决、裁定的，不予准许；但双方共同缔结或者参加的国际条约另有规定的除外。

外国法院判决、裁定已经被人民法院承认，当事人就同一争议向人民法院起诉的，人民法院不予受理。

第五百三十四条 对在中华人民共和国领域内没有住所的当事人，经用公告方式送达诉讼文书，公告期满不应诉，人民法院缺席判决后，仍应当将裁判文书依照民事诉讼法第二百六十七条第八项规定公告送达。自公告送达裁判文书满三个月之日起，经过三十日的上诉期当事人没有上诉的，一审判决即发生法律效力。

第五百三十五条 外国人或者外国企业、组织的代表人、主要负责人在中华人民共和国领域内的，人民法院可以向该自然人或者外国企业、组织的代表人、主要负责人送达。

外国企业、组织的主要负责人包括该企业、组织的董事、监事、高级管理人员等。

第五百三十六条 受送达人所在国允许邮寄送达的，人民法院可以邮寄送达。

邮寄送达时应当附有送达回证。受送达人未在送达回证上签收但在邮件回执上签收的，视为送达，签收日期为送达日期。

自邮寄之日起满三个月，如果未收到送达的证明文件，且根据各种情况不足以认定已经送达的，视为不能用邮寄方式送达。

第五百三十七条 人民法院一审时采取公告方式向当事人送达诉讼文书的，二审时可径行采取公告方式向其送达诉讼文书，但人民法院能够采取公告方式之外的其他方式送达的除外。

第五百三十八条 不服第一审人民法院判决、裁定的上诉期,对在中华人民共和国领域内有住所的当事人,适用民事诉讼法第一百六十四条规定的期限;对在中华人民共和国领域内没有住所的当事人,适用民事诉讼法第二百六十九条规定的期限。当事人的上诉期均已届满没有上诉的,第一审人民法院的判决、裁定即发生法律效力。

第五百三十九条 人民法院对涉外民事案件的当事人申请再审进行审查的期间,不受民事诉讼法第二百零四条规定的限制。

第五百四十条 申请人向人民法院申请执行中华人民共和国涉外仲裁机构的裁决,应当提出书面申请,并附裁决书正本。如申请人为外国当事人,其申请书应当用中文文本提出。

第五百四十一条 人民法院强制执行涉外仲裁机构的仲裁裁决时,被执行人以有民事诉讼法第二百七十四条第一款规定的情形为由提出抗辩的,人民法院应当对被执行人的抗辩进行审查,并根据审查结果裁定执行或者不予执行。

第五百四十二条 依照民事诉讼法第二百七十二条规定,中华人民共和国涉外仲裁机构将当事人的保全申请提交人民法院裁定的,人民法院可以进行审查,裁定是否进行保全。裁定保全的,应当责令申请人提供担保,申请人不提供担保的,裁定驳回申请。

当事人申请证据保全,人民法院经审查认为无需提供担保的,申请人可以不提供担保。

第五百四十三条 申请人向人民法院申请承认和执行外国法院作出的发生法律效力的判决、裁定,应当提交申请书,并附外国法院作出的发生法律效力的判决、裁定正本或者经证明无误的副本以及中文译本。外国法院判决、裁定为缺席判决、裁定的,申请人应当同时提交该外国法院已经合法传唤的证明文件,但判决、裁定已经对此予以明确说明的除外。

中华人民共和国缔结或者参加的国际条约对提交文件有规定的,按照规定办理。

第五百四十四条 当事人向中华人民共和国有管辖权的中级人民法院申请承认和执行外国法院作出的发生法律效力的判决、裁定的,如果该法院所在国与中华人民共和国没有缔结或者共同参加国际条约,也没有互惠关系的,裁定驳回申请,但当事人向人民法院申请承认外国法院作出的发生法律效力的离婚判决的除外。

承认和执行申请被裁定驳回的,当事人可以向人民法院起诉。

第五百四十五条 对临时仲裁庭在中华人民共和国领域外作出的仲裁裁决,一方当事人向人民法院申请承认和执行的,人民法院应当依照民事诉讼法第二百八十三条规定处理。

第五百四十六条 对外国法院作出的发生法律效力的判决、裁定或者外国仲裁裁决,需要中华人民共和国法院执行的,当事人应当先向人民法院申请承认。

人民法院经审查，裁定承认后，再根据民事诉讼法第三编的规定予以执行。

当事人仅申请承认而未同时申请执行的，人民法院仅对应否承认进行审查并作出裁定。

第五百四十七条 当事人申请承认和执行外国法院作出的发生法律效力的判决、裁定或者外国仲裁裁决的期间，适用民事诉讼法第二百三十九条的规定。

当事人仅申请承认而未同时申请执行的，申请执行的期间自人民法院对承认申请作出的裁定生效之日起重新计算。

第五百四十八条 承认和执行外国法院作出的发生法律效力的判决、裁定或者外国仲裁裁决的案件，人民法院应当组成合议庭进行审查。

人民法院应当将申请书送达被申请人。被申请人可以陈述意见。

人民法院经审查作出的裁定，一经送达即发生法律效力。

第五百四十九条 与中华人民共和国没有司法协助条约又无互惠关系的国家的法院，未通过外交途径，直接请求人民法院提供司法协助的，人民法院应予退回，并说明理由。

第五百五十条 当事人在中华人民共和国领域外使用中华人民共和国法院的判决书、裁定书，要求中华人民共和国法院证明其法律效力的，或者外国法院要求中华人民共和国法院证明判决书、裁定书的法律效力的，作出判决、裁定的中华人民共和国法院，可以本法院的名义出具证明。

第五百五十一条 人民法院审理涉及香港、澳门特别行政区和台湾地区的民事诉讼案件，可以参照适用涉外民事诉讼程序的特别规定。

二十三、附则

第五百五十二条 本解释公布施行后，最高人民法院于1992年7月14日发布的《关于适用〈中华人民共和国民事诉讼法〉若干问题的意见》同时废止；最高人民法院以前发布的司法解释与本解释不一致的，不再适用。

A1-3 互联网法院规定（2018）

最高人民法院关于互联网法院审理案件若干问题的规定

（法释〔2018〕16号。2018年9月3日由最高人民法院审判委员会第1747次会议通过，2018年9月6日公布，自2018年9月7日起施行）

为规范互联网法院诉讼活动，保护当事人及其他诉讼参与人合法权益，确保公正高效审理案件，根据《中华人民共和国民事诉讼法》《中华人民共和国行政诉讼法》等法律，结合人民法院审判工作实际，就互联网法院审理案件相关问题规定如下。

第一条 互联网法院采取在线方式审理案件，案件的受理、送达、调解、证据交换、庭前准备、庭审、宣判等诉讼环节一般应当在线上完成。

根据当事人申请或者案件审理需要，互联网法院可以决定在线下完成部分诉讼环节。

第二条 北京、广州、杭州互联网法院集中管辖所在市的辖区内应当由基层人民法院受理的下列第一审案件：

（一）通过电子商务平台签订或者履行网络购物合同而产生的纠纷；

（二）签订、履行行为均在互联网上完成的网络服务合同纠纷；

（三）签订、履行行为均在互联网上完成的金融借款合同纠纷、小额借款合同纠纷；

（四）在互联网上首次发表作品的著作权或者邻接权权属纠纷；

（五）在互联网上侵害在线发表或者传播作品的著作权或者邻接权而产生的纠纷；

（六）互联网域名权属、侵权及合同纠纷；

（七）在互联网上侵害他人人身权、财产权等民事权益而产生的纠纷；

（八）通过电子商务平台购买的产品，因存在产品缺陷，侵害他人人身、财产权益而产生的产品责任纠纷；

（九）检察机关提起的互联网公益诉讼案件；

（十）因行政机关作出互联网信息服务管理、互联网商品交易及有关服务管理等行政行为而产生的行政纠纷；

（十一）上级人民法院指定管辖的其他互联网民事、行政案件。

第三条 当事人可以在本规定第二条确定的合同及其他财产权益纠纷范围内，依法协议约定与争议有实际联系地点的互联网法院管辖。

电子商务经营者、网络服务提供商等采取格式条款形式与用户订立管辖协议的，应当符合法律及司法解释关于格式条款的规定。

第四条 当事人对北京互联网法院作出的判决、裁定提起上诉的案件，由北京市第四中级人民法院审理，但互联网著作权权属纠纷和侵权纠纷、互联网域名纠纷的上诉案件，由北京知识产权法院审理。

当事人对广州互联网法院作出的判决、裁定提起上诉的案件，由广州市中级人民法院审理，但互联网著作权权属纠纷和侵权纠纷、互联网域名纠纷的上诉案件，由广州知识产权法院审理。

当事人对杭州互联网法院作出的判决、裁定提起上诉的案件，由杭州市中级人民法院审理。

第五条 互联网法院应当建设互联网诉讼平台（以下简称诉讼平台），作为法院办理案件和当事人及其他诉讼参与人实施诉讼行为的专用平台。通过诉讼平台作出的诉讼行为，具有法律效力。

互联网法院审理案件所需涉案数据，电子商务平台经营者、网络服务提供商、相关国家机关应当提供，并有序接入诉讼平台，由互联网法院在线核实、实时固定、安全管理。诉讼平台对涉案数据的存储和使用，应当符合《中华人民共和国网络安全法》等法律法规的规定。

第六条 当事人及其他诉讼参与人使用诉讼平台实施诉讼行为的，应当通过证件证照比对、生物特征识别或者国家统一身份认证平台认证等在线方式完成身份认证，并取得登录诉讼平台的专用账号。

使用专用账号登录诉讼平台所作出的行为，视为被认证人本人行为，但因诉讼平台技术原因导致系统错误，或者被认证人能够证明诉讼平台账号被盗用的除外。

第七条 互联网法院在线接收原告提交的起诉材料，并于收到材料后七日内，在线作出以下处理：

（一）符合起诉条件的，登记立案并送达案件受理通知书、诉讼费交纳通知书、举证通知书等诉讼文书。

（二）提交材料不符合要求的，及时发出补正通知，并于收到补正材料后次日重新起算受理时间；原告未在指定期限内按要求补正的，起诉材料作退回处理。

（三）不符合起诉条件的，经释明后，原告无异议的，起诉材料作退回处理；原告坚持继续起诉的，依法作出不予受理裁定。

第八条 互联网法院受理案件后，可以通过原告提供的手机号码、传真、电子邮箱、即时通讯账号等，通知被告、第三人通过诉讼平台进行案件关联和身份验证。

被告、第三人应当通过诉讼平台了解案件信息，接收和提交诉讼材料，实施诉讼行为。

第九条 互联网法院组织在线证据交换的，当事人应当将在线电子数据上传、导入诉讼平台，或者将线下证据通过扫描、翻拍、转录等方式进行电子化处理后上传至诉讼平台进行举证，也可以运用已经导入诉讼平台的电子数据证明自己的主张。

第十条 当事人及其他诉讼参与人通过技术手段将身份证明、营业执照副本、授权委托书、法定代表人身份证明等诉讼材料，以及书证、鉴定意见、勘验笔录等证据材料进行电子化处理后提交，经互联网法院审核通过后，视为符合原件形式要求。对方当事人对上述材料真实性提出异议且有合理理由的，互联网法院应当要求当事人提供原件。

第十一条 当事人对电子数据真实性提出异议的，互联网法院应当结合质证情况，审查判断电子数据生成、收集、存储、传输过程的真实性，并着重审查以下内容：

（一）电子数据生成、收集、存储、传输所依赖的计算机系统等硬件、软件环境是否安全、可靠；

（二）电子数据的生成主体和时间是否明确，表现内容是否清晰、客观、

准确;

（三）电子数据的存储、保管介质是否明确，保管方式和手段是否妥当；

（四）电子数据提取和固定的主体、工具和方式是否可靠，提取过程是否可以重现；

（五）电子数据的内容是否存在增加、删除、修改及不完整等情形；

（六）电子数据是否可以通过特定形式得到验证。

当事人提交的电子数据，通过电子签名、可信时间戳、哈希值校验、区块链等证据收集、固定和防篡改的技术手段或者通过电子取证存证平台认证，能够证明其真实性的，互联网法院应当确认。

当事人可以申请具有专门知识的人就电子数据技术问题提出意见。互联网法院可以根据当事人申请或者依职权，委托鉴定电子数据的真实性或者调取其他相关证据进行核对。

第十二条 互联网法院采取在线视频方式开庭。存在确需当庭查明身份、核对原件、查验实物等特殊情形的，互联网法院可以决定在线下开庭，但其他诉讼环节仍应当在线完成。

第十三条 互联网法院可以视情决定采取下列方式简化庭审程序：

（一）开庭前已经在线完成当事人身份核实、权利义务告知、庭审纪律宣示的，开庭时可以不再重复进行；

（二）当事人已经在线完成证据交换的，对于无争议的证据，法官在庭审中说明后，可以不再举证、质证；

（三）经征得当事人同意，可以将当事人陈述、法庭调查、法庭辩论等庭审环节合并进行。对于简单民事案件，庭审可以直接围绕诉讼请求或者案件要素进行。

第十四条 互联网法院根据在线庭审特点，适用《中华人民共和国人民法院法庭规则》的有关规定。除经查明确属网络故障、设备损坏、电力中断或者不可抗力等原因外，当事人不按时参加在线庭审的，视为"拒不到庭"，庭审中擅自退出的，视为"中途退庭"，分别按照《中华人民共和国民事诉讼法》《中华人民共和国行政诉讼法》及相关司法解释的规定处理。

第十五条 经当事人同意，互联网法院应当通过中国审判流程信息公开网、诉讼平台、手机短信、传真、电子邮件、即时通讯账号等电子方式送达诉讼文书及当事人提交的证据材料等。

当事人未明确表示同意，但已经约定发生纠纷时在诉讼中适用电子送达的，或者通过回复收悉、作出相应诉讼行为等方式接受已经完成的电子送达，并且未明确表示不同意电子送达的，可以视为同意电子送达。

经告知当事人权利义务，并征得其同意，互联网法院可以电子送达裁判文书。当事人提出需要纸质版裁判文书的，互联网法院应当提供。

第十六条 互联网法院进行电子送达，应当向当事人确认电子送达的具体方式和地址，并告知电子送达的适用范围、效力、送达地址变更方式以及其他需告知的送达事项。

受送达人未提供有效电子送达地址的，互联网法院可以将能够确认为受送达人本人的近三个月内处于日常活跃状态的手机号码、电子邮箱、即时通讯账号等常用电子地址作为优先送达地址。

第十七条 互联网法院向受送达人主动提供或者确认的电子地址进行送达的，送达信息到达受送达人特定系统时，即为送达。

互联网法院向受送达人常用电子地址或者能够获取的其他电子地址进行送达的，根据下列情形确定是否完成送达：

（一）受送达人回复已收到送达材料，或者根据送达内容作出相应诉讼行为的，视为完成有效送达。

（二）受送达人的媒介系统反馈受送达人已阅知，或者有其他证据可以证明受送达人已经收悉的，推定完成有效送达，但受送达人能证明存在媒介系统错误、送达地址非本人所有或者使用、非本人阅知等未收悉送达内容的情形除外。

完成有效送达的，互联网法院应当制作电子送达凭证。电子送达凭证具有送达回证效力。

第十八条 对需要进行公告送达的事实清楚、权利义务关系明确的简单民事案件，互联网法院可以适用简易程序审理。

第十九条 互联网法院在线审理的案件，审判人员、法官助理、书记员、当事人及其他诉讼参与人等通过在线确认、电子签章等在线方式对调解协议、笔录、电子送达凭证及其他诉讼材料予以确认的，视为符合《中华人民共和国民事诉讼法》有关"签名"的要求。

第二十条 互联网法院在线审理的案件，可以在调解、证据交换、庭审、合议等诉讼环节运用语音识别技术同步生成电子笔录。电子笔录以在线方式核对确认后，与书面笔录具有同等法律效力。

第二十一条 互联网法院应当利用诉讼平台随案同步生成电子卷宗，形成电子档案。案件纸质档案已经全部转化为电子档案的，可以以电子档案代替纸质档案进行上诉移送和案卷归档。

第二十二条 当事人对互联网法院审理的案件提起上诉的，第二审法院原则上采取在线方式审理。第二审法院在线审理规则参照适用本规定。

第二十三条 本规定自 2018 年 9 月 7 日起施行。最高人民法院之前发布的司法解释与本规定不一致的，以本规定为准。

诉讼主体

A2-1 级别管辖异议规定（2010）

最高人民法院关于审理民事级别管辖异议案件若干问题的规定

（法释〔2009〕17号。2009年7月20日由最高人民法院审判委员会第1471次会议通过，2009年11月12日公布，自2010年1月1日起施行）

为正确审理民事级别管辖异议案件，依法维护诉讼秩序和当事人的合法权益，根据《中华人民共和国民事诉讼法》的规定，结合审判实践，制定本规定。

第一条 被告在提交答辩状期间提出管辖权异议，认为受诉人民法院违反级别管辖规定，案件应当由上级人民法院或者下级人民法院管辖的，受诉人民法院应当审查，并在受理异议之日起十五日内作出裁定：

（一）异议不成立的，裁定驳回；

（二）异议成立的，裁定移送有管辖权的人民法院。

第二条 在管辖权异议裁定作出前，原告申请撤回起诉，受诉人民法院作出准予撤回起诉裁定的，对管辖权异议不再审查，并在裁定书中一并写明。

第三条 提交答辩状期间届满后，原告增加诉讼请求金额致使案件标的额超过受诉人民法院级别管辖标准，被告提出管辖权异议，请求由上级人民法院管辖的，人民法院应当按照本规定第一条审查并作出裁定。

第四条 上级人民法院根据民事诉讼法第三十九条第一款的规定，将其管辖的第一审民事案件交由下级人民法院审理的，应当作出裁定。当事人对裁定不服提起上诉的，第二审人民法院应当依法审理并作出裁定。

第五条 对于应由上级人民法院管辖的第一审民事案件，下级人民法院不得报请上级人民法院交其审理。

第六条 被告以受诉人民法院同时违反级别管辖和地域管辖规定为由提出管辖权异议的，受诉人民法院应当一并作出裁定。

第七条 当事人未依法提出管辖权异议，但受诉人民法院发现其没有级别管辖权的，应当将案件移送有管辖权的人民法院审理。

第八条 对人民法院就级别管辖异议作出的裁定，当事人不服提起上诉的，第二审人民法院应当依法审理并作出裁定。

第九条 对于将案件移送上级人民法院管辖的裁定，当事人未提出上诉，但受移送的上级人民法院认为确有错误的，可以依职权裁定撤销。

第十条 经最高人民法院批准的第一审民事案件级别管辖标准的规定，应当作为审理民事级别管辖异议案件的依据。

第十一条 本规定施行前颁布的有关司法解释与本规定不一致的，以本规定为准。

A2-2 军事法院管辖规定（2012）

最高人民法院关于军事法院管辖民事案件若干问题的规定

（法释〔2012〕11号。2012年8月20日最高人民法院审判委员会第1553次会议通过，2012年8月28日公布，自2012年9月17日起施行）

根据《中华人民共和国人民法院组织法》、《中华人民共和国民事诉讼法》等法律规定，结合人民法院民事审判工作实际，对军事法院管辖民事案件有关问题作如下规定：

第一条 下列民事案件，由军事法院管辖：

（一）双方当事人均为军人或者军队单位的案件，但法律另有规定的除外；

（二）涉及机密级以上军事秘密的案件；

（三）军队设立选举委员会的选民资格案件；

（四）认定营区内无主财产案件。

第二条 下列民事案件，地方当事人向军事法院提起诉讼或者提出申请的，军事法院应当受理：

（一）军人或者军队单位执行职务过程中造成他人损害的侵权责任纠纷案件；

（二）当事人一方为军人或者军队单位，侵权行为发生在营区内的侵权责任纠纷案件；

（三）当事人一方为军人的婚姻家庭纠纷案件；

（四）民事诉讼法第三十四条规定的不动产所在地、港口所在地、被继承人死亡时住所地或者主要遗产所在地在营区内，且当事人一方为军人或者军队单位的案件；

（五）申请宣告军人失踪或者死亡的案件；

（六）申请认定军人无民事行为能力或者限制民事行为能力的案件。

第三条 当事人一方是军人或者军队单位，且合同履行地或者标的物所在地在营区内的合同纠纷，当事人书面约定由军事法院管辖，不违反法律关于级别管辖、专属管辖和专门管辖规定的，可以由军事法院管辖。

第四条 军事法院受理第一审民事案件，应当参照民事诉讼法关于地域管辖、级别管辖的规定确定。

当事人住所地省级行政区划内没有可以受理案件的第一审军事法院，或者处于交通十分不便的边远地区，双方当事人同意由地方人民法院管辖的，地方人民法院可以管辖，但本规定第一条第（二）项规定的案件除外。

第五条 军事法院发现受理的民事案件属于地方人民法院管辖的，应当移送有管辖权的地方人民法院，受移送的地方人民法院应当受理。地方人民法院认为受移送的案件不属于本院管辖的，应当报请上级地方人民法院处理，不得再自行移送。

地方人民法院发现受理的民事案件属于军事法院管辖的，参照前款规定办理。

第六条 军事法院与地方人民法院之间因管辖权发生争议，由争议双方协商解决；协商不成的，报请各自的上级法院协商解决；仍然协商不成的，报请最高人民法院指定管辖。

第七条 军事法院受理案件后，当事人对管辖权有异议的，应当在提交答辩状期间提出。军事法院对当事人提出的异议，应当审查。异议成立的，裁定将案件移送有管辖权的军事法院或者地方人民法院；异议不成立的，裁定驳回。

第八条 本规定所称军人是指中国人民解放军的现役军官、文职干部、士兵及具有军籍的学员，中国人民武装警察部队的现役警官、文职干部、士兵及具有军籍的学员。军队中的文职人员、非现役公勤人员、正式职工，由军队管理的离退休人员，参照军人确定管辖。

军队单位是指中国人民解放军现役部队和预备役部队、中国人民武装警察部队及其编制内的企业事业单位。

营区是指由军队管理使用的区域，包括军事禁区、军事管理区。

第九条 本解释施行前本院公布的司法解释以及司法解释性文件与本解释不一致的，以本解释为准。

A2-3　合议庭规定（2002）

最高人民法院关于人民法院合议庭工作的若干规定

（法释〔2002〕25号。2002年7月30日最高人民法院
审判委员会第1234次会议通过，2002年8月12日公布，
自2002年8月17日起施行）

为了进一步规范合议庭的工作程序，充分发挥合议庭的职能作用，根据《中华人民共和国人民法院组织法》、《中华人民共和国刑事诉讼法》、《中华人民共和国民事诉讼法》、《中华人民共和国行政诉讼法》等法律的有关规定，结合人民法院审判工作实际，制定本规定。

第一条 人民法院实行合议制审判第一审案件,由法官或者由法官和人民陪审员组成合议庭进行;人民法院实行合议制审判第二审案件和其他应当组成合议庭审判的案件,由法官组成合议庭进行。

人民陪审员在人民法院执行职务期间,除不能担任审判长外,同法官有同等的权利义务。

第二条 合议庭的审判长由符合审判长任职条件的法官担任。

院长或者庭长参加合议庭审判案件的时候,自己担任审判长。

第三条 合议庭组成人员确定后,除因回避或者其他特殊情况,不能继续参加案件审理的之外,不得在案件审理过程中更换。更换合议庭成员,应当报请院长或者庭长决定。合议庭成员的更换情况应当及时通知诉讼当事人。

第四条 合议庭的审判活动由审判长主持,全体成员平等参与案件的审理、评议、裁判,共同对案件认定事实和适用法律负责。

第五条 合议庭承担下列职责:

(一)根据当事人的申请或者案件的具体情况,可以作出财产保全、证据保全、先予执行等裁定;

(二)确定案件委托评估、委托鉴定等事项;

(三)依法开庭审理第一审、第二审和再审案件;

(四)评议案件;

(五)提请院长决定将案件提交审判委员会讨论决定;

(六)按照权限对案件及其有关程序性事项作出裁判或者提出裁判意见;

(七)制作裁判文书;

(八)执行审判委员会决定;

(九)办理有关审判的其他事项。

第六条 审判长履行下列职责:

(一)指导和安排审判辅助人员做好庭前调解、庭前准备及其他审判业务辅助性工作;

(二)确定案件审理方案、庭审提纲、协调合议庭成员的庭审分工以及做好其他必要的庭审准备工作;

(三)主持庭审活动;

(四)主持合议庭对案件进行评议;

(五)依照有关规定,提请院长决定将案件提交审判委员会讨论决定;

(六)制作裁判文书,审核合议庭其他成员制作的裁判文书;

(七)依照规定权限签发法律文书;

(八)根据院长或者庭长的建议主持合议庭对案件复议;

(九)对合议庭遵守案件审理期限制度的情况负责;

(十)办理有关审判的其他事项。

第七条 合议庭接受案件后,应当根据有关规定确定案件承办法官,或者由审判长指定案件承办法官。

第八条 在案件开庭审理过程中，合议庭成员必须认真履行法定职责，遵守《中华人民共和国法官职业道德基本准则》中有关司法礼仪的要求。

第九条 合议庭评议案件应当在庭审结束后五个工作日内进行。

第十条 合议庭评议案件时，先由承办法官对认定案件事实、证据是否确实、充分以及适用法律等发表意见，审判长最后发表意见；审判长作为承办法官的，由审判长最后发表意见。对案件的裁判结果进行评议时，由审判长最后发表意见。审判长应当根据评议情况总结合议庭评议的结论性意见。

合议庭成员进行评议的时候，应当认真负责，充分陈述意见，独立行使表决权，不得拒绝陈述意见或者仅仅同意与否的简单表态。同意他人意见的，也应当提出事实根据和法律依据，进行分析论证。

合议庭成员对评议结果的表决，以口头表决的形式进行。

第十一条 合议庭进行评议的时候，如果意见分歧，应当按多数人的意见作出决定，但是少数人的意见应当写入笔录。

评议笔录由书记员制作，由合议庭的组成人员签名。

第十二条 合议庭应当依照规定的权限，及时对评议意见一致或者形成多数意见的案件直接作出判决或者裁定。但是对于下列案件，合议庭应当提请院长决定提交审判委员会讨论决定：

（一）拟判处死刑的；

（二）疑难、复杂、重大或者新类型的案件，合议庭认为有必要提交审判委员会讨论决定的；

（三）合议庭在适用法律方面有重大意见分歧的；

（四）合议庭认为需要提请审判委员会讨论决定的其他案件，或者本院审判委员会确定的应当由审判委员会讨论决定的案件。

第十三条 合议庭对审判委员会的决定有异议，可以提请院长决定提交审判委员会复议一次。

第十四条 合议庭一般应当在作出评议结论或者审判委员会作出决定后的五个工作日内制作出裁判文书。

第十五条 裁判文书一般由审判长或者承办法官制作。但是审判长或者承办法官的评议意见与合议庭评议结论或者审判委员会的决定有明显分歧的，也可以由其他合议庭成员制作裁判文书。

对制作的裁判文书，合议庭成员应当共同审核，确认无误后签名。

第十六条 院长、庭长可以对合议庭的评议意见和制作的裁判文书进行审核，但是不得改变合议庭的评议结论。

第十七条 院长、庭长在审核合议庭的评议意见和裁判文书过程中，对评议结论有异议的，可以建议合议庭复议，同时应当对要求复议的问题及理由提出书面意见。

合议庭复议后，庭长仍有异议的，可以将案件提请院长审核，院长可以提交审判委员会讨论决定。

第十八条 合议庭应当严格执行案件审理期限的有关规定。遇有特殊情况需要延长审理期限的，应当在审限届满前按规定的时限报请审批。

A2-4　合议庭规定二（2010）

最高人民法院关于进一步加强合议庭职责的若干规定

（法释〔2010〕1号。2009年12月14日最高人民法院
审判委员会第1479次会议通过，2010年1月11日公布，
自2010年2月1日起施行）

为了进一步加强合议庭的审判职责，充分发挥合议庭的职能作用，根据《中华人民共和国人民法院组织法》和有关法律规定，结合人民法院工作实际，制定本规定。

第一条 合议庭是人民法院的基本审判组织。合议庭全体成员平等参与案件的审理、评议和裁判，依法履行审判职责。

第二条 合议庭由审判员、助理审判员或者人民陪审员随机组成。合议庭成员相对固定的，应当定期交流。人民陪审员参加合议庭的，应当从人民陪审员名单中随机抽取确定。

第三条 承办法官履行下列职责：

（一）主持或者指导审判辅助人员进行庭前调解、证据交换等庭前准备工作；

（二）拟定庭审提纲，制作阅卷笔录；

（三）协助审判长组织法庭审理活动；

（四）在规定期限内及时制作审理报告；

（五）案件需要提交审判委员会讨论的，受审判长指派向审判委员会汇报案件；

（六）制作裁判文书提交合议庭审核；

（七）办理有关审判的其他事项。

第四条 依法不开庭审理的案件，合议庭全体成员均应当阅卷，必要时提交书面阅卷意见。

第五条 开庭审理时，合议庭全体成员应当共同参加，不得缺席、中途退庭或者从事与该审无关的活动。合议庭成员未参加庭审、中途退庭或者从事与该庭审无关的活动，当事人提出异议的，应当纠正。合议庭仍不纠正的，当事人可以要求休庭，并将有关情况记入庭审笔录。

第六条 合议庭全体成员均应当参加案件评议。评议案件时，合议庭成员应当针对案件的证据采信、事实认定、法律适用、裁判结果以及诉讼程序等问题充

分发表意见。必要时,合议庭成员还可提交书面评议意见。

合议庭成员评议时发表意见不受追究。

第七条 除提交审判委员会讨论的案件外,合议庭对评议意见一致或者形成多数意见的案件,依法作出判决或者裁定。下列案件可以由审判长提请院长或者庭长决定组织相关审判人员共同讨论,合议庭成员应当参加:

(一) 重大、疑难、复杂或者新类型的案件;

(二) 合议庭在事实认定或法律适用上有重大分歧的案件;

(三) 合议庭意见与本院或上级法院以往同类型案件的裁判有可能不一致的案件;

(四) 当事人反映强烈的群体性纠纷案件;

(五) 经审判长提请且院长或者庭长认为确有必要讨论的其他案件。

上述案件的讨论意见供合议庭参考,不影响合议庭依法作出裁判。

第八条 各级人民法院的院长、副院长、庭长、副庭长应当参加合议庭审理案件,并逐步增加审理案件的数量。

第九条 各级人民法院应当建立合议制落实情况的考评机制,并将考评结果纳入岗位绩效考评体系。考评可采取抽查卷宗、案件评查、检查庭审情况、回访当事人等方式。考评包括以下内容:

(一) 合议庭全体成员参加庭审的情况;

(二) 院长、庭长参加合议庭庭审的情况;

(三) 审判委员会委员参加合议庭庭审的情况;

(四) 承办法官制作阅卷笔录、审理报告以及裁判文书的情况;

(五) 合议庭其他成员提交阅卷意见、发表评议意见的情况;

(六) 其他应当考核的事项。

第十条 合议庭组成人员存在违法审判行为的,应当按照《人民法院审判人员违法审判责任追究办法(试行)》等规定追究相应责任。合议庭审理案件有下列情形之一的,合议庭成员不承担责任:

(一) 因对法律理解和认识上的偏差而导致案件被改判或者发回重审的;

(二) 因对案件事实和证据认识上的偏差而导致案件被改判或者发回重审的;

(三) 因新的证据而导致案件被改判或者发回重审的;

(四) 因法律修订或者政策调整而导致案件被改判或者发回重审的;

(五) 因裁判所依据的其他法律文书被撤销或变更而导致案件被改判或者发回重审的;

(六) 其他依法履行审判职责不应当承担责任的情形。

第十一条 执行工作中依法需要组成合议庭的,参照本规定执行。

第十二条 本院以前发布的司法解释与本规定不一致的,以本规定为准。

A2-5 回避规定（2011）

最高人民法院关于审判人员在诉讼活动中执行回避制度若干问题的规定

（法释〔2011〕12号。2011年4月11日最高人民法院
审判委员会第1517次会议通过，2011年6月10日公布，
自2011年6月13日起施行）

为进一步规范审判人员的诉讼回避行为，维护司法公正，根据《中华人民共和国人民法院组织法》、《中华人民共和国法官法》、《中华人民共和国民事诉讼法》、《中华人民共和国刑事诉讼法》、《中华人民共和国行政诉讼法》等法律规定，结合人民法院审判工作实际，制定本规定。

第一条 审判人员具有下列情形之一的，应当自行回避，当事人及其法定代理人有权以口头或者书面形式申请其回避：

（一）是本案的当事人或者与当事人有近亲属关系的；

（二）本人或者其近亲属与本案有利害关系的；

（三）担任过本案的证人、翻译人员、鉴定人、勘验人、诉讼代理人、辩护人的；

（四）与本案的诉讼代理人、辩护人有夫妻、父母、子女或者兄弟姐妹关系的；

（五）与本案当事人之间存在其他利害关系，可能影响案件公正审理的。

本规定所称近亲属，包括与审判人员有夫妻、直系血亲、三代以内旁系血亲及近姻亲关系的亲属。

第二条 当事人及其法定代理人发现审判人员违反规定，具有下列情形之一的，有权申请其回避：

（一）私下会见本案一方当事人及其诉讼代理人、辩护人的；

（二）为本案当事人推荐、介绍诉讼代理人、辩护人，或者为律师、其他人员介绍办理该案件的；

（三）索取、接受本案当事人及其受托人的财物、其他利益，或者要求当事人及其受托人报销费用的；

（四）接受本案当事人及其受托人的宴请，或者参加由其支付费用的各项活动的；

（五）向本案当事人及其受托人借款，借用交通工具、通讯工具或者其他物品，或者索取、接受当事人及其受托人在购买商品、装修住房以及其他方面给予的好处的；

（六）有其他不正当行为，可能影响案件公正审理的。

第三条 凡在一个审判程序中参与过本案审判工作的审判人员，不得再参与该

案其他程序的审判。但是,经过第二审程序发回重审的案件,在一审法院作出裁判后又进入第二审程序的,原第二审程序中合议庭组成人员不受本条规定的限制。

第四条 审判人员应当回避,本人没有自行回避,当事人及其法定代理人也没有申请其回避的,院长或者审判委员会应当决定其回避。

第五条 人民法院应当依法告知当事人及其法定代理人有申请回避的权利,以及合议庭组成人员、书记员的姓名、职务等相关信息。

第六条 人民法院依法调解案件,应当告知当事人及其法定代理人有申请回避的权利,以及主持调解工作的审判人员及其他参与调解工作的人员的姓名、职务等相关信息。

第七条 第二审人民法院认为第一审人民法院的审理有违反本规定第一条至第三条规定的,应当裁定撤销原判,发回原审人民法院重新审判。

第八条 审判人员及法院其他工作人员从人民法院离任后二年内,不得以律师身份担任诉讼代理人或者辩护人。

审判人员及法院其他工作人员从人民法院离任后,不得担任原任职法院所审理案件的诉讼代理人或者辩护人,但是作为当事人的监护人或者近亲属代理诉讼或者进行辩护的除外。

本条所规定的离任,包括退休、调离、解聘、辞职、辞退、开除等离开法院工作岗位的情形。

本条所规定的原任职法院,包括审判人员及法院其他工作人员曾任职的所有法院。

第九条 审判人员及法院其他工作人员的配偶、子女或者父母不得担任其所任职法院审理案件的诉讼代理人或者辩护人。

第十条 人民法院发现诉讼代理人或者辩护人违反本规定第八条、第九条的规定的,应当责令其停止相关诉讼代理或者辩护行为。

第十一条 当事人及其法定代理人、诉讼代理人、辩护人认为审判人员有违反本规定行为的,可以向法院纪检、监察部门或者其他有关部门举报。受理举报的人民法院应当及时处理,并将相关意见反馈给举报人。

第十二条 对明知具有本规定第一条至第三条规定情形不依法自行回避的审判人员,依照《人民法院工作人员处分条例》的规定予以处分。

对明知诉讼代理人、辩护人具有本规定第八条、第九条规定情形之一,未责令其停止相关诉讼代理或者辩护行为的审判人员,依照《人民法院工作人员处分条例》的规定予以处分。

第十三条 本规定所称审判人员,包括各级人民法院院长、副院长、审判委员会委员、庭长、副庭长、审判员和助理审判员。

本规定所称法院其他工作人员,是指审判人员以外的在编工作人员。

第十四条 人民陪审员、书记员和执行员适用审判人员回避的有关规定,但不属于本规定第十三条所规定人员的，不适用本规定第八条、第九条的规定。

第十五条 自本规定施行之日起，最高人民法院《关于审判人员严格执行回避制度的若干规定》（法发〔2000〕5号）即行废止；本规定施行前本院发布的司法解释与本规定不一致的，以本规定为准。

A2-6　证券代表人诉讼（2020）

最高人民法院关于证券纠纷代表人诉讼若干问题的规定

（法释〔2020〕5号。2020年7月23日最高人民法院审判委员会第1808次会议通过，2020年7月31日发布并施行）

为进一步完善证券集体诉讼制度，便利投资者提起和参加诉讼，降低投资者维权成本，保护投资者合法权益，有效惩治资本市场违法违规行为，维护资本市场健康稳定发展，根据《中华人民共和国民事诉讼法》《中华人民共和国证券法》等法律的规定，结合证券市场实际和审判实践，制定本规定。

一、一般规定

第一条 本规定所指证券纠纷代表人诉讼包括因证券市场虚假陈述、内幕交易、操纵市场等行为引发的普通代表人诉讼和特别代表人诉讼。

普通代表人诉讼是依据民事诉讼法第五十三条、第五十四条、证券法第九十五条第一款、第二款规定提起的诉讼；特别代表人诉讼是依据证券法第九十五条第三款规定提起的诉讼。

第二条 证券纠纷代表人诉讼案件，由省、自治区、直辖市人民政府所在的市、计划单列市和经济特区中级人民法院或者专门人民法院管辖。

对多个被告提起的诉讼，由发行人住所地有管辖权的中级人民法院或者专门人民法院管辖；对发行人以外的主体提起的诉讼，由被告住所地有管辖权的中级人民法院或者专门人民法院管辖。

特别代表人诉讼案件，由涉诉证券集中交易的证券交易所、国务院批准的其他全国性证券交易场所所在地的中级人民法院或者专门人民法院管辖。

第三条 人民法院应当充分发挥多元解纷机制的功能，按照自愿、合法原则，引导和鼓励当事人通过行政调解、行业调解、专业调解等非诉讼方式解决证券纠纷。

当事人选择通过诉讼方式解决纠纷的，人民法院应当及时立案。案件审理过程中应当着重调解。

第四条 人民法院审理证券纠纷代表人诉讼案件，应当依托信息化技术手段开展立案登记、诉讼文书送达、公告和通知、权利登记、执行款项发放等工作，便利当事人行使诉讼权利、履行诉讼义务，提高审判执行的公正性、高效性和透明度。

二、普通代表人诉讼

第五条 符合以下条件的,人民法院应当适用普通代表人诉讼程序进行审理:

(一)原告一方人数十人以上,起诉符合民事诉讼法第一百一十九条规定和共同诉讼条件;

(二)起诉书中确定二至五名拟任代表人且符合本规定第十二条规定的代表人条件;

(三)原告提交有关行政处罚决定、刑事裁判文书、被告自认材料、证券交易所和国务院批准的其他全国性证券交易场所等给予的纪律处分或者采取的自律管理措施等证明证券侵权事实的初步证据。

不符合前款规定的,人民法院应当适用非代表人诉讼程序进行审理。

第六条 对起诉时当事人人数尚未确定的代表人诉讼,在发出权利登记公告前,人民法院可以通过阅卷、调查、询问和听证等方式对被诉证券侵权行为的性质、侵权事实等进行审查,并在受理后三十日内以裁定的方式确定具有相同诉讼请求的权利人范围。

当事人对权利人范围有异议的,可以自裁定送达之日起十日内向上一级人民法院申请复议,上一级人民法院应当在十五日内作出复议裁定。

第七条 人民法院应当在权利人范围确定后五日内发出权利登记公告,通知相关权利人在指定期间登记。权利登记公告应当包括以下内容:

(一)案件情况和诉讼请求;

(二)被告的基本情况;

(三)权利人范围及登记期间;

(四)起诉书中确定的拟任代表人人选姓名或者名称、联系方式等基本信息;

(五)自愿担任代表人的权利人,向人民法院提交书面申请和相关材料的期限;

(六)人民法院认为必要的其他事项。

公告应当以醒目的方式提示,代表人的诉讼权限包括代表原告参加开庭审理,变更、放弃诉讼请求或者承认对方当事人的诉讼请求,与被告达成调解协议,提起或者放弃上诉,申请执行,委托诉讼代理人等,参加登记视为对代表人进行特别授权。

公告期间为三十日。

第八条 权利人应在公告确定的登记期间向人民法院登记。未按期登记的,可在一审开庭前向人民法院申请补充登记,补充登记前已经完成的诉讼程序对其发生效力。

权利登记可以依托电子信息平台进行。权利人进行登记时,应当按照权利登记公告要求填写诉讼请求金额、收款方式、电子送达地址等事项,并提供身份证明文件、交易记录及投资损失等证据材料。

第九条 人民法院在登记期间届满后十日内对登记的权利人进行审核。不符合权利人范围的投资者，人民法院不确认其原告资格。

第十条 权利登记公告前已就同一证券违法事实提起诉讼且符合权利人范围的投资者，申请撤诉并加入代表人诉讼的，人民法院应当予以准许。

投资者申请撤诉并加入代表人诉讼的，列为代表人诉讼的原告，已经收取的诉讼费予以退还；不申请撤诉的，人民法院不准许其加入代表人诉讼，原诉讼继续进行。

第十一条 人民法院应当将审核通过的权利人列入代表人诉讼原告名单，并通知全体原告。

第十二条 代表人应当符合以下条件：

（一）自愿担任代表人；

（二）拥有相当比例的利益诉求份额；

（三）本人或者其委托诉讼代理人具备一定的诉讼能力和专业经验；

（四）能忠实、勤勉地履行维护全体原告利益的职责。

依照法律、行政法规或者国务院证券监督管理机构的规定设立的投资者保护机构作为原告参与诉讼，或者接受投资者的委托指派工作人员或委派诉讼代理人参与案件审理活动的，人民法院可以指定该机构为代表人，或者在被代理的当事人中指定代表人。

申请担任代表人的原告存在与被告有关联关系等可能影响其履行职责情形的，人民法院对其申请不予准许。

第十三条 在起诉时当事人人数确定的代表人诉讼，应当在起诉前确定获得特别授权的代表人，并在起诉书中就代表人的推选情况作出专项说明。

在起诉时当事人人数尚未确定的代表人诉讼，应当在起诉书中就拟任代表人人选及条件作出说明。在登记期间向人民法院登记的权利人对拟任代表人人选均没有提出异议，并且登记的权利人无人申请担任代表人的，人民法院可以认定由该二至五名人选作为代表人。

第十四条 在登记期间向人民法院登记的权利人对拟任代表人的人选提出异议，或者申请担任代表人的，人民法院应当自原告范围审核完毕后十日内在自愿担任代表人的原告中组织推选。

代表人的推选实行一人一票，每位代表人的得票数应当不少于参与投票人数的50%。代表人人数为二至五名，按得票数排名确定，通过投票产生二名以上代表人的，为推选成功。首次推选不出的，人民法院应当即时组织原告在得票数前五名的候选人中进行二次推选。

第十五条 依照前条规定推选不出代表人的，由人民法院指定。

人民法院指定代表人的，应当将投票情况、诉讼能力、利益诉求份额等作为考量因素，并征得被指定代表人的同意。

第十六条 代表人确定后，人民法院应当进行公告。

原告可以自公告之日起十日内向人民法院申请撤回权利登记，并可以另行起诉。

第十七条 代表人因丧失诉讼行为能力或者其他事由影响案件审理或者可能损害原告利益的，人民法院依原告申请，可以决定撤销代表人资格。代表人不足二人时，人民法院应当补充指定代表人。

第十八条 代表人与被告达成调解协议草案的，应当向人民法院提交制作调解书的申请书及调解协议草案。申请书应当包括以下内容：

（一）原告的诉讼请求、案件事实以及审理进展等基本情况；

（二）代表人和委托诉讼代理人参加诉讼活动的情况；

（三）调解协议草案对原告的有利因素和不利影响；

（四）对诉讼费以及合理的公告费、通知费、律师费等费用的分摊及理由；

（五）需要特别说明的其他事项。

第十九条 人民法院经初步审查，认为调解协议草案不存在违反法律、行政法规的强制性规定、违背公序良俗以及损害他人合法权益等情形的，应当自收到申请书后十日内向全体原告发出通知。通知应当包括以下内容：

（一）调解协议草案；

（二）代表人请求人民法院制作调解书的申请书；

（三）对调解协议草案发表意见的权利以及方式、程序和期限；

（四）原告有异议时，召开听证会的时间、地点及报名方式；

（五）人民法院认为需要通知的其他事项。

第二十条 对调解协议草案有异议的原告，有权出席听证会或者以书面方式向人民法院提交异议的具体内容及理由。异议人未出席听证会的，人民法院应当在听证会上公开其异议的内容及理由，代表人及其委托诉讼代理人、被告应当进行解释。

代表人和被告可以根据听证会的情况，对调解协议草案进行修改。人民法院应当将修改后的调解协议草案通知所有原告，并对修改的内容作出重点提示。人民法院可以根据案件的具体情况，决定是否再次召开听证会。

第二十一条 人民法院应当综合考虑当事人赞成和反对意见、本案所涉法律和事实情况、调解协议草案的合法性、适当性和可行性等因素，决定是否制作调解书。

人民法院准备制作调解书的，应当通知提出异议的原告，告知其可以在收到通知后十日内向人民法院提交退出调解的申请。未在上述期间内提交退出申请的原告，视为接受。

申请退出的期间届满后，人民法院应当在十日内制作调解书。调解书经代表人和被告签收后，对被代表的原告发生效力。人民法院对申请退出原告的诉讼继续审理，并依法作出相应判决。

第二十二条 代表人变更或者放弃诉讼请求、承认对方当事人诉讼请求、决定撤诉的,应当向人民法院提交书面申请,并通知全体原告。人民法院收到申请后,应当根据原告所提异议情况,依法裁定是否准许。

对于代表人依据前款规定提交的书面申请,原告自收到通知之日起十日内未提出异议的,人民法院可以裁定准许。

第二十三条 除代表人诉讼案件外,人民法院还受理其他基于同一证券违法事实发生的非代表人诉讼案件的,原则上代表人诉讼案件先行审理,非代表人诉讼案件中止审理。但非代表人诉讼案件具有典型性且先行审理有利于及时解决纠纷的除外。

第二十四条 人民法院可以依当事人的申请,委托双方认可或者随机抽取的专业机构对投资损失数额、证券侵权行为以外其他风险因素导致的损失扣除比例等进行核定。当事人虽未申请但案件审理确有需要的,人民法院可以通过随机抽取的方式委托专业机构对有关事项进行核定。

对专业机构的核定意见,人民法院应当组织双方当事人质证。

第二十五条 代表人请求败诉的被告赔偿合理的公告费、通知费、律师费等费用的,人民法院应当予以支持。

第二十六条 判决被告承担民事赔偿责任的,可以在判决主文中确定赔偿总额和损害赔偿计算方法,并将每个原告的姓名、应获赔偿金额等以列表方式作为民事判决书的附件。

当事人对计算方法、赔偿金额等有异议的,可以向人民法院申请复核。确有错误的,人民法院裁定补正。

第二十七条 一审判决送达后,代表人决定放弃上诉的,应当在上诉期间届满前通知全体原告。

原告自收到通知之日起十五日内未上诉,被告在上诉期间内亦未上诉的,一审判决在全体原告与被告之间生效。

原告自收到通知之日起十五日内上诉的,应当同时提交上诉状,人民法院收到上诉状后,对上诉的原告按上诉处理。被告在上诉期间内未上诉的,一审判决在未上诉的原告与被告之间生效,二审裁判的效力不及于未上诉的原告。

第二十八条 一审判决送达后,代表人决定上诉的,应当在上诉期间届满前通知全体原告。

原告自收到通知之日起十五日内决定放弃上诉的,应当通知一审法院。被告在上诉期间内未上诉的,一审判决在放弃上诉的原告与被告之间生效,二审裁判的效力不及于放弃上诉的原告。

第二十九条 符合权利人范围但未参加登记的投资者提起诉讼,且主张的事实和理由与代表人诉讼生效判决、裁定所认定的案件基本事实和法律适用相同的,人民法院审查具体诉讼请求后,裁定适用已经生效的判决、裁定。适用已经生效裁判的裁定中应当明确被告赔偿的金额,裁定一经作出立即生效。

代表人诉讼调解结案的,人民法院对后续涉及同一证券违法事实的案件可以引导当事人先行调解。

第三十条 履行或者执行生效法律文书所得财产,人民法院在进行分配时,可以通知证券登记结算机构等协助执行义务人依法协助执行。

人民法院应当编制分配方案并通知全体原告,分配方案应当包括原告范围、债权总额、扣除项目及金额、分配的基准及方法、分配金额的受领期间等内容。

第三十一条 原告对分配方案有异议的,可以依据民事诉讼法第二百二十五条的规定提出执行异议。

三、特别代表人诉讼

第三十二条 人民法院已经根据民事诉讼法第五十四条第一款、证券法第九十五条第二款的规定发布权利登记公告的,投资者保护机构在公告期间受五十名以上权利人的特别授权,可以作为代表人参加诉讼。先受理的人民法院不具有特别代表人诉讼管辖权的,应当将案件及时移送有管辖权的人民法院。

不同意加入特别代表人诉讼的权利人可以提交退出声明,原诉讼继续进行。

第三十三条 权利人范围确定后,人民法院应当发出权利登记公告。权利登记公告除本规定第七条的内容外,还应当包括投资者保护机构基本情况、对投资者保护机构的特别授权、投资者声明退出的权利及期间、未声明退出的法律后果等。

第三十四条 投资者明确表示不愿意参加诉讼的,应当在公告期间届满后十五日内向人民法院声明退出。未声明退出的,视为同意参加该代表人诉讼。

对于声明退出的投资者,人民法院不再将其登记为特别代表人诉讼的原告,该投资者可以另行起诉。

第三十五条 投资者保护机构依据公告确定的权利人范围向证券登记结算机构调取的权利人名单,人民法院应当予以登记,列入代表人诉讼原告名单,并通知全体原告。

第三十六条 诉讼过程中由于声明退出等原因导致明示授权投资者的数量不足五十名的,不影响投资者保护机构的代表人资格。

第三十七条 针对同一代表人诉讼,原则上应当由一个投资者保护机构作为代表人参加诉讼。两个以上的投资者保护机构分别受五十名以上投资者委托,且均决定作为代表人参加诉讼的,应当协商处理;协商不成的,由人民法院指定其中一个作为代表人参加诉讼。

第三十八条 投资者保护机构应当采取必要措施,保障被代表的投资者持续了解案件审理的进展情况,回应投资者的诉求。对投资者提出的意见和建议不予采纳的,应当对投资者做好解释工作。

第三十九条 特别代表人诉讼案件不预交案件受理费。败诉或者部分败诉的原告申请减交或者免交诉讼费的，人民法院应当依照《诉讼费用交纳办法》的规定，视原告的经济状况和案件的审理情况决定是否准许。

第四十条 投资者保护机构作为代表人在诉讼中申请财产保全的，人民法院可以不要求提供担保。

第四十一条 人民法院审理特别代表人诉讼案件，本部分没有规定的，适用普通代表人诉讼中关于起诉时当事人人数尚未确定的代表人诉讼的相关规定。

四、附则

第四十二条 本规定自2020年7月31日起施行。

A2-7 代理人阅卷规定（2002）

最高人民法院关于诉讼代理人查阅民事案件材料的规定

(法释〔2002〕39号。2002年11月4日最高人民法院审判
委员会第1254次会议通过，2002年11月15日公布，
自2002年12月7日起施行)

为保障代理民事诉讼的律师和其他诉讼代理人依法行使查阅所代理案件有关材料的权利，保证诉讼活动的顺利进行，根据《中华人民共和国民事诉讼法》第六十一条的规定，现对诉讼代理人查阅代理案件有关材料的范围和办法作如下规定：

第一条 代理民事诉讼的律师和其他诉讼代理人有权查阅所代理案件的有关材料。但是，诉讼代理人查阅案件材料不得影响案件的审理。诉讼代理人为了申请再审的需要，可以查阅已经审理终结的所代理案件有关材料。

第二条 人民法院应当为诉讼代理人阅卷提供便利条件，安排阅卷场所。必要时，该案件的书记员或者法院其他工作人员应当在场。

第三条 诉讼代理人在诉讼过程中需要查阅案件有关材料的，应当提前与该案件的书记员或者审判人员联系；查阅已经审理终结的案件有关材料的，应当与人民法院有关部门工作人员联系。

第四条 诉讼代理人查阅案件有关材料应当出示律师证或者身份证等有效证件。查阅案件有关材料应当填写查阅案件有关材料阅卷单。

第五条 诉讼代理人在诉讼中查阅案件材料限于案件审判卷和执行卷的正卷，包括起诉书、答辩书、庭审笔录及各种证据材料等。案件审理终结后，可以查阅案件审判卷的正卷。

第六条 诉讼代理人查阅案件有关材料后，应当及时将查阅的全部案件材料交回书记员或者其他负责保管案卷的工作人员。书记员或者法院其他工作人员对诉讼代理人交回的案件材料应当当面清查，认为无误后在阅卷单上签注。阅卷单应当附卷。诉讼代理人不得将查阅的案件材料携出法院指定的阅卷场所。

第七条 诉讼代理人查阅案件材料可以摘抄或者复印。涉及国家秘密的案件材料，依照国家有关规定办理。复印案件材料应当经案卷保管人员的同意。复印已经审理终结的案件有关材料，诉讼代理人可以要求案卷管理部门在复印材料上盖章确认。复印案件材料可以收取必要的费用。
第八条 查阅案件材料中涉及国家秘密、商业秘密和个人隐私的，诉讼代理人应当保密。
第九条 诉讼代理人查阅案件材料时不得涂改、损毁、抽取案件材料。人民法院对修改、损毁、抽取案卷材料的诉讼代理人，可以参照民事诉讼法第一百零二条第一款第（一）项的规定处理。
第十条 民事案件的当事人查阅案件有关材料的，参照本规定执行。
第十一条 本规定自公布之日起施行。

证 据

A3-1　证据规定（2020）

最高人民法院关于民事诉讼证据的若干规定

（法释〔2019〕19号。2001年12月6日最高人民法院审判委员会第1201次会议通过，2019年10月14日最高人民法院审判委员会第1777次会议修正，2019年12月25日公布，自2020年5月1日起施行）

为保证人民法院正确认定案件事实，公正、及时审理民事案件，保障和便利当事人依法行使诉讼权利，根据《中华人民共和国民事诉讼法》（以下简称民事诉讼法）等有关法律的规定，结合民事审判经验和实际情况，制定本规定。

一、当事人举证

第一条 原告向人民法院起诉或者被告提出反诉，应当提供符合起诉条件的相应的证据。

第二条 人民法院应当向当事人说明举证的要求及法律后果，促使当事人在合理期限内积极、全面、正确、诚实地完成举证。

当事人因客观原因不能自行收集的证据，可申请人民法院调查收集。

第三条 在诉讼过程中，一方当事人陈述的己不利的事实，或者对己不利的事实明确表示承认的，另一方当事人无需举证证明。

在证据交换、询问、调查过程中，或者在起诉状、答辩状、代理词等书面材料中，当事人明确承认己不利的事实的，适用前款规定。

第四条 一方当事人对于另一方当事人主张的己不利的事实既不承认也不否认，经审判人员说明并询问后，其仍然不明确表示肯定或者否定的，视为对该事实的承认。

第五条 当事人委托诉讼代理人参加诉讼的,除授权委托书明确排除的事项外,诉讼代理人的自认视为当事人的自认。

当事人在场对诉讼代理人的自认明确否认的,不视为自认。

第六条 普通共同诉讼中,共同诉讼人中一人或者数人作出的自认,对作出自认的当事人发生效力。

必要共同诉讼中,共同诉讼人中一人或者数人作出自认而其他共同诉讼人予以否认的,不发生自认的效力。其他共同诉讼人既不承认也不否认,经审判人员说明并询问后仍然不明确表示意见的,视为全体共同诉讼人的自认。

第七条 一方当事人对于另一方当事人主张的于己不利的事实有所限制或者附加条件予以承认的,由人民法院综合案件情况决定是否构成自认。

第八条 《最高人民法院关于适用〈中华人民共和国民事诉讼法〉的解释》第九十六条第一款规定的事实,不适用有关自认的规定。

自认的事实与已经查明的事实不符的,人民法院不予确认。

第九条 有下列情形之一,当事人在法庭辩论终结前撤销自认的,人民法院应当准许:

(一)经对方当事人同意的;

(二)自认是在受胁迫或者重大误解情况下作出的。

人民法院准许当事人撤销自认的,应当作出口头或者书面裁定。

第十条 下列事实,当事人无须举证证明:

(一)自然规律以及定理、定律;

(二)众所周知的事实;

(三)根据法律规定推定的事实;

(四)根据已知的事实和日常生活经验法则推定出的另一事实;

(五)已为仲裁机构的生效裁决所确认的事实;

(六)已为人民法院发生法律效力的裁判所确认的基本事实;

(七)已为有效公证文书所证明的事实。

前款第二项至第五项事实,当事人有相反证据足以反驳的除外;第六项、第七项事实,当事人有相反证据足以推翻的除外。

第十一条 当事人向人民法院提供证据,应当提供原件或者原物。如需自己保存证据原件、原物或者提供原件、原物确有困难的,可以提供经人民法院核对无异的复制件或者复制品。

第十二条 以动产作为证据的,应当将原物提交人民法院。原物不宜搬移或者不宜保存的,当事人可以提供复制品、影像资料或者其他替代品。

人民法院在收到当事人提交的动产或者替代品后,应当及时通知双方当事人到人民法院或者保存现场查验。

第十三条 当事人以不动产作为证据的,应当向人民法院提供该不动产的影像资料。

人民法院认为有必要的，应当通知双方当事人到场进行查验。

第十四条 电子数据包括下列信息、电子文件：

（一）网页、博客、微博客等网络平台发布的信息；

（二）手机短信、电子邮件、即时通信、通讯群组等网络应用服务的通信信息；

（三）用户注册信息、身份认证信息、电子交易记录、通信记录、登录日志等信息；

（四）文档、图片、音频、视频、数字证书、计算机程序等电子文件；

（五）其他以数字化形式存储、处理、传输的能够证明案件事实的信息。

第十五条 当事人以视听资料作为证据的，应当提供存储该视听资料的原始载体。

当事人以电子数据作为证据的，应当提供原件。电子数据的制作者制作的与原件一致的副本，或者直接来源于电子数据的打印件或其他可以显示、识别的输出介质，视为电子数据的原件。

第十六条 当事人提供的公文书证系在中华人民共和国领域外形成的，该证据应当经所在国公证机关证明，或者履行中华人民共和国与该所在国订立的有关条约中规定的证明手续。

中华人民共和国领域外形成的涉及身份关系的证据，应当经所在国公证机关证明并经中华人民共和国驻该国使领馆认证，或者履行中华人民共和国与该所在国订立的有关条约中规定的证明手续。

当事人向人民法院提供的证据是在香港、澳门、台湾地区形成的，应当履行相关的证明手续。

第十七条 当事人向人民法院提供外文书证或者外文说明资料，应当附有中文译本。

第十八条 双方当事人无争议的事实符合《最高人民法院关于适用〈中华人民共和国民事诉讼法〉的解释》第九十六条第一款规定情形的，人民法院可以责令当事人提供有关证据。

第十九条 当事人应当对其提交的证据材料逐一分类编号，对证据材料的来源、证明对象和内容作简要说明，签名盖章，注明提交日期，并依照对方当事人人数提出副本。

人民法院收到当事人提交的证据材料，应当出具收据，注明证据的名称、份数和页数以及收到的时间，由经办人员签名或者盖章。

二、证据的调查收集和保全

第二十条 当事人及其诉讼代理人申请人民法院调查收集证据，应当在举证期限届满前提交书面申请。

申请书应当载明被调查人的姓名或者单位名称、住所地等基本情况、所要调查收集的证据名称或者内容、需要由人民法院调查收集证据的原因及其要证明的事实以及明确的线索。

第二十一条 人民法院调查收集的书证，可以是原件，也可以是经核对无误的副本或者复制件。是副本或者复制件的，应当在调查笔录中说明来源和取证情况。

第二十二条 人民法院调查收集的物证应当是原物。被调查人提供原物确有困难的，可以提供复制品或者影像资料。提供复制品或者影像资料的，应当在调查笔录中说明取证情况。

第二十三条 人民法院调查收集视听资料、电子数据，应当要求被调查人提供原始载体。

提供原始载体确有困难的，可以提供复制件。提供复制件的，人民法院应当在调查笔录中说明其来源和制作经过。

人民法院对视听资料、电子数据采取证据保全措施的，适用前款规定。

第二十四条 人民法院调查收集可能需要鉴定的证据，应当遵守相关技术规范，确保证据不被污染。

第二十五条 当事人或者利害关系人根据民事诉讼法第八十一条的规定申请证据保全的，申请书应当载明需要保全的证据的基本情况、申请保全的理由以及采取何种保全措施等内容。

当事人根据民事诉讼法第八十一条第一款的规定申请证据保全的，应当在举证期限届满前向人民法院提出。

法律、司法解释对诉前证据保全有规定的，依照其规定办理。

第二十六条 当事人或者利害关系人申请采取查封、扣押等限制保全标的物使用、流通等保全措施，或者保全可能对证据持有人造成损失的，人民法院应当责令申请人提供相应的担保。

担保方式或者数额由人民法院根据保全措施对证据持有人的影响、保全标的物的价值、当事人或者利害关系人争议的诉讼标的金额等因素综合确定。

第二十七条 人民法院进行证据保全，可以要求当事人或者诉讼代理人到场。

根据当事人的申请和具体情况，人民法院可以采取查封、扣押、录音、录像、复制、鉴定、勘验等方法进行证据保全，并制作笔录。

在符合证据保全目的的情况下，人民法院应当选择对证据持有人利益影响最小的保全措施。

第二十八条 申请证据保全错误造成财产损失，当事人请求申请人承担赔偿责任的，人民法院应予支持。

第二十九条 人民法院采取诉前证据保全措施后，当事人向其他有管辖权的人民法院提起诉讼的，采取保全措施的人民法院应当根据当事人的申请，将保全的证据及时移交受理案件的人民法院。

第三十条 人民法院在审理案件过程中认为待证事实需要通过鉴定意见证明的，应当向当事人释明，并指定提出鉴定申请的期间。

符合《最高人民法院关于适用〈中华人民共和国民事诉讼法〉的解释》第九十六条第一款规定情形的，人民法院应当依职权委托鉴定。

第三十一条 当事人申请鉴定，应当在人民法院指定期间内提出，并预交鉴定费用。逾期不提出申请或者不预交鉴定费用的，视为放弃申请。

对需要鉴定的待证事实负有举证责任的当事人，在人民法院指定期间内无正当理由不提出鉴定申请或者不预交鉴定费用，或者拒不提供相关材料，致使待证事实无法查明的，应当承担举证不能的法律后果。

第三十二条 人民法院准许鉴定申请的，应当组织双方当事人协商确定具备相应资格的鉴定人。当事人协商不成的，由人民法院指定。

人民法院依职权委托鉴定的，可以在询问当事人的意见后，指定具备相应资格的鉴定人。

人民法院在确定鉴定人后应当出具委托书，委托书中应当载明鉴定事项、鉴定范围、鉴定目的和鉴定期限。

第三十三条 鉴定开始之前，人民法院应当要求鉴定人签署承诺书。承诺书中应当载明鉴定人保证客观、公正、诚实地进行鉴定，保证出庭作证，如作虚假鉴定应当承担法律责任等内容。

鉴定人故意作虚假鉴定的，人民法院应当责令其退还鉴定费用，并根据情节，依照民事诉讼法第一百一十一条的规定进行处罚。

第三十四条 人民法院应当组织当事人对鉴定材料进行质证。未经质证的材料，不得作为鉴定的根据。

经人民法院准许，鉴定人可以调取证据、勘验物证和现场、询问当事人或者证人。

第三十五条 鉴定人应当在人民法院确定的期限内完成鉴定，并提交鉴定书。

鉴定人无正当理由未按期提交鉴定书的，当事人可以申请人民法院另行委托鉴定人进行鉴定。人民法院准许的，原鉴定人已经收取的鉴定费用应当退还；拒不退还的，依照本规定第八十一条第二款的规定处理。

第三十六条 人民法院对鉴定人出具的鉴定书，应当审查是否具有下列内容：

（一）委托法院的名称；
（二）委托鉴定的内容、要求；
（三）鉴定材料；
（四）鉴定所依据的原理、方法；
（五）对鉴定过程的说明；
（六）鉴定意见；
（七）承诺书。

鉴定书应当由鉴定人签名或者盖章，并附鉴定人的相应资格证明。委托机构鉴定的，鉴定书应当由鉴定机构盖章，并由从事鉴定的人员签名。

第三十七条 人民法院收到鉴定书后，应当及时将副本送交当事人。

当事人对鉴定书的内容有异议的，应当在人民法院指定期间内以书面方式提出。

对于当事人的异议，人民法院应当要求鉴定人作出解释、说明或者补充。人民法院认为有必要的，可以要求鉴定人对当事人未提出异议的内容进行解释、说明或者补充。

第三十八条 当事人在收到鉴定人的书面答复后仍有异议的，人民法院应当根据《诉讼费用交纳办法》第十一条的规定，通知有异议的当事人预交鉴定人出庭费用，并通知鉴定人出庭。有异议的当事人不预交鉴定人出庭费用的，视为放弃异议。

双方当事人对鉴定意见均有异议的，分摊预交鉴定人出庭费用。

第三十九条 鉴定人出庭费用按照证人出庭作证费用的标准计算，由败诉的当事人负担。因鉴定意见不明确或者有瑕疵需要鉴定人出庭的，出庭费用由其自行负担。

人民法院委托鉴定时已经确定鉴定人出庭费用包含在鉴定费用中的，不再通知当事人预交。

第四十条 当事人申请重新鉴定，存在下列情形之一的，人民法院应当准许：

（一）鉴定人不具备相应资格的；

（二）鉴定程序严重违法的；

（三）鉴定意见明显依据不足的；

（四）鉴定意见不能作为证据使用的其他情形。

存在前款第一项至第三项情形的，鉴定人已经收取的鉴定费用应当退还。拒不退还的，依照本规定第八十一条第二款的规定处理。

对鉴定意见的瑕疵，可以通过补正、补充鉴定或者补充质证、重新质证等方法解决的，人民法院不予准许重新鉴定的申请。

重新鉴定的，原鉴定意见不得作为认定案件事实的根据。

第四十一条 对于一方当事人就专门性问题自行委托有关机构或者人员出具的意见，另一方当事人有证据或者理由足以反驳并申请鉴定的，人民法院应予准许。

第四十二条 鉴定意见被采信后，鉴定人无正当理由撤销鉴定意见的，人民法院应当责令其退还鉴定费用，并可以根据情节，依照民事诉讼法第一百一十一条的规定对鉴定人进行处罚。当事人主张鉴定人负担由此增加的合理费用的，人民法院应予支持。

人民法院采信鉴定意见后准许鉴定人撤销的，应当责令其退还鉴定费用。

第四十三条 人民法院应当在勘验前将勘验的时间和地点通知当事人。当事人不参加的，不影响勘验进行。

当事人可以就勘验事项向人民法院进行解释和说明，可以请求人民法院注意勘验中的重要事项。

人民法院勘验物证或者现场，应当制作笔录，记录勘验的时间、地点、勘验人、在场人、勘验的经过、结果，由勘验人、在场人签名或者盖章。对于绘制的现场图应当注明绘制的时间、方位、测绘人姓名、身份等内容。

第四十四条 摘录有关单位制作的与案件事实相关的文件、材料，应当注明出处，并加盖制作单位或者保管单位的印章，摘录人和其他调查人员应当在摘录件上签名或者盖章。

摘录文件、材料应当保持内容相应的完整性。

第四十五条 当事人根据《最高人民法院关于适用〈中华人民共和国民事诉讼法〉的解释》第一百一十二条的规定申请人民法院责令对方当事人提交书证的，申请书应当载明所申请提交的书证名称或者内容、需要以该书证证明的事实及事实的重要性、对方当事人控制该书证的根据以及应当提交该书证的理由。

对方当事人否认控制书证的，人民法院应当根据法律规定、习惯等因素，结合案件的事实、证据，对于书证是否在对方当事人控制之下的事实作出综合判断。

第四十六条 人民法院对当事人提交书证的申请进行审查时，应当听取对方当事人的意见，必要时可以要求双方当事人提供证据、进行辩论。

当事人申请提交的书证不明确、书证对于待证事实的证明无必要、待证事实对于裁判结果无实质性影响、书证未在对方当事人控制之下或者不符合本规定第四十七条情形的，人民法院不予准许。

当事人申请理由成立的，人民法院应当作出裁定，责令对方当事人提交书证；理由不成立的，通知申请人。

第四十七条 下列情形，控制书证的当事人应当提交书证：

（一）控制书证的当事人在诉讼中曾经引用过的书证；

（二）为对方当事人的利益制作的书证；

（三）对方当事人依照法律规定有权查阅、获取的书证；

（四）账簿、记账原始凭证；

（五）人民法院认为应当提交书证的其他情形。

前款所列书证，涉及国家秘密、商业秘密、当事人或第三人的隐私，或者存在法律规定应当保密的情形的，提交后不得公开质证。

第四十八条 控制书证的当事人无正当理由拒不提交书证的，人民法院可以认定对方当事人所主张的书证内容为真实。

控制书证的当事人存在《最高人民法院关于适用〈中华人民共和国民事诉讼法〉的解释》第一百一十三条规定情形的，人民法院可以认定对方当事人主张以该书证证明的事实为真实。

三、举证时限与证据交换

第四十九条 被告应当在答辩期届满前提出书面答辩，阐明其对原告诉讼请求及所依据的事实和理由的意见。

第五十条 人民法院应当在审理前的准备阶段向当事人送达举证通知书。

举证通知书应当载明举证责任的分配原则和要求、可以向人民法院申请调查收集证据的情形、人民法院根据案件情况指定的举证期限以及逾期提供证据的法律后果等内容。

第五十一条 举证期限可以由当事人协商,并经人民法院准许。

人民法院指定举证期限的,适用第一审普通程序审理的案件不得少于十五日,当事人提供新的证据的第二审案件不得少于十日。适用简易程序审理的案件不得超过十五日,小额诉讼案件的举证期限一般不得超过七日。

举证期限届满后,当事人提供反驳证据或者对已经提供的证据的来源、形式等方面的瑕疵进行补正的,人民法院可以酌情再次确定举证期限,该期限不受前款规定的期间限制。

第五十二条 当事人在举证期限内提供证据存在客观障碍,属于民事诉讼法第六十五条第二款规定的"当事人在该期限内提供证据确有困难"的情形。

前款情形,人民法院应当根据当事人的举证能力、不能在举证期限内提供证据的原因等因素综合判断。必要时,可以听取对方当事人的意见。

第五十三条 诉讼过程中,当事人主张的法律关系性质或者民事行为效力与人民法院根据案件事实作出的认定不一致的,人民法院应当将法律关系性质或者民事行为效力作为焦点问题进行审理。但法律关系性质对裁判理由及结果没有影响,或者有关问题已经当事人充分辩论的除外。

存在前款情形,当事人根据法庭审理情况变更诉讼请求的,人民法院应当准许并可以根据案件的具体情况重新指定举证期限。

第五十四条 当事人申请延长举证期限的,应当在举证期限届满前向人民法院提出书面申请。

申请理由成立的,人民法院应当准许,适当延长举证期限,并通知其他当事人。延长的举证期限适用于其他当事人。

申请理由不成立的,人民法院不予准许,并通知申请人。

第五十五条 存在下列情形的,举证期限按照如下方式确定:

(一)当事人依照民事诉讼法第一百二十七条规定提出管辖权异议的,举证期限中止,自驳回管辖权异议的裁定生效之日起恢复计算;

(二)追加当事人、有独立请求权的第三人参加诉讼或者无独立请求权的第三人经人民法院通知参加诉讼的,人民法院应当依照本规定第五十一条的规定为新参加诉讼的当事人确定举证期限,该举证期限适用于其他当事人;

(三)发回重审的案件,第一审人民法院可以结合案件具体情况和发回重审的原因,酌情确定举证期限;

(四)当事人增加、变更诉讼请求或者提出反诉的,人民法院应当根据案件具体情况重新确定举证期限;

（五）公告送达的，举证期限自公告期届满之次日起计算。

第五十六条 人民法院依照民事诉讼法第一百三十三条第四项的规定，通过组织证据交换进行审理前准备的，证据交换之日举证期限届满。

证据交换的时间可以由当事人协商一致并经人民法院认可，也可以由人民法院指定。当事人申请延期举证经人民法院准许的，证据交换日相应顺延。

第五十七条 证据交换应当在审判人员的主持下进行。

在证据交换的过程中，审判人员对当事人无异议的事实、证据应当记录在卷；对有异议的证据，按照需要证明的事实分类记录在卷，并记载异议的理由。通过证据交换，确定双方当事人争议的主要问题。

第五十八条 当事人收到对方的证据后有反驳证据需要提交的，人民法院应当再次组织证据交换。

第五十九条 人民法院对逾期提供证据的当事人处以罚款的，可以结合当事人逾期提供证据的主观过错程度、导致诉讼迟延的情况、诉讼标的金额等因素，确定罚款数额。

四、质证

第六十条 当事人在审理前的准备阶段或者人民法院调查、询问过程中发表过质证意见的证据，视为质证过的证据。

当事人要求以书面方式发表质证意见，人民法院在听取对方当事人意见后认为有必要的，可以准许。人民法院应当及时将书面质证意见送交对方当事人。

第六十一条 对书证、物证、视听资料进行质证时，当事人应当出示证据的原件或者原物。但有下列情形之一的除外：

（一）出示原件或者原物确有困难并经人民法院准许出示复制件或者复制品的；

（二）原件或者原物已不存在，但有证据证明复制件、复制品与原件或者原物一致的。

第六十二条 质证一般按下列顺序进行：

（一）原告出示证据，被告、第三人与原告进行质证；

（二）被告出示证据，原告、第三人与被告进行质证；

（三）第三人出示证据，原告、被告与第三人进行质证。

人民法院根据当事人申请调查收集的证据，审判人员对调查收集证据的情况进行说明后，由提出申请的当事人与对方当事人、第三人进行质证。

人民法院依职权调查收集的证据，由审判人员对调查收集证据的情况进行说明后，听取当事人的意见。

第六十三条 当事人应当就案件事实作真实、完整的陈述。

当事人的陈述与此前陈述不一致的，人民法院应当责令其说明理由，并结合当事人的诉讼能力、证据和案件具体情况进行审查认定。

当事人故意作虚假陈述妨碍人民法院审理的，人民法院应当根据情节，依照民事诉讼法第一百一十一条的规定进行处罚。

第六十四条 人民法院认为有必要的，可以要求当事人本人到场，就案件的有关事实接受询问。

人民法院要求当事人到场接受询问的，应当通知当事人询问的时间、地点、拒不到场的后果等内容。

第六十五条 人民法院应当在询问前责令当事人签署保证书并宣读保证书的内容。

保证书应当载明保证据实陈述，绝无隐瞒、歪曲、增减，如有虚假陈述应当接受处罚等内容。当事人应当在保证书上签名、捺印。

当事人有正当理由不能宣读保证书的，由书记员宣读并进行说明。

第六十六条 当事人无正当理由拒不到场、拒不签署或宣读保证书或者拒不接受询问的，人民法院应当综合案件情况，判断待证事实的真伪。待证事实无其他证据证明的，人民法院应当作出不利于该当事人的认定。

第六十七条 不能正确表达意思的人，不能作为证人。

待证事实与其年龄、智力状况或者精神健康状况相适应的无民事行为能力人和限制民事行为能力人，可以作为证人。

第六十八条 人民法院应当要求证人出庭作证，接受审判人员和当事人的询问。证人在审理前的准备阶段或者人民法院调查、询问等双方当事人在场时陈述证言的，视为出庭作证。

双方当事人同意证人以其他方式作证并经人民法院准许的，证人可以不出庭作证。

无正当理由未出庭的证人以书面等方式提供的证言，不得作为认定案件事实的根据。

第六十九条 当事人申请证人出庭作证的，应当在举证期限届满前向人民法院提交申请书。

申请书应当载明证人的姓名、职业、住所、联系方式，作证的主要内容，作证内容与待证事实的关联性，以及证人出庭作证的必要性。

符合《最高人民法院关于适用〈中华人民共和国民事诉讼法〉的解释》第九十六条第一款规定情形的，人民法院应当依职权通知人出庭作证。

第七十条 人民法院准许证人出庭作证申请的，应当向证人送达通知书并告知双方当事人。通知书中应当载明证人作证的时间、地点，作证的事项、要求以及作伪证的法律后果等内容。

当事人申请证人出庭作证的事项与待证事实无关，或者没有通知证人出庭作证必要的，人民法院不予准许当事人的申请。

第七十一条 人民法院应当要求证人在作证之前签署保证书，并在法庭上宣读保证书的内容。但无民事行为能力人和限制民事行为能力人作为证人的除外。

证人确有正当理由不能宣读保证书的,由书记员代为宣读并进行说明。

证人拒绝签署或者宣读保证书的,不得作证,并自行承担相关费用。

证人保证书的内容适用当事人保证书的规定。

第七十二条 证人应当客观陈述其亲身感知的事实,作证时不得使用猜测、推断或者评论性语言。

证人作证前不得旁听法庭审理,作证时不得以宣读事先准备的书面材料的方式陈述证言。

证人言辞表达有障碍的,可以通过其他表达方式作证。

第七十三条 证人应当就其作证的事项进行连续陈述。

当事人及其法定代理人、诉讼代理人或者旁听人员干扰证人陈述的,人民法院应当及时制止,必要时可以依照民事诉讼法第一百一十条的规定进行处罚。

第七十四条 审判人员可以对证人进行询问。当事人及其诉讼代理人经审判人员许可后可以询问证人。

询问证人时其他证人不得在场。

人民法院认为有必要的,可以要求证人之间进行对质。

第七十五条 证人出庭作证后,可以向人民法院申请支付证人出庭作证费用。证人有困难需要预先支取出庭作证费用的,人民法院可以根据证人的申请在出庭作证前支付。

第七十六条 证人确有困难不能出庭作证,申请以书面证言、视听传输技术或者视听资料等方式作证的,应当向人民法院提交申请书。申请书中应当载明不能出庭的具体原因。

符合民事诉讼法第七十三条规定情形的,人民法院应当准许。

第七十七条 证人经人民法院准许,以书面证言方式作证的,应当签署保证书;以视听传输技术或者视听资料方式作证的,应当签署保证书并宣读保证书的内容。

第七十八条 当事人及其诉讼代理人对证人的询问与待证事实无关,或者存在威胁、侮辱证人或不适当引导等情形的,审判人员应当及时制止。必要时可以依照民事诉讼法第一百一十条、第一百一十一条的规定进行处罚。

证人故意作虚假陈述,诉讼参与人或者其他人以暴力、威胁、贿买等方法妨碍证人作证,或者在证人作证后以侮辱、诽谤、诬陷、恐吓、殴打等方式对证人打击报复的,人民法院应当根据情节,依照民事诉讼法第一百一十一条的规定,对行为人进行处罚。

第七十九条 鉴定人依照民事诉讼法第七十八条的规定出庭作证的,人民法院应当在开庭审理三日前将出庭的时间、地点及要求通知鉴定人。

委托机构鉴定的,应当由从事鉴定的人员代表机构出庭。

第八十条 鉴定人应当就鉴定事项如实答复当事人的异议和审判人员的询问。当庭答复确有困难的，经人民法院准许，可以在庭审结束后书面答复。

人民法院应当及时将书面答复送交当事人，并听取当事人的意见。必要时，可以再次组织质证。

第八十一条 鉴定人拒不出庭作证的，鉴定意见不得作为认定案件事实的根据。人民法院应当建议有关主管部门或者组织对拒不出庭作证的鉴定人予以处罚。

当事人要求退还鉴定费用的，人民法院应当在三日内作出裁定，责令鉴定人退还；拒不退还的，由人民法院依法执行。

当事人因鉴定人拒不出庭作证申请重新鉴定的，人民法院应当准许。

第八十二条 经法庭许可，当事人可以询问鉴定人、勘验人。

询问鉴定人、勘验人不得使用威胁、侮辱等不适当的言语和方式。

第八十三条 当事人依照民事诉讼法第七十九条和《最高人民法院关于适用〈中华人民共和国民事诉讼法〉的解释》第一百二十二条的规定，申请有专门知识的人出庭的，申请书中应当载明有专门知识的人的基本情况和申请的目的。

人民法院准许当事人申请的，应当通知双方当事人。

第八十四条 审判人员可以对有专门知识的人进行询问。经法庭准许，当事人可以对有专门知识的人进行询问，当事人各自申请的有专门知识的人可以就案件中的有关问题进行对质。

有专门知识的人不得参与对鉴定意见质证或者就专业问题发表意见之外的法庭审理活动。

五、证据的审核认定

第八十五条 人民法院应当以证据能够证明的案件事实为根据依法作出裁判。

审判人员应当依照法定程序，全面、客观地审核证据，依据法律的规定，遵循法官职业道德，运用逻辑推理和日常生活经验，对证据有无证明力和证明力大小独立进行判断，并公开判断的理由和结果。

第八十六条 当事人对于欺诈、胁迫、恶意串通事实的证明，以及对于口头遗嘱或赠与事实的证明，人民法院确信该待证事实存在的可能性能够排除合理怀疑的，应当认定该事实存在。

与诉讼保全、回避等程序事项有关的事实，人民法院结合当事人的说明及相关证据，认为有关事实存在的可能性较大的，可以认定该事实存在。

第八十七条 审判人员对单一证据可以从下列方面进行审核认定：

（一）证据是否为原件、原物，复制件、复制品与原件、原物是否相符；

（二）证据与本案事实是否相关；

（三）证据的形式、来源是否符合法律规定；

（四）证据的内容是否真实；

（五）证人或者提供证据的人与当事人有无利害关系。

第八十八条 审判人员对案件的全部证据，应当从各证据与案件事实的关联程度、各证据之间的联系等方面进行综合审查判断。

第八十九条 当事人在诉讼过程中认可的证据，人民法院应当予以确认。但法律、司法解释另有规定的除外。

当事人对认可的证据反悔的，参照《最高人民法院关于适用〈中华人民共和国民事诉讼法〉的解释》第二百二十九条的规定处理。

第九十条 下列证据不能单独作为认定案件事实的根据：

（一）当事人的陈述；

（二）无民事行为能力人或者限制民事行为能力人所作的与其年龄、智力状况或者精神健康状况不相当的证言；

（三）与一方当事人或者其代理人有利害关系的证人陈述的证言；

（四）存有疑点的视听资料、电子数据；

（五）无法与原件、原物核对的复制件、复制品。

第九十一条 公文书证的制作者根据文书原件制作的载有部分或者全部内容的副本，与正本具有相同的证明力。

在国家机关存档的文件，其复制件、副本、节录本经档案部门或者制作原本的机关证明其内容与原本一致的，该复制件、副本、节录本具有与原本相同的证明力。

第九十二条 私文书证的真实性，由主张以私文书证证明案件事实的当事人承担举证责任。

私文书证由制作者或者其代理人签名、盖章或捺印的，推定为真实。

私文书证上有删除、涂改、增添或者其他形式瑕疵的，人民法院应当综合案件的具体情况判断其证明力。

第九十三条 人民法院对于电子数据的真实性，应当结合下列因素综合判断：

（一）电子数据的生成、存储、传输所依赖的计算机系统的硬件、软件环境是否完整、可靠；

（二）电子数据的生成、存储、传输所依赖的计算机系统的硬件、软件环境是否处于正常运行状态，或者不处于正常运行状态时对电子数据的生成、存储、传输是否有影响；

（三）电子数据的生成、存储、传输所依赖的计算机系统的硬件、软件环境是否具备有效的防止出错的监测、核查手段；

（四）电子数据是否被完整地保存、传输、提取，保存、传输、提取的方法是否可靠；

（五）电子数据是否在正常的往来活动中形成和存储；

（六）保存、传输、提取电子数据的主体是否适当；

（七）影响电子数据完整性和可靠性的其他因素。

人民法院认为有必要的，可以通过鉴定或者勘验等方法，审查判断电子数据的真实性。

第九十四条 电子数据存在下列情形的，人民法院可以确认其真实性，但有足以反驳的相反证据的除外：

（一）由当事人提交或者保管的于己不利的电子数据；
（二）由记录和保存电子数据的中立第三方平台提供或者确认的；
（三）在正常业务活动中形成的；
（四）以档案管理方式保管的；
（五）以当事人约定的方式保存、传输、提取的。

电子数据的内容经公证机关公证的，人民法院应当确认其真实性，但有相反证据足以推翻的除外。

第九十五条 一方当事人控制证据无正当理由拒不提交，对待证事实负有举证责任的当事人主张该证据的内容不利于控制人的，人民法院可以认定该主张成立。

第九十六条 人民法院认定证人证言，可以通过对证人的智力状况、品德、知识、经验、法律意识和专业技能等的综合分析作出判断。

第九十七条 人民法院应当在裁判文书中阐明证据是否采纳的理由。

对当事人无争议的证据，是否采纳的理由可以不在裁判文书中表述。

六、其他

第九十八条 对证人、鉴定人、勘验人的合法权益依法予以保护。

当事人或者其他诉讼参与人伪造、毁灭证据，提供虚假证据，阻止证人作证，指使、贿买、胁迫他人作伪证，或者对证人、鉴定人、勘验人打击报复的，依照民事诉讼法第一百一十条、第一百一十一条的规定进行处罚。

第九十九条 本规定对证据保全没有规定的，参照适用法律、司法解释关于财产保全的规定。

除法律、司法解释另有规定外，对当事人、鉴定人、有专门知识的人的询问参照适用本规定中关于询问证人的规定；关于书证的规定适用于视听资料、电子数据；存储在电子计算机等电子介质中的视听资料，适用电子数据的规定。

第一百条 本规定自 2020 年 5 月 1 日起施行。

本规定公布施行后，最高人民法院以前发布的司法解释与本规定不一致的，不再适用。

A3-2 公证规定（2014）

最高人民法院关于审理涉及公证活动相关民事案件的若干规定

（法释〔2014〕6号。2014年4月28日由最高人民法院审判委员会第1614次会议通过，2014年5月16日公布，自2014年6月6日起施行）

为正确审理涉及公证活动相关民事案件，维护当事人的合法权益，根据《中华人民共和国民法通则》《中华人民共和国公证法》《中华人民共和国侵权责任法》《中华人民共和国民事诉讼法》等法律的规定，结合审判实践，制定本规定。

第一条 当事人、公证事项的利害关系人依照公证法第四十三条规定向人民法院起诉请求民事赔偿的，应当以公证机构为被告，人民法院应作为侵权责任纠纷案件受理。

第二条 当事人、公证事项的利害关系人起诉请求变更、撤销公证书或者确认公证书无效的，人民法院不予受理，告知其依照公证法第三十九条规定可以向出具公证书的公证机构提出复查。

第三条 当事人、公证事项的利害关系人对公证书所公证的民事权利义务有争议的，可以依照公证法第四十条规定就该争议向人民法院提起民事诉讼。

当事人、公证事项的利害关系人对具有强制执行效力的公证债权文书的民事权利义务有争议直接向人民法院提起民事诉讼的，人民法院依法不予受理。但是，公证债权文书被人民法院裁定不予执行的除外。

第四条 当事人、公证事项的利害关系人提供证据证明公证机构及其公证员在公证活动中具有下列情形之一的，人民法院应当认定公证机构有过错：

（一）为不真实、不合法的事项出具公证书的；

（二）毁损、篡改公证书或者公证档案的；

（三）泄露在执业活动中知悉的商业秘密或者个人隐私的；

（四）违反公证程序、办证规则以及国务院司法行政部门制定的行业规范出具公证书的；

（五）公证机构在公证过程中未尽到充分的审查、核实义务，致使公证书错误或者不真实的；

（六）对存在错误的公证书，经当事人、公证事项的利害关系人申请仍不予纠正或者补正的；

（七）其他违反法律、法规、国务院司法行政部门强制性规定的情形。

第五条 当事人提供虚假证明材料申请公证致使公证书错误造成他人损失的，当事人应当承担赔偿责任。公证机构依法尽到审查、核实义务的，不承担赔偿责任；未依法尽到审查、核实义务的，应当承担与其过错相应的补充赔偿责任；明知公证证明的材料虚假或者与当事人恶意串通的，承担连带赔偿责任。

第六条 当事人、公证事项的利害关系人明知公证机构所出具的公证书不真实、不合法而仍然使用造成自己损失，请求公证机构承担赔偿责任的，人民法院不予支持。

第七条 本规定施行后，涉及公证活动的民事案件尚未终审的，适用本规定；本规定施行前已经终审，当事人申请再审或者按照审判监督程序决定再审的，不适用本规定。

A3-3 委托鉴定规定（2002）

人民法院对外委托司法鉴定管理规定

（法释〔2002〕8号。2002年2月22日由最高人民法院审判委员会第1214次会议通过，2002年3月27日公布，自2002年4月1日起施行）

第一条 为规范人民法院对外委托和组织司法鉴定工作，根据《人民法院司法鉴定工作暂行规定》，制定本办法。

第二条 人民法院司法鉴定机构负责统一对外委托和组织司法鉴定。未设司法鉴定机构的人民法院，可在司法行政管理部门配备专职司法鉴定人员，并由司法行政管理部门代行对外委托司法鉴定的职责。

第三条 人民法院司法鉴定机构建立社会鉴定机构和鉴定人（以下简称鉴定人）名册，根据鉴定对象对专业技术的要求，随机选择和委托鉴定人进行司法鉴定。

第四条 自愿接受人民法院委托从事司法鉴定，申请进入人民法院司法鉴定人名册的社会鉴定、检测、评估机构，应当向人民法院司法鉴定机构提交申请书和以下材料：

（一）企业或社团法人营业执照副本；
（二）专业资质证书；
（三）专业技术人员名单、执业资格和主要业绩；
（四）年检文书；
（五）其他必要的文件、资料。

第五条 以个人名义自愿接受人民法院委托从事司法鉴定，申请进入人民法院司法鉴定人名册的专业技术人员，应当向人民法院司法鉴定机构提交申请书和以下材料：

（一）单位介绍信；
（二）专业资格证书；

(三) 主要业绩证明;
(四) 其他必要的文件、资料等。

第六条 人民法院司法鉴定机构应当对提出申请的鉴定人进行全面审查,择优确定对外委托和组织司法鉴定的鉴定人候选名单。

第七条 申请进入地方人民法院鉴定人名册的单位和个人,其入册资格由有关人民法院司法鉴定机构审核,报上一级人民法院司法鉴定机构批准,并报最高人民法院司法鉴定机构备案。

第八条 经批准列入人民法院司法鉴定人名册的鉴定人,在《人民法院报》予以公告。

第九条 已列入名册的鉴定人应当接受有关人民法院司法鉴定机构的年度审核,并提交以下材料:

(一) 年度业务工作报告书;
(二) 专业技术人员变更情况;
(三) 仪器设备更新情况;
(四) 其他变更情况和要求提交的材料。

年度审核有变更事项的,有关司法鉴定机构应当逐级报最高人民法院司法鉴定机构备案。

第十条 人民法院司法鉴定机构依据尊重当事人选择和人民法院指定相结合的原则,组织诉讼双方当事人进行司法鉴定的对外委托。

诉讼双方当事人协商不一致的,由人民法院司法鉴定机构在列入名册的、符合鉴定要求的鉴定人中,选择受委托人鉴定。

第十一条 司法鉴定所涉及的专业未纳入名册时,人民法院司法鉴定机构可以从社会相关专业中,择优选定受委托单位或专业人员进行鉴定。如果被选定的单位或专业人员需要进入鉴定人名册的,仍应当呈报上一级人民法院司法鉴定机构批准。

第十二条 遇有鉴定人应当回避等情形时,有关人民法院司法鉴定机构应当重新选择鉴定人。

第十三条 人民法院司法鉴定机构对外委托鉴定的,应当指派专人负责协调,主动了解鉴定的有关情况,及时处理可能影响鉴定的问题。

第十四条 接受委托的鉴定人认为需要补充鉴定材料时,如果由申请鉴定的当事人提供确有困难的,可以向有关人民法院司法鉴定机构提出请求,由人民法院决定依据职权采集鉴定材料。

第十五条 鉴定人应当依法履行出庭接受质询的义务。人民法院司法鉴定机构应当协调鉴定人做好出庭工作。

第十六条 列入名册的鉴定人有不履行义务,违反司法鉴定有关规定的,由有关人民法院视情节取消入册资格,并在《人民法院报》公告。

A3-4 技术调查官规定（2019）

最高人民法院关于技术调查官参与知识产权案件诉讼活动的若干规定

（法释〔2019〕2号。2019年1月28日最高人民法院审判委员会第1760次会议通过，2019年3月18日公布，自2019年5月1日起施行）

为规范技术调查官参与知识产权案件诉讼活动，根据《中华人民共和国人民法院组织法》《中华人民共和国刑事诉讼法》《中华人民共和国民事诉讼法》《中华人民共和国行政诉讼法》的规定，结合审判实际，制定本规定。

第一条 人民法院审理专利、植物新品种、集成电路布图设计、技术秘密、计算机软件、垄断等专业技术性较强的知识产权案件时，可以指派技术调查官参与诉讼活动。

第二条 技术调查官属于审判辅助人员。

人民法院可以设置技术调查室，负责技术调查官的日常管理，指派技术调查官参与知识产权案件诉讼活动、提供技术咨询。

第三条 参与知识产权案件诉讼活动的技术调查官确定或者变更后，应当在三日内告知当事人，并依法告知当事人有权申请技术调查官回避。

第四条 技术调查官的回避，参照适用刑事诉讼法、民事诉讼法、行政诉讼法等有关其他人员回避的规定。

第五条 在一个审判程序中参与过案件诉讼活动的技术调查官，不得再参与该案其他程序的诉讼活动。

发回重审的案件，在一审法院作出裁判后又进入第二审程序的，原第二审程序中参与诉讼的技术调查官不受前款规定的限制。

第六条 参与知识产权案件诉讼活动的技术调查官就案件所涉技术问题履行下列职责：

（一）对技术事实的争议焦点以及调查范围、顺序、方法等提出建议；

（二）参与调查取证、勘验、保全；

（三）参与询问、听证、庭前会议、开庭审理；

（四）提出技术调查意见；

（五）协助法官组织鉴定人、相关技术领域的专业人员提出意见；

（六）列席合议庭评议等有关会议；

（七）完成其他相关工作。

第七条 技术调查官参与调查取证、勘验、保全的，应当事先查阅相关技术资料，就调查取证、勘验、保全的方法、步骤和注意事项等提出建议。

第八条 技术调查官参与询问、听证、庭前会议、开庭审理活动时，经法官同意，可以就案件所涉技术问题向当事人及其他诉讼参与人发问。

技术调查官在法庭上的座位设在法官助理的左侧，书记员的座位设在法官助理的右侧。

第九条 技术调查官应当在案件评议前就案件所涉技术问题提出技术调查意见。

技术调查意见由技术调查官独立出具并签名，不对外公开。

第十条 技术调查官列席案件评议时，其提出的意见应当记入评议笔录，并由其签名。

技术调查官对案件裁判结果不具有表决权。

第十一条 技术调查官提出的技术调查意见可以作为合议庭认定技术事实的参考。

合议庭对技术事实认定依法承担责任。

第十二条 技术调查官参与知识产权案件诉讼活动的，应当在裁判文书上署名。技术调查官的署名位于法官助理之下、书记员之上。

第十三条 技术调查官违反与审判工作有关的法律及相关规定，贪污受贿、徇私舞弊，故意出具虚假、误导或者重大遗漏的不实技术调查意见的，应当追究法律责任；构成犯罪的，依法追究刑事责任。

第十四条 根据案件审理需要，上级人民法院可以对本辖区内各级人民法院的技术调查官进行调派。

人民法院审理本规定第一条所称案件时，可以申请上级人民法院调派技术调查官参与诉讼活动。

第十五条 本规定自2019年5月1日起施行。本院以前发布的相关规定与本规定不一致的，以本规定为准。

辅助制度

A4-1 邮寄送达规定（2005）

最高人民法院关于以法院专递方式邮寄送达民事诉讼文书的若干规定

（法释〔2004〕13号。2004年9月7日最高人民法院
审判委员会第1324次会议通过，2004年9月17日公布，
自2005年1月1日起施行）

为保障和方便双方当事人依法行使诉讼权利，根据《中华人民共和国民事诉讼法》的有关规定，结合民事审判经验和各地的实际情况，制定本规定。

第一条 人民法院直接送达诉讼文书有困难的，可以交由国家邮政机构（以下简称邮政机构）以法院专递方式邮寄送达，但有下列情形之一的除外：

（一）受送达人或者其诉讼代理人、受送达人指定的代收人同意在指定的期间内到人民法院接受送达的；

（二）受送达人下落不明的；

（三）法律规定或者我国缔结或者参加的国际条约中约定有特别送达方式的。

第二条 以法院专递方式邮寄送达民事诉讼文书的，其送达与人民法院送达具有同等法律效力。

第三条 当事人起诉或者答辩时应当向人民法院提供或者确认自己准确的送达地址，并填写送达地址确认书。当事人拒绝提供的，人民法院应当告知其拒不提供送达地址的不利后果，并记入笔录。

第四条 送达地址确认书的内容应当包括送达地址的邮政编码、详细地址以及受送达人的联系电话等内容。

当事人要求对送达地址确认书中的内容保密的，人民法院应当为其保密。

当事人在第一审、第二审和执行终结前变更送达地址的，应当及时以书面方式告知人民法院。

第五条 当事人拒绝提供自己的送达地址，经人民法院告知后仍不提供的，自然人以其户籍登记中的住所地或者经常居住地为送达地址；法人或者其他组织以其工商登记或者其他依法登记、备案中的住所地为送达地址。

第六条 邮政机构按照当事人提供或者确认的送达地址送达的，应当在规定的日期内将回执退回人民法院。

邮政机构按照当事人提供或确认的送达地址在五日内投送三次以上未能送达，通过电话或者其他联系方式又无法告知受送达人的，应当将邮件在规定的日期内退回人民法院，并说明退回的理由。

第七条 受送达人指定代收人的，指定代收人的签收视为受送达人本人签收。

邮政机构在受送达人提供或确认的送达地址未能见到受送达人的，可以将邮件交给与受送达人同住的成年家属代收，但代收人是同一案件中另一方当事人的除外。

第八条 受送达人及其代收人应当在邮件回执上签名、盖章或者捺印。

受送达人及其代收人在签收时应当出示其有效身份证件并在回执上填写该证件的号码；受送达人及其代收人拒绝签收的，由邮政机构的投递员记明情况后将邮件退回人民法院。

第九条 有下列情形之一的，即为送达：

（一）受送达人在邮件回执上签名、盖章或者捺印的；

（二）受送达人是无民事行为能力或者限制民事行为能力的自然人，其法定代理人签收的；

（三）受送达人是法人或者其他组织，其法人的法定代表人、该组织的主要负责人或者办公室、收发室、值班室的工作人员签收的；

（四）受送达人的诉讼代理人签收的；
（五）受送达人指定的代收人签收的；
（六）受送达人的同住成年家属签收的。

第十条 签收人是受送达人本人或者是受送达人的法定代表人、主要负责人、法定代理人、诉讼代理人的，签收人应当当场核对邮件内容。签收人发现邮件内容与回执上的文书名称不一致的，应当当场向邮政机构的投递员提出，由投递员在回执上记明情况后将邮件退回人民法院。

签收人是受送达人办公室、收发室和值班室的工作人员或者是与受送达人同住成年家属，受送达人发现邮件内容与回执上的文书名称不一致的，应当在收到邮件后的三日内将该邮件退回人民法院，并以书面方式说明退回的理由。

第十一条 因受送达人自己提供或者确认的送达地址不准确、拒不提供送达地址、送达地址变更未及时告知人民法院、受送达人本人或者受送达人指定的代收人拒绝签收，导致诉讼文书未能被受送达人实际接收的，文书退回之日视为送达之日。

受送达人能够证明自己在诉讼文书送达的过程中没有过错的，不适用前款规定。

第十二条 本规定自 2005 年 1 月 1 日起实施。

我院以前的司法解释与本规定不一致的，以本规定为准。

A4-2 无法送达批复（2004）

最高人民法院关于依据原告起诉时提供的被告住址无法送达应如何处理问题的批复

（法释〔2004〕17 号。2004 年 10 月 9 日最高人民法院
审判委员会第 1328 次会议通过，2004 年 11 月 25 日公布，
自 2004 年 12 月 2 日起施行）

近来，一些高级人民法院就人民法院依据民事案件的原告起诉时提供的被告住址无法送达应如何处理问题请示我院。为了正确适用法律，保障当事人行使诉讼权利，根据《中华人民共和国民事诉讼法》的有关规定，批复如下：

人民法院依据原告起诉时所提供的被告住址无法直接送达或者留置送达，应当要求原告补充材料。原告因客观原因不能补充或者依据原告补充的材料仍不能确定被告住址的，人民法院应当依法向被告公告送达诉讼文书。人民法院不得仅以原告不能提供真实、准确的被告住址为由裁定驳回起诉或者裁定终结诉讼。

因有关部门不准许当事人自行查询其他当事人的住址信息，原告向人民法院申请查询的，人民法院应当依原告的申请予以查询。

最高人民法院关于人民法院办理财产保全案件若干问题的规定

(法释〔2016〕22号。2016年10月17日最高人民法院审判委员会第1696次会议通过,2016年11月7日公布,自2016年12月1日起施行)

为依法保护当事人、利害关系人的合法权益,规范人民法院办理财产保全案件,根据《中华人民共和国民事诉讼法》等法律规定,结合审判、执行实践,制定本规定。

第一条 当事人、利害关系人申请财产保全,应当向人民法院提交申请书,并提供相关证据材料。

申请书应当载明下列事项:
(一)申请保全人与被保全人的身份、送达地址、联系方式;
(二)请求事项和所根据的事实与理由;
(三)请求保全数额或者争议标的;
(四)明确的被保全财产信息或者具体的被保全财产线索;
(五)为财产保全提供担保的财产信息或资信证明,或者不需要提供担保的理由;
(六)其他需要载明的事项。

法律文书生效后,进入执行程序前,债权人申请财产保全的,应当写明生效法律文书的制作机关、文号和主要内容,并附生效法律文书副本。

第二条 人民法院进行财产保全,由立案、审判机构作出裁定,一般应当移送执行机构实施。

第三条 仲裁过程中,当事人申请财产保全的,应当通过仲裁机构向人民法院提交申请书及仲裁案件受理通知书等相关材料。人民法院裁定采取保全措施或者裁定驳回申请的,应当将裁定书送达当事人,并通知仲裁机构。

第四条 人民法院接受财产保全申请后,应当在五日内作出裁定;需要提供担保的,应当在提供担保后五日内作出裁定;裁定采取保全措施的,应当在五日内开始执行。对情况紧急的,必须在四十八小时内作出裁定;裁定采取保全措施的,应当立即开始执行。

第五条 人民法院依照民事诉讼法第一百条规定责令申请保全人提供财产保全担保的,担保数额不超过请求保全数额的百分之三十;申请保全的财产系争议标的的,担保数额不超过争议标的价值的百分之三十。

利害关系人申请诉前财产保全的,应当提供相当于请求保全数额的担保;情况特殊的,人民法院可以酌情处理。

财产保全期间，申请保全人提供的担保不足以赔偿可能给被保全人造成的损失的，人民法院可以责令其追加相应的担保；拒不追加的，可以裁定解除或者部分解除保全。

第六条 申请保全人或第三人为财产保全提供财产担保的，应当向人民法院出具担保书。担保书应当载明担保人、担保方式、担保范围、担保财产及其价值、担保责任承担等内容，并附相关证据材料。

第三人为财产保全提供保证担保的，应当向人民法院提交保证书。保证书应当载明保证人、保证方式、保证范围、保证责任承担等内容，并附相关证据材料。

对财产保全担保，人民法院经审查，认为违反物权法、担保法、公司法等有关法律禁止性规定的，应当责令申请保全人在指定期限内提供其他担保；逾期未提供的，裁定驳回申请。

第七条 保险人以其与申请保全人签订财产保全责任险合同的方式为财产保全提供担保的，应当向人民法院出具担保书。

担保书应当载明，因申请财产保全错误，由保险人赔偿被保全人因保全所遭受的损失等内容，并附相关证据材料。

第八条 金融监管部门批准设立的金融机构以独立保函形式为财产保全提供担保的，人民法院应当依法准许。

第九条 当事人在诉讼中申请财产保全，有下列情形之一的，人民法院可以不要求提供担保：

（一）追索赡养费、扶养费、抚育费、抚恤金、医疗费用、劳动报酬、工伤赔偿、交通事故人身损害赔偿的；

（二）婚姻家庭纠纷案件中遭遇家庭暴力且经济困难的；

（三）人民检察院提起的公益诉讼涉及损害赔偿的；

（四）因见义勇为遭受侵害请求损害赔偿的；

（五）案件事实清楚、权利义务关系明确，发生保全错误可能性较小的；

（六）申请保全人为商业银行、保险公司等由金融监管部门批准设立的具有独立偿付债务能力的金融机构及其分支机构的。

法律文书生效后，进入执行程序前，债权人申请财产保全的，人民法院可以不要求提供担保。

第十条 当事人、利害关系人申请财产保全，应当向人民法院提供明确的被保全财产信息。

当事人在诉讼中申请财产保全，确因客观原因不能提供明确的被保全财产信息，但提供了具体财产线索的，人民法院可以依法裁定采取财产保全措施。

第十一条 人民法院依照本规定第十条第二款规定作出保全裁定的，在该裁定执行过程中，申请保全人可以向已经建立网络执行查控系统的执行法院，书面申请通过该系统查询被保全人的财产。

申请保全人提出查询申请的，执行法院可以利用网络执行查控系统，对裁定保全的财产或者保全数额范围内的财产进行查询,并采取相应的查封、扣押、冻结措施。

人民法院利用网络执行查控系统未查询到可供保全财产的,应当书面告知申请保全人。

第十二条 人民法院对查询到的被保全人财产信息,应当依法保密。除依法保全的财产外,不得泄露被保全人其他财产信息,也不得在财产保全、强制执行以外使用相关信息。

第十三条 被保全人有多项财产可供保全的,在能够实现保全目的的情况下,人民法院应当选择对其生产经营活动影响较小的财产进行保全。

人民法院对厂房、机器设备等生产经营性财产进行保全时,指定被保全人保管的,应当允许其继续使用。

第十四条 被保全财产系机动车、航空器等特殊动产的,除被保全人下落不明的以外,人民法院应当责令被保全人书面报告该动产的权属和占有、使用等情况,并予以核实。

第十五条 人民法院应当依据财产保全裁定采取相应的查封、扣押、冻结措施。

可供保全的土地、房屋等不动产的整体价值明显高于保全裁定载明金额的,人民法院应当对该不动产的相应价值部分采取查封、扣押、冻结措施,但该不动产在使用上不可分或者分割会严重减损其价值的除外。

对银行账户内资金采取冻结措施的,人民法院应当明确具体的冻结数额。

第十六条 人民法院在财产保全中采取查封、扣押、冻结措施,需要有关单位协助办理登记手续的,有关单位应当在裁定书和协助执行通知书送达后立即办理。针对同一财产有多个裁定书和协助执行通知书的,应当按照送达的时间先后办理登记手续。

第十七条 利害关系人申请诉前财产保全,在人民法院采取保全措施后三十日内依法提起诉讼或者申请仲裁的,诉前财产保全措施自动转为诉讼或仲裁中的保全措施;进入执行程序后,保全措施自动转为执行中的查封、扣押、冻结措施。

依前款规定,自动转为诉讼、仲裁中的保全措施或者执行中的查封、扣押、冻结措施的,期限连续计算,人民法院无需重新制作裁定书。

第十八条 申请保全人申请续行财产保全的,应当在保全期限届满七日前向人民法院提出;逾期申请或者不申请的,自行承担不能续行保全的法律后果。

人民法院进行财产保全时,应当书面告知申请保全人明确的保全期限届满日以及前款有关申请续行保全的事项。

第十九条 再审审查期间,债务人申请保全生效法律文书确定给付的财产的,人民法院不予受理。

再审审理期间,原生效法律文书中止执行,当事人申请财产保全的,人民法院应当受理。

第二十条 财产保全期间,被保全人请求对被保全财产自行处分,人民法院经审查，认为不损害申请保全人和其他执行债权人合法权益的，可以准许，但应当监督被保全人按照合理价格在指定期限内处分，并控制相应价款。

被保全人请求对作为争议标的的被保全财产自行处分的，须经申请保全人同意。

人民法院准许被保全人自行处分被保全财产的，应当通知申请保全人；申请保全人不同意的，可以依照民事诉讼法第二百二十五条规定提出异议。

第二十一条 保全法院在首先采取查封、扣押、冻结措施后超过一年未对被保全财产进行处分的，除被保全财产系争议标的外，在先轮候查封、扣押、冻结的执行法院可以商请保全法院将被保全财产移送执行。但司法解释另有特别规定的，适用其规定。

保全法院与在先轮候查封、扣押、冻结的执行法院就移送被保全财产发生争议的，可以逐级报请共同的上级法院指定该财产的执行法院。

共同的上级法院应当根据被保全财产的种类及所在地、各债权数额与被保全财产价值之间的关系等案件具体情况指定执行法院，并督促其在指定期限内处分被保全财产。

第二十二条 财产纠纷案件，被保全人或第三人提供充分有效担保请求解除保全，人民法院应当裁定准许。被保全人请求对作为争议标的的财产解除保全的，须经申请保全人同意。

第二十三条 人民法院采取财产保全措施后，有下列情形之一的，申请保全人应当及时申请解除保全：

（一）采取诉前财产保全措施后三十日内不依法提起诉讼或者申请仲裁的；

（二）仲裁机构不予受理仲裁申请、准许撤回仲裁申请或者按撤回仲裁申请处理的；

（三）仲裁申请或者请求被仲裁裁决驳回的；

（四）其他人民法院对起诉不予受理、准许撤诉或者按撤诉处理的；

（五）起诉或者诉讼请求被其他人民法院生效裁判驳回的；

（六）申请保全人应当申请解除保全的其他情形。

人民法院收到解除保全申请后，应当在五日内裁定解除保全；对情况紧急的，必须在四十八小时内裁定解除保全。

申请保全人未及时申请人民法院解除保全，应当赔偿被保全人因财产保全所遭受的损失。

被保全人申请解除保全，人民法院经审查认为符合法律规定的，应当在本条第二款规定的期间内裁定解除保全。

第二十四条 财产保全裁定执行中，人民法院发现保全裁定的内容与被保全财产的实际情况不符的，应当予以撤销、变更或补正。

第二十五条 申请保全人、被保全人对保全裁定或者驳回申请裁定不服的，可以自裁定书送达之日起五日内向作出裁定的人民法院申请复议一次。人民法院应当自收到复议申请后十日内审查。

对保全裁定不服申请复议的，人民法院经审查，理由成立的，裁定撤销或变更；理由不成立的，裁定驳回。

对驳回申请裁定不服申请复议的，人民法院经审查，理由成立的，裁定撤销，并采取保全措施；理由不成立的，裁定驳回。

第二十六条 申请保全人、被保全人、利害关系人认为保全裁定实施过程中的执行行为违反法律规定提出书面异议的，人民法院应当依照民事诉讼法第二百二十五条规定审查处理。

第二十七条 人民法院对诉讼争议标的以外的财产进行保全，案外人对保全裁定或者保全裁定实施过程中的执行行为不服，基于实体权利对被保全财产提出书面异议的，人民法院应当依照民事诉讼法第二百二十七条规定审查处理并作出裁定。案外人、申请保全人对该裁定不服的，可以自裁定送达之日起十五日内向人民法院提起执行异议之诉。

人民法院裁定案外人异议成立后，申请保全人在法律规定的期间内未提起执行异议之诉的，人民法院应当自起诉期限届满之日起七日内对该被保全财产解除保全。

第二十八条 海事诉讼中，海事请求人申请海事请求保全，适用《中华人民共和国海事诉讼特别程序法》及相关司法解释。

第二十九条 本规定自2016年12月1日起施行。

本规定施行前公布的司法解释与本规定不一致的，以本规定为准。

A4-4　行为保全规定（2019）

最高人民法院关于审查知识产权纠纷行为保全案件适用法律若干问题的规定

（法释〔2018〕21号。2018年11月26日最高人民法院审判委员会第1755次会议通过，2018年12月12日公布，自2019年1月1日起施行）

为正确审查知识产权纠纷行为保全案件，及时有效保护当事人的合法权益，根据《中华人民共和国民事诉讼法》《中华人民共和国专利法》《中华人民共和国商标法》《中华人民共和国著作权法》等有关法律规定，结合审判、执行工作实际，制定本规定。

第一条 本规定中的知识产权纠纷是指《民事案件案由规定》中的知识产权与竞争纠纷。

第二条 知识产权纠纷的当事人在判决、裁定或者仲裁裁决生效前，依据民事诉讼法第一百条、第一百零一条规定申请行为保全的，人民法院应当受理。

知识产权许可合同的被许可人申请诉前责令停止侵害知识产权行为的，独占许可合同的被许可人可以单独向人民法院提出申请；排他许可合同的被许可人在权利人不申请的情况下，可以单独提出申请；普通许可合同的被许可人经权利人明确授权以自己的名义起诉的，可以单独提出申请。

第三条 申请诉前行为保全，应当向被申请人住所地具有相应知识产权纠纷管辖权的人民法院或者对案件具有管辖权的人民法院提出。

当事人约定仲裁的，应当向前款规定的人民法院申请行为保全。

第四条 向人民法院申请行为保全，应当递交申请书和相应证据。申请书应当载明下列事项：

（一）申请人与被申请人的身份、送达地址、联系方式；

（二）申请采取行为保全措施的内容和期限；

（三）申请所依据的事实、理由，包括被申请人的行为将会使申请人的合法权益受到难以弥补的损害或者造成案件裁决难以执行等损害的具体说明；

（四）为行为保全提供担保的财产信息或资信证明，或者不需要提供担保的理由；

（五）其他需要载明的事项。

第五条 人民法院裁定采取行为保全措施前，应当询问申请人和被申请人，但因情况紧急或者询问可能影响保全措施执行等情形除外。

人民法院裁定采取行为保全措施或者裁定驳回申请的，应当向申请人、被申请人送达裁定书。向被申请人送达裁定书可能影响采取保全措施的，人民法院可以在采取保全措施后及时向被申请人送达裁定书，至迟不得超过五日。

当事人在仲裁过程中申请行为保全的，应当通过仲裁机构向人民法院提交申请书、仲裁案件受理通知书等相关材料。人民法院裁定采取行为保全措施或者裁定驳回申请的，应当将裁定书送达当事人，并通知仲裁机构。

第六条 有下列情况之一，不立即采取行为保全措施即足以损害申请人利益的，应当认定属于民事诉讼法第一百条、第一百零一条规定的"情况紧急"：

（一）申请人的商业秘密即将被非法披露；

（二）申请人的发表权、隐私权等人身权利即将受到侵害；

（三）诉争的知识产权即将被非法处分；

（四）申请人的知识产权在展销会等时效性较强的场合正在或者即将受到侵害；

（五）时效性较强的热播节目正在或者即将受到侵害；

（六）其他需要立即采取行为保全措施的情况。

第七条 人民法院审查行为保全申请，应当综合考量下列因素：

（一）申请人的请求是否具有事实基础和法律依据，包括请求保护的知识产权效力是否稳定；

（二）不采取行为保全措施是否会使申请人的合法权益受到难以弥补的损

害或者造成案件裁决难以执行等损害；

（三）不采取行为保全措施对申请人造成的损害是否超过采取行为保全措施对被申请人造成的损害；

（四）采取行为保全措施是否损害社会公共利益；

（五）其他应当考量的因素。

第八条 人民法院审查判断申请人请求保护的知识产权效力是否稳定，应当综合考量下列因素：

（一）所涉权利的类型或者属性；

（二）所涉权利是否经过实质审查；

（三）所涉权利是否处于宣告无效或者撤销程序中以及被宣告无效或者撤销的可能性；

（四）所涉权利是否存在权属争议；

（五）其他可能导致所涉权利效力不稳定的因素。

第九条 申请人以实用新型或者外观设计专利权为依据申请行为保全的，应当提交由国务院专利行政部门作出的检索报告、专利权评价报告或者专利复审委员会维持该专利权有效的决定。申请人无正当理由拒不提交的，人民法院应当裁定驳回其申请。

第十条 在知识产权与不正当竞争纠纷行为保全案件中，有下列情形之一的，应当认定属于民事诉讼法第一百零一条规定的"难以弥补的损害"：

（一）被申请人的行为将会侵害申请人享有的商誉或者发表权、隐私权等人身性质的权利且造成无法挽回的损害；

（二）被申请人的行为将会导致侵权行为难以控制且显著增加申请人损害；

（三）被申请人的侵害行为将会导致申请人的相关市场份额明显减少；

（四）对申请人造成其他难以弥补的损害。

第十一条 申请人申请行为保全的，应当依法提供担保。

申请人提供的担保数额，应当相当于被申请人可能因执行行为保全措施所遭受的损失，包括责令停止侵权行为所涉产品的销售收益、保管费用等合理损失。

在执行行为保全措施过程中，被申请人可能因此遭受的损失超过申请人担保数额的，人民法院可以责令申请人追加相应的担保。申请人拒不追加的，可以裁定解除或者部分解除保全措施。

第十二条 人民法院采取的行为保全措施，一般不因被申请人提供担保而解除，但是申请人同意的除外。

第十三条 人民法院裁定采取行为保全措施的，应当根据申请人的请求或者案件具体情况等因素合理确定保全措施的期限。

裁定停止侵害知识产权行为的效力，一般应当维持至案件裁判生效时止。

人民法院根据申请人的请求、追加担保等情况，可以裁定继续采取保全措施。申请人请求续行保全措施的，应当在期限届满前七日内提出。

第十四条 当事人不服行为保全裁定申请复议的,人民法院应当在收到复议申请后十日内审查并作出裁定。

第十五条 人民法院采取行为保全的方法和措施,依照执行程序相关规定处理。

第十六条 有下列情形之一的,应当认定属于民事诉讼法第一百零五条规定的"申请有错误":

(一)申请人在采取行为保全措施后三十日内不依法提起诉讼或者申请仲裁;

(二)行为保全措施因请求保护的知识产权被宣告无效等原因自始不当;

(三)申请责令被申请人停止侵害知识产权或者不正当竞争,但生效裁判认定不构成侵权或者不正当竞争;

(四)其他属于申请有错误的情形。

第十七条 当事人申请解除行为保全措施,人民法院收到申请后经审查符合《最高人民法院关于适用〈中华人民共和国民事诉讼法〉的解释》第一百六十六条规定的情形的,应当在五日内裁定解除。

申请人撤回行为保全申请或者申请解除行为保全措施的,不因此免除民事诉讼法第一百零五条规定的赔偿责任。

第十八条 被申请人依据民事诉讼法第一百零五条规定提起赔偿诉讼,申请人申请诉前行为保全后没有起诉或者当事人约定仲裁的,由采取保全措施的人民法院管辖;申请人已经起诉的,由受理起诉的人民法院管辖。

第十九条 申请人同时申请行为保全、财产保全或者证据保全的,人民法院应当依法分别审查不同类型保全申请是否符合条件,并作出裁定。

为避免被申请人实施转移财产、毁灭证据等行为致使保全目的无法实现,人民法院可以根据案件具体情况决定不同类型保全措施的执行顺序。

第二十条 申请人申请行为保全,应当按照《诉讼费用交纳办法》关于申请采取行为保全措施的规定交纳申请费。

第二十一条 本规定自2019年1月1日起施行。最高人民法院以前发布的相关司法解释与本规定不一致的,以本规定为准。

A4-5 人身保护令批复(2016)

最高人民法院关于人身安全保护令案件相关程序问题的批复

(法释〔2016〕15号。2016年6月6日由最高人民法院
审判委员会第1686次会议通过,2016年7月11日公布,
自2016年7月13日起施行)

北京市高级人民法院:

你院《关于人身安全保护令案件相关程序问题的请示》(京高法〔2016〕

45号）收悉。经研究，批复如下：

一、关于人身安全保护令案件是否收取诉讼费的问题。同意你院倾向性意见，即向人民法院申请人身安全保护令，不收取诉讼费用。

二、关于申请人身安全保护令是否需要提供担保的问题。同意你院倾向性意见，即根据《中华人民共和国反家庭暴力法》请求人民法院作出人身安全保护令的，申请人不需要提供担保。

三、关于人身安全保护令案件适用程序等问题。人身安全保护令案件适用何种程序，反家庭暴力法中没有作出直接规定。人民法院可以比照特别程序进行审理。家事纠纷案件中的当事人向人民法院申请人身安全保护令的，由审理该案的审判组织作出是否发出人身安全保护令的裁定；如果人身安全保护令的申请人在接受其申请的人民法院并无正在进行的家事案件诉讼，由法官以独任审理的方式审理。至于是否需要就发出人身安全保护令问题听取被申请人的意见，则由承办法官视案件的具体情况决定。

四、关于复议问题。对于人身安全保护令的被申请人提出的复议申请和人身安全保护令的申请人就驳回裁定提出的复议申请，可以由原审判组织进行复议；人民法院认为必要的，也可以另行指定审判组织进行复议。

此复。

A4-6 诉讼费用交纳办法（2007）

诉讼费用交纳办法

（国务院令第481号。2006年12月8日国务院第159次常务会议通过，2006年12月19日公布，自2007年4月1日起施行）

第一章 总 则

第一条 根据《中华人民共和国民事诉讼法》（以下简称民事诉讼法）和《中华人民共和国行政诉讼法》（以下简称行政诉讼法）的有关规定，制定本办法。

第二条 当事人进行民事诉讼、行政诉讼，应当依照本办法交纳诉讼费用。

本办法规定可以不交纳或者免予交纳诉讼费用的除外。

第三条 在诉讼过程中不得违反本办法规定的范围和标准向当事人收取费用。

第四条 国家对交纳诉讼费用确有困难的当事人提供司法救助，保障其依法行使诉讼权利，维护其合法权益。

第五条 外国人、无国籍人、外国企业或者组织在人民法院进行诉讼，适用本办法。

外国法院对中华人民共和国公民、法人或者其他组织，与其本国公民、法人或者其他组织在诉讼费用交纳上实行差别对待的，按照对等原则处理。

第二章 诉讼费用交纳范围

第六条 当事人应当向人民法院交纳的诉讼费用包括：

（一）案件受理费；

（二）申请费；

（三）证人、鉴定人、翻译人员、理算人员在人民法院指定日期出庭发生的交通费、住宿费、生活费和误工补贴。

第七条 案件受理费包括：

（一）第一审案件受理费；

（二）第二审案件受理费；

（三）再审案件中，依照本办法规定需要交纳的案件受理费。

第八条 下列案件不交纳案件受理费：

（一）依照民事诉讼法规定的特别程序审理的案件；

（二）裁定不予受理、驳回起诉、驳回上诉的案件；

（三）对不予受理、驳回起诉和管辖权异议裁定不服，提起上诉的案件；

（四）行政赔偿案件。

第九条 根据民事诉讼法和行政诉讼法规定的审判监督程序审理的案件，当事人不交纳案件受理费。但是，下列情形除外：

（一）当事人有新的证据，足以推翻原判决、裁定，向人民法院申请再审，人民法院经审查决定再审的案件；

（二）当事人对人民法院第一审判决或者裁定未提出上诉，第一审判决、裁定或者调解书发生法律效力后又申请再审，人民法院经审查决定再审的案件。

第十条 当事人依法向人民法院申请下列事项，应当交纳申请费：

（一）申请执行人民法院发生法律效力的判决、裁定、调解书，仲裁机构依法作出的裁决和调解书，公证机构依法赋予强制执行效力的债权文书；

（二）申请保全措施；

（三）申请支付令；

（四）申请公示催告；

（五）申请撤销仲裁裁决或者认定仲裁协议效力；

（六）申请破产；

（七）申请海事强制令、共同海损理算、设立海事赔偿责任限制基金、海事债权登记、船舶优先权催告；

（八）申请承认和执行外国法院判决、裁定和国外仲裁机构裁决。

第十一条 证人、鉴定人、翻译人员、理算人员在人民法院指定日期出庭发生的交通费、住宿费、生活费和误工补贴，由人民法院按照国家规定标准代为收取。

当事人复制案件卷宗材料和法律文书应当按实际成本向人民法院交纳工

本费。

第十二条 诉讼过程中因鉴定、公告、勘验、翻译、评估、拍卖、变卖、仓储、保管、运输、船舶监管等发生的依法应当由当事人负担的费用，人民法院根据谁主张、谁负担的原则，决定由当事人直接支付给有关机构或者单位，人民法院不得代收代付。

人民法院依照民事诉讼法第十一条第三款规定提供当地民族通用语言、文字翻译的，不收取费用。

第三章 诉讼费用交纳标准

第十三条 案件受理费分别按照下列标准交纳：

（一）财产案件根据诉讼请求的金额或者价额，按照下列比例分段累计交纳：

1. 不超过1万元的，每件交纳50元；
2. 超过1万元至10万元的部分，按照2.5%交纳；
3. 超过10万元至20万元的部分，按照2%交纳；
4. 超过20万元至50万元的部分，按照1.5%交纳；
5. 超过50万元至100万元的部分，按照1%交纳；
6. 超过100万元至200万元的部分，按照0.9%交纳；
7. 超过200万元至500万元的部分，按照0.8%交纳；
8. 超过500万元至1000万元的部分，按照0.7%交纳；
9. 超过1000万元至2000万元的部分，按照0.6%交纳；
10. 超过2000万元的部分，按照0.5%交纳。

（二）非财产案件按照下列标准交纳：

1. 离婚案件每件交纳50元至300元。涉及财产分割，财产总额不超过20万元的，不另行交纳；超过20万元的部分，按照0.5%交纳。

2. 侵害姓名权、名称权、肖像权、名誉权、荣誉权以及其他人格权的案件，每件交纳100元至500元。涉及损害赔偿，赔偿金额不超过5万元的，不另行交纳；超过5万元至10万元的部分，按照1%交纳；超过10万元的部分，按照0.5%交纳。

3. 其他非财产案件每件交纳50元至100元。

（三）知识产权民事案件，没有争议金额或者价额的，每件交纳500元至1000元；有争议金额或者价额的，按照财产案件的标准交纳。

（四）劳动争议案件每件交纳10元。

（五）行政案件按照下列标准交纳：

1. 商标、专利、海事行政案件每件交纳100元；
2. 其他行政案件每件交纳50元。

（六）当事人提出案件管辖权异议，异议不成立的，每件交纳50元至100元。

省、自治区、直辖市人民政府可以结合本地实际情况在本条第（二）项、第（三）项、第（六）项规定的幅度内制定具体交纳标准。

第十四条 申请费分别按照下列标准交纳：

（一）依法向人民法院申请执行人民法院发生法律效力的判决、裁定、调解书，仲裁机构依法作出的裁决和调解书，公证机关依法赋予强制执行效力的债权文书，申请承认和执行外国法院判决、裁定以及国外仲裁机构裁决的，按照下列标准交纳：

1. 没有执行金额或者价额的，每件交纳50元至500元。

2. 执行金额或者价额不超过1万元的，每件交纳50元；超过1万元至50万元的部分，按照1.5%交纳；超过50万元至500万元的部分，按照1%交纳；超过500万元至1000万元的部分，按照0.5%交纳；超过1000万元的部分，按照0.1%交纳。

3. 符合民事诉讼法第五十五条第四款规定，未参加登记的权利人向人民法院提起诉讼的，按照本项规定的标准交纳申请费，不再交纳案件受理费。

（二）申请保全措施的，根据实际保全的财产数额按照下列标准交纳：

财产数额不超过1000元或者不涉及财产数额的，每件交纳30元；超过1000元至10万元的部分，按照1%交纳；超过10万元的部分，按照0.5%交纳。但是，当事人申请保全措施交纳的费用最多不超过5000元。

（三）依法申请支付令的，比照财产案件受理费标准的1/3交纳。

（四）依法申请公示催告的，每件交纳100元。

（五）申请撤销仲裁裁决或者认定仲裁协议效力的，每件交纳400元。

（六）破产案件依据破产财产总额计算，按照财产案件受理费标准减半交纳，但是，最高不超过30万元。

（七）海事案件的申请费按照下列标准交纳：

1. 申请设立海事赔偿责任限制基金的，每件交纳1000元至1万元；

2. 申请海事强制令的，每件交纳1000元至5000元；

3. 申请船舶优先权催告的，每件交纳1000元至5000元；

4. 申请海事债权登记的，每件交纳1000元；

5. 申请共同海损理算的，每件交纳1000元。

第十五条 以调解方式结案或者当事人申请撤诉的，减半交纳案件受理费。

第十六条 适用简易程序审理的案件减半交纳案件受理费。

第十七条 对财产案件提起上诉的，按照不服一审判决部分的上诉请求数额交纳案件受理费。

第十八条 被告提起反诉、有独立请求权的第三人提出与本案有关的诉讼请求，人民法院决定合并审理的，分别减半交纳案件受理费。

第十九条 依照本办法第九条规定需要交纳案件受理费的再审案件，按照不服原判决部分的再审请求数额交纳案件受理费。

第四章 诉讼费用的交纳和退还

第二十条 案件受理费由原告、有独立请求权的第三人、上诉人预交。被告提起反诉,依照本办法规定需要交纳案件受理费的,由被告预交。追索劳动报酬的案件可以不预交案件受理费。

申请费由申请人预交。但是,本办法第十条第（一）项、第（六）项规定的申请费不由申请人预交,执行申请费执行后交纳,破产申请费清算后交纳。

本办法第十一条规定的费用,待实际发生后交纳。

第二十一条 当事人在诉讼中变更诉讼请求数额,案件受理费依照下列规定处理:

（一）当事人增加诉讼请求数额的,按照增加后的诉讼请求数额计算补交;

（二）当事人在法庭调查终结前提出减少诉讼请求数额的,按照减少后的诉讼请求数额计算退还。

第二十二条 原告自接到人民法院交纳诉讼费用通知次日起7日内交纳案件受理费;反诉案件由提起反诉的当事人自提起反诉次日起7日内交纳案件受理费。

上诉案件的案件受理费由上诉人向人民法院提交上诉状时预交。双方当事人都提起上诉的,分别预交。上诉人在上诉期内未预交诉讼费用的,人民法院应当通知其在7日内预交。

申请费由申请人在提出申请时或者在人民法院指定的期限内预交。

当事人逾期不交纳诉讼费用又未提出司法救助申请,或者申请司法救助未获批准,在人民法院指定期限内仍未交纳诉讼费用的,由人民法院依照有关规定处理。

第二十三条 依照本办法第九条规定需要交纳案件受理费的再审案件,由申请再审的当事人预交。双方当事人都申请再审的,分别预交。

第二十四条 依照民事诉讼法第三十六条、第三十七条、第三十八条、第三十九条规定移送、移交的案件,原受理人民法院应当将当事人预交的诉讼费用随案移交接收案件的人民法院。

第二十五条 人民法院审理民事案件过程中发现涉嫌刑事犯罪并将案件移送有关部门处理的,当事人交纳的案件受理费予以退还;移送后民事案件需要继续审理的,当事人已交纳的案件受理费不予退还。

第二十六条 中止诉讼、中止执行的案件,已交纳的案件受理费、申请费不予退还。中止诉讼、中止执行的原因消除,恢复诉讼、执行的,不再交纳案件受理费、申请费。

第二十七条 第二审人民法院决定将案件发回重审的,应当退还上诉人已交纳的第二审案件受理费。

第一审人民法院裁定不予受理或者驳回起诉的,应当退还当事人已交纳的案件受理费；当事人对第一审人民法院不予受理、驳回起诉的裁定提起上诉，第二审人民法院维持第一审人民法院作出的裁定的，第一审人民法院应当退还当事人已交纳的案件受理费。

第二十八条 依照民事诉讼法第一百三十七条规定终结诉讼的案件，依照本办法规定已交纳的案件受理费不予退还。

第五章 诉讼费用的负担

第二十九条 诉讼费用由败诉方负担，胜诉方自愿承担的除外。

部分胜诉、部分败诉的，人民法院根据案件的具体情况决定当事人各自负担的诉讼费用数额。

共同诉讼当事人败诉的，人民法院根据其对诉讼标的的利害关系，决定当事人各自负担的诉讼费用数额。

第三十条 第二审人民法院改变第一审人民法院作出的判决、裁定的，应当相应变更第一审人民法院对诉讼费用负担的决定。

第三十一条 经人民法院调解达成协议的案件，诉讼费用的负担由双方当事人协商解决；协商不成的，由人民法院决定。

第三十二条 依照本办法第九条第（一）项、第（二）项的规定应当交纳案件受理费的再审案件，诉讼费用由申请再审的当事人负担；双方当事人都申请再审的，诉讼费用依照本办法第二十九条的规定负担。原审诉讼费用的负担由人民法院根据诉讼费用负担原则重新确定。

第三十三条 离婚案件诉讼费用的负担由双方当事人协商解决；协商不成的，由人民法院决定。

第三十四条 民事案件的原告或者上诉人申请撤诉，人民法院裁定准许的，案件受理费由原告或者上诉人负担。

行政案件的被告改变或者撤销具体行政行为，原告申请撤诉，人民法院裁定准许的，案件受理费由被告负担。

第三十五条 当事人在法庭调查终结后提出减少诉讼请求数额的，减少请求数额部分的案件受理费由变更诉讼请求的当事人负担。

第三十六条 债务人对督促程序未提出异议的，申请费由债务人负担。债务人对督促程序提出异议致使督促程序终结的，申请费由申请人负担；申请人另行起诉的，可以将申请费列入诉讼请求。

第三十七条 公示催告的申请费由申请人负担。

第三十八条 本办法第十条第（一）项、第（八）项规定的申请费由被执行人负担。

执行中当事人达成和解协议的，申请费的负担由双方当事人协商解决；协商不成的，由人民法院决定。

本办法第十条第（二）项规定的申请费由申请人负担，申请人提起诉讼的，可以将该申请费列入诉讼请求。

本办法第十条第（五）项规定的申请费，由人民法院依照本办法第二十九条规定决定申请费的负担。

第三十九条 海事案件中的有关诉讼费用依照下列规定负担：

（一）诉前申请海事请求保全、海事强制令的，申请费由申请人负担；申请人就有关海事请求提起诉讼的，可将上述费用列入诉讼请求；

（二）诉前申请海事证据保全的，申请费由申请人负担；

（三）诉讼中拍卖、变卖被扣押船舶、船载货物、船用燃油、船用物料发生的合理费用，由申请人预付，从拍卖、变卖价款中先行扣除，退还申请人；

（四）申请设立海事赔偿责任限制基金、申请债权登记与受偿、申请船舶优先权催告案件的申请费，由申请人负担；

（五）设立海事赔偿责任限制基金、船舶优先权催告程序中的公告费用由申请人负担。

第四十条 当事人因自身原因未能在举证期限内举证，在二审或者再审期间提出新的证据致使诉讼费用增加的，增加的诉讼费用由该当事人负担。

第四十一条 依照特别程序审理案件的公告费，由起诉人或者申请人负担。

第四十二条 依法向人民法院申请破产的，诉讼费用依照有关法律规定从破产财产中拨付。

第四十三条 当事人不得单独对人民法院关于诉讼费用的决定提起上诉。

当事人单独对人民法院关于诉讼费用的决定有异议的，可以向作出决定的人民法院院长申请复核。复核决定应当自收到当事人申请之日起 15 日内作出。

当事人对人民法院决定诉讼费用的计算有异议的，可以向作出决定的人民法院请求复核。计算确有错误的，作出决定的人民法院应当予以更正。

第六章 司法救助

第四十四条 当事人交纳诉讼费用确有困难的，可以依照本办法向人民法院申请缓交、减交或者免交诉讼费用的司法救助。

诉讼费用的免交只适用于自然人。

第四十五条 当事人申请司法救助，符合下列情形之一的，人民法院应当准予免交诉讼费用：

（一）残疾人无固定生活来源的；

（二）追索赡养费、扶养费、抚育费、抚恤金的；

（三）最低生活保障对象、农村特困定期救济对象、农村五保供养对象或者领取失业保险金人员，无其他收入的；

（四）因见义勇为或者为保护社会公共利益致使自身合法权益受到损害，本人或者其近亲属请求赔偿或者补偿的；

（五）确实需要免交的其他情形。

第四十六条 当事人申请司法救助，符合下列情形之一的，人民法院应当准予减交诉讼费用：

（一）因自然灾害等不可抗力造成生活困难，正在接受社会救济，或者家庭生产经营难以为继的；
（二）属于国家规定的优抚、安置对象的；
（三）社会福利机构和救助管理站；
（四）确实需要减交的其他情形。
人民法院准予减交诉讼费用的，减交比例不得低于30%。

第四十七条 当事人申请司法救助，符合下列情形之一的，人民法院应当准予缓交诉讼费用：
（一）追索社会保险金、经济补偿金的；
（二）海上事故、交通事故、医疗事故、工伤事故、产品质量事故或者其他人身伤害事故的受害人请求赔偿的；
（三）正在接受有关部门法律援助的；
（四）确实需要缓交的其他情形。

第四十八条 当事人申请司法救助，应当在起诉或者上诉时提交书面申请、足以证明其确有经济困难的证明材料以及其他相关证明材料。

因生活困难或者追索基本生活费用申请免交、减交诉讼费用的，还应当提供本人及其家庭经济状况符合当地民政、劳动保障等部门规定的公民经济困难标准的证明。

人民法院对当事人的司法救助申请不予批准的，应当向当事人书面说明理由。

第四十九条 当事人申请缓交诉讼费用经审查符合本办法第四十七条规定的，人民法院应当在决定立案之前作出准予缓交的决定。

第五十条 人民法院对一方当事人提供司法救助，对方当事人败诉的，诉讼费用由对方当事人负担；对方当事人胜诉的，可以视申请司法救助的当事人的经济状况决定其减交、免交诉讼费用。

第五十一条 人民法院准予当事人减交、免交诉讼费用的，应当在法律文书中载明。

第七章 诉讼费用的管理和监督

第五十二条 诉讼费用的交纳和收取制度应当公示。人民法院收取诉讼费用按照其财务隶属关系使用国务院财政部门或者省级人民政府财政部门印制的财政票据。案件受理费、申请费全额上缴财政，纳入预算，实行收支两条线管理。

人民法院收取诉讼费用应当向当事人开具缴费凭证，当事人持缴费凭证到指定代理银行交费。依法应当向当事人退费的，人民法院应当按照国家有关规定办理。诉讼费用缴库和退费的具体办法由国务院财政部门商最高人民法院另行制定。

在边远、水上、交通不便地区，基层巡回法庭当场审理案件，当事人提出向指定代理银行交纳诉讼费用确有困难的，基层巡回法庭可以当场收取诉讼费用，并向当事人出具省级人民政府财政部门印制的财政票据；不出具省级人民政府财政部门印制的财政票据的，当事人有权拒绝交纳。

第五十三条 案件审结后，人民法院应当将诉讼费用的详细清单和当事人应当负担的数额书面通知当事人，同时在判决书、裁定书或者调解书中写明当事人各方应当负担的数额。

需要向当事人退还诉讼费用的，人民法院应当自法律文书生效之日起15日内退还有关当事人。

第五十四条 价格主管部门、财政部门按照收费管理的职责分工，对诉讼费用进行管理和监督；对违反本办法规定的乱收费行为，依照法律、法规和国务院相关规定予以查处。

第八章 附 则

第五十五条 诉讼费用以人民币为计算单位。以外币为计算单位的，依照人民法院决定受理案件之日国家公布的汇率换算成人民币计算交纳；上诉案件和申请再审案件的诉讼费用，按照第一审人民法院决定受理案件之日国家公布的汇率换算。

第五十六条 本办法自2007年4月1日起施行。

A4-7　庭审录音录像规定（2017）

最高人民法院关于人民法院庭审录音录像的若干规定

(法释〔2017〕5号。2017年1月25日最高人民法院审判委员会第1708次会议通过，2017年2月22日公布，自2017年3月1日起施行)

为保障诉讼参与人诉讼权利，规范庭审活动，提高庭审效率，深化司法公开，促进司法公正，根据《中华人民共和国刑事诉讼法》《中华人民共和国民事诉讼法》《中华人民共和国行政诉讼法》等法律规定，结合审判工作实际，制定本规定。

第一条 人民法院开庭审判案件，应当对庭审活动进行全程录音录像。

第二条 人民法院应当在法庭内配备固定或者移动的录音录像设备。

有条件的人民法院可以在法庭安装使用智能语音识别同步转换文字系统。

第三条 庭审录音录像应当自宣布开庭时开始，至闭庭时结束。除下列情形外，庭审录音录像不得人为中断：

（一）休庭；

（二）公开庭审中的不公开举证、质证活动；

（三）不宜录制的调解活动。

负责录音录像的人员应当对录音录像的起止时间、有无中断等情况进行记录并附卷。

第四条 人民法院应当采取叠加同步录制时间或者其他措施保证庭审录音录像的真实和完整。

因设备故障或技术原因导致录音录像不真实、不完整的，负责录音录像的人员应当作出书面说明，经审判长或独任审判员审核签字后附卷。

第五条 人民法院应当使用专门设备在线或离线存储、备份庭审录音录像。因设备故障等原因导致不符合技术标准的录音录像，应当一并存储。

庭审录音录像的归档，按照人民法院电子诉讼档案管理规定执行。

第六条 人民法院通过使用智能语音识别系统同步转换生成的庭审文字记录，经审判人员、书记员、诉讼参与人核对签字后，作为法庭笔录管理和使用。

第七条 诉讼参与人对法庭笔录有异议并申请补正的，书记员可以播放庭审录音录像进行核对、补正；不予补正的，应当将申请记录在案。

第八条 适用简易程序审理民事案件的庭审录音录像，经当事人同意的，可以替代法庭笔录。

第九条 人民法院应当将替代法庭笔录的庭审录音录像同步保存在服务器或者刻录成光盘，并由当事人和其他诉讼参与人对其完整性校验值签字或者采取其他方法进行确认。

第十条 人民法院应当通过审判流程信息公开平台、诉讼服务平台以及其他便民诉讼服务平台，为当事人、辩护律师、诉讼代理人等依法查阅庭审录音录像提供便利。

对提供查阅的录音录像，人民法院应当设置必要的安全防范措施。

第十一条 当事人、辩护律师、诉讼代理人等可以依照规定复制录音或者誊录庭审录音录像，必要时人民法院应当配备相应设施。

第十二条 人民法院可以播放依法公开审理案件的庭审录音录像。

第十三条 诉讼参与人、旁听人员违反法庭纪律或者有关法律规定，危害法庭安全、扰乱法庭秩序的，人民法院可以通过庭审录音录像进行调查核实，并将其作为追究法律责任的证据。

第十四条 人民检察院、诉讼参与人认为庭审活动不规范或者违反法律规定的，人民法院应当结合庭审录音录像进行调查核实。

第十五条 未经人民法院许可，任何人不得对庭审活动进行录音录像，不得对庭审录音录像进行拍录、复制、删除和迁移。

行为人实施前款行为的，依照规定追究其相应责任。

第十六条 涉及国家秘密、商业秘密、个人隐私等庭审活动的录制，以及对庭审录音录像的存储、查阅、复制、誊录等，应当符合保密管理等相关规定。

第十七条 庭审录音录像涉及的相关技术保障、技术标准和技术规范，由最高人民法院另行制定。

第十八条 人民法院从事其他审判活动或者进行执行、听证、接访等活动需要进行录音录像的，参照本规定执行。

第十九条 本规定自2017年3月1日起施行。最高人民法院此前发布的司法解释及规范性文件与本规定不一致的，以本规定为准。

A4-8 流程公开规定（2018）

最高人民法院关于人民法院通过互联网公开审判流程信息的规定

（法释〔2018〕7号。2018年2月12日最高人民法院审判委员会第1733次会议通过，2018年3月4日公布，自2018年9月1日起施行）

为贯彻落实审判公开原则，保障当事人对审判活动的知情权，规范人民法院通过互联网公开审判流程信息工作，促进司法公正，提升司法公信，根据《中华人民共和国刑事诉讼法》《中华人民共和国民事诉讼法》《中华人民共和国行政诉讼法》《中华人民共和国国家赔偿法》等法律规定，结合人民法院工作实际，制定本规定。

第一条 人民法院审判刑事、民事、行政、国家赔偿案件的流程信息，应当通过互联网向参加诉讼的当事人及其法定代理人、诉讼代理人、辩护人公开。

人民法院审判具有重大社会影响案件的流程信息，可以通过互联网或者其他方式向公众公开。

第二条 人民法院通过互联网公开审判流程信息，应当依法、规范、及时、便民。

第三条 中国审判流程信息公开网是人民法院公开审判流程信息的统一平台。各级人民法院在本院门户网站以及司法公开平台设置中国审判流程信息公开网的链接。

有条件的人民法院可以通过手机、诉讼服务平台、电话语音系统、电子邮箱等辅助媒介，向当事人及其法定代理人、诉讼代理人、辩护人主动推送案件的审判流程信息，或者提供查询服务。

第四条 人民法院应当在受理案件通知书、应诉通知书、参加诉讼通知书、出庭通知书中，告知当事人及其法定代理人、诉讼代理人、辩护人通过互联网获取审判流程信息的方法和注意事项。

第五条 当事人、法定代理人、诉讼代理人、辩护人的身份证件号码、律师执业证号、组织机构代码、统一社会信用代码，是其获取审判流程信息的身份验证依据。

当事人及其法定代理人、诉讼代理人、辩护人应当配合受理案件的人民法院采集、核对身份信息，并预留有效的手机号码。

第六条 人民法院通知当事人应诉、参加诉讼，准许当事人参加诉讼，或者采用公告方式送达当事人的，自完成其身份信息采集、核对后，依照本规定公开审判流程信息。

当事人中途退出诉讼的，经人民法院依法确认后，不再向该当事人及其法定代理人、诉讼代理人、辩护人公开审判流程信息。

法定代理人、诉讼代理人、辩护人参加诉讼或者发生变更的，参照前两款规定处理。

第七条 下列程序性信息应当通过互联网向当事人及其法定代理人、诉讼代理人、辩护人公开：

（一）收案、立案信息，结案信息；

（二）检察机关、刑罚执行机关信息，当事人信息；

（三）审判组织信息；

（四）审判程序、审理期限、送达、上诉、抗诉、移送等信息；

（五）庭审、质证、证据交换、庭前会议、询问、宣判等诉讼活动的时间和地点；

（六）裁判文书在中国裁判文书网的公布情况；

（七）法律、司法解释规定应当公开，或者人民法院认为可以公开的其他程序性信息。

第八条 回避、管辖争议、保全、先予执行、评估、鉴定等流程信息，应当通过互联网向当事人及其法定代理人、诉讼代理人、辩护人公开。

公开保全、先予执行等流程信息可能影响事项处理的，可以在事项处理完毕后公开。

第九条 下列诉讼文书应当于送达后通过互联网向当事人及其法定代理人、诉讼代理人、辩护人公开：

（一）起诉状、上诉状、再审申请书、申诉书、国家赔偿申请书、答辩状等诉讼文书；

（二）受理案件通知书、应诉通知书、参加诉讼通知书、出庭通知书、合议庭组成人员通知书、传票等诉讼文书；

（三）判决书、裁定书、决定书、调解书，以及其他有中止、终结诉讼程序作用，或者对当事人实体权利有影响、对当事人程序权利有重大影响的裁判文书；

（四）法律、司法解释规定应当公开，或者人民法院认为可以公开的其他诉讼文书。

第十条 庭审、质证、证据交换、庭前会议、调查取证、勘验、询问、宣判等诉讼活动的笔录，应当通过互联网向当事人及其法定代理人、诉讼代理人、辩护人公开。

第十一条 当事人及其法定代理人、诉讼代理人、辩护人申请查阅庭审录音录像、电子卷宗的，人民法院可以通过中国审判流程信息公开网或者其他诉讼服务平台提供查阅，并设置必要的安全保护措施。

第十二条 涉及国家秘密，以及法律、司法解释规定应当保密或者限制获取的审判流程信息，不得通过互联网向当事人及其法定代理人、诉讼代理人、辩护人公开。

第十三条 已经公开的审判流程信息与实际情况不一致的，以实际情况为准，受理案件的人民法院应当及时更正。

已经公开的审判流程信息存在本规定第十二条列明情形的，受理案件的人民法院应当及时撤回。

第十四条 经受送达人书面同意，人民法院可以通过中国审判流程信息公开网向民事、行政案件的当事人及其法定代理人、诉讼代理人电子送达除判决书、裁定书、调解书以外的诉讼文书。

采用前款方式送达的，人民法院应当按照本规定第五条采集、核对受送达人的身份信息，并为其开设个人专用的即时收发系统。诉讼文书到达该系统的日期为送达日期，由系统自动记录并生成送达回证归入电子卷宗。

已经送达的诉讼文书需要更正的，应当重新送达。

第十五条 最高人民法院监督指导全国法院审判流程信息公开工作。高级、中级人民法院监督指导辖区法院审判流程信息公开工作。

各级人民法院审判管理办公室或者承担审判管理职能的其他机构负责本院审判流程信息公开工作，履行以下职责：

（一）组织、监督审判流程信息公开工作；

（二）处理当事人及其法定代理人、诉讼代理人、辩护人对审判流程信息公开工作的投诉和意见建议；

（三）指导技术部门做好技术支持和服务保障；

（四）其他管理工作。

第十六条 公开审判流程信息的业务规范和技术标准，由最高人民法院另行制定。

第十七条 本规定自 2018 年 9 月 1 日起施行。最高人民法院以前发布的司法解释和规范性文件与本规定不一致的，以本规定为准。

A4-9 文书公开规定（2016）

最高人民法院关于人民法院在互联网公布裁判文书的规定

（法释〔2016〕19 号。2016 年 7 月 25 日由最高人民法院审判委员会第 1689 次会议通过，2016 年 8 月 29 日公布，自 2016 年 10 月 1 日起施行）

为贯彻落实审判公开原则，规范人民法院在互联网公布裁判文书工作，促进司法公正，提升司法公信力，根据《中华人民共和国刑事诉讼法》《中华人民共和国民事诉讼法》《中华人民共和国行政诉讼法》等相关规定，结合人民法院工作实际，制定本规定。

第一条 人民法院在互联网公布裁判文书，应当依法、全面、及时、规范。

第二条 中国裁判文书网是全国法院公布裁判文书的统一平台。各级人民法院在本院政务网站及司法公开平台设置中国裁判文书网的链接。

第三条 人民法院作出的下列裁判文书应当在互联网公布：

（一）刑事、民事、行政判决书；

（二）刑事、民事、行政、执行裁定书；

（三）支付令；

（四）刑事、民事、行政、执行驳回申诉通知书；

（五）国家赔偿决定书；

（六）强制医疗决定书或者驳回强制医疗申请的决定书；

（七）刑罚执行与变更决定书；

（八）对妨害诉讼行为、执行行为作出的拘留、罚款决定书，提前解除拘留决定书，因对不服拘留、罚款等制裁决定申请复议而作出的复议决定书；

（九）行政调解书、民事公益诉讼调解书；

（十）其他有中止、终结诉讼程序作用或者对当事人实体权益有影响、对当事人程序权益有重大影响的裁判文书。

第四条 人民法院作出的裁判文书有下列情形之一的，不在互联网公布：

（一）涉及国家秘密的；

（二）未成年人犯罪的；

（三）以调解方式结案或者确认人民调解协议效力的，但为保护国家利益、社会公共利益、他人合法权益确有必要公开的除外；

（四）离婚诉讼或者涉及未成年子女抚养、监护的；

（五）人民法院认为不宜在互联网公布的其他情形。

第五条 人民法院应当在受理案件通知书、应诉通知书中告知当事人在互联网公布裁判文书的范围，并通过政务网站、电子触摸屏、诉讼指南等多种方式，向公众告知人民法院在互联网公布裁判文书的相关规定。

第六条 不在互联网公布的裁判文书，应当公布案号、审理法院、裁判日期及不公开理由，但公布上述信息可能泄露国家秘密的除外。

第七条 发生法律效力的裁判文书，应当在裁判文书生效之日起七个工作日内在互联网公布。依法提起抗诉或者上诉的一审判决书、裁定书，应当在二审裁判生效后七个工作日内在互联网公布。

第八条 人民法院在互联网公布裁判文书时，应当对下列人员的姓名进行隐名处理：

（一）婚姻家庭、继承纠纷案件中的当事人及其法定代理人；

（二）刑事案件被害人及其法定代理人、附带民事诉讼原告人及其法定代理人、证人、鉴定人；

（三）未成年人及其法定代理人。

第九条 根据本规定第八条进行隐名处理时，应当按以下情形处理：

（一）保留姓氏，名字以"某"替代；

（二）对于少数民族姓名，保留第一个字，其余内容以"某"替代；

（三）对于外国人、无国籍人姓名的中文译文，保留第一个字，其余内容以"某"替代；对于外国人、无国籍人的英文姓名，保留第一个英文字母，删除其他内容。

对不同姓名隐名处理后发生重复的，通过在姓名后增加阿拉伯数字进行区分。

第十条 人民法院在互联网公布裁判文书时，应当删除下列信息：

（一）自然人的家庭住址、通讯方式、身份证号码、银行账号、健康状况、车牌号码、动产或不动产权属证书编号等个人信息；

（二）法人以及其他组织的银行账号、车牌号码、动产或不动产权属证书编号等信息；

（三）涉及商业秘密的信息；

（四）家事、人格权益等纠纷中涉及个人隐私的信息；

（五）涉及技术侦查措施的信息；

（六）人民法院认为不宜公开的其他信息。

按照本条第一款删除信息影响对裁判文书正确理解的，用符号"×"作部分替代。

第十一条 人民法院在互联网公布裁判文书，应当保留当事人、法定代理人、委托代理人、辩护人的下列信息：

（一）除根据本规定第八条进行隐名处理的以外，当事人及其法定代理人是自然人的，保留姓名、出生日期、性别、住所地所属县、区；当事人及其法定代理人是法人或其他组织的，保留名称、住所地、组织机构代码，以及法定代表人或主要负责人的姓名、职务；

（二）委托代理人、辩护人是律师或者基层法律服务工作者的，保留姓名、执业证号和律师事务所、基层法律服务机构名称；委托代理人、辩护人是其他人员的，保留姓名、出生日期、性别、住所地所属县、区，以及与当事人的关系。

第十二条 办案法官认为裁判文书具有本规定第四条第五项不宜在互联网公布情形的，应当提出书面意见及理由，由部门负责人审查后报主管副院长审定。

第十三条 最高人民法院监督指导全国法院在互联网公布裁判文书的工作。高级、中级人民法院监督指导辖区法院在互联网公布裁判文书的工作。

各级人民法院审判管理办公室或者承担审判管理职能的其他机构负责本院在互联网公布裁判文书的管理工作，履行以下职责：

（一）组织、指导在互联网公布裁判文书；
（二）监督、考核在互联网公布裁判文书的工作；
（三）协调处理社会公众对裁判文书公开的投诉和意见；
（四）协调技术部门做好技术支持和保障；
（五）其他相关管理工作。

第十四条 各级人民法院应当依托信息技术将裁判文书公开纳入审判流程管理，减轻裁判文书公开的工作量，实现裁判文书及时、全面、便捷公布。

第十五条 在互联网公布的裁判文书，除依照本规定要求进行技术处理的以外，应当与裁判文书的原本一致。

人民法院对裁判文书中的笔误进行补正的，应当及时在互联网公布补正笔误的裁定书。

办案法官对在互联网公布的裁判文书与裁判文书原本的一致性，以及技术处理的规范性负责。

第十六条 在互联网公布的裁判文书与裁判文书原本不一致或者技术处理不当的，应当及时撤回并在纠正后重新公布。

在互联网公布的裁判文书，经审查存在本规定第四条列明情形的，应当及时撤回，并按照本规定第六条处理。

第十七条 人民法院信息技术服务中心负责中国裁判文书网的运行维护和升级完善，为社会各界合法利用在该网站公开的裁判文书提供便利。

中国裁判文书网根据案件适用不同审判程序的案号，实现裁判文书的相互关联。

第十八条 本规定自2016年10月1日起施行。最高人民法院以前发布的司法解释和规范性文件与本规定不一致的，以本规定为准。

调解制度

A5-1 法院调解规定（2004）

最高人民法院关于人民法院民事调解工作若干问题的规定

（法释〔2004〕12号。2004年8月18日最高人民法院审判委员会第1321次会议通过，2004年9月16日公布，自2004年11月1日起施行）

为了保证人民法院正确调解民事案件，及时解决纠纷，保障和方便当事人依法行使诉讼权利，节约司法资源，根据《中华人民共和国民事诉讼法》等法律的规定，结合人民法院调解工作的经验和实际情况，制定本规定。

第一条 人民法院对受理的第一审、第二审和再审民事案件，可以在答辩期满后裁判作出前进行调解。在征得当事人各方同意后，人民法院可以在答辩期满前进行调解。

第二条 对于有可能通过调解解决的民事案件，人民法院应当调解。但适用特别程序、督促程序、公示催告程序、破产还债程序的案件，婚姻关系、身份关系确认案件以及其他依案件性质不能进行调解的民事案件，人民法院不予调解。

第三条 根据民事诉讼法第八十七条的规定，人民法院可以邀请与当事人有特定关系或者与案件有一定联系的企业事业单位、社会团体或者其他组织，和具有专门知识、特定社会经验、与当事人有特定关系并有利于促成调解的个人协助调解工作。

经各方当事人同意，人民法院可以委托前款规定的单位或者个人对案件进行调解，达成调解协议后，人民法院应当依法予以确认。

第四条 当事人在诉讼过程中自行达成和解协议的，人民法院可以根据当事人的申请依法确认和解协议制作调解书。双方当事人申请庭外和解的期间，不计入审限。

当事人在和解过程中申请人民法院对和解活动进行协调的，人民法院可以委派审判辅助人员或者邀请、委托有关单位和个人从事协调活动。

第五条 人民法院应当在调解前告知当事人主持调解人员和书记员姓名以及是否申请回避等有关诉讼权利和诉讼义务。

第六条 在答辩期满前人民法院对案件进行调解，适用普通程序的案件在当事人同意调解之日起 15 天内，适用简易程序的案件在当事人同意调解之日起 7 天内未达成调解协议的，经各方当事人同意，可以继续调解。延长的调解期间不计入审限。

第七条 当事人申请不公开进行调解的，人民法院应当准许。

调解时当事人各方应当同时在场，根据需要也可以对当事人分别作调解工作。

第八条 当事人可以自行提出调解方案，主持调解的人员也可以提出调解方案供当事人协商时参考。

第九条 调解协议内容超出诉讼请求的，人民法院可以准许。

第十条 人民法院对于调解协议约定一方不履行协议应当承担民事责任的，应予准许。

调解协议约定一方不履行协议，另一方可以请求人民法院对案件作出裁判的条款，人民法院不予准许。

第十一条 调解协议约定一方提供担保或者案外人同意为当事人提供担保的，人民法院应当准许。

案外人提供担保的，人民法院制作调解书应当列明担保人，并将调解书送交担保人。担保人不签收调解书的，不影响调解书生效。

当事人或者案外人提供的担保符合担保法规定的条件时生效。

第十二条 调解协议具有下列情形之一的，人民法院不予确认：

（一）侵害国家利益、社会公共利益的；

（二）侵害案外人利益的；

（三）违背当事人真实意思的；

（四）违反法律、行政法规禁止性规定的。

第十三条 根据民事诉讼法第九十条第一款第（四）项规定，当事人各方同意在调解协议上签名或者盖章后生效，经人民法院审查确认后，应当记入笔录或者将协议附卷，并由当事人、审判人员、书记员签名或者盖章后即具有法律效力。当事人请求制作调解书的，人民法院应当制作调解书送交当事人。当事人拒收调解书的，不影响调解协议的效力。一方不履行调解协议的，另一方可以持调解书向人民法院申请执行。

第十四条 当事人不能对诉讼费用如何承担达成协议的，不影响调解协议的效力。人民法院可以直接决定当事人承担诉讼费用的比例，并将决定记入调解书。

第十五条 对调解书的内容既不享有权利又不承担义务的当事人不签收调解书的，不影响调解书的效力。

第十六条 当事人以民事调解书与调解协议的原意不一致为由提出异议，人民法院审查后认为异议成立的，应当根据调解协议裁定补正民事调解书的相关内容。

第十七条 当事人就部分诉讼请求达成调解协议的，人民法院可以就此先行确认并制作调解书。

当事人就主要诉讼请求达成调解协议，请求人民法院对未达成协议的诉讼请求提出处理意见并表示接受该处理结果的，人民法院的处理意见是调解协议的一部分内容，制作调解书的记入调解书。

第十八条 当事人自行和解或者经调解达成协议后，请求人民法院按照和解协议或者调解协议的内容制作判决书的，人民法院不予支持。

第十九条 调解书确定的担保条款条件或者承担民事责任的条件成就时，当事人申请执行的，人民法院应当依法执行。

不履行调解协议的当事人按照前款规定承担了调解书确定的民事责任后，对方当事人又要求其承担民事诉讼法第二百三十二条规定的迟延履行责任的，人民法院不予支持。

第二十条 调解书约定给付特定标的物，调解协议达成前该物上已经存在的第三人的物权和优先权不受影响。第三人在执行过程中对执行标的物提出异议的，应当按照民事诉讼法第二百零八条规定处理。

第二十一条 人民法院对刑事附带民事诉讼案件进行调解，依照本规定执行。

第二十二条 本规定实施前人民法院已经受理的案件，在本规定施行后尚未审结的，依照本规定执行。

第二十三条 本规定实施前最高人民法院的有关司法解释与本规定不一致的，适用本规定。

第二十四条 本规定自 2004 年 11 月 1 日起实施。

A5-2 特邀调解规定（2016）

最高人民法院关于人民法院特邀调解的规定

（法释〔2016〕14 号。2016 年 5 月 23 日由最高人民法院审判委员会第 1684 次会议通过，2016 年 6 月 28 日公布，自 2016 年 7 月 1 日起施行）

为健全多元化纠纷解决机制，加强诉讼与非诉讼纠纷解决方式的有效衔接，规范人民法院特邀调解工作，维护当事人合法权益，根据《中华人民共和国民事诉讼法》《中华人民共和国人民调解法》等法律及相关司法解释，结合人民法院工作实际，制定本规定。

第一条 特邀调解是指人民法院吸纳符合条件的人民调解、行政调解、商事调解、行业调解等调解组织或者个人成为特邀调解组织或者特邀调解员，接受人民法院立案前委派或者立案后委托依法进行调解，促使当事人在平等协商基础上达成调解协议、解决纠纷的一种调解活动。

第二条 特邀调解应当遵循以下原则：
（一）当事人平等自愿；
（二）尊重当事人诉讼权利；
（三）不违反法律、法规的禁止性规定；
（四）不损害国家利益、社会公共利益和他人合法权益；
（五）调解过程和调解协议内容不公开，但是法律另有规定的除外。

第三条 人民法院在特邀调解工作中，承担以下职责：
（一）对适宜调解的纠纷，指导当事人选择名册中的调解组织或者调解员先行调解；
（二）指导特邀调解组织和特邀调解员开展工作；
（三）管理特邀调解案件流程并统计相关数据；
（四）提供必要场所、办公设施等相关服务；
（五）组织特邀调解员进行业务培训；
（六）组织开展特邀调解业绩评估工作；
（七）承担其他与特邀调解有关的工作。

第四条 人民法院应当指定诉讼服务中心等部门具体负责指导特邀调解工作，

并配备熟悉调解业务的工作人员。

人民法庭根据需要开展特邀调解工作。

第五条 人民法院开展特邀调解工作应当建立特邀调解组织和特邀调解员名册。建立名册的法院应当为入册的特邀调解组织或者特邀调解员颁发证书，并对名册进行管理。上级法院建立的名册，下级法院可以使用。

第六条 依法成立的人民调解、行政调解、商事调解、行业调解及其他具有调解职能的组织，可以申请加入特邀调解组织名册。品行良好、公道正派、热心调解工作并具有一定沟通协调能力的个人可以申请加入特邀调解员名册。

人民法院可以邀请符合条件的调解组织加入特邀调解组织名册，可以邀请人大代表、政协委员、人民陪审员、专家学者、律师、仲裁员、退休法律工作者等符合条件的个人加入特邀调解员名册。

特邀调解组织应当推荐本组织中适合从事特邀调解工作的调解员加入名册，并在名册中列明；在名册中列明的调解员，视为人民法院特邀调解员。

第七条 特邀调解员在入册前和任职期间，应当接受人民法院组织的业务培训。

第八条 人民法院应当在诉讼服务中心等场所提供特邀调解组织和特邀调解员名册，并在法院公示栏、官方网站等平台公开名册信息，方便当事人查询。

第九条 人民法院可以设立家事、交通事故、医疗纠纷等专业调解委员会，并根据特定专业领域的纠纷特点，设定专业调解委员会的入册条件，规范专业领域特邀调解程序。

第十条 人民法院应当建立特邀调解组织和特邀调解员业绩档案，定期组织开展特邀调解评估工作，并及时更新名册信息。

第十一条 对适宜调解的纠纷，登记立案前，人民法院可以经当事人同意委派给特邀调解组织或者特邀调解员进行调解；登记立案后或者在审理过程中，可以委托给特邀调解组织或者特邀调解员进行调解。

当事人申请调解的，应当以口头或者书面方式向人民法院提出；当事人口头提出的，人民法院应当记入笔录。

第十二条 双方当事人应当在名册中协商确定特邀调解员；协商不成的，由特邀调解组织或者人民法院指定。当事人不同意指定的，视为不同意调解。

第十三条 特邀调解一般由一名调解员进行。对于重大、疑难、复杂或者当事人要求由两名以上调解员共同调解的案件，可以由两名以上调解员调解，并由特邀调解组织或者人民法院指定一名调解员主持。当事人有正当理由的，可以申请更换特邀调解员。

第十四条 调解一般应当在人民法院或者调解组织所在地进行，双方当事人也可以在征得人民法院同意的情况下选择其他地点进行调解。

特邀调解组织或者特邀调解员接受委派或者委托调解后，应当将调解时间、地点等相关事项及时通知双方当事人，也可以通知与纠纷有利害关系的案外人参加调解。

调解程序开始之前，特邀调解员应当告知双方当事人权利义务、调解规则、调解程序、调解协议效力、司法确认申请等事项。

第十五条 特邀调解员有下列情形之一的，当事人有权申请回避：

（一）是一方当事人或者其代理人近亲属的；

（二）与纠纷有利害关系的；

（三）与纠纷当事人、代理人有其他关系，可能影响公正调解的。

特邀调解员有上述情形的，应当自行回避；但是双方当事人同意由该调解员调解的除外。

特邀调解员的回避由特邀调解组织或者人民法院决定。

第十六条 特邀调解员不得在后续的诉讼程序中担任该案的人民陪审员、诉讼代理人、证人、鉴定人以及翻译人员等。

第十七条 特邀调解员应当根据案件具体情况采用适当的方法进行调解，可以提出解决争议的方案建议。特邀调解员为促成当事人达成调解协议，可以邀请对达成调解协议有帮助的人员参与调解。

第十八条 特邀调解员发现双方当事人存在虚假调解可能的，应当中止调解，并向人民法院或者特邀调解组织报告。

人民法院或者特邀调解组织接到报告后，应当及时审查，并依据相关规定作出处理。

第十九条 委派调解达成调解协议，特邀调解员应当将调解协议送达双方当事人，并提交人民法院备案。

委派调解达成的调解协议，当事人可以依照民事诉讼法、人民调解法等法律申请司法确认。当事人申请司法确认的，由调解组织所在地或者委派调解的基层人民法院管辖。

第二十条 委托调解达成调解协议，特邀调解员应当向人民法院提交调解协议，由人民法院审查并制作调解书结案。达成调解协议后，当事人申请撤诉的，人民法院应当依法作出裁定。

第二十一条 委派调解未达成调解协议的，特邀调解员应当将当事人的起诉状等材料移送人民法院；当事人坚持诉讼的，人民法院应当依法登记立案。

委托调解未达成调解协议的，转入审判程序审理。

第二十二条 在调解过程中，当事人为达成调解协议作出妥协而认可的事实，不得在诉讼程序中作为对其不利的根据，但是当事人均同意的除外。

第二十三条 经特邀调解组织或者特邀调解员调解达成调解协议的，可以制作调解协议书。当事人认为无需制作调解协议书的，可以采取口头协议方式，特邀调解员应当记录协议内容。

第二十四条 调解协议书应当记载以下内容：

（一）当事人的基本情况；

（二）纠纷的主要事实、争议事项；

(三) 调解结果。

双方当事人和特邀调解员应当在调解协议书或者调解笔录上签名、盖章或者捺印;由特邀调解组织主持达成调解协议的,还应当加盖调解组织印章。

委派调解达成调解协议,自双方当事人签名、盖章或者捺印后生效。委托调解达成调解协议,根据相关法律规定确定生效时间。

第二十五条 委派调解达成调解协议后,当事人就调解协议的履行或者调解协议的内容发生争议的,可以向人民法院提起诉讼,人民法院应当受理。一方当事人以原纠纷向人民法院起诉,对方当事人以调解协议提出抗辩的,应当提供调解协议书。

经司法确认的调解协议,一方当事人拒绝履行或者未全部履行的,对方当事人可以向人民法院申请执行。

第二十六条 有下列情形之一的,特邀调解员应当终止调解:
(一) 当事人达成调解协议的;
(二) 一方当事人撤回调解请求或者明确表示不接受调解的;
(三) 特邀调解员认为双方分歧较大且难以达成调解协议的;
(四) 其他导致调解难以进行的情形。

特邀调解员终止调解的,应当向委派、委托的人民法院书面报告,并移送相关材料。

第二十七条 人民法院委派调解的案件,调解期限为30日。但是双方当事人同意延长调解期限的,不受此限。

人民法院委托调解的案件,适用普通程序的调解期限为15日,适用简易程序的调解期限为7日。但是双方当事人同意延长调解期限的,不受此限。延长的调解期限不计入审理期限。

委派调解和委托调解的期限自特邀调解组织或者特邀调解员签字接收法院移交材料之日起计算。

第二十八条 特邀调解员不得有下列行为:
(一) 强迫调解;
(二) 违法调解;
(三) 接受当事人请托或收受财物;
(四) 泄露调解过程或调解协议内容;
(五) 其他违反调解员职业道德的行为。

当事人发现存在上述情形的,可以向人民法院投诉。经审查属实的,人民法院应当予以纠正并作出警告、通报、除名等相应处理。

第二十九条 人民法院应当根据实际情况向特邀调解员发放误工、交通等补贴,对表现突出的特邀调解组织和特邀调解员给予物质或者荣誉奖励。补贴经费应当纳入人民法院专项预算。

人民法院可以根据有关规定向有关部门申请特邀调解专项经费。

第三十条 本规定自2016年7月1日起施行。

B 审判程序

诉讼程序

B1-1 登记立案规定（2015）

最高人民法院关于人民法院登记立案若干问题的规定

（法释〔2015〕8号。2015年4月13日最高人民法院审判
委员会第1647次会议通过，2015年4月15日公布，
自2015年5月1日起施行）

为保护公民、法人和其他组织依法行使诉权，实现人民法院依法、及时受理案件，根据《中华人民共和国民事诉讼法》《中华人民共和国行政诉讼法》《中华人民共和国刑事诉讼法》等法律规定，制定本规定。

第一条 人民法院对依法应该受理的一审民事起诉、行政起诉和刑事自诉，实行立案登记制。

第二条 对起诉、自诉，人民法院应当一律接收诉状，出具书面凭证并注明收到日期。

对符合法律规定的起诉、自诉，人民法院应当当场予以登记立案。

对不符合法律规定的起诉、自诉，人民法院应当予以释明。

第三条 人民法院应当提供诉状样本，为当事人书写诉状提供示范和指引。

当事人书写诉状确有困难的，可以口头提出，由人民法院记入笔录。符合法律规定的，予以登记立案。

第四条 民事起诉状应当记明以下事项：

（一）原告的姓名、性别、年龄、民族、职业、工作单位、住所、联系方式，法人或者其他组织的名称、住所和法定代表人或者主要负责人的姓名、职务、联系方式；

（二）被告的姓名、性别、工作单位、住所等信息，法人或者其他组织的名称、住所等信息；

（三）诉讼请求和所根据的事实与理由；

（四）证据和证据来源；

（五）有证人的，载明证人姓名和住所。

行政起诉状参照民事起诉状书写。

第五条 刑事自诉状应当记明以下事项：

（一）自诉人或者代为告诉人、被告人的姓名、性别、年龄、民族、文化程度、职业、工作单位、住址、联系方式；

（二）被告人实施犯罪的时间、地点、手段、情节和危害后果等；

（三）具体的诉讼请求；

（四）致送的人民法院和具状时间；

（五）证据的名称、来源等；

（六）有证人的，载明证人的姓名、住所、联系方式等。

第六条 当事人提出起诉、自诉的，应当提交以下材料：

（一）起诉人、自诉人是自然人的，提交身份证明复印件；起诉人、自诉人是法人或者其他组织的，提交营业执照或者组织机构代码证复印件、法定代表人或者主要负责人身份证明书；法人或者其他组织不能提供组织机构代码的，应当提供组织机构被注销的情况说明；

（二）委托起诉或者代为告诉的，应当提交授权委托书、代理人身份证明、代为告诉人身份证明等相关材料；

（三）具体明确的足以使被告或者被告人与他人相区别的姓名或者名称、住所等信息；

（四）起诉状原本和与被告或者被告人及其他当事人人数相符的副本；

（五）与诉请相关的证据或者证明材料。

第七条 当事人提交的诉状和材料不符合要求的，人民法院应当一次性书面告知在指定期限内补正。

当事人在指定期限内补正的，人民法院决定是否立案的期间，自收到补正材料之日起计算。

当事人在指定期限内没有补正的，退回诉状并记录在册；坚持起诉、自诉的，裁定或者决定不予受理、不予立案。

经补正仍不符合要求的，裁定或者决定不予受理、不予立案。

第八条 对当事人提出的起诉、自诉，人民法院当场不能判定是否符合法律规定的，应当作出以下处理：

（一）对民事、行政起诉，应当在收到起诉状之日起七日内决定是否立案；

（二）对刑事自诉，应当在收到自诉状次日起十五日内决定是否立案；

（三）对第三人撤销之诉，应当在收到起诉状之日起三十日内决定是否立案；

（四）对执行异议之诉，应当在收到起诉状之日起十五日内决定是否立案。

人民法院在法定期间内不能判定起诉、自诉是否符合法律规定的，应当先行立案。

第九条 人民法院对起诉、自诉不予受理或者不予立案的，应当出具书面裁定或者决定，并载明理由。

第十条 人民法院对下列起诉、自诉不予登记立案：

（一）违法起诉或者不符合法律规定的；

（二）涉及危害国家主权和领土完整的；

（三）危害国家安全的；

（四）破坏国家统一和民族团结的；

（五）破坏国家宗教政策的；

（六）所诉事项不属于人民法院主管的。

第十一条 登记立案后，当事人未在法定期限内交纳诉讼费的，按撤诉处理，但符合法律规定的缓、减、免交诉讼费条件的除外。

第十二条 登记立案后，人民法院立案庭应当及时将案件移送审判庭审理。

第十三条 对立案工作中存在的不接收诉状、接收诉状后不出具书面凭证、不一次性告知当事人补正诉状内容，以及有案不立、拖延立案、干扰立案、既不立案又不作出裁定或者决定等违法违纪情形，当事人可以向受诉人民法院或者上级人民法院投诉。

人民法院应当在受理投诉之日起十五日内，查明事实，并将情况反馈当事人。发现违法违纪行为的，依法依纪追究相关人员责任；构成犯罪的，依法追究刑事责任。

第十四条 为方便当事人行使诉权，人民法院提供网上立案、预约立案、巡回立案等诉讼服务。

第十五条 人民法院推动多元化纠纷解决机制建设，尊重当事人选择人民调解、行政调解、行业调解、仲裁等多种方式维护权益，化解纠纷。

第十六条 人民法院依法维护登记立案秩序，推进诉讼诚信建设。对干扰立案秩序、虚假诉讼的，根据民事诉讼法、行政诉讼法有关规定予以罚款、拘留；构成犯罪的，依法追究刑事责任。

第十七条 本规定的"起诉"，是指当事人提起民事、行政诉讼；"自诉"，是指当事人提起刑事自诉。

第十八条 强制执行和国家赔偿申请登记立案工作，按照本规定执行。

上诉、申请再审、刑事申诉、执行复议和国家赔偿申诉案件立案工作，不适用本规定。

第十九条 人民法庭登记立案工作，按照本规定执行。

第二十条 本规定自2015年5月1日起施行。以前有关立案的规定与本规定不一致的，按照本规定执行。

B1-2 法庭规则（2016）

中华人民共和国人民法院法庭规则

(法释〔2016〕7号。1993年11月26日最高人民法院审判委员会第617次会议通过，2015年12月21日最高人民法院审判委员会第1673次会议修正，2016年4月13日公布，自2016年5月1日起施行)

第一条 为了维护法庭安全和秩序，保障庭审活动正常进行，保障诉讼参与人依法行使诉讼权利，方便公众旁听，促进司法公正，彰显司法权威，根据《中华人民共和国人民法院组织法》《中华人民共和国刑事诉讼法》《中华人民共和国民事诉讼法》《中华人民共和国行政诉讼法》等有关法律规定，制定本规则。

第二条 法庭是人民法院代表国家依法审判各类案件的专门场所。

法庭正面上方应当悬挂国徽。

第三条 法庭分设审判活动区和旁听区，两区以栏杆等进行隔离。

审理未成年人案件的法庭应当根据未成年人身心发展特点设置区域和席位。

有新闻媒体旁听或报道庭审活动时，旁听区可以设置专门的媒体记者席。

第四条 刑事法庭可以配置同步视频作证室，供依法应当保护或其他确有保护必要的证人、鉴定人、被害人在庭审作证时使用。

第五条 法庭应当设置残疾人无障碍设施；根据需要配备合议庭合议室，检察人员、律师及其他诉讼参与人休息室，被告人羁押室等附属场所。

第六条 进入法庭的人员应当出示有效身份证件，并接受人身及携带物品的安全检查。

持有效工作证件和出庭通知履行职务的检察人员、律师可以通过专门通道进入法庭。需要安全检查的，人民法院对检察人员和律师平等对待。

第七条 除经人民法院许可，需要在法庭上出示的证据外，下列物品不得携带进入法庭：

（一）枪支、弹药、管制刀具以及其他具有杀伤力的器具；

（二）易燃易爆物、疑似爆炸物；

（三）放射性、毒害性、腐蚀性、强气味性物质以及传染病原体；

（四）液体及胶状、粉末状物品；

（五）标语、条幅、传单；

（六）其他可能危害法庭安全或妨害法庭秩序的物品。

第八条 人民法院应当通过官方网站、电子显示屏、公告栏等向公众公开各法庭的编号、具体位置以及旁听席位数量等信息。

第九条 公开的庭审活动，公民可以旁听。

旁听席位不能满足需要时，人民法院可以根据申请的先后顺序或者通过抽签、摇号等方式发放旁听证，但应当优先安排当事人的近亲属或其他与案件有利害关系的人旁听。

下列人员不得旁听：

（一）证人、鉴定人以及准备出庭提出意见的有专门知识的人；

（二）未获得人民法院批准的未成年人；

（三）拒绝接受安全检查的人；

（四）醉酒的人、精神病人或其他精神状态异常的人；

（五）其他有可能危害法庭安全或妨害法庭秩序的人。

依法有可能封存犯罪记录的公开庭审活动，任何单位或个人不得组织人员旁听。

依法不公开的庭审活动，除法律另有规定外，任何人不得旁听。

第十条 人民法院应当对庭审活动进行全程录像或录音。

第十一条 依法公开进行的庭审活动，具有下列情形之一的，人民法院可以通过电视、互联网或其他公共媒体进行图文、音频、视频直播或录播：

（一）公众关注度较高；

（二）社会影响较大；

（三）法治宣传教育意义较强。

第十二条 出庭履行职务的人员，按照职业着装规定着装。但是，具有下列情形之一的，着正装：

（一）没有职业着装规定；

（二）侦查人员出庭作证；

（三）所在单位系案件当事人。

非履行职务的出庭人员及旁听人员，应当文明着装。

第十三条 刑事在押被告人或上诉人出庭受审时，着正装或便装，不着监管机构的识别服。

人民法院在庭审活动中不得对被告人或上诉人使用戒具，但认为其人身危险性大，可能危害法庭安全的除外。

第十四条 庭审活动开始前，书记员应当宣布本规则第十七条规定的法庭纪律。

第十五条 审判人员进入法庭以及审判长或独任审判员宣告判决、裁定、决定时，全体人员应当起立。

第十六条 人民法院开庭审判案件应当严格按照法律规定的诉讼程序进行。

审判人员在庭审活动中应当平等对待诉讼各方。

第十七条 全体人员在庭审活动中应当服从审判长或独任审判员的指挥，尊重司法礼仪，遵守法庭纪律，不得实施下列行为：

（一）鼓掌、喧哗；

（二）吸烟、进食；

（三）拨打或接听电话；

（四）对庭审活动进行录音、录像、拍照或使用移动通信工具等传播庭审活动；

（五）其他危害法庭安全或妨害法庭秩序的行为。

检察人员、诉讼参与人发言或提问，应当经审判长或独任审判员许可。

旁听人员不得进入审判活动区，不得随意站立、走动，不得发言和提问。

媒体记者经许可实施第一款第四项规定的行为，应当在指定的时间及区域进行，不得影响或干扰庭审活动。

第十八条 审判长或独任审判员主持庭审活动时，依照规定使用法槌。

第十九条 审判长或独任审判员对违反法庭纪律的人员应当予以警告；对不听警告的，予以训诫；对训诫无效的，责令其退出法庭；对拒不退出法庭的，指令司法警察将其强行带出法庭。

行为人违反本规则第十七条第一款第四项规定的，人民法院可以暂扣其使用的设备及存储介质，删除相关内容。

第二十条 行为人实施下列行为之一，危及法庭安全或扰乱法庭秩序的，根据相关法律规定，予以罚款、拘留；构成犯罪的，依法追究其刑事责任：

（一）非法携带枪支、弹药、管制刀具或者爆炸性、易燃性、放射性、毒害性、腐蚀性物品以及传染病病原体进入法庭；

（二）哄闹、冲击法庭；

（三）侮辱、诽谤、威胁、殴打司法工作人员或诉讼参与人；

（四）毁坏法庭设施，抢夺、损毁诉讼文书、证据；

（五）其他危害法庭安全或扰乱法庭秩序的行为。

第二十一条 司法警察依照审判长或独任审判员的指令维持法庭秩序。

出现危及法庭内人员人身安全或者严重扰乱法庭秩序等紧急情况时，司法警察可以直接采取必要的处置措施。

人民法院依法对违反法庭纪律的人采取的扣押物品、强行带出法庭以及罚款、拘留等强制措施，由司法警察执行。

第二十二条 人民检察院认为审判人员违反本规则的，可以在庭审活动结束后向人民法院提出处理建议。

诉讼参与人、旁听人员认为审判人员、书记员、司法警察违反本规则的，可以在庭审活动结束后向人民法院反映。

第二十三条 检察人员违反本规则的，人民法院可以向人民检察院通报情况并提出处理建议。

第二十四条 律师违反本规则的，人民法院可以向司法行政机关及律师协会通报情况并提出处理建议。

第二十五条 人民法院进行案件听证、国家赔偿案件质证、网络视频远程审理以及在法院以外的场所巡回审判等，参照适用本规则。

第二十六条 外国人、无国籍人旁听庭审活动，外国媒体记者报道庭审活动，应当遵守本规则。

第二十七条 本规则自2016年5月1日起施行；最高人民法院此前发布的司法解释及规范性文件与本规则不一致的，以本规则为准。

B1-3　民刑交叉规定（1998）

最高人民法院关于在审理经济纠纷案件中涉及经济犯罪嫌疑若干问题的规定

（法释〔1998〕7号。1998年4月9日由最高人民法院审判
委员会第974次会议通过，1998年4月21日公布，
自1998年4月29日起施行）

根据《中华人民共和国民法通则》、《中华人民共和国刑法》、《中华人民共和国民事诉讼法》、《中华人民共和国刑事诉讼法》等有关规定，对审理经济纠纷案件中涉及经济犯罪嫌疑问题作以下规定：

第一条 同一公民、法人或其他经济组织因不同的法律事实，分别涉及经济纠纷和经济犯罪嫌疑的，经济纠纷案件和经济犯罪嫌疑案件应当分开审理。

第二条 单位直接负责的主管人员和其他直接责任人员，以为单位骗取财物为目的，采取欺骗手段对外签订经济合同，骗取的财物被单位占有、使用或处分构成犯罪的，除依法追究有关人员的刑事责任，责令该单位返还骗取的财物外，如给被害人造成经济损失的，单位应当承担赔偿责任。

第三条 单位直接负责的主管人员和其他直接责任人员，以该单位的名义对外签订经济合同，将取得的财物部分或全部占为己有构成犯罪的，除依法追究行为人的刑事责任外，该单位对行为人因签订、履行该经济合同造成的后果，依法应当承担民事责任。

第四条 个人借用单位的业务介绍信、合同专用章或者盖有公章的空白合同书，以出借单位名义签订经济合同，骗取财物归个人占有、使用、处分或者进行其他犯罪活动，给对方造成经济损失构成犯罪的，除依法追究借用人的刑事责任外，出借业务介绍信、合同专用章或者盖有公章的空白合同书的单位，依法应当承担赔偿责任。但是，有证据证明被害人明知签订合同对方当事人是借用行为，仍与之签订合同的除外。

第五条 行为人盗窃、盗用单位的公章、业务介绍信、盖有公章的空白合同书，或者私刻单位的公章签订经济合同，骗取财物归个人占有、使用、处分或者进行其他犯罪活动构成犯罪的，单位对行为人该犯罪行为所造成的经济损失不承担民事责任。

行为人私刻单位公章或者擅自使用单位公章、业务介绍信、盖有公章的空

白合同书以签订经济合同的方法进行的犯罪行为，单位有明显过错，且该过错行为与被害人的经济损失之间具有因果关系的，单位对该犯罪行为所造成的经济损失，依法应当承担赔偿责任。

第六条 企业承包、租赁经营合同期满后，企业按规定办理了企业法定代表人的变更登记，而企业法人未采取有效措施收回其公章、业务介绍信、盖有公章的空白合同书，或者没有及时采取措施通知相对人，致原企业承包人、租赁人得以用原承包、租赁企业的名义签订经济合同，骗取财物占为己有构成犯罪的，该企业对被害人的经济损失，依法应当承担赔偿责任。但是，原承包人、承租人利用擅自保留的公章、业务介绍信、盖有公章的空白合同书以原承包、租赁企业的名义签订经济合同，骗取财物占为己有构成犯罪的，企业一般不承担民事责任。

单位聘用的人员被解聘后，或者受单位委托保管公章的人员被解除委托后，单位未及时收回其公章，行为人擅自利用保留的原单位公章签订经济合同，骗取财物占为己有构成犯罪，如给被害人造成经济损失的，单位应当承担赔偿责任。

第七条 单位直接负责的主管人员和其他直接责任人员，将单位进行走私或其他犯罪活动所得财物以签订经济合同的方法予以销售，买方明知或者应当知道的，如因此造成经济损失，其损失由买方自负。但是，如果买方不知该经济合同的标的物是犯罪行为所得财物而购买的，卖方对买方所造成的经济损失应当承担民事责任。

第八条 根据《中华人民共和国刑事诉讼法》第七十七条第一款的规定，被害人对本《规定》第二条因单位犯罪行为造成经济损失的，对第四条、第五条第一款、第六条应当承担刑事责任的被告人未能返还财物而遭受经济损失提起附带民事诉讼的，受理刑事案件的人民法院应当依法一并审理。被害人因其遭受经济损失也有权对单位另行提起民事诉讼。若被害人另行提起民事诉讼的，有管辖权的人民法院应当依法受理。

第九条 被害人请求保护其民事权利的诉讼时效在公安机关、检察机关查处经济犯罪嫌疑期间中断。如果公安机关决定撤销涉嫌经济犯罪案件或者检察机关决定不起诉的，诉讼时效从撤销案件或决定不起诉之次日起重新计算。

第十条 人民法院在审理经济纠纷案件中，发现与本案有牵连，但与本案不是同一法律关系的经济犯罪嫌疑线索、材料，应将犯罪嫌疑线索、材料移送有关公安机关或检察机关查处，经济纠纷案件继续审理。

第十一条 人民法院作为经济纠纷受理的案件，经审理认为不属经济纠纷案件而有经济犯罪嫌疑的，应当裁定驳回起诉，将有关材料移送公安机关或检察机关。

第十二条 人民法院已立案审理的经济纠纷案件，公安机关或检察机关认为有经济犯罪嫌疑，并说明理由附有关材料函告受理该案的人民法院的，有关人民法院应当认真审查。经过审查，认为确有经济犯罪嫌疑的，应当将案件移送公安机关或检察机关，并书面通知当事人，退还案件受理费；如认为确属经济纠纷案件的，应当依法继续审理，并将结果函告有关公安机关或检察机关。

B1-4　延长审限规定（2019）

最高人民法院关于严格规范民商事案件延长审限和延期开庭问题的规定

（法释〔2018〕9号。2018年4月23日最高人民法院审判委员会第1737次会议通过，2019年2月25日最高人民法院审判委员会第1762次会议修正，2019年3月27日公布，自2019年3月28日起施行）

为维护诉讼当事人合法权益，根据《中华人民共和国民事诉讼法》等规定，结合审判实际，现就民商事案件延长审限和延期开庭等有关问题规定如下。

第一条　人民法院审理民商事案件时，应当严格遵守法律及司法解释有关审限的规定。适用普通程序审理的第一审案件，审限为六个月；适用简易程序审理的第一审案件，审限为三个月。审理对判决的上诉案件，审限为三个月；审理对裁定的上诉案件，审限为三十日。

法律规定有特殊情况需要延长审限的，独任审判员或合议庭应当在期限届满十五日前向本院院长提出申请，并说明详细情况和理由。院长应当在期限届满五日前作出决定。

经本院院长批准延长审限后尚不能结案，需要再次延长的，应当在期限届满十五日前报请上级人民法院批准。上级人民法院应当在审限届满五日前作出决定。

第二条　民事诉讼法第一百四十六条第四项规定的"其他应当延期的情形"，是指因不可抗力或者意外事件导致庭审无法正常进行的情形。

第三条　人民法院应当严格限制延期开庭审理次数。适用普通程序审理民商事案件，延期开庭审理次数不超过两次；适用简易程序以及小额速裁程序审理民商事案件，延期开庭审理次数不超过一次。

第四条　基层人民法院及其派出的法庭审理事实清楚、权利义务关系明确、争议不大的简单民商事案件，适用简易程序。

基层人民法院及其派出的法庭审理符合前款规定且标的额为各省、自治区、直辖市上年度就业人员年平均工资两倍以下的民商事案件，应当适用简易程序，法律及司法解释规定不适用简易程序的案件除外。

适用简易程序审理的民商事案件，证据交换、庭前会议等庭前准备程序与开庭程序一并进行，不再另行组织。

适用简易程序的案件,不适用公告送达。

第五条 人民法院开庭审理民商事案件后,认为需要延期开庭审理的,应当依法告知当事人下次开庭的时间。两次开庭间隔时间不得超过一个月,但因不可抗力或当事人同意的除外。

第六条 独任审判员或者合议庭适用民事诉讼法第一百四十六条第四项规定决定延期开庭的,应当报本院院长批准。

第七条 人民法院应当将案件的立案时间、审理期限,扣除、延长、重新计算审限,延期开庭审理的情况及事由,按照《最高人民法院关于人民法院通过互联网公开审判流程信息的规定》及时向当事人及其法定代理人、诉讼代理人公开。当事人及其法定代理人、诉讼代理人有异议的,可以依法向受理案件的法院申请监督。

第八条 故意违反法律、审判纪律、审判管理规定拖延办案,或者因过失延误办案,造成严重后果的,依照《人民法院工作人员处分条例》第四十七条的规定予以处分。

第九条 本规定自2018年4月26日起施行;最高人民法院此前发布的司法解释及规范性文件与本规定不一致的,以本规定为准。

B1-5 审限规定(2000)

最高人民法院关于严格执行案件审理期限制度的若干规定

(法释〔2000〕29号。2000年9月14日最高人民法院审判
委员会第1130次会议通过,2000年9月22公布,
自2000年9月28日起施行)

为提高诉讼效率,确保司法公正,根据刑事诉讼法、民事诉讼法、行政诉讼法和海事诉讼特别程序法的有关规定,现就人民法院执行案件审理期限制度的有关问题规定如下:

一、各类案件的审理、执行期限

第一条 适用普通程序审理的第一审刑事公诉案件、被告人被羁押的第一审刑事自诉案件和第二审刑事公诉、刑事自诉案件的期限为一个月,至迟不得超过一个半月;附带民事诉讼案件的审理期限,经本院院长批准,可以延长两个月。有刑事诉讼法第一百二十六条规定情形之一的,经省、自治区、直辖市高级人民法院批准或者决定,审理期限可以再延长一个月;最高人民法院受理的刑事上诉、刑事抗诉案件,经最高人民法院决定,审理期限可以再延长一个月。

适用普通程序审理的被告人未被羁押的第一审刑事自诉案件,期限为六个

月；有特殊情况需要延长的，经本院院长批准，可以延长三个月。

适用简易程序审理的刑事案件，审理期限为二十日。

第二条 适用普通程序审理的第一审民事案件，期限为六个月；有特殊情况需要延长的，经本院院长批准，可以延长六个月，还需延长的，报请上一级人民法院批准，可以再延长三个月。

适用简易程序审理的民事案件，期限为三个月。

适用特别程序审理的民事案件，期限为三十日；有特殊情况需要延长的，经本院院长批准，可以延长三十日，但审理选民资格案件必须在选举日前审结。

审理第一审船舶碰撞、共同海损案件的期限为一年；有特殊情况需要延长的，经本院院长批准，可以延长六个月。

审理对民事判决的上诉案件，审理期限为三个月；有特殊情况需要延长的，经本院院长批准，可以延长三个月。

审理对民事裁定的上诉案件，审理期限为三十日。

对罚款、拘留民事决定不服申请复议的，审理期限为五日。

审理涉外民事案件，根据民事诉讼法第二百四十八条的规定，不受上述案件审理期限的限制。

审理涉港、澳、台的民事案件的期限，参照涉外审理民事案件的规定办理。

第三条 审理第一审行政案件的期限为三个月；有特殊情况需要延长的，经高级人民法院批准可以延长三个月。高级人民法院审理第一审案件需要延长期限的，由最高人民法院批准，可以延长三个月。

审理行政上诉案件的期限为两个月；有特殊情况需要延长的，由高级人民法院批准，可以延长两个月。高级人民法院审理的第二审案件需要延长期限的，由最高人民法院批准，可以延长两个月。

第四条 按照审判监督程序重新审理的刑事案件的期限为三个月；需要延长期限的，经本院院长批准，可以延长三个月。

裁定再审的民事、行政案件，根据再审适用的不同程序，分别执行第一审或第二审审理期限的规定。

第五条 执行案件应当在立案之日起六个月内执结，非诉执行案件应当在立案之日起三个月内执结；有特殊情况需要延长的，经本院院长批准，可以延长三个月，还需延长的，层报高级人民法院备案。

委托执行的案件，委托的人民法院应当在立案后一个月内办理完委托执行手续，受委托的人民法院应当在收到委托函件后三十日内执行完毕。未执行完毕，应当在期限届满后十五日内将执行情况函告委托人民法院。

刑事案件没收财产刑应当即时执行。

刑事案件罚金刑，应当在判决、裁定发生法律效力后三个月内执行完毕，至迟不超过六个月。

二、立案、结案时间及审理期限的计算

第六条 第一审人民法院收到起诉书（状）或者执行申请书后，经审查认为符合受理条件的应当在七日内立案；收到自诉人自诉状或者口头告诉的，经审查认为符合自诉案件受理条件的应当在十五日内立案。

改变管辖的刑事、民事、行政案件，应当在收到案卷材料后的三日内立案。

第二审人民法院应当在收到第一审人民法院移送的上（抗）诉材料及案卷材料后的五日内立案。

发回重审或指令再审的案件，应当在收到发回重审或指令再审裁定及案卷材料后的次日内立案。

按照审判监督程序重新审判的案件，应当在作出提审、再审裁定（决定）的次日立案。

第七条 立案机构应当在决定立案的三日内将案卷材料移送审判庭。

第八条 案件的审理期限从立案次日起计算。

由简易程序转为普通程序审理的第一审刑事案件的期限，从决定转为普通程序次日起计算；由简易程序转为普通程序审理的第一审民事案件的期限，从立案次日起连续计算。

第九条 下列期间不计入审理、执行期限：

（一）刑事案件对被告人作精神病鉴定的期间；

（二）刑事案件因另行委托、指定辩护人，法院决定延期审理的，自案件宣布延期审理之日起至第十日止准备辩护的时间；

（三）公诉人发现案件需要补充侦查，提出延期审理建议后，合议庭同意延期审理的期间；

（四）刑事案件二审期间，检察院查阅案卷超过七日后的时间；

（五）因当事人、诉讼代理人、辩护人申请通知新的证人到庭、调取新的证据、申请重新鉴定或者勘验，法院决定延期审理一个月之内的期间；

（六）民事、行政案件公告、鉴定的期间；

（七）审理当事人提出的管辖权异议和处理法院之间的管辖争议的期间；

（八）民事、行政、执行案件由有关专业机构进行审计、评估、资产清理的期间；

（九）中止诉讼（审理）或执行至恢复诉讼（审理）或执行的期间；

（十）当事人达成执行和解或者提供执行担保后，执行法院决定暂缓执行的期间；

（十一）上级人民法院通知暂缓执行的期间；

（十二）执行中拍卖、变卖被查封、扣押财产的期间。

第十条 人民法院判决书宣读、裁定书宣告或者调解书送达最后一名当事人的

日期为结案时间。如需委托宣判、送达的,委托宣判、送达的人民法院应当在审限届满前将判决书、裁定书、调解书送达受托人民法院。受托人民法院应当在收到委托书后七日内送达。

人民法院判决书宣判、裁定书宣告或者调解书送达有下列情形之一的,结案时间遵守以下规定:

(一)留置送达的,以裁判文书留在受送达人的住所日为结案时间;
(二)公告送达的,以公告刊登之日为结案时间;
(三)邮寄送达的,以交邮日期为结案时间;
(四)通过有关单位转交送达的,以送达回证上当事人签收的日期为结案时间。

三、案件延长审理期限的报批

第十一条 刑事公诉案件、被告人被羁押的自诉案件,需要延长审理期限的,应当在审理期限届满七日以前,向高级人民法院提出申请;被告人未被羁押的刑事自诉案件,需要延长审理期限的,应当在审理期限届满十日前向本院院长提出申请。

第十二条 民事案件应当在审理期限届满十日前向本院院长提出申请;还需延长的,应当在审理期限届满十日前向上一级人民法院提出申请。

第十三条 行政案件应当在审理期限届满十日前向高级人民法院或者最高人民法院提出申请。

第十四条 对于下级人民法院申请延长办案期限的报告,上级人民法院应当在审理期限届满三日前作出决定,并通知提出申请延长审理期限的人民法院。

需要本院院长批准延长办案期限的,院长应当在审限届满前批准或者决定。

四、上诉、抗诉二审案件的移送期限

第十五条 被告人、自诉人、附带民事诉讼的原告人和被告人通过第一审人民法院提出上诉的刑事案件,第一审人民法院应当在上诉期限届满后三日内将上诉状连同案卷、证据移送第二审人民法院。被告人、自诉人、附带民事诉讼的原告人和被告人直接向上级人民法院提出上诉的刑事案件,第一审人民法院应当在接到第二审人民法院移交的上诉状后三日内将案卷、证据移送上一级人民法院。

第十六条 人民检察院抗诉的刑事二审案件,第一审人民法院应当在上诉、抗诉期届满后三日内将抗诉书连同案卷、证据移送第二审人民法院。

第十七条 当事人提出上诉的二审民事、行政案件,第一审人民法院收到上诉状,应当在五日内将上诉状副本送达对方当事人。人民法院收到答辩状,应当在五日内将副本送达上诉人。

人民法院受理人民检察院抗诉的民事、行政案件的移送期限,比照前款规

定办理。

第十八条 第二审人民法院立案时发现上诉案件材料不齐全的，应当在两日内通知第一审人民法院。第一审人民法院应当在接到第二审人民法院的通知后五日内补齐。

第十九条 下级人民法院接到上级人民法院调卷通知后，应当在五日内将全部案卷和证据移送，至迟不超过十日。

五、对案件审理期限的监督、检查

第二十条 各级人民法院应当将审理案件期限情况作为审判管理的重要内容，加强对案件审理期限的管理、监督和检查。

第二十一条 各级人民法院应当建立审理期限届满前的催办制度。

第二十二条 各级人民法院应当建立案件审理期限定期通报制度。对违反诉讼法规定，超过审理期限或者违反本规定的情况进行通报。

第二十三条 审判人员故意拖延办案，或者因过失延误办案，造成严重后果的，依照《人民法院审判纪律处分办法（试行）》第五十九条的规定予以处分。

审判人员故意拖延移送案件材料，或者接受委托送达后，故意拖延不予送达的，参照《人民法院审判纪律处分办法（试行）》第五十九条的规定予以处分。

第二十四条 本规定发布前有关审理期限规定与本规定不一致的，以本规定为准。

B1-6　简易程序规定（2003）

最高人民法院关于适用简易程序审理民事案件的若干规定

（法释〔2003〕15号。2003年7月4日最高人民法院审判
委员会第1280次会议通过，2003年9月10日公布，
自2003年12月1日起施行）

为保障和方便当事人依法行使诉讼权利，保证人民法院公正、及时审理民事案件，根据《中华人民共和国民事诉讼法》的有关规定，结合民事审判经验和实际情况，制定本规定。

一、适用范围

第一条 基层人民法院根据《中华人民共和国民事诉讼法》第一百四十二条规定审理简单的民事案件，适用本规定，但有下列情形之一的案件除外：

（一）起诉时被告下落不明的；

（二）发回重审的；

（三）共同诉讼中一方或者双方当事人人数众多的；

（四）法律规定应当适用特别程序、审判监督程序、督促程序、公示催告程序和企业法人破产还债程序的；

（五）人民法院认为不宜适用简易程序进行审理的。

第二条 基层人民法院适用第一审普通程序审理的民事案件，当事人各方自愿选择适用简易程序，经人民法院审查同意的，可以适用简易程序进行审理。

人民法院不得违反当事人自愿原则，将普通程序转为简易程序。

第三条 当事人就适用简易程序提出异议，人民法院认为异议成立的，或者人民法院在审理过程中发现不宜适用简易程序的，应当将案件转入普通程序审理。

二、起诉与答辩

第四条 原告本人不能书写起诉状，委托他人代写起诉状确有困难的，可以口头起诉。

原告口头起诉的，人民法院应当将当事人的基本情况、联系方式、诉讼请求、事实及理由予以准确记录，将相关证据予以登记。人民法院应当将上述记录和登记的内容向原告当面宣读，原告认为无误后应当签名或者捺印。

第五条 当事人应当在起诉或者答辩时向人民法院提供自己准确的送达地址、收件人、电话号码等其他联系方式，并签名或者捺印确认。

送达地址应当写明受送达人住所地的邮政编码和详细地址；受送达人是有固定职业的自然人的，其从业的场所可以视为送达地址。

第六条 原告起诉后，人民法院可以采取捎口信、电话、传真、电子邮件等简便方式随时传唤双方当事人、证人。

第七条 双方当事人到庭后，被告同意口头答辩的，人民法院可以当即开庭审理；被告要求书面答辩的，人民法院应当将提交答辩状的期限和开庭的具体日期告知各方当事人，并向当事人说明逾期举证以及拒不到庭的法律后果，由各方当事人在笔录和开庭传票的送达回证上签名或者捺印。

第八条 人民法院按照原告提供的被告的送达地址或者其他联系方式无法通知被告应诉的，应当按以下情况分别处理：

（一）原告提供了被告准确的送达地址，但人民法院无法向被告直接送达或者留置送达应诉通知书的，应当将案件转入普通程序审理；

（二）原告不能提供被告准确的送达地址，人民法院经查证后仍不能确定被告送达地址的，可以被告不明确为由裁定驳回原告起诉。

第九条 被告到庭后拒绝提供自己的送达地址和联系方式的，人民法院应当告知其拒不提供送达地址的后果；经人民法院告知后被告仍然拒不提供的，按下列方式处理：

（一）被告是自然人的，以其户籍登记中的住所地或者经常居住地为送达地址；

（二）被告是法人或者其他组织的，应当以其工商登记或者其他依法登记、备案中的住所地为送达地址。

人民法院应当将上述告知的内容记入笔录。

第十条 因当事人自己提供的送达地址不准确、送达地址变更未及时告知人民法院，或者当事人拒不提供自己的送达地址而导致诉讼文书未能被当事人实际接收的，按下列方式处理：

（一）邮寄送达的，以邮件回执上注明的退回之日视为送达之日；

（二）直接送达的，送达人当场在送达回证上记明情况之日视为送达之日。

上述内容，人民法院应当在原告起诉和被告答辩时以书面或者口头方式告知当事人。

第十一条 受送达的自然人以及他的同住成年家属拒绝签收诉讼文书的，或者法人、其他组织负责收件的人拒绝签收诉讼文书的，送达人应当依据《中华人民共和国民事诉讼法》第七十九条的规定邀请有关基层组织或者所在单位的代表到场见证，被邀请的人不愿到场见证的，送达人应当在送达回证上记明拒收事由、时间和地点以及被邀请人不愿到场见证的情形，将诉讼文书留在受送达人的住所或者从业场所，即视为送达。

受送达人的同住成年家属或者法人、其他组织负责收件的人是同一案件中另一方当事人的，不适用前款规定。

三、审理前的准备

第十二条 适用简易程序审理的民事案件，当事人及其诉讼代理人申请人民法院调查收集证据和申请证人出庭作证，应当在举证期限届满前提出，但其提出申请的期限不受《最高人民法院关于民事诉讼证据的若干规定》第十九条第一款、第五十四条第一款的限制。

第十三条 当事人一方或者双方就适用简易程序提出异议后，人民法院应当进行审查，并按下列情形分别处理：

（一）异议成立的，应当将案件转入普通程序审理，并将合议庭的组成人员及相关事项以书面形式通知双方当事人；

（二）异议不成立的，口头告知双方当事人，并将上述内容记入笔录。

转入普通程序审理的民事案件的审理期限自人民法院立案的次日起开始计算。

第十四条 下列民事案件，人民法院在开庭审理时应当先行调解：

（一）婚姻家庭纠纷和继承纠纷；

（二）劳务合同纠纷；

（三）交通事故和工伤事故引起的权利义务关系较为明确的损害赔偿纠纷；

（四）宅基地和相邻关系纠纷；

（五）合伙协议纠纷；
（六）诉讼标的额较小的纠纷。
但是根据案件的性质和当事人的实际情况不能调解或者显然没有调解必要的除外。

第十五条 调解达成协议并经审判人员审核后，双方当事人同意该调解协议经双方签名或者捺印生效的，该调解协议自双方签名或者捺印之日起发生法律效力。当事人要求摘录或者复制该调解协议的，应予准许。

调解协议符合前款规定的，人民法院应当另行制作民事调解书。调解协议生效后一方拒不履行的，另一方可以持民事调解书申请强制执行。

第十六条 人民法院可以当庭告知当事人到人民法院领取民事调解书的具体日期，也可以在当事人达成调解协议的次日起十日内将民事调解书发送给当事人。

第十七条 当事人以民事调解书与调解协议的原意不一致为由提出异议，人民法院审查后认为异议成立的，应当根据调解协议裁定补正民事调解书的相关内容。

四、开庭审理

第十八条 以捎口信、电话、传真、电子邮件等形式发送的开庭通知，未经当事人确认或者没有其他证据足以证明当事人已经收到的，人民法院不得将其作为按撤诉处理和缺席判决的根据。

第十九条 开庭前已经书面或者口头告知当事人诉讼权利义务，或者当事人各方均委托律师代理诉讼的，审判人员除告知当事人申请回避的权利外，可以不再告知当事人其他的诉讼权利义务。

第二十条 对没有委托律师代理诉讼的当事人，审判人员应当对回避、自认、举证责任等相关内容向其作必要的解释或者说明，并在庭审过程中适当提示当事人正确行使诉讼权利、履行诉讼义务，指导当事人进行正常的诉讼活动。

第二十一条 开庭时，审判人员可以根据当事人的诉讼请求和答辩意见归纳出争议焦点，经当事人确认后，由当事人围绕争议焦点举证、质证和辩论。

当事人对案件事实无争议的，审判人员可以在听取当事人就适用法律方面的辩论意见后迳行判决、裁定。

第二十二条 当事人双方同时到基层人民法院请求解决简单的民事纠纷，但未协商举证期限，或者被告一方经简便方式传唤到庭的，当事人在开庭审理时要求当庭举证的，应予准许；当事人当庭举证有困难的，举证的期限由当事人协商决定，但最长不得超过十五日；协商不成的，由人民法院决定。

第二十三条 适用简易程序审理的民事案件，应当一次开庭审结，但人民法院认为确有必要再次开庭的除外。

第二十四条 书记员应当将适用简易程序审理民事案件的全部活动记入笔录。对于下列事项，应当详细记载：

（一）审判人员关于当事人诉讼权利义务的告知、争议焦点的概括、证据的认定和裁判的宣告等重大事项；
（二）当事人申请回避、自认、撤诉、和解等重大事项；
（三）当事人当庭陈述的与其诉讼权利直接相关的其他事项。

第二十五条 庭审结束时，审判人员可以根据案件的审理情况对争议焦点和当事人各方举证、质证和辩论的情况进行简要总结，并就是否同意调解征询当事人的意见。

第二十六条 审判人员在审理过程中发现案情复杂需要转为普通程序的，应当在审限届满前及时作出决定，并书面通知当事人。

五、宣判与送达

第二十七条 适用简易程序审理的民事案件，除人民法院认为不宜当庭宣判的以外，应当当庭宣判。

第二十八条 当庭宣判的案件，除当事人当庭要求邮寄送达的以外，人民法院应当告知当事人或者诉讼代理人领取裁判文书的期间和地点以及逾期不领取的法律后果。上述情况，应当记入笔录。

人民法院已经告知当事人领取裁判文书的期间和地点的，当事人在指定期间内领取裁判文书之日即为送达之日；当事人在指定期间内未领取的，指定领取裁判文书期间届满之日即为送达之日，当事人的上诉期从人民法院指定领取裁判文书期间届满之日的次日起开始计算。

第二十九条 当事人因交通不便或者其他原因要求邮寄送达裁判文书的，人民法院可以按照当事人自己提供的送达地址邮寄送达。

人民法院根据当事人自己提供的送达地址邮寄送达的，邮件回执上注明收到或者退回之日即为送达之日，当事人的上诉期从邮件回执上注明收到或者退回之日的次日起开始计算。

第三十条 原告经传票传唤，无正当理由拒不到庭或者未经法庭许可中途退庭的，可以按撤诉处理；被告经传票传唤，无正当理由拒不到庭或者未经法庭许可中途退庭的，人民法院可以根据原告的诉讼请求及双方已经提交给法庭的证据材料缺席判决。

按撤诉处理或者缺席判决的，人民法院可以按照当事人自己提供的送达地址将裁判文书送达给未到庭的当事人。

第三十一条 定期宣判的案件，定期宣判之日即为送达之日，当事人的上诉期自定期宣判的次日起开始计算。当事人在定期宣判的日期无正当理由未到庭的，不影响该裁判上诉期间的计算。

当事人确有正当理由不能到庭，并在定期宣判前已经告知人民法院的，人民法院可以按照当事人自己提供的送达地址将裁判文书送达给未到庭的当事人。

第三十二条 适用简易程序审理的民事案件，有下列情形之一的，人民法院在

制作裁判文书时对认定事实或者判决理由部分可以适当简化:

(一) 当事人达成调解协议并需要制作民事调解书的;

(二) 一方当事人在诉讼过程中明确表示承认对方全部诉讼请求或者部分诉讼请求的;

(三) 当事人对案件事实没有争议或者争议不大的;

(四) 涉及个人隐私或者商业秘密的案件,当事人一方要求简化裁判文书中的相关内容,人民法院认为理由正当的;

(五) 当事人双方一致同意简化裁判文书的。

六、其他

第三十三条 本院已经公布的司法解释与本规定不一致的,以本规定为准。

第三十四条 本规定自 2003 年 12 月 1 日起施行。2003 年 12 月 1 日以后受理的民事案件,适用本规定。

救济程序与检察监督

B2-1 再审解释 (2008)

最高人民法院关于适用《中华人民共和国民事诉讼法》审判监督程序若干问题的解释

(法释〔2008〕14号。2008年11月10日最高人民法院审判
委员会第1453次会议通过,2008年11月25日公布,
自2008年12月1日起施行)

为了保障当事人申请再审权利,规范审判监督程序,维护各方当事人的合法权益,根据2007年10月28日修正的《中华人民共和国民事诉讼法》,结合审判实践,对审判监督程序中适用法律的若干问题作出如下解释:

第一条 当事人在民事诉讼法第一百八十四条规定的期限内,以民事诉讼法第一百七十九条所列明的再审事由,向原审人民法院的上一级人民法院申请再审的,上一级人民法院应当依法受理。

第二条 民事诉讼法第一百八十四条规定的申请再审期间不适用中止、中断和延长的规定。

第三条 当事人申请再审,应当向人民法院提交再审申请书,并按照对方当事人人数提出副本。

人民法院应当审查再审申请书是否载明下列事项:

(一) 申请再审人与对方当事人的姓名、住所及有效联系方式等基本情况;法人或其他组织的名称、住所和法定代表人或主要负责人的姓名、职务及有效联系方式等基本情况;

(二) 原审人民法院的名称,原判决、裁定、调解文书案号;

（三）申请再审的法定情形及具体事实、理由；

（四）具体的再审请求。

第四条 当事人申请再审，应当向人民法院提交已经发生法律效力的判决书、裁定书、调解书，身份证明及相关证据材料。

第五条 案外人对原判决、裁定、调解书确定的执行标的物主张权利，且无法提起新的诉讼解决争议的，可以在判决、裁定、调解书发生法律效力后二年内，或者自知道或应当知道利益被损害之日起三个月内，向作出原判决、裁定、调解书的人民法院的上一级人民法院申请再审。

在执行过程中，案外人对执行标的提出书面异议的，按照民事诉讼法第二百零四条的规定处理。

第六条 申请再审人提交的再审申请书或者其他材料不符合本解释第三条、第四条的规定，或者有人身攻击等内容，可能引起矛盾激化的，人民法院应当要求申请再审人补充或改正。

第七条 人民法院应当自收到符合条件的再审申请书等材料后五日内完成向申请再审人发送受理通知书等受理登记手续，并向对方当事人发送受理通知书及再审申请书副本。

第八条 人民法院受理再审申请后，应当组成合议庭予以审查。

第九条 人民法院对再审申请的审查，应当围绕再审事由是否成立进行。

第十条 申请再审人提交下列证据之一的，人民法院可以认定为民事诉讼法第一百七十九条第一款第（一）项规定的"新的证据"：

（一）原庭审结束前已客观存在庭审结束后新发现的证据；

（二）原庭审结束前已经发现，但因客观原因无法取得或在规定的期限内不能提供的证据；

（三）原审庭审结束后原作出鉴定结论、勘验笔录者重新鉴定、勘验，推翻原结论的证据。

当事人在原审中提供的主要证据，原审未予质证、认证，但足以推翻原判决、裁定的，应当视为新的证据。

第十一条 对原判决、裁定的结果有实质影响、用以确定当事人主体资格、案件性质、具体权利义务和民事责任等主要内容所依据的事实，人民法院应当认定为民事诉讼法第一百七十九条第一款第（二）项规定的"基本事实"。

第十二条 民事诉讼法第一百七十九条第一款第（五）项规定的"对审理案件需要的证据"，是指人民法院认定案件基本事实所必须的证据。

第十三条 原判决、裁定适用法律、法规或司法解释有下列情形之一的，人民法院应当认定为民事诉讼法第一百七十九条第一款第（六）项规定的"适用法律确有错误"：

（一）适用的法律与案件性质明显不符的；

（二）确定民事责任明显违背当事人约定或者法律规定的；

（三）适用已经失效或尚未施行的法律的；
（四）违反法律溯及力规定的；
（五）违反法律适用规则的；
（六）明显违背立法本意的。

第十四条 违反专属管辖、专门管辖规定以及其他严重违法行使管辖权的，人民法院应当认定为民事诉讼法第一百七十九条第一款第（七）项规定的"管辖错误"。

第十五条 原审开庭过程中审判人员不允许当事人行使辩论权利，或者以不送达起诉状副本或上诉状副本等其他方式，致使当事人无法行使辩论权利的，人民法院应当认定为民事诉讼法第一百七十九条第一款第（十）项规定的"剥夺当事人辩论权利"。但依法缺席审理，依法进行判决、裁定的除外。

第十六条 原判决、裁定对基本事实和案件性质的认定系根据其他法律文书作出，而上述其他法律文书被撤销或变更的，人民法院可以认定为民事诉讼法第一百七十九条第一款第（十三）项规定的情形。

第十七条 民事诉讼法第一百七十九条第二款规定的"违反法定程序可能影响案件正确判决、裁定的情形"，是指除民事诉讼法第一百七十九条第一款第（四）项以及第（七）项至第（十二）项之外的其他违反法定程序，可能导致案件裁判结果错误的情形。

第十八条 民事诉讼法第一百七十九条第二款规定的"审判人员在审理该案件时有贪污受贿，徇私舞弊，枉法裁判行为"，是指该行为已经相关刑事法律文书或者纪律处分决定确认的情形。

第十九条 人民法院经审查再审申请书等材料，认为申请再审事由成立的，应当进行裁定再审。

当事人申请再审超过民事诉讼法第一百八十四条规定的期限，或者超出民事诉讼法第一百七十九条所列明的再审事由范围的，人民法院应当裁定驳回再审申请。

第二十条 人民法院认为仅审查再审申请书等材料难以作出裁定的，应当调阅原审卷宗予以审查。

第二十一条 人民法院可以根据案情需要决定是否询问当事人。

以有新的证据足以推翻原判决、裁定为由申请再审的，人民法院应当询问当事人。

第二十二条 在审查再审申请过程中，对方当事人也申请再审的，人民法院应当将其列为申请再审人，对其提出的再审申请一并审查。

第二十三条 申请再审人在案件审查期间申请撤回再审申请的，是否准许，由人民法院裁定。

申请再审人经传票传唤，无正当理由拒不接受询问，可以裁定按撤回再审申请处理。

第二十四条 人民法院经审查认为申请再审事由不成立的,应当裁定驳回再审申请。

驳回再审申请的裁定一经送达,即发生法律效力。

第二十五条 有下列情形之一的,人民法院可以裁定终结审查:

(一) 申请再审人死亡或者终止,无权利义务承受人或者权利义务承受人声明放弃再审申请的;

(二) 在给付之诉中,负有给付义务的被申请人死亡或者终止,无可供执行的财产,也没有应当承担义务的人的;

(三) 当事人达成执行和解协议且已履行完毕的,但当事人在执行和解协议中声明不放弃申请再审权利的除外;

(四) 当事人之间的争议可以另案解决的。

第二十六条 人民法院审查再审申请期间,人民检察院对该案提出抗诉的,人民法院应依照民事诉讼法第一百八十八条的规定裁定再审。申请再审人提出的具体再审请求应纳入审理范围。

第二十七条 上一级人民法院经审查认为申请再审事由成立的,一般由本院提审。最高人民法院、高级人民法院也可以指定与原审人民法院同级的其他人民法院再审,或者指令原审人民法院再审。

第二十八条 上一级人民法院可以根据案件的影响程度以及案件参与人等情况,决定是否指定再审。需要指定再审的,应当考虑便利当事人行使诉讼权利以及便利人民法院审理等因素。

接受指定再审的人民法院,应当按照民事诉讼法第一百八十六条第一款规定的程序审理。

第二十九条 有下列情形之一的,不得指令原审人民法院再审:

(一) 原审人民法院对该案无管辖权的;

(二) 审判人员在审理该案件时有贪污受贿,徇私舞弊,枉法裁判行为的;

(三) 原判决、裁定系经原审人民法院审判委员会讨论作出的;

(四) 其他不宜指令原审人民法院再审的。

第三十条 当事人未申请再审、人民检察院未抗诉的案件,人民法院发现原判决、裁定、调解协议有损害国家利益、社会公共利益等确有错误情形的,应当依照民事诉讼法第一百七十七条的规定提起再审。

第三十一条 人民法院应当依照民事诉讼法第一百八十六条的规定,按照第一审程序或者第二审程序审理再审案件。

人民法院审理再审案件应当开庭审理。但按照第二程序审理的,双方当事人已经其他方式充分表达意见,且书面同意不开庭审理的除外。

第三十二条 人民法院开庭审理再审案件,应分别不同情形进行:

(一) 因当事人申请裁定再审的,先由申请再审人陈述再审请求及理由,后由被申请人答辩及其他原审当事人发表意见；

（二）因人民检察院抗诉裁定再审的，先由抗诉机关宣读抗诉书，再由申请抗诉的当事人陈述，后由被申请人答辩及其他原审当事人发表意见；

（三）人民法院依职权裁定再审的，当事人按照其在原审中的诉讼地位依次发表意见。

第三十三条 人民法院应当在具体的再审请求范围内或在抗诉支持当事人请求的范围内审理再审案件。当事人超出原审范围增加、变更诉讼请求的，不属于再审审理范围。但涉及国家利益、社会公共利益，或者当事人在原审诉讼中已经依法要求增加、变更诉讼请求，原审未予审理且客观上不能形成其他诉讼的除外。

经再审裁定撤销原判决，发回重审后，当事人增加诉讼请求的，人民法院依照民事诉讼法第一百二十六条的规定处理。

第三十四条 申请再审人在再审期间撤回再审申请的，是否准许由人民法院裁定。裁定准许的，应终结再审程序。申请再审人经传票传唤，无正当理由拒不到庭的，或者未经法庭许可中途退庭的，可以裁定按自动撤回再审申请处理。

人民检察院抗诉再审的案件，申请抗诉的当事人有前款规定的情形，且不损害国家利益、社会公共利益或第三人利益的，人民法院应当裁定终结再审程序；人民检察院撤回抗诉的，应当准予。

终结再审程序的，恢复原判决的执行。

第三十五条 按照第一审程序审理再审案件时，一审原告申请撤回起诉的，是否准许由人民法院裁定。裁定准许的，应当同时裁定撤销原判决、裁定、调解书。

第三十六条 当事人在再审审理中经调解达成协议的，人民法院应当制作调解书。调解书经各方当事人签收后，即具有法律效力，原判决、裁定视为被撤销。

第三十七条 人民法院经再审审理认为，原判决、裁定认定事实清楚、适用法律正确的，应予维持；原判决、裁定在认定事实、适用法律、阐述理由方面虽有瑕疵，但裁判结果正确的，人民法院应在再审判决、裁定中纠正上述瑕疵后予以维持。

第三十八条 人民法院按照第二审程序审理再审案件，发现原判决认定事实错误或者认定事实不清的，应当在查清事实后改判。但原审人民法院便于查清事实，化解纠纷的，可以裁定撤销原判决，发回重审；原审程序遗漏必须参加诉讼的当事人且无法达成调解协议，以及其他违反法定程序不宜在再审程序中直接作出实体处理的，应当裁定撤销原判决，发回重审。

第三十九条 新的证据证明原判决、裁定确有错误的，人民法院应予改判。

申请再审人或者申请抗诉的当事人提出新的证据致使再审改判，被申请人等当事人因申请再审人或者申请抗诉的当事人的过错未能在原程序中及时举证，请求补偿其增加的差旅、误工等诉讼费用的，人民法院应当支持；请求赔偿其由此扩大的直接损失，可以另行提起诉讼解决。

第四十条 人民法院以调解方式审结的案件裁定再审后，经审理发现申请再审人提出的调解违反自愿原则的事由不成立，且调解协议的内容不违反法律强制性规定的，应当裁定驳回再审申请，并恢复原调解书的执行。

第四十一条 民事再审案件的当事人应为原审案件的当事人。原审案件当事人死亡或者终止的，其权利义务承受人可以申请再审并参加再审诉讼。

第四十二条 因案外人申请人民法院裁定再审的，人民法院经审理认为案外人应为必要的共同诉讼当事人，在按第一审程序再审时，应追加其为当事人，作出新的判决；在按第二审程序再审时，经调解不能达成协议的，应撤销原判，发回重审，重审时应追加案外人为当事人。

案外人不是必要的共同诉讼当事人的，仅审理其对原判决提出异议部分的合法性，并应根据审理情况作出撤销原判决相关判项或者驳回再审请求的判决；撤销原判决相关判项的，应当告知案外人以及原审当事人可以提起新的诉讼解决相关争议。

第四十三条 本院以前发布的司法解释与本解释不一致的，以本解释为准。本解释未作规定的，按照以前的规定执行。

B2-2 重审再审规定（2015）

最高人民法院关于民事审判监督程序严格依法适用指令再审和发回重审若干问题的规定

（法释〔2015〕7号。2015年2月2日最高人民法院审判
委员会第1643次会议通过，2015年2月16日公布，
自2015年3月15日起施行）

为了及时有效维护各方当事人的合法权益，维护司法公正，进一步规范民事案件指令再审和再审发回重审，提高审判监督质量和效率，根据《中华人民共和国民事诉讼法》，结合审判实际，制定本规定。

第一条 上级人民法院应当严格依照民事诉讼法第二百条等规定审查当事人的再审申请，符合法定条件的，裁定再审。不得因指令再审而降低再审启动标准，也不得因当事人反复申诉将依法不应当再审的案件指令下级人民法院再审。

第二条 因当事人申请裁定再审的案件一般应当由裁定再审的人民法院审理。有下列情形之一的，最高人民法院、高级人民法院可以指令原审人民法院再审：

（一）依据民事诉讼法第二百条第（四）项、第（五）项或者第（九）

项裁定再审的;
（二）发生法律效力的判决、裁定、调解书是由第一审法院作出的;
（三）当事人一方人数众多或者当事人双方为公民的;
（四）经审判委员会讨论决定的其他情形。

人民检察院提出抗诉的案件，由接受抗诉的人民法院审理，具有民事诉讼法第二百条第（一）至第（五）项规定情形之一的，可以指令原审人民法院再审。

人民法院依据民事诉讼法第一百九十八条第二款裁定再审的，应当提审。

第三条 虽然符合本规定第二条可以指令再审的条件，但有下列情形之一的，应当提审：
（一）原判决、裁定系经原审人民法院再审审理后作出的;
（二）原判决、裁定系经原审人民法院审判委员会讨论作出的;
（三）原审审判人员在审理该案件时有贪污受贿，徇私舞弊，枉法裁判行为的;
（四）原审人民法院对该案无再审管辖权的;
（五）需要统一法律适用或裁量权行使标准的;
（六）其他不宜指令原审人民法院再审的情形。

第四条 人民法院按照第二审程序审理再审案件，发现原判决认定基本事实不清的，一般应当通过庭审认定事实后依法作出判决。但原审人民法院未对基本事实进行过审理的，可以裁定撤销原判决，发回重审。原判决认定事实错误的，上级人民法院不得以基本事实不清为由裁定发回重审。

第五条 人民法院按照第二审程序审理再审案件，发现第一审人民法院有下列严重违反法定程序情形之一的，可以依照民事诉讼法第一百七十条第一款第（四）项的规定，裁定撤销原判决，发回第一审人民法院重审：
（一）原判决遗漏必须参加诉讼的当事人的;
（二）无诉讼行为能力人未经法定代理人代为诉讼，或者应当参加诉讼的当事人，因不能归责于本人或者其诉讼代理人的事由，未参加诉讼的;
（三）未经合法传唤缺席判决，或者违反法律规定剥夺当事人辩论权利的;
（四）审判组织的组成不合法或者依法应当回避的审判人员没有回避的;
（五）原判决、裁定遗漏诉讼请求的。

第六条 上级人民法院裁定指令再审、发回重审的，应当在裁定书中阐明指令再审或者发回重审的具体理由。

第七条 再审案件应当围绕申请人的再审请求进行审理和裁判。对方当事人在再审庭审辩论终结前也提出再审请求的，应一并审理和裁判。当事人的再审请求超出原诉讼请求的不予审理，构成另案诉讼的应告知当事人可以提起新的诉讼。

第八条 再审发回重审的案件,应当围绕当事人原诉讼请求进行审理。当事人申请变更、增加诉讼请求和提出反诉的,按照《最高人民法院关于适用〈中华人民共和国民事诉讼法〉的解释》第二百五十二条的规定审查决定是否准许。当事人变更其在原审中的诉讼主张、质证及辩论意见的,应说明理由并提交相应的证据,理由不成立或证据不充分的,人民法院不予支持。

第九条 各级人民法院对民事案件指令再审和再审发回重审的审判行为,应当严格遵守本规定。违反本规定的,应当依照相关规定追究有关人员的责任。

第十条 最高人民法院以前发布的司法解释与本规定不一致的,不再适用。

B2-3 检察监督规则(2013)

人民检察院民事诉讼监督规则(试行)

(高检发释字〔2013〕3号。2013年9月23日最高人民检察院第十二届检察委员会第十次会议通过,2013年11月18日公布并施行
高检发研字〔2018〕18号停止执行本规则第32条)

第一章 总 则

第一条 为了保障和规范人民检察院依法履行民事检察职责,根据《中华人民共和国民事诉讼法》、《中华人民共和国人民检察院组织法》和其他有关规定,结合人民检察院工作实际,制定本规则。

第二条 人民检察院依法独立行使检察权,通过办理民事诉讼监督案件,维护司法公正和司法权威,维护国家利益和社会公共利益,维护公民、法人和其他组织的合法权益,保障国家法律的统一正确实施。

第三条 人民检察院通过抗诉、检察建议等方式,对民事诉讼活动实行法律监督。

第四条 人民检察院办理民事诉讼监督案件,应当以事实为根据,以法律为准绳,坚持公开、公平、公正和诚实信用原则,尊重和保障当事人的诉讼权利,监督和支持人民法院依法行使审判权和执行权。

第五条 民事诉讼监督案件的受理、办理、管理工作分别由控告检察部门、民事检察部门、案件管理部门负责,各部门互相配合,互相制约。

第六条 人民检察院办理民事诉讼监督案件,实行检察官办案责任制。

第七条 最高人民检察院领导地方各级人民检察院和专门人民检察院的民事诉讼监督工作,上级人民检察院领导下级人民检察院的民事诉讼监督工作。

上级人民检察院对下级人民检察院作出的决定,有权予以撤销或者变更,发现下级人民检察院工作中有错误的,有权指令下级人民检察院纠正。上级人民检察院的决定,下级人民检察院应当执行。下级人民检察院对上级人民检察院的决定有不同意见的,可以在执行的同时向上级人民检察院报告。

第八条 人民检察院检察长在同级人民法院审判委员会讨论民事抗诉案件或者其他与民事诉讼监督工作有关的议题时,可以依照有关规定列席会议。

第九条 人民检察院办理民事诉讼监督案件,实行回避制度。

第十条 检察人员办理民事诉讼监督案件,应当依法秉公办案,自觉接受监督。

检察人员不得接受当事人及其诉讼代理人请客送礼,不得违反规定会见当事人及其诉讼代理人。

检察人员有收受贿赂、徇私枉法等行为的,应当追究法律责任。

第二章 管 辖

第十一条 对已经发生法律效力的民事判决、裁定、调解书的监督案件,最高人民检察院、作出该生效法律文书的人民法院所在地同级人民检察院和上级人民检察院均有管辖权。

第十二条 对民事审判程序中审判人员违法行为的监督案件,由审理案件的人民法院所在地同级人民检察院管辖。

第十三条 对民事执行活动的监督案件,由执行法院所在地同级人民检察院管辖。

第十四条 人民检察院发现受理的民事诉讼监督案件不属于本院管辖的,应当移送有管辖权的人民检察院,受移送的人民检察院应当受理。受移送的人民检察院认为不属于本院管辖的,应当报请上级人民检察院指定管辖,不得再自行移送。

第十五条 有管辖权的人民检察院由于特殊原因,不能行使管辖权的,由上级人民检察院指定管辖。

人民检察院之间因管辖权发生争议,由争议双方协商解决;协商不能解决的,报请其共同上级人民检察院指定管辖。

第十六条 上级人民检察院认为确有必要的,可以办理下级人民检察院管辖的民事诉讼监督案件。

下级人民检察院对有管辖权的民事诉讼监督案件,认为需要由上级人民检察院办理的,可以报请上级人民检察院办理。

第十七条 军事检察院等专门人民检察院对民事诉讼监督案件的管辖,依照有关规定执行。

第三章 回 避

第十八条 检察人员有《中华人民共和国民事诉讼法》第四十四条规定情形之一的,应当自行回避,当事人有权申请他们回避。

前款规定,适用于书记员、翻译人员、鉴定人、勘验人等。

第十九条 检察人员自行回避的,可以口头或者书面方式提出,并说明理由。口头提出申请的,应当记录在卷。

第二十条 当事人申请回避,应当在人民检察院作出提出抗诉或者检察建议等决定前以口头或者书面方式提出,并说明理由。口头提出申请的,应当记录在卷。根据《中华人民共和国民事诉讼法》第四十四条第二款规定提出回避申请的,应当提供相关证据。

被申请回避的人员在人民检察院作出是否回避的决定前,应当暂停参与本案工作,但案件需要采取紧急措施的除外。

第二十一条 检察长的回避,由检察委员会讨论决定;检察人员和其他人员的回避,由检察长决定。检察委员会讨论检察长回避问题时,由副检察长主持,检察长不得参加。

第二十二条 人民检察院对当事人提出的回避申请,应当在三日内作出决定,并通知申请人。申请人对决定不服的,可以在接到决定时向原决定机关申请复议一次。人民检察院应当在三日内作出复议决定,并通知复议申请人。复议期间,被申请回避的人员不停止参与本案工作。

第四章 受 理

第二十三条 民事诉讼监督案件的来源包括:

(一)当事人向人民检察院申请监督;

(二)当事人以外的公民、法人和其他组织向人民检察院控告、举报;

(三)人民检察院依职权发现。

第二十四条 有下列情形之一的,当事人可以向人民检察院申请监督:

(一)已经发生法律效力的民事判决、裁定、调解书符合《中华人民共和国民事诉讼法》第二百零九条第一款规定的;

(二)认为民事审判程序中审判人员存在违法行为的;

(三)认为民事执行活动存在违法情形的。

第二十五条 当事人向人民检察院申请监督,应当提交监督申请书、身份证明、相关法律文书及证据材料。提交证据材料的,应当附证据清单。

申请监督材料不齐备的,人民检察院应当要求申请人限期补齐,并明确告知应补齐的全部材料。申请人逾期未补齐的,视为撤回监督申请。

第二十六条 本规则第二十五条规定的监督申请书应当记明下列事项:

(一)申请人的姓名、性别、年龄、民族、职业、工作单位、住所、有效联系方式,法人或者其他组织的名称、住所和法定代表人或者主要负责人的姓名、职务、有效联系方式;

(二)其他当事人的姓名、性别、工作单位、住所、有效联系方式等信息,法人或者其他组织的名称、住所、负责人、有效联系方式等信息;

(三)申请监督请求和所依据的事实与理由。

申请人应当按照其他当事人的人数提交监督申请书副本。

第二十七条 本规则第二十五条规定的身份证明包括:

(一)自然人的居民身份证、军官证、士兵证、护照等能够证明本人身份的有效证件；

（二）法人或者其他组织的营业执照副本、组织机构代码证书和法定代表人或者主要负责人的身份证明等有效证照。

对当事人提交的身份证明，人民检察院经核对无误留存复印件。

第二十八条 本规则第二十五条规定的相关法律文书是指人民法院在该案件诉讼过程中作出的全部判决书、裁定书、决定书、调解书等法律文书。

第二十九条 当事人申请监督，可以依照《中华人民共和国民事诉讼法》的规定委托代理人。

第三十条 当事人申请监督符合下列条件的，人民检察院应当受理：

（一）符合本规则第二十四条的规定；

（二）申请人提供的材料符合本规则第二十五条至第二十八条的规定；

（三）本院具有管辖权；

（四）不具有本规则规定的不予受理情形。

第三十一条 当事人根据《中华人民共和国民事诉讼法》第二百零九条第一款的规定向人民检察院申请监督，有下列情形之一的，人民检察院不予受理：

（一）当事人未向人民法院申请再审或者申请再审超过法律规定的期限的；

（二）人民法院正在对民事再审申请进行审查的，但超过三个月未对再审申请作出裁定的除外；

（三）人民法院已经裁定再审且尚未审结的；

（四）判决、调解解除婚姻关系的，但对财产分割部分不服的除外；

（五）人民检察院已经审查终结作出决定的；

（六）民事判决、裁定、调解书是人民法院根据人民检察院的抗诉或者再审检察建议再审后作出的；

（七）其他不应受理的情形。

第三十二条 对人民法院作出的一审民事判决、裁定，当事人依法可以上诉但未提出上诉，而依照《中华人民共和国民事诉讼法》第二百零九条第一款第一项、第二项的规定向人民检察院申请监督的，人民检察院不予受理，但有下列情形之一的除外：

（一）据以作出原判决、裁定的法律文书被撤销或者变更的；

（二）审判人员有贪污受贿、徇私舞弊、枉法裁判等严重违法行为的；

（三）人民法院送达法律文书违反法律规定，影响当事人行使上诉权的；

（四）当事人因自然灾害等不可抗力无法行使上诉权的；

（五）当事人因人身自由被剥夺、限制，或者因严重疾病等客观原因不能行使上诉权的；

（六）有证据证明他人以暴力、胁迫、欺诈等方式阻止当事人行使上诉权的；

（七）因其他不可归责于当事人的原因没有提出上诉的。

第三十三条 当事人认为民事审判程序中审判人员存在违法行为或者民事执行活动存在违法情形，向人民检察院申请监督，有下列情形之一的，人民检察院不予受理：

（一）法律规定可以提出异议、申请复议或者提起诉讼，当事人没有提出异议、申请复议或者提起诉讼的，但有正当理由的除外；

（二）当事人提出异议或者申请复议后，人民法院已经受理并正在审查处理的，但超过法定期间未作出处理的除外；

（三）其他不应受理的情形。

第三十四条 当事人根据《中华人民共和国民事诉讼法》第二百零九条第一款的规定向人民检察院申请检察建议或者抗诉，由作出生效民事判决、裁定、调解书的人民法院所在地同级人民检察院控告检察部门受理。

当事人认为民事审判程序中审判人员存在违法行为或者民事执行活动存在违法情形，向人民检察院申请监督的，由审理、执行案件的人民法院所在地同级人民检察院控告检察部门受理。

第三十五条 人民法院裁定驳回再审申请或者逾期未对再审申请作出裁定，当事人向人民检察院申请监督的，由作出原生效民事判决、裁定、调解书的人民法院所在地同级人民检察院控告检察部门受理。

第三十六条 人民检察院控告检察部门对监督申请，应当根据以下情形作出处理：

（一）符合受理条件的，应当依照本规则规定作出受理决定；

（二）属于人民检察院受理案件范围但不属于本院管辖的，应当告知申请人向有管辖权的人民检察院申请监督；

（三）不属于人民检察院受理案件范围的，应当告知申请人向有关机关反映；

（四）不符合受理条件，且申请人不撤回监督申请的，可以决定不予受理。

应当由下级人民检察院受理的，上级人民检察院应当在七日内将监督申请书及相关材料移交下级人民检察院。

第三十七条 控告检察部门应当在决定受理之日起三日内制作《受理通知书》，发送申请人，并告知其权利义务。

需要通知其他当事人的，应当将《受理通知书》和监督申请书副本发送其他当事人，并告知其权利义务。其他当事人可以在收到监督申请书副本之日起十五日内提出书面意见，不提出意见的不影响人民检察院对案件的审查。

第三十八条 控告检察部门应当在决定受理之日起三日内将案件材料移送本院民事检察部门，同时将《受理通知书》抄送本院案件管理部门。

第三十九条 当事人以外的公民、法人和其他组织认为人民法院民事审判程序中审判人员存在违法行为或者民事执行活动存在违法情形的,可以向同级人民检察院控告、举报。控告、举报由人民检察院控告检察部门受理。

控告检察部门对收到的控告、举报,应当依据《人民检察院信访工作规定》、《人民检察院举报工作规定》等办理。

第四十条 控告检察部门可以依据《人民检察院信访工作规定》,向下级人民检察院交办涉及民事诉讼监督的信访案件。

第四十一条 具有下列情形之一的民事案件,人民检察院应当依职权进行监督:

(一)损害国家利益或者社会公共利益的;

(二)审判、执行人员有贪污受贿、徇私舞弊、枉法裁判等行为的;

(三)依照有关规定需要人民检察院跟进监督的。

第四十二条 下级人民检察院提请抗诉、提请其他监督等案件,由上一级人民检察院案件管理部门受理。

依职权发现的民事诉讼监督案件,民事检察部门应当到案件管理部门登记受理。

第四十三条 案件管理部门接收案件材料后,应当在三日内登记并将案件材料和案件登记表移送民事检察部门;案件材料不符合规定的,应当要求补齐。

案件管理部门登记受理后,需要通知当事人的,民事检察部门应当制作《受理通知书》,并在三日内发送当事人。

第五章 审 查

第一节 一般规定

第四十四条 民事检察部门负责对受理后的民事诉讼监督案件进行审查。

第四十五条 上级人民检察院可以将受理的民事诉讼监督案件交由有管辖权的下级人民检察院办理。交办的案件应当制作《交办通知书》,并将有关材料移送下级人民检察院。下级人民检察院应当依法办理,不得将案件再行交办,作出决定前应当报上级人民检察院审核同意。

交办案件需要通知当事人的,应当制作《通知书》,并发送当事人。

第四十六条 上级人民检察院可以将案件转有管辖权的下级人民检察院办理。转办案件应当制作《转办通知书》,并将有关材料移送下级人民检察院。

转办案件需要通知当事人的,应当制作《通知书》,并发送当事人。

第四十七条 人民检察院审查民事诉讼监督案件,应当围绕申请人的申请监督请求以及发现的其他情形,对人民法院民事诉讼活动是否合法进行审查。其他当事人也申请监督的,应当将其列为申请人,对其申请监督请求一并审查。

第四十八条 申请人或者其他当事人对提出的主张,应当提供证据材料。人民检察院收到当事人提交的证据材料,应当出具收据。

第四十九条 人民检察院应当告知当事人有申请回避的权利,并告知办理案件的检察人员、书记员等的姓名、法律职务。

第五十条 人民检察院审查案件，应当听取当事人意见，必要时可以听证或者调查核实有关情况。

第五十一条 人民检察院审查案件，可以依照有关规定调阅人民法院的诉讼卷宗。

通过拷贝电子卷、查阅、复制、摘录等方式能够满足办案需要的，可以不调阅诉讼卷宗。

第五十二条 承办人审查终结后，应当制作审查终结报告。审查终结报告应当全面、客观、公正地叙述案件事实，依据法律提出处理建议。

承办人通过审查监督申请书等材料即可以认定案件事实的，可以直接制作审查终结报告，提出处理建议。

第五十三条 案件应当经集体讨论，参加集体讨论的人员应当对案件事实、适用法律、处理建议等发表明确意见并说明理由。集体讨论意见应当在全面、客观地归纳讨论意见的基础上形成。

集体讨论形成的处理意见，由民事检察部门负责人提出审核意见后报检察长批准。

检察长认为必要的，可以提请检察委员会讨论决定。

第五十四条 人民检察院对审查终结的案件，应当区分情况作出下列决定：

（一）提出再审检察建议；

（二）提请抗诉；

（三）提出抗诉；

（四）提出检察建议；

（五）终结审查；

（六）不支持监督申请。

控告检察部门受理的案件，民事检察部门应当将案件办理结果书面告知控告检察部门。

第五十五条 人民检察院在办理民事诉讼监督案件过程中，当事人有和解意愿的，可以建议当事人自行和解。

第五十六条 人民检察院受理当事人申请对人民法院已经发生法律效力的民事判决、裁定、调解书监督的案件，应当在三个月内审查终结并作出决定。

对民事审判程序中审判人员违法行为监督案件和对民事执行活动监督案件的审查期限，依照前款规定执行。

第二节 听 证

第五十七条 人民检察院审查民事诉讼监督案件，认为确有必要的，可以组织有关当事人听证。

根据案件具体情况，可以邀请与案件没有利害关系的人大代表、政协委员、人民监督员、特约检察员、专家咨询委员、人民调解员或者当事人所在单位、居住地的居民委员会委员以及专家、学者等其他社会人士参加听证。

第五十八条 人民检察院组织听证，由承办该案件的检察人员主持，书记员负责记录。

听证应当在人民检察院专门听证场所内进行。

第五十九条 人民检察院组织听证，应当在听证三日前通知参加听证的当事人，并告知听证的时间、地点。

第六十条 参加听证的当事人和其他相关人员应当按时参加听证，当事人无正当理由缺席或者未经许可中途退席的，不影响听证程序的进行。

第六十一条 听证应当围绕民事诉讼监督案件中的事实认定和法律适用等问题进行。

对当事人提交的证据材料和人民检察院调查取得的证据，应当充分听取各方当事人的意见。

第六十二条 听证应当按照下列顺序进行：

（一）申请人陈述申请监督请求、事实和理由；
（二）其他当事人发表意见；
（三）申请人和其他当事人提交新证据的，应当出示并予以说明；
（四）出示人民检察院调查取得的证据；
（五）案件各方当事人陈述对听证中所出示证据的意见；
（六）申请人和其他当事人发表最后意见。

第六十三条 听证应当制作笔录，经当事人校阅后，由当事人签名或者盖章。拒绝签名盖章的，应当记明情况。

第六十四条 参加听证的人员应当服从听证主持人指挥。

对违反听证秩序的，人民检察院可以予以训诫，责令退出听证场所；对哄闹、冲击听证场所，侮辱、诽谤、威胁、殴打检察人员等严重扰乱听证秩序的，依法追究责任。

第三节 调查核实

第六十五条 人民检察院因履行法律监督职责提出检察建议或者抗诉的需要，有下列情形之一的，可以向当事人或者案外人调查核实有关情况：

（一）民事判决、裁定、调解书可能存在法律规定需要监督的情形，仅通过阅卷及审查现有材料难以认定的；
（二）民事审判程序中审判人员可能存在违法行为的；
（三）民事执行活动可能存在违法情形的；
（四）其他需要调查核实的情形。

第六十六条 人民检察院可以采取以下调查核实措施：

（一）查询、调取、复制相关证据材料；
（二）询问当事人或者案外人；
（三）咨询专业人员、相关部门或者行业协会等对专门问题的意见；

（四）委托鉴定、评估、审计；
（五）勘验物证、现场；
（六）查明案件事实所需要采取的其他措施。

人民检察院调查核实，不得采取限制人身自由和查封、扣押、冻结财产等强制性措施。

第六十七条 人民检察院可以就专门性问题书面或者口头咨询有关专业人员、相关部门或者行业协会的意见。口头咨询的，应当制作笔录，由接受咨询的专业人员签名或者盖章。拒绝签名盖章的，应当记明情况。

第六十八条 人民检察院对专门性问题认为需要鉴定、评估、审计的，可以委托具备资格的机构进行鉴定、评估、审计。

在诉讼过程中已经进行过鉴定、评估、审计的，一般不再委托鉴定、评估、审计。

第六十九条 人民检察院认为确有必要的，可以勘验物证或者现场。勘验人应当出示人民检察院的证件，并邀请当地基层组织或者当事人所在单位派人参加。当事人或者当事人的成年家属应当到场，拒不到场的，不影响勘验的进行。

勘验人应当将勘验情况和结果制作笔录，由勘验人、当事人和被邀参加人签名或者盖章。

第七十条 需要调查核实的，由承办人提出，部门负责人或者检察长批准。

第七十一条 人民检察院调查核实，应当由二人以上共同进行。

调查笔录经被调查人校阅后，由调查人、被调查人签名或者盖章。被调查人拒绝签名盖章的，应当记明情况。

第七十二条 人民检察院可以指令下级人民检察院或者委托外地人民检察院调查核实。

人民检察院指令调查或者委托调查的，应当发送《指令调查通知书》或者《委托调查函》，载明调查核实事项、证据线索及要求。受指令或者受委托人民检察院收到《指令调查通知书》或者《委托调查函》后，应当在十五日内完成调查核实工作并书面回复。因客观原因不能完成调查的，应当在上述期限内书面回复指令或者委托的人民检察院。

人民检察院到外地调查的，当地人民检察院应当配合。

第七十三条 人民检察院调查核实，有关单位和个人应当配合。拒绝或者妨碍人民检察院调查核实的，人民检察院可以向有关单位或者其上级主管部门提出检察建议，责令纠正；涉嫌犯罪的，依照规定移送有关机关处理。

第四节 中止审查和终结审查

第七十四条 有下列情形之一的，人民检察院可以中止审查：

（一）申请监督的自然人死亡，需要等待继承人表明是否继续申请监督的；

（二）申请监督的法人或者其他组织终止，尚未确定权利义务承受人的；

（三）本案必须以另一案的处理结果为依据，而另一案尚未审结的；

（四）其他可以中止审查的情形。

中止审查的，应当制作《中止审查决定书》，并发送当事人。中止审查的原因消除后，应当恢复审查。

第七十五条 有下列情形之一的，人民检察院应当终结审查：

（一）人民法院已经裁定再审或者已经纠正违法行为的；

（二）申请人撤回监督申请或者当事人达成和解协议，且不损害国家利益、社会公共利益或者他人合法权益的；

（三）申请监督的自然人死亡，没有继承人或者继承人放弃申请，且没有发现其他应当监督的违法情形的；

（四）申请监督的法人或者其他组织终止，没有权利义务承受人或者权利义务承受人放弃申请，且没有发现其他应当监督的违法情形的；

（五）发现已经受理的案件不符合受理条件的；

（六）人民检察院依职权发现的案件，经审查不需要采取监督措施的；

（七）其他应当终结审查的情形。

终结审查的，应当制作《终结审查决定书》，需要通知当事人的，发送当事人。

第六章 对生效判决、裁定、调解书的监督

第一节 一般规定

第七十六条 人民检察院发现人民法院已经发生法律效力的民事判决、裁定有《中华人民共和国民事诉讼法》第二百条规定情形之一的，依法向人民法院提出再审检察建议或者抗诉。

第七十七条 人民检察院发现民事调解书损害国家利益、社会公共利益的，依法向人民法院提出再审检察建议或者抗诉。

第七十八条 下列证据，应当认定为《中华人民共和国民事诉讼法》第二百条第一项规定的"新的证据"：

（一）原审庭审结束前已客观存在但审结束后新发现的证据；

（二）原审庭审结束前已经发现，但因客观原因无法取得或者在规定的期限内不能提供的证据；

（三）原审庭审结束后原作出鉴定意见、勘验笔录者重新鉴定、勘验，推翻原意见的证据；

（四）当事人在原审中提供的，原审未予质证、认证，但足以推翻原判决、裁定的主要证据。

第七十九条 有下列情形之一的，应当认定为《中华人民共和国民事诉讼法》第二百条第二项规定的"认定的基本事实缺乏证据证明"：

（一）认定的基本事实没有证据支持，或者认定的基本事实所依据的证据虚假、缺乏证明力的；
（二）认定的基本事实所依据的证据不合法的；
（三）对基本事实的认定违反逻辑推理或者日常生活法则的；
（四）认定的基本事实缺乏证据证明的其他情形。

第八十条 有下列情形之一的，应当认定为《中华人民共和国民事诉讼法》第二百条第六项规定的"适用法律确有错误"：
（一）适用的法律与案件性质明显不符的；
（二）认定法律关系主体、性质或者法律行为效力错误的；
（三）确定民事责任明显违背当事人有效约定或者法律规定的；
（四）适用的法律已经失效或者尚未施行的；
（五）违反法律溯及力规定的；
（六）违反法律适用规则的；
（七）适用法律明显违背立法本意的；
（八）适用诉讼时效规定错误的；
（九）适用法律错误的其他情形。

第八十一条 有下列情形之一的，应当认定为《中华人民共和国民事诉讼法》第二百条第七项规定的"审判组织的组成不合法"：
（一）应当组成合议庭审理的案件独任审判的；
（二）人民陪审员参与第二审案件审理的；
（三）再审、发回重审的案件没有另行组成合议庭的；
（四）审理案件的人员不具有审判资格的；
（五）审判组织或者人员不合法的其他情形。

第八十二条 有下列情形之一的，应当认定为《中华人民共和国民事诉讼法》第二百条第九项规定的"违反法律规定，剥夺当事人辩论权利"：
（一）不允许或者严重限制当事人行使辩论权利的；
（二）应当开庭审理而未开庭审理的；
（三）违反法律规定送达起诉状副本或者上诉状副本，致使当事人无法行使辩论权利的；
（四）违法剥夺当事人辩论权利的其他情形。

第二节 再审检察建议和提请抗诉

第八十三条 地方各级人民检察院发现同级人民法院已经发生法律效力的民事判决、裁定有下列情形之一的，可以向同级人民法院提出再审检察建议：
（一）有新的证据，足以推翻原判决、裁定的；
（二）原判决、裁定认定的基本事实缺乏证据证明的；
（三）原判决、裁定认定事实的主要证据是伪造的；
（四）原判决、裁定认定事实的主要证据未经质证的；

（五）对审理案件需要的主要证据，当事人因客观原因不能自行收集，书面申请人民法院调查收集，人民法院未调查收集的；

（六）审判组织的组成不合法或者依法应当回避的审判人员没有回避的；

（七）无诉讼行为能力人未经法定代理人代为诉讼或者应当参加诉讼的当事人，因不能归责于本人或者其诉讼代理人的事由，未参加诉讼的；

（八）违反法律规定，剥夺当事人辩论权利的；

（九）未经传票传唤，缺席判决的；

（十）原判决、裁定遗漏或者超出诉讼请求的；

（十一）据以作出原判决、裁定的法律文书被撤销或者变更的。

第八十四条 符合本规则第八十三条规定的案件有下列情形之一的，地方各级人民检察院应当提请上一级人民检察院抗诉：

（一）判决、裁定是经同级人民法院再审后作出的；

（二）判决、裁定是经同级人民法院审判委员会讨论作出的；

（三）其他不适宜由同级人民法院再审纠正的。

第八十五条 地方各级人民检察院发现同级人民法院已经发生法律效力的民事判决、裁定具有下列情形之一的，应当提请上一级人民检察院抗诉：

（一）原判决、裁定适用法律确有错误的；

（二）审判人员在审理该案件时有贪污受贿、徇私舞弊、枉法裁判行为的。

第八十六条 地方各级人民检察院发现民事调解书损害国家利益、社会公共利益的，可以向同级人民法院提出再审检察建议，也可以提请上一级人民检察院抗诉。

第八十七条 对人民法院已经采纳再审检察建议进行再审的案件，提出再审检察建议的人民检察院一般不得再向上级人民检察院提请抗诉。

第八十八条 人民检察院提出再审检察建议，应当制作《再审检察建议书》，在决定提出再审检察建议之日起十五日内将《再审检察建议书》连同案件卷宗移送同级人民法院，并制作决定提出再审检察建议的《通知书》，发送当事人。

人民检察院提出再审检察建议，应当经本院检察委员会决定，并将《再审检察建议书》报上一级人民检察院备案。

第八十九条 人民检察院提请抗诉，应当制作《提请抗诉报告书》，在决定提请抗诉之日起十五日内将《提请抗诉报告书》连同案件卷宗报送上一级人民检察院，并制作决定提请抗诉的《通知书》，发送当事人。

第九十条 人民检察院认为当事人的监督申请不符合提出再审检察建议或者提请抗诉条件的，应当作出不支持监督申请的决定，并在决定之日起十五日内制作《不支持监督申请决定书》，发送当事人。

第三节 抗 诉

第九十一条 最高人民检察院对各级人民法院已经发生法律效力的民事判决、裁定、调解书,上级人民检察院对下级人民法院已经发生法律效力的民事判决、裁定、调解书,发现有《中华人民共和国民事诉讼法》第二百条、第二百零八条规定情形的,应当向同级人民法院提出抗诉。

第九十二条 人民检察院提出抗诉,应当制作《抗诉书》,在决定抗诉之日起十五日内将《抗诉书》连同案件卷宗移送同级人民法院,并制作决定抗诉的《通知书》,发送当事人。

第九十三条 人民检察院认为当事人的监督申请不符合抗诉条件的,应当作出不支持监督申请的决定,并在决定之日起十五日内制作《不支持监督申请决定书》,发送当事人。下级人民检察院提请抗诉的案件,上级人民检察院可以委托提请抗诉的人民检察院将《不支持监督申请决定书》发送当事人。

第四节 出 庭

第九十四条 人民检察院提出抗诉的案件,人民法院再审时,人民检察院应当派员出席法庭。

第九十五条 受理抗诉的人民法院将抗诉案件交下级人民法院再审的,提出抗诉的人民检察院可以指令再审人民法院的同级人民检察院派员出庭。

第九十六条 检察人员出席再审法庭的任务是:
(一)宣读抗诉书;
(二)对依职权调查的证据予以出示和说明。

检察人员发现庭审活动违法的,应当待休庭或者庭审结束之后,以人民检察院的名义提出检察建议。

第七章 对审判程序中审判人员违法行为的监督

第九十七条 《中华人民共和国民事诉讼法》第二百零八条第三款规定的审判程序包括:
(一)第一审普通程序;
(二)简易程序;
(三)第二审程序;
(四)特别程序;
(五)审判监督程序;
(六)督促程序;
(七)公示催告程序;
(八)海事诉讼特别程序;
(九)破产程序。

第九十八条 《中华人民共和国民事诉讼法》第二百零八条第三款的规定适用于法官、人民陪审员、书记员。

第九十九条 人民检察院发现同级人民法院民事审判程序中有下列情形之一的,应当向同级人民法院提出检察建议:
(一)判决、裁定确有错误,但不适用再审程序纠正的;
(二)调解违反自愿原则或者调解协议的内容违反法律的;
(三)符合法律规定的起诉和受理条件,应当立案而不立案的;
(四)审理案件适用审判程序错误的;
(五)保全和先予执行违反法律规定的;
(六)支付令违反法律规定的;
(七)诉讼中止或者诉讼终结违反法律规定的;
(八)违反法定审理期限的;
(九)对当事人采取罚款、拘留等妨害民事诉讼的强制措施违反法律规定的;
(十)违反法律规定送达的;
(十一)审判人员接受当事人及其委托代理人请客送礼或者违反规定会见当事人及其委托代理人的;
(十二)审判人员实施或者指使、支持、授意他人实施妨害民事诉讼行为,尚未构成犯罪的;
(十三)其他违反法律规定的情形。

第一百条 人民检察院依照本规则第九十九条提出检察建议的,应当制作《检察建议书》,在决定提出检察建议之日起十五日内将《检察建议书》连同案件卷宗移送同级人民法院,并制作决定提出检察建议的《通知书》,发送申请人。

第一百零一条 人民检察院认为当事人申请监督的审判程序中审判人员违法行为不存在或者不构成的,应当作出不支持监督申请的决定,并在决定之日起十五日内制作《不支持监督申请决定书》,发送申请人。

第八章 对执行活动的监督

第一百零二条 人民检察院对人民法院在民事执行活动中违反法律规定的情形实行法律监督。

第一百零三条 人民检察院对民事执行活动提出检察建议的,应当经检察委员会决定,制作《检察建议书》,在决定之日起十五日内将《检察建议书》连同案件卷宗移送同级人民法院,并制作决定提出检察建议的《通知书》,发送当事人。

第一百零四条 人民检察院认为当事人申请监督的人民法院执行活动不存在违法情形的,应当作出不支持监督申请的决定,并在决定之日起十五日内制作《不支持监督申请决定书》,发送申请人。

第九章 案件管理

第一百零五条 人民检察院案件管理部门对民事诉讼监督案件实行流程监控、

案后评查、统计分析、信息查询、综合考评等，对办案期限、办案程序、办案质量等进行管理、监督、预警。

第一百零六条 民事检察部门在办理案件过程中有下列情形之一的，应当在作出决定之日起三日内到本院案件管理部门登记：

（一）决定中止和恢复审查的；
（二）决定终结审查的。

第一百零七条 案件管理部门发现本院办案部门或者办案人员在办理民事诉讼监督案件中有下列情形之一的，应当及时提出纠正意见：

（一）法律文书使用不当或存在明显错漏的；
（二）无正当理由超过法定的办案期限未办结案件的；
（三）侵害当事人、诉讼代理人诉讼权利的；
（四）未依法对民事审判活动以及执行活动中的违法行为履行法律监督职责的；
（五）其他违反规定办理案件的情形。

具有前款规定的情形但情节轻微的，可以向办案部门或者办案人员进行口头提示；情节较重的，应当向办案部门发送《案件流程监控通知书》，提示办案部门及时查明情况并予以纠正；情节严重的，应当向办案部门发送《案件流程监控通知书》，并向检察长报告。

办案部门收到《案件流程监控通知书》后，应当在五日内将核查情况书面回复案件管理部门。

第一百零八条 案件管理部门对以本院名义制发的民事诉讼监督法律文书实施监督管理。

第一百零九条 人民检察院办理的民事诉讼监督案件，办结后需要向其他单位移送案卷材料的，统一由案件管理部门审核移送材料是否规范、齐备。案件管理部门认为材料规范、齐备，符合移送条件的，应当立即由有关部门按照相关规定移送；认为材料不符合要求的，应当及时通知办案部门补送、更正。

第一百一十条 人民法院向人民检察院送达的民事判决书、裁定书或者调解书等法律文书，由案件管理部门负责接收，并即时登记移送民事检察部门。

第一百一十一条 人民检察院在办理民事诉讼监督案件过程中，当事人及其诉讼代理人提出有关申请、要求或者提交有关书面材料的，由案件管理部门负责接收，需要出具相关手续的，案件管理部门应当出具。案件管理部门接收材料后应当及时移送民事检察部门。

第十章 其他规定

第一百一十二条 有下列情形之一的，人民检察院可以提出改进工作的检察建议：

（一）人民法院对民事诉讼中同类问题适用法律不一致的；
（二）人民法院在多起案件中适用法律存在同类错误的；

（三）人民法院在多起案件中有相同违法行为的；
（四）有关单位的工作制度、管理方法、工作程序违法或者不当，需要改正、改进的。

第一百一十三条 民事检察部门在履行职责过程中，发现涉嫌犯罪的行为，应当及时将犯罪线索及相关材料移送本院相关职能部门。

人民检察院相关职能部门在办案工作中，发现人民法院审判人员、执行人员有贪污受贿、徇私舞弊、枉法裁判等违法行为，可能导致原判决、裁定错误的，应当及时向民事检察部门通报。

第一百一十四条 人民检察院向人民法院或者有关机关提出监督意见后，发现监督意见确有错误或者有其他情形确需撤回的，应当经检察长批准或者检察委员会决定予以撤回。

上级人民检察院发现下级人民检察院监督错误或者不当的，应当指令下级人民检察院撤回，下级人民检察院应当执行。

第一百一十五条 人民法院对人民检察院监督行为提出建议的，人民检察院应当在一个月内将处理结果书面回复人民法院。人民法院对回复意见有异议，并通过上一级人民法院向上一级人民检察院提出的，上一级人民检察院认为人民法院建议正确，应当要求下级人民检察院及时纠正。

第一百一十六条 人民法院对民事诉讼监督案件作出再审判决、裁定或者其他处理决定后，提出监督意见的人民检察院应当对处理结果进行审查，并填写《民事诉讼监督案件处理结果审查登记表》。

第一百一十七条 有下列情形之一的，人民检察院应当按照有关规定跟进监督或者提请上级人民检察院监督：

（一）人民法院审理民事抗诉案件作出的判决、裁定、调解书仍符合抗诉条件的；

（二）人民法院对人民检察院提出的检察建议未在规定的期限内作出处理并书面回复的；

（三）人民法院对检察建议的处理结果错误的。

第一百一十八条 地方各级人民检察院对适用法律确属疑难、复杂，本院难以决断的重大民事诉讼监督案件，可以向上一级人民检察院请示。

请示案件依照最高人民检察院关于办理下级人民检察院请示件、下级人民检察院向最高人民检察院报送公文的相关规定办理。

第一百一十九条 制作民事诉讼监督法律文书，应当符合规定的格式。

民事诉讼监督法律文书的格式另行制定。

第一百二十条 人民检察院可以参照《中华人民共和国民事诉讼法》有关规定发送法律文书。

第一百二十一条 人民检察院发现制作的法律文书存在笔误的，应当作出《补正决定书》予以补正。

第一百二十二条 人民检察院办理民事诉讼监督案件,应当按照规定建立民事诉讼监督案卷。

第一百二十三条 人民检察院办理民事诉讼监督案件,不收取案件受理费。申请复印、鉴定、审计、勘验等产生的费用由申请人直接支付给有关机构或者单位,人民检察院不得代收代付。

第十一章 附 则

第一百二十四条 本规则自发布之日起施行。本院之前公布的其他规定与本规则内容不一致的,以本规则为准。

公益诉讼程序

B3-1 环境公益诉讼解释(2015)

最高人民法院关于审理环境民事公益诉讼案件适用法律若干问题的解释

(法释〔2015〕1号。2014年12月8日最高人民法院审判委员会第1631次会议通过,2015年1月6日公布,自2015年1月7日起施行)

为正确审理环境民事公益诉讼案件,根据《中华人民共和国民事诉讼法》《中华人民共和国侵权责任法》《中华人民共和国环境保护法》等法律的规定,结合审判实践,制定本解释。

第一条 法律规定的机关和有关组织依据民事诉讼法第五十五条、环境保护法第五十八条等法律的规定,对已经损害社会公共利益或者具有损害社会公共利益重大风险的污染环境、破坏生态的行为提起诉讼,符合民事诉讼法第一百一十九条第二项、第三项、第四项规定的,人民法院应予受理。

第二条 依照法律、法规的规定,在设区的市级以上人民政府民政部门登记的社会团体、民办非企业单位以及基金会等,可以认定为环境保护法第五十八条规定的社会组织。

第三条 设区的市,自治州、盟、地区,不设区的地级市,直辖市的区以上人民政府民政部门,可以认定为环境保护法第五十八条规定的"设区的市级以上人民政府民政部门"。

第四条 社会组织章程确定的宗旨和主要业务范围是维护社会公共利益,且从事环境保护公益活动的,可以认定为环境保护法第五十八条规定的"专门从事环境保护公益活动"。

社会组织提起的诉讼所涉及的社会公共利益,应与其宗旨和业务范围具有关联性。

第五条 社会组织在提起诉讼前五年内未因从事业务活动违反法律、法规的规定受过行政、刑事处罚的，可以认定为环境保护法第五十八条规定的"无违法记录"。

第六条 第一审环境民事公益诉讼案件由污染环境、破坏生态行为发生地、损害结果地或者被告住所地的中级以上人民法院管辖。

中级人民法院认为确有必要的，可以在报请高级人民法院批准后，裁定将本院管辖的第一审环境民事公益诉讼案件交由基层人民法院审理。

同一原告或者不同原告对同一污染环境、破坏生态行为分别向两个以上有管辖权的人民法院提起环境民事公益诉讼的，由最先立案的人民法院管辖，必要时由共同上级人民法院指定管辖。

第七条 经最高人民法院批准，高级人民法院可以根据本辖区环境和生态保护的实际情况，在辖区内确定部分中级人民法院受理第一审环境民事公益诉讼案件。

中级人民法院管辖环境民事公益诉讼案件的区域由高级人民法院确定。

第八条 提起环境民事公益诉讼应当提交下列材料：

（一）符合民事诉讼法第一百二十一条规定的起诉状，并按照被告人数提出副本；

（二）被告的行为已经损害社会公共利益或者具有损害社会公共利益重大风险的初步证明材料；

（三）社会组织提起诉讼的，应当提交社会组织登记证书、章程、起诉前连续五年的年度工作报告书或者年检报告书，以及由其法定代表人或者负责人签字并加盖公章的无违法记录的声明。

第九条 人民法院认为原告提出的诉讼请求不足以保护社会公共利益的，可以向其释明变更或者增加停止侵害、恢复原状等诉讼请求。

第十条 人民法院受理环境民事公益诉讼后，应当在立案之日起五日内将起诉状副本发送被告，并公告案件受理情况。

有权提起诉讼的其他机关和社会组织在公告之日起三十日内申请参加诉讼，经审查符合法定条件的，人民法院应当将其列为共同原告；逾期申请的，不予准许。

公民、法人和其他组织以人身、财产受到损害为由申请参加诉讼的，告知其另行起诉。

第十一条 检察机关、负有环境保护监督管理职责的部门及其他机关、社会组织、企业事业单位依据民事诉讼法第十五条的规定，可以通过提供法律咨询、提交书面意见、协助调查取证等方式支持社会组织依法提起环境民事公益诉讼。

第十二条 人民法院受理环境民事公益诉讼后，应当在十日内告知对被告行为负有环境保护监督管理职责的部门。

第十三条 原告请求被告提供其排放的主要污染物名称、排放方式、排放浓度和总量、超标排放情况以及防治污染设施的建设和运行情况等环境信息，法律、法规、规章规定被告应当持有或者有证据证明被告持有而拒不提供，如果原告主张相关事实不利于被告的，人民法院可以推定该主张成立。

第十四条 对于审理环境民事公益诉讼案件需要的证据，人民法院认为必要的，应当调查收集。

对于应当由原告承担举证责任且为维护社会公共利益所必要的专门性问题，人民法院可以委托具备资格的鉴定人进行鉴定。

第十五条 当事人申请通知有专门知识的人出庭，就鉴定人作出的鉴定意见或者就因果关系、生态环境修复方式、生态环境修复费用以及生态环境受到损害至恢复原状期间服务功能的损失等专门性问题提出意见的，人民法院可以准许。

前款规定的专家意见经质证，可以作为认定事实的根据。

第十六条 原告在诉讼过程中承认的对己方不利的事实和认可的证据，人民法院认为损害社会公共利益的，应当不予确认。

第十七条 环境民事公益诉讼案件审理过程中，被告以反诉方式提出诉讼请求的，人民法院不予受理。

第十八条 对污染环境、破坏生态，已经损害社会公共利益或者具有损害社会公共利益重大风险的行为，原告可以请求被告承担停止侵害、排除妨碍、消除危险、恢复原状、赔偿损失、赔礼道歉等民事责任。

第十九条 原告为防止生态环境损害的发生和扩大，请求被告停止侵害、排除妨碍、消除危险的，人民法院可以依法予以支持。

原告为停止侵害、排除妨碍、消除危险采取合理预防、处置措施而发生的费用，请求被告承担的，人民法院可以依法予以支持。

第二十条 原告请求恢复原状的，人民法院可以依法判决被告将生态环境修复到损害发生之前的状态和功能。无法完全修复的，可以准许采用替代性修复方式。

人民法院可以在判决被告修复生态环境的同时，确定被告不履行修复义务时应承担的生态环境修复费用；也可以直接判决被告承担生态环境修复费用。

生态环境修复费用包括制定、实施修复方案的费用和监测、监管等费用。

第二十一条 原告请求被告赔偿生态环境受到损害至恢复原状期间服务功能损失的，人民法院可以依法予以支持。

第二十二条 原告请求被告承担检验、鉴定费用，合理的律师费以及为诉讼支出的其他合理费用的，人民法院可以依法予以支持。

第二十三条 生态环境修复费用难以确定或者确定具体数额所需鉴定费用明显过高的，人民法院可以结合污染环境、破坏生态的范围和程度、生态环境的稀缺性、生态环境恢复的难易程度、防治污染设备的运行成本、被告因侵害行为所获得的利益以及过错程度等因素，并可以参考负有环境保护监督管理职责的部门的意见、专家意见等，予以合理确定。

第二十四条 人民法院判决被告承担的生态环境修复费用、生态环境受到损害至恢复原状期间服务功能损失等款项，应当用于修复被损害的生态环境。

其他环境民事公益诉讼中败诉原告所需承担的调查取证、专家咨询、检验、鉴定等必要费用，可以酌情从上述款项中支付。

第二十五条 环境民事公益诉讼当事人达成调解协议或者自行达成和解协议后，人民法院应当将协议内容公告，公告期间不少于三十日。

公告期满后，人民法院审查认为调解协议或者和解协议的内容不损害社会公共利益的，应当出具调解书。当事人以达成和解协议为由申请撤诉的，不予准许。

调解书应当写明诉讼请求、案件的基本事实和协议内容，并应当公开。

第二十六条 负有环境保护监督管理职责的部门依法履行监管职责而使原告诉讼请求全部实现，原告申请撤诉的，人民法院应予准许。

第二十七条 法庭辩论终结后，原告申请撤诉的，人民法院不予准许，但本解释第二十六条规定的情形除外。

第二十八条 环境民事公益诉讼案件的裁判生效后，有权提起诉讼的其他机关和社会组织就同一污染环境、破坏生态行为另行起诉，有下列情形之一的，人民法院应予受理：

（一）前案原告的起诉被裁定驳回的；

（二）前案原告申请撤诉被裁定准许的，但本解释第二十六条规定的情形除外。

环境民事公益诉讼案件的裁判生效后，有证据证明存在前案审理时未发现的损害，有权提起诉讼的机关和社会组织另行起诉的，人民法院应予受理。

第二十九条 法律规定的机关和社会组织提起环境民事公益诉讼的，不影响因同一污染环境、破坏生态行为受到人身、财产损害的公民、法人和其他组织依据民事诉讼法第一百一十九条的规定提起诉讼。

第三十条 已为环境民事公益诉讼生效裁判认定的事实，因同一污染环境、破坏生态行为依据民事诉讼法第一百一十九条规定提起诉讼的原告、被告均无需举证证明，但原告对该事实有异议并有相反证据足以推翻的除外。

对于环境民事公益诉讼生效裁判就被告是否存在法律规定的不承担责任或者减轻责任的情形、行为与损害之间是否存在因果关系、被告承担责任的大小等所作的认定，因同一污染环境、破坏生态行为依据民事诉讼法第一百一十九条规定提起诉讼的原告主张适用的，人民法院应予支持，但被告有相反证据足以推翻的除外。被告主张直接适用对其有利的认定的，人民法院不予支持，被告仍应举证证明。

第三十一条 被告因污染环境、破坏生态在环境民事公益诉讼和其他民事诉讼中均承担责任，其财产不足以履行全部义务的，应当先履行其他民事诉讼生效裁判所确定的义务，但法律另有规定的除外。

第三十二条 发生法律效力的环境民事公益诉讼案件的裁判，需要采取强制执行措施的，应当移送执行。

第三十三条 原告交纳诉讼费用确有困难，依法申请缓交的，人民法院应予准许。

败诉或者部分败诉的原告申请减交或者免交诉讼费用的，人民法院应当依照《诉讼费用交纳办法》的规定，视原告的经济状况和案件的审理情况决定是否准许。

第三十四条 社会组织有通过诉讼违法收受财物等牟取经济利益行为的，人民法院可以根据情节轻重依法收缴其非法所得、予以罚款；涉嫌犯罪的，依法移送有关机关处理。

社会组织通过诉讼牟取经济利益的，人民法院应当向登记管理机关或者有关机关发送司法建议，由其依法处理。

第三十五条 本解释施行前最高人民法院发布的司法解释和规范性文件，与本解释不一致的，以本解释为准。

B3-2 消费公益诉讼解释（2016）

最高人民法院关于审理消费民事公益诉讼案件适用法律若干问题的解释

（法释〔2016〕10号。2016年2月1日最高人民法院审判委员会第1677次会议通过，2016年4月24日公布，自2016年5月1日起施行）

为正确审理消费民事公益诉讼案件，根据《中华人民共和国民事诉讼法》《中华人民共和国侵权责任法》《中华人民共和国消费者权益保护法》等法律规定，结合审判实践，制定本解释。

第一条 中国消费者协会以及在省、自治区、直辖市设立的消费者协会，对经营者侵害众多不特定消费者合法权益或者具有危及消费者人身、财产安全危险等损害社会公共利益的行为提起消费民事公益诉讼的，适用本解释。

法律规定或者全国人大及其常委会授权的机关和社会组织提起的消费民事公益诉讼，适用本解释。

第二条 经营者提供的商品或者服务具有下列情形之一的，适用消费者权益保护法第四十七条规定：

（一）提供的商品或者服务存在缺陷，侵害众多不特定消费者合法权益的；

（二）提供的商品或者服务可能危及消费者人身、财产安全，未作出真实的说明和明确的警示,未标明正确使用商品或者接受服务的方法以及防止危害发生方法的;对提供的商品或者服务质量、性能、用途、有效期限等信息作虚假或引人误解宣传的;

(三)宾馆、商场、餐馆、银行、机场、车站、港口、影剧院、景区、娱乐场所等经营场所存在危及消费者人身、财产安全危险的;

(四)以格式条款、通知、声明、店堂告示等方式,作出排除或者限制消费者权利、减轻或者免除经营者责任、加重消费者责任等对消费者不公平、不合理规定的;

(五)其他侵害众多不特定消费者合法权益或者具有危及消费者人身、财产安全危险等损害社会公共利益的行为。

第三条 消费民事公益诉讼案件管辖适用《最高人民法院关于适用〈中华人民共和国民事诉讼法〉的解释》第二百八十五条的有关规定。

经最高人民法院批准,高级人民法院可以根据本辖区实际情况,在辖区内确定部分中级人民法院受理第一审消费民事公益诉讼案件。

第四条 提起消费民事公益诉讼应当提交下列材料:

(一)符合民事诉讼法第一百二十一条规定的起诉状,并按照被告人数提交副本;

(二)被告的行为侵害众多不特定消费者合法权益或者具有危及消费者人身、财产安全危险等损害社会公共利益的初步证据;

(三)消费者组织就涉诉事项已按照消费者权益保护法第三十七条第四项或者第五项的规定履行公益性职责的证明材料。

第五条 人民法院认为原告提出的诉讼请求不足以保护社会公共利益的,可以向其释明变更或者增加停止侵害等诉讼请求。

第六条 人民法院受理消费民事公益诉讼案件后,应当公告案件受理情况,并在立案之日起十日内书面告知相关行政主管部门。

第七条 人民法院受理消费民事公益诉讼案件后,依法可以提起诉讼的其他机关或者社会组织,可以在一审开庭前向人民法院申请参加诉讼。

人民法院准许参加诉讼的,列为共同原告;逾期申请的,不予准许。

第八条 有权提起消费民事公益诉讼的机关或者社会组织,可以依据民事诉讼法第八十一条规定申请保全证据。

第九条 人民法院受理消费民事公益诉讼案件后,因同一侵权行为受到损害的消费者申请参加诉讼的,人民法院应当告知其根据民事诉讼法第一百一十九条规定主张权利。

第十条 消费民事公益诉讼案件受理后,因同一侵权行为受到损害的消费者请求对其根据民事诉讼法第一百一十九条规定提起的诉讼予以中止,人民法院可以准许。

第十一条 消费民事公益诉讼案件审理过程中,被告提出反诉的,人民法院不予受理。

第十二条 原告在诉讼中承认对己方不利的事实，人民法院认为损害社会公共利益的，不予确认。

第十三条 原告在消费民事公益诉讼案件中，请求被告承担停止侵害、排除妨碍、消除危险、赔礼道歉等民事责任的，人民法院可予支持。

经营者利用格式条款或者通知、声明、店堂告示等，排除或者限制消费者权利、减轻或者免除经营者责任、加重消费者责任，原告认为对消费者不公平、不合理主张无效的，人民法院可予支持。

第十四条 消费民事公益诉讼案件裁判生效后，人民法院应当在十日内书面告知相关行政主管部门，并可发出司法建议。

第十五条 消费民事公益诉讼案件的裁判发生法律效力后，其他依法具有原告资格的机关或者社会组织就同一侵权行为另行提起消费民事公益诉讼的，人民法院不予受理。

第十六条 已为消费民事公益诉讼生效裁判认定的事实，因同一侵权行为受到损害的消费者根据民事诉讼法第一百一十九条规定提起的诉讼，原告、被告均无需举证证明，但当事人对该事实有异议并有相反证据足以推翻的除外。

消费民事公益诉讼生效裁判认定经营者存在不法行为，因同一侵权行为受到损害的消费者根据民事诉讼法第一百一十九条规定提起的诉讼，原告主张适用的，人民法院可予支持，但被告有相反证据足以推翻的除外。被告主张直接适用对其有利认定的，人民法院不予支持，被告仍应承担相应举证证明责任。

第十七条 原告为停止侵害、排除妨碍、消除危险采取合理预防、处置措施而发生的费用，请求被告承担的，人民法院可予支持。

第十八条 原告及其诉讼代理人对侵权行为进行调查、取证的合理费用、鉴定费用、合理的律师代理费用，人民法院可根据实际情况予以相应支持。

第十九条 本解释自2016年5月1日起施行。

本解释施行后人民法院新受理的一审案件，适用本解释。

本解释施行前人民法院已经受理、施行后尚未审结的一审、二审案件，以及本解释施行前已经终审、施行后当事人申请再审或者按照审判监督程序决定再审的案件，不适用本解释。

B3-3 检察公益诉讼试点办法（2016）

人民检察院提起公益诉讼试点工作实施办法

（高检发释字〔2015〕6号。2015年12月16日最高人民检察院第十二届检察委员会第四十五次会议通过，2015年12月24日公布并施行）

为了加强对国家和社会公共利益的保护，促进行政机关依法行政、严格执法，根据《全国人民代表大会常务委员会关于授权最高人民检察院在部分地区开展公益诉讼试点工作的决定》和《检察机关提起公益诉讼试点方案》，结合检察工作实际，制定本办法。

第一章 提起民事公益诉讼

第一条 人民检察院履行职责中发现污染环境、食品药品安全领域侵害众多消费者合法权益等损害社会公共利益的行为，在没有适格主体或者适格主体不提起诉讼的情况下，可以向人民法院提起民事公益诉讼。

人民检察院履行职责包括履行职务犯罪侦查、批准或者决定逮捕、审查起诉、控告检察、诉讼监督等职责。

第二条 人民检察院提起民事公益诉讼的案件，一般由侵权行为地、损害结果地或者被告住所地的市（分、州）人民检察院管辖。

有管辖权的人民检察院由于特殊原因，不能行使管辖权的，应当由上级人民检察院指定本区域其他试点地区人民检察院管辖。

上级人民检察院认为确有必要，可以办理下级人民检察院管辖的案件。下级人民检察院认为需要由上级人民检察院办理的，可以报请上级人民检察院办理。

有管辖权的人民检察院认为有必要将本院管辖的民事公益诉讼案件交下级人民检察院办理的，应当报请其上一级人民检察院批准。

第三条 人民检察院提起民事公益诉讼案件的办理，由民事行政检察部门负责。

第四条 人民检察院各业务部门在履行职责中，发现可能属于民事公益诉讼案件范围的案件线索，应当将有关材料移送民事行政检察部门。

第五条 经审查认为污染环境、食品药品安全领域侵害众多消费者合法权益等行为可能损害社会公共利益的，应当报请检察长批准决定立案，并到案件管理部门登记。

人民检察院决定立案的民事公益诉讼案件，应当制作《立案决定书》。

第六条 人民检察院可以采取以下方式调查核实污染环境、侵害众多消费者合法权益等违法行为、损害后果涉及的相关证据及有关情况：

（一）调阅、复制有关行政执法卷宗材料；
（二）询问违法行为人、证人等；
（三）收集书证、物证、视听资料等证据；
（四）咨询专业人员、相关部门或者行业协会等对专门问题的意见；
（五）委托鉴定、评估、审计；
（六）勘验物证、现场；
（七）其他必要的调查方式。

调查核实不得采取限制人身自由以及查封、扣押、冻结财产等强制性措施。

人民检察院调查核实有关情况，行政机关及其他有关单位和个人应当配合。

第七条 民事行政检察部门在办理民事公益诉讼案件过程中，发现国家工作人员涉嫌贪污贿赂、渎职侵权等职务犯罪线索的，应当及时移送职务犯罪侦查部门；发现其他刑事犯罪线索的，应当及时移送侦查监督部门。

第八条 人民检察院提起民事公益诉讼案件审查终结，承办人应当制作审查终结报告。审查终结报告应当全面、客观、公正地叙述案件事实，依据法律规定提出处理建议。

第九条 办理民事公益诉讼案件应当经集体讨论。参加集体讨论的人员应当对案件事实、适用法律、处理建议等发表明确的意见并说明理由。集体讨论意见应当在全面、客观地归纳讨论意见的基础上形成。

集体讨论形成的处理意见，由民事行政检察部门负责人提出审核意见后报检察长批准。检察长认为必要的，可以提请检察委员会讨论决定。

第十条 人民检察院对审查终结的民事公益诉讼案件，应当区分情况作出下列决定：

（一）终结审查；

（二）依法督促或者支持法律规定的机关和有关组织提起民事公益诉讼；

（三）提起民事公益诉讼。

第十一条 人民检察院办理民事公益诉讼案件，拟作出第十条第一项、第二项决定的，应当自决定立案之日起三个月内办理终结；拟作出第十条第三项决定的，应当自决定立案之日起六个月内办理终结。有特殊情况需要延长的，报经检察长批准。

第十二条 有下列情形之一的，人民检察院应当终结审查：

（一）经审查不存在损害社会公共利益需要追究民事法律责任情形的；

（二）损害社会公共利益的情形在依法督促或者支持法律规定的机关和有关组织提起民事公益诉讼之前已经消除且社会公共利益已经获得有效救济的；

（三）其他应当终结审查的情形。终结审查的，应当制作《终结审查决定书》。

第十三条 人民检察院在提起民事公益诉讼之前，应当履行以下诉前程序：

（一）依法督促法律规定的机关提起民事公益诉讼；

（二）建议辖区内符合法律规定条件的有关组织提起民事公益诉讼。有关组织提出需要人民检察院支持起诉的，可以依照相关法律规定支持其提起民事公益诉讼。

法律规定的机关和有关组织应当在收到督促起诉意见书或者检察建议书后一个月内依法办理，并将办理情况及时书面回复人民检察院。

第十四条 经过诉前程序，法律规定的机关和有关组织没有提起民事公益诉讼，或者没有适格主体提起诉讼，社会公共利益仍处于受侵害状态的，人民检察院可以提起民事公益诉讼。

第十五条 人民检察院以公益诉讼人身份提起民事公益诉讼。民事公益诉讼的被告是实施损害社会公共利益行为的公民、法人或者其他组织。

第十六条 人民检察院可以向人民法院提出要求被告停止侵害、排除妨碍、消除危险、恢复原状、赔偿损失、赔礼道歉等诉讼请求。

第十七条 人民检察院提起民事公益诉讼应当提交下列材料：

（一）民事公益诉讼起诉书；

（二）被告的行为已经损害社会公共利益的初步证明材料。

第十八条 人民检察院提起民事公益诉讼，被告没有反诉权。

第十九条 人民检察院提起民事公益诉讼，对提出的诉讼请求所依据的事实或者反驳对方意见所依据的事实，以及履行诉前程序的事实，应当提供证据加以证明，法律另有规定的除外。

第二十条 对于可能因被告一方的行为或者其他原因，使判决难以执行或者造成与社会公共利益相关的其他损害情形，人民检察院可以向人民法院建议对被告财产进行保全、责令其作出一定行为或者禁止其作出一定行为。

根据人民检察院建议，人民法院采取保全措施的，人民检察院无需提供担保。

第二十一条 人民法院开庭审理人民检察院提起的民事公益诉讼案件，人民检察院应当派员出席法庭。

第二十二条 检察人员出席法庭的任务是：

（一）宣读民事公益诉讼起诉书；

（二）对人民检察院调查核实的证据予以出示和说明，对相关证据进行质证；

（三）参加法庭调查，进行辩论并发表出庭意见；

（四）依法从事其他诉讼活动。

检察人员发现庭审活动违法的，应当待休庭或者庭审结束之后，以人民检察院的名义提出检察建议。

第二十三条 民事公益诉讼案件，人民检察院可以与被告和解，人民法院可以调解。和解协议、调解协议不得损害社会公共利益。

第二十四条 在民事公益诉讼审理过程中，人民检察院诉讼请求全部实现的，可以撤回起诉。

第二十五条 地方各级人民检察院认为同级人民法院未生效的第一审判决、裁定确有错误，应当向上一级人民法院提出抗诉。

第二十六条 地方各级人民检察院对同级人民法院未生效的第一审判决、裁定的抗诉，应当通过原审人民法院提出抗诉书，并且将抗诉书抄送上一级人民检察院。

上级人民检察院认为抗诉不当的，可以向同级人民法院撤回抗诉，并且通知下级人民检察院。

第二十七条　对人民检察院提出抗诉的二审案件或者人民法院决定开庭审理的上诉案件，同级人民检察院应当派员出席第二审法庭。

第二章　提起行政公益诉讼

第二十八条　人民检察院履行职责中发现生态环境和资源保护、国有资产保护、国有土地使用权出让等领域负有监督管理职责的行政机关违法行使职权或者不作为，造成国家和社会公共利益受到侵害，公民、法人和其他社会组织由于没有直接利害关系，没有也无法提起诉讼的，可以向人民法院提起行政公益诉讼。

人民检察院履行职责包括履行职务犯罪侦查、批准或者决定逮捕、审查起诉、控告检察、诉讼监督等职责。

第二十九条　人民检察院提起行政公益诉讼的案件，一般由违法行使职权或者不作为的行政机关所在地的基层人民检察院管辖。

违法行使职权或者不作为的行政机关是县级以上人民政府的案件，由市（分、州）人民检察院管辖。

有管辖权的人民检察院由于特殊原因，不能行使管辖权的，应当由上级人民检察院指定本区域其他试点地区人民检察院管辖。

上级人民检察院认为确有必要，可以办理下级人民检察院管辖的案件。下级人民检察院认为需要由上级人民检察院办理的，可以报请上级人民检察院办理。

第三十条　人民检察院提起行政公益诉讼案件的办理，由民事行政检察部门负责。

第三十一条　人民检察院各业务部门在履行职责中，发现可能属于行政公益诉讼案件范围的案件线索，应当将有关材料移送民事行政检察部门。

第三十二条　经审查认为生态环境和资源保护、国有资产保护、国有土地使用权出让等领域负有监督管理职责的行政机关违法行使职权或者不作为可能损害国家和社会公共利益的，应报请检察长批准决定立案，并到案件管理部门登记。

人民检察院决定立案的行政公益诉讼案件，应当制作《立案决定书》。

第三十三条　人民检察院可以采取以下方式调查核实有关行政机关违法行使职权或者不作为的相关证据及有关情况：

（一）调阅、复制行政执法卷宗材料；

（二）询问行政机关相关人员以及行政相对人、利害关系人、证人等；

（三）收集书证、物证、视听资料等证据；

（四）咨询专业人员、相关部门或者行业协会等对专门问题的意见；

（五）委托鉴定、评估、审计；

（六）勘验物证、现场；

（七）其他必要的调查方式。

调查核实不得采取限制人身自由以及查封、扣押、冻结财产等强制性措施。

人民检察院调查核实有关情况，行政机关及其他有关单位和个人应当配合。

第三十四条 民事行政检察部门在办理行政公益诉讼案件过程中，发现国家工作人员涉嫌贪污贿赂、渎职侵权等职务犯罪线索的，应当及时移送职务犯罪侦查部门；发现其他刑事犯罪线索的，应当及时移送侦查监督部门。

第三十五条 人民检察院提起行政公益诉讼案件审查终结，承办人应当制作审查终结报告。审查终结报告应当全面、客观、公正地叙述案件事实，依据法律规定提出处理建议。

第三十六条 办理行政公益诉讼案件应当经集体讨论。参加集体讨论的人员应当对案件事实、适用法律、处理建议等发表明确的意见并说明理由。集体讨论意见应当在全面、客观地归纳讨论意见的基础上形成。

集体讨论形成的处理意见，由民事行政检察部门负责人提出审核意见后报检察长批准。检察长认为必要的，可以提请检察委员会讨论决定。

第三十七条 人民检察院对审查终结的行政公益诉讼案件，应当区分情况作出下列决定：

（一）终结审查；

（二）提出检察建议；

（三）提起行政公益诉讼。

第三十八条 人民检察院办理行政公益诉讼案件，拟作出第三十七条第一项、第二项决定的，应当自决定立案之日起三个月内办理终结；拟作出第三十七条第三项决定的，应当自决定立案之日起六个月内办理终结。有特殊情况需要延长的，报经检察长批准。

第三十九条 有下列情形之一的，人民检察院应当终结审查：

（一）经审查不存在行政机关违法行使职权或者不作为，造成国家和社会公共利益受到侵害情形的；

（二）行政机关在人民检察院向其提出检察建议前已纠正行政违法行为或依法履行职责的；

（三）其他应当终结审查的情形。终结审查的，应当制作《终结审查决定书》。

第四十条 在提起行政公益诉讼之前，人民检察院应当先行向相关行政机关提出检察建议，督促其纠正违法行为或者依法履行职责。行政机关应当在收到检察建议书后一个月内依法办理，并将办理情况及时书面回复人民检察院。

第四十一条 经过诉前程序，行政机关拒不纠正违法行为或者不履行法定职责，国家和社会公共利益仍处于受侵害状态的，人民检察院可以提起行政公益诉讼。

第四十二条 人民检察院以公益诉讼人身份提起行政公益诉讼。行政公益诉讼的被告是生态环境和资源保护、国有资产保护、国有土地使用权出让等领域违法行使职权或者不作为的行政机关,以及法律、法规、规章授权的组织。

第四十三条 人民检察院可以向人民法院提出撤销或者部分撤销违法行政行为、在一定期限内履行法定职责、确认行政行为违法或者无效等诉讼请求。

第四十四条 人民检察院提起行政公益诉讼应当提交下列材料:
（一）行政公益诉讼起诉书;
（二）国家和社会公共利益受到侵害的初步证明材料。

第四十五条 人民检察院提起行政公益诉讼,对下列事项承担举证责任:
（一）证明起诉符合法定条件;
（二）人民检察院履行诉前程序提出检察建议且行政机关拒不纠正违法行为或者不履行法定职责的事实;
（三）其他应当由人民检察院承担举证责任的事项。

第四十六条 人民法院开庭审理人民检察院提起的行政公益诉讼案件,人民检察院应当派员出席法庭。

第四十七条 检察人员出席法庭的任务是:
（一）宣读行政公益诉讼起诉书;
（二）对人民检察院调查核实的证据予以出示和说明,对相关证据进行质证;
（三）参加法庭调查,进行辩论并发表出庭意见;
（四）依法从事其他诉讼活动。

检察人员发现庭审活动违法的,应当待休庭或者庭审结束之后,以人民检察院的名义提出检察建议。

第四十八条 行政公益诉讼案件不适用调解。

第四十九条 在行政公益诉讼审理过程中,被告纠正违法行为或者依法履行职责而使人民检察院的诉讼请求全部实现的,人民检察院可以变更诉讼请求,请求判决确认行政行为违法,或者撤回起诉。

第五十条 地方各级人民检察院认为同级人民法院未生效的第一审判决、裁定确有错误,应当向上一级人民法院提出抗诉。

第五十一条 地方各级人民检察院对同级人民法院未生效的第一审判决、裁定的抗诉,应当通过原审人民法院提出抗诉书,并且将抗诉书抄送上一级人民检察院。

上级人民检察院认为抗诉不当的,可以向同级人民法院撤回抗诉,并且通知下级人民检察院。

第五十二条 对人民检察院提出抗诉的二审案件或者人民法院决定开庭审理的上诉案件,同级人民检察院应当派员出席第二审法庭。

第三章　其他规定

第五十三条　地方各级人民检察院拟决定向人民法院提起公益诉讼的,应当层报最高人民检察院审查批准。

人民检察院审查批准公益诉讼案件,应当自收到案件请示之日起一个月内办理终结。有特殊情况需要延长的,报经检察长批准。

第五十四条　省级人民检察院向最高人民检察院报送审批的材料包括:

(一) 公益诉讼案件层报审批表;

(二) 省级人民检察院请示;

(三) 省级人民检察院民事行政检察部门案件审查终结报告和集体讨论记录;

(四) 公益诉讼起诉书;

(五) 案件证据目录和主要证据材料。

第五十五条　提起公益诉讼,人民检察院免缴诉讼费。

第五十六条　本办法未规定的,分别适用民事诉讼法、行政诉讼法以及相关司法解释的规定。

第四章　附　则

第五十七条　本办法仅适用于北京、内蒙古、吉林、江苏、安徽、福建、山东、湖北、广东、贵州、云南、陕西、甘肃等省、自治区、直辖市。

第五十八条　本办法自发布之日起施行。本院之前发布的司法解释和规范性文件,与本办法规定不一致的,适用本办法。

B3-4 两高检察公益诉讼解释(2018)

最高人民法院　最高人民检察院关于检察公益诉讼案件适用法律若干问题的解释

(法释〔2018〕6号。2018年2月23日最高人民法院审判委员会第1734次会议、2018年2月11日最高人民检察院第十二届检察委员会第73次会议通过,2018年3月2日公布并施行)

一、一般规定

第一条　为正确适用《中华人民共和国民事诉讼法》《中华人民共和国行政诉讼法》关于人民检察院提起公益诉讼制度的规定,结合审判、检察工作实际,制定本解释。

第二条　人民法院、人民检察院办理公益诉讼案件主要任务是充分发挥司法审判、法律监督职能作用,维护宪法法律权威,维护社会公平正义,维护国家利益和社会公共利益,督促适格主体依法行使公益诉权,促进依法行政、严格执法。

第三条 人民法院、人民检察院办理公益诉讼案件，应当遵守宪法法律规定，遵循诉讼制度的原则，遵循审判权、检察权运行规律。

第四条 人民检察院以公益诉讼起诉人身份提起公益诉讼，依照民事诉讼法、行政诉讼法享有相应的诉讼权利，履行相应的诉讼义务，但法律、司法解释另有规定的除外。

第五条 市（分、州）人民检察院提起的第一审民事公益诉讼案件，由侵权行为地或者被告住所地中级人民法院管辖。

基层人民检察院提起的第一审行政公益诉讼案件，由被诉行政机关所在地基层人民法院管辖。

第六条 人民检察院办理公益诉讼案件，可以向有关行政机关以及其他组织、公民调查收集证据材料；有关行政机关以及其他组织、公民应当配合；需要采取证据保全措施的，依照民事诉讼法、行政诉讼法相关规定办理。

第七条 人民法院审理人民检察院提起的第一审公益诉讼案件，可以适用人民陪审制。

第八条 人民法院开庭审理人民检察院提起的公益诉讼案件，应当在开庭三日前向人民检察院送达出庭通知书。

人民检察院应当派员出庭，并应当自收到人民法院出庭通知书之日起三日内向人民法院提交派员出庭通知书。派员出庭通知书应当写明出庭人员的姓名、法律职务以及出庭履行的具体职责。

第九条 出庭检察人员履行以下职责：

（一）宣读公益诉讼起诉书；

（二）对人民检察院调查收集的证据予以出示和说明，对相关证据进行质证；

（三）参加法庭调查，进行辩论并发表意见；

（四）依法从事其他诉讼活动。

第十条 人民检察院不服人民法院第一审判决、裁定的，可以向上一级人民法院提起上诉。

第十一条 人民法院审理第二审案件，由提起公益诉讼的人民检察院派员出庭，上一级人民检察院也可以派员参加。

第十二条 人民检察院提起公益诉讼案件判决、裁定发生法律效力，被告不履行的，人民法院应当移送执行。

二、民事公益诉讼

第十三条 人民检察院在履行职责中发现破坏生态环境和资源保护、食品药品安全领域侵害众多消费者合法权益等损害社会公共利益的行为，拟提起公益诉讼的，应当依法公告，公告期间为三十日。

公告期满，法律规定的机关和有关组织不提起诉讼的，人民检察院可以向人民法院提起诉讼。

第十四条 人民检察院提起民事公益诉讼应当提交下列材料：
（一）民事公益诉讼起诉书，并按照被告人数提出副本；
（二）被告的行为已经损害社会公共利益的初步证明材料；
（三）检察机关已经履行公告程序的证明材料。

第十五条 人民检察院依据民事诉讼法第五十五条第二款的规定提起民事公益诉讼，符合民事诉讼法第一百一十九条第二项、第三项、第四项及本解释规定的起诉条件的，人民法院应当登记立案。

第十六条 人民检察院提起的民事公益诉讼案件中，被告以反诉方式提出诉讼请求的，人民法院不予受理。

第十七条 人民法院受理人民检察院提起的民事公益诉讼案件后，应当在立案之日起五日内将起诉书副本送达被告。

人民检察院已履行诉前公告程序的，人民法院立案后不再进行公告。

第十八条 人民法院认为人民检察院提出的诉讼请求不足以保护社会公共利益的，可以向其释明变更或者增加停止侵害、恢复原状等诉讼请求。

第十九条 民事公益诉讼案件审理过程中，人民检察院诉讼请求全部实现而撤回起诉的，人民法院应予准许。

第二十条 人民检察院对破坏生态环境和资源保护、食品药品安全领域侵害众多消费者合法权益等损害社会公共利益的犯罪行为提起刑事公诉时，可以向人民法院一并提起附带民事公益诉讼，由人民法院同一审判组织审理。

人民检察院提起的刑事附带民事公益诉讼案件由审理刑事案件的人民法院管辖。

三、行政公益诉讼

第二十一条 人民检察院在履行职责中发现生态环境和资源保护、食品药品安全、国有财产保护、国有土地使用权出让等领域负有监督管理职责的行政机关违法行使职权或者不作为，致使国家利益或者社会公共利益受到侵害的，应当向行政机关提出检察建议，督促其依法履行职责。

行政机关应当在收到检察建议书之日起两个月内依法履行职责，并书面回复人民检察院。出现国家利益或者社会公共利益损害继续扩大等紧急情形的，行政机关应当在十五日内书面回复。

行政机关不依法履行职责的，人民检察院依法向人民法院提起诉讼。

第二十二条 人民检察院提起行政公益诉讼应当提交下列材料：
（一）行政公益诉讼起诉书，并按照被告人数提出副本；
（二）被告违法行使职权或者不作为，致使国家利益或者社会公共利益受到侵害的证明材料；
（三）检察机关已经履行诉前程序，行政机关仍不依法履行职责或者纠正违法行为的证明材料。

第二十三条 人民检察院依据行政诉讼法第二十五条第四款的规定提起行政公益诉讼,符合行政诉讼法第四十九条第二项、第三项、第四项及本解释规定的起诉条件的,人民法院应当登记立案。

第二十四条 在行政公益诉讼案件审理过程中,被告纠正违法行为或者依法履行职责而使人民检察院的诉讼请求全部实现,人民检察院撤回起诉的,人民法院应当裁定准许;人民检察院变更诉讼请求,请求确认原行政行为违法的,人民法院应当判决确认违法。

第二十五条 人民法院区分下列情形作出行政公益诉讼判决:

(一)被诉行政行为具有行政诉讼法第七十四条、第七十五条规定情形之一的,判决确认违法或者确认无效,并可以同时判决责令行政机关采取补救措施;

(二)被诉行政行为具有行政诉讼法第七十条规定情形之一的,判决撤销或者部分撤销,并可以判决被诉行政机关重新作出行政行为;

(三)被诉行政机关不履行法定职责的,判决在一定期限内履行;

(四)被诉行政机关作出的行政处罚明显不当,或者其他行政行为涉及对款额的确定、认定确有错误的,判决予以变更;

(五)被诉行政行为证据确凿,适用法律、法规正确,符合法定程序,未超越职权,未滥用职权,无明显不当,或者人民检察院诉请被诉行政机关履行法定职责理由不成立的,判决驳回诉讼请求。

人民法院可以将判决结果告知被诉行政机关所属的人民政府或者其他相关的职能部门。

四、附则

第二十六条 本解释未规定的其他事项,适用民事诉讼法、行政诉讼法以及相关司法解释的规定。

第二十七条 本解释自2018年3月2日起施行。

最高人民法院、最高人民检察院之前发布的司法解释和规范性文件与本解释不一致的,以本解释为准。

B3-5 生态赔偿规定(2019)

最高人民法院关于审理生态环境损害赔偿案件的若干规定(试行)

(法释〔2019〕8号。2019年5月20日最高人民法院审判委员会第1769次会议通过,2019年6月4日公布,自2019年6月5日起施行)

为正确审理生态环境损害赔偿案件,严格保护生态环境,依法追究损害生态环境责任者的赔偿责任，依据《中华人民共和国环境保护法》《中华人民共和国民事诉讼法》等法律的规定，结合审判工作实际，制定本规定。

第一条 具有下列情形之一，省级、市地级人民政府及其指定的相关部门、机构，或者受国务院委托行使全民所有自然资源资产所有权的部门，因与造成生态环境损害的自然人、法人或者其他组织经磋商未达成一致或者无法进行磋商的，可以作为原告提起生态环境损害赔偿诉讼：

（一）发生较大、重大、特别重大突发环境事件的；

（二）在国家和省级主体功能区规划中划定的重点生态功能区、禁止开发区发生环境污染、生态破坏事件的；

（三）发生其他严重影响生态环境后果的。

前款规定的市地级人民政府包括设区的市，自治州、盟、地区，不设区的地级市，直辖市的区、县人民政府。

第二条 下列情形不适用本规定：

（一）因污染环境、破坏生态造成人身损害、个人和集体财产损失要求赔偿的，适用侵权责任法等法律规定；

（二）因海洋生态环境损害要求赔偿的，适用海洋环境保护法等法律及相关规定。

第三条 第一审生态环境损害赔偿诉讼案件由生态环境损害行为实施地、损害结果发生地或者被告住所地的中级以上人民法院管辖。

经最高人民法院批准，高级人民法院可以在辖区内确定部分中级人民法院集中管辖第一审生态环境损害赔偿诉讼案件。

中级人民法院认为确有必要的，可以在报请高级人民法院批准后，裁定将本院管辖的第一审生态环境损害赔偿诉讼案件交由具备审理条件的基层人民法院审理。

生态环境损害赔偿诉讼案件由人民法院环境资源审判庭或者指定的专门法庭审理。

第四条 人民法院审理第一审生态环境损害赔偿诉讼案件，应当由法官和人民陪审员组成合议庭进行。

第五条 原告提起生态环境损害赔偿诉讼，符合民事诉讼法和本规定并提交下列材料的，人民法院应当登记立案：

（一）证明具备提起生态环境损害赔偿诉讼原告资格的材料；

（二）符合本规定第一条规定情形之一的证明材料；

（三）与被告进行磋商但未达成一致或者因客观原因无法与被告进行磋商的说明；

（四）符合法律规定的起诉状，并按照被告人数提出副本。

第六条 原告主张被告承担生态环境损害赔偿责任的，应当就以下事实承担举证责任：

（一）被告实施了污染环境、破坏生态的行为或者具有其他应当依法承担责任的情形；

（二）生态环境受到损害，以及所需修复费用、损害赔偿等具体数额；

（三）被告污染环境、破坏生态的行为与生态环境损害之间具有关联性。

第七条 被告反驳原告主张的，应当提供证据加以证明。被告主张具有法律规定的不承担责任或者减轻责任情形的，应当承担举证责任。

第八条 已为发生法律效力的刑事裁判所确认的事实，当事人在生态环境损害赔偿诉讼案件中无须举证证明，但有相反证据足以推翻的除外。

对刑事裁判未予确认的事实，当事人提供的证据达到民事诉讼证明标准的，人民法院应当予以认定。

第九条 负有相关环境资源保护监督管理职责的部门或者其委托的机构在行政执法过程中形成的事件调查报告、检验报告、检测报告、评估报告、监测数据等，经当事人质证并符合证据标准的，可以作为认定案件事实的根据。

第十条 当事人在诉前委托具备环境司法鉴定资质的鉴定机构出具的鉴定意见，以及委托国务院环境资源保护监督管理相关主管部门推荐的机构出具的检验报告、检测报告、评估报告、监测数据等，经当事人质证并符合证据标准的，可以作为认定案件事实的根据。

第十一条 被告违反法律法规污染环境、破坏生态的，人民法院应当根据原告的诉讼请求以及具体案情，合理判决被告承担修复生态环境、赔偿损失、停止侵害、排除妨碍、消除危险、赔礼道歉等民事责任。

第十二条 受损生态环境能够修复的，人民法院应当依法判决被告承担修复责任，并同时确定被告不履行修复义务时应承担的生态环境修复费用。

生态环境修复费用包括制定、实施修复方案的费用，修复期间的监测、监管费用，以及修复完成后的验收费用、修复效果后评估费用等。

原告请求被告赔偿生态环境受到损害至修复完成期间服务功能损失的，人民法院根据具体案情予以判决。

第十三条 受损生态环境无法修复或者无法完全修复，原告请求被告赔偿生态环境功能永久性损害造成的损失的，人民法院根据具体案情予以判决。

第十四条 原告请求被告承担下列费用的，人民法院根据具体案情予以判决：

（一）实施应急方案以及为防止生态环境损害的发生和扩大采取合理预防、处置措施发生的应急处置费用；

（二）为生态环境损害赔偿磋商和诉讼支出的调查、检验、鉴定、评估等费用；

（三）合理的律师费以及其他为诉讼支出的合理费用。

第十五条 人民法院判决被告承担的生态环境服务功能损失赔偿资金、生态环境功能永久性损害造成的损失赔偿资金，以及被告不履行生态环境修复义务时所应承担的修复费用，应当依照法律、法规、规章予以缴纳、管理和使用。

第十六条 在生态环境损害赔偿诉讼案件审理过程中，同一损害生态环境行为又被提起民事公益诉讼，符合起诉条件的，应当由受理生态环境损害赔偿诉讼案件的人民法院受理并由同一审判组织审理。

第十七条 人民法院受理因同一损害生态环境行为提起的生态环境损害赔偿诉讼案件和民事公益诉讼案件，应先中止民事公益诉讼案件的审理，待生态环境损害赔偿诉讼案件审理完毕后，就民事公益诉讼案件未被涵盖的诉讼请求依法作出裁判。

第十八条 生态环境损害赔偿诉讼案件的裁判生效后，有权提起民事公益诉讼的机关或者社会组织就同一损害生态环境行为有证据证明存在前案审理时未发现的损害，并提起民事公益诉讼的，人民法院应予受理。

民事公益诉讼案件的裁判生效后，有权提起生态环境损害赔偿诉讼的主体就同一损害生态环境行为有证据证明存在前案审理时未发现的损害，并提起生态环境损害赔偿诉讼的，人民法院应予受理。

第十九条 实际支出应急处置费用的机关提起诉讼主张该费用的，人民法院应予受理，但人民法院已经受理就同一损害生态环境行为提起的生态环境损害赔偿诉讼案件且该案原告已经主张应急处置费用的除外。

生态环境损害赔偿诉讼案件原告未主张应急处置费用，因同一损害生态环境行为实际支出应急处置费用的机关提起诉讼主张该费用的，由受理生态环境损害赔偿诉讼案件的人民法院受理并由同一审判组织审理。

第二十条 经磋商达成生态环境损害赔偿协议的，当事人可以向人民法院申请司法确认。

人民法院受理申请后，应当公告协议内容，公告期间不少于三十日。公告期满后，人民法院经审查认为协议的内容不违反法律法规强制性规定且不损害国家利益、社会公共利益的，裁定确认协议有效。裁定书应当写明案件的基本事实和协议内容，并向社会公开。

第二十一条 一方当事人拒绝履行、未全部履行发生法律效力的生态环境损害赔偿诉讼案件裁判或者经司法确认的生态环境损害赔偿协议的，对方当事人可以向人民法院申请强制执行。需要修复生态环境的，依法由省级、市地级人民政府及其指定的相关部门、机构组织实施。

第二十二条 人民法院审理生态环境损害赔偿案件，本规定没有规定的，参照适用《最高人民法院关于审理环境民事公益诉讼案件适用法律若干问题的解释》《最高人民法院关于审理环境侵权责任纠纷案件适用法律若干问题的解释》等相关司法解释的规定。

第二十三条 本规定自 2019 年 6 月 5 日起施行。

非讼程序

B4-1 司法确认规定（2011）

最高人民法院关于人民调解协议司法确认程序的若干规定

（法释〔2011〕5号。2011年3月21日由最高人民法院审判委员会第1515次会议通过，2011年3月23日公布，自2011年3月30日起施行）

为了规范经人民调解委员会调解达成的民事调解协议的司法确认程序，进一步建立健全诉讼与非诉讼相衔接的矛盾纠纷解决机制，依照《中华人民共和国民事诉讼法》和《中华人民共和国人民调解法》的规定，结合审判实际，制定本规定。

第一条 当事人根据《中华人民共和国人民调解法》第三十三条的规定共同向人民法院申请确认调解协议的，人民法院应当依法受理。

第二条 当事人申请确认调解协议的，由主持调解的人民调解委员会所在地基层人民法院或者它派出的法庭管辖。

人民法院在立案前委派人民调解委员会调解并达成调解协议，当事人申请司法确认的，由委派的人民法院管辖。

第三条 当事人申请确认调解协议，应当向人民法院提交司法确认申请书、调解协议和身份证明、资格证明，以及与调解协议相关的财产权利证明等证明材料，并提供双方当事人的送达地址、电话号码等联系方式。委托他人代为申请的，必须向人民法院提交由委托人签名或者盖章的授权委托书。

第四条 人民法院收到当事人司法确认申请，应当在三日内决定是否受理。人民法院决定受理的，应当编立"调解字"案号，并及时向当事人送达受理通知书。双方当事人同时到法院申请司法确认的，人民法院可以当即受理并作出是否确认的决定。

有下列情形之一的，人民法院不予受理：

（一）不属于人民法院受理民事案件的范围或者不属于接受申请的人民法院管辖的；

（二）确认身份关系的；

（三）确认收养关系的；

（四）确认婚姻关系的。

第五条 人民法院应当自受理司法确认申请之日起十五日内作出是否确认的决定。因特殊情况需要延长的，经本院院长批准，可以延长十日。

在人民法院作出是否确认的决定前，一方或者双方当事人撤回司法确认申请的，人民法院应当准许。

第六条 人民法院受理司法确认申请后，应当指定一名审判人员对调解协议进行审查。人民法院在必要时可以通知双方当事人同时到场，当面询问当事人。当事人应当向人民法院如实陈述申请确认的调解协议的有关情况，保证提交的证明材料真实、合法。人民法院在审查中，认为当事人的陈述或者提供的证明材料不充分、不完备或者有疑义的，可以要求当事人补充陈述或者补充证明材料。当事人无正当理由未按时补充或者拒不接受询问的，可以按撤回司法确认申请处理。

第七条 具有下列情形之一的，人民法院不予确认调解协议效力：
（一）违反法律、行政法规强制性规定的；
（二）侵害国家利益、社会公共利益的；
（三）侵害案外人合法权益的；
（四）损害社会公序良俗的；
（五）内容不明确，无法确认的；
（六）其他不能进行司法确认的情形。

第八条 人民法院经审查认为调解协议符合确认条件的，应当作出确认决定书；决定不予确认调解协议效力的，应当作出不予确认决定书。

第九条 人民法院依法作出确认决定后，一方当事人拒绝履行或者未全部履行的，对方当事人可以向作出确认决定的人民法院申请强制执行。

第十条 案外人认为经人民法院确认的调解协议侵害其合法权益的，可以自知道或者应当知道权益被侵害之日起一年内，向作出确认决定的人民法院申请撤销确认决定。

第十一条 人民法院办理人民调解协议司法确认案件，不收取费用。

第十二条 人民法院可以将调解协议不予确认的情况定期或者不定期通报同级司法行政机关和相关人民调解委员会。

第十三条 经人民法院建立的调解员名册中的调解员调解达成协议后，当事人申请司法确认的，参照本规定办理。人民法院立案后委托他人调解达成的协议的司法确认，按照《最高人民法院关于人民法院民事调解工作若干问题的规定》（法释〔2004〕12号）的有关规定办理。

B4-2 督促程序规定（2001）

最高人民法院关于适用督促程序若干问题的规定

（法释〔2001〕2号。2000年11月13日最高人民法院审判
委员会第1137次会议通过，2001年1月8日公布，
自2001年1月21日起施行）

为了在审判工作中正确适用督促程序，根据《中华人民共和国民事诉讼法》有关规定，现对适用督促程序处理案件的若干问题规定如下：

第一条 基层人民法院受理债权人依法申请支付令的案件,不受争议金额的限制。

第二条 共同债务人住所地、经常居住地不在同一基层人民法院辖区,各有关人民法院都有管辖权的,债权人可以向其中任何一个基层人民法院申请支付令;债权人向两个以上有管辖权的人民法院申请支付令的,由最先立案的人民法院管辖。

第三条 人民法院收到债权人的书面申请后,认为申请书不符合要求的,人民法院可以通知债权人限期补正。补正期间不计入民事诉讼法第一百九十二条规定的期限。

第四条 对设有担保的债务案件主债务人发出的支付令,对担保人没有拘束力。债权人就担保关系单独提起诉讼的,支付令自行失效。

第五条 人民法院受理债权人的支付令申请后,经审理,有下列情况之一的,应当裁定驳回申请:

(一)当事人不适格;

(二)给付金钱或者汇票、本票、支票以及股票、债券、国库券、可转让的存款单等有价证券的证明文件没有约定逾期给付利息或者违约金、赔偿金,债权人坚持要求给付利息或者违约金、赔偿金;

(三)债权人要求给付的金钱或者汇票、本票、支票以及股票、债券、国库券、可转让的存款单等有价证券属于违法所得;

(四)债权人申请支付令之前已向人民法院申请诉前保全,或者申请支付令同时又要求诉前保全。

第六条 人民法院受理支付令申请后,债权人就同一债权关系又提起诉讼,或者人民法院发出支付令之日起三十日内无法送达债务人的,应当裁定终结督促程序。

第七条 债务人对债权债务关系没有异议,但对清偿能力、清偿期限、清偿方式等提出不同意见的,不影响支付令的效力。

第八条 债权人基于同一债权债务关系,向债务人提出多项支付请求,债务人仅就其中一项或几项请求提出异议的,不影响其他各项请求的效力。

第九条 债权人基于同一债权债务关系,就可分之债向多个债务人提出支付请求,多个债务人中的一人或几人提出异议的,不影响其他请求的效力。

第十条 人民法院作出终结督促程序前,债务人请求撤回异议的,应当准许。

第十一条 人民法院院长对本院已发生法律效力的支付令,发现确有错误,认为需要撤销的,应当提交审判委员会讨论决定后,裁定撤销支付令,驳回债权人的申请。

第十二条 最高人民法院有关适用督促程序的其他司法解释与本规定不一致的,以本规定为准。

执行程序

C1 执行解释（2009）

最高人民法院关于适用《中华人民共和国民事诉讼法》执行程序若干问题的解释

(法释〔2008〕13号。2008年9月8日最高人民法院审判
委员会第1452次会议通过，2008年11月3日公布，
自2009年1月1日起施行)

为了依法及时有效地执行生效法律文书，维护当事人的合法权益，根据2007年10月修改后的《中华人民共和国民事诉讼法》（以下简称民事诉讼法），结合人民法院执行工作实际，对执行程序中适用法律的若干问题作出如下解释：

第一条 申请执行人向被执行的财产所在地人民法院申请执行的，应当提供该人民法院辖区有可供执行财产的证明材料。

第二条 对两个以上人民法院都有管辖权的执行案件，人民法院在立案前发现其他有管辖权的人民法院已经立案的，不得重复立案。

立案后发现其他有管辖权的人民法院已经立案的，应当撤销案件；已经采取执行措施的，应当将控制的财产交先立案的执行法院处理。

第三条 人民法院受理执行申请后，当事人对管辖权有异议的，应当自收到执行通知书之日起十日内提出。

人民法院对当事人提出的异议，应当审查。异议成立的，应当撤销执行案件，并告知当事人向有管辖权的人民法院申请执行；异议不成立的，裁定驳回。当事人对裁定不服的，可以向上一级人民法院申请复议。

管辖权异议审查和复议期间，不停止执行。

第四条 对人民法院采取财产保全措施的案件，申请执行人向采取保全措施的人民法院以外的其他有管辖权的人民法院申请执行的，采取保全措施的人民法院应当将保全的财产交执行法院处理。

第五条 执行过程中，当事人、利害关系人认为执行法院的执行行为违反法律规定的，可以依照民事诉讼法第二百零二条的规定提出异议。

执行法院审查处理执行异议，应当自收到书面异议之日起十五日内作出裁定。

第六条 当事人、利害关系人依照民事诉讼法第二百零二条规定申请复议的，应当采取书面形式。

第七条 当事人、利害关系人申请复议的书面材料,可以通过执行法院转交,也可以直接向执行法院的上一级人民法院提交。

执行法院收到复议申请后,应当在五日内将复议所需的案卷材料报送上一级人民法院;上一级人民法院收到复议申请后,应当通知执行法院在五日内报送复议所需的案卷材料。

第八条 上一级人民法院对当事人、利害关系人的复议申请,应当组成合议庭进行审查。

第九条 当事人、利害关系人依照民事诉讼法第二百零二条规定申请复议的,上一级人民法院应当自收到复议申请之日起三十日内审查完毕,并作出裁定。有特殊情况需要延长的,经本院院长批准,可以延长,延长的期限不得超过三十日。

第十条 执行异议审查和复议期间,不停止执行。

被执行人、利害关系人提供充分、有效的担保请求停止相应处分措施的,人民法院可以准许;申请执行人提供充分、有效的担保请求继续执行的,应当继续执行。

第十一条 依照民事诉讼法第二百零三条的规定,有下列情形之一的,上一级人民法院可以根据申请执行人的申请,责令执行法院限期执行或者变更执行法院:

(一)债权人申请执行时被执行人有可供执行的财产,执行法院自收到申请执行书之日起超过六个月对该财产未执行完结的;

(二)执行过程中发现被执行人可供执行的财产,执行法院自发现财产之日起超过六个月对该财产未执行完结的;

(三)对法律文书确定的行为义务的执行,执行法院自收到申请执行书之日起超过六个月未依法采取相应执行措施的;

(四)其他有条件执行超过六个月未执行的。

第十二条 上一级人民法院依照民事诉讼法第二百零三条规定责令执行法院限期执行的,应当向其发出督促执行令,并将有关情况书面通知申请执行人。

上一级人民法院决定由本院执行或者指令本辖区其他人民法院执行的,应当作出裁定,送达当事人并通知有关人民法院。

第十三条 上一级人民法院责令执行法院限期执行,执行法院在指定期间内无正当理由仍未执行完结的,上一级人民法院应当裁定由本院执行或者指令本辖区其他人民法院执行。

第十四条 民事诉讼法第二百零三条规定的六个月期间,不应当计算执行中的公告期间、鉴定评估期间、管辖争议处理期间、执行争议协调期间、暂缓执行期间以及中止执行期间。

第十五条 案外人对执行标的主张所有权或者有其他足以阻止执行标的转让、交付的实体权利的,可以依照民事诉讼法第二百零四条的规定,向执行法院提出异议。

第十六条 案外人异议审查期间,人民法院不得对执行标的进行处分。

案外人向人民法院提供充分、有效的担保请求解除对异议标的的查封、扣押、冻结的,人民法院可以准许;申请执行人提供充分、有效的担保请求继续执行的,应当继续执行。

因案外人提供担保解除查封、扣押、冻结有错误,致使该标的无法执行的,人民法院可以直接执行担保财产;申请执行人提供担保请求继续执行有错误,给对方造成损失的,应当予以赔偿。

第十七条 案外人依照民事诉讼法第二百零四条规定提起诉讼,对执行标的主张实体权利,并请求对执行标的停止执行的,应当以申请执行人为被告;被执行人反对案外人对执行标的所主张的实体权利的,应当以申请执行人和被执行人为共同被告。

第十八条 案外人依照民事诉讼法第二百零四条规定提起诉讼的,由执行法院管辖。

第十九条 案外人依照民事诉讼法第二百零四条规定提起诉讼的,执行法院应当依照诉讼程序审理。经审理,理由不成立的,判决驳回其诉讼请求;理由成立的,根据案外人的诉讼请求作出相应的裁判。

第二十条 案外人依照民事诉讼法第二百零四条规定提起诉讼的,诉讼期间,不停止执行。

案外人的诉讼请求确有理由或者提供充分、有效的担保请求停止执行的,可以裁定停止对执行标的进行处分;申请执行人提供充分、有效的担保请求继续执行的,应当继续执行。

案外人请求停止执行、请求解除查封、扣押、冻结或者申请执行人请求继续执行有错误,给对方造成损失的,应当予以赔偿。

第二十一条 申请执行人依照民事诉讼法第二百零四条规定提起诉讼,请求对执行标的许可执行的,应当以案外人为被告;被执行人反对申请执行人请求的,应当以案外人和被执行人为共同被告。

第二十二条 申请执行人依照民事诉讼法第二百零四条规定提起诉讼的,由执行法院管辖。

第二十三条 人民法院依照民事诉讼法第二百零四条规定裁定对异议标的中止执行后,申请执行人自裁定送达之日起十五日内未提起诉讼的,人民法院应当裁定解除已经采取的执行措施。

第二十四条 申请执行人依照民事诉讼法第二百零四条规定提起诉讼的,执行法院应当依照诉讼程序审理。经审理,理由不成立的,判决驳回其诉讼请求;理由成立的,根据申请执行人的诉讼请求作出相应的裁判。

第二十五条 多个债权人对同一被执行人申请执行或者对执行财产申请参与分配的,执行法院应当制作财产分配方案,并送达各债权人和被执行人。债权人或者被执行人对分配方案有异议的,应当自收到分配方案之日起十五日内向执行法院提出书面异议。

第二十六条 债权人或者被执行人对分配方案提出书面异议的,执行法院应当通知未提出异议的债权人或被执行人。

未提出异议的债权人、被执行人收到通知之日起十五日内未提出反对意见的,执行法院依异议人的意见对分配方案审查修正后进行分配;提出反对意见的,应当通知异议人。异议人可以自收到通知之日起十五日内,以提出反对意见的债权人、被执行人为被告,向执行法院提起诉讼;异议人逾期未提起诉讼的,执行法院依原分配方案进行分配。

诉讼期间进行分配的,执行法院应当将与争议债权数额相应的款项予以提存。

第二十七条 在申请执行时效期间的最后六个月内,因不可抗力或者其他障碍不能行使请求权的,申请执行时效中止。从中止时效的原因消除之日起,申请执行时效期间继续计算。

第二十八条 申请执行时效因申请执行、当事人双方达成和解协议、当事人一方提出履行要求或者同意履行义务而中断。从中断时起,申请执行时效期间重新计算。

第二十九条 生效法律文书规定债务人负有不作为义务的,申请执行时效期间从债务人违反不作为义务之日起计算。

第三十条 执行员依照民事诉讼法第二百一十六条规定立即采取强制执行措施的,可以同时或者自采取强制执行措施之日起三日内发送执行通知书。

第三十一条 人民法院依照民事诉讼法第二百一十七条规定责令被执行人报告财产情况的,应当向其发出报告财产令。报告财产令中应当写明报告财产的范围、报告财产的期间、拒绝报告或者虚假报告的法律后果等内容。

第三十二条 被执行人依照民事诉讼法第二百一十七条的规定,应当书面报告下列财产情况:

(一)收入、银行存款、现金、有价证券;
(二)土地使用权、房屋等不动产;
(三)交通运输工具、机器设备、产品、原材料等动产;
(四)债权、股权、投资权益、基金、知识产权等财产性权利;
(五)其他应当报告的财产。

被执行人自收到执行通知之日前一年至当前财产发生变动的,应当对该变动情况进行报告。

被执行人在报告财产期间履行全部债务的,人民法院应当裁定终结报告程序。

第三十三条 被执行人报告财产后,其财产情况发生变动,影响申请执行人债权实现的,应当自财产变动之日起十日内向人民法院补充报告。

第三十四条 对被执行人报告的财产情况,申请执行人请求查询的,人民法院应当准许。申请执行人对查询的被执行人财产情况,应当保密。

第三十五条 对被执行人报告的财产情况,执行法院可以依申请执行人的申请或者依职权调查核实。

第三十六条 依照民事诉讼法第二百三十一条规定对被执行人限制出境的,应当由申请执行人向执行法院提出书面申请;必要时,执行法院可以依职权决定。

第三十七条 被执行人为单位的,可以对其法定代表人、主要负责人或者影响债务履行的直接责任人员限制出境。

被执行人为无民事行为能力人或者限制民事行为能力人的,可以对其法定代理人限制出境。

第三十八条 在限制出境期间,被执行人履行法律文书确定的全部债务的,执行法院应当及时解除限制出境措施;被执行人提供充分、有效的担保或者申请执行人同意的,可以解除限制出境措施。

第三十九条 依照民事诉讼法第二百三十一条的规定,执行法院可以依职权或者依申请执行人的申请,将被执行人不履行法律文书确定义务的信息,通过报纸、广播、电视、互联网等媒体公布。

媒体公布的有关费用,由被执行人负担;申请执行人申请在媒体公布的,应当垫付有关费用。

第四十条 本解释施行前本院公布的司法解释与本解释不一致的,以本解释为准。

C2 执行规定(1998)

最高人民法院关于人民法院执行工作若干问题的规定(试行)

(法释〔1998〕15号。1998年6月11日最高人民法院审判委员会第992次会议通过,自1998年7月18日起施行)

为了保证在执行程序中正确适用法律,及时有效地执行生效法律文书,维护当事人的合法权益,根据《中华人民共和国民事诉讼法》(以下简称民事诉讼法)等有关法律的规定,结合人民法院执行工作的实践经验,现对人民法院执行工作若干问题作如下规定。

一、执行机构及其职责

1. 人民法院根据需要,依据有关法律的规定,设立执行机构,专门负责执行工作。
2. 执行机构负责执行下列生效法律文书:

(1) 人民法院民事、行政判决、裁定、调解书，民事制裁决定、支付令，以及刑事附带民事判决、裁定、调解书；
(2) 依法应由人民法院执行的行政处罚决定、行政处理决定；
(3) 我国仲裁机构作出的仲裁裁决和调解书；人民法院依据《中华人民共和国仲裁法》有关规定作出的财产保全和证据保全裁定；
(4) 公证机关依法赋予强制执行效力的关于追偿债款、物品的债权文书；
(5) 经人民法院裁定承认其效力的外国法院作出的判决、裁定，以及国外仲裁机构作出的仲裁裁决；
(6) 法律规定由人民法院执行的其他法律文书。

3. 人民法院在审理民事、行政案件中作出的财产保全和先予执行裁定，由审理案件的审判庭负责执行。
4. 人民法庭审结的案件，由人民法庭负责执行。其中复杂、疑难或被执行人不在本法院辖区的案件，由执行机构负责执行。
5. 执行程序中重大事项的办理，应由三名以上执行员讨论，并报经院长批准。
6. 依据民事诉讼法第二百一十三条或第二百五十八条的规定对仲裁裁决是否有不予执行事由进行审查的，应组成合议庭进行。
7. 执行机构应配备必要的交通工具、通讯设备、音像设备和警械用具等，以保障及时有效地履行职责。
8. 执行人员执行公务时，应向有关人员出示工作证和执行公务证，并按规定着装。必要时应由司法警察参加。

　　执行公务证由最高人民法院统一制发。
9. 上级人民法院执行机构负责本院对下级人民法院执行工作的监督、指导和协调。

二、执行管辖

10. 仲裁机构作出的国内仲裁裁决、公证机关依法赋予强制执行效力的公证债权文书，由被执行人住所地或被执行的财产所在地人民法院执行。

　　前款案件的级别管辖，参照各地法院受理诉讼案件的级别管辖的规定确定。
11. 在国内仲裁过程中，当事人申请财产保全，经仲裁机构提交人民法院的，由被申请人住所地或被申请保全的财产所在地的基层人民法院裁定并执行；申请证据保全的，由证据所在地的基层人民法院裁定并执行。
12. 在涉外仲裁过程中，当事人申请财产保全，经仲裁机构提交人民法院的，由被申请人住所地或被申请保全的财产所在地的中级人民法院裁定并执行；申请证据保全的，由证据所在地的中级人民法院裁定并执行。
13. 专利管理机关依法作出的处理决定和处罚决定，由被执行人住所地或财产所在地的省、自治区、直辖市有权受理专利纠纷案件的中级人民法院执行。
14. 国务院各部门、各省、自治区、直辖市人民政府和海关依照法律、法规作出的处理决定和处罚决定，由被执行人住所地或财产所在地的中级人民法院执行。

15. 两个以上人民法院都有管辖权的，当事人可以向其中一个人民法院申请执行；当事人向两个以上人民法院申请执行的，由最先立案的人民法院管辖。

16. 人民法院之间因执行管辖权发生争议的，由双方协商解决；协商不成的，报请双方共同的上级人民法院指定管辖。

17. 基层人民法院和中级人民法院管辖的执行案件，因特殊情况需要由上级人民法院执行的，可以报请上级人民法院执行。

三、执行的申请和移送

18. 人民法院受理执行案件应当符合下列条件：
    （1）申请或移送执行的法律文书已经生效；
    （2）申请执行人是生效法律文书确定的权利人或其继承人、权利承受人；
    （3）申请执行人在法定期限内提出申请；
    （4）申请执行的法律文书有给付内容，且执行标的和被执行人明确；
    （5）义务人在生效法律文书确定的期限内未履行义务；
    （6）属于受申请执行的人民法院管辖。

    人民法院对符合上述条件的申请，应当在七日内予以立案；不符合上述条件之一的，应当在七日内裁定不予受理。

19. 生效法律文书的执行，一般应当由当事人依法提出申请。
    发生法律效力的具有给付赡养费、扶养费、抚育费内容的法律文书、民事制裁决定书，以及刑事附带民事判决、裁定、调解书，由审判庭移送执行机构执行。

20. 申请执行，应向人民法院提交下列文件和证件：
    （1）申请执行书。申请执行书中应当写明申请执行的理由、事项、执行标的，以及申请执行人所了解的被执行人的财产状况。

    申请执行人书写申请执行书确有困难的，可以口头提出申请。人民法院接待人员对口头申请应当制作笔录，由申请执行人签字或盖章。

    外国一方当事人申请执行的，应当提交中文申请执行书。当事人所在国与我国缔结或共同参加的司法协助条约有特别规定的，按照条约规定办理。

    （2）生效法律文书副本。
    （3）申请执行人的身份证明。公民个人申请的，应当出示居民身份证；法人申请的，应当提交法人营业执照副本和法定代表人身份证明；其他组织申请的，应当提交营业执照副本和主要负责人身份证明。
    （4）继承人或权利承受人申请执行的，应当提交继承或承受权利的证明文件。
    （5）其他应当提交的文件或证件。

21. 申请执行仲裁机构的仲裁裁决，应当向人民法院提交有仲裁条款的合同书或仲裁协议书。

申请执行国外仲裁机构的仲裁裁决的，应当提交经我国驻外使领馆认证或我国公证机关公证的仲裁裁决书中文本。

22. 申请执行人可以委托代理人代为申请执行。委托代理的，应当向人民法院提交经委托人签字或盖章的授权委托书，写明委托事项和代理人的权限。

委托代理人代为放弃、变更民事权利，或代为进行执行和解，或代为收取执行款项的，应当有委托人的特别授权。

23. 申请人民法院强制执行，应当按照人民法院诉讼收费办法的规定缴纳申请执行的费用。

四、执行前的准备和对被执行人财产状况的查明

24. 人民法院决定受理执行案件后，应当在三日内向被执行人发出执行通知书，责令其在指定的期间内履行生效法律文书确定的义务，并承担民事诉讼法第二百二十九条规定的迟延履行期间的债务利息或迟延履行金。

25. 执行通知书的送达，适用民事诉讼法关于送达的规定。

26. 被执行人未按执行通知书指定的期间履行生效法律文书确定的义务的，应当及时采取执行措施。

在执行通知书指定的期限内，被执行人转移、隐匿、变卖、毁损财产的，应当立即采取执行措施。

人民法院采取执行措施，应当制作裁定书，送达被执行人。

27. 人民法院执行非诉讼生效法律文书，必要时可向制作生效法律文书的机构调取卷宗材料。

28. 申请执行人应当向人民法院提供其所了解的被执行人的财产状况或线索。被执行人必须如实向人民法院报告其财产状况。

人民法院在执行中有权向被执行人、有关机关、社会团体、企业事业单位或公民个人，调查了解被执行人的财产状况，对调查所需的材料可以进行复制、抄录或拍照，但应当依法保密。

29. 为查明被执行人的财产状况和履行义务的能力，可以传唤被执行人或被执行人的法定代表人或负责人到人民法院接受询问。

30. 被执行人拒绝按人民法院的要求提供其有关财产状况的证据材料的，人民法院可以按照民事诉讼法第二百二十四条的规定进行搜查。

31. 人民法院依法搜查时，对被执行人可能存放隐匿的财物及有关证据材料的处所、箱柜等，经责令被执行人开启而拒不配合的，可以强制开启。

五、金钱给付的执行

32. 查询、冻结、划拨被执行人在银行（含其分理处、营业所和储蓄所）、非银行金融机构、其他有储蓄业务的单位（以下简称金融机构）的存款，依照中国人民银行、最高人民法院、最高人民检察院、公安部《关于查询、冻结、

扣划企业事业单位、机关、团体银行存款的通知》的规定办理。

33. 金融机构擅自解冻被人民法院冻结的款项，致冻结款项被转移的，人民法院有权责令其限期追回已转移的款项。在限期内未能追回的，应当裁定该金融机构在转移的款项范围内以自己的财产向申请执行人承担责任。

34. 被执行人为金融机构的，对其交存在人民银行的存款准备金和备付金不得冻结和扣划，但对其在本机构、其他金融机构的存款，及其在人民银行的其他存款可以冻结、划拨，并可对被执行人的其他财产采取执行措施，但不得查封其营业场所。

35. 作为被执行人的公民，其收入转为储蓄存款的，应当责令其交出存单。拒不交出的，人民法院应当作出提取其存款的裁定，向金融机构发出协助执行通知书，并附生效法律文书，由金融机构提取被执行人的存款交人民法院或存入人民法院指定的账户。

36. 被执行人在有关单位的收入尚未支取的，人民法院应当作出裁定，向该单位发出协助执行通知书，由其协助扣留或提取。

37. 有关单位收到人民法院协助执行被执行人收入的通知后，擅自向被执行人或其他人支付的，人民法院有权责令其限期追回；逾期未追回的，应当裁定其在支付的数额内向申请执行人承担责任。

38. 被执行人无金钱给付能力的，人民法院有权裁定对被执行人的其他财产采取查封、扣押措施。裁定书应送达被执行人。

采取前款措施需有关单位协助的，应当向有关单位发出协助执行通知书，连同裁定书副本一并送达有关单位。

39. 查封、扣押财产的价值应当与被执行人履行债务的价值相当。

40. 人民法院对被执行人所有的其他人享有抵押权、质押权或留置权的财产，可以采取查封、扣押措施。财产拍卖、变卖后所得价款，应当在抵押权人、质押权人或留置权人优先受偿后，其余额部分用于清偿申请执行人的债权。

41. 对动产的查封，应当采取加贴封条的方式。不便加贴封条的，应当张贴公告。

对有产权证照的动产或不动产的查封，应当向有关管理机关发出协助执行通知书，要求其不得办理查封财产的转移过户手续，同时可以责令执行人将有关财产权证照交人民法院保管。必要时也可以采取加贴封条或张贴公告的方法查封。

既未向有关管理机关发出协助执行通知书，也未采取加贴封条或张贴公告的办法查封的，不得对抗其他人民法院的查封。

42. 被查封的财产，可以指令由被执行人负责保管。如继续使用被查封的财产对其价值无重大影响，可以允许被执行人继续使用。因被执行人保管或使用的过错造成的损失，由被执行人承担。

43. 被扣押的财产，人民法院可以自行保管，也可以委托其他单位或个人保管。对扣押的财产，保管人不得使用。
44. 被执行人或其他人擅自处分已被查封、扣押、冻结财产的，人民法院有权责令责任人限期追回财产或承担相应的赔偿责任。
45. 被执行人的财产经查封、扣押后，在人民法院指定的期间内履行义务的，人民法院应当及时解除查封、扣押措施。
46. 人民法院对查封、扣押的被执行人财产进行变价时，应当委托拍卖机构进行拍卖。

财产无法委托拍卖、不适于拍卖或当事人双方同意不需要拍卖的，人民法院可以交由有关单位变卖或自行组织变卖。
47. 人民法院对拍卖、变卖被执行人的财产，应当委托依法成立的资产评估机构进行价格评估。
48. 被执行人申请对人民法院查封的财产自行变卖的，人民法院可以准许，但应当监督其按照合理价格在指定的期限内进行，并控制变卖的价款。
49. 拍卖、变卖被执行人的财产成交后，必须即时钱物两清。

委托拍卖、组织变卖被执行人财产所发生的实际费用，从所得款中优先扣除。所得款项超出执行标的数额和执行费用的部分，应当退还被执行人。
50. 被执行人不履行生效法律文书确定的义务，人民法院有权裁定禁止被执行人转让其专利权、注册商标专用权、著作权（财产权部分）等知识产权。上述权利有登记主管部门的，应当同时向有关部门发出协助执行通知书，要求其不得办理财产权转移手续，必要时可以责令被执行人将产权或使用权证照交人民法院保存。

对前款财产权，可以采取拍卖、变卖等执行措施。
51. 对被执行人从有关企业中应得的已到期的股息或红利等收益，人民法院有权裁定禁止被执行人提取和有关企业向被执行人支付，并要求有关企业直接向申请执行人支付。

对被执行人预期从有关企业中应得的股息或红利等收益，人民法院可以采取冻结措施，禁止到期后被执行人提取和有关企业向被执行人支付。到期后人民法院可从有关企业中提取，并出具提取收据。
52. 对被执行人在其他股份有限公司中持有的股份凭证（股票），人民法院可以扣押，并强制被执行人按照公司法的有关规定转让，也可以直接采取拍卖、变卖的方式进行处分，或直接将股票抵偿给债权人，用于清偿被执行人的债务。
53. 对被执行人在有限责任公司、其他法人企业中的投资权益或股权，人民法院可以采取冻结措施。

冻结投资权益或股权的，应当通知有关企业不得办理被冻结投资权益或股权的转移手续，不得向被执行人支付股息或红利。被冻结的投资权益或股权，被执行人不得自行转让。

54. 被执行人在其独资开办的法人企业中拥的投资权益被冻结后，人民法院可以直接裁定予以转让，以转让所得清偿其申请执行人的债务。

对被执行人在有限责任公司中被冻结的投资权益或股权，人民法院可以依据《中华人民共和国公司法》第三十五条、第三十六条的规定，征得全体股东过半数同意后，予以拍卖、变卖或以其他方式转让。不同意转让的股东，应当购买该转让的投资权益或股权，不购买的，视为同意转让，不影响执行。

人民法院也可允许并监督被执行人自行转让其投资权益或股权，将转让所得收益用于清偿对申请执行人的债务。

55. 对被执行人在中外合资、合作经营企业中的投资权益或股权，在征得合资或合作他方的同意和对外经济贸易主管机关的批准后，可以对冻结的投资权益或股权予以转让。

如果被执行人除在中外合资、合作企业中的股权以外别无其他财产可供执行，其他股东又不同意转让的，可以直接强制转让被执行人的股权，但应当保护合资他方的优先购买权。

56. 有关企业收到人民法院发出的协助冻结通知后，擅自向被执行人支付股息或红利，或擅自为被执行人办理已冻结股权的转移手续，造成已转移的财产无法追回的，应当在所支付的股息或红利或转移的股权价值范围内向申请执行人承担责任。

六、交付财产和完成行为的执行

57. 生效法律文书确定被执行人交付特定标的物的，应当执行原物。原物被隐匿或非法转移的，人民法院有权责令其交出。原物确已变质、损坏或灭失的，应当裁定折价赔偿或按标的物的价值强制执行被执行人的其他财产。

58. 有关单位或公民持有法律文书指定交付的财物或票证，在接到人民法院协助执行通知书或通知后，协助被执行人转移财物或票证的，人民法院有权责令其限期追回；逾期未追回的，应当裁定其承担赔偿责任。

59. 被执行人的财产经拍卖、变卖或裁定以物抵债后，需从现占有人处交付给买受人或申请执行人的，适用民事诉讼法第二百二十五条、第二百二十六条和本规定57条、58条的规定。

60. 被执行人拒不履行生效法律文书中指定的行为的，人民法院可以强制其履行。

对于可以替代履行的行为，可以委托有关单位或他人完成，因完成上述行为发生的费用由被执行人承担。

对于只能由被执行人完成的行为，经教育，被执行人仍拒不履行的，人民法院应当按照妨害执行行为的有关规定处理。

七、被执行人到期债权的执行

61. 被执行人不能清偿债务，但对本案以外的第三人享有到期债权的，人民法院可以依申请执行人或被执行人的申请,向第三人发出履行到期债务的通知(以下简称履行通知)。履行通知必须直接送达第三人。

履行通知应当包含下列内容:

(1) 第三人直接向申请执行人履行其对被执行人所负的债务,不得向被执行人清偿;

(2) 第三人应当在收到履行通知后的十五日内向申请执行人履行债务;

(3) 第三人对履行到期债权有异议的,应当在收到履行通知后的十五日内向执行法院提出;

(4) 第三人违背上述义务的法律后果。

62. 第三人对履行通知的异议一般应当以书面形式提出,口头提出的,执行人员应记入笔录,并由第三人签字或盖章。

63. 第三人在履行通知指定的期间内提出异议的,人民法院不得对第三人强制执行,对提出的异议不进行审查。

64. 第三人提出自己无履行能力或其与申请执行人无直接法律关系,不属于本规定所指的异议。

第三人对债务部分承认、部分有异议的,可以对其承认的部分强制执行。

65. 第三人在履行通知指定的期限内没有提出异议,而又不履行的,执行法院有权裁定对其强制执行。此裁定同时送达第三人和被执行人。

66. 被执行人收到人民法院履行通知后,放弃其对第三人的债权或延缓第三人履行期限的行为无效,人民法院仍可在第三人无异议又不履行的情况下予以强制执行。

67. 第三人收到人民法院要求其履行到期债务的通知后,擅自向被执行人履行,造成已向被执行人履行的财产不能追回的,除在已履行的财产范围内与被执行人承担连带清偿责任外,可以追究其妨害执行的责任。

68. 在对第三人作出强制执行裁定后,第三人确无财产可供执行的,不得就第三人对他人享有的到期债权强制执行。

69. 第三人按照人民法院履行通知向申请执行人履行了债务或已被强制执行后,人民法院应当出具有关证明。

八、对案外人异议的处理

70. 案外人对执行标的主张权利的,可以向执行法院提出异议。

案外人异议一般应当以书面形式提出,并提供相应的证据。以书面形式提出确有困难的,可以允许以口头形式提出。

71. 对案外人提出的异议,执行法院应当依照民事诉讼法第二百零四条的规定进行审查。

审查期间可以对财产采取查封、扣押、冻结等保全措施,但不得进行处分。正在实施的处分措施应当停止。

经审查认为案外人的异议理由不成立的,裁定驳回其异议,继续执行。

72. 案外人提出异议的执行标的物是法律文书指定交付的特定物，经审查认为案外人的异议成立的，报经院长批准，裁定对生效法律文书中该项内容中止执行。

73. 执行标的物不属生效法律文书指定交付的特定物，经审查认为案外人的异议成立的，报经院长批准，停止对该标的物的执行。已经采取的执行措施应当裁定立即解除或撤销，并将该标的物交还案外人。

74. 对案外人提出的异议一时难以确定是否成立，案外人已提供确实有效的担保的，可以解除查封、扣押措施。申请执行人提供确实有效的担保的，可以继续执行。因提供担保而解除查封扣押或继续执行有错误，给对方造成损失的，应裁定以担保的财产予以赔偿。

75. 执行上级人民法院的法律文书遇有本规定72条规定的情形的，或执行的财产是上级人民法院裁定保全的财产时遇有本规定73条、74条规定的情形的，需报经上级人民法院批准。

九、被执行主体的变更和追加

76. 被执行人为无法人资格的私营独资企业，无能力履行法律文书确定的义务的，人民法院可以裁定执行该独资企业业主的其他财产。

77. 被执行人为个人合伙组织或合伙型联营企业，无能力履行生效法律文书确定的义务的，人民法院可以裁定追加该合伙组织的合伙人或参加该联营企业的法人为被执行人。

78. 被执行人为企业法人的分支机构不能清偿债务时，可以裁定企业法人为被执行人。企业法人直接经营管理的财产仍不能清偿债务的，人民法院可以裁定执行该企业法人其他分支机构的财产。

　　若必须执行已被承包或租赁的企业法人分支机构的财产时，对承包人或承租人投入及应得的收益应依法保护。

79. 被执行人按法定程序分立为两个或多个具有法人资格的企业，分立后存续的企业按照分立协议确定的比例承担债务；不符合法定程序分立的，裁定由分立后存续的企业按其从被执行企业分得的资产占原企业总资产的比例对申请执行人承担责任。

80. 被执行人无财产清偿债务，如果其开办单位对其开办时投入的注册资金不实或抽逃注册资金，可以裁定变更或追加其开办单位为被执行人，在注册资金不实或抽逃注册资金的范围内，对申请执行人承担责任。

81. 被执行人被撤销、注销或歇业后，上级主管部门或开办单位无偿接受被执行人的财产，致使被执行人无遗留财产清偿债务或遗留财产不足清偿的，可以裁定由上级主管部门或开办单位在所接受的财产范围内承担责任。

82. 被执行人的开办单位已经在注册资金范围内或接受财产的范围内向其他债权人承担了全部责任的，人民法院不得裁定开办单位重复承担责任。

83. 依照民事诉讼法第二百零九条、最高人民法院关于适用民事诉讼法若干问题的意见第271条至第274条及本规定裁定变更或追加被执行主体的，由执行法院的执行机构办理。

十、执行担保和执行和解

84. 被执行人或其担保人以财产向人民法院提供执行担保的，应当依据《中华人民共和国担保法》的有关规定，按照担保物的种类、性质，将担保物移交执行法院，或依法到有关机关办理登记手续。

85. 人民法院在审理案件期间，保证人为被执行人提供保证，人民法院据此未对被执行人的财产采取保全措施或解除保全措施的，案件审结后如果被执行人无财产可供执行或其财产不足清偿债务时，即使生效法律文书中未确定保证人承担责任，人民法院有权裁定执行保证人在保证责任范围内的财产。

86. 在执行中，双方当事人可以自愿达成和解协议，变更生效法律文书确定的履行义务主体、标的物及其数额、履行期限和履行方式。

  和解协议一般应当采取书面形式。执行人员应将和解协议副本附卷。无书面协议的，执行人员应将和解协议的内容记入笔录，并由双方当事人签名或盖章。

87. 当事人之间达成的和解协议合法有效并已履行完毕的，人民法院作执行结案处理。

十一、多个债权人对一个债务人申请执行和参与分配

88. 多份生效法律文书确定金钱给付内容的多个债权人分别对同一被执行人申请执行，各债权人对执行标的物均无担保物权的，按照执行法院采取执行措施的先后顺序受偿。

  多个债权人的债权种类不同的，基于所有权和担保物权而享有的债权，优先于金钱债权受偿。有多个担保物权的，按照各担保物权成立的先后顺序清偿。

  一份生效法律文书确定金钱给付内容的多个债权人对同一被执行人申请执行，执行的财产不足清偿全部债务的，各债权人对执行标的物均无担保物权的，按照各债权比例受偿。

89. 被执行人为企业法人，其财产不足清偿全部债务的，可告知当事人依法申请被执行人破产。

90. 被执行人为公民或其他组织，其全部或主要财产已被一个人民法院因执行确定金钱给付的生效法律文书而查封、扣押或冻结，无其他财产可供执行或其他财产不足清偿全部债务的，在被执行人的财产被执行完毕前，对该被执行人已经取得金钱债权执行依据的其他债权人可以申请对该被执行人的财产参与分配。

91. 对参与被执行人财产的具体分配，应当由首先查封、扣押或冻结的法院主持进行。

首先查封、扣押、冻结的法院所采取的执行措施如系为执行财产保全裁定，具体分配应当在该院案件审理终结后进行。

92. 债权人申请参与分配的，应当向其原申请执行法院提交参与分配申请书，写明参与分配的理由，并附有执行依据。该执行法院应将参与分配申请书转交给主持分配的法院，并说明执行情况。

93. 对人民法院查封、扣押或冻结的财产有优先权、担保物权的债权人，可以申请参加参与分配程序，主张优先受偿权。

94. 参与分配案件中可供执行的财产，在已享有优先权、担保权的债权人依照法律规定的顺序优先受偿后，按照各个案件债权额的比例进行分配。

95. 被执行人的财产经分配给各债权人后，被执行人对其剩余债务应当继续清偿。债权人发现被执行人有其他财产的，人民法院可以根据债权人的申请继续依法执行。

96. 被执行人为企业法人，未经清理或清算而撤销、注销或歇业，其财产不足清偿全部债务的，应当参照本规定90条至95条的规定，对各债权人的债权按比例清偿。

十二、对妨害执行行为的强制措施的适用

97. 对必须到人民法院接受询问的被执行人或被执行人的法定代表人或负责人，经两次传票传唤，无正当理由拒不到场的，人民法院可以对其进行拘传。

98. 对被拘传人的调查询问不得超过二十四小时，调查询问后不得限制被拘传人的人身自由。

99. 在本辖区以外采取拘传措施时，应当将被拘传人拘传到当地法院，当地法院应予以协助。

100. 被执行人或其他人有下列拒不履行生效法律文书或者妨害执行行为之一的，人民法院可以依照民事诉讼法第一百零二条的规定处理：
  （1）隐藏、转移、变卖、毁损向人民法院提供执行担保的财产的；
  （2）案外人与被执行人恶意串通转移被执行人财产的；
  （3）故意撕毁人民法院执行公告、封条的；
  （4）伪造、隐藏、毁灭有关被执行人履行能力的重要证据，妨碍人民法院查明被执行人财产状况的；
  （5）指使、贿买、胁迫他人对被执行人的财产状况和履行义务的能力问题作伪证的；
  （6）妨碍人民法院依法搜查的；
  （7）以暴力、威胁或其他方法妨碍或抗拒执行的；
  （8）哄闹、冲击执行现场的；
  （9）对人民法院执行人员或协助执行人员进行侮辱、诽谤、诬陷、围攻、威胁、殴打或者打击报复的；
  （10）毁损、抢夺执行案件材料、执行公务车辆、其他执行器械、执行人员服装和执行公务证件的；

101. 在执行过程中遇有被执行人或其他人拒不履行生效法律文书或者妨害执行情节严重，需要追究刑事责任的，应将有关材料移交有关机关处理。

十三、执行的中止、终结、结案和执行回转

102. 有下列情形之一的，人民法院应当依照民事诉讼法第二百三十二条第一款第五项的规定裁定中止执行：

（1）人民法院已受理以被执行人为债务人的破产申请的；

（2）被执行人确无财产可供执行的；

（3）执行的标的物是其他法院或仲裁机构正在审理的案件争议标的物，需要等待该案件审理完毕确定权属的；

（4）一方当事人申请执行仲裁裁决，另一方当事人申请撤销仲裁裁决的；

（5）仲裁裁决的被申请执行人依据民事诉讼法第二百一十三条第二款的规定向人民法院提出不予执行请求，并提供适当担保的。

103. 按照审判监督程序提审或再审的案件，执行机构根据上级法院或本院作出的中止执行裁定书中止执行。

104. 中止执行的情形消失后，执行法院可以根据当事人的申请或依职权恢复执行。

恢复执行应当书面通知当事人。

105. 在执行中，被执行人被人民法院裁定宣告破产的，执行法院应当依照民事诉讼法第二百三十三条第六项的规定，裁定终结执行。

106. 中止执行和终结执行的裁定书应当写明中止或终结执行的理由和法律依据。

107. 人民法院执行生效法律文书，一般应当在立案之日起六个月内执行结案，但中止执行的期间应当扣除。确有特殊情况需要延长的，由本院院长批准。

108. 执行结案的方式为：

（1）生效法律文书确定的内容全部执行完毕；

（2）裁定终结执行；

（3）裁定不予执行；

（4）当事人之间达成执行和解协议并已履行完毕。

109. 在执行中或执行完毕后，据以执行的法律文书被人民法院或其他有关机关撤销或变更的，原执行机构应当依照民事诉讼法第二百一十条的规定，依当事人申请或依职权，按照新的生效法律文书，作出执行回转的裁定，责令原申请执行人返还已取得的财产及其孳息。拒不返还的，强制执行。

110. 执行回转时，已执行的标的物系特定物的，应当退还原物。不能退还原物的，可以折价抵偿。

十四、委托执行、协助执行和执行争议的协调

111. 凡需要委托执行的案件，委托法院应在立案后一个月内办妥委托执行手

续。超过此期限委托的，应当经对方法院同意。

112. 委托法院明知被执行人有下列情形的，应当及时依法裁定中止执行或终结执行，不得委托当地法院执行：

（1）无确切住所，长期下落不明，又无财产可供执行的；

（2）有关法院已经受理以被执行人为债务人的破产案件或者已经宣告其破产的。

113. 委托执行一般应在同级人民法院之间进行。经对方法院同意，也可委托上一级的法院执行。

被执行人是军队企业的，可以委托其所在地的军事法院执行。

执行标的物是船舶的，可以委托有关海事法院执行。

114. 委托法院应当向受委托法院出具书面委托函，并附送据以执行的生效法律文书副本原件、立案审批表复印件及有关情况说明，包括财产保全情况、被执行人的财产状况、生效法律文书履行的情况，并注明委托法院地址、联系电话、联系人等。

115. 委托执行案件的实际支出费用，由受托法院向被执行人收取，确有必要的，可以向申请执行人预收。委托法院已经向申请执行人预收费用的，应当将预收的费用转交受托法院。

116. 案件委托执行后，未经受托法院同意，委托法院不得自行执行。

117. 受托法院接到委托后，应当及时将指定的承办人、联系电话、地址等告知委托法院；如发现委托执行的手续、资料不全，应及时要求委托法院补办。但不得据此拒绝接受委托。

118. 受托法院对受托执行的案件应当严格按照民事诉讼法和最高人民法院有关规定执行，有权依法采取强制执行措施和对妨害执行行为的强制措施。

119. 被执行人在受托法院当地有工商登记或户籍登记，但人员下落不明，如有可供执行的财产，可以直接执行其财产。

120. 对执行担保和执行和解的情况以及案外人对非属法律文书指定交付的执行标的物提出的异议，受托法院可以按照有关法律规定处理，并及时通知委托法院。

121. 受托法院在执行中，认为需要变更被执行人的，应当将有关情况函告委托法院，由委托法院依法决定是否作出变更被执行人的裁定。

122. 受托法院认为受托执行的案件应当中止、终结执行的，应提供有关证据材料，函告委托法院作出裁定。受托法院提供的证据材料确实、充分的，委托法院应当及时作出中止或终结执行的裁定。

123. 受托法院认为委托执行的法律文书有错误，如执行可能造成执行回转困难或无法执行回转的，应当首先采取查封、扣押、冻结等保全措施，必要时要将保全款项划到法院账户，然后函请委托法院审查。受托法院按照委托法院的审查结果继续执行或停止执行。

124. 人民法院在异地执行时,当地人民法院应当积极配合,协同排除障碍,保证执行人员的人身安全和执行装备、执行标的物不受侵害。
125. 两个或两个以上人民法院在执行相关案件中发生争议的,应当协商解决。协商不成的,逐级报请上级法院,直至报请共同的上级法院协调处理。

执行争议经高级人民法院协商不成的,由有关的高级人民法院书面报请最高人民法院协调处理。
126. 执行中发现两地法院或人民法院与仲裁机构就同一法律关系作出不同裁判内容的法律文书的,各有关法院应当立即停止执行,报请共同的上级法院处理。
127. 上级法院协调处理有关执行争议案件,认为必要时,可以决定将有关款项划到本院指定的账户。
128. 上级法院协调下级法院之间的执行争议所作出的处理决定,有关法院必须执行。

十五、执行监督

129. 上级人民法院依法监督下级人民法院的执行工作。最高人民法院依法监督地方各级人民法院和专门法院的执行工作。
130. 上级法院发现下级法院在执行中作出的裁定、决定、通知或具体执行行为不当或有错误的,应当及时指令下级法院纠正,并可以通知有关法院暂缓执行。

下级法院收到上级法院的指令后必须立即纠正。如果认为上级法院的指令有错误,可以在收到该指令后五日内请求上级法院复议。

上级法院认为请求复议的理由不成立,而下级法院仍不纠正的,上级法院可直接作出裁定或决定予以纠正,送达有关法院及当事人,并可直接向有关单位发出协助执行通知书。
131. 上级法院发现下级法院执行的非诉讼生效法律文书有不予执行事由,应当依法作出不予执行裁定而不制作的,可以责令下级法院在指定时限内作出裁定,必要时可直接裁定不予执行。
132. 上级法院发现下级法院的执行案件(包括受委托执行的案件)在规定的期限内未能执行结案的,应当作出裁定、决定、通知而不制作的,或应当依法实施具体执行行为而不实施的,应当督促下级法院限期执行,及时作出有关裁定等法律文书,或采取相应措施。

对下级法院长期未能执结的案件,确有必要的,上级法院可以决定由本院执行或与下级法院共同执行,也可以指定本辖区其他法院执行。
133. 上级法院在监督、指导、协调下级法院执行案件中,发现据以执行的生效法律文书确有错误的,应当书面通知下级法院暂缓执行,并按照审判监督程序处理。
134. 上级法院在申诉案件复查期间,决定对生效法律文书暂缓执行的,有关审判庭应当将暂缓执行的通知抄送执行机构。

135. 上级法院通知暂缓执行的，应同时指定暂缓执行的期限。暂缓执行的期限一般不得超过三个月。有特殊情况需要延长的，应报经院长批准，并及时通知下级法院。

暂缓执行的原因消除后，应当及时通知执行法院恢复执行。期满后上级法院未通知继续暂缓执行的，执行法院可以恢复执行。

136. 下级法院不按照上级法院的裁定、决定或通知执行，造成严重后果的，按照有关规定追究有关主管人员和直接责任人员的责任。

十六、附则

137. 本规定自公布之日起试行。

本院以前作出的司法解释与本规定有抵触的，以本规定为准。本规定未尽事宜，按照以前的规定办理。

C3 执行异议规定（2015）

最高人民法院关于人民法院办理执行异议和复议案件若干问题的规定

（法释〔2015〕10号。2014年12月29日最高人民法院审判委员会第1638次会议通过，2015年5月5日公布并施行）

为了规范人民法院办理执行异议和复议案件，维护当事人、利害关系人和案外人的合法权益，根据民事诉讼法等法律规定，结合人民法院执行工作实际，制定本规定。

第一条 异议人提出执行异议或者复议申请人申请复议，应当向人民法院提交申请书。申请书应当载明具体的异议或者复议请求、事实、理由等内容，并附下列材料：

（一）异议人或者复议申请人的身份证明；

（二）相关证据材料；

（三）送达地址和联系方式。

第二条 执行异议符合民事诉讼法第二百二十五条或者第二百二十七条规定条件的，人民法院应当在三日内立案，并在立案后三日内通知异议人和相关当事人。不符合受理条件的，裁定不予受理；立案后发现不符合受理条件的，裁定驳回申请。

执行异议申请材料不齐备的，人民法院应当一次性告知异议人在三日内补足，逾期未补足的，不予受理。

异议人对不予受理或者驳回申请裁定不服的，可以自裁定送达之日起十日内向上一级人民法院申请复议。上一级人民法院审查后认为符合受理条件的，应当裁定撤销原裁定，指令执行法院立案或者对执行异议进行审查。

第三条 执行法院收到执行异议后三日内既不立案又不作出不予受理裁定，或者受理后无正当理由超过法定期限不作出异议裁定的，异议人可以向上一级人民法院提出异议。上一级人民法院审查后认为理由成立的，应当指令执行法院在三日内立案或者在十五日内作出异议裁定。

第四条 执行案件被指定执行、提级执行、委托执行后，当事人、利害关系人对原执行法院的执行行为提出异议的，由提出异议时负责该案件执行的人民法院审查处理；受指定或者受委托的人民法院是原执行法院的下级人民法院的，仍由原执行法院审查处理。

执行案件被指定执行、提级执行、委托执行后，案外人对原执行法院的执行标的提出异议的，参照前款规定处理。

第五条 有下列情形之一的，当事人以外的公民、法人和其他组织，可以作为利害关系人提出执行行为异议：

（一）认为人民法院的执行行为违法，妨碍其轮候查封、扣押、冻结的债权受偿的；

（二）认为人民法院的拍卖措施违法，妨碍其参与公平竞价的；

（三）认为人民法院的拍卖、变卖或者以物抵债措施违法，侵害其对执行标的的优先购买权的；

（四）认为人民法院要求协助执行的事项超出其协助范围或者违反法律规定的；

（五）认为其他合法权益受到人民法院违法执行行为侵害的。

第六条 当事人、利害关系人依照民事诉讼法第二百二十五条规定提出异议的，应当在执行程序终结之前提出，但对终结执行措施提出异议的除外。

案外人依照民事诉讼法第二百二十七条规定提出异议的，应当在异议指向的执行标的执行终结之前提出；执行标的由当事人受让的，应当在执行程序终结之前提出。

第七条 当事人、利害关系人认为执行过程中或者执行保全、先予执行裁定过程中的下列行为违法提出异议的，人民法院应当依照民事诉讼法第二百二十五条规定进行审查：

（一）查封、扣押、冻结、拍卖、变卖、以物抵债、暂缓执行、中止执行、终结执行等执行措施；

（二）执行的期间、顺序等应当遵守的法定程序；

（三）人民法院作出的侵害当事人、利害关系人合法权益的其他行为。

被执行人以债权消灭、丧失强制执行效力等执行依据生效之后的实体事由提出排除执行异议的，人民法院应当参照民事诉讼法第二百二十五条规定进行审查。

除本规定第十九条规定的情形外，被执行人以执行依据生效之前的实体事由提出排除执行异议的,人民法院应当告知其依法申请再审或者通过其他程序解决。

第八条 案外人基于实体权利既对执行标的提出排除执行异议又作为利害关系人提出执行行为异议的,人民法院应当依照民事诉讼法第二百二十七条规定进行审查。

案外人既基于实体权利对执行标的提出排除执行异议又作为利害关系人提出与实体权利无关的执行行为异议的,人民法院应当分别依照民事诉讼法第二百二十七条和第二百二十五条规定进行审查。

第九条 被限制出境的人认为对其限制出境错误的,可以自收到限制出境决定之日起十日内向上一级人民法院申请复议。上一级人民法院应当自收到复议申请之日起十五日内作出决定。复议期间,不停止原决定的执行。

第十条 当事人不服驳回不予执行公证债权文书申请的裁定的,可以自收到裁定之日起十日内向上一级人民法院申请复议。上一级人民法院应当自收到复议申请之日起三十日内审查,理由成立的,裁定撤销原裁定,不予执行该公证债权文书;理由不成立的,裁定驳回复议申请。复议期间,不停止执行。

第十一条 人民法院审查执行异议或者复议案件,应当依法组成合议庭。

指令重新审查的执行异议案件,应当另行组成合议庭。

办理执行实施案件的人员不得参与相关执行异议和复议案件的审查。

第十二条 人民法院对执行异议和复议案件实行书面审查。案情复杂、争议较大的,应当进行听证。

第十三条 执行异议、复议案件审查期间,异议人、复议申请人申请撤回异议、复议申请的,是否准许由人民法院裁定。

第十四条 异议人或者复议申请人经合法传唤,无正当理由拒不参加听证,或者未经法庭许可中途退出听证,致使人民法院无法查清相关事实的,由其自行承担不利后果。

第十五条 当事人、利害关系人对同一执行行为有多个异议事由,但未在异议审查过程中一并提出,撤回异议或者被裁定驳回异议后,再次就该执行行为提出异议的,人民法院不予受理。

案外人撤回异议或者被裁定驳回异议后,再次就同一执行标的提出异议的,人民法院不予受理。

第十六条 人民法院依照民事诉讼法第二百二十五条规定作出裁定时,应当告知相关权利人申请复议的权利和期限。

人民法院依照民事诉讼法第二百二十七条规定作出裁定时,应当告知相关权利人提起执行异议之诉的权利和期限。

人民法院作出其他裁定和决定时,法律、司法解释规定了相关权利人申请复议的权利和期限的,应当进行告知。

第十七条 人民法院对执行行为异议,应当按照下列情形,分别处理:

（一）异议不成立的，裁定驳回异议；
（二）异议成立的，裁定撤销相关执行行为；
（三）异议部分成立的，裁定变更相关执行行为；
（四）异议成立或者部分成立，但执行行为无撤销、变更内容的，裁定异议成立或者相应部分异议成立。

第十八条 执行过程中，第三人因书面承诺自愿代被执行人偿还债务而被追加为被执行人后，无正当理由反悔并提出异议的，人民法院不予支持。

第十九条 当事人互负到期债务，被执行人请求抵销，请求抵销的债务符合下列情形的，除依照法律规定或者按照债务性质不得抵销的以外，人民法院应予支持：
（一）已经生效法律文书确定或者经申请执行人认可；
（二）与被执行人所负债务的标的物种类、品质相同。

第二十条 金钱债权执行中，符合下列情形之一，被执行人以执行标的系本人及所扶养家属维持生活必需的居住房屋为由提出异议的，人民法院不予支持：
（一）对被执行人有扶养义务的人名下有其他能够维持生活必需的居住房屋的；
（二）执行依据生效后，被执行人为逃避债务转让其名下其他房屋的；
（三）申请执行人按照当地廉租住房保障面积标准为被执行人及所扶养家属提供居住房屋，或者同意参照当地房屋租赁市场平均租金标准从该房屋的变价款中扣除五至八年租金的。

执行依据确定被执行人交付居住的房屋，自执行通知送达之日起，已经给予三个月的宽限期，被执行人以该房屋系本人及所扶养家属维持生活的必需品为由提出异议的，人民法院不予支持。

第二十一条 当事人、利害关系人提出异议请求撤销拍卖，符合下列情形之一的，人民法院应予支持：
（一）竞买人之间、竞买人与拍卖机构之间恶意串通，损害当事人或者其他竞买人利益的；
（二）买受人不具备法律规定的竞买资格的；
（三）违法限制竞买人参加竞买或者对不同的竞买人规定不同竞买条件的；
（四）未按照法律、司法解释的规定对拍卖标的物进行公告的；
（五）其他严重违反拍卖程序且损害当事人或者竞买人利益的情形。
当事人、利害关系人请求撤销变卖的，参照前款规定处理。

第二十二条 公证债权文书对主债务和担保债务同时赋予强制执行效力的，人民法院应予执行；仅对主债务赋予强制执行效力未涉及担保债务的，对担保债务的执行申请不予受理；仅对担保债务赋予强制执行效力未涉及主债务的，对主债务的执行申请不予受理。

人民法院受理担保债务的执行申请后，被执行人仅以担保合同不属于赋予强制执行效力的公证债权文书范围为由申请不予执行的，不予支持。

第二十三条 上一级人民法院对不服异议裁定的复议申请审查后，应当按照下列情形，分别处理：

（一）异议裁定认定事实清楚，适用法律正确，结果应予维持的，裁定驳回复议申请，维持异议裁定；

（二）异议裁定认定事实错误，或者适用法律错误，结果应予纠正的，裁定撤销或者变更异议裁定；

（三）异议裁定认定基本事实不清、证据不足的，裁定撤销异议裁定，发回作出裁定的人民法院重新审查，或者查清事实后作出相应裁定；

（四）异议裁定遗漏异议请求或者存在其他严重违反法定程序的情形，裁定撤销异议裁定，发回作出裁定的人民法院重新审查；

（五）异议裁定对应当适用民事诉讼法第二百二十七条规定审查处理的异议，错误适用民事诉讼法第二百二十五条规定审查处理的，裁定撤销异议裁定，发回作出裁定的人民法院重新作出裁定。

除依照本条第一款第三、四、五项发回重新审查或者重新作出裁定的情形外，裁定撤销或者变更异议裁定且执行行为可撤销、变更的，应当同时撤销或者变更该裁定维持的执行行为。

人民法院对发回重新审查的案件作出裁定后，当事人、利害关系人申请复议的，上一级人民法院复议后不得再次发回重新审查。

第二十四条 对案外人提出的排除执行异议，人民法院应当审查下列内容：

（一）案外人是否系权利人；

（二）该权利的合法性与真实性；

（三）该权利能否排除执行。

第二十五条 对案外人的异议，人民法院应当按照下列标准判断其是否系权利人：

（一）已登记的不动产，按照不动产登记簿判断；未登记的建筑物、构筑物及其附属设施，按照土地使用权登记簿、建设工程规划许可、施工许可等相关证据判断；

（二）已登记的机动车、船舶、航空器等特定动产，按照相关管理部门的登记判断；未登记的特定动产和其他动产，按照实际占有情况判断；

（三）银行存款和存管在金融机构的有价证券，按照金融机构和登记结算机构登记的账户名称判断；有价证券由具备合法经营资质的托管机构名义持有的，按照该机构登记的实际投资人账户名称判断；

（四）股权按照工商行政管理机关的登记和企业信用信息公示系统公示的信息判断；

（五）其他财产和权利，有登记的，按照登记机构的登记判断；无登记的，按照合同等证明财产权属或者权利人的证据判断。

案外人依据另案生效法律文书提出排除执行异议，该法律文书认定的执行标的权利人与依照前款规定得出的判断不一致的，依照本规定第二十六条规定处理。

第二十六条 金钱债权执行中，案外人依据执行标的被查封、扣押、冻结前作出的另案生效法律文书提出排除执行异议，人民法院应当按照下列情形，分别处理：

（一）该法律文书系就案外人与被执行人之间的权属纠纷以及租赁、借用、保管等不以转移财产权属为目的的合同纠纷，判决、裁决执行标的归属于案外人或者向其返还执行标的且其权利能够排除执行的，应予支持；

（二）该法律文书系就案外人与被执行人之间除前项所列合同之外的债权纠纷，判决、裁决执行标的归属于案外人或者向其交付、返还执行标的的，不予支持。

（三）该法律文书系案外人受让执行标的的拍卖、变卖成交裁定或者以物抵债裁定且其权利能够排除执行的，应予支持。

金钱债权执行中，案外人依据执行标的被查封、扣押、冻结后作出的另案生效法律文书提出排除执行异议的，人民法院不予支持。

非金钱债权执行中，案外人依据另案生效法律文书提出排除执行异议，该法律文书对执行标的权属作出不同认定的，人民法院应当告知案外人依法申请再审或者通过其他程序解决。

申请执行人或者案外人不服人民法院依照本条第一、二款规定作出的裁定，可以依照民事诉讼法第二百二十七条规定提起执行异议之诉。

第二十七条 申请执行人对执行标的依法享有对抗案外人的担保物权等优先受偿权，人民法院对案外人提出的排除执行异议不予支持，但法律、司法解释另有规定的除外。

第二十八条 金钱债权执行中，买受人对登记在被执行人名下的不动产提出异议，符合下列情形且其权利能够排除执行的，人民法院应予支持：

（一）在人民法院查封之前已签订合法有效的书面买卖合同；

（二）在人民法院查封之前已合法占有该不动产；

（三）已支付全部价款，或者已按照合同约定支付部分价款且将剩余价款按照人民法院的要求交付执行；

（四）非因买受人自身原因未办理过户登记。

第二十九条 金钱债权执行中，买受人对登记在被执行的房地产开发企业名下的商品房提出异议，符合下列情形且其权利能够排除执行的，人民法院应予支持：

（一）在人民法院查封之前已签订合法有效的书面买卖合同；

（二）所购商品房系用于居住且买受人名下无其他用于居住的房屋；

（三）已支付的价款超过合同约定总价款的百分之五十。

第三十条 金钱债权执行中，对被查封的办理了受让物权预告登记的不动产，受让人提出停止处分异议的，人民法院应予支持；符合物权登记条件，受让人提出排除执行异议的，应予支持。

第三十一条 承租人请求在租赁期内阻止向受让人移交占有被执行的不动产，在人民法院查封之前已签订合法有效的书面租赁合同并占有使用该不动产的，人民法院应予支持。

承租人与被执行人恶意串通，以明显不合理的低价承租被执行的不动产或者伪造交付租金证据的，对其提出的阻止移交占有的请求，人民法院不予支持。

第三十二条 本规定施行后尚未审查终结的执行异议和复议案件，适用本规定。本规定施行前已经审查终结的执行异议和复议案件，人民法院依法提起执行监督程序的，不适用本规定。

C4　委托执行规定（2011）

最高人民法院关于委托执行若干问题的规定

（法释〔2011〕11号。2011年4月25日由最高人民法院
审判委员会第1521次会议通过，2011年5月3日公布，
自2011年5月16日起施行）

为了规范委托执行工作，维护当事人的合法权益，根据《中华人民共和国民事诉讼法》的规定，结合司法实践，制定本规定。

第一条 执行法院经调查发现被执行人在本辖区内已无财产可供执行，且在其他省、自治区、直辖市内有可供执行财产的，应当将案件委托异地的同级人民法院执行。

执行案件中有三个以上被执行人或者三处以上被执行财产在本省、自治区、直辖市辖区以外，且分属不同异地的，执行法院根据案件具体情况，报经高级人民法院批准后可以异地执行。

第二条 案件委托执行后，受托法院应当依法立案，委托法院应当在收到受托法院的立案通知书后作委托结案处理。

委托异地法院协助查询、冻结、查封、调查或者送达法律文书等有关事项的，受托法院不作为委托执行案件立案办理，但应当积极予以协助。

第三条 委托执行应当以执行标的物所在地或者执行行为实施地的同级人民法院为受托执行法院。有两处以上财产在异地的，可以委托主要财产所在地的人民法院执行。

被执行人是现役军人或者军事单位的，可以委托对其有管辖权的军事法院执行。

执行标的物是船舶的，可以委托有管辖权的海事法院执行。

第四条 委托执行案件应当由委托法院直接向受托法院办理委托手续，并层报各自所在的高级人民法院备案。

事项委托应当以机要形式送达委托事项的相关手续，不需报高级人民法院备案。

第五条 案件委托执行时，委托法院应当提供下列材料：

（一）委托执行函；

（二）申请执行书和委托执行案件审批表；

（三）据以执行的生效法律文书副本；

（四）有关案件情况的材料或者说明，包括本辖区无财产的调查材料、财产保全情况、被执行人财产状况、生效法律文书的履行情况等；

（五）申请执行人地址、联系电话；

（六）被执行人身份证件或者营业执照复印件、地址、联系电话；

（七）委托法院执行员和联系电话；

（八）其他必要的案件材料等。

第六条 委托执行时，委托法院应当将已经查封、扣押、冻结的被执行人的异地财产，一并移交受托法院处理，并在委托执行函中说明。

委托执行后，委托法院对被执行人财产已经采取查封、扣押、冻结等措施的，视为受托法院的查封、扣押、冻结措施。受托法院需要继续查封、扣押、冻结，持委托执行函和立案通知书办理相关手续。续封续冻时，仍为原委托法院的查封冻结顺序。

查封、扣押、冻结等措施的有效期限在移交受托法院时不足1个月的，委托法院应当先行续封或者续冻，再移交受托法院。

第七条 受托法院收到委托执行函后，应当在7日内予以立案，并及时将立案通知书通过委托法院送达申请执行人，同时将指定的承办人、联系电话等书面告知委托法院。

委托法院收到上述通知书后，应当在7日内书面通知申请执行人案件已经委托执行，并告知申请执行人可以直接与受托法院联系执行相关事宜。

第八条 受托法院如发现委托执行的手续、材料不全，可以要求委托法院补办。委托法院应当在30日内完成补办事项，在上述期限内未完成的，应当作出书面说明。委托法院既不补办又不说明原因的，视为撤回委托，受托法院可以将委托材料退回委托法院。

第九条 受托法院退回委托的，应当层报所在辖区高级人民法院审批。高级人民法院同意退回后，受托法院应当在15日内将有关委托手续和案卷材料退回委托法院，并作出书面说明。

委托执行案件退回后，受托法院已立案的，应当作销案处理。委托法院在案件退回原因消除之后可以再行委托。确因委托不当被退回的，委托法院应当决定撤销委托并恢复案件执行,报所在的高级人民法院备案。

第十条 委托法院在案件委托执行后又发现有可供执行财产的,应当及时告知受托法院。受托法院发现被执行人在受托法院辖区外另有可供执行财产的,可以直接异地执行,一般不再委托执行。根据情况确需再行委托的,应当按照委托执行案件的程序办理,并通知案件当事人。

第十一条 受托法院未能在6个月内将受托案件执结的,申请执行人有权请求受托法院的上一级人民法院提级执行或者指定执行,上一级人民法院应当立案审查,发现受托法院无正当理由不予执行的,应当限期执行或者作出裁定提级执行或者指定执行。

第十二条 执行法院赴异地执行案件时,应当持有其所在辖区高级人民法院的批准函件,但异地采取财产保全措施和查封、扣押、冻结等非处分性执行措施的除外。

异地执行时,可以根据案件具体情况,请求当地法院协助执行,当地法院应当积极配合,保证执行人员的人身安全和执行装备、执行标的物不受侵害。

第十三条 高级人民法院应当对辖区内委托执行和异地执行工作实行统一管理和协调,履行以下职责:

(一)统一管理跨省、自治区、直辖市辖区的委托和受托执行案件;
(二)指导、检查、监督本辖区内的受托案件的执行情况;
(三)协调本辖区内跨省、自治区、直辖市辖区的委托和受托执行争议案件;
(四)承办需异地执行的有关案件的审批事项;
(五)对下级法院报送的有关委托和受托执行案件中的相关问题提出指导性处理意见;
(六)办理其他涉及委托执行工作的事项。

第十四条 本规定所称的异地是指本省、自治区、直辖市以外的区域。各省、自治区、直辖市内的委托执行,由各高级人民法院参照本规定,结合实际情况,制定具体办法。

第十五条 本规定施行之后,其他有关委托执行的司法解释不再适用。

C5　执行和解规定(2018)

最高人民法院关于执行和解若干问题的规定

(法释〔2018〕3号公布。2017年11月6日最高人民法院
审判委员会第1725次会议通过,2018年2月22日公布,
自2018年3月1日起施行)

为了进一步规范执行和解,维护当事人、利害关系人的合法权益,根据《中华人民共和国民事诉讼法》等法律规定,结合执行实践,制定本规定。

第一条 当事人可以自愿协商达成和解协议,依法变更生效法律文书确定的权

利义务主体、履行标的、期限、地点和方式等内容。

和解协议一般采用书面形式。

第二条 和解协议达成后,有下列情形之一的,人民法院可以裁定中止执行:

(一)各方当事人共同向人民法院提交书面和解协议的;

(二)一方当事人向人民法院提交书面和解协议,其他当事人予以认可的;

(三)当事人达成口头和解协议,执行人员将和解协议内容记入笔录,由各方当事人签名或者盖章的。

第三条 中止执行后,申请执行人申请解除查封、扣押、冻结的,人民法院可以准许。

第四条 委托代理人代为执行和解,应当有委托人的特别授权。

第五条 当事人协商一致,可以变更执行和解协议,并向人民法院提交变更后的协议,或者由执行人员将变更后的内容记入笔录,并由各方当事人签名或者盖章。

第六条 当事人达成以物抵债执行和解协议的,人民法院不得依据该协议作出以物抵债裁定。

第七条 执行和解协议履行过程中,符合合同法第一百零一条规定情形的,债务人可以依法向有关机构申请提存;执行和解协议约定给付金钱的,债务人也可以向执行法院申请提存。

第八条 执行和解协议履行完毕的,人民法院作执行结案处理。

第九条 被执行人一方不履行执行和解协议的,申请执行人可以申请恢复执行原生效法律文书,也可以就履行执行和解协议向执行法院提起诉讼。

第十条 申请恢复执行原生效法律文书,适用民事诉讼法第二百三十九条申请执行期间的规定。

当事人不履行执行和解协议的,申请恢复执行期间自执行和解协议约定履行期间的最后一日起计算。

第十一条 申请执行人以被执行人一方不履行执行和解协议为由申请恢复执行,人民法院经审查,理由成立的,裁定恢复执行;有下列情形之一的,裁定不予恢复执行:

(一)执行和解协议履行完毕后申请恢复执行的;

(二)执行和解协议约定的履行期限尚未届至或者履行条件尚未成就的,但符合合同法第一百零八条规定情形的除外;

(三)被执行人一方正在按照执行和解协议约定履行义务的;

(四)其他不符合恢复执行条件的情形。

第十二条 当事人、利害关系人认为恢复执行或者不予恢复执行违反法律规定的,可以依照民事诉讼法第二百二十五条规定提出异议。

第十三条 恢复执行后，对申请执行人就履行执行和解协议提起的诉讼，人民法院不予受理。

第十四条 申请执行人就履行执行和解协议提起诉讼，执行法院受理后，可以裁定终结原生效法律文书的执行。执行中的查封、扣押、冻结措施，自动转为诉讼中的保全措施。

第十五条 执行和解协议履行完毕，申请执行人因被执行人迟延履行、瑕疵履行遭受损害的，可以向执行法院另行提起诉讼。

第十六条 当事人、利害关系人认为执行和解协议无效或者应予撤销的，可以向执行法院提起诉讼。执行和解协议被确认无效或者撤销后，申请执行人可以据此申请恢复执行。

被执行人以执行和解协议无效或者应予撤销为由提起诉讼的，不影响申请执行人申请恢复执行。

第十七条 恢复执行后，执行和解协议已经履行部分应当依法扣除。当事人、利害关系人认为人民法院的扣除行为违反法律规定的，可以依照民事诉讼法第二百二十五条规定提出异议。

第十八条 执行和解协议中约定担保条款，且担保人向人民法院承诺在被执行人不履行执行和解协议时自愿接受直接强制执行的，恢复执行原生效法律文书后，人民法院可以依申请执行人申请及担保条款的约定，直接裁定执行担保财产或者保证人的财产。

第十九条 执行过程中，被执行人根据当事人自行达成但未提交人民法院的和解协议，或者一方当事人提交人民法院但其他当事人不予认可的和解协议，依照民事诉讼法第二百二十五条规定提出异议的，人民法院按照下列情形，分别处理：

（一）和解协议履行完毕的，裁定终结原生效法律文书的执行；

（二）和解协议约定的履行期限尚未届至或者履行条件尚未成就的，裁定中止执行，但符合合同法第一百零八条规定情形的除外；

（三）被执行人一方正在按照和解协议约定履行义务的，裁定中止执行；

（四）被执行人不履行和解协议的，裁定驳回异议；

（五）和解协议不成立、未生效或者无效的，裁定驳回异议。

第二十条 本规定自2018年3月1日起施行。

本规定施行前最高人民法院公布的司法解释与本规定不一致的，以本规定为准。

| C6 | 执行担保规定（2018）

最高人民法院关于执行担保若干问题的规定

（法释〔2018〕4 号。2017 年 12 月 11 日最高人民法院
审判委员会第 1729 次会议通过，2018 年 2 月 22 日公布，
自 2018 年 3 月 1 日起施行）

为了进一步规范执行担保，维护当事人、利害关系人的合法权益，根据《中华人民共和国民事诉讼法》等法律规定，结合执行实践，制定本规定。

第一条 本规定所称执行担保，是指担保人依照民事诉讼法第二百三十一条规定，为担保被执行人履行生效法律文书确定的全部或者部分义务，向人民法院提供的担保。

第二条 执行担保可以由被执行人提供财产担保，也可以由他人提供财产担保或者保证。

第三条 被执行人或者他人提供执行担保的，应当向人民法院提交担保书，并将担保书副本送交申请执行人。

第四条 担保书中应当载明担保人的基本信息、暂缓执行期限、担保期间、被担保的债权种类及数额、担保范围、担保方式、被执行人于暂缓执行期限届满后仍不履行时担保人自愿接受直接强制执行的承诺等内容。

提供财产担保的，担保书中还应当载明担保财产的名称、数量、质量、状况、所在地、所有权或者使用权归属等内容。

第五条 公司为被执行人提供执行担保的，应当提交符合公司法第十六条规定的公司章程、董事会或者股东会、股东大会决议。

第六条 被执行人或者他人提供执行担保，申请执行人同意的，应当向人民法院出具书面同意意见，也可以由执行人员将其同意的内容记入笔录，并由申请执行人签名或者盖章。

第七条 被执行人或者他人提供财产担保，可以依照物权法、担保法规定办理登记等担保物权公示手续；已经办理公示手续的，申请执行人可以依法主张优先受偿权。

申请执行人申请人民法院查封、扣押、冻结担保财产的，人民法院应当准许，但担保书另有约定的除外。

第八条 人民法院决定暂缓执行的，可以暂缓全部执行措施的实施，但担保书另有约定的除外。

第九条 担保书内容与事实不符，且对申请执行人合法权益产生实质影响的，人民法院可以依申请执行人的申请恢复执行。

第十条 暂缓执行的期限应当与担保书约定一致，但最长不得超过一年。

第十一条 暂缓执行期限届满后被执行人仍不履行义务，或者暂缓执行期间担保人有转移、隐藏、变卖、毁损担保财产等行为的，人民法院可以依申请执行

人的申请恢复执行,并直接裁定执行担保财产或者保证人的财产,不得将担保人变更、追加为被执行人。

执行担保财产或者保证人的财产,以担保人应当履行义务部分的财产为限。被执行人有便于执行的现金、银行存款的,应当优先执行该现金、银行存款。

第十二条 担保期间自暂缓执行期限届满之日起计算。

担保书中没有记载担保期间或者记载不明的,担保期间为一年。

第十三条 担保期间届满后,申请执行人申请执行担保财产或者保证人财产的,人民法院不予支持。他人提供财产担保的,人民法院可以依其申请解除对担保财产的查封、扣押、冻结。

第十四条 担保人承担担保责任后,提起诉讼向被执行人追偿的,人民法院应予受理。

第十五条 被执行人申请变更、解除全部或者部分执行措施,并担保履行生效法律文书确定义务的,参照适用本规定。

第十六条 本规定自2018年3月1日起施行。

本规定施行前成立的执行担保,不适用本规定。

本规定施行前最高人民法院公布的司法解释与本规定不一致的,以本规定为准。

C7 强执公证规定(2018)

最高人民法院关于公证债权文书执行若干问题的规定

(法释〔2018〕18号。2018年6月25日由最高人民法院审判委员会第1743次会议通过,2018年9月30日公布,自2018年10月1日起施行)

第一条 本规定所称公证债权文书,是指根据公证法第三十七条第一款规定经公证赋予强制执行效力的债权文书。

第二条 公证债权文书执行案件,由被执行人住所地或者被执行的财产所在地人民法院管辖。

前款规定案件的级别管辖,参照人民法院受理第一审民商事案件级别管辖的规定确定。

第三条 债权人申请执行公证债权文书,除应当提交作为执行依据的公证债权文书等申请执行所需的材料外,还应当提交证明履行情况等内容的执行证书。

第四条 债权人申请执行的公证债权文书应当包括公证证词、被证明的债权文书等内容。权利义务主体、给付内容应当在公证证词中列明。

第五条 债权人申请执行公证债权文书,有下列情形之一的,人民法院应当裁定不予受理;已经受理的,裁定驳回执行申请:

（一）债权文书属于不得经公证赋予强制执行效力的文书；
（二）公证债权文书未载明债务人接受强制执行的承诺；
（三）公证证词载明的权利义务主体或者给付内容不明确；
（四）债权人未提交执行证书；
（五）其他不符合受理条件的情形。

第六条 公证债权文书赋予强制执行效力的范围同时包含主债务和担保债务的，人民法院应当依法予以执行；仅包含主债务的，对担保债务部分的执行申请不予受理；仅包含担保债务的，对主债务部分的执行申请不予受理。

第七条 债权人对不予受理、驳回执行申请裁定不服的，可以自裁定送达之日起十日内向上一级人民法院申请复议。

申请复议期满未申请复议，或者复议申请被驳回的，当事人可以就公证债权文书涉及的民事权利义务争议向人民法院提起诉讼。

第八条 公证机构决定不予出具执行证书的，当事人可以就公证债权文书涉及的民事权利义务争议直接向人民法院提起诉讼。

第九条 申请执行公证债权文书的期间自公证债权文书确定的履行期间的最后一日起计算；分期履行的，自公证债权文书确定的每次履行期间的最后一日起计算。

债权人向公证机构申请出具执行证书的，申请执行时效自债权人提出申请之日起中断。

第十条 人民法院在执行实施中，根据公证债权文书并结合申请执行人的申请依法确定给付内容。

第十一条 因民间借贷形成的公证债权文书，文书中载明的利率超过人民法院依照法律、司法解释规定应予支持的上限的，对超过的利息部分不纳入执行范围；载明的利率未超过人民法院依照法律、司法解释规定应予支持的上限，被执行人主张实际超过的，可以依照本规定第二十二条第一款规定提起诉讼。

第十二条 有下列情形之一的，被执行人可以依照民事诉讼法第二百三十八条第二款规定申请不予执行公证债权文书：

（一）被执行人未到场且未委托代理人到场办理公证的；
（二）无民事行为能力人或者限制民事行为能力人没有监护人代为办理公证的；
（三）公证员为本人、近亲属办理公证，或者办理与本人、近亲属有利害关系的公证的；
（四）公证员办理该项公证有贪污受贿、徇私舞弊行为，已经由生效刑事法律文书等确认的；
（五）其他严重违反法定公证程序的情形。

被执行人以公证债权文书的内容与事实不符或者违反法律强制性规定等实体事由申请不予执行的，人民法院应当告知其依照本规定第二十二条第一款规定提起诉讼。

第十三条 被执行人申请不予执行公证债权文书,应当在执行通知书送达之日起十五日内向执行法院提出书面申请,并提交相关证据材料;有本规定第十二条第一款第三项、第四项规定情形且执行程序尚未终结的,应当自知道或者应当知道有关事实之日起十五日内提出。

公证债权文书执行案件被指定执行、提级执行、委托执行后,被执行人申请不予执行的,由提出申请时负责该案件执行的人民法院审查。

第十四条 被执行人认为公证债权文书存在本规定第十二条第一款规定的多个不予执行事由的,应当在不予执行案件审查期间一并提出。

不予执行申请被裁定驳回后,同一被执行人再次提出申请的,人民法院不予受理。但有证据证明不予执行事由在不予执行申请被裁定驳回后知道的,可以在执行程序终结前提出。

第十五条 人民法院审查不予执行公证债权文书案件,案情复杂、争议较大的,应当进行听证。必要时可以向公证机构调阅公证案卷,要求公证机构作出书面说明,或者通知公证员出庭说明情况。

第十六条 人民法院审查不予执行公证债权文书案件,应当在受理之日起六十日内审查完毕并作出裁定;有特殊情况需要延长的,经本院院长批准,可以延长三十日。

第十七条 人民法院审查不予执行公证债权文书案件期间,不停止执行。

被执行人提供充分、有效的担保,请求停止相应处分措施的,人民法院可以准许;申请执行人提供充分、有效的担保,请求继续执行的,应当继续执行。

第十八条 被执行人依照本规定第十二条第一款规定申请不予执行,人民法院经审查认为理由成立的,裁定不予执行;理由不成立的,裁定驳回不予执行申请。

公证债权文书部分内容具有本规定第十二条第一款规定情形的,人民法院应当裁定对该部分不予执行;应当不予执行部分与其他部分不可分的,裁定对该公证债权文书不予执行。

第十九条 人民法院认定执行公证债权文书违背公序良俗的,裁定不予执行。

第二十条 公证债权文书被裁定不予执行的,当事人可以就该公证债权文书涉及的民事权利义务争议向人民法院提起诉讼;公证债权文书被裁定部分不予执行的,当事人可以就该部分争议提起诉讼。

当事人对不予执行裁定提出执行异议或者申请复议的,人民法院不予受理。

第二十一条 当事人不服驳回不予执行申请裁定的,可以自裁定送达之日起十日内向上一级人民法院申请复议。上一级人民法院应当自收到复议申请之日起三十日内审查。经审查,理由成立的,裁定撤销原裁定,不予执行该公证债权文书；理由不成立的，裁定驳回复议申请。复议期间，不停止执行。

第二十二条 有下列情形之一的，债务人可以在执行程序终结前，以债权人为被告，向执行法院提起诉讼，请求不予执行公证债权文书：

（一）公证债权文书载明的民事权利义务关系与事实不符；
（二）经公证的债权文书具有法律规定的无效、可撤销等情形；
（三）公证债权文书载明的债权因清偿、提存、抵销、免除等原因全部或者部分消灭。

债务人提起诉讼，不影响人民法院对公证债权文书的执行。债务人提供充分、有效的担保，请求停止相应处分措施的，人民法院可以准许；债权人提供充分、有效的担保，请求继续执行的，应当继续执行。

第二十三条 对债务人依照本规定第二十二条第一款规定提起的诉讼，人民法院经审理认为理由成立的，判决不予执行或者部分不予执行；理由不成立的，判决驳回诉讼请求。

当事人同时就公证债权文书涉及的民事权利义务争议提出诉讼请求的，人民法院可以在判决中一并作出裁判。

第二十四条 有下列情形之一的，债权人、利害关系人可以就公证债权文书涉及的民事权利义务争议直接向有管辖权的人民法院提起诉讼：

（一）公证债权文书载明的民事权利义务关系与事实不符；
（二）经公证的债权文书具有法律规定的无效、可撤销等情形。

债权人提起诉讼，诉讼案件受理后又申请执行公证债权文书的，人民法院不予受理。进入执行程序后债权人又提起诉讼的，诉讼案件受理后，人民法院可以裁定终结公证债权文书的执行；债权人请求继续执行其未提出争议部分的，人民法院可以准许。

利害关系人提起诉讼，不影响人民法院对公证债权文书的执行。利害关系人提供充分、有效的担保，请求停止相应处分措施的，人民法院可以准许；债权人提供充分、有效的担保，请求继续执行的，应当继续执行。

第二十五条 本规定自2018年10月1日起施行。

本规定施行前最高人民法院公布的司法解释与本规定不一致的，以本规定为准。

C8 财产调查规定（2017）

最高人民法院关于民事执行中财产调查若干问题的规定

（法释〔2017〕8号。2017年1月25日最高人民法院审判
委员会第1708次会议通过，2017年2月28日公布，
自2017年5月1日起施行）

为规范民事执行财产调查，维护当事人及利害关系人的合法权益，根据

《中华人民共和国民事诉讼法》等法律的规定，结合执行实践，制定本规定。

第一条 执行过程中，申请执行人应当提供被执行人的财产线索；被执行人应当如实报告财产；人民法院应当通过网络执行查控系统进行调查，根据案件需要应当通过其他方式进行调查的，同时采取其他调查方式。

第二条 申请执行人提供被执行人财产线索，应当填写财产调查表。财产线索明确、具体的，人民法院应当在七日内调查核实；情况紧急的，应当在三日内调查核实。财产线索确实的，人民法院应当及时采取相应的执行措施。

申请执行人确因客观原因无法自行查明财产的，可以申请人民法院调查。

第三条 人民法院依申请执行人的申请或依职权责令被执行人报告财产情况的，应当向其发出报告财产令。金钱债权执行中，报告财产令应当与执行通知同时发出。

人民法院根据案件需要再次责令被执行人报告财产情况的，应当重新向其发出报告财产令。

第四条 报告财产令应当载明下列事项：

（一）提交财产报告的期限；

（二）报告财产的范围、期间；

（三）补充报告财产的条件及期间；

（四）违反报告财产义务应承担的法律责任；

（五）人民法院认为有必要载明的其他事项。

报告财产令应附财产调查表，被执行人必须按照要求逐项填写。

第五条 被执行人应当在报告财产令载明的期限内向人民法院书面报告下列财产情况：

（一）收入、银行存款、现金、理财产品、有价证券；

（二）土地使用权、房屋等不动产；

（三）交通运输工具、机器设备、产品、原材料等动产；

（四）债权、股权、投资权益、基金份额、信托受益权、知识产权等财产性权利；

（五）其他应当报告的财产。

被执行人的财产已出租、已设立担保物权等权利负担，或者存在共有、权属争议等情形的，应当一并报告；被执行人的动产由第三人占有，被执行人的不动产、特定动产、其他财产权等登记在第三人名下的，也应当一并报告。

被执行人在报告财产令载明的期限内提交书面报告确有困难的，可以向人民法院书面申请延长期限；申请有正当理由的，人民法院可以适当延长。

第六条 被执行人自收到执行通知之日前一年至提交书面财产报告之日，其财产情况发生下列变动的，应当将变动情况一并报告：

（一）转让、出租财产的；

（二）在财产上设立担保物权等权利负担的；

(三) 放弃债权或延长债权清偿期的；
(四) 支出大额资金的；
(五) 其他影响生效法律文书确定债权实现的财产变动。

第七条 被执行人报告财产后，其财产情况发生变动，影响申请执行人债权实现的，应当自财产变动之日起十日内向人民法院补充报告。

第八条 对被执行人报告的财产情况，人民法院应当及时调查核实，必要时可以组织当事人进行听证。

申请执行人申请查询被执行人报告的财产情况的，人民法院应当准许。申请执行人及其代理人对查询过程中知悉的信息应当保密。

第九条 被执行人拒绝报告、虚假报告或者无正当理由逾期报告财产情况的，人民法院可以根据情节轻重对被执行人或者其法定代理人予以罚款、拘留；构成犯罪的，依法追究刑事责任。

人民法院对有前款规定行为之一的单位，可以对其主要负责人或者直接责任人员予以罚款、拘留；构成犯罪的，依法追究刑事责任。

第十条 被执行人拒绝报告、虚假报告或者无正当理由逾期报告财产情况的，人民法院应当依照相关规定将其纳入失信被执行人名单。

第十一条 有下列情形之一的，财产报告程序终结：
(一) 被执行人履行完毕生效法律文书确定义务的；
(二) 人民法院裁定终结执行的；
(三) 人民法院裁定不予执行的；
(四) 人民法院认为财产报告程序应当终结的其他情形。

发出报告财产令后，人民法院裁定终结本次执行程序的，被执行人仍应依照本规定第七条的规定履行补充报告义务。

第十二条 被执行人未按执行通知履行生效法律文书确定的义务，人民法院有权通过网络执行查控系统、现场调查等方式向被执行人、有关单位或个人调查被执行人的身份信息和财产信息，有关单位和个人应当依法协助办理。

人民法院对调查所需资料可以复制、打印、抄录、拍照或以其他方式进行提取、留存。

申请执行人申请查询人民法院调查的财产信息的，人民法院可以根据案件需要决定是否准许。申请执行人及其代理人对查询过程中知悉的信息应当保密。

第十三条 人民法院通过网络执行查控系统进行调查，与现场调查具有同等法律效力。

人民法院调查过程中作出的电子法律文书与纸质法律文书具有同等法律效力；协助执行单位反馈的电子查询结果与纸质反馈结果具有同等法律效力。

第十四条 被执行人隐匿财产、会计账簿等资料拒不交出的，人民法院可以依法采取搜查措施。

人民法院依法搜查时，对被执行人可能隐匿财产或者资料的处所、箱柜等，经责令被执行人开启而拒不配合的，可以强制开启。

第十五条 为查明被执行人的财产情况和履行义务的能力，可以传唤被执行人或被执行人的法定代表人、负责人、实际控制人、直接责任人到人民法院接受调查询问。

对必须接受调查询问的被执行人、被执行人的法定代表人、负责人或者实际控制人，经依法传唤无正当理由拒不到场的，人民法院可以拘传其到场；上述人员下落不明的，人民法院可以依照相关规定通知有关单位协助查找。

第十六条 人民法院对已经办理查封登记手续的被执行人机动车、船舶、航空器等特定动产未能实际扣押的，可以依照相关规定通知有关单位协助查找。

第十七条 作为被执行人的法人或其他组织不履行生效法律文书确定的义务，申请执行人认为其有拒绝报告、虚假报告财产情况，隐匿、转移财产等逃避债务情形或者其股东、出资人有出资不实、抽逃出资等情形的，可以书面申请人民法院委托审计机构对该被执行人进行审计。人民法院应当自收到书面申请之日起十日内决定是否准许。

第十八条 人民法院决定审计的，应当随机确定具备资格的审计机构，并责令被执行人提交会计凭证、会计账簿、财务会计报告等与审计事项有关的资料。

被执行人隐匿审计资料的，人民法院可以依法采取搜查措施。

第十九条 被执行人拒不提供、转移、隐匿、伪造、篡改、毁弃审计资料，阻挠审计人员查看业务现场或者有其他妨碍审计调查行为的，人民法院可以根据情节轻重对被执行人或其主要负责人、直接责任人予以罚款、拘留；构成犯罪的，依法追究刑事责任。

第二十条 审计费用由提出审计申请的申请执行人预交。被执行人存在拒绝报告或虚假报告财产情况，隐匿、转移财产或者其他逃避债务情形的，审计费用由被执行人承担；未发现被执行人存在上述情形的，审计费用由申请执行人承担。

第二十一条 被执行人不履行生效法律文书确定的义务，申请执行人可以向人民法院书面申请发布悬赏公告查找可供执行的财产。申请书应当载明下列事项：

（一）悬赏金的数额或计算方法；

（二）有关人员提供人民法院尚未掌握的财产线索，使该申请执行人的债权得以全部或部分实现时，自愿支付悬赏金的承诺；

（三）悬赏公告的发布方式；

（四）其他需要载明的事项。

人民法院应当自收到书面申请之日起十日内决定是否准许。

第二十二条 人民法院决定悬赏查找财产的，应当制作悬赏公告。悬赏公告应当载明悬赏金的数额或计算方法、领取条件等内容。

悬赏公告应当在全国法院执行悬赏公告平台、法院微博或微信等媒体平台发布，也可以在执行法院公告栏或被执行人住所地、经常居住地等处张贴。申请执行人申请在其他媒体平台发布，并自愿承担发布费用的，人民法院应当准许。

第二十三条 悬赏公告发布后，有关人员向人民法院提供财产线索的，人民法院应当对有关人员的身份信息和财产线索进行登记；两人以上提供相同财产线索的，应当按照提供线索的先后顺序登记。

人民法院对有关人员的身份信息和财产线索应当保密，但为发放悬赏金需要告知申请执行人的除外。

第二十四条 有关人员提供人民法院尚未掌握的财产线索，使申请发布悬赏公告的申请执行人的债权得以全部或部分实现的，人民法院应当按照悬赏公告发放悬赏金。

悬赏金从前款规定的申请执行人应得的执行款中予以扣减。特定物交付执行或者存在其他无法扣减情形的，悬赏金由该申请执行人另行支付。

有关人员为申请执行人的代理人、有义务向人民法院提供财产线索的人员或者存在其他不应发放悬赏金情形的，不予发放。

第二十五条 执行人员不得调查与执行案件无关的信息，对调查过程中知悉的国家秘密、商业秘密和个人隐私应当保密。

第二十六条 本规定自 2017 年 5 月 1 日起施行。

本规定施行后，本院以前公布的司法解释与本规定不一致的，以本规定为准。

[C9] **查扣冻规定（2005）**

最高人民法院关于人民法院民事执行中查封、扣押、冻结财产的规定

（法释〔2004〕15 号。2004 年 10 月 26 日由最高人民法院
审判委员会第 1330 次会议通过，2004 年 11 月 4 日公布，
自 2005 年 1 月 1 日起施行）

为了进一步规范民事执行中的查封、扣押、冻结措施，维护当事人的合法权益，根据《中华人民共和国民事诉讼法》等法律的规定，结合人民法院民事执行工作的实践经验，制定本规定。

第一条 人民法院查封、扣押、冻结被执行人的动产、不动产及其他财产权，应当作出裁定，并送达被执行人和申请执行人。

采取查封、扣押、冻结措施需要有关单位或者个人协助的，人民法院应当制作协助执行通知书，连同裁定书副本一并送达协助执行人。查封、扣押、冻

结裁定书和协助执行通知书送达时发生法律效力。

第二条 人民法院可以查封、扣押、冻结被执行人占有的动产、登记在被执行人名下的不动产、特定动产及其他财产权。

未登记的建筑物和土地使用权，依据土地使用权的审批文件和其他相关证据确定权属。

对于第三人占有的动产或者登记在第三人名下的不动产、特定动产及其他财产权，第三人书面确认该财产属于被执行人的，人民法院可以查封、扣押、冻结。

第三条 作为执行依据的法律文书生效后至申请执行前，债权人可以向有执行管辖权的人民法院申请保全债务人的财产。人民法院可以参照民事诉讼法第九十二条的规定作出保全裁定，保全裁定应当立即执行。

第四条 诉讼前、诉讼中及仲裁中采取财产保全措施的，进入执行程序后，自动转为执行中的查封、扣押、冻结措施，并适用本规定第二十九条关于查封、扣押、冻结期限的规定。

第五条 人民法院对被执行人下列的财产不得查封、扣押、冻结：

（一）被执行人及其所扶养家属生活所必需的衣服、家具、炊具、餐具及其他家庭生活必需的物品；

（二）被执行人及其所扶养家属所必需的生活费用。当地有最低生活保障标准的，必需的生活费用依照该标准确定；

（三）被执行人及其所扶养家属完成义务教育所必需的物品；

（四）未公开的发明或者未发表的著作；

（五）被执行人及其所扶养家属用于身体缺陷所必需的辅助工具、医疗物品；

（六）被执行人所得的勋章及其他荣誉表彰的物品；

（七）根据《中华人民共和国缔结条约程序法》，以中华人民共和国、中华人民共和国政府或者中华人民共和国政府部门名义同外国、国际组织缔结的条约、协定和其他具有条约、协定性质的文件中规定免于查封、扣押、冻结的财产；

（八）法律或者司法解释规定的其他不得查封、扣押、冻结的财产。

第六条 对被执行人及其所扶养家属生活所必需的居住房屋，人民法院可以查封，但不得拍卖、变卖或者抵债。

第七条 对于超过被执行人及其所扶养家属生活所必需的房屋和生活用品，人民法院根据申请执行人的申请，在保障被执行人及其所扶养家属最低生活标准所必需的居住房屋和普通生活必需品后，可予以执行。

第八条 查封、扣押动产的，人民法院可以直接控制该项财产。人民法院将查封、扣押的动产交付其他人控制的，应当在该动产上加贴封条或者采取其他足以公示查封、扣押的适当方式。

第九条 查封不动产的，人民法院应当张贴封条或者公告，并可以提取保存有关财产权证照。

查封、扣押、冻结已登记的不动产、特定动产及其他财产权，应当通知有关登记机关办理登记手续。未办理登记手续的，不得对抗其他已经办理了登记手续的查封、扣押、冻结行为。

第十条 查封尚未进行权属登记的建筑物时，人民法院应当通知其管理人或者该建筑物的实际占有人，并在显著位置张贴公告。

第十一条 扣押尚未进行权属登记的机动车辆时，人民法院应当在扣押清单上记载该机动车辆的发动机编号。该车辆在扣押期间权利人要求办理权属登记手续的，人民法院应当准许并及时办理相应的扣押登记手续。

第十二条 查封、扣押的财产不宜由人民法院保管的，人民法院可以指定被执行人负责保管；不宜由被执行人保管的，可以委托第三人或者申请执行人保管。

由人民法院指定被执行人保管的财产，如果继续使用对该财产的价值无重大影响，可以允许被执行人继续使用；由人民法院保管或者委托第三人、申请执行人保管的，保管人不得使用。

第十三条 查封、扣押、冻结担保物权人占有的担保财产，一般应当指定该担保物权人作为保管人；该财产由人民法院保管的，质权、留置权不因转移占有而消灭。

第十四条 对被执行人与其他人共有的财产，人民法院可以查封、扣押、冻结，并及时通知共有人。

共有人协议分割共有财产，并经债权人认可的，人民法院可以认定有效。查封、扣押、冻结的效力及于协议分割后被执行人享有份额内的财产；对其他共有人享有份额内的财产的查封、扣押、冻结，人民法院应当裁定予以解除。

共有人提起析产诉讼或者申请执行人代位提起析产诉讼的，人民法院应当准许。诉讼期间中止对该财产的执行。

第十五条 对第三人为被执行人的利益占有的被执行人的财产，人民法院可以查封、扣押、冻结；该财产被指定给第三人继续保管的，第三人不得将其交付给被执行人。

对第三人为自己的利益依法占有的被执行人的财产，人民法院可以查封、扣押、冻结，第三人可以继续占有和使用该财产，但不得将其交付给被执行人。

第三人无偿借用被执行人的财产的，不受前款规定的限制。

第十六条 被执行人将其财产出卖给第三人，第三人已经支付部分价款并实际占有该财产，但根据合同约定被执行人保留所有权的，人民法院可以查封、扣押、冻结；第三人要求继续履行合同的，应当由第三人在合理期限内向人民法院交付全部余款后，裁定解除查封、扣押、冻结。

第十七条 被执行人将其所有的需要办理过户登记的财产出卖给第三人，第三人已经支付部分或者全部价款并实际占有该财产，但尚未办理产权过户登记手续的，人民法院可以查封、扣押、冻结；第三人已经支付全部价款并实际占有，但未办理过户登记手续的，如果第三人对此没有过错，人民法院不得查封、扣押、冻结。

第十八条 被执行人购买第三人的财产，已经支付部分价款并实际占有该财产，但第三人依合同约定保留所有权，申请执行人已向第三人支付剩余价款或者第三人书面同意剩余价款从该财产变价款中优先支付的，人民法院可以查封、扣押、冻结。

第三人依法解除合同的，人民法院应当准许，已经采取的查封、扣押、冻结措施应当解除，但人民法院可以依据申请执行人的申请，执行被执行人因支付价款而形成的对该第三人的债权。

第十九条 被执行人购买需要办理过户登记的第三人的财产，已经支付部分或者全部价款并实际占有该财产，虽未办理产权过户登记手续，但申请执行人已向第三人支付剩余价款或者第三人同意剩余价款从该财产变价款中优先支付的，人民法院可以查封、扣押、冻结。

第二十条 查封、扣押、冻结被执行人的财产时，执行人员应当制作笔录，载明下列内容：

（一）执行措施开始及完成的时间；
（二）财产的所在地、种类、数量；
（三）财产的保管人；
（四）其他应当记明的事项。

执行人员及保管人应当在笔录上签名，有民事诉讼法第二百二十四条规定的人员到场的，到场人员也应当在笔录上签名。

第二十一条 查封、扣押、冻结被执行人的财产，以其价额足以清偿法律文书确定的债权额及执行费用为限，不得明显超标的额查封、扣押、冻结。

发现超标的额查封、扣押、冻结的，人民法院应当根据被执行人的申请或者依职权，及时解除对超标的额部分财产的查封、扣押、冻结，但该财产为不可分物且被执行人无其他可供执行的财产或者其他财产不足以清偿债务的除外。

第二十二条 查封、扣押的效力及于查封、扣押物的从物和天然孳息。

第二十三条 查封地上建筑物的效力及于该地上建筑物使用范围内的土地使用权，查封土地使用权的效力及于地上建筑物，但土地使用权与地上建筑物的所有权分属被执行人与他人的除外。

地上建筑物和土地使用权的登记机关不是同一机关的，应当分别办理查封登记。

第二十四条 查封、扣押、冻结的财产灭失或者毁损的，查封、扣押、冻结的效力及于该财产的替代物、赔偿款。人民法院应当及时作出查封、扣押、冻结该替代物、赔偿款的裁定。

第二十五条 查封、扣押、冻结协助执行通知书在送达登记机关时，登记机关已经受理被执行人转让不动产、特定动产及其他财产的过户登记申请，尚未核准登记的，应当协助人民法院执行。人民法院不得对登记机关已经核准登记的被执行人已转让的财产实施查封、扣押、冻结措施。

查封、扣押、冻结协助执行通知书在送达登记机关时，其他人民法院已向该登记机关送达了过户登记协助执行通知书的，应当优先办理过户登记。

第二十六条 被执行人就已经查封、扣押、冻结的财产所作的移转、设定权利负担或者其他有碍执行的行为，不得对抗申请执行人。

第三人未经人民法院准许占有查封、扣押、冻结的财产或者实施其他有碍执行的行为的，人民法院可以依据申请执行人的申请或依职权解除其占有或者排除其妨害。

人民法院的查封、扣押、冻结没有公示的，其效力不得对抗善意第三人。

第二十七条 人民法院查封、扣押被执行人设定最高额抵押权的抵押物的，应当通知抵押权人。抵押权人受抵押担保的债权数额自收到人民法院通知时起不再增加。

人民法院虽然没有通知抵押权人，但有证据证明抵押权人知道查封、扣押事实的，受抵押担保的债权数额从其知道该事实时起不再增加。

第二十八条 对已被人民法院查封、扣押、冻结的财产，其他人民法院可以进行轮候查封、扣押、冻结。查封、扣押、冻结解除的，登记在先的轮候查封、扣押、冻结即自动生效。

其他人民法院对已登记的财产进行轮候查封、扣押、冻结的，应当通知有关登记机关协助进行轮候登记，实施查封、扣押、冻结的人民法院应当允许其他人民法院查阅有关文书和记录。

其他人民法院对没有登记的财产进行轮候查封、扣押、冻结的，应当制作笔录，并经实施查封、扣押、冻结的人民法院执行人员及被执行人签字，或者书面通知实施查封、扣押、冻结的人民法院。

第二十九条 人民法院冻结被执行人的银行存款及其他资金的期限不得超过六个月，查封、扣押动产的期限不得超过一年，查封不动产、冻结其他财产权的期限不得超过二年。法律、司法解释另有规定的除外。

申请执行人申请延长期限的，人民法院应当在查封、扣押、冻结期限届满前办理续行查封、扣押、冻结手续，续行期限不得超过前款规定期限的二分之一。

第三十条 查封、扣押、冻结期限届满，人民法院未办理延期手续的，查封、扣押、冻结的效力消灭。

查封、扣押、冻结的财产已经被执行拍卖、变卖或者抵债的，查封、扣押、冻结的效力消灭。

第三十一条 有下列情形之一的，人民法院应当作出解除查封、扣押、冻结裁定，并送达申请执行人、被执行人或者案外人：

（一）查封、扣押、冻结案外人财产的；

（二）申请执行人撤回执行申请或者放弃债权的；

（三）查封、扣押、冻结的财产流拍或者变卖不成，申请执行人和其他执行债权人又不同意接受抵债的；

（四）债务已经清偿的；

（五）被执行人提供担保且申请执行人同意解除查封、扣押、冻结的；

（六）人民法院认为应当解除查封、扣押、冻结的其他情形。

解除以登记方式实施的查封、扣押、冻结的，应当向登记机关发出协助执行通知书。

第三十二条 财产保全裁定和先予执行裁定的执行适用本规定。

第三十三条 本规定自 2005 年 1 月 1 日起施行。施行前本院公布的司法解释与本规定不一致的，以本规定为准。

C10 拍卖变卖规定（2005）

最高人民法院关于人民法院民事执行中拍卖、变卖财产的规定

（法释〔2004〕16 号。2004 年 10 月 26 日最高人民法院审判
委员会第 1330 次会议通过，2004 年 11 月 15 日公布，
自 2005 年 1 月 1 日起施行）

为了进一步规范民事执行中的拍卖、变卖措施，维护当事人的合法权益，根据《中华人民共和国民事诉讼法》等法律的规定，结合人民法院民事执行工作的实践经验，制定本规定。

第一条 在执行程序中，被执行人的财产被查封、扣押、冻结后，人民法院应当及时进行拍卖、变卖或者采取其他执行措施。

第二条 人民法院对查封、扣押、冻结的财产进行变价处理时，应当首先采取拍卖的方式，但法律、司法解释另有规定的除外。

第三条 人民法院拍卖被执行人财产，应当委托具有相应资质的拍卖机构进行，并对拍卖机构的拍卖进行监督，但法律、司法解释另有规定的除外。

第四条 对拟拍卖的财产，人民法院应当委托具有相应资质的评估机构进行价格评估。对于财产价值较低或者价格依照通常方法容易确定的，可以不进行评估。

当事人双方及其他执行债权人申请不进行评估的，人民法院应当准许。

对被执行人的股权进行评估时，人民法院可以责令有关企业提供会计报表等资料；有关企业拒不提供的，可以强制提取。

第五条 评估机构由当事人协商一致后经人民法院审查确定；协商不成的，从负责执行的人民法院或者被执行人财产所在地的人民法院确定的评估机构名册中，采取随机的方式确定；当事人双方申请通过公开招标方式确定评估机构的，人民法院应当准许。

第六条 人民法院收到评估机构作出的评估报告后，应当在五日内将评估报告发送当事人及其他利害关系人。当事人或者其他利害关系人对评估报告有异议的，可以在收到评估报告后十日内以书面形式向人民法院提出。

当事人或者其他利害关系人有证据证明评估机构、评估人员不具备相应的评估资质或者评估程序严重违法而申请重新评估的，人民法院应当准许。

第七条 拍卖机构由当事人协商一致后经人民法院审查确定；协商不成的，从负责执行的人民法院或者被执行人财产所在地的人民法院确定的拍卖机构名册中，采取随机的方式确定；当事人双方申请通过公开招标方式确定拍卖机构的，人民法院应当准许。

第八条 拍卖应当确定保留价。

拍卖保留价由人民法院参照评估价确定；未作评估的，参照市价确定，并应当征询有关当事人的意见。

人民法院确定的保留价，第一次拍卖时，不得低于评估价或者市价的百分之八十；如果出现流拍，再行拍卖时，可以酌情降低保留价，但每次降低的数额不得超过前次保留价的百分之二十。

第九条 保留价确定后，依据本次拍卖保留价计算，拍卖所得价款在清偿优先债权和强制执行费用后无剩余可能的，应当在实施拍卖前将有关情况通知申请执行人。申请执行人于收到通知后五日内申请继续拍卖的，人民法院应当准许，但应当重新确定保留价；重新确定的保留价应当大于该优先债权及强制执行费用的总额。

依照前款规定流拍的，拍卖费用由申请执行人负担。

第十条 执行人员应当对拍卖财产的权属状况、占有使用情况等进行必要的调查，制作拍卖财产现状的调查笔录或者收集其他有关资料。

第十一条 拍卖应当先期公告。

拍卖动产的，应当在拍卖七日前公告；拍卖不动产或者其他财产权的，应当在拍卖十五日前公告。

第十二条 拍卖公告的范围及媒体由当事人双方协商确定；协商不成的，由人民法院确定。拍卖财产具有专业属性的，应当同时在专业性报纸上进行公告。

当事人申请在其他新闻媒体上公告或者要求扩大公告范围的，应当准许，但该部分的公告费用由其自行承担。

第十三条 拍卖不动产、其他财产权或者价值较高的动产的，竞买人应当于拍卖前向人民法院预交保证金。申请执行人参加竞买的,可以不预交保证金。保证金的数额由人民法院确定,但不得低于评估价或者市价的百分之五。

应当预交保证金而未交纳的,不得参加竞买。拍卖成交后,买受人预交的保证金充抵价款,其他竞买人预交的保证金应当在三日内退还;拍卖未成交的,保证金应当于三日内退还竞买人。

第十四条 人民法院应当在拍卖五日前以书面或其他能够确认收悉的适当方式,通知当事人和已知的担保物权人、优先购买权人或者其他优先权人于拍卖日到场。

优先购买权人经通知未到场的,视为放弃优先购买权。

第十五条 法律、行政法规对买受人的资格或者条件有特殊规定的,竞买人应当具备规定的资格或者条件。

申请执行人、被执行人可以参加竞买。

第十六条 拍卖过程中,有最高应价时,优先购买权人可以表示以该最高价买受,如无更高应价,则拍归优先购买权人;如有更高应价,而优先购买权人不作表示的,则拍归该应价最高的竞买人。

顺序相同的多个优先购买权人同时表示买受的,以抽签方式决定买受人。

第十七条 拍卖多项财产时,其中部分财产卖得的价款足以清偿债务和支付被执行人应当负担的费用的,对剩余的财产应当停止拍卖,但被执行人同意全部拍卖的除外。

第十八条 拍卖的多项财产在使用上不可分,或者分别拍卖可能严重减损其价值的,应当合并拍卖。

第十九条 拍卖时无人竞买或者竞买人的最高应价低于保留价,到场的申请执行人或者其他执行债权人申请或者同意以该次拍卖所定的保留价接受拍卖财产的,应当将该财产交其抵债。

有两个以上执行债权人申请以拍卖财产抵债的,由法定受偿顺位在先的债权人优先承受;受偿顺位相同的,以抽签方式决定承受人。承受人应清偿的债权额低于抵债财产的价额的,人民法院应当责令其在指定的期间内补交差额。

第二十条 在拍卖开始前,有下列情形之一的,人民法院应当撤回拍卖委托:

(一)据以执行的生效法律文书被撤销的;
(二)申请执行人及其他执行债权人撤回执行申请的;
(三)被执行人全部履行了法律文书确定的金钱债务的;
(四)当事人达成了执行和解协议,不需要拍卖财产的;
(五)案外人对拍卖财产提出确有理由的异议的;
(六)拍卖机构与竞买人恶意串通的;
(七)其他应当撤回拍卖委托的情形。

第二十一条 人民法院委托拍卖后,遇有依法应当暂缓执行或者中止执行的情形的,应当决定暂缓执行或者裁定中止执行,并及时通知拍卖机构和当事人。拍卖机构收到通知后,应当立即停止拍卖,并通知竞买人。

暂缓执行期限届满或者中止执行的事由消失后,需要继续拍卖的,人民法院应当在十五日内通知拍卖机构恢复拍卖。

第二十二条 被执行人在拍卖日之前向人民法院提交足额金钱清偿债务,要求停止拍卖的,人民法院应当准许,但被执行人应当负担因拍卖支出的必要费用。

第二十三条 拍卖成交或者以流拍的财产抵债的,人民法院应当作出裁定,并于价款或者需要补交的差价全额交付后十日内,送达买受人或者承受人。

第二十四条 拍卖成交后,买受人应当在拍卖公告确定的期限或者人民法院指定的期限内将价款交付到人民法院或者汇入人民法院指定的账户。

第二十五条 拍卖成交或者以流拍的财产抵债后,买受人逾期未支付价款或者承受人逾期未补交差价而使拍卖、抵债的目的难以实现的,人民法院可以裁定重新拍卖。重新拍卖时,原买受人不得参加竞买。

重新拍卖的价款低于原拍卖价款造成的差价、费用损失及原拍卖中的佣金,由原买受人承担。人民法院可以直接从其预交的保证金中扣除。扣除后保证金有剩余的,应当退还原买受人;保证金数额不足的,可以责令原买受人补交;拒不补交的,强制执行。

第二十六条 拍卖时无人竞买或者竞买人的最高应价低于保留价,到场的申请执行人或者其他执行债权人不申请以该次拍卖所定的保留价抵债的,应当在六十日内再行拍卖。

第二十七条 对于第二次拍卖仍流拍的动产,人民法院可以依照本规定第十九条的规定将其作价交申请执行人或者其他执行债权人抵债。申请执行人或者其他执行债权人拒绝接受或者依法不能交付其抵债的,人民法院应当解除查封、扣押,并将该动产退还被执行人。

第二十八条 对于第二次拍卖仍流拍的不动产或者其他财产权,人民法院可以依照本规定第十九条的规定将其作价交申请执行人或者其他执行债权人抵债。申请执行人或者其他执行债权人拒绝接受或者依法不能交付其抵债的,应当在六十日内进行第三次拍卖。

第三次拍卖流拍且申请执行人或者其他执行债权人拒绝接受或者依法不能接受该不动产或者其他财产权抵债的,人民法院应当于第三次拍卖终结之日起七日内发出变卖公告。自公告之日起六十日内没有买受人愿意以第三次拍卖的保留价买受该财产,且申请执行人、其他执行债权人仍不表示接受该财产抵债的,应当解除查封、冻结,将该财产退还被执行人,但对该财产可以采取其他执行措施的除外。

第二十九条 动产拍卖成交或者抵债后,其所有权自该动产交付时起转移给买受人或者承受人。

不动产、有登记的特定动产或者其他财产权拍卖成交或者抵债后，该不动产、特定动产的所有权、其他财产权自拍卖成交或者抵债裁定送达买受人或者承受人时起转移。

第三十条 人民法院裁定拍卖成交或者以流拍的财产抵债后，除有依法不能移交的情形外，应当于裁定送达后十五日内，将拍卖的财产移交买受人或者承受人。被执行人或者第三人占有拍卖财产应当移交而拒不移交的，强制执行。

第三十一条 拍卖财产上原有的担保物权及其他优先受偿权，因拍卖而消灭，拍卖所得价款，应当优先清偿担保物权人及其他优先受偿权人的债权，但当事人另有约定的除外。

拍卖财产上原有的租赁权及其他用益物权，不因拍卖而消灭，但该权利继续存在于拍卖财产上，对在先的担保物权或者其他优先受偿权的实现有影响的，人民法院应当依法将其除去后进行拍卖。

第三十二条 拍卖成交的，拍卖机构可以按照下列比例向买受人收取佣金：

拍卖成交价200万元以下的，收取佣金的比例不得超过5%；超过200万元至1000万元的部分，不得超过3%；超过1000万元至5000万元的部分，不得超过2%；超过5000万元至1亿元的部分，不得超过1%；超过1亿元的部分，不得超过0.5%。

采取公开招标方式确定拍卖机构的，按照中标方案确定的数额收取佣金。

拍卖未成交或者非因拍卖机构的原因撤回拍卖委托的，拍卖机构为本次拍卖已经支出的合理费用，应当由被执行人负担。

第三十三条 在执行程序中拍卖上市公司国有股和社会法人股的，适用最高人民法院《关于冻结、拍卖上市公司国有股和社会法人股若干问题的规定》。

第三十四条 对查封、扣押、冻结的财产，当事人双方及有关权利人同意变卖的，可以变卖。

金银及其制品、当地市场有公开交易价格的动产、易腐烂变质的物品、季节性商品、保管困难或者保管费用过高的物品，人民法院可以决定变卖。

第三十五条 当事人双方及有关权利人对变卖财产的价格有约定的，按照其约定价格变卖；无约定价格但有市价的，变卖价格不得低于市价；无市价但价值较大、价格不易确定的，应当委托评估机构进行评估，并按照评估价格进行变卖。

按照评估价格变卖不成的，可以降低价格变卖，但最低的变卖价不得低于评估价的二分之一。

变卖的财产无人应买的，适用本规定第十九条的规定将该财产交申请执行人或者其他执行债权人抵债；申请执行人或者其他执行债权人拒绝接受或者依法不能交付其抵债的，人民法院应当解除查封、扣押，并将该财产退还被执行人。

第三十六条 本规定自 2005 年 1 月 1 日起施行。施行前本院公布的司法解释与本规定不一致的,以本规定为准。

C11 委托评估拍卖规定(2012)

最高人民法院关于人民法院委托评估、拍卖工作的若干规定

(法释〔2011〕21 号。2010 年 8 月 16 日由最高人民法院
审判委员会第 1492 次会议通过,2011 年 9 月 7 日公布,
自 2012 年 1 月 1 日起施行)

为进一步规范人民法院委托评估、拍卖工作,促进审判执行工作公正、廉洁、高效,维护当事人的合法权益,根据《中华人民共和国民事诉讼法》等有关法律规定,结合人民法院工作实际,制定本规定。

第一条 人民法院司法辅助部门负责统一管理和协调司法委托评估、拍卖工作。

第二条 取得政府管理部门行政许可并达到一定资质等级的评估、拍卖机构,可以自愿报名参加人民法院委托的评估、拍卖活动。

人民法院不再编制委托评估、拍卖机构名册。

第三条 人民法院采用随机方式确定评估、拍卖机构。高级人民法院或者中级人民法院可以根据本地实际情况统一实施对外委托。

第四条 人民法院委托的拍卖活动应在有关管理部门确定的统一交易场所或网络平台上进行,另有规定的除外。

第五条 受委托的拍卖机构应通过管理部门的信息平台发布拍卖信息,公示评估、拍卖结果。

第六条 涉国有资产的司法委托拍卖由省级以上国有产权交易机构实施,拍卖机构负责拍卖环节相关工作,并依照相关监管部门制定的实施细则进行。

第七条 《中华人民共和国证券法》规定应当在证券交易所上市交易或转让的证券资产的司法委托拍卖,通过证券交易所实施,拍卖机构负责拍卖环节相关工作;其他证券类资产的司法委托拍卖由拍卖机构实施,并依照相关监管部门制定的实施细则进行。

第八条 人民法院对其委托的评估、拍卖活动实行监督。出现下列情形之一,影响评估、拍卖结果,侵害当事人合法利益的,人民法院将不再委托其从事委托评估、拍卖工作。涉及违反法律法规的,依据有关规定处理:

(1) 评估结果明显失实;

(2) 拍卖过程中弄虚作假、存在瑕疵;

(3) 随机选定后无正当理由不能按时完成评估拍卖工作;

（4）其他有关情形。

第九条 各高级人民法院可参照本规定，结合各地实际情况，制定实施细则，报最高人民法院备案。

第十条 本规定自2012年1月1日起施行。此前的司法解释和有关规定，与本规定相抵触的，以本规定为准。

C12 处置定价规定（2018）

最高人民法院关于人民法院确定财产处置参考价若干问题的规定

（法释〔2018〕15号。2018年6月4日最高人民法院审判
委员会第1741次会议通过，2018年8月28日公布，
自2018年9月1日起施行）

为公平、公正、高效确定财产处置参考价，维护当事人、利害关系人的合法权益，根据《中华人民共和国民事诉讼法》等法律规定，结合人民法院工作实际，制定本规定。

第一条 人民法院查封、扣押、冻结财产后，对需要拍卖、变卖的财产，应当在三十日内启动确定财产处置参考价程序。

第二条 人民法院确定财产处置参考价，可以采取当事人议价、定向询价、网络询价、委托评估等方式。

第三条 人民法院确定参考价前，应当查明财产的权属、权利负担、占有使用、欠缴税费、质量瑕疵等事项。

人民法院查明前款规定事项需要当事人、有关单位或者个人提供相关资料的，可以通知其提交；拒不提交的，可以强制提取；对妨碍强制提取的，参照民事诉讼法第一百一十一条、第一百一十四条的规定处理。

查明本条第一款规定事项需要审计、鉴定的，人民法院可以先行审计、鉴定。

第四条 采取当事人议价方式确定参考价的，除一方当事人拒绝议价或者下落不明外，人民法院应当以适当的方式通知或者组织当事人进行协商，当事人应当在指定期限内提交议价结果。

双方当事人提交的议价结果一致，且不损害他人合法权益的，议价结果为参考价。

第五条 当事人议价不能或者不成，且财产有计税基准价、政府定价或者政府指导价的，人民法院应当向确定参考价时财产所在地的有关机构进行定向询价。

双方当事人一致要求直接进行定向询价，且财产有计税基准价、政府定价

或者政府指导价的，人民法院应当准许。

第六条 采取定向询价方式确定参考价的，人民法院应当向有关机构出具询价函，询价函应当载明询价要求、完成期限等内容。

接受定向询价的机构在指定期限内出具的询价结果为参考价。

第七条 定向询价不能或者不成，财产无需由专业人员现场勘验或者鉴定，且具备网络询价条件的，人民法院应当通过司法网络询价平台进行网络询价。

双方当事人一致要求或者同意直接进行网络询价，财产无需由专业人员现场勘验或者鉴定，且具备网络询价条件的，人民法院应当准许。

第八条 最高人民法院建立全国性司法网络询价平台名单库。

司法网络询价平台应当同时符合下列条件：

（一）具备能够依法开展互联网信息服务工作的资质；

（二）能够合法获取并整合全国各地区同种类财产一定时期的既往成交价、政府定价、政府指导价或者市场公开交易价等不少于三类价格数据，并保证数据真实、准确；

（三）能够根据数据化财产特征，运用一定的运算规则对市场既往交易价格、交易趋势予以分析；

（四）程序运行规范、系统安全高效、服务质优价廉；

（五）能够全程记载数据的分析过程，将形成的电子数据完整保存不少于十年，但法律、行政法规、司法解释另有规定的除外。

第九条 最高人民法院组成专门的评审委员会，负责司法网络询价平台的选定、评审和除名。每年引入权威第三方对已纳入和新申请纳入名单库的司法网络询价平台予以评审并公布结果。

司法网络询价平台具有下列情形之一的，应当将其从名单库中除名：

（一）无正当理由拒绝进行网络询价；

（二）无正当理由一年内累计五次未按期完成网络询价；

（三）存在恶意串通、弄虚作假、泄露保密信息等行为；

（四）经权威第三方评审认定不符合提供网络询价服务条件；

（五）存在其他违反询价规则以及法律、行政法规、司法解释规定的情形。

司法网络询价平台被除名后，五年内不得被纳入名单库。

第十条 采取网络询价方式确定参考价的，人民法院应当同时向名单库中的全部司法网络询价平台发出网络询价委托书。网络询价委托书应当载明财产名称、物理特征、规格数量、目的要求、完成期限以及其他需要明确的内容等。

第十一条 司法网络询价平台应当在收到人民法院网络询价委托书之日起三日内出具网络询价报告。网络询价报告应当载明财产的基本情况、参照样本、计算方法、询价结果及有效期等内容。

司法网络询价平台不能在期限内完成询价的，应当在期限届满前申请延长期限。全部司法网络询价平台均未能在期限内出具询价结果的，人民法院应当根据各司法网络询价平台的延期申请延期三日；部分司法网络询价平台在期限内出具网络询价结果的，人民法院对其他司法网络询价平台的延期申请不予准许。

全部司法网络询价平台均未在期限内出具或者补正网络询价报告，且未按照规定申请延长期限的，人民法院应当委托评估机构进行评估。

人民法院未在网络询价结果有效期内发布一拍拍卖公告或者直接进入变卖程序的，应当通知司法网络询价平台在三日内重新出具网络询价报告。

第十二条 人民法院应当对网络询价报告进行审查。网络询价报告均存在财产基本信息错误、超出财产范围或者遗漏财产等情形的，应当通知司法网络询价平台在三日内予以补正；部分网络询价报告不存在上述情形的，无需通知其他司法网络询价平台补正。

第十三条 全部司法网络询价平台均在期限内出具询价结果或者补正结果的，人民法院应当以全部司法网络询价平台出具结果的平均值为参考价；部分司法网络询价平台在期限内出具询价结果或者补正结果的，人民法院应当以该部分司法网络询价平台出具结果的平均值为参考价。

当事人、利害关系人依据本规定第二十二条的规定对全部网络询价报告均提出异议，且所提异议被驳回或者司法网络询价平台已作出补正的，人民法院应当以异议被驳回或者已作出补正的各司法网络询价平台出具结果的平均值为参考价；对部分网络询价报告提出异议的，人民法院应当以网络询价报告未被提出异议的各司法网络询价平台出具结果的平均值为参考价。

第十四条 法律、行政法规规定必须委托评估、双方当事人要求委托评估或者网络询价不能或不成的，人民法院应当委托评估机构进行评估。

第十五条 最高人民法院根据全国性评估行业协会推荐的评估机构名单建立人民法院司法评估机构名单库。按评估专业领域和评估机构的执业范围建立名单分库，在分库下根据行政区划设省、市两级名单子库。

评估机构无正当理由拒绝进行司法评估或者存在弄虚作假等情形的，最高人民法院可以商全国性评估行业协会将其从名单库中除名；除名后五年内不得被纳入名单库。

第十六条 采取委托评估方式确定参考价的，人民法院应当通知双方当事人在指定期限内从名单分库中协商确定三家评估机构以及顺序；双方当事人在指定期限内协商不成或者一方当事人下落不明的，采取摇号方式在名单分库或者财产所在地的名单子库中随机确定三家评估机构以及顺序。双方当事人一致要求在同一名单子库中随机确定的，人民法院应当准许。

第十七条 人民法院应当向顺序在先的评估机构出具评估委托书，评估委托书应当载明财产名称、物理特征、规格数量、目的要求、完成期限以及其他需要明确的内容等，同时应当将查明的财产情况及相关材料一并移交给评估机构。

评估机构应当出具评估报告，评估报告应当载明评估财产的基本情况、评估方法、评估标准、评估结果及有效期等内容。

第十八条 评估需要进行现场勘验的，人民法院应当通知当事人到场；当事人不到场的，不影响勘验的进行，但应当有见证人见证。现场勘验需要当事人、协助义务人配合的，人民法院依法责令其配合；不予配合的，可以依法强制进行。

第十九条 评估机构应当在三十日内出具评估报告。人民法院决定暂缓或者裁定中止执行的期间，应当从前述期限中扣除。

评估机构不能在期限内出具评估报告的，应当在期限届满五日前书面向人民法院申请延长期限。人民法院决定延长期限的，延期次数不超过两次，每次不超过十五日。

评估机构未在期限内出具评估报告、补正说明，且未按照规定申请延长期限的，人民法院应当通知该评估机构三日内将人民法院委托评估时移交的材料退回，另行委托下一顺序的评估机构重新进行评估。

人民法院未在评估结果有效期内发布一拍拍卖公告或者直接进入变卖程序的，应当通知原评估机构在十五日内重新出具评估报告。

第二十条 人民法院应当对评估报告进行审查。具有下列情形之一的，应当责令评估机构在三日内予以书面说明或者补正：

（一）财产基本信息错误；

（二）超出财产范围或者遗漏财产；

（三）选定的评估机构与评估报告上签章的评估机构不符；

（四）评估人员执业资格证明与评估报告上署名的人员不符；

（五）具有其他应当书面说明或者补正的情形。

第二十一条 人民法院收到定向询价、网络询价、委托评估、说明补正等报告后，应当在三日内发送给当事人及利害关系人。

当事人、利害关系人已提供有效送达地址的，人民法院应当将报告以直接送达、留置送达、委托送达、邮寄送达或者电子送达的方式送达；当事人、利害关系人下落不明或者无法获取其有效送达地址，人民法院无法按照前述规定送达的，应当在中国执行信息公开网上予以公示，公示满十五日即视为收到。

第二十二条 当事人、利害关系人认为网络询价报告或者评估报告具有下列情形之一的，可以在收到报告后五日内提出书面异议：

（一）财产基本信息错误；

（二）超出财产范围或者遗漏财产；

（三）评估机构或者评估人员不具备相应评估资质；

（四）评估程序严重违法。

对当事人、利害关系人依据前款规定提出的书面异议，人民法院应当参照民事诉讼法第二百二十五条的规定处理。

第二十三条 当事人、利害关系人收到评估报告后五日内对评估报告的参照标准、计算方法或者评估结果等提出书面异议的,人民法院应当在三日内交评估机构予以书面说明。评估机构在五日内未作说明或者当事人、利害关系人对作出的说明仍有异议的,人民法院应当交由相关行业协会在指定期限内组织专业技术评审,并根据专业技术评审出具的结论认定评估结果或者责令原评估机构予以补正。

当事人、利害关系人提出前款异议,同时涉及本规定第二十二条第一款第一、二项情形的,按照前款规定处理;同时涉及本规定第二十二条第一款第三、四项情形的,按照本规定第二十二条第二款先对第三、四项情形审查,异议成立的,应当通知评估机构三日内将人民法院委托评估时移交的材料退回,另行委托下一顺序的评估机构重新进行评估;异议不成立的,按照前款规定处理。

第二十四条 当事人、利害关系人未在本规定第二十二条、第二十三条规定的期限内提出异议或者对网络询价平台、评估机构、行业协会按照本规定第二十二条、第二十三条所作的补正说明、专业技术评审结论提出异议的,人民法院不予受理。

当事人、利害关系人对议价或者定向询价提出异议的,人民法院不予受理。

第二十五条 当事人、利害关系人有证据证明具有下列情形之一,且在发布一拍拍卖公告或者直接进入变卖程序之前提出异议的,人民法院应当按照执行监督程序进行审查处理:

(一)议价中存在欺诈、胁迫情形;
(二)恶意串通损害第三人利益;
(三)有关机构出具虚假定向询价结果;
(四)依照本规定第二十二条、第二十三条作出的处理结果确有错误。

第二十六条 当事人、利害关系人对评估报告未提出异议、所提异议被驳回或者评估机构已作出补正的,人民法院应当以评估结果或者补正结果为参考价;当事人、利害关系人对评估报告提出的异议成立的,人民法院应当以评估机构作出的补正结果或者重新作出的评估结果为参考价。专业技术评审对评估报告未作出否定结论的,人民法院应当以该评估结果为参考价。

第二十七条 司法网络询价平台、评估机构应当确定网络询价或者委托评估结果的有效期,有效期最长不得超过一年。

当事人议价的,可以自行协商确定议价结果的有效期,但不得超过前款规定的期限;定向询价结果的有效期,参照前款规定确定。

人民法院在议价、询价、评估结果有效期内发布一拍拍卖公告或者直接进入变卖程序,拍卖、变卖时未超过有效期六个月的,无需重新确定参考价,但法律、行政法规、司法解释另有规定的除外。

第二十八条 具有下列情形之一的，人民法院应当决定暂缓网络询价或者委托评估：

（一）案件暂缓执行或者中止执行；

（二）评估材料与事实严重不符，可能影响评估结果，需要重新调查核实；

（三）人民法院认为应当暂缓的其他情形。

第二十九条 具有下列情形之一的，人民法院应当撤回网络询价或者委托评估：

（一）申请执行人撤回执行申请；

（二）生效法律文书确定的义务已全部执行完毕；

（三）据以执行的生效法律文书被撤销或者被裁定不予执行；

（四）人民法院认为应当撤回的其他情形。

人民法院决定网络询价或者委托评估后，双方当事人议价确定参考价或者协商不再对财产进行变价处理的，人民法院可以撤回网络询价或者委托评估。

第三十条 人民法院应当在参考价确定后十日内启动财产变价程序。拍卖的，参照参考价确定起拍价；直接变卖的，参照参考价确定变卖价。

第三十一条 人民法院委托司法网络询价平台进行网络询价的，网络询价费用应当按次计付给出具网络询价结果与财产处置成交价最接近的司法网络询价平台；多家司法网络询价平台出具的网络询价结果相同或者与财产处置成交价差距相同的，网络询价费用平均分配。

人民法院依照本规定第十一条第三款规定委托评估机构进行评估或者依照本规定第二十九条规定撤回网络询价的，对司法网络询价平台不计付费用。

第三十二条 人民法院委托评估机构进行评估，财产处置未成交的，按照评估机构合理的实际支出计付费用；财产处置成交价高于评估价的，以评估价为基准计付费用；财产处置成交价低于评估价的，以财产处置成交价为基准计付费用。

人民法院依照本规定第二十九条规定撤回委托评估的，按照评估机构合理的实际支出计付费用；人民法院依照本规定通知原评估机构重新出具评估报告的，按照前款规定的百分之三十计付费用。

人民法院依照本规定另行委托评估机构重新进行评估的，对原评估机构不计付费用。

第三十三条 网络询价费及委托评估费由申请执行人先行垫付，由被执行人负担。

申请执行人通过签订保险合同的方式垫付网络询价费或者委托评估费的，保险人应当向人民法院出具担保书。担保书应当载明因申请执行人未垫付网络询价费或者委托评估费由保险人支付等内容，并附相关证据材料。

第三十四条 最高人民法院建设全国法院询价评估系统。询价评估系统与定向询价机构、司法网络询价平台、全国性评估行业协会的系统对接，实现数据共享。

询价评估系统应当具有记载当事人议价、定向询价、网络询价、委托评估、摇号过程等功能，并形成固化数据，长期保存、随案备查。

第三十五条 本规定自2018年9月1日起施行。

最高人民法院此前公布的司法解释及规范性文件与本规定不一致的，以本规定为准。

C13 首封法院与优先债权批复（2016）

最高人民法院关于首先查封法院与优先债权执行法院处分查封财产有关问题的批复

（法释〔2016〕6号。2015年12月16日最高人民法院审判
委员会第1672次会议通过，2016年4月12日公布，
自2016年4月14日起施行）

福建省高级人民法院：

你院《关于解决法院首封处分权与债权人行使优先受偿债权冲突问题的请示》（闽高法〔2015〕261号）收悉。经研究，批复如下：

一、执行过程中，应当由首先查封、扣押、冻结（以下简称查封）法院负责处分查封财产。但已进入其他法院执行程序的债权对查封财产有顺位在先的担保物权、优先权（该债权以下简称优先债权），自首先查封之日起已超过60日，且首先查封法院就该查封财产尚未发布拍卖公告或者进入变卖程序的，优先债权执行法院可以要求将该查封财产移送执行。

二、优先债权执行法院要求首先查封法院将查封财产移送执行的，应当出具商请移送执行函，并附确认优先债权的生效法律文书及案件情况说明。

首先查封法院应当在收到优先债权执行法院商请移送执行函之日起15日内出具移送执行函，将查封财产移送优先债权执行法院执行，并告知当事人。

移送执行函应当载明将查封财产移送执行及首先查封债权的相关情况等内容。

三、财产移送执行后，优先债权执行法院在处分或继续查封该财产时，可以持首先查封法院移送执行函办理相关手续。

优先债权执行法院对移送的财产变价后，应当按照法律规定的清偿顺序分配，并将相关情况告知首先查封法院。

首先查封债权尚未经生效法律文书确认的，应当按照首先查封债权的清偿顺位，预留相应份额。

四、首先查封法院与优先债权执行法院就移送查封财产发生争议的，可以逐级

报请双方共同的上级法院指定该财产的执行法院。

共同的上级法院根据首先查封债权所处的诉讼阶段、查封财产的种类及所在地、各债权数额与查封财产价值之间的关系等案件具体情况,认为由首先查封法院执行更为妥当的,也可以决定由首先查封法院继续执行,但应当督促其在指定期限内处分查封财产。

此复。

C14 网络法拍规定（2017）

最高人民法院关于人民法院网络司法拍卖若干问题的规定

（法释〔2016〕18号。2016年5月30日最高人民法院审判委员会第1685次会议通过,2016年8月2日公布,自2017年1月1日起施行）

为了规范网络司法拍卖行为,保障网络司法拍卖公开、公平、公正、安全、高效,维护当事人的合法权益,根据《中华人民共和国民事诉讼法》等法律的规定,结合人民法院执行工作的实际,制定本规定。

第一条 本规定所称的网络司法拍卖,是指人民法院依法通过互联网拍卖平台,以网络电子竞价方式公开处置财产的行为。

第二条 人民法院以拍卖方式处置财产的,应当采取网络司法拍卖方式,但法律、行政法规和司法解释规定必须通过其他途径处置,或者不宜采用网络拍卖方式处置的除外。

第三条 网络司法拍卖应当在互联网拍卖平台上向社会全程公开,接受社会监督。

第四条 最高人民法院建立全国性网络服务提供者名单库。网络服务提供者申请纳入名单库的,其提供的网络司法拍卖平台应当符合下列条件：

（一）具备全面展示司法拍卖信息的界面；

（二）具备本规定要求的信息公示、网上报名、竞价、结算等功能；

（三）具有信息共享、功能齐全、技术拓展等功能的独立系统；

（四）程序运作规范、系统安全高效、服务优质价廉；

（五）在全国具有较高的知名度和广泛的社会参与度。

最高人民法院组成专门的评审委员会,负责网络服务提供者的选定、评审和除名。最高人民法院每年引入第三方评估机构对已纳入和新申请纳入名单库的网络服务提供者予以评审并公布结果。

第五条 网络服务提供者由申请执行人从名单库中选择；未选择或者多个申请执行人的选择不一致的,由人民法院指定。

第六条 实施网络司法拍卖的,人民法院应当履行下列职责:
(一) 制作、发布拍卖公告;
(二) 查明拍卖财产现状、权利负担等内容,并予以说明;
(三) 确定拍卖保留价、保证金的数额、税费负担等;
(四) 确定保证金、拍卖款项等支付方式;
(五) 通知当事人和优先购买权人;
(六) 制作拍卖成交裁定;
(七) 办理财产交付和出具财产权证照转移协助执行通知书;
(八) 开设网络司法拍卖专用账户;
(九) 其他依法由人民法院履行的职责。

第七条 实施网络司法拍卖的,人民法院可以将下列拍卖辅助工作委托社会机构或者组织承担:
(一) 制作拍卖财产的文字说明及视频或者照片等资料;
(二) 展示拍卖财产,接受咨询,引领查看,封存样品等;
(三) 拍卖财产的鉴定、检验、评估、审计、仓储、保管、运输等;
(四) 其他可以委托的拍卖辅助工作。

社会机构或者组织承担网络司法拍卖辅助工作所支出的必要费用由被执行人承担。

第八条 实施网络司法拍卖的,下列事项应当由网络服务提供者承担:
(一) 提供符合法律、行政法规和司法解释规定的网络司法拍卖平台,并保障安全正常运行;
(二) 提供安全便捷配套的电子支付对接系统;
(三) 全面、及时展示人民法院及其委托的社会机构或者组织提供的拍卖信息;
(四) 保证拍卖全程的信息数据真实、准确、完整和安全;
(五) 其他应当由网络服务提供者承担的工作。

网络服务提供者不得在拍卖程序中设置阻碍适格竞买人报名、参拍、竞价以及监视竞买人信息等后台操控功能。

网络服务提供者提供的服务无正当理由不得中断。

第九条 网络司法拍卖服务提供者从事与网络司法拍卖相关的行为,应当接受人民法院的管理、监督和指导。

第十条 网络司法拍卖应当确定保留价,拍卖保留价即为起拍价。

起拍价由人民法院参照评估价确定;未作评估的,参照市价确定,并征询当事人意见。起拍价不得低于评估价或者市价的百分之七十。

第十一条 网络司法拍卖不限制竞买人数量。一人参与竞拍,出价不低于起拍价的,拍卖成交。

第十二条 网络司法拍卖应当先期公告,拍卖公告除通过法定途径发布外,还应同时在网络司法拍卖平台发布。拍卖动产的,应当在拍卖十五日前公告;拍卖不动产或者其他财产权的,应当在拍卖三十日前公告。

拍卖公告应包括拍卖财产、价格、保证金、竞买人条件、拍卖财产已知瑕疵、相关权利义务、法律责任、拍卖时间、网络平台和拍卖法院等信息。

第十三条 实施网络司法拍卖的,人民法院应当在拍卖公告发布当日通过网络司法拍卖平台公示下列信息:

(一)拍卖公告;
(二)执行所依据的法律文书,但法律规定不得公开的除外;
(三)评估报告副本,或者未经评估的定价依据;
(四)拍卖时间、起拍价以及竞价规则;
(五)拍卖财产权属、占有使用、附随义务等现状的文字说明、视频或者照片等;
(六)优先购买权主体以及权利性质;
(七)通知或者无法通知当事人、已知优先购买权人的情况;
(八)拍卖保证金、拍卖款项支付方式和账户;
(九)拍卖财产产权转移可能产生的税费及承担方式;
(十)执行法院名称、联系、监督方式等;
(十一)其他应当公示的信息。

第十四条 实施网络司法拍卖的,人民法院应当在拍卖公告发布当日通过网络司法拍卖平台对下列事项予以特别提示:

(一)竞买人应当具备完全民事行为能力,法律、行政法规和司法解释对买受人资格或者条件有特殊规定的,竞买人应当具备规定的资格或者条件;
(二)委托他人代为竞买的,应当在竞价程序开始前经人民法院确认,并通知网络服务提供者;
(三)拍卖财产已知瑕疵和权利负担;
(四)拍卖财产以实物现状为准,竞买人可以申请实地看样;
(五)竞买人决定参与竞买的,视为对拍卖财产完全了解,并接受拍卖财产一切已知和未知瑕疵;
(六)载明买受人真实身份的拍卖成交确认书在网络司法拍卖平台上公示;
(七)买受人悔拍后保证金不予退还。

第十五条 被执行人应当提供拍卖财产品质的有关资料和说明。

人民法院已按本规定第十三条、第十四条的要求予以公示和特别提示,且在拍卖公告中声明不能保证拍卖财产真伪或者品质的,不承担瑕疵担保责任。

第十六条 网络司法拍卖的事项应当在拍卖公告发布三日前以书面或者其他能够确认收悉的合理方式,通知当事人、已知优先购买权人。权利人书面明确放弃权利的,可以不通知。无法通知的,应当在网络司法拍卖平台公示并说明无法通知的理由,公示满五日视为已经通知。

优先购买权人经通知未参与竞买的,视为放弃优先购买权。

第十七条 保证金数额由人民法院在起拍价的百分之五至百分之二十范围内确定。

竞买人应当在参加拍卖前以实名交纳保证金,未交纳的,不得参加竞买。申请执行人参加竞买的,可以不交保证金;但债权数额小于保证金数额的按差额部分交纳。

交纳保证金,竞买人可以向人民法院指定的账户交纳,也可以由网络服务提供者在其提供的支付系统中对竞买人的相应款项予以冻结。

第十八条 竞买人在拍卖竞价程序结束前交纳保证金经人民法院或者网络服务提供者确认后,取得竞买资格。网络服务提供者应当向取得资格的竞买人赋予竞买代码、参拍密码;竞买人以该代码参与竞买。

网络司法拍卖竞价程序结束前,人民法院及网络服务提供者对竞买人以及其他能够确认竞买人真实身份的信息、密码等,应当予以保密。

第十九条 优先购买权人经人民法院确认后,取得优先竞买资格以及优先竞买代码、参拍密码,并以优先竞买代码参与竞买;未经确认的,不得以优先购买权人身份参与竞买。

顺序不同的优先购买权人申请参与竞买的,人民法院应当确认其顺序,赋予不同顺序的优先竞买代码。

第二十条 网络司法拍卖从起拍价开始以递增出价方式竞价,增价幅度由人民法院确定。竞买人以低于起拍价出价的无效。

网络司法拍卖的竞价时间应当不少于二十四小时。竞价程序结束前五分钟内无人出价的,最后出价即为成交价;有出价的,竞价时间自该出价时点顺延五分钟。竞买人的出价时间以进入网络司法拍卖平台服务系统的时间为准。竞买代码及其出价信息应当在网络竞买页面实时显示,并储存、显示竞价全程。

第二十一条 优先购买权人参与竞买的,可以与其他竞买人以相同的价格出价,没有更高出价的,拍卖财产由优先购买权人竞得。

顺序不同的优先购买权人以相同价格出价的,拍卖财产由顺序在先的优先购买权人竞得。

顺序相同的优先购买权人以相同价格出价的,拍卖财产由出价在先的优先购买权人竞得。

第二十二条 网络司法拍卖成交的,由网络司法拍卖平台以买受人的真实身份自动生成确认书并公示。

拍卖财产所有权自拍卖成交裁定送达买受人时转移。

第二十三条 拍卖成交后,买受人交纳的保证金可以充抵价款;其他竞买人交纳的保证金应当在竞价程序结束后二十四小时内退还或者解冻。拍卖未成交的,竞买人交纳的保证金应当在竞价程序结束后二十四小时内退还或者解冻。

第二十四条 拍卖成交后买受人悔拍的，交纳的保证金不予退还，依次用于支付拍卖产生的费用损失、弥补重新拍卖价款低于原拍卖价款的差价、冲抵本案被执行人的债务以及与拍卖财产相关的被执行人的债务。

悔拍后重新拍卖的，原买受人不得参加竞买。

第二十五条 拍卖成交后，买受人应当在拍卖公告确定的期限内将剩余价款交付人民法院指定账户。拍卖成交后二十四小时内，网络服务提供者应当将冻结的买受人交纳的保证金划入人民法院指定账户。

第二十六条 网络司法拍卖竞价期间无人出价的，本次拍卖流拍。流拍后应当在三十日内在同一网络司法拍卖平台再次拍卖，拍卖动产的应当在拍卖七日前公告；拍卖不动产或者其他财产权的应当在拍卖十五日前公告。再次拍卖的起拍价降价幅度不得超过前次起拍价的百分之二十。

再次拍卖流拍的，可以依法在同一网络司法拍卖平台变卖。

第二十七条 起拍价及其降价幅度、竞价增价幅度、保证金数额和优先购买权人竞买资格及其顺序等事项，应当由人民法院依法组成合议庭评议确定。

第二十八条 网络司法拍卖竞价程序中，有依法应当暂缓、中止执行等情形的，人民法院应当决定暂缓或者裁定中止拍卖；人民法院可以自行或者通知网络服务提供者停止拍卖。

网络服务提供者发现系统故障、安全隐患等紧急情况的，可以先行暂缓拍卖，并立即报告人民法院。

暂缓或者中止拍卖的，应当及时在网络司法拍卖平台公告原因或者理由。

暂缓拍卖期限届满或者中止拍卖的事由消失后，需要继续拍卖的，应当在五日内恢复拍卖。

第二十九条 网络服务提供者对拍卖形成的电子数据，应当完整保存不少于十年，但法律、行政法规另有规定的除外。

第三十条 因网络司法拍卖本身形成的税费，应当依照相关法律、行政法规的规定，由相应主体承担；没有规定或者规定不明的，人民法院可以根据法律原则和案件实际情况确定税费承担的相关主体、数额。

第三十一条 当事人、利害关系人提出异议请求撤销网络司法拍卖，符合下列情形之一的，人民法院应当支持：

（一）由于拍卖财产的文字说明、视频或者照片展示以及瑕疵说明严重失实，致使买受人产生重大误解，购买目的无法实现的，但拍卖时的技术水平不能发现或者已经就相关瑕疵以及责任承担予以公示说明的除外；

（二）由于系统故障、病毒入侵、黑客攻击、数据错误等原因致使拍卖结果错误，严重损害当事人或者其他竞买人利益的；

（三）竞买人之间，竞买人与网络司法拍卖服务提供者之间恶意串通，损害当事人或者其他竞买人利益的；

（四）买受人不具备法律、行政法规和司法解释规定的竞买资格的；

（五）违法限制竞买人参加竞买或者对享有同等权利的竞买人规定不同竞买条件的；

（六）其他严重违反网络司法拍卖程序且损害当事人或者竞买人利益的情形。

第三十二条 网络司法拍卖被人民法院撤销，当事人、利害关系人、案外人认为人民法院的拍卖行为违法致使其合法权益遭受损害的，可以依法申请国家赔偿；认为其他主体的行为违法致使其合法权益遭受损害的，可以另行提起诉讼。

第三十三条 当事人、利害关系人、案外人认为网络司法拍卖服务提供者的行为违法致使其合法权益遭受损害的，可以另行提起诉讼；理由成立的，人民法院应当支持，但具有法定免责事由的除外。

第三十四条 实施网络司法拍卖的，下列机构和人员不得竞买并不得委托他人代为竞买与其行为相关的拍卖财产：

（一）负责执行的人民法院；

（二）网络服务提供者；

（三）承担拍卖辅助工作的社会机构或者组织；

（四）第（一）至（三）项规定主体的工作人员及其近亲属。

第三十五条 网络服务提供者有下列情形之一的，应当将其从名单库中除名：

（一）存在违反本规定第八条第二款规定操控拍卖程序、修改拍卖信息等行为的；

（二）存在恶意串通、弄虚作假、泄漏保密信息等行为的；

（三）因违反法律、行政法规和司法解释等规定受到处罚，不适于继续从事网络司法拍卖的；

（四）存在违反本规定第三十四条规定行为的；

（五）其他应当除名的情形。

网络服务提供者有前款规定情形之一，人民法院可以依照《中华人民共和国民事诉讼法》的相关规定予以处理。

第三十六条 当事人、利害关系人认为网络司法拍卖行为违法侵害其合法权益的，可以提出执行异议。异议、复议期间，人民法院可以决定暂缓或者裁定中止拍卖。

案外人对网络司法拍卖的标的提出异议的，人民法院应当依据《中华人民共和国民事诉讼法》第二百二十七条及相关司法解释的规定处理，并决定暂缓或者裁定中止拍卖。

第三十七条 人民法院通过互联网平台以变卖方式处置财产的，参照本规定执行。

执行程序中委托拍卖机构通过互联网平台实施网络拍卖的，参照本规定执行。

本规定对网络司法拍卖行为没有规定的,适用其他有关司法拍卖的规定。
第三十八条 本规定自 2017 年 1 月 1 日起施行。施行前最高人民法院公布的司法解释和规范性文件与本规定不一致的,以本规定为准。

C15 执行抵押房屋规定(2005)

最高人民法院关于人民法院执行设定抵押的房屋的规定

(法释〔2005〕14 号。2005 年 11 月 14 日由最高人民法院审判委员会第 1371 次会议通过,2005 年 12 月 24 日公布,自 2005 年 12 月 21 日起施行)

根据《中华人民共和国民事诉讼法》等法律的规定,结合人民法院民事执行工作的实践,对人民法院根据抵押权人的申请,执行设定抵押的房屋的问题规定如下:
第一条 对于被执行人所有的已经依法设定抵押的房屋,人民法院可以查封,并可以根据抵押权人的申请,依法拍卖、变卖或者抵债。
第二条 人民法院对已经依法设定抵押的被执行人及其所扶养家属居住的房屋,在裁定拍卖、变卖或者抵债后,应当给予被执行人六个月的宽限期。在此期限内,被执行人应当主动腾空房屋,人民法院不得强制被执行人及其所扶养家属迁出该房屋。
第三条 上述宽限期届满后,被执行人仍未迁出的,人民法院可以作出强制迁出裁定,并按照民事诉讼法第二百二十九条的规定执行。

强制迁出时,被执行人无法自行解决居住问题的,经人民法院审查属实,可以由申请执行人为被执行人及其所扶养家属提供临时住房。
第四条 申请执行人提供的临时住房,其房屋品质、地段可以不同于被执行人原住房,面积参照建设部、财政部、民政部、国土资源部和国家税务总局联合发布的《城镇最低收入家属廉租住房管理办法》所规定的人均廉租住房面积标准确定。
第五条 申请执行人提供的临时住房,应当计收租金。租金标准由申请执行人和被执行人双方协商确定;协商不成的,由人民法院参照当地同类房屋租金标准确定,当地无同类房屋租金标准可以参照的,参照当地房屋租赁市场平均租金标准确定。

已经产生的租金,可以从房屋拍卖或者变卖价款中优先扣除。
第六条 被执行人属于低保对象且无法自行解决居住问题的,人民法院不应强制迁出。
第七条 本规定自公布之日起施行。施行前本院已公布的司法解释与本规定不一致的,以本规定为准。

[C16] 网络执行存款规定（2013）

最高人民法院关于网络查询、冻结被执行人存款的规定

（法释〔2013〕20号。2013年8月26日最高人民法院
审判委员会第1587次会议通，2013年8月29日公布，
自2013年9月2日起施行）

为规范人民法院办理执行案件过程中通过网络查询、冻结被执行人存款及其他财产的行为，进一步提高执行效率，根据《中华人民共和国民事诉讼法》的规定，结合人民法院工作实际，制定本规定。

第一条 人民法院与金融机构已建立网络执行查控机制的，可以通过网络实施查询、冻结被执行人存款等措施。

网络执行查控机制的建立和运行应当具备以下条件：

（一）已建立网络执行查控系统，具有通过网络执行查控系统发送、传输、反馈查控信息的功能；

（二）授权特定的人员办理网络执行查控业务；

（三）具有符合安全规范的电子印章系统；

（四）已采取足以保障查控系统和信息安全的措施。

第二条 人民法院实施网络执行查控措施，应当事前统一向相应金融机构报备有权通过网络采取执行查控措施的特定执行人员的相关公务证件。办理具体业务时，不再另行向相应金融机构提供执行人员的相关公务证件。

人民法院办理网络执行查控业务的特定执行人员发生变更的，应当及时向相应金融机构报备人员变更信息及相关公务证件。

第三条 人民法院通过网络查询被执行人存款时，应当向金融机构传输电子协助查询存款通知书。多案集中查询的，可以附汇总的案件查询清单。

对查询到的被执行人存款需要冻结或者续行冻结的，人民法院应当及时向金融机构传输电子冻结裁定书和协助冻结存款通知书。

对冻结的被执行人存款需要解除冻结的，人民法院应当及时向金融机构传输电子解除冻结裁定书和协助解除冻结存款通知书。

第四条 人民法院向金融机构传输的法律文书，应当加盖电子印章。

作为协助执行人的金融机构完成查询、冻结等事项后，应当及时通过网络向人民法院回复加盖电子印章的查询、冻结等结果。

人民法院出具的电子法律文书、金融机构出具的电子查询、冻结等结果，与纸质法律文书及反馈结果具有同等效力。

第五条 人民法院通过网络查询、冻结、续冻、解冻被执行人存款，与执行人员赴金融机构营业场所查询、冻结、续冻、解冻被执行人存款具有同等效力。

第六条 金融机构认为人民法院通过网络执行查控系统采取的查控措施违反相关法律、行政法规规定的，应当向人民法院书面提出异议。人民法院应当在

15日内审查完毕并书面回复。

第七条 人民法院应当依据法律、行政法规规定及相应操作规范使用网络执行查控系统和查控信息，确保信息安全。

人民法院办理执行案件过程中，不得泄露通过网络执行查控系统取得的查控信息，也不得用于执行案件以外的目的。

人民法院办理执行案件过程中，不得对被执行人以外的非执行义务主体采取网络查控措施。

第八条 人民法院工作人员违反第七条规定的，应当按照《人民法院工作人员处分条例》给予纪律处分；情节严重构成犯罪的，应当依法追究刑事责任。

第九条 人民法院具备相应网络扣划技术条件，并与金融机构协商一致的，可以通过网络执行查控系统采取扣划被执行人存款措施。

第十条 人民法院与工商行政管理、证券监管、土地房产管理等协助执行单位已建立网络执行查控机制，通过网络执行查控系统对被执行人股权、股票、证券账户资金、房地产等其他财产采取查控措施的，参照本规定执行。

C17 迟延利息解释（2014）

最高人民法院关于执行程序中计算迟延履行期间的债务利息适用法律若干问题的解释

（法释〔2014〕8号。2014年6月9日最高人民法院审判委员会第1619次会议通过，2014年7月7日公布，自2014年8月1日起施行）

为规范执行程序中迟延履行期间债务利息的计算，根据《中华人民共和国民事诉讼法》的规定，结合司法实践，制定本解释。

第一条 根据民事诉讼法第二百五十三条规定加倍计算之后的迟延履行期间的债务利息，包括迟延履行期间的一般债务利息和加倍部分债务利息。

迟延履行期间的一般债务利息，根据生效法律文书确定的方法计算；生效法律文书未确定给付该利息的，不予计算。

加倍部分债务利息的计算方法为：加倍部分债务利息＝债务人尚未清偿的生效法律文书确定的除一般债务利息之外的金钱债务×日万分之一点七五×迟延履行期间。

第二条 加倍部分债务利息自生效法律文书确定的履行期间届满之日起计算；生效法律文书确定分期履行的，自每次履行期间届满之日起计算；生效法律文书未确定履行期间的，自法律文书生效之日起计算。

第三条 加倍部分债务利息计算至被执行人履行完毕之日；被执行人分次履行的，相应部分的加倍部分债务利息计算至每次履行完毕之日。

人民法院划拨、提取被执行人的存款、收入、股息、红利等财产的,相应部分的加倍部分债务利息计算至划拨、提取之日;人民法院对被执行人财产拍卖、变卖或者以物抵债的,计算至成交裁定或者抵债裁定生效之日;人民法院对被执行人财产通过其他方式变价的,计算至财产变价完成之日。

非因被执行人的申请,对生效法律文书审查而中止或者暂缓执行的期间及再审中止执行的期间,不计算加倍部分债务利息。

第四条 被执行人的财产不足以清偿全部债务的,应当先清偿生效法律文书确定的金钱债务,再清偿加倍部分债务利息,但当事人对清偿顺序另有约定的除外。

第五条 生效法律文书确定给付外币的,执行时以该种外币按日万分之一点七五计算加倍部分债务利息,但申请执行人主张以人民币计算的,人民法院应予准许。

以人民币计算加倍部分债务利息的,应当先将生效法律文书确定的外币折算或者套算为人民币后再进行计算。

外币折算或者套算为人民币的,按照加倍部分债务利息起算之日的中国外汇交易中心或者中国人民银行授权机构公布的人民币对外币的中间价折合成人民币计算;中国外汇交易中心或者中国人民银行授权机构未公布汇率中间价的外币,按照该日境内银行人民币对该外币的中间价折算成人民币,或者该外币在境内银行、国际外汇市场对美元汇率,与人民币对美元汇率中间价进行套算。

第六条 执行回转程序中,原申请执行人迟延履行金钱给付义务的,应当按照本解释的规定承担加倍部分债务利息。

第七条 本解释施行时尚未执行完毕部分的金钱债务,本解释施行前的迟延履行期间债务利息按照之前的规定计算;施行后的迟延履行期间债务利息按照本解释计算。

本解释施行前本院发布的司法解释与本解释不一致的,以本解释为准。

C18 变更追加执行人规定(2016)

最高人民法院关于民事执行中变更、追加当事人若干问题的规定

(法释〔2016〕21号。2016年8月29日最高人民法院审判
委员会第1691次会议通过,2016年11月7日公布,
自2016年12月1日起施行)

为正确处理民事执行中变更、追加当事人问题,维护当事人、利害关系人的合法权益,根据《中华人民共和国民事诉讼法》等法律规定,结合执行实

践，制定本规定。

第一条 执行过程中，申请执行人或其继承人、权利承受人可以向人民法院申请变更、追加当事人。申请符合法定条件的，人民法院应予支持。

第二条 作为申请执行人的公民死亡或被宣告死亡，该公民的遗嘱执行人、受遗赠人、继承人或其他因该公民死亡或被宣告死亡依法承受生效法律文书确定权利的主体，申请变更、追加其为申请执行人的，人民法院应予支持。

作为申请执行人的公民被宣告失踪，该公民的财产代管人申请变更、追加其为申请执行人的，人民法院应予支持。

第三条 作为申请执行人的公民离婚时，生效法律文书确定的权利全部或部分分割给其配偶，该配偶申请变更、追加其为申请执行人的，人民法院应予支持。

第四条 作为申请执行人的法人或其他组织终止，因该法人或其他组织终止依法承受生效法律文书确定权利的主体，申请变更、追加其为申请执行人的，人民法院应予支持。

第五条 作为申请执行人的法人或其他组织因合并而终止，合并后存续或新设的法人、其他组织申请变更其为申请执行人的，人民法院应予支持。

第六条 作为申请执行人的法人或其他组织分立，依分立协议约定承受生效法律文书确定权利的新设法人或其他组织，申请变更、追加其为申请执行人的，人民法院应予支持。

第七条 作为申请执行人的法人或其他组织清算或破产时，生效法律文书确定的权利依法分配给第三人，该第三人申请变更、追加其为申请执行人的，人民法院应予支持。

第八条 作为申请执行人的机关法人被撤销，继续履行其职能的主体申请变更、追加其为申请执行人的，人民法院应予支持，但生效法律文书确定的权利依法应由其他主体承受的除外；没有继续履行其职能的主体，且生效法律文书确定权利的承受主体不明确，作出撤销决定的主体申请变更、追加其为申请执行人的，人民法院应予支持。

第九条 申请执行人将生效法律文书确定的债权依法转让给第三人，且书面认可第三人取得该债权，该第三人申请变更、追加其为申请执行人的，人民法院应予支持。

第十条 作为被执行人的公民死亡或被宣告死亡，申请执行人申请变更、追加该公民的遗嘱执行人、继承人、受遗赠人或其他因该公民死亡或被宣告死亡取得遗产的主体为被执行人，在遗产范围内承担责任的，人民法院应予支持。继承人放弃继承或受遗赠人放弃受遗赠，又无遗嘱执行人的，人民法院可以直接执行遗产。

作为被执行人的公民被宣告失踪，申请执行人申请变更该公民的财产代管人为被执行人，在代管的财产范围内承担责任的，人民法院应予支持。

第十一条 作为被执行人的法人或其他组织因合并而终止,申请执行人申请变更合并后存续或新设的法人、其他组织为被执行人的,人民法院应予支持。

第十二条 作为被执行人的法人或其他组织分立,申请执行人申请变更、追加分立后新设的法人或其他组织为被执行人,对生效法律文书确定的债务承担连带责任的,人民法院应予支持。但被执行人在分立前与申请执行人就债务清偿达成的书面协议另有约定的除外。

第十三条 作为被执行人的个人独资企业,不能清偿生效法律文书确定的债务,申请执行人申请变更、追加其投资人为被执行人的,人民法院应予支持。个人独资企业投资人作为被执行人的,人民法院可以直接执行该个人独资企业的财产。

个体工商户的字号为被执行人的,人民法院可以直接执行该字号经营者的财产。

第十四条 作为被执行人的合伙企业,不能清偿生效法律文书确定的债务,申请执行人申请变更、追加普通合伙人为被执行人的,人民法院应予支持。

作为被执行人的有限合伙企业,财产不足以清偿生效法律文书确定的债务,申请执行人申请变更、追加未按期足额缴纳出资的有限合伙人为被执行人,在未足额缴纳出资的范围内承担责任的,人民法院应予支持。

第十五条 作为被执行人的法人分支机构,不能清偿生效法律文书确定的债务,申请执行人申请变更、追加该法人为被执行人的,人民法院应予支持。法人直接管理的责任财产仍不能清偿债务的,人民法院可以直接执行该法人其他分支机构的财产。

作为被执行人的法人,直接管理的责任财产不能清偿生效法律文书确定债务的,人民法院可以直接执行该法人分支机构的财产。

第十六条 个人独资企业、合伙企业、法人分支机构以外的其他组织作为被执行人,不能清偿生效法律文书确定的债务,申请执行人申请变更、追加依法对该其他组织的债务承担责任的主体为被执行人的,人民法院应予支持。

第十七条 作为被执行人的企业法人,财产不足以清偿生效法律文书确定的债务,申请执行人申请变更、追加未缴纳或未足额缴纳出资的股东、出资人或依公司法规定对该出资承担连带责任的发起人为被执行人,在尚未缴纳出资的范围内依法承担责任的,人民法院应予支持。

第十八条 作为被执行人的企业法人,财产不足以清偿生效法律文书确定的债务,申请执行人申请变更、追加抽逃出资的股东、出资人为被执行人,在抽逃出资的范围内承担责任的,人民法院应予支持。

第十九条 作为被执行人的公司,财产不足以清偿生效法律文书确定的债务,其股东未依法履行出资义务即转让股权,申请执行人申请变更、追加该原股东或依公司法规定对该出资承担连带责任的发起人为被执行人,在未依法出资的范围内承担责任的,人民法院应予支持。

第二十条 作为被执行人的一人有限责任公司,财产不足以清偿生效法律文书确定的债务,股东不能证明公司财产独立于自己的财产,申请执行人申请变更、追加该股东为被执行人,对公司债务承担连带责任的,人民法院应予支持。

第二十一条 作为被执行人的公司,未经清算即办理注销登记,导致公司无法进行清算,申请执行人申请变更、追加有限责任公司的股东、股份有限公司的董事和控股股东为被执行人,对公司债务承担连带清偿责任的,人民法院应予支持。

第二十二条 作为被执行人的法人或其他组织,被注销或出现被吊销营业执照、被撤销、被责令关闭、歇业等解散事由后,其股东、出资人或主管部门无偿接受其财产,致使该被执行人无遗留财产或遗留财产不足以清偿债务,申请执行人申请变更、追加该股东、出资人或主管部门为被执行人,在接受的财产范围内承担责任的,人民法院应予支持。

第二十三条 作为被执行人的法人或其他组织,未经依法清算即办理注销登记,在登记机关办理注销登记时,第三人书面承诺对被执行人的债务承担清偿责任,申请执行人申请变更、追加该第三人为被执行人,在承诺范围内承担清偿责任的,人民法院应予支持。

第二十四条 执行过程中,第三人向执行法院书面承诺自愿代被执行人履行生效法律文书确定的债务,申请执行人申请变更、追加该第三人为被执行人,在承诺范围内承担责任的,人民法院应予支持。

第二十五条 作为被执行人的法人或其他组织,财产依行政命令被无偿调拨、划转给第三人,致使该被执行人财产不足以清偿生效法律文书确定的债务,申请执行人申请变更、追加该第三人为被执行人,在接受的财产范围内承担责任的,人民法院应予支持。

第二十六条 被申请人在应承担责任范围内已承担相应责任的,人民法院不得责令其重复承担责任。

第二十七条 执行当事人的姓名或名称发生变更的,人民法院可以直接将姓名或名称变更后的主体作为执行当事人,并在法律文书中注明变更前的姓名或名称。

第二十八条 申请人申请变更、追加执行当事人,应当向执行法院提交书面申请及相关证据材料。

除事实清楚、权利义务关系明确、争议不大的案件外,执行法院应当组成合议庭审查并公开听证。经审查,理由成立的,裁定变更、追加;理由不成立的,裁定驳回。

执行法院应当自收到书面申请之日起六十日内作出裁定。有特殊情况需要延长的,由本院院长批准。

第二十九条 执行法院审查变更、追加被执行人申请期间，申请人申请对被申请人的财产采取查封、扣押、冻结措施的，执行法院应当参照民事诉讼法第一百条的规定办理。

申请执行人在申请变更、追加第三人前，向执行法院申请查封、扣押、冻结该第三人财产的，执行法院应当参照民事诉讼法第一百零一条的规定办理。

第三十条 被申请人、申请人或其他执行当事人对执行法院作出的变更、追加裁定或驳回申请裁定不服的，可以自裁定书送达之日起十日内向上一级人民法院申请复议，但依据本规定第三十二条的规定应当提起诉讼的除外。

第三十一条 上一级人民法院对复议申请应当组成合议庭审查，并自收到申请之日起六十日内作出复议裁定。有特殊情况需要延长的，由本院院长批准。

被裁定变更、追加的被申请人申请复议的，复议期间，人民法院不得对其争议范围内的财产进行处分。申请人请求人民法院继续执行并提供相应担保的，人民法院可以准许。

第三十二条 被申请人或申请人对执行法院依据本规定第十四条第二款、第十七条至第二十一条规定作出的变更、追加裁定或驳回申请裁定不服的，可以自裁定书送达之日起十五日内，向执行法院提起执行异议之诉。

被申请人提起执行异议之诉的，以申请人为被告。申请人提起执行异议之诉的，以被申请人为被告。

第三十三条 被申请人提起的执行异议之诉，人民法院经审理，按照下列情形分别处理：

（一）理由成立的，判决不得变更、追加被申请人为被执行人或者判决变更责任范围；

（二）理由不成立的，判决驳回诉讼请求。

诉讼期间，人民法院不得对被申请人争议范围内的财产进行处分。申请人请求人民法院继续执行并提供相应担保的，人民法院可以准许。

第三十四条 申请人提起的执行异议之诉，人民法院经审理，按照下列情形分别处理：

（一）理由成立的，判决变更、追加被申请人为被执行人并承担相应责任或者判决变更责任范围；

（二）理由不成立的，判决驳回诉讼请求。

第三十五条 本规定自2016年12月1日起施行。

本规定施行后，本院以前公布的司法解释与本规定不一致的，以本规定为准。

C19 限高规定（2015）

最高人民法院关于限制被执行人高消费及有关消费的若干规定

（法释〔2015〕17号。2010年5月17日最高人民法院审判委员会第1487次会议通过，2015年7月6日最高人民法院审判委员会第1657次会议修正，2015年7月20日公布，自2015年7月22日起施行）

为进一步加大执行力度，推动社会信用机制建设，最大限度保护申请执行人和被执行人的合法权益，根据《中华人民共和国民事诉讼法》的有关规定，结合人民法院民事执行工作的实践经验，制定本规定。

第一条 被执行人未按执行通知书指定的期间履行生效法律文书确定的给付义务的，人民法院可以采取限制消费措施，限制其高消费及非生活或者经营必需的有关消费。

纳入失信被执行人名单的被执行人，人民法院应当对其采取限制消费措施。

第二条 人民法院决定采取限制消费措施时，应当考虑被执行人是否有消极履行、规避执行或者抗拒执行的行为以及被执行人的履行能力等因素。

第三条 被执行人为自然人的，被采取限制消费措施后，不得有以下高消费及非生活和工作必需的消费行为：

（一）乘坐交通工具时，选择飞机、列车软卧、轮船二等以上舱位；

（二）在星级以上宾馆、酒店、夜总会、高尔夫球场等场所进行高消费；

（三）购买不动产或者新建、扩建、高档装修房屋；

（四）租赁高档写字楼、宾馆、公寓等场所办公；

（五）购买非经营必需车辆；

（六）旅游、度假；

（七）子女就读高收费私立学校；

（八）支付高额保费购买保险理财产品；

（九）乘坐G字头动车组列车全部座位、其他动车组列车一等以上座位等其他非生活和工作必需的消费行为。

被执行人为单位的，被采取限制消费措施后，被执行人及其法定代表人、主要负责人、影响债务履行的直接责任人员、实际控制人不得实施前款规定的行为。因私消费以个人财产实施前款规定行为的，可以向执行法院提出申请。执行法院审查属实的，应予准许。

第四条 限制消费措施一般由申请执行人提出书面申请，经人民法院审查决定；必要时人民法院可以依职权决定。

第五条 人民法院决定采取限制消费措施的，应当向被执行人发出限制消费令。限制消费令由人民法院院长签发。限制消费令应当载明限制消费的期间、项目、法律后果等内容。

第六条 人民法院决定采取限制消费措施的,可以根据案件需要和被执行人的情况向有义务协助调查、执行的单位送达协助执行通知书,也可以在相关媒体上进行公告。

第七条 限制消费令的公告费用由被执行人负担;申请执行人申请在媒体公告的,应当垫付公告费用。

第八条 被限制消费的被执行人因生活或者经营必需而进行本规定禁止的消费活动的,应当向人民法院提出申请,获批准后方可进行。

第九条 在限制消费期间,被执行人提供确实有效的担保或者经申请执行人同意的,人民法院可以解除限制消费令;被执行人履行完毕生效法律文书确定的义务的,人民法院应当在本规定第六条通知或者公告的范围内及时以通知或者公告解除限制消费令。

第十条 人民法院应当设置举报电话或者邮箱,接受申请执行人和社会公众对被限制消费的被执行人违反本规定第三条的举报,并进行审查认定。

第十一条 被执行人违反限制消费令进行消费的行为属于拒不履行人民法院已经发生法律效力的判决、裁定的行为,经查证属实,依照《中华人民共和国民事诉讼法》第一百一十一条的规定,予以拘留、罚款;情节严重,构成犯罪的,追究其刑事责任。

有关单位在收到人民法院协助执行通知书后,仍允许被执行人进行高消费及非生活或者经营必需的有关消费的,人民法院可以依照《中华人民共和国民事诉讼法》第一百一十四条的规定,追究其法律责任。

C20 失信规定(2017)

最高人民法院关于公布失信被执行人
名单信息的若干规定

(法释〔2017〕7号。2013年7月1日最高人民法院审判委员会第1582次会议通过,2017年1月16日最高人民法院审判委员会第1707次会议修正,2017年2月28号公布,自2017年5月1日起施行)

为促使被执行人自觉履行生效法律文书确定的义务,推进社会信用体系建设,根据《中华人民共和国民事诉讼法》的规定,结合人民法院工作实际,制定本规定。

第一条 被执行人未履行生效法律文书确定的义务,并具有下列情形之一的,人民法院应当将其纳入失信被执行人名单,依法对其进行信用惩戒:

(一)有履行能力而拒不履行生效法律文书确定义务的;

(二) 以伪造证据、暴力、威胁等方法妨碍、抗拒执行的;
(三) 以虚假诉讼、虚假仲裁或者以隐匿、转移财产等方法规避执行的;
(四) 违反财产报告制度的;
(五) 违反限制消费令的;
(六) 无正当理由拒不履行执行和解协议的。

第二条 被执行人具有本规定第一条第二项至第六项规定情形的,纳入失信被执行人名单的期限为二年。被执行人以暴力、威胁方法妨碍、抗拒执行情节严重或具有多项失信行为的,可以延长一至三年。

失信被执行人积极履行生效法律文书确定义务或主动纠正失信行为的,人民法院可以决定提前删除失信信息。

第三条 具有下列情形之一的,人民法院不得依据本规定第一条第一项的规定将被执行人纳入失信被执行人名单:
(一) 提供了充分有效担保的;
(二) 已被采取查封、扣押、冻结等措施的财产足以清偿生效法律文书确定债务的;
(三) 被执行人履行顺序在后,对其依法不应强制执行的;
(四) 其他不属于有履行能力而拒不履行生效法律文书确定义务的情形。

第四条 被执行人为未成年人的,人民法院不得将其纳入失信被执行人名单。

第五条 人民法院向被执行人发出的执行通知中,应当载明有关纳入失信被执行人名单的风险提示等内容。

申请执行人认为被执行人具有本规定第一条规定情形之一的,可以向人民法院申请将其纳入失信被执行人名单。人民法院应当自收到申请之日起十五日内审查并作出决定。人民法院认为被执行人具有本规定第一条规定情形之一的,也可以依职权决定将其纳入失信被执行人名单。

人民法院决定将被执行人纳入失信被执行人名单的,应当制作决定书,决定书应当写明纳入失信被执行人名单的理由,有纳入期限的,应当写明纳入期限。决定书由院长签发,自作出之日起生效。决定书应当按照民事诉讼法规定的法律文书送达方式送达当事人。

第六条 记载和公布的失信被执行人名单信息应当包括:
(一) 作为被执行人的法人或者其他组织的名称、统一社会信用代码(或组织机构代码)、法定代表人或者负责人姓名;
(二) 作为被执行人的自然人的姓名、性别、年龄、身份证号码;
(三) 生效法律文书确定的义务和被执行人的履行情况;
(四) 被执行人失信行为的具体情形;
(五) 执行依据的制作单位和文号、执行案号、立案时间、执行法院;
(六) 人民法院认为应当记载和公布的不涉及国家秘密、商业秘密、个人隐私的其他事项。

第七条 各级人民法院应当将失信被执行人名单信息录入最高人民法院失信被执行人名单库，并通过该名单库统一向社会公布。

各级人民法院可以根据各地实际情况，将失信被执行人名单通过报纸、广播、电视、网络、法院公告栏等其他方式予以公布，并可以采取新闻发布会或者其他方式对本院及辖区法院实施失信被执行人名单制度的情况定期向社会公布。

第八条 人民法院应当将失信被执行人名单信息，向政府相关部门、金融监管机构、金融机构、承担行政职能的事业单位及行业协会等通报，供相关单位依照法律、法规和有关规定，在政府采购、招标投标、行政审批、政府扶持、融资信贷、市场准入、资质认定等方面，对失信被执行人予以信用惩戒。

人民法院应当将失信被执行人名单信息向征信机构通报，并由征信机构在其征信系统中记录。

国家工作人员、人大代表、政协委员等被纳入失信被执行人名单的，人民法院应当将失信情况通报其所在单位和相关部门。

国家机关、事业单位、国有企业等被纳入失信被执行人名单的，人民法院应当将失信情况通报其上级单位、主管部门或者履行出资人职责的机构。

第九条 不应纳入失信被执行人名单的公民、法人或其他组织被纳入失信被执行人名单的，人民法院应当在三个工作日内撤销失信信息。

记载和公布的失信信息不准确的，人民法院应当在三个工作日内更正失信信息。

第十条 具有下列情形之一的，人民法院应当在三个工作日内删除失信信息：

（一）被执行人已履行生效法律文书确定的义务或人民法院已执行完毕的；

（二）当事人达成执行和解协议且已履行完毕的；

（三）申请执行人书面申请删除失信信息，人民法院审查同意的；

（四）终结本次执行程序后，通过网络执行查控系统查询被执行人财产两次以上，未发现可供执行财产，且申请执行人或者其他人未提供有效财产线索的；

（五）因审判监督或破产程序，人民法院依法裁定对失信被执行人中止执行的；

（六）人民法院依法裁定不予执行的；

（七）人民法院依法裁定终结执行的。

有纳入期限的，不适用前款规定。纳入期限届满后三个工作日内，人民法院应当删除失信信息。

依照本条第一款规定删除失信信息后，被执行人具有本规定第一条规定情形之一的，人民法院可以重新将其纳入失信被执行人名单。

依照本条第一款第三项规定删除失信信息后六个月内，申请执行人申请将该被执行人纳入失信被执行人名单的,人民法院不予支持。

第十一条 被纳入失信被执行人名单的公民、法人或其他组织认为有下列情形之一的,可以向执行法院申请纠正:

(一)不应将其纳入失信被执行人名单的;
(二)记载和公布的失信信息不准确的;
(三)失信信息应予删除的。

第十二条 公民、法人或其他组织对被纳入失信被执行人名单申请纠正的,执行法院应当自收到书面纠正申请之日起十五日内审查,理由成立的,应当在三个工作日内纠正;理由不成立的,决定驳回。公民、法人或其他组织对驳回决定不服的,可以自决定书送达之日起十日内向上一级人民法院申请复议。上一级人民法院应当自收到复议申请之日起十五日内作出决定。

复议期间,不停止原决定的执行。

第十三条 人民法院工作人员违反本规定公布、撤销、更正、删除失信信息的,参照有关规定追究责任。

D 涉外民诉

D1 涉外管辖规定（2002）

最高人民法院关于涉外民商事案件
诉讼管辖若干问题的规定

（法释〔2002〕5号。2001年12月25日最高人民法院审判
委员会第1203次会议通过，2002件2月25日公布，
自2002年3月1日起施行）

为正确审理涉外民商事案件，依法保护中外当事人的合法权益，根据《中华人民共和国民事诉讼法》第十九条的规定，现将有关涉外民商事案件诉讼管辖的问题规定如下：

第一条 第一审涉外民商事案件由下列人民法院管辖：
（一）国务院批准设立的经济技术开发区人民法院；
（二）省会、自治区首府、直辖市所在地的中级人民法院；
（三）经济特区、计划单列市中级人民法院；
（四）最高人民法院指定的其他中级人民法院；
（五）高级人民法院。
上述中级人民法院的区域管辖范围由所在地的高级人民法院确定。

第二条 对国务院批准设立的经济技术开发区人民法院所作的第一审判决、裁定不服的，其第二审由所在地中级人民法院管辖。

第三条 本规定适用于下列案件：
（一）涉外合同和侵权纠纷案件；
（二）信用证纠纷案件；
（三）申请撤销、承认与强制执行国际仲裁裁决的案件；
（四）审查有关涉外民商事仲裁条款效力的案件；
（五）申请承认和强制执行外国法院民商事判决、裁定的案件。

第四条 发生在与外国接壤的边境省份的边境贸易纠纷案件，涉外房地产案件和涉外知识产权案件，不适用本规定。

第五条 涉及香港、澳门特别行政区和台湾地区当事人的民商事纠纷案件的管辖，参照本规定处理。

第六条 高级人民法院应当对涉外民商事案件的管辖实施监督，凡越权受理涉外民商事案件的，应当通知或者裁定将案件移送有管辖权的人民法院审理。

第七条 本规定于2002年3月1日起施行。本规定施行前已经受理的案件由

原受理人民法院继续审理。

本规定人发布前的有关司法解释、规定与本规定不一致的，以本规定为准。

D2 司法协助规定（2013）

最高人民法院关于依据国际公约和双边司法协助条约办理民商事案件司法文书送达和调查取证司法协助请求的规定

（法释〔2013〕11号。2013年1月21日最高人民法院审判
委员会第1568次会议通过，2013年4月7日公布，
自2013年5月2日起施行）

为正确适用有关国际公约和双边司法协助条约，依法办理民商事案件司法文书送达和调查取证请求，根据《中华人民共和国民事诉讼法》《关于向国外送达民事或商事司法文书和司法外文书的公约》（海牙送达公约）、《关于从国外调取民事或商事证据的公约》（海牙取证公约）和双边民事司法协助条约的规定，结合我国的司法实践，制定本规定。

第一条 人民法院应当根据便捷、高效的原则确定依据海牙送达公约、海牙取证公约，或者双边民事司法协助条约，对外提出民商事案件司法文书送达和调查取证请求。

第二条 人民法院协助外国办理民商事案件司法文书送达和调查取证请求，适用对等原则。

第三条 人民法院协助外国办理民商事案件司法文书送达和调查取证请求，应当进行审查。外国提出的司法协助请求，具有海牙送达公约、海牙取证公约或双边民事司法协助条约规定的拒绝提供协助的情形的，人民法院应当拒绝提供协助。

第四条 人民法院协助外国办理民商事案件司法文书送达和调查取证请求，应当按照民事诉讼法和相关司法解释规定的方式办理。

请求方要求按照请求书中列明的特殊方式办理的，如果该方式与我国法律不相抵触，且在实践中不存在无法办理或者办理困难的情形，应当按照该特殊方式办理。

第五条 人民法院委托外国送达民商事案件司法文书和进行民商事案件调查取证，需要提供译文的，应当委托中华人民共和国领域内的翻译机构进行翻译。

译文应当附有确认译文与原文一致的翻译证明。翻译证明应当有翻译机构的印章和翻译人的签名。译文不得加盖人民法院印章。

第六条 最高人民法院统一管理全国各级人民法院的国际司法协助工作。高级

人民法院应当确定一个部门统一管理本辖区各级人民法院的国际司法协助工作并指定专人负责。中级人民法院、基层人民法院和有权受理涉外案件的专门法院，应当指定专人管理国际司法协助工作；有条件的，可以同时确定一个部门管理国际司法协助工作。

第七条 人民法院应当建立独立的国际司法协助登记制度。

第八条 人民法院应当建立国际司法协助档案制度。办理民商事案件司法文书送达的送达回证、送达证明在各个转递环节应当以适当方式保存。办理民商事案件调查取证的材料应当作为档案保存。

第九条 经最高人民法院授权的高级人民法院，可以依据海牙送达公约、海牙取证公约直接对外发出本辖区各级人民法院提出的民商事案件司法文书送达和调查取证请求。

第十条 通过外交途径办理民商事案件司法文书送达和调查取证，不适用本规定。

第十一条 最高人民法院国际司法协助统一管理部门根据本规定制定实施细则。

第十二条 最高人民法院以前所作的司法解释及规范性文件，凡与本规定不一致的，按本规定办理。

D3 涉外送达规定（2006）

最高人民法院关于涉外民事或商事案件司法文书送达问题若干规定

（法释〔2006〕5号。2006年7月17日由最高人民法院审判
委员会第1394次会议通过，2006年8月10日公布，
自2006年8月22日起施行）

为规范涉外民事或商事案件司法文书送达，根据《中华人民共和国民事诉讼法》（以下简称民事诉讼法）的规定，结合审判实践，制定本规定。

第一条 人民法院审理涉外民事或商事案件时，向在中华人民共和国领域内没有住所的受送达人送达司法文书，适用本规定。

第二条 本规定所称司法文书，是指起诉状副本、上诉状副本、反诉状副本、答辩状副本、传票、判决书、调解书、裁定书、支付令、决定书、通知书、证明书、送达回证以及其他司法文书。

第三条 作为受送达人的自然人或者企业、其他组织的法定代表人、主要负责人在中华人民共和国领域内的，人民法院可以向该自然人或者法定代表人、主要负责人送达。

第四条 除受送达人在授权委托书中明确表明其诉讼代理人无权代为接收有关

司法文书外，其委托的诉讼代理人为民事诉讼法第二百四十五条第（四）项规定的有权代其接受送达的诉讼代理人，人民法院可以向该诉讼代理人送达。

第五条 人民法院向受送达人送达司法文书，可以送达给其在中华人民共和国领域内设立的代表机构。

受送达人在中华人民共和国领域内有分支机构或者业务代办人的，经该受送达人授权，人民法院可以向其分支机构或者业务代办人送达。

第六条 人民法院向在中华人民共和国领域内没有住所的受送达人送达司法文书时，若该受送达人所在国与中华人民共和国签订有司法协助协定，可以依照司法协助协定规定的方式送达；若该受送达人所在国是《关于向国外送达民事或商事司法文书和司法外文书公约》的成员国，可以依照该公约规定的方式送达。

受送达人所在国与中华人民共和国签订有司法协助协定，且为《关于向国外送达民事或商事司法文书和司法外文书公约》成员国的，人民法院依照司法协助协定的规定办理。

第七条 按照司法协助协定、《关于向国外送达民事或商事司法文书和司法外文书公约》或者外交途径送达司法文书，自我国有关机关将司法文书转递受送达人所在国有关机关之日起满六个月，如果未能收到送达与否的证明文件，且根据各种情况不足以认定已经送达的，视为不能用该种方式送达。

第八条 受送达人所在国允许邮寄送达的，人民法院可以邮寄送达。

邮寄送达时应附有送达回证。受送达人未在送达回证上签收但在邮件回执上签收的，视为送达，签收日期为送达日期。

自邮寄之日起满六个月，如果未能收到送达与否的证明文件，且根据各种情况不足以认定已经送达的，视为不能用邮寄方式送达。

第九条 民法院依照民事诉讼法第二百四十五条第（七）项规定的公告方式送达时，公告内容应在国内外公开发行的报刊上刊登。

第十条 除本规定上述送达方式外，人民法院可以通过传真、电子邮件等能够确认收悉的其他适当方式向受送达人送达。

第十一条 除公告送达方式外，人民法院可以同时采取多种方式向受送达人进行送达，但应根据最先实现送达的方式确定送达日期。

第十二条 人民法院向受送达人在中华人民共和国领域内的法定代表人、主要负责人、诉讼代理人、代表机构以及有权接受送达的分支机构、业务代办人送达司法文书，可以适用留置送达的方式。

第十三条 受送达人未对人民法院送达的司法文书履行签收手续，但存在以下情形之一的，视为送达：

（一）受送达人书面向人民法院提及了所送达司法文书的内容；
（二）受送达人已经按照所送达司法文书的内容履行；
（三）其他可以视为已经送达的情形。

第十四条 人民法院送达司法文书，根据有关规定需要通过上级人民法院转递的，应附申请转递函。

上级人民法院收到下级人民法院申请转递的司法文书，应在七个工作日内予以转递。

上级人民法院认为下级人民法院申请转递的司法文书不符合有关规定需要补正的，应在七个工作日内退回申请转递的人民法院。

第十五条 人民法院送达司法文书，根据有关规定需要提供翻译件的，应由受理案件的人民法院委托中华人民共和国领域内的翻译机构进行翻译。

翻译件不加盖人民法院印章，但应由翻译机构或翻译人员签名或盖章证明译文与原文一致。

第十六条 本规定自公布之日起施行。

D4 与香港送达安排（1999）

最高人民法院关于内地与香港特别行政区法院相互委托送达民商事司法文书的安排

（法释〔1999〕9号。1998年12月30日最高人民法院审判
委员会第1038次会议通过，1999年3月29日公布，
自1999年3月30日起施行）

根据《中华人民共和国香港特别行政区基本法》第九十五条的规定，经最高人民法院与香港特别行政区代表协商，现就内地与香港特别行政区法院相互委托送达民商事司法文书问题规定如下：

一、内地法院和香港特别行政区法院可以相互委托送达民商事司法文书。

二、双方委托送达司法文书，均须通过各高级人民法院和香港特别行政区高等法院进行。最高人民法院司法文书可以直接委托香港特别行政区高等法院送达。

三、委托方请求送达司法文书，须出具盖有其印章的委托书，并须在委托书中说明委托机关的名称、受送达人的姓名或者名称、详细地址及案件的性质。

委托书应当以中文文本提出。所附司法文书没有中文文本的，应当提供中文译本。以上文件一式两份。受送达人为两人以上的，每人一式两份。

受委托方如果认为委托书与本安排的规定不符，应当通知委托方，并说明对委托书的异议。必要时可以要求委托方补充材料。

四、不论司法文书中确定的出庭日期或者期限是否已过，受委托方均应送达。委托方应当尽量在合理期限内提出委托请求。

受委托方接到委托书后，应当及时完成送达，最迟不得超过自收到委托书之日起两个月。

五、送达司法文书后，内地人民法院应当出具送达回证；香港特别行政区法院应当出具送达证明书。出具送达回证和证明书，应当加盖法院印章。

受委托方无法送达的，应当在送达回证或者证明书上注明妨碍送达的原因、拒收事由和日期，并及时退回委托书及所附全部文书。

六、送达司法文书，应当依照受委托方所在地法律规定的程序进行。

七、受委托方对委托方委托送达的司法文书的内容和后果不负法律责任。

八、委托送达司法文书费用互免。但委托方在委托书中请求以特定送达方式送达所产生的费用，由委托方负担。

九、本安排中的司法文书在内地包括：起诉状副本、上诉状副本、授权委托书、传票、判决书、调解书、裁定书、决定书、通知书、证明书、送达回证；在香港特别行政区包括：起诉状副本、上诉状副本、传票、状词、誓章、判案书、判决书、裁决书、通知书、法庭命令、送达证明。

上述委托送达的司法文书以互换司法文书样本为准。

十、本安排在执行过程中遇有问题和修改，应当通过最高人民法院与香港特别行政区高等法院协商解决。

D5 港澳送达规定（2009）

最高人民法院关于涉港澳民商事案件司法文书送达问题若干规定

（法释〔2009〕2号。2009年2月16日由最高人民法院审判委员会第1463次会议通过，2009年3月9日公布，自2009年3月16日起施行）

为规范涉及香港特别行政区、澳门特别行政区民商事案件司法文书送达，根据《中华人民共和国民事诉讼法》的规定，结合审判实践，制定本规定。

第一条 人民法院审理涉及香港特别行政区、澳门特别行政区的民商事案件时，向住所地在香港特别行政区、澳门特别行政区的受送达人送达司法文书，适用本规定。

第二条 本规定所称司法文书，是指起诉状副本、上诉状副本、反诉状副本、答辩状副本、传票、判决书、调解书、裁定书、支付令、决定书、通知书、证明书、送达回证等与诉讼相关的文书。

第三条 作为受送达人的自然人或者企业、其他组织的法定代表人、主要负责人在内地的，人民法院可以直接向该自然人或者法定代表人、主要负责人送达。

第四条 除受送达人在授权委托书中明确表明其诉讼代理人无权代为接收有关司法文书外，其委托的诉讼代理人为有权代其接受送达的诉讼代理人，人民法院可以向该诉讼代理人送达。

第五条 受送达人在内地设立有代表机构的，人民法院可以直接向该代表机构送达。

受送达人在内地设立有分支机构或者业务代办人并授权其接受送达的，人民法院可以直接向该分支机构或者业务代办人送达。

第六条 人民法院向在内地没有住所的受送达人送达司法文书，可以按照最高人民法院《关于内地与香港特别行政区法院相互委托送达民商事司法文书的安排》或者《最高人民法院关于内地与澳门特别行政区法院就民商事案件相互委托送达司法文书和调取证据的安排》送达。

按照前款规定方式送达的，自内地的高级人民法院或者最高人民法院将有关司法文书递送香港特别行政区高等法院或者澳门特别行政区终审法院之日起满三个月，如果未能收到送达与否的证明文件且不存在本规定第十二条规定情形的，视为不能适用上述安排中规定的方式送达。

第七条 人民法院向受送达人送达司法文书，可以邮寄送达。

邮寄送达时应附有送达回证。受送达人未在送达回证上签收但在邮件回执上签收的，视为送达，签收日期为送达日期。

自邮寄之日起满三个月，虽未收到送达与否的证明文件，但存在本规定第十二条规定情形的，期间届满之日视为送达。

自邮寄之日起满三个月，如果未能收到送达与否的证明文件，且不存在本规定第十二条规定情形的，视为未送达。

第八条 人民法院可以通过传真、电子邮件等能够确认收悉的其他适当方式向受送达人送达。

第九条 人民法院不能依照本规定上述方式送达的，可以公告送达。公告内容应当在内地和受送达人住所地公开发行的报刊上刊登，自公告之日起满三个月即视为送达。

第十条 除公告送达方式外，人民法院可以同时采取多种法定方式向受送达人送达。

采取多种方式送达的，应当根据最先实现送达的方式确定送达日期。

第十一条 人民法院向在内地的受送达人或者受送达人的法定代表人、主要负责人、诉讼代理人、代表机构以及有权接受送达的分支机构、业务代办人送达司法文书，可以适用留置送达的方式。

第十二条 受送达人未对人民法院送达的司法文书履行签收手续，但存在以下情形之一的，视为送达：

（一）受送达人向人民法院提及了所送达司法文书的内容；

（二）受送达人已经按照所送达司法文书的内容履行；

（三）其他可以确认已经送达的情形。

第十三条 下级人民法院送达司法文书，根据有关规定需要通过上级人民法院转递的,应当附申请转递函。

上级人民法院收到下级人民法院申请转递的司法文书,应当在七个工作日内予以转递。

上级人民法院认为下级人民法院申请转递的司法文书不符合有关规定需要补正的,应当在七个工作日内退回申请转递的人民法院。

D6 与香港委托取证安排(2017)

最高人民法院关于内地与香港特别行政区法院就民商事案件相互委托提取证据的安排

(法释〔2017〕4号。2016年10月31日由最高人民法院审判委员会第1697次会议通过,2017年2月27日公布,自2017年3月1日起施行)

根据《中华人民共和国香港特别行政区基本法》第九十五条的规定,最高人民法院与香港特别行政区经协商,就民商事案件相互委托提取证据问题作出如下安排:

第一条 内地人民法院与香港特别行政区法院就民商事案件相互委托提取证据,适用本安排。

第二条 双方相互委托提取证据,须通过各自指定的联络机关进行。其中,内地指定各高级人民法院为联络机关;香港特别行政区指定香港特别行政区政府政务司司长办公室辖下行政署为联络机关。

最高人民法院可以直接通过香港特别行政区指定的联络机关委托提取证据。

第三条 受委托方的联络机关收到对方的委托书后,应当及时将委托书及所附相关材料转送相关法院或者其他机关办理,或者自行办理。

如果受委托方认为委托材料不符合本辖区相关法律规定,影响其完成受托事项,应当及时通知委托方修改、补充。委托方应当按照受委托方的要求予以修改、补充,或者重新出具委托书。

如果受委托方认为受托事项不属于本安排规定的委托事项范围,可以予以退回并说明原因。

第四条 委托书及所附相关材料应当以中文文本提出。没有中文文本的,应当提供中文译本。

第五条 委托方获得的证据材料只能用于委托书所述的相关诉讼。

第六条 内地人民法院根据本安排委托香港特别行政区法院提取证据的,请求协助的范围包括:

(一)讯问证人;

（二）取得文件；
（三）检查、拍摄、保存、保管或扣留财产；
（四）取得财产样品或对财产进行试验；
（五）对人进行身体检验。

香港特别行政区法院根据本安排委托内地人民法院提取证据的，请求协助的范围包括：

（一）取得当事人的陈述及证人证言；
（二）提供书证、物证、视听资料及电子数据；
（三）勘验、鉴定。

第七条 受委托方应当根据本辖区法律规定安排取证。

委托方请求按照特殊方式提取证据的，如果受委托方认为不违反本辖区的法律规定，可以按照委托方请求的方式执行。

如果委托方请求其司法人员、有关当事人及其诉讼代理人（法律代表）在受委托方取证时到场，以及参与录取证言的程序，受委托方可以按照其辖区内相关法律规定予以考虑批准。批准同意的，受委托方应当将取证时间、地点通知委托方联络机关。

第八条 内地人民法院委托香港特别行政区法院提取证据，应当提供加盖最高人民法院或者高级人民法院印章的委托书。香港特别行政区法院委托内地人民法院提取证据，应当提供加盖香港特别行政区高等法院印章的委托书。

委托书或者所附相关材料应当写明：

（一）出具委托书的法院名称和审理相关案件的法院名称；
（二）与委托事项有关的当事人或者证人的姓名或者名称、地址及其他一切有助于联络及辨别其身份的信息；
（三）要求提供的协助详情，包括但不限于：与委托事项有关的案件基本情况（包括案情摘要、涉及诉讼的性质及正在进行的审理程序等）；需向当事人或者证人取得的指明文件、物品及询（讯）问的事项或问题清单；需要委托提取有关证据的原因等；必要时，需陈明有关证据对诉讼的重要性及用来证实的事实及论点等；
（四）是否需要采用特殊方式提取证据以及具体要求；
（五）委托方的联络人及其联络信息；
（六）有助执行委托事项的其他一切信息。

第九条 受委托方因执行受托事项产生的一般性开支，由受委托方承担。

受委托方因执行受托事项产生的翻译费用、专家费用、鉴定费用、应委托方要求的特殊方式取证所产生的额外费用等非一般性开支，由委托方承担。

如果受委托方认为执行受托事项或会引起非一般性开支，应先与委托方协商，以决定是否继续执行受托事项。

第十条 受委托方应当尽量自收到委托书之日起六个月内完成受托事项。受委托方完成受托事项后,应当及时书面回复委托方。

如果受委托方未能按委托方的请求完成受托事项,或者只能部分完成受托事项,应当向委托方书面说明原因,并按委托方指示及时退回委托书所附全部或者部分材料。

如果证人根据受委托方的法律规定,拒绝提供证言时,受委托方应当以书面通知委托方,并按委托方指示退回委托书所附全部材料。

第十一条 本安排在执行过程中遇有问题,或者本安排需要修改,应当通过最高人民法院与香港特别行政区政府协商解决。

第十二条 本安排在内地由最高人民法院发布司法解释和香港特别行政区完成有关内部程序后,由双方公布生效日期。

本安排适用于受委托方在本安排生效后收到的委托事项,但不影响双方根据现行法律考虑及执行在本安排生效前收到的委托事项。

D7　与香港执行民商事判决安排(2019)

关于内地与香港特别行政区法院相互认可和执行民商事案件判决的安排

(2019年1月14日最高人民法院审判委员会第1759次会议通过,
2019年1月18日签署)

根据《中华人民共和国香港特别行政区基本法》第九十五条的规定,最高人民法院与香港特别行政区政府经协商,现就民商事案件判决的相互认可和执行问题作出如下安排:

第一条 内地与香港特别行政区法院民商事案件生效判决的相互认可和执行,适用本安排。

刑事案件中有关民事赔偿的生效判决的相互认可和执行,亦适用本安排。

第二条 本安排所称"民商事案件"是指依据内地和香港特别行政区法律均属于民商事性质的案件,不包括香港特别行政区法院审理的司法复核案件以及其他因行使行政权力直接引发的案件。

第三条 本安排暂不适用于就下列民商事案件作出的判决:

(一)内地人民法院审理的赡养、兄弟姐妹之间扶养、解除收养关系、成年人监护权、离婚后损害责任、同居关系析产案件,香港特别行政区法院审理的应否裁判分居的案件;

(二)继承案件、遗产管理或者分配的案件;

(三)内地人民法院审理的有关发明专利、实用新型专利侵权的案件,香港特别行政区法院审理的有关标准专利(包括原授专利)、短期专利侵权的案件,内地与香港特别行政区法院审理的有关确认标准必要专利许可费率的案

件,以及有关本安排第五条未规定的知识产权案件;

(四)海洋环境污染、海事索赔责任限制、共同海损、紧急拖航和救助、船舶优先权、海上旅客运输案件;

(五)破产(清盘)案件;

(六)确定选民资格、宣告自然人失踪或者死亡、认定自然人限制或者无民事行为能力的案件;

(七)确认仲裁协议效力、撤销仲裁裁决案件;

(八)认可和执行其他国家和地区判决、仲裁裁决的案件。

第四条 本安排所称"判决",在内地包括判决、裁定、调解书、支付令,不包括保全裁定;在香港特别行政区包括判决、命令、判令、讼费评定证明书,不包括禁诉令、临时济助命令。

本安排所称"生效判决":

(一)在内地,是指第二审判决,依法不准上诉或者超过法定期限没有上诉的第一审判决,以及依照审判监督程序作出的上述判决;

(二)在香港特别行政区,是指终审法院、高等法院上诉法庭及原讼法庭、区域法院以及劳资审裁处、土地审裁处、小额钱债审裁处、竞争事务审裁处作出的已经发生法律效力的判决。

第五条 本安排所称"知识产权"是指《与贸易有关的知识产权协定》第一条第二款规定的知识产权,以及《中华人民共和国民法总则》第一百二十三条第二款第七项、香港《植物品种保护条例》规定的权利人就植物新品种享有的知识产权。

第六条 本安排所称"住所地",当事人为自然人的,是指户籍所在地或者永久性居民身份所在地、经常居住地;当事人为法人或者其他组织的,是指注册地或者登记地、主要办事机构所在地、主要营业地、主要管理地。

第七条 申请认可和执行本安排规定的判决:

(一)在内地,向申请人住所地或者被申请人住所地、财产所在地的中级人民法院提出;

(二)在香港特别行政区,向高等法院提出。

申请人应当向符合前款第一项规定的其中一个人民法院提出申请。向两个以上有管辖权的人民法院提出申请的,由最先立案的人民法院管辖。

第八条 申请认可和执行本安排规定的判决,应当提交下列材料:

(一)申请书;

(二)经作出生效判决的法院盖章的判决副本;

(三)作出生效判决的法院出具的证明书,证明该判决属于生效判决,判决有执行内容的,还应当证明在原审法院地可以执行;

(四)判决为缺席判决的,应当提交已经合法传唤当事人的证明文件,但判决已经对此予以明确说明或者缺席方提出认可和执行申请的除外;

（五）身份证明材料：

1. 申请人为自然人的，应当提交身份证件复印件；

2. 申请人为法人或者其他组织的，应当提交注册登记证书的复印件以及法定代表人或者主要负责人的身份证件复印件。

上述身份证明材料，在被请求方境外形成的，应当依据被请求方法律规定办理证明手续。

向内地人民法院提交的文件没有中文文本的，应当提交准确的中文译本。

第九条 申请书应当载明下列事项：

（一）当事人的基本情况：当事人为自然人的，包括姓名、住所、身份证件信息、通讯方式等；当事人为法人或者其他组织的，包括名称、住所及其法定代表人或者主要负责人的姓名、职务、住所、身份证件信息、通讯方式等；

（二）请求事项和理由；申请执行的，还需提供被申请人的财产状况和财产所在地；

（三）判决是否已在其他法院申请执行以及执行情况。

第十条 申请认可和执行判决的期间、程序和方式，应当依据被请求方法律的规定。

第十一条 符合下列情形之一，且依据被请求方法律有关诉讼不属于被请求方法院专属管辖的，被请求方法院应当认定原审法院具有管辖权：

（一）原审法院受理案件时，被告住所地在该方境内；

（二）原审法院受理案件时，被告在该方境内设有代表机构、分支机构、办事处、营业所等不属于独立法人的机构，且诉讼请求是基于该机构的活动；

（三）因合同纠纷提起的诉讼，合同履行地在该方境内；

（四）因侵权行为提起的诉讼，侵权行为实施地在该方境内；

（五）合同纠纷或者其他财产权益纠纷的当事人以书面形式约定由原审法院地管辖，但各方当事人住所地均在被请求方境内的，原审法院地应系合同履行地、合同签订地、标的物所在地等与争议有实际联系地；

（六）当事人未对原审法院提出管辖权异议并应诉答辩，但各方当事人住所地均在被请求方境内的，原审法院地应系合同履行地、合同签订地、标的物所在地等与争议有实际联系地。

前款所称"书面形式"是指合同书、信件和数据电文（包括电报、电传、传真、电子数据交换和电子邮件）等可以有形地表现所载内容的形式。

知识产权侵权纠纷案件以及内地人民法院审理的《中华人民共和国反不正当竞争法》第六条规定的不正当竞争纠纷民事案件、香港特别行政区法院审理的假冒纠纷案件，侵权、不正当竞争、假冒行为实施地在原审法院地境内，且涉案知识产权权利、权益在该方境内依法应予保护的，才应当认定原审法院具有管辖权。

除第一款、第三款规定外，被请求方法院认为原审法院对于有关诉讼的管辖符合被请求方法律规定的,可以认定原审法院具有管辖权。

第十二条 申请认可和执行的判决,被申请人提供证据证明有下列情形之一的,被请求方法院审查核实后,应当不予认可和执行:

(一)原审法院对有关诉讼的管辖不符合本安排第十一条规定的;

(二)依据原审法院地法律,被申请人未经合法传唤,或者虽经合法传唤但未获得合理的陈述、辩论机会的;

(三)判决是以欺诈方法取得的;

(四)被请求方法院受理相关诉讼后,原审法院又受理就同一争议提起的诉讼并作出判决的;

(五)被请求方法院已经就同一争议作出判决,或者已经认可其他国家和地区就同一争议作出的判决的;

(六)被请求方已经就同一争议作出仲裁裁决,或者已经认可其他国家和地区就同一争议作出的仲裁裁决的。

内地人民法院认为认可和执行香港特别行政区法院判决明显违反内地法律的基本原则或者社会公共利益,香港特别行政区法院认为认可和执行内地人民法院判决明显违反香港特别行政区法律的基本原则或者公共政策的,应当不予认可和执行。

第十三条 申请认可和执行的判决,被申请人提供证据证明在原审法院进行的诉讼违反了当事人就同一争议订立的有效仲裁协议或者管辖协议的,被请求方法院审查核实后,可以不予认可和执行。

第十四条 被请求方法院不能仅因判决的先决问题不属于本安排适用范围,而拒绝认可和执行该判决。

第十五条 对于原审法院就知识产权有效性、是否成立或者存在作出的判项,不予认可和执行,但基于该判项作出的有关责任承担的判项符合本安排规定的,应当认可和执行。

第十六条 相互认可和执行的判决内容包括金钱判项、非金钱判项。

判决包括惩罚性赔偿的,不予认可和执行惩罚性赔偿部分,但本安排第十七条规定的除外。

第十七条 知识产权侵权纠纷案件以及内地人民法院审理的《中华人民共和国反不正当竞争法》第六条规定的不正当竞争纠纷民事案件、香港特别行政区法院审理的假冒纠纷案件,内地与香港特别行政区法院相互认可和执行判决的,限于根据原审法院地发生的侵权行为所确定的金钱判项,包括惩罚性赔偿部分。

有关商业秘密侵权纠纷案件判决的相互认可和执行,包括金钱判项(含惩罚性赔偿)、非金钱判项。

第十八条 内地与香港特别行政区法院相互认可和执行的财产给付范围,包括判决确定的给付财产和相应的利息、诉讼费、迟延履行金、迟延履行利息,不包括税收、罚款。

前款所称"诉讼费",在香港特别行政区是指讼费评定证明书核定或者命令支付的费用。

第十九条 被请求方法院不能认可和执行判决全部判项的,可以认可和执行其中的部分判项。

第二十条 对于香港特别行政区法院作出的判决,一方当事人已经提出上诉,内地人民法院审查核实后,中止认可和执行程序。经上诉,维持全部或者部分原判决的,恢复认可和执行程序;完全改变原判决的,终止认可和执行程序。

内地人民法院就已经作出的判决裁定再审的,香港特别行政区法院审查核实后,中止认可和执行程序。经再审,维持全部或者部分原判决的,恢复认可和执行程序;完全改变原判决的,终止认可和执行程序。

第二十一条 被申请人在内地和香港特别行政区均有可供执行财产的,申请人可以分别向两地法院申请执行。

应对方法院要求,两地法院应当相互提供本方执行判决的情况。

两地法院执行财产的总额不得超过判决确定的数额。

第二十二条 在审理民商事案件期间,当事人申请认可和执行另一地法院就同一争议作出的判决的,应当受理。受理后,有关诉讼应当中止,待就认可和执行的申请作出裁定或者命令后,再视情终止或者恢复诉讼。

第二十三条 审查认可和执行判决申请期间,当事人就同一争议提起诉讼的,不予受理;已经受理的,驳回起诉。

判决全部获得认可和执行后,当事人又就同一争议提起诉讼的,不予受理。

判决未获得或者未全部获得认可和执行的,申请人不得再次申请认可和执行,但可以就同一争议向被请求方法院提起诉讼。

第二十四条 申请认可和执行判决的,被请求方法院在受理申请之前或者之后,可以依据被请求方法律规定采取保全或者强制措施。

第二十五条 法院应当尽快审查认可和执行的申请,并作出裁定或者命令。

第二十六条 被请求方法院就认可和执行的申请作出裁定或者命令后,当事人不服的,在内地可以于裁定送达之日起十日内向上一级人民法院申请复议,在香港特别行政区可以依据其法律规定提出上诉。

第二十七条 申请认可和执行判决的,应当依据被请求方有关诉讼收费的法律和规定交纳费用。

第二十八条 本安排签署后,最高人民法院和香港特别行政区政府经协商,可以就第三条所列案件判决的认可和执行以及第四条所涉保全、临时济助的协助问题签署补充文件。

本安排在执行过程中遇有问题或者需要修改的,由最高人民法院和香港特别行政区政府协商解决。

第二十九条 本安排在最高人民法院发布司法解释和香港特别行政区完成有关程序后,由双方公布生效日期。

内地与香港特别行政区法院自本安排生效之日起作出的判决,适用本安排。

第三十条 本安排生效之日,《关于内地与香港特别行政区法院相互认可和执行当事人协议管辖的民商事案件判决的安排》同时废止。

本安排生效前,当事人已签署《关于内地与香港特别行政区法院相互认可和执行当事人协议管辖的民商事案件判决的安排》所称"书面管辖协议"的,仍适用该安排。

第三十一条 本安排生效后,《关于内地与香港特别行政区法院相互认可和执行婚姻家庭民事案件判决的安排》继续施行。

本安排于二零一九年一月十八日在北京签署,一式两份。

D8 与香港执行协议管辖判决安排(2008)

最高人民法院关于内地与香港特别行政区法院相互认可和执行当事人协议管辖的民商事案件判决的安排

(法释〔2008〕9号。2006年6月12日由最高人民法院审判
委员会第1390次会议通过,2008年7月3日公布,
2006年7月14日签署,自2008年8月1日起施行)

根据《中华人民共和国香港特别行政区基本法》第九十五条的规定,最高人民法院与香港特别行政区政府经协商,现就当事人协议管辖的民商事案件判决的认可和执行问题作出如下安排:

第一条 内地人民法院和香港特别行政区法院在具有书面管辖协议的民商事案件中作出的须支付款项的具有执行力的终审判决,当事人可以根据本安排向内地人民法院或者香港特别行政区法院申请认可和执行。

第二条 本安排所称"具有执行力的终审判决":

(一)在内地是指:

1. 最高人民法院的判决;

2. 高级人民法院、中级人民法院以及经授权管辖第一审涉外、涉港澳台民商事案件的基层人民法院(名单附后)依法不准上诉或者已经超过法定期限没有上诉的第一审判决,第二审判决和依照审判监督程序由上一级人民法院提审后作出的生效判决。

(二)在香港特别行政区是指终审法院、高等法院上诉法庭及原讼法庭和区域法院作出的生效判决。

本安排所称判决,在内地包括判决书、裁定书、调解书、支付令;在香港

特别行政区包括判决书、命令和诉讼费评定证明书。

当事人向香港特别行政区法院申请认可和执行判决后，内地人民法院对该案件依法再审的，由作出生效判决的上一级人民法院提审。

第三条 本安排所称"书面管辖协议"，是指当事人为解决与特定法律关系有关的已经发生或者可能发生的争议，自本安排生效之日起，以书面形式明确约定内地人民法院或者香港特别行政区法院具有唯一管辖权的协议。

本条所称"特定法律关系"，是指当事人之间的民商事合同，不包括雇用合同以及自然人因个人消费、家庭事宜或者其他非商业目的而作为协议一方的合同。

本条所称"书面形式"是指合同书、信件和数据电文（包括电报、电传、传真、电子数据交换和电子邮件）等可以有形地表现所载内容、可以调取以备日后查用的形式。

书面管辖协议可以由一份或者多份书面形式组成。

除非合同另有规定，合同中的管辖协议条款独立存在，合同的变更、解除、终止或者无效，不影响管辖协议条款的效力。

第四条 申请认可和执行符合本安排规定的民商事判决，在内地向被申请人住所地、经常居住地或者财产所在地的中级人民法院提出，在香港特别行政区向香港特别行政区高等法院提出。

第五条 被申请人住所地、经常居住地或者财产所在地在内地不同的中级人民法院辖区的，申请人应当选择向其中一个人民法院提出认可和执行的申请，不得分别向两个或者两个以上人民法院提出申请。

被申请人的住所地、经常居住地或者财产所在地，既在内地又在香港特别行政区的，申请人可以同时分别向两地法院提出申请，两地法院分别执行判决的总额，不得超过判决确定的数额。已经部分或者全部执行判决的法院应当根据对方法院的要求提供已执行判决的情况。

第六条 申请人向有关法院申请认可和执行判决的，应当提交以下文件：

（一）请求认可和执行的申请书；

（二）经作出终审判决的法院盖章的判决书副本；

（三）作出终审判决的法院出具的证明书，证明该判决属于本安排第二条所指的终审判决，在判决作出地可以执行；

（四）身份证明材料：

1. 申请人为自然人的，应当提交身份证或者经公证的身份证复印件；

2. 申请人为法人或者其他组织的，应当提交经公证的法人或者其他组织注册登记证书的复印件；

3. 申请人是外国籍法人或者其他组织的，应当提交相应的公证和认证材料。

向内地人民法院提交的文件没有中文文本的，申请人应当提交证明无误的中文译本。

执行地法院对于本条所规定的法院出具的证明书,无需另行要求公证。

第七条 请求认可和执行申请书应当载明下列事项:

(一)当事人为自然人的,其姓名、住所;当事人为法人或者其他组织的,法人或者其他组织的名称、住所以及法定代表人或者主要负责人的姓名、职务和住所;

(二)申请执行的理由与请求的内容,被申请人的财产所在地以及财产状况;

(三)判决是否在原审法院地申请执行以及已执行的情况。

第八条 申请人申请认可和执行内地人民法院或者香港特别行政区法院判决的程序,依据执行地法律的规定。本安排另有规定的除外。

申请人申请认可和执行的期间为二年。

前款规定的期间,内地判决到香港特别行政区申请执行的,从判决规定履行期间的最后一日起计算,判决规定分期履行的,从规定的每次履行期间的最后一日起计算,判决未规定履行期间的,从判决生效之日起计算;香港特别行政区判决到内地申请执行的,从判决可强制执行之日起计算,该日为判决上注明的判决日期,判决对履行期间另有规定的,从规定的履行期间届满后开始计算。

第九条 对申请认可和执行的判决,原审判决中的债务人提供证据证明有下列情形之一的,受理申请的法院经审查核实,应当裁定不予认可和执行:

(一)根据当事人协议选择的原审法院地的法律,管辖协议属于无效。但选择法院已经判定该管辖协议为有效的除外;

(二)判决已获完全履行;

(三)根据执行地的法律,执行地法院对该案享有专属管辖权;

(四)根据原审法院地的法律,未曾出庭的败诉一方当事人未经合法传唤或者虽经合法传唤但未获依法律规定的答辩时间。但原审法院根据其法律或者有关规定公告送达的,不属于上述情形;

(五)判决是以欺诈方法取得的;

(六)执行地法院就相同诉讼请求作出判决,或者外国、境外地区法院就相同诉讼请求作出判决,或者有关仲裁机构作出仲裁裁决,已经为执行地法院所认可或者执行的。

内地人民法院认为在内地执行香港特别行政区法院判决违反内地社会公共利益,或者香港特别行政区法院认为在香港特别行政区执行内地人民法院判决违反香港特别行政区公共政策的,不予认可和执行。

第十条 对于香港特别行政区法院作出的判决,判决确定的债务人已经提出上诉,或者上诉程序尚未完结的,内地人民法院审查核实后,可以中止认可和执行程序。经上诉,维持全部或者部分原判决的,恢复认可和执行程序;完全改变原判决的,终止认可和执行程序。

内地地方人民法院就已经作出的判决按照审判监督程序作出提审裁定,或者最高人民法院作出提起再审裁定的,香港特别行政区法院审查核实后,可以中止认可和执行程序。再审判决维持全部或者部分原判决的,恢复认可和执行程序;再审判决完全改变原判决的,终止认可和执行程序。

第十一条 根据本安排而获认可的判决与执行地法院的判决效力相同。

第十二条 当事人对认可和执行与否的裁定不服的,在内地可以向上一级人民法院申请复议,在香港特别行政区可以根据其法律规定提出上诉。

第十三条 在法院受理当事人申请认可和执行判决期间,当事人依相同事实再行提起诉讼的,法院不予受理。

已获认可和执行的判决,当事人依相同事实再行提起诉讼的,法院不予受理。

对于根据本安排第九条不予认可和执行的判决,申请人不得再行提起认可和执行的申请,但是可以按照执行地的法律依相同案件事实向执行地法院提起诉讼。

第十四条 法院受理认可和执行判决的申请之前或者之后,可以按照执行地法律关于财产保全或者禁制资产转移的规定,根据申请人的申请,对被申请人的财产采取保全或强制措施。

第十五条 当事人向有关法院申请执行判决,应当根据执行地有关诉讼收费的法律和规定交纳执行费或者法院费用。

第十六条 内地与香港特别行政区法院相互认可和执行的标的范围,除判决确定的数额外,还包括根据该判决须支付的利息、经法院核定的律师费以及诉讼费,但不包括税收和罚款。

在香港特别行政区诉讼费是指经法官或者司法常务官在诉讼费评定证明书中核定或者命令支付的诉讼费用。

第十七条 内地与香港特别行政区法院自本安排生效之日(含本日)起作出的判决,适用本安排。

第十八条 本安排在执行过程中遇有问题或者需要修改,由最高人民法院和香港特别行政区政府协商解决。

D9 与香港执行家事判决安排(2017)

最高人民法院、香港特别行政区律政司关于内地与香港特别行政区法院相互认可和执行婚姻家庭民事案件判决的安排

(2017年6月20日签署)

根据《中华人民共和国香港特别行政区基本法》第九十五条的规定,最

高人民法院与香港特别行政区政府经协商，现就婚姻家庭民事案件判决的认可和执行问题作出如下安排：

第一条 当事人向香港特别行政区法院申请认可和执行内地人民法院就婚姻家庭民事案件作出的生效判决，或者向内地人民法院申请认可和执行香港特别行政区法院就婚姻家庭民事案件作出的生效判决的，适用本安排。

当事人向香港特别行政区法院申请认可内地民政部门所发的离婚证，或者向内地人民法院申请认可依据《婚姻制度改革条例》（香港法例第178章）第V部、第VA部规定解除婚姻的协议书、备忘录的，参照适用本安排。

第二条 本安排所称生效判决：

（一）在内地，是指第二审判决，依法不准上诉或者超过法定期限没有上诉的第一审判决，以及依照审判监督程序作出的上述判决；

（二）在香港特别行政区，是指终审法院、高等法院上诉法庭及原讼法庭和区域法院作出的已经发生法律效力的判决，包括依据香港法律可以在生效后作出更改的命令。

前款所称判决，在内地包括判决、裁定、调解书，在香港特别行政区包括判决、命令、判令、讼费评定证明书、定额讼费证明书，但不包括双方依据其法律承认的其他国家和地区法院作出的判决。

第三条 本安排所称婚姻家庭民事案件：

（一）在内地是指：

1. 婚内夫妻财产分割纠纷案件；
2. 离婚纠纷案件；
3. 离婚后财产纠纷案件；
4. 婚姻无效纠纷案件；
5. 撤销婚姻纠纷案件；
6. 夫妻财产约定纠纷案件；
7. 同居关系子女抚养纠纷案件；
8. 亲子关系确认纠纷案件；
9. 抚养纠纷案件；
10. 扶养纠纷案件（限于夫妻之间扶养纠纷）；
11. 确认收养关系纠纷案件；
12. 监护权纠纷案件（限于未成年子女监护权纠纷）；
13. 探望权纠纷案件；
14. 申请人身安全保护令案件。

（二）在香港特别行政区是指：

1. 依据香港法例第179章《婚姻诉讼条例》第III部作出的离婚绝对判令；
2. 依据香港法例第179章《婚姻诉讼条例》第IV部作出的婚姻无效绝对

判令；

3. 依据香港法例第192章《婚姻法律程序与财产条例》作出的在讼案待决期间提供赡养费令；

4. 依据香港法例第13章《未成年人监护条例》、第16章《分居令及赡养令条例》、第192章《婚姻法律程序与财产条例》第II部、第IIA部作出的赡养令；

5. 依据香港法例第13章《未成年人监护条例》、第192章《婚姻法律程序与财产条例》第II部、第IIA部作出的财产转让及出售财产令；

6. 依据香港法例第182章《已婚者地位条例》作出的有关财产的命令；

7. 依据香港法例第192章《婚姻法律程序与财产条例》在双方在生时作出的修改赡养协议的命令；

8. 依据香港法例第290章《领养条例》作出的领养令；

9. 依据香港法例第179章《婚姻诉讼条例》、第429章《父母与子女条例》作出的父母身份、婚生地位或者确立婚生地位的宣告；

10. 依据香港法例第13章《未成年人监护条例》、第16章《分居令及赡养令条例》、第192章《婚姻法律程序与财产条例》作出的管养令；

11. 就受香港法院监护的未成年子女作出的管养令；

12. 依据香港法例第189章《家庭及同居关系暴力条例》作出的禁制骚扰令、驱逐令、重返令或者更改、暂停执行就未成年子女的管养令、探视令。

第四条 申请认可和执行本安排规定的判决：

（一）在内地向申请人住所地、经常居住地或者被申请人住所地、经常居住地、财产所在地的中级人民法院提出；

（二）在香港特别行政区向区域法院提出。

申请人应当向符合前款第一项规定的其中一个人民法院提出申请。向两个以上有管辖权的人民法院提出申请的，由最先立案的人民法院管辖。

第五条 申请认可和执行本安排第一条第一款规定的判决的，应当提交下列材料：

（一）申请书；

（二）经作出生效判决的法院盖章的判决副本；

（三）作出生效判决的法院出具的证明书，证明该判决属于本安排规定的婚姻家庭民事案件生效判决；

（四）判决为缺席判决的，应当提交法院已经合法传唤当事人的证明文件，但判决已经对此予以明确说明或者缺席方提出申请的除外；

（五）经公证的身份证件复印件。

申请认可本安排第一条第二款规定的离婚证或者协议书、备忘录的，应当提交下列材料：

（一）申请书；

（二）经公证的离婚证复印件，或者经公证的协议书、备忘录复印件；
（三）经公证的身份证件复印件。
向内地人民法院提交的文件没有中文文本的，应当提交准确的中文译本。

第六条 申请书应当载明下列事项：
（一）当事人的基本情况，包括姓名、住所、身份证件信息、通讯方式等；
（二）请求事项和理由，申请执行的，还需提供被申请人的财产状况和财产所在地；
（三）判决是否已在其他法院申请执行和执行情况。

第七条 申请认可和执行判决的期间、程序和方式，应当依据被请求方法律的规定。

第八条 法院应当尽快审查认可和执行的请求，并作出裁定或者命令。

第九条 申请认可和执行的判决，被申请人提供证据证明有下列情形之一的，法院审查核实后，不予认可和执行：
（一）根据原审法院地法律，被申请人未经合法传唤，或者虽经合法传唤但未获得合理的陈述、辩论机会的；
（二）判决是以欺诈方法取得的；
（三）被请求方法院受理相关诉讼后，请求方法院又受理就同一争议提起的诉讼并作出判决的；
（四）被请求方法院已经就同一争议作出判决，或者已经认可和执行其他国家和地区法院就同一争议所作出的判决的。

内地人民法院认为认可和执行香港特别行政区法院判决明显违反内地法律的基本原则或者社会公共利益，香港特别行政区法院认为认可和执行内地人民法院判决明显违反香港特别行政区法律的基本原则或者公共政策的，不予认可和执行。

申请认可和执行的判决涉及未成年子女的，在根据前款规定审查决定是否认可和执行时，应当充分考虑未成年子女的最佳利益。

第十条 被请求方法院不能对判决的全部判项予以认可和执行时，可以认可和执行其中的部分判项。

第十一条 对于香港特别行政区法院作出的判决，一方当事人已经提出上诉，内地人民法院审查核实后，可以中止认可和执行程序。经上诉，维持全部或者部分原判决的，恢复认可和执行程序；完全改变原判决的，终止认可和执行程序。

内地人民法院就已经作出的判决裁定再审的，香港特别行政区法院审查核实后，可以中止认可和执行程序。经再审，维持全部或者部分原判决的，恢复认可和执行程序；完全改变原判决的，终止认可和执行程序。

第十二条 在本安排下，内地人民法院作出的有关财产归一方所有的判项，在香港特别行政区将被视为命令一方向另一方转让该财产。

第十三条 被申请人在内地和香港特别行政区均有可供执行财产的,申请人可以分别向两地法院申请执行。

两地法院执行财产的总额不得超过判决确定的数额。应对方法院要求,两地法院应当相互提供本院执行判决的情况。

第十四条 内地与香港特别行政区法院相互认可和执行的财产给付范围,包括判决确定的给付财产和相应的利息、迟延履行金、诉讼费,不包括税收、罚款。

前款所称诉讼费,在香港特别行政区是指讼费评定证明书、定额讼费证明书核定或者命令支付的费用。

第十五条 被请求方法院就认可和执行的申请作出裁定或者命令后,当事人不服的,在内地可以于裁定送达之日起十日内向上一级人民法院申请复议,在香港特别行政区可以依据其法律规定提出上诉。

第十六条 在审理婚姻家庭民事案件期间,当事人申请认可和执行另一地法院就同一争议作出的判决的,应当受理。受理后,有关诉讼应当中止,待就认可和执行的申请作出裁定或者命令后,再视情终止或者恢复诉讼。

第十七条 审查认可和执行判决申请期间,当事人就同一争议提起诉讼的,不予受理;已经受理的,驳回起诉。

判决获得认可和执行后,当事人又就同一争议提起诉讼的,不予受理。

判决未获认可和执行的,申请人不得再次申请认可和执行,但可以就同一争议向被请求方法院提起诉讼。

第十八条 被请求方法院在受理认可和执行判决的申请之前或者之后,可以依据其法律规定采取保全或者强制措施。

第十九条 申请认可和执行判决的,应当依据被请求方有关诉讼收费的法律和规定交纳费用。

第二十条 内地与香港特别行政区法院自本安排生效之日起作出的判决,适用本安排。

第二十一条 本安排在执行过程中遇有问题或者需要修改的,由最高人民法院和香港特别行政区政府协商解决。

第二十二条 本安排在最高人民法院发布司法解释和香港特别行政区完成有关内部程序后,由双方公布生效日期。

本安排于二零一七年六月二十日在香港签署,一式两份。

E 仲 裁

E1 仲裁解释（2006）

最高人民法院关于适用《中华人民共和国仲裁法》若干问题的解释

（法释〔2006〕7号。2005年12月26日最高人民法院审判
委员会第1375次会议通过，2006年8月23日公布，
自2006年9月8日起施行）

根据《中华人民共和国仲裁法》和《中华人民共和国民事诉讼法》等法律规定，对人民法院审理涉及仲裁案件适用法律的若干问题作如下解释：

第一条 仲裁法第十六条规定的"其他书面形式"的仲裁协议，包括以合同书、信件和数据电文（包括电报、电传、传真、电子数据交换和电子邮件）等形式达成的请求仲裁的协议。

第二条 当事人概括约定仲裁事项为合同争议的，基于合同成立、效力、变更、转让、履行、违约责任、解释、解除等产生的纠纷都可以认定为仲裁事项。

第三条 仲裁协议约定的仲裁机构名称不准确，但能够确定具体的仲裁机构的，应当认定选定了仲裁机构。

第四条 仲裁协议仅约定纠纷适用的仲裁规则的，视为未约定仲裁机构，但当事人达成补充协议或者按照约定的仲裁规则能够确定仲裁机构的除外。

第五条 仲裁协议约定两个以上仲裁机构的，当事人可以协议选择其中的一个仲裁机构申请仲裁；当事人不能就仲裁机构选择达成一致的，仲裁协议无效。

第六条 仲裁协议约定由某地的仲裁机构仲裁且该地仅有一个仲裁机构的，该仲裁机构视为约定的仲裁机构。该地有两个以上仲裁机构的，当事人可以协议选择其中的一个仲裁机构申请仲裁；当事人不能就仲裁机构选择达成一致的，仲裁协议无效。

第七条 当事人约定争议可以向仲裁机构申请仲裁也可以向人民法院起诉的，仲裁协议无效。但一方向仲裁机构申请仲裁，另一方未在仲裁法第二十条第二款规定期间内提出异议的除外。

第八条 当事人订立仲裁协议后合并、分立的，仲裁协议对其权利义务的继受人有效。

当事人订立仲裁协议后死亡的，仲裁协议对承继其仲裁事项中的权利义务的继承人有效。

前两款规定情形,当事人订立仲裁协议时另有约定的除外。

第九条 债权债务全部或者部分转让的,仲裁协议对受让人有效,但当事人另有约定、在受让债权债务时受让人明确反对或者不知有单独仲裁协议的除外。

第十条 合同成立后未生效或者被撤销的,仲裁协议效力的认定适用仲裁法第十九条第一款的规定。

当事人在订立合同时就争议达成仲裁协议的,合同未成立不影响仲裁协议的效力。

第十一条 合同约定解决争议适用其他合同、文件中的有效仲裁条款的,发生合同争议时,当事人应当按照该仲裁条款提请仲裁。

涉外合同应当适用的有关国际条约中有仲裁规定的,发生合同争议时,当事人应当按照国际条约中的仲裁规定提请仲裁。

第十二条 当事人向人民法院申请确认仲裁协议效力的案件,由仲裁协议约定的仲裁机构所在地的中级人民法院管辖;仲裁协议约定的仲裁机构不明确的,由仲裁协议签订地或者被申请人住所地的中级人民法院管辖。

申请确认涉外仲裁协议效力的案件,由仲裁协议约定的仲裁机构所在地、仲裁协议签订地、申请人或者被申请人住所地的中级人民法院管辖。

涉及海事海商纠纷仲裁协议效力的案件,由仲裁协议约定的仲裁机构所在地、仲裁协议签订地、申请人或者被申请人住所地的海事法院管辖;上述地点没有海事法院的,由就近的海事法院管辖。

第十三条 依照仲裁法第二十条第二款的规定,当事人在仲裁庭首次开庭前没有对仲裁协议的效力提出异议,而后向人民法院申请确认仲裁协议无效的,人民法院不予受理。

仲裁机构对仲裁协议的效力作出决定后,当事人向人民法院申请确认仲裁协议效力或者申请撤销仲裁机构的决定的,人民法院不予受理。

第十四条 仲裁法第二十六条规定的"首次开庭"是指答辩期满后人民法院组织的第一次开庭审理,不包括审前程序中的各项活动。

第十五条 人民法院审理仲裁协议效力确认案件,应当组成合议庭进行审查,并询问当事人。

第十六条 对涉外仲裁协议的效力审查,适用当事人约定的法律;当事人没有约定适用的法律但约定了仲裁地的,适用仲裁地法律;没有约定适用的法律也没有约定仲裁地或者仲裁地约定不明的,适用法院地法律。

第十七条 当事人以不属于仲裁法第五十八条或者民事诉讼法第二百六十条规定的事由申请撤销仲裁裁决的,人民法院不予支持。

第十八条 仲裁法第五十八条第一款第一项规定的"没有仲裁协议"是指当事人没有达成仲裁协议。仲裁协议被认定无效或者被撤销的,视为没有仲裁协议。

第十九条 当事人以仲裁裁决事项超出仲裁协议范围为由申请撤销仲裁裁决,

经审查属实的，人民法院应当撤销仲裁裁决中的超裁部分。但超裁部分与其他裁决事项不可分的，人民法院应当撤销仲裁裁决。

第二十条 仲裁法第五十八条规定的"违反法定程序"，是指违反仲裁法规定的仲裁程序和当事人选择的仲裁规则可能影响案件正确裁决的情形。

第二十一条 当事人申请撤销国内仲裁裁决的案件属于下列情形之一的，人民法院可以依照仲裁法第六十一条的规定通知仲裁庭在一定期限内重新仲裁：

（一）仲裁裁决所根据的证据是伪造的；

（二）对方当事人隐瞒了足以影响公正裁决的证据的。

人民法院应当在通知中说明要求重新仲裁的具体理由。

第二十二条 仲裁庭在人民法院指定的期限内开始重新仲裁的，人民法院应当裁定终结撤销程序；未开始重新仲裁的，人民法院应当裁定恢复撤销程序。

第二十三条 当事人对重新仲裁裁决不服的，可以在重新仲裁裁决书送达之日起六个月内依据仲裁法第五十八条规定向人民法院申请撤销。

第二十四条 当事人申请撤销仲裁裁决的案件，人民法院应当组成合议庭审理，并询问当事人。

第二十五条 人民法院受理当事人撤销仲裁裁决的申请后，另一方当事人申请执行同一仲裁裁决的，受理执行申请的人民法院应当在受理后裁定中止执行。

第二十六条 当事人向人民法院申请撤销仲裁裁决被驳回后，又在执行程序中以相同理由提出不予执行抗辩的，人民法院不予支持。

第二十七条 当事人在仲裁程序中未对仲裁协议的效力提出异议，在仲裁裁决作出后以仲裁协议无效为由主张撤销仲裁裁决或者提出不予执行抗辩的，人民法院不予支持。

当事人在仲裁程序中对仲裁协议的效力提出异议，在仲裁裁决作出后又以此为由主张撤销仲裁裁决或者提出不予执行抗辩，经审查符合仲裁法第五十八条或者民事诉讼法第二百一十七条、第二百六十条规定的，人民法院应予支持。

第二十八条 当事人请求不予执行仲裁调解书或者根据当事人之间的和解协议作出的仲裁裁决书的，人民法院不予支持。

第二十九条 当事人申请执行仲裁裁决案件，由被执行人住所地或者被执行的财产所在地的中级人民法院管辖。

第三十条 根据审理撤销、执行仲裁裁决案件的实际需要，人民法院可以要求仲裁机构作出说明或者向相关仲裁机构调阅仲裁案卷。

人民法院在办理涉及仲裁的案件过程中作出的裁定，可以送相关的仲裁机构。

第三十一条 本解释自公布之日起实施。

本院以前发布的司法解释与本解释不一致的，以本解释为准。

E2　仲裁司法审查规定（2018）

最高人民法院关于审理仲裁司法审查案件若干问题的规定

（法释〔2017〕22号。2017年12月4日由最高人民法院
审判委员会第1728次会议通过，2017年12月26日公布，
自2018年1月1日起施行）

为正确审理仲裁司法审查案件，依法保护各方当事人合法权益，根据《中华人民共和国民事诉讼法》《中华人民共和国仲裁法》等法律规定，结合审判实践，制定本规定。

第一条　本规定所称仲裁司法审查案件，包括下列案件：
（一）申请确认仲裁协议效力案件；
（二）申请执行我国内地仲裁机构的仲裁裁决案件；
（三）申请撤销我国内地仲裁机构的仲裁裁决案件；
（四）申请认可和执行香港特别行政区、澳门特别行政区、台湾地区仲裁裁决案件；
（五）申请承认和执行外国仲裁裁决案件；
（六）其他仲裁司法审查案件。

第二条　申请确认仲裁协议效力的案件，由仲裁协议约定的仲裁机构所在地、仲裁协议签订地、申请人住所地、被申请人住所地的中级人民法院或者专门人民法院管辖。

涉及海事海商纠纷仲裁协议效力的案件，由仲裁协议约定的仲裁机构所在地、仲裁协议签订地、申请人住所地、被申请人住所地的海事法院管辖；上述地点没有海事法院的，由就近的海事法院管辖。

第三条　外国仲裁裁决与人民法院审理的案件存在关联，被申请人住所地、被申请人财产所在地均不在我国内地，申请人申请承认外国仲裁裁决的，由受理关联案件的人民法院管辖。受理关联案件的人民法院为基层人民法院的，申请承认外国仲裁裁决的案件应当由该基层人民法院的上一级人民法院管辖。受理关联案件的人民法院是高级人民法院或者最高人民法院的，由上述法院决定自行审查或者指定中级人民法院审查。

外国仲裁裁决与我国内地仲裁机构审理的案件存在关联，被申请人住所地、被申请人财产所在地均不在我国内地，申请人申请承认外国仲裁裁决的，由受理关联案件的仲裁机构所在地的中级人民法院管辖。

第四条　申请人向两个以上有管辖权的人民法院提出申请的，由最先立案的人民法院管辖。

第五条　申请人向人民法院申请确认仲裁协议效力的，应当提交申请书及仲裁协议正本或者经证明无误的副本。

申请书应当载明下列事项：

（一）申请人或者被申请人为自然人的，应当载明其姓名、性别、出生日期、国籍及住所；为法人或者其他组织的，应当载明其名称、住所以及法定代表人或者代表人的姓名和职务；

（二）仲裁协议的内容；

（三）具体的请求和理由。

当事人提交的外文申请书、仲裁协议及其他文件，应当附有中文译本。

第六条 申请人向人民法院申请执行或者撤销我国内地仲裁机构的仲裁裁决、申请承认和执行外国仲裁裁决的，应当提交申请书及裁决书正本或者经证明无误的副本。

申请书应当载明下列事项：

（一）申请人或者被申请人为自然人的，应当载明其姓名、性别、出生日期、国籍及住所；为法人或者其他组织的，应当载明其名称、住所以及法定代表人或者代表人的姓名和职务；

（二）裁决书的主要内容及生效日期；

（三）具体的请求和理由。

当事人提交的外文申请书、裁决书及其他文件，应当附有中文译本。

第七条 申请人提交的文件不符合第五条、第六条的规定，经人民法院释明后提交的文件仍然不符合规定的，裁定不予受理。

申请人向对案件不具有管辖权的人民法院提出申请，人民法院应当告知其向有管辖权的人民法院提出申请，申请人仍不变更申请的，裁定不予受理。

申请人对不予受理的裁定不服的，可以提起上诉。

第八条 人民法院立案后发现不符合受理条件的，裁定驳回申请。

前款规定的裁定驳回申请的案件，申请人再次申请并符合受理条件的，人民法院应予受理。

当事人对驳回申请的裁定不服的，可以提起上诉。

第九条 对于申请人的申请，人民法院应当在七日内审查决定是否受理。

人民法院受理仲裁司法审查案件后，应当在五日内向申请人和被申请人发出通知书，告知其受理情况及相关的权利义务。

第十条 人民法院受理仲裁司法审查案件后，被申请人对管辖权有异议的，应当自收到人民法院通知之日起十五日内提出。人民法院对被申请人提出的异议，应当审查并作出裁定。当事人对裁定不服的，可以提起上诉。

在中华人民共和国领域内没有住所的被申请人对人民法院的管辖权有异议的，应当自收到人民法院通知之日起三十日内提出。

第十一条 人民法院审查仲裁司法审查案件，应当组成合议庭并询问当事人。

第十二条 仲裁协议或者仲裁裁决具有《最高人民法院关于适用〈中华人民共和国涉外民事关系法律适用法〉若干问题的解释（一）》第一条规定情形的，为涉外仲裁协议或者涉外仲裁裁决。

第十三条 当事人协议选择确认涉外仲裁协议效力适用的法律,应当作出明确的意思表示,仅约定合同适用的法律,不能作为确认合同中仲裁条款效力适用的法律。

第十四条 人民法院根据《中华人民共和国涉外民事关系法律适用法》第十八条的规定,确定确认涉外仲裁协议效力适用的法律时,当事人没有选择适用的法律,适用仲裁机构所在地的法律与适用仲裁地的法律将对仲裁协议的效力作出不同认定的,人民法院应当适用确认仲裁协议有效的法律。

第十五条 仲裁协议未约定仲裁机构和仲裁地,但根据仲裁协议约定适用的仲裁规则可以确定仲裁机构或者仲裁地的,应当认定其为《中华人民共和国涉外民事关系法律适用法》第十八条中规定的仲裁机构或者仲裁地。

第十六条 人民法院适用《承认及执行外国仲裁裁决公约》审查当事人申请承认和执行外国仲裁裁决案件时,被申请人以仲裁协议无效为由提出抗辩的,人民法院应当依照该公约第五条第一款(甲)项的规定,确定确认仲裁协议效力应当适用的法律。

第十七条 人民法院对申请执行我国内地仲裁机构作出的非涉外仲裁裁决案件的审查,适用《中华人民共和国民事诉讼法》第二百三十七条的规定。

人民法院对申请执行我国内地仲裁机构作出的涉外仲裁裁决案件的审查,适用《中华人民共和国民事诉讼法》第二百七十四条的规定。

第十八条 《中华人民共和国仲裁法》第五十八条第一款第六项和《中华人民共和国民事诉讼法》第二百三十七条第二款第六项规定的仲裁员在仲裁该案时有索贿受贿,徇私舞弊,枉法裁决行为,是指已经由生效刑事法律文书或者纪律处分决定所确认的行为。

第十九条 人民法院受理仲裁司法审查案件后,作出裁定前,申请人请求撤回申请的,裁定准许。

第二十条 人民法院在仲裁司法审查案件中作出的裁定,除不予受理、驳回申请、管辖权异议的裁定外,一经送达即发生法律效力。当事人申请复议、提出上诉或者申请再审的,人民法院不予受理,但法律和司法解释另有规定的除外。

第二十一条 人民法院受理的申请确认涉及香港特别行政区、澳门特别行政区、台湾地区仲裁协议效力的案件,申请执行或者撤销我国内地仲裁机构作出的涉及香港特别行政区、澳门特别行政区、台湾地区仲裁裁决的案件,参照适用涉外仲裁司法审查案件的规定审查。

第二十二条 本规定自2018年1月1日起施行,本院以前发布的司法解释与本规定不一致的,以本规定为准。

E3 仲裁执行规定（2018）

最高人民法院关于人民法院办理仲裁裁决执行案件若干问题的规定

（法释〔2018〕5号。2018年1月5日最高人民法院审判
委员会第1730次会议通过，2018年2月22日公布，
自2018年3月1日起施行）

为了规范人民法院办理仲裁裁决执行案件，依法保护当事人、案外人的合法权益，根据《中华人民共和国民事诉讼法》《中华人民共和国仲裁法》等法律规定，结合人民法院执行工作实际，制定本规定。

第一条 本规定所称的仲裁裁决执行案件，是指当事人申请人民法院执行仲裁机构依据仲裁法作出的仲裁裁决或者仲裁调解书的案件。

第二条 当事人对仲裁机构作出的仲裁裁决或者仲裁调解书申请执行的，由被执行人住所地或者被执行的财产所在地的中级人民法院管辖。

符合下列条件的，经上级人民法院批准，中级人民法院可以参照民事诉讼法第三十八条的规定指定基层人民法院管辖：

（一）执行标的额符合基层人民法院一审民商事案件级别管辖受理范围；

（二）被执行人住所地或者被执行的财产所在地在被指定的基层人民法院辖区内；

被执行人、案外人对仲裁裁决执行案件申请不予执行的，负责执行的中级人民法院应当另行立案审查处理；执行案件已指定基层人民法院管辖的，应当于收到不予执行申请后三日内移送原执行法院另行立案审查处理。

第三条 仲裁裁决或者仲裁调解书执行内容具有下列情形之一导致无法执行的，人民法院可以裁定驳回执行申请；导致部分无法执行的，可以裁定驳回该部分的执行申请；导致部分无法执行且该部分与其他部分不可分的，可以裁定驳回执行申请。

（一）权利义务主体不明确；

（二）金钱给付具体数额不明确或者计算方法不明确导致无法计算出具体数额；

（三）交付的特定物不明确或者无法确定；

（四）行为履行的标准、对象、范围不明确；

仲裁裁决或者仲裁调解书仅确定继续履行合同，但对继续履行的权利义务，以及履行的方式、期限等具体内容不明确，导致无法执行的，依照前款规定处理。

第四条 对仲裁裁决主文或者仲裁调解书中的文字、计算错误以及仲裁庭已经认定但在裁决主文中遗漏的事项，可以补正或说明的，人民法院应当书面告知

仲裁庭补正或说明，或者向仲裁机构调阅仲裁案卷查明。仲裁庭不补正也不说明，且人民法院调阅仲裁案卷后执行内容仍然不明确具体无法执行的，可以裁定驳回执行申请。

第五条 申请执行人对人民法院依照本规定第三条、第四条作出的驳回执行申请裁定不服的，可以自裁定送达之日起十日内向上一级人民法院申请复议。

第六条 仲裁裁决或者仲裁调解书确定交付的特定物已毁损或者灭失的，依照《最高人民法院关于适用〈中华人民共和国民事诉讼法〉的解释》第四百九十四条的规定处理。

第七条 被执行人申请撤销仲裁裁决并已由人民法院受理的，或者被执行人、案外人对仲裁裁决执行案件提出不予执行申请并提供适当担保的，执行法院应当裁定中止执行。中止执行期间，人民法院应当停止处分性措施，但申请执行人提供充分、有效的担保请求继续执行的除外；执行标的查封、扣押、冻结期限届满前，人民法院可以根据当事人申请或者依职权办理续行查封、扣押、冻结手续。

申请撤销仲裁裁决、不予执行仲裁裁决案件司法审查期间，当事人、案外人申请对已查封、扣押、冻结之外的财产采取保全措施的，负责审查的人民法院参照民事诉讼法第一百条的规定处理。司法审查后仍需继续执行的，保全措施自动转为执行中的查封、扣押、冻结措施；采取保全措施的人民法院与执行法院不一致的，应当将保全手续移送执行法院，保全裁定视为执行法院作出的裁定。

第八条 被执行人向人民法院申请不予执行仲裁裁决的，应当在执行通知书送达之日起十五日内提出书面申请；有民事诉讼法第二百三十七条第二款第四、六项规定情形且执行程序尚未终结的，应当自知道或者应当知道有关事实或案件之日起十五日内提出书面申请。

本条前款规定期限届满前，被执行人已向有管辖权的人民法院申请撤销仲裁裁决且已被受理的，自人民法院驳回撤销仲裁裁决申请的裁判文书生效之日起重新计算期限。

第九条 案外人向人民法院申请不予执行仲裁裁决或者仲裁调解书的，应当提交申请书以及证明其请求成立的证据材料，并符合下列条件：

（一）有证据证明仲裁案件当事人恶意申请仲裁或者虚假仲裁，损害其合法权益；

（二）案外人主张的合法权益所涉及的执行标的尚未执行终结；

（三）自知道或者应当知道人民法院对该标的采取执行措施之日起三十日内提出。

第十条 被执行人申请不予执行仲裁裁决，对同一仲裁裁决的多个不予执行事由应当一并提出。不予执行仲裁裁决申请被裁定驳回后，再次提出申请的，人民法院不予审查，但有新证据证明存在民事诉讼法第二百三十七条第二款第

四、六项规定情形的除外。

第十一条 人民法院对不予执行仲裁裁决案件应当组成合议庭围绕被执行人申请的事由、案外人的申请进行审查；对被执行人没有申请的事由不予审查，但仲裁裁决可能违背社会公共利益的除外。

被执行人、案外人对仲裁裁决执行案件申请不予执行的，人民法院应当进行询问；被执行人在询问终结前提出其他不予执行事由的，应当一并审查。人民法院审查时，认为必要的，可以要求仲裁庭作出说明，或者向仲裁机构调阅仲裁案卷。

第十二条 人民法院对不予执行仲裁裁决案件的审查，应当在立案之日起两个月内审查完毕并作出裁定；有特殊情况需要延长的，经本院院长批准，可以延长一个月。

第十三条 下列情形经人民法院审查属实的，应当认定为民事诉讼法第二百三十七条第二款第二项规定的"裁决的事项不属于仲裁协议的范围或者仲裁机构无权仲裁的"情形：

（一）裁决的事项超出仲裁协议约定的范围；

（二）裁决的事项属于依照法律规定或者当事人选择的仲裁规则规定的不可仲裁事项；

（三）裁决内容超出当事人仲裁请求的范围；

（四）作出裁决的仲裁机构非仲裁协议所约定。

第十四条 违反仲裁法规定的仲裁程序、当事人选择的仲裁规则或者当事人对仲裁程序的特别约定，可能影响案件公正裁决，经人民法院审查属实的，应当认定为民事诉讼法第二百三十七条第二款第三项规定的"仲裁庭的组成或者仲裁的程序违反法定程序的"情形。

当事人主张未按照仲裁法或仲裁规则规定的方式送达法律文书导致其未能参与仲裁，或者仲裁员根据仲裁法或仲裁规则的规定应当回避而未回避，可能影响公正裁决，经审查属实的，人民法院应当支持；仲裁庭按照仲裁法或仲裁规则以及当事人约定的方式送达仲裁法律文书，当事人主张不符合民事诉讼法有关送达规定的，人民法院不予支持。

适用的仲裁程序或仲裁规则经特别提示，当事人知道或者应当知道法定仲裁程序或选择的仲裁规则未被遵守，但仍然参加或者继续参加仲裁程序且未提出异议，在仲裁裁决作出之后以违反法定程序为由申请不予执行仲裁裁决的，人民法院不予支持。

第十五条 符合下列条件的，人民法院应当认定为民事诉讼法第二百三十七条第二款第四项规定的"裁决所根据的证据是伪造的"情形：

（一）该证据已被仲裁裁决采信；

（二）该证据属于认定案件基本事实的主要证据；

（三）该证据经查明确属通过捏造、变造、提供虚假证明等非法方式形成或者获取,违反证据的客观性、关联性、合法性要求。

第十六条 符合下列条件的,人民法院应当认定为民事诉讼法第二百三十七条第二款第五项规定的"对方当事人向仲裁机构隐瞒了足以影响公正裁决的证据的"情形:

(一) 该证据属于认定案件基本事实的主要证据;

(二) 该证据仅为对方当事人掌握,但未向仲裁庭提交;

(三) 仲裁过程中知悉存在该证据,且要求对方当事人出示或者请求仲裁庭责令其提交,但对方当事人无正当理由未予出示或者提交。

当事人一方在仲裁过程中隐瞒己方掌握的证据,仲裁裁决作出后以己方所隐瞒的证据足以影响公正裁决为由申请不予执行仲裁裁决的,人民法院不予支持。

第十七条 被执行人申请不予执行仲裁调解书或者根据当事人之间的和解协议、调解协议作出的仲裁裁决,人民法院不予支持,但该仲裁调解书或者仲裁裁决违背社会公共利益的除外。

第十八条 案外人根据本规定第九条申请不予执行仲裁裁决或者仲裁调解书,符合下列条件的,人民法院应当支持:

(一) 案外人系权利或者利益的主体;

(二) 案外人主张的权利或者利益合法、真实;

(三) 仲裁案件当事人之间存在虚构法律关系,捏造案件事实的情形;

(四) 仲裁裁决主文或者仲裁调解书处理当事人民事权利义务的结果部分或者全部错误,损害案外人合法权益。

第十九条 被执行人、案外人对仲裁裁决执行案件逾期申请不予执行的,人民法院应当裁定不予受理;已经受理的,应当裁定驳回不予执行申请。

被执行人、案外人对仲裁裁决执行案件申请不予执行,经审查理由成立的,人民法院应当裁定不予执行;理由不成立的,应当裁定驳回不予执行申请。

第二十条 当事人向人民法院申请撤销仲裁裁决被驳回后,又在执行程序中以相同事由提出不予执行申请的,人民法院不予支持;当事人向人民法院申请不予执行被驳回后,又以相同事由申请撤销仲裁裁决的,人民法院不予支持。

在不予执行仲裁裁决案件审查期间,当事人向有管辖权的人民法院提出撤销仲裁裁决申请并被受理的,人民法院应当裁定中止对不予执行申请的审查;仲裁裁决被撤销或者决定重新仲裁的,人民法院应当裁定终结执行,并终结对不予执行申请的审查;撤销仲裁裁决申请被驳回或者申请执行人撤回撤销仲裁裁决申请的,人民法院应当恢复对不予执行申请的审查;被执行人撤回撤销仲裁裁决申请的,人民法院应当裁定终结对不予执行申请的审查,但案外人申请不予执行仲裁裁决的除外。

第二十一条 人民法院裁定驳回撤销仲裁裁决申请或者驳回不予执行仲裁裁决、仲裁调解书申请的,执行法院应当恢复执行。

人民法院裁定撤销仲裁裁决或者基于被执行人申请裁定不予执行仲裁裁决,原被执行人申请执行回转或者解除强制执行措施的,人民法院应当支持。原申请执行人对已履行或者被人民法院强制执行的款物申请保全的,人民法院应当依法准许;原申请执行人在人民法院采取保全措施之日起三十日内,未根据双方达成的书面仲裁协议重新申请仲裁或者向人民法院起诉的,人民法院应当裁定解除保全。

人民法院基于案外人申请裁定不予执行仲裁裁决或者仲裁调解书,案外人申请执行回转或者解除强制执行措施的,人民法院应当支持。

第二十二条 人民法院裁定不予执行仲裁裁决、驳回或者不予受理不予执行仲裁裁决申请后,当事人对该裁定提出执行异议或者申请复议的,人民法院不予受理。

人民法院裁定不予执行仲裁裁决的,当事人可以根据双方达成的书面仲裁协议重新申请仲裁,也可以向人民法院起诉。

人民法院基于案外人申请裁定不予执行仲裁裁决或者仲裁调解书,当事人不服的,可以自裁定送达之日起十日内向上一级人民法院申请复议;人民法院裁定驳回或者不予受理案外人提出的不予执行仲裁裁决、仲裁调解书申请,案外人不服的,可以自裁定送达之日起十日内向上一级人民法院申请复议。

第二十三条 本规定第八条、第九条关于对仲裁裁决执行案件申请不予执行的期限自本规定施行之日起重新计算。

第二十四条 本规定自 2018 年 3 月 1 日起施行,本院以前发布的司法解释与本规定不一致的,以本规定为准。

本规定施行前已经执行终结的执行案件,不适用本规定;本规定施行后尚未执行终结的执行案件,适用本规定。

E4 仲裁报核规定(2018)

最高人民法院关于仲裁司法审查案件报核问题的有关规定

(法释〔2017〕21 号。2017 年 11 月 20 日由最高人民法院审判委员会第 1727 次会议通过,2017 年 12 月 26 日公布,自 2018 年 1 月 1 日起施行)

为正确审理仲裁司法审查案件,统一裁判尺度,依法保护当事人合法权益,保障仲裁发展,根据《中华人民共和国民事诉讼法》《中华人民共和国仲裁法》等法律规定，结合审判实践，制定本规定。

第一条 本规定所称仲裁司法审查案件，包括下列案件：

（一）申请确认仲裁协议效力案件；

（二）申请撤销我国内地仲裁机构的仲裁裁决案件；

（三）申请执行我国内地仲裁机构的仲裁裁决案件；

（四）申请认可和执行香港特别行政区、澳门特别行政区、台湾地区仲裁裁决案件；

（五）申请承认和执行外国仲裁裁决案件；

（六）其他仲裁司法审查案件。

第二条 各中级人民法院或者专门人民法院办理涉外涉港澳台仲裁司法审查案件，经审查拟认定仲裁协议无效，不予执行或者撤销我国内地仲裁机构的仲裁裁决，不予认可和执行香港特别行政区、澳门特别行政区、台湾地区仲裁裁决，不予承认和执行外国仲裁裁决，应当向本辖区所属高级人民法院报核；高级人民法院经审查拟同意的，应当向最高人民法院报核。待最高人民法院审核后，方可依最高人民法院的审核意见作出裁定。

各中级人民法院或者专门人民法院办理非涉外涉港澳台仲裁司法审查案件，经审查拟认定仲裁协议无效，不予执行或者撤销我国内地仲裁机构的仲裁裁决，应当向本辖区所属高级人民法院报核；待高级人民法院审核后，方可依高级人民法院的审核意见作出裁定。

第三条 本规定第二条第二款规定的非涉外涉港澳台仲裁司法审查案件，高级人民法院经审查拟同意中级人民法院或者专门人民法院认定仲裁协议无效，不予执行或者撤销我国内地仲裁机构的仲裁裁决，在下列情形下，应当向最高人民法院报核，待最高人民法院审核后，方可依最高人民法院的审核意见作出裁定：

（一）仲裁司法审查案件当事人住所地跨省级行政区域；

（二）以违背社会公共利益为由不予执行或者撤销我国内地仲裁机构的仲裁裁决。

第四条 下级人民法院报请上级人民法院审核的案件，应当将书面报告和案件卷宗材料一并上报。书面报告应当写明审查意见及具体理由。

第五条 上级人民法院收到下级人民法院的报核申请后，认为案件相关事实不清的，可以询问当事人或者退回下级人民法院补充查明事实后再报。

第六条 上级人民法院应当以复函的形式将审核意见答复下级人民法院。

第七条 在民事诉讼案件中，对于人民法院因涉及仲裁协议效力而作出的不予受理、驳回起诉、管辖权异议的裁定，当事人不服提起上诉，第二审人民法院经审查拟认定仲裁协议不成立、无效、失效、内容不明确无法执行的，须按照本规定第二条的规定逐级报核，待上级人民法院审核后，方可依上级人民法院的审核意见作出裁定。

第八条 本规定自2018年1月1日起施行，本院以前发布的司法解释与本规定不一致的，以本规定为准。

E5　先予仲裁批复（2018）

最高人民法院关于仲裁机构"先予仲裁"裁决或者调解书立案、执行等法律适用问题的批复

（法释〔2018〕10号。2018年5月28日最高人民法院审判
委员会第1740次会议通过，2018年6月5日公布，
自2018年6月12日起施行）

广东省高级人民法院：

你院《关于"先予仲裁"裁决应否立案执行的请示》（粤高法〔2018〕99号）收悉。经研究，批复如下：

当事人申请人民法院执行仲裁机构根据仲裁法做出的仲裁裁决或者调解书，人民法院经审查，符合民事诉讼法、仲裁法相关规定的，应当依法及时受理、立案执行。但是，根据仲裁法第二条的规定，仲裁机构可以仲裁的是当事人间已经发生的合同纠纷和其他财产权益纠纷。因此，网络借贷合同当事人申请执行仲裁机构在纠纷发生前作出的仲裁裁决或者调解书的，人民法院应当裁定不予受理；已经受理的，裁定驳回执行申请。

你院请示中提出的下列情形，应当认定为民事诉讼法第二百三十七条第二款第三项规定的"仲裁庭的组成或者仲裁的程序违反法定程序"的情形：

一、仲裁机构未依照仲裁法规定的程序审理纠纷或者主持调解，径行根据网络借贷合同当事人在纠纷发生前签订的和解或者调解协议作出仲裁裁决、仲裁调解书的；

二、仲裁机构在仲裁过程中未保障当事人申请仲裁员回避、提供证据、答辩等仲裁法规定的基本程序权利的。

前款规定情形中，网络借贷合同当事人以约定弃权条款为由，主张仲裁程序未违反法定程序的，人民法院不予支持。

人民法院办理其他合同纠纷、财产权益纠纷仲裁裁决或者调解书执行立案，适用本批复。

此复。

E6　与香港仲裁互助保全安排（2019）

最高人民法院关于内地与香港特别行政区法院就仲裁程序相互协助保全的安排

（法释〔2019〕14号。2019年3月25日最高人民法院审判委员会第1763次会议通过，2019年4月2日签署，2019年9月26日公布，自2019年10月1日起施行）

根据《中华人民共和国香港特别行政区基本法》第九十五条的规定，最高人民法院与香港特别行政区政府经协商，现就内地与香港特别行政区法院关于仲裁程序相互协助保全作出如下安排：

第一条　本安排所称"保全"，在内地包括财产保全、证据保全、行为保全；在香港特别行政区包括强制令以及其他临时措施，以在争议得以裁决之前维持现状或者恢复原状、采取行动防止目前或者即将对仲裁程序发生的危害或者损害，或者不采取可能造成这种危害或者损害的行动、保全资产或者保全对解决争议可能具有相关性和重要性的证据。

第二条　本安排所称"香港仲裁程序"，应当以香港特别行政区为仲裁地，并且由以下机构或者常设办事处管理：

（一）在香港特别行政区设立或者总部设于香港特别行政区，并以香港特别行政区为主要管理地的仲裁机构；

（二）中华人民共和国加入的政府间国际组织在香港特别行政区设立的争议解决机构或者常设办事处；

（三）其他仲裁机构在香港特别行政区设立的争议解决机构或者常设办事处，且该争议解决机构或者常设办事处满足香港特别行政区政府订立的有关仲裁案件宗数以及标的金额等标准。

以上机构或者常设办事处的名单由香港特别行政区政府向最高人民法院提供，并经双方确认。

第三条　香港仲裁程序的当事人，在仲裁裁决作出前，可以参照《中华人民共和国民事诉讼法》《中华人民共和国仲裁法》以及相关司法解释的规定，向被申请人住所地、财产所在地或者证据所在地的内地中级人民法院申请保全。被申请人住所地、财产所在地或者证据所在地在不同人民法院辖区的，应当选择向其中一个人民法院提出申请，不得分别向两个或者两个以上人民法院提出申请。

当事人在有关机构或者常设办事处受理仲裁申请后提出保全申请的，应当由该机构或者常设办事处转递其申请。

在有关机构或者常设办事处受理仲裁申请前提出保全申请，内地人民法院采取保全措施后三十日内未收到有关机构或者常设办事处提交的已受理仲裁案件的证明函件的,内地人民法院应当解除保全。

第四条 向内地人民法院申请保全的,应当提交下列材料:

(一)保全申请书;

(二)仲裁协议;

(三)身份证明材料:申请人为自然人的,应当提交身份证件复印件;申请人为法人或者非法人组织的,应当提交注册登记证书的复印件以及法定代表人或者负责人的身份证件复印件;

(四)在有关机构或者常设办事处受理仲裁案件后申请保全的,应当提交包含主要仲裁请求和所根据的事实与理由的仲裁申请文件以及相关证据材料、该机构或者常设办事处出具的已受理有关仲裁案件的证明函件;

(五)内地人民法院要求的其他材料。

身份证明材料系在内地以外形成的,应当依据内地相关法律规定办理证明手续。

向内地人民法院提交的文件没有中文文本的,应当提交准确的中文译本。

第五条 保全申请书应当载明下列事项:

(一)当事人的基本情况:当事人为自然人的,包括姓名、住所、身份证件信息、通讯方式等;当事人为法人或者非法人组织的,包括法人或者非法人组织的名称、住所以及法定代表人或者主要负责人的姓名、职务、住所、身份证件信息、通讯方式等;

(二)请求事项,包括申请保全财产的数额、申请行为保全的内容和期限等;

(三)请求所依据的事实、理由和相关证据,包括关于情况紧急,如不立即保全将会使申请人合法权益受到难以弥补的损害或者将使仲裁裁决难以执行的说明等;

(四)申请保全的财产、证据的明确信息或者具体线索;

(五)用于提供担保的内地财产信息或者资信证明;

(六)是否已在其他法院、有关机构或者常设办事处提出本安排所规定的申请和申请情况;

(七)其他需要载明的事项。

第六条 内地仲裁机构管理的仲裁程序的当事人,在仲裁裁决作出前,可以依据香港特别行政区《仲裁条例》《高等法院条例》,向香港特别行政区高等法院申请保全。

第七条 向香港特别行政区法院申请保全的,应当依据香港特别行政区相关法律规定,提交申请、支持申请的誓章、附同的证物、论点纲要以及法庭命令的草拟本,并应当载明下列事项:

(一)当事人的基本情况:当事人为自然人的,包括姓名、地址;当事人为法人或者非法人组织的,包括法人或者非法人组织的名称、地址以及法定代表人或者主要负责人的姓名、职务、通讯方式等；
（二）申请的事项和理由；
（三）申请标的所在地以及情况；
（四）被申请人就申请作出或者可能作出的回应以及说法；
（五）可能会导致法庭不批准所寻求的保全，或者不在单方面申请的情况下批准该保全的事实；
（六）申请人向香港特别行政区法院作出的承诺；
（七）其他需要载明的事项。

第八条 被请求方法院应当尽快审查当事人的保全申请。内地人民法院可以要求申请人提供担保等，香港特别行政区法院可以要求申请人作出承诺、就费用提供保证等。

经审查，当事人的保全申请符合被请求方法律规定的，被请求方法院应当作出保全裁定或者命令等。

第九条 当事人对被请求方法院的裁定或者命令等不服的，按被请求方相关法律规定处理。

第十条 当事人申请保全的，应当依据被请求方有关诉讼收费的法律和规定交纳费用。

第十一条 本安排不减损内地和香港特别行政区的仲裁机构、仲裁庭、当事人依据对方法律享有的权利。

E7　与香港执行仲裁安排（2000）

最高人民法院关于内地与香港特别行政区相互执行仲裁裁决的安排

（法释〔2000〕3号。1999年6月18日最高人民法院审判
委员会第1069次会议通过，2000年1月24日公布，
自2000年2月1日起施行）

根据《中华人民共和国香港特别行政区基本法》第九十五条的规定，经最高人民法院与香港特别行政区（以下简称香港特区）政府协商，香港特区法院同意执行内地仲裁机构（名单由国务院法制办公室经国务院港澳事务办公室提供）依据《中华人民共和国仲裁法》所作出的裁决，内地人民法院同意执行在香港特区按香港特区《仲裁条例》所作出的裁决。现就内地与香港特区相互执行仲裁裁决的有关事宜作出如下安排：

一、在内地或者香港特区作出的仲裁裁决，一方当事人不履行仲裁裁决的，另一方当事人可以向被申请人住所地或者财产所在地的有关法院申请执行。

二、上条所述的有关法院，在内地指被申请人住所地或者财产所在地的中级人

民法院，在香港特区指香港特区高等法院。

被申请人住所地或者财产所在地在内地不同的中级人民法院辖区内的，申请人可以选择其中一个人民法院申请执行裁决，不得分别向两个或者两个以上人民法院提出申请。

被申请人的住所地或者财产所在地，既在内地又在香港特区的，申请人不得同时分别向两地有关法院提出申请。只有一地法院执行不足以偿还其债务时，才可就不足部分向另一地法院申请执行。两地法院先后执行仲裁裁决的总额，不得超过裁决数额。

三、申请人向有关法院申请执行在内地或者香港特区作出的仲裁裁决的，应当提交以下文书：

（一）执行申请书；

（二）仲裁裁决书；

（三）仲裁协议。

四、执行申请书的内容应当载明下列事项：

（一）申请人为自然人的情况下，该人的姓名、地址；申请人为法人或者其他组织的情况下，该法人或其他组织的名称、地址及法定代表人姓名；

（二）被申请人为自然人的情况下，该人的姓名、地址；被申请人为法人或者其他组织的情况下，该法人或其他组织的名称、地址及法定代表人姓名；

（三）申请人为法人或者其他组织的，应当提交企业注册登记的副本。申请人是外国籍法人或者其他组织的，应当提交相应的公证和认证材料；

（四）申请执行的理由与请求的内容，被申请人的财产所在地及财产状况。

执行申请书应当以中文文本提出，裁决书或者仲裁协议没有中文文本的，申请人应当提交正式证明的中文译本。

五、申请人向有关法院申请执行内地或者香港特区仲裁裁决的期限依据执行地法律有关时限的规定。

六、有关法院接到申请人申请后，应当按执行地法律程序处理及执行。

七、在内地或者香港特区申请执行的仲裁裁决，被申请人接到通知后，提出证据证明有下列情形之一的，经审查核实，有关法院可裁定不予执行：

（一）仲裁协议当事人依对其适用的法律属于某种无行为能力的情形；或者该项仲裁协议依约定的准据法无效；或者未指明以何种法律为准时，依仲裁裁决地的法律是无效的；

（二）被申请人未接到指派仲裁员的适当通知，或者因他故未能陈述意见的；

（三）裁决所处理的争议不是交付仲裁的标的或者不在仲裁协议条款之内，或者裁决载有关于交付仲裁范围以外事项的决定的；但交付仲裁事项的决定可与未交付仲裁的事项划分时，裁决中关于交付仲裁事项的决定部分应当予

以执行;

（四）仲裁庭的组成或者仲裁庭程序与当事人之间的协议不符,或者在有关当事人没有这种协议时与仲裁地的法律不符的;

（五）裁决对当事人尚无约束力,或者业经仲裁地的法院或者按仲裁地的法律撤销或者停止执行的。

有关法院认定依执行地法律,争议事项不能以仲裁解决的,则可不予执行该裁决。

内地法院认定在内地执行该仲裁裁决违反内地社会公共利益,或者香港特区法院决定在香港特区执行该仲裁裁决违反香港特区的公共政策,则可不予执行该裁决。

八、申请人向有关法院申请执行在内地或者香港特区作出的仲裁裁决,应当根据执行地法院有关诉讼收费的办法交纳执行费用。

九、1997年7月1日以后申请执行在内地或者香港特区作出的仲裁裁决按本安排执行。

十、对1997年7月1日至本安排生效之日的裁决申请问题,双方同意:

1997年7月1日至本安排生效之日因故未能向内地或者香港特区法院申请执行,申请人为法人或者其他组织的,可以在本安排生效后六个月内提出;如申请人为自然人的,可以在本安排生效后一年内提出。

对于内地或香港特区法院在1997年7月1日至本安排生效之日拒绝受理或者拒绝执行仲裁裁决的案件,应允许当事人重新申请。

十一、本安排在执行过程中遇有问题和修改,应当通过最高人民法院和香港特区政府协商解决。

III. 规范类文件

总　则

A1　繁简分流试点办法（2020）

民事诉讼程序繁简分流改革试点实施办法

（法〔2020〕11号。2020年1月15日公布并施行）

为深化民事诉讼制度改革，推进案件繁简分流、轻重分离、快慢分道，进一步优化司法资源配置，全面促进司法公正，提升司法效能，满足人民群众多元、高效、便捷的纠纷解决需求，维护当事人合法诉讼权益，根据第十三届全国人民代表大会常务委员会第十五次会议作出的《全国人民代表大会常务委员会关于授权最高人民法院在部分地区开展民事诉讼程序繁简分流改革试点工作的决定》，结合审判工作实际，制定本办法。

一、一般规定

第一条　试点法院应当根据本办法，积极优化司法确认程序、小额诉讼程序和简易程序，健全审判组织适用模式，探索推行电子诉讼和在线审理机制，有效降低当事人诉讼成本，充分保障人民群众合法诉讼权益，促进司法资源与司法需求合理有效配置，全面提升司法质量、效率和公信力，努力让人民群众在每一个司法案件中感受到公平正义。

二、优化司法确认程序

第二条　人民法院应当建立特邀调解名册，按照规定的程序和条件，确定特邀调解组织和特邀调解员，并对名册进行管理。

第三条　经人民调解委员会、特邀调解组织或者特邀调解员调解达成民事调解协议的，双方当事人可自调解协议生效之日起三十日内共同向人民法院申请司法确认。

第四条　司法确认案件按照以下规定依次确定管辖：

（一）委派调解的，由作出委派的人民法院管辖；

（二）当事人选择由人民调解委员会或者特邀调解组织调解的，由调解组织所在地基层人民法院管辖；当事人选择由特邀调解员调解的，由调解协议签订地基层人民法院管辖。

案件符合级别管辖或者专门管辖标准的，由对应的中级人民法院或者专门人民法院管辖。

三、完善小额诉讼程序

第五条　基层人民法院审理的事实清楚、权利义务关系明确、争议不大的简单金钱给付类案件,标的额为人民币五万元以下的,适用小额诉讼程序,实行一审终审。

标的额超出前款规定,但在人民币五万元以上、十万元以下的简单金钱给付类案件,当事人双方约定适用小额诉讼程序的,可以适用小额诉讼程序审理。

适用小额诉讼程序审理的案件,人民法院应当向当事人告知审判组织、审理期限、审理方式、一审终审等相关事项。

第六条 下列案件,不适用小额诉讼程序审理:

（一）人身关系、财产确权纠纷;

（二）涉外民事纠纷;

（三）需要评估、鉴定或者对诉前评估、鉴定结果有异议的纠纷;

（四）一方当事人下落不明的纠纷;

（五）其他不宜适用小额诉讼程序审理的纠纷。

第七条 适用小额诉讼程序审理的案件,经人民法院告知放弃答辩期间、举证期限的法律后果后,当事人明确表示放弃的,人民法院可以直接开庭审理。

当事人明确表示不放弃答辩期间的,人民法院可以在征得其同意的基础上,合理确定答辩期间,但一般不超过七日。

当事人明确表示不放弃举证期限的,可以由当事人自行约定举证期限或者由人民法院指定举证期限,但一般不超过七日。

第八条 适用小额诉讼程序审理的案件,可以比照简易程序进一步简化传唤、送达、证据交换的方式,但不得减损当事人答辩、举证、质证、陈述、辩论等诉讼权利。

适用小额诉讼程序审理的案件,庭审可以不受法庭调查、法庭辩论等庭审程序限制,直接围绕诉讼请求或者案件要素进行,原则上应当一次开庭审结,但人民法院认为确有必要再次开庭的除外。

第九条 适用小额诉讼程序审理的案件,可以比照简易程序进一步简化裁判文书,主要记载当事人基本信息、诉讼请求、答辩意见、主要事实、简要裁判理由、裁判依据、裁判主文和一审终审的告知等内容。

对于案情简单、法律适用明确的案件,法官可以当庭作出裁判并说明裁判理由。对于当庭裁判的案件,裁判过程经庭审录音录像或者庭审笔录完整记录的,人民法院在制作裁判文书时可以不再载明裁判理由。

第十条 适用小额诉讼程序审理的案件,应当在立案之日起两个月内审结,有特殊情况需要延长的,经本院院长批准,可以延长一个月。

第十一条 适用小额诉讼程序审理的案件,出现下列情形之一,符合适用简易程序审理条件的,裁定转为简易程序审理:

（一）当事人认为案件不符合本办法第五条、第六条关于小额诉讼程序适用条件的规定,向人民法院提出异议,经审查认为异议成立的;

（二）当事人申请增加或者变更诉讼请求、追加当事人，致使案件标的额在人民币五万元以上、十万元以下，且一方当事人不同意继续适用小额诉讼程序的；

（三）当事人申请增加或者变更诉讼请求、追加当事人，致使案件标的额在人民币十万元以上或者不符合小额诉讼程序适用条件的；

（四）当事人提出反诉的；

（五）需要鉴定、评估、审计的；

（六）其他不宜继续适用小额诉讼程序的情形。

适用小额诉讼程序审理的案件，审理中发现案情疑难复杂，并且不适宜适用简易程序审理的，裁定转为普通程序审理。由小额诉讼程序转为简易程序审理的案件，一般不得再转为普通程序审理，但确有必要的除外。

适用小额诉讼程序审理的案件，转为简易程序或者普通程序审理前，双方当事人已确认的事实，可以不再举证、质证。

四、完善简易程序规则

第十二条 事实清楚、权利义务关系明确的简单案件，需要公告送达的，可以适用简易程序审理。

第十三条 适用简易程序审理的案件，人民法院可以根据案件情况，采取下列方式简化庭审程序，但应当保障当事人答辩、举证、质证、陈述、辩论等诉讼权利：

（一）开庭前已经通过庭前会议或者其他方式完成当事人身份核实、权利义务告知、庭审纪律宣示的，开庭时可以不再重复；

（二）经庭前会议笔录记载的无争议事实和证据，可以不再举证、质证；

（三）庭审可以直接围绕诉讼请求或者案件要素进行。

第十四条 适用简易程序审理的案件，人民法院可以采取下列方式简化裁判文书：

（一）对于能够概括出案件固定要素的，可以根据案件要素载明原告、被告意见、证据和法院认定理由、依据及裁判结果；

（二）对于一方当事人明确表示承认对方全部或者主要诉讼请求的、当事人对案件事实没有争议或者争议不大的，裁判文书可以只包含当事人基本信息、诉讼请求、答辩意见、主要事实、简要裁判理由、裁判依据和裁判主文。

简化后的裁判文书应当包含诉讼费用负担、告知当事人上诉权利等必要内容。

第十五条 人民法院适用简易程序审理的案件，应当在立案之日起三个月内审结。有特殊情况需要延长的，经本院院长批准，可以延长一个月。

五、扩大独任制适用范围

第十六条 基层人民法院适用小额诉讼程序、简易程序审理的案件，由法官一人独任审理。

基层人民法院审理的事实不易查明，但法律适用明确的案件，可以由法官一人适用普通程序独任审理。

第十七条 基层人民法院审理的案件，具备下列情形之一的，应当依法组成合议庭，适用普通程序审理：

（一）涉及国家利益、公共利益的；
（二）涉及群体性纠纷，可能影响社会稳定的；
（三）产生较大社会影响，人民群众广泛关注的；
（四）新类型或者疑难复杂的；
（五）与本院或者上级人民法院已经生效的类案判决可能发生冲突的；
（六）发回重审的；
（七）适用审判监督程序的；
（八）第三人起诉请求改变或者撤销生效判决、裁定、调解书的；
（九）其他不宜采用独任制的案件。

第十八条 第二审人民法院审理上诉案件应当组成合议庭审理。但事实清楚、法律适用明确的下列案件，可以由法官一人独任审理：

（一）第一审适用简易程序审理结案的；
（二）不服民事裁定的。

第十九条 由法官一人独任审理的第一审或者第二审案件，审理过程中出现本办法第十七条第（一）至（五）项或者第（九）项所列情形之一的，人民法院应当裁定组成合议庭审理，并将合议庭组成人员及相关事项书面通知双方当事人。

由独任审理转为合议庭审理的案件，审理期限自人民法院立案之日起计算，已经作出的诉讼行为继续有效。双方当事人已确认的事实，可以不再举证、质证。

第二十条 由法官一人独任审理的上诉案件，应当开庭审理。

没有提出新的事实、证据的案件，具备下列情形之一的，独任法官经过阅卷、调查或者询问当事人，认为不需要开庭的，可以不开庭审理：

（一）不服民事裁定的；
（二）上诉请求明显不能成立的；
（三）原判决认定事实清楚，但适用法律明显错误的；
（四）原判决严重违反法定程序，需要发回重审的。

六、健全电子诉讼规则

第二十一条 人民法院、当事人及其他诉讼参与人可以通过信息化诉讼平台在线开展诉讼活动。诉讼主体的在线诉讼活动，与线下诉讼活动具有同等效力。

人民法院根据技术条件、案件情况和当事人意愿等因素，决定是否采取在线方式完成相关诉讼环节。

第二十二条 当事人及其他诉讼参与人以电子化方式提交的诉讼材料和证据材料，经人民法院审核通过后，可以直接在诉讼中使用，不再提交纸质原件。人民法院根据对方当事人申请或者案件审理需要，要求提供原件的，当事人应当提供。

第二十三条 人民法院开庭审理案件，可以采取在线视频方式，但符合下列情形之一的，不适用在线庭审：

（一）双方当事人明确表示不同意，或者一方当事人表示不同意且有正当理由的；

（二）双方当事人均不具备参与在线庭审的技术条件和能力的；

（三）需要现场查明身份、核对原件、查验实物的；

（四）人民法院认为存在其他不宜适用在线庭审情形的。

仅一方当事人选择在线庭审的，人民法院可以根据案件情况，采用一方当事人在线、另一方当事人线下的方式开庭。

采用在线庭审方式审理的案件，审理过程中出现上述情形之一的，人民法院应当将案件转为线下开庭方式审理。已完成的在线庭审活动具有法律效力。

第二十四条 经受送达人同意，人民法院可以通过中国审判流程信息公开网、全国统一送达平台、传真、电子邮件、即时通讯账号等电子方式送达诉讼文书和当事人提交的证据材料。

具备下列情形之一的，人民法院可以确定受送达人同意电子送达：

（一）受送达人明确表示同意的；

（二）受送达人对在诉讼中适用电子送达已作出过约定的；

（三）受送达人在提交的起诉状、答辩状中主动提供用于接收送达的电子地址的；

（四）受送达人通过回复收悉、参加诉讼等方式接受已经完成的电子送达，并且未明确表示不同意电子送达的。

第二十五条 经受送达人明确表示同意，人民法院可以电子送达判决书、裁定书、调解书等裁判文书。当事人提出需要纸质裁判文书的，人民法院应当提供。

第二十六条 人民法院向受送达人主动提供或者确认的电子地址进行送达的，送达信息到达电子地址所在系统时，即为送达。

受送达人同意电子送达但未主动提供或者确认电子地址，人民法院向能够获取的受送达人电子地址进行送达的，根据下列情形确定是否完成送达：

（一）受送达人回复已收到送达材料，或者根据送达内容作出相应诉讼行为的，视为完成有效送达；

（二）受送达人的电子地址所在系统反馈受送达人已阅知，或者有其他证据可以证明受送达人已经收悉的，推定完成有效送达，但受送达人能够证明存在系统错误、送达地址非本人使用或者非本人阅知等未收悉送达内容的情形除外。

完成有效送达的，人民法院应当制作电子送达凭证。电子送达凭证具有送达回证效力。

七、附则

第二十七条 本办法仅适用于北京、上海市辖区内中级人民法院、基层人民法院，南京、苏州、杭州、宁波、合肥、福州、厦门、济南、郑州、洛阳、武汉、广州、深圳、成都、贵阳、昆明、西安、银川市中级人民法院及其辖区内基层人民法院，北京、上海、广州知识产权法院，上海金融法院，北京、杭州、广州互联网法院。

本办法所称的人民法院，是指纳入试点的人民法院；所称的第二审人民法院，包括纳入试点的中级人民法院、知识产权法院和金融法院；所称的中级人民法院、基层人民法院包括试点地区内的铁路运输中级法院和基层法院。

第二十八条 试点地区高级人民法院根据本办法，结合工作实际，制定具体实施方案和相关制度规定，并于2020年2月10日前报最高人民法院备案。

试点地区高级人民法院在制定实施方案、修订现有规范、做好机制衔接的前提下，组织试点法院自本法印发之日起全面启动试点工作，试点时间二年。2021年1月1日前，试点地区高级人民法院应当形成试点工作中期报告报最高人民法院。

第二十九条 本办法由最高人民法院负责解释。

第三十条 本办法报全国人民代表大会常务委员会备案，自发布之日起实施；之前有关民事诉讼制度规定与本办法不一致的，按照本办法执行。

A2 司法责任制意见（2015）

最高人民法院关于完善人民法院司法责任制的若干意见

（法发〔2015〕13号。2015年9月21日公布并施行）

为贯彻中央关于深化司法体制改革的总体部署，优化审判资源配置，明确审判组织权限，完善人民法院的司法责任制，建立健全符合司法规律的审判权力运行机制，增强法官审理案件的亲历性，确保法官依法独立公正履行审判职责，根据有关法律和人民法院工作实际，制定本意见。

一、目标原则

1. 完善人民法院的司法责任制，必须以严格的审判责任制为核心，以科学的审判权力运行机制为前提，以明晰的审判组织权限和审判人员职责为基础，以有效的审判管理和监督制度为保障，让审理者裁判、由裁判者负责，确保人民法院依法独立公正行使审判权。

2. 推进审判责任制改革，人民法院应当坚持以下基本原则：

（1）坚持党的领导，坚持走中国特色社会主义法治道路；
（2）依照宪法和法律独立行使审判权；
（3）遵循司法权运行规律，体现审判权的判断权和裁决权属性，突出法官办案主体地位；
（4）以审判权为核心，以审判监督权和审判管理权为保障；
（5）权责明晰、权责统一、监督有序、制约有效；
（6）主观过错与客观行为相结合，责任与保障相结合。

3. 法官依法履行审判职责受法律保护。法官有权对案件事实认定和法律适用独立发表意见。非因法定事由，非经法定程序，法官依法履职行为不受追究。

二、改革审判权力运行机制

（一）独任制与合议庭运行机制

4. 基层、中级人民法院可以组建由一名法官与法官助理、书记员以及其他必要的辅助人员组成的审判团队，依法独任审理适用简易程序的案件和法律规定的其他案件。

人民法院可以按照受理案件的类别，通过随机产生的方式，组建由法官或者法官与人民陪审员组成的合议庭，审理适用普通程序和依法由合议庭审理的简易程序的案件。案件数量较多的基层人民法院，可以组建相对固定的审判团队，实行扁平化的管理模式。

人民法院应当结合职能定位和审级情况，为法官合理配置一定数量的法官助理、书记员和其他审判辅助人员。

5. 在加强审判专业化建设基础上，实行随机分案为主、指定分案为辅的案件分配制度。按照审判领域类别，随机确定案件的承办法官。因特殊情况需要对随机分案结果进行调整的，应当将调整理由及结果在法院工作平台上公示。

6. 独任法官审理案件形成的裁判文书，由独任法官直接签署。合议庭审理案件形成的裁判文书，由承办法官、合议庭其他成员、审判长依次签署；审判长作为承办法官的，由审判长最后签署。审判组织的法官依次签署完毕后，裁判文书即可印发。除审判委员会讨论决定的案件以外，院长、副院长、庭长对其未直接参加审理案件的裁判文书不再进行审核签发。

合议庭评议和表决规则，适用人民法院组织法、诉讼法以及《最高人民法院关于人民法院合议庭工作的若干规定》《最高人民法院关于进一步加强合议庭职责的若干规定》。

7. 进入法官员额的院长、副院长、审判委员会专职委员、庭长、副庭长应当办理案件。院长、副院长、审判委员会专职委员每年办案数量应当参照全院法官人均办案数量，根据其承担的审判管理监督事务和行政事务工作量合理确定。庭长每年办案数量参照本庭法官人均办案数量确定。对于重大、疑难、复杂的案件，可以直接由院长、副院长、审判委员会委员组成合议庭进行审理。

按照审判权与行政管理权相分离的原则，试点法院可以探索实行人事、经费、政务等行政事务集中管理制度，必要时可以指定一名副院长专门协助院长管理行政事务。

8. 人民法院可以分别建立由民事、刑事、行政等审判领域法官组成的专业法官会议，为合议庭正确理解和适用法律提供咨询意见。合议庭认为所审理的案件因重大、疑难、复杂而存在法律适用标准不统一的，可以将法律适用问题提交专业法官会议研究讨论。专业法官会议的讨论意见供合议庭复议时参考，采纳与否由合议庭决定，讨论记录应当入卷备查。

建立审判业务法律研讨机制，通过类案参考、案例评析等方式统一裁判尺度。

(二) 审判委员会运行机制

9. 明确审判委员会统一本院裁判标准的职能，依法合理确定审判委员会讨论案件的范围。审判委员会只讨论涉及国家外交、安全和社会稳定的重大复杂案件，以及重大、疑难、复杂案件的法律适用问题。强化审判委员会总结审判经验、讨论决定审判工作重大事项的宏观指导职能。

10. 合议庭认为案件需要提交审判委员会讨论决定的，应当提出并列明需要审判委员会讨论决定的法律适用问题，并归纳不同的意见和理由。

合议庭提交审判委员会讨论案件的条件和程序，适用人民法院组织法、诉讼法以及《最高人民法院关于人民法院合议庭工作的若干规定》《最高人民法院关于改革和完善人民法院审判委员会制度的实施意见》。

11. 案件需要提交审判委员会讨论决定的，审判委员会委员应当事先审阅合议庭提请讨论的材料，了解合议庭对法律适用问题的不同意见和理由，根据需要调阅庭审音频视频或者查阅案卷。

审判委员会委员讨论案件时应当充分发表意见，按照法官等级由低到高确定表决顺序，主持人最后表决。审判委员会评议实行全程留痕，录音、录像，作出会议记录。审判委员会的决定，合议庭应当执行。所有参加讨论和表决的委员应当在审判委员会会议记录上签名。

建立审判委员会委员履职考评和内部公示机制。建立审判委员会决议事项的督办、回复和公示制度。

(三) 审判管理和监督

12. 建立符合司法规律的案件质量评估体系和评价机制。审判管理和审判监督机构应当定期分析审判质量运行态势，通过常规抽查、重点查查、专项查查等方式对案件质量进行专业评价。

13. 各级人民法院应当成立法官考评委员会，建立法官业绩评价体系和业绩档案。业绩档案应当以法官个人日常履职情况、办案数量、审判质量、司法技能、廉洁自律、外部评价等为主要内容。法官业绩评价应当作为法官任职、评先评优和晋职晋级的重要依据。

14. 各级人民法院应当依托信息技术，构建开放动态透明便民的阳光司法机制，建立健全审判流程公开、裁判文书公开和执行信息公开三大平台，广泛接受社会监督。探索建立法院以外的第三方评价机制，强化对审判权力运行机制的法律监督、社会监督和舆论监督。

三、明确司法人员职责和权限

（一）独任庭和合议庭司法人员职责

15. 法官独任审理案件时，应当履行以下审判职责：

（1）主持或者指导法官助理做好庭前会议、庭前调解、证据交换等庭前准备工作及其他审判辅助工作；

（2）主持案件开庭、调解，依法作出裁判，制作裁判文书或者指导法官助理起草裁判文书，并直接签发裁判文书；

（3）依法决定案件审理中的程序性事项；

（4）依法行使其他审判权力。

16. 合议庭审理案件时，承办法官应当履行以下审判职责：

（1）主持或者指导法官助理做好庭前会议、庭前调解、证据交换等庭前准备工作及其他审判辅助工作；

（2）就当事人提出的管辖权异议及保全、司法鉴定、非法证据排除申请等提请合议庭评议；

（3）对当事人提交的证据进行全面审核，提出审查意见；

（4）拟定庭审提纲，制作阅卷笔录；

（5）自己担任审判长时，主持、指挥庭审活动；不担任审判长时，协助审判长开展庭审活动；

（6）参与案件评议，并先行提出处理意见；

（7）根据合议庭评议意见制作裁判文书或者指导法官助理起草裁判文书；

（8）依法行使其他审判权力。

17. 合议庭审理案件时，合议庭其他法官应当认真履行审判职责，共同参与阅卷、庭审、评议等审判活动，独立发表意见，复核并在裁判文书上签名。

18. 合议庭审理案件时，审判长除承担由合议庭成员共同承担的审判职责外，还应当履行以下审判职责：

（1）确定案件审理方案、庭审提纲、协调合议庭成员庭审分工以及指导做好其他必要的庭审准备工作；

（2）主持、指挥庭审活动；

（3）主持合议庭评议；

（4）依照有关规定和程序将合议庭处理意见分歧较大的案件提交专业法官会议讨论，或者按程序建议将案件提交审判委员会讨论决定；

（5）依法行使其他审判权力。

审判长自己承办案件时，应当同时履行承办法官的职责。

19. 法官助理在法官的指导下履行以下职责：

（1）审查诉讼材料，协助法官组织庭前证据交换；
（2）协助法官组织庭前调解，草拟调解文书；
（3）受法官委托或者协助法官依法办理财产保全和证据保全措施等；
（4）受法官指派，办理委托鉴定、评估等工作；
（5）根据法官的要求，准备与案件审理相关的参考资料，研究案件涉及的相关法律问题；
（6）在法官的指导下草拟裁判文书；
（7）完成法官交办的其他审判辅助性工作。

20. 书记员在法官的指导下，按照有关规定履行以下职责：
（1）负责庭前准备的事务性工作；
（2）检查开庭时诉讼参与人的出庭情况，宣布法庭纪律；
（3）负责案件审理中的记录工作；
（4）整理、装订、归档案卷材料；
（5）完成法官交办的其他事务性工作。

（二）院长庭长管理监督职责

21. 院长除依照法律规定履行相关审判职责外，还应当从宏观上指导法院各项审判工作，组织研究相关重大问题和制定相关管理制度，综合负责审判管理工作，主持审判委员会讨论审判工作中的重大事项，依法主持法官考评委员会对法官进行评鉴，以及履行其他必要的审判管理和监督职责。

副院长、审判委员会专职委员受院长委托，可以依照前款规定履行部分审判管理和监督职责。

22. 庭长除依照法律规定履行相关审判职责外，还应当从宏观上指导本庭审判工作，研究制定各合议庭和审判团队之间、内部成员之间的职责分工，负责随机分案后因特殊情况需要调整分案的事宜，定期对本庭审判质量情况进行监督，以及履行其他必要的审判管理和监督职责。

23. 院长、副院长、庭长的审判管理和监督活动应当严格控制在职责和权限的范围内，并在工作平台上公开进行。院长、副院长、庭长除参加审判委员会、专业法官会议外不得对其没有参加审理的案件发表倾向性意见

24. 对于有下列情形之一的案件，院长、副院长、庭长有权要求独任法官或者合议庭报告案件进展和评议结果：
（1）涉及群体性纠纷，可能影响社会稳定的；
（2）疑难、复杂且在社会上有重大影响的；
（3）与本院或者上级法院的类案判决可能发生冲突的；
（4）有关单位或者个人反映法官有违法审判行为的。

院长、副院长、庭长对上述案件的审理过程或者评议结果有异议的，不得直接改变合议庭的意见，但可以决定将案件提交专业法官会议、审判委员会进行讨论。院长、副院长、庭长针对上述案件监督建议的时间、内容、处理结果

等应当在案卷和办公平台上全程留痕。

四、审判责任的认定和追究

(一) 审判责任范围

25. 法官应当对其履行审判职责的行为承担责任，在职责范围内对办案质量终身负责。

法官在审判工作中，故意违反法律法规的，或者因重大过失导致裁判错误并造成严重后果的，依法应当承担违法审判责任。

法官有违反职业道德准则和纪律规定，接受案件当事人及相关人员的请客送礼、与律师进行不正当交往等违纪违法行为，依照法律及有关纪律规定另行处理。

26. 有下列情形之一的，应当依纪依法追究相关人员的违法审判责任：

(1) 审理案件时有贪污受贿、徇私舞弊、枉法裁判行为的；

(2) 违反规定私自办案或者制造虚假案件的；

(3) 涂改、隐匿、伪造、偷换和故意损毁证据材料的，或者因重大过失丢失、损毁证据材料并造成严重后果的；

(4) 向合议庭、审判委员会汇报案情时隐瞒主要证据、重要情节和故意提供虚假材料的，或者因重大过失遗漏主要证据、重要情节导致裁判错误并造成严重后果的；

(5) 制作诉讼文书时，故意违背合议庭评议结果、审判委员会决定的，或者因重大过失导致裁判文书主文错误并造成严重后果的；

(6) 违反法律规定，对不符合减刑、假释条件的罪犯裁定减刑、假释的，或者因重大过失对不符合减刑、假释条件的罪犯裁定减刑、假释并造成严重后果的；

(7) 其他故意违背法定程序、证据规则和法律明确规定违法审判的，或者因重大过失导致裁判结果错误并造成严重后果的。

27. 负有监督管理职责的人员等因故意或者重大过失，怠于行使或者不当行使审判监督权和审判管理权导致裁判错误并造成严重后果的，依照有关规定应当承担监督管理责任。追究其监督管理责任的，依照干部管理有关规定和程序办理。

28. 因下列情形之一，导致案件按照审判监督程序提起再审后被改判的，不得作为错案进行责任追究：

(1) 对法律、法规、规章、司法解释具体条文的理解和认识不一致，在专业认知范围内能够予以合理说明的；

(2) 对案件基本事实的判断存在争议或者疑问，根据证据规则能够予以合理说明的；

(3) 当事人放弃或者部分放弃权利主张的；

(4) 因当事人过错或者客观原因致使案件事实认定发生变化的；

(5) 因出现新证据而改变裁判的;
(6) 法律修订或者政策调整的;
(7) 裁判所依据的其他法律文书被撤销或者变更的;
(8) 其他依法履行审判职责不应当承担责任的情形。

(二) 审判责任承担

29. 独任制审理的案件,由独任法官对案件的事实认定和法律适用承担全部责任。

30. 合议庭审理的案件,合议庭成员对案件的事实认定和法律适用共同承担责任。

进行违法审判责任追究时,根据合议庭成员是否存在违法审判行为、情节、合议庭成员发表意见的情况和过错程度合理确定各自责任。

31. 审判委员会讨论案件时,合议庭对其汇报的事实负责,审判委员会委员对其本人发表的意见及最终表决负责。

案件经审判委员会讨论的,构成违法审判责任追究情形时,根据审判委员会委员是否故意曲解法律发表意见的情况,合理确定委员责任。审判委员会改变合议庭意见导致裁判错误的,由持多数意见的委员共同承担责任,合议庭不承担责任。审判委员会维持合议庭意见导致裁判错误的,由合议庭和持多数意见的委员共同承担责任。

合议庭汇报案件时,故意隐瞒主要证据或者重要情节,或者故意提供虚假情况,导致审判委员会作出错误决定的,由合议庭成员承担责任,审判委员会委员根据具体情况承担部分责任或者不承担责任。

审判委员会讨论案件违反民主集中制原则,导致审判委员会决定错误的,主持人应当承担主要责任。

32. 审判辅助人员根据职责权限和分工承担与其职责相对应的责任。法官负有审核把关职责的,法官也应当承担相应责任。

33. 法官受领导干部干预导致裁判错误的,且法官不记录或者不如实记录,应当排除干预而没有排除的,承担违法审判责任。

(三) 违法审判责任追究程序

34. 需要追究违法审判责任的,一般由院长、审判监督部门或者审判管理部门提出初步意见,由院长委托审判监督部门审查或者提请审判委员会进行讨论,经审查初步认定有关人员具有本意见所列违法审判责任追究情形的,人民法院监察部门应当启动违法审判责任追究程序。

各级人民法院应当依法自觉接受人大、政协、媒体和社会监督,依法受理对法官违法审判行为的举报、投诉,并认真进行调查核实。

35. 人民法院监察部门应当对法官是否存在违法审判行为进行调查,并采取必要、合理的保护措施。在调查过程中,当事法官享有知情、辩解和举证的权利,监察部门应当对当事法官的意见、辩解和举证如实记录,并在调查报告中对是否采纳作出说明。

36. 人民法院监察部门经调查后，认为应当追究法官违法审判责任的，应当报请院长决定，并报送省（区、市）法官惩戒委员会审议。

高级人民法院监察部门应当派员向法官惩戒委员会通报当事法官的违法审判事实及拟处理建议、依据，并就其违法审判行为和主观过错进行举证。当事法官有权进行陈述、举证、辩解、申请复议和申诉。

法官惩戒委员会根据查明的事实和法律规定作出无责、免责或者给予惩戒处分的建议。

法官惩戒委员会工作章程和惩戒程序另行制定。

37. 对应当追究违法审判责任的相关责任人，根据其应负责任依照《中华人民共和国法官法》等有关规定处理：

（1）应当给予停职、延期晋升、退出法官员额或者免职、责令辞职、辞退等处理的，由组织人事部门按照干部管理权限和程序依法办理；

（2）应当给予纪律处分的，由纪检监察部门依照有关规定和程序依法办理；

（3）涉嫌犯罪的，由纪检监察部门将违法线索移送有关司法机关依法处理。

免除法官职务，必须按法定程序由人民代表大会罢免或者提请人大常委会作出决定。

五、加强法官的履职保障

38. 在案件审理的各个阶段，除非确有证据证明法官存在贪污受贿、徇私舞弊、枉法裁判等严重违法审判行为外，法官依法履职的行为不得暂停或者终止。

39. 法官依法审判不受行政机关、社会团体和个人的干涉。任何组织和个人违法干预司法活动、过问和插手具体案件处理的，应当依照规定予以记录、通报和追究责任。

领导干部干预司法活动、插手具体案件和司法机关内部人员过问案件的，分别按照《领导干部干预司法活动、插手具体案件处理的记录、通报和责任追究规定》和《司法机关内部人员过问案件的记录和责任追究规定》及其实施办法处理。

40. 法官因依法履职遭受不实举报、诬告陷害，致使名誉受到损害的，或者经法官惩戒委员会等组织认定不应追究法律和纪律责任的，人民法院监察部门、新闻宣传部门应当在适当范围以适当形式及时澄清事实，消除不良影响，维护法官良好声誉。

41. 人民法院或者相关部门对法官作出错误处理的，应当赔礼道歉、恢复职务和名誉、消除影响，对造成经济损失的依法给予赔偿。

42. 法官因接受调查暂缓等级晋升的，后经有关部门认定不构成违法审判责任,或者法官惩戒委员会作出无责或者免责建议的,其等级晋升时间从暂缓之日起连续计算。

43. 依法及时惩治当庭损毁证据材料、庭审记录、法律文书和法庭设施等妨碍诉讼活动或者严重藐视法庭权威的行为。依法保护法官及其近亲属的人身和财产安全,依法及时惩治在法庭内外恐吓、威胁、侮辱、跟踪、骚扰、伤害法官及其近亲属等违法犯罪行为。

侵犯法官人格尊严,或者泄露依法不能公开的法官及其亲属隐私,干扰法官依法履职的,依法追究有关人员责任。

44. 加大对妨碍法官依法行使审判权、诬告陷害法官、藐视法庭权威、严重扰乱审判秩序等违法犯罪行为的惩罚力度,研究完善配套制度,推动相关法律的修改完善。

六、附则

45. 本意见所称法官是指经法官遴选委员会遴选后进入法官员额的法官。
46. 本意见关于审判责任的认定和追究适用于人民法院的法官、副庭长、庭长、审判委员会专职委员、副院长和院长。执行员、法官助理、书记员、司法警察等审判辅助人员的责任认定和追究参照执行。

技术调查官等其他审判辅助人员的职责另行规定。

人民陪审员制度改革试点地区法院人民陪审案件中的审判责任根据《人民陪审员制度改革试点方案》另行规定。

47. 本意见由最高人民法院负责解释。
48. 本意见适用于中央确定的司法体制改革试点法院和最高人民法院确定的审判权力运行机制改革试点法院。

最高人民法院

2015 年 9 月 21 日

A3 法官行为规范（2010）

法官行为规范

（法发〔2010〕54 号。2010 年 12 月 6 日公布并施行）

为大力弘扬"公正、廉洁、为民"的司法核心价值观,规范法官基本行为,树立良好的司法职业形象,根据《中华人民共和国法官法》和《中华人民共和国公务员法》等法律,制定本规范。

一、一般规定

第一条 忠诚坚定。坚持党的事业至上、人民利益至上、宪法法律至上,在思想上和行动上与党中央保持一致,不得有违背党和国家基本政策以及社会主义司法制度的言行。

第二条 公正司法。坚持以事实为根据、以法律为准绳，平等对待各方当事人，确保实体公正、程序公正和形象公正，努力实现办案法律效果和社会效果的有机统一，不得滥用职权、枉法裁判。

第三条 高效办案。树立效率意识，科学合理安排工作，在法定期限内及时履行职责，努力提高办案效率，不得无故拖延、贻误工作、浪费司法资源。

第四条 清正廉洁。遵守各项廉政规定，不得利用法官职务和身份谋取不正当利益，不得为当事人介绍代理人、辩护人以及中介机构，不得为律师、其他人员介绍案源或者给予其他不当协助。

第五条 一心为民。落实司法为民的各项规定和要求，做到听民声、察民情、知民意，坚持能动司法，树立服务意识，做好诉讼指导、风险提示、法律释明等便民服务，避免"冷硬横推"等不良作风。

第六条 严守纪律。遵守各项纪律规定，不得泄露在审判工作中获取的国家秘密、商业秘密、个人隐私等，不得过问、干预和影响他人正在审理的案件，不得随意发表有损生效裁判严肃性和权威性的言论。

第七条 敬业奉献。热爱人民司法事业，增强职业使命感和荣誉感，加强业务学习，提高司法能力，恪尽职守，任劳任怨，无私奉献，不得麻痹懈怠、玩忽职守。

第八条 加强修养。坚持学习，不断提高自身素质；遵守司法礼仪，执行着装规定，言语文明，举止得体，不得浓妆艳抹，不得佩带与法官身份不相称的饰物，不得参加有损司法职业形象的活动。

二、立案

第九条 基本要求

（一）保障当事人依法行使诉权，特别关注妇女、儿童、老年人、残疾人等群体的诉讼需求；

（二）便利人民群众诉讼，减少当事人诉累；

（三）确保立案质量，提高立案效率。

第十条 当事人来法院起诉

（一）加强诉讼引导，提供诉讼指导材料；

（二）符合起诉条件的，在法定时间内及时立案；

（三）不符合起诉条件的，不予受理并告知理由，当事人坚持起诉的，裁定不予受理；

（四）已经立案的，不得强迫当事人撤诉；

（五）当事人自愿放弃起诉的，除法律另有规定外，应当准许。

第十一条 当事人口头起诉

（一）告知应当递交书面诉状；

（二）当事人不能书写诉状且委托他人代写有困难的，要求其明确诉讼请求、如实提供案件情况和联络方式，记入笔录并向其宣读，确认无误后交其签名或者捺印。

第十二条 当事人要求上门立案或者远程立案

（一）当事人因肢体残疾行动不便或者身患重病卧床不起等原因，确实无法到法院起诉且没有能力委托代理人的，可以根据实际情况上门接收起诉材料；

（二）当事人所在地离受案法院距离远且案件事实清楚、法律关系明确、争议不大的，可以通过网络或者邮寄的方式接收起诉材料；

（三）对不符合上述条件的当事人，应当告知其到法院起诉。

第十三条 当事人到人民法庭起诉

人民法庭有权受理的，应当接受起诉材料，不得要求当事人到所在基层人民法院立案庭起诉。

第十四条 案件不属于法院主管或者本院管辖

（一）告知当事人不属于法院主管或者本院没有管辖权的理由；

（二）根据案件实际情况，指明主管机关或者有管辖权的法院；

（三）当事人坚持起诉的，裁定不予受理，不得违反管辖规定受理案件。

第十五条 依法应当公诉的案件提起自诉

（一）应当在接受后移送主管机关处理，并且通知当事人；

（二）情况紧急的，应当先采取紧急措施，然后移送主管机关并告知当事人。

第十六条 诉状内容和形式不符合规定

（一）告知按照有关规定进行更正，做到一次讲清要求；

（二）不得因法定起诉要件以外的瑕疵拒绝立案。

第十七条 起诉材料中证据不足

原则上不能以支持诉讼请求的证据不充分为由拒绝立案。

第十八条 遇到疑难复杂情况，不能当场决定是否立案

（一）收下材料并出具收据，告知等待审查结果；

（二）及时审查并在法定期限内将结果通知当事人。

第十九条 发现涉及群体的、矛盾易激化的纠纷

及时向领导汇报并和有关部门联系，积极做好疏导工作，防止矛盾激化。

第二十条 当事人在立案后询问证据是否有效、能否胜诉等实体问题

（一）不得向其提供倾向性意见；

（二）告知此类问题只有经过审理才能确定，要相信法院会公正裁判。

第二十一条 当事人在立案后询问案件处理流程或时间

告知案件处理流程和法定期限，不得以与立案工作无关为由拒绝回答。

第二十二条 当事人预交诉讼费

（一）严格按规定确定数额，不得额外收取或者随意降低；

（二）需要到指定银行交费的，及时告知账号及地点；

（三）确需人民法庭自行收取的，应当按规定出具收据。

第二十三条 当事人未及时交纳诉讼费

（一）符合司法救助条件的，告知可以申请缓交或者减免诉讼费；

（二）不符合司法救助条件的，可以书面形式通知其在规定期限内交费，并告知无正当理由逾期不交诉讼费的，将按撤诉处理。

第二十四条 当事人申请诉前财产保全、证据保全等措施

（一）严格审查申请的条件和理由，及时依法作出裁定；

（二）裁定采取保全等措施的，及时依法执行；不符合申请条件的，耐心解释原因；

（三）不得滥用诉前财产保全、证据保全等措施。

第二十五条 当事人自行委托或者申请法院委托司法鉴定

（一）当事人协商一致自行委托的，应当认真审查鉴定情况，对程序合法、结论公正的鉴定意见应当采信；对不符合要求的鉴定意见可以要求重新鉴定，并说明理由；

（二）当事人申请法院委托的，应当及时做出是否准许的决定，并答复当事人；准许进行司法鉴定的，应当按照规定委托鉴定机构及时进行鉴定。

三、庭审

第二十六条 基本要求

（一）规范庭审言行，树立良好形象；

（二）增强庭审驾驭能力，确保审判质量；

（三）严格遵循庭审程序，平等保护当事人诉讼权利；

（四）维护庭审秩序，保障审判活动顺利进行。

第二十七条 开庭前的准备

（一）在法定期限内及时通知诉讼各方开庭时间和地点；

（二）公开审理的，应当在法定期限内及时公告；

（三）当事人申请不公开审理的，应当及时审查，符合法定条件的，应当准许；不符合法定条件的，应当公开审理并解释理由；

（四）需要进行庭前证据交换的，应当及时提醒，并主动告知举证时限；

（五）当事人申请法院调取证据的，如确属当事人无法收集的证据，应当及时调查收集，不得拖延；证据调取不到的，应当主动告知原因；如属于当事人可以自行收集的证据，应当告知其自行收集；

（六）自觉遵守关于回避的法律规定和相关制度，对当事人提出的申请回避请求不予同意的，应当向当事人说明理由；

（七）审理当事人情绪激烈、矛盾容易激化的案件，应当在庭前做好工作预案，防止发生恶性事件。

第二十八条 原定开庭时间需要更改

（一）不得无故更改开庭时间；

（二）因特殊情况确需延期的，应当立即通知当事人及其他诉讼参加人；

（三）无法通知的，应当安排人员在原定庭审时间和地点向当事人及其他诉讼参加人解释。

第二十九条 出庭时注意事项

（一）准时出庭，不迟到，不早退，不缺席；

（二）在进入法庭前必须更换好法官服或者法袍，并保持整洁和庄重，严禁着便装出庭；合议庭成员出庭的着装应当保持统一；

（三）设立法官通道的，应当走法官通道；

（四）一般在当事人、代理人、辩护人、公诉人等入庭后进入法庭，但前述人员迟到、拒不到庭的除外；

（五）不得与诉讼各方随意打招呼，不得与一方有特别亲密的言行；

（六）严禁酒后出庭。

第三十条 庭审中的言行

（一）坐姿端正，杜绝各种不雅动作；

（二）集中精力，专注庭审，不做与庭审活动无关的事；

（三）不得在审判席上吸烟、闲聊或者打瞌睡，不得接打电话，不得随意离开审判席；

（四）平等对待与庭审活动有关的人员，不与诉讼中的任何一方有亲近的表示；

（五）礼貌示意当事人及其他诉讼参加人发言；

（六）不得用带有倾向性的语言进行提问，不得与当事人及其他诉讼参加人争吵；

（七）严格按照规定使用法槌，敲击法槌的轻重应当以旁听区能够听见为宜。

第三十一条 对诉讼各方陈述、辩论时间的分配与控制

（一）根据案情和审理需要，公平、合理地分配诉讼各方在庭审中的陈述及辩论时间；

（二）不得随意打断当事人、代理人、辩护人等的陈述；

（三）当事人、代理人、辩护人发表意见重复或与案件无关的，要适当提醒制止，不得以生硬言辞进行指责。

第三十二条 当事人使用方言或者少数民族语言

（一）诉讼一方只能讲方言的，应当准许；他方表示不通晓的，可以由懂方言的人用普通话进行复述，复述应当准确无误；

（二）使用少数民族语言陈述，他方表示不通晓的，应当为其配备翻译。

第三十三条 当事人情绪激动，在法庭上喊冤或者鸣不平

（一）重申当事人必须遵守法庭纪律，法庭将会依法给其陈述时间；

（二）当事人不听劝阻的，应当及时制止；

（三）制止无效的，依照有关规定作出适当处置。
第三十四条 诉讼各方发生争执或者进行人身攻击
（一）及时制止，并对各方进行批评教育，不得偏袒一方；
（二）告诫各方必须围绕案件依序陈述；
（三）对不听劝阻的，依照有关规定作出适当处置。
第三十五条 当事人在庭审笔录上签字
（一）应当告知当事人庭审笔录的法律效力，将庭审笔录交其阅读；无阅读能力的，应当向其宣读，确认无误后再签字、捺印；
（二）当事人指出记录有遗漏或者差错的，经核实后要当场补正并要求当事人在补正处签字、捺印；无遗漏或者差错不应当补正的，应当将其申请记录在案；
（三）未经当事人阅读核对，不得要求其签字、捺印；
（四）当事人放弃阅读核对的，应当要求其签字、捺印；当事人不阅读又不签字、捺印的，应当将情况记录在案。
第三十六条 宣判时注意事项
（一）宣告判决，一律公开进行；
（二）宣判时，合议庭成员或者独任法官应当起立，宣读裁判文书声音要洪亮、清晰、准确无误；
（三）当庭宣判的，应当宣告裁判事项，简要说明裁判理由并告知裁判文书送达的法定期限；
（四）定期宣判的，应当在宣判后立即送达裁判文书；
（五）宣判后，对诉讼各方不能赞赏或者指责，对诉讼各方提出的质疑，应当耐心做好解释工作。
第三十七条 案件不能在审限内结案
（一）需要延长审限的，按照规定履行审批手续；
（二）应当在审限届满或者转换程序前的合理时间内，及时将不能审结的原因告知当事人及其他诉讼参加人。
第三十八条 人民检察院提起抗诉
（一）依法立案并按照有关规定进行审理；
（二）应当为检察人员和辩护人、诉讼代理人查阅案卷、复印卷宗材料等提供必要的条件和方便。

四、诉讼调解

第三十九条 基本要求
（一）树立调解理念，增强调解意识，坚持"调解优先、调判结合"，充分发挥调解在解决纠纷中的作用；
（二）切实遵循合法、自愿原则，防止不当调解、片面追求调解率；
（三）讲究方式方法，提高调解能力，努力实现案结事了。

第四十条 在调解过程中与当事人接触

（一）应当征询各方当事人的调解意愿；

（二）根据案件的具体情况，可以分别与各方当事人做调解工作；

（三）在与一方当事人接触时，应当保持公平，避免他方当事人对法官的中立性产生合理怀疑。

第四十一条 只有当事人的代理人参加调解

（一）认真审查代理人是否有特别授权，有特别授权的，可以由其直接参加调解；

（二）未经特别授权的，可以参与调解，达成调解协议的，应当由当事人签字或者盖章，也可以由当事人补办特别授权追认手续，必要时，可以要求当事人亲自参加调解。

第四十二条 一方当事人表示不愿意调解

（一）有调解可能的，应当采用多种方式，积极引导调解；

（二）当事人坚持不愿调解的，不得强迫调解。

第四十三条 调解协议损害他人利益

（一）告知参与调解的当事人应当对涉及到他人权利、义务的约定进行修正；

（二）发现调解协议有损他人利益的，不得确认该调解协议内容的效力。

第四十四条 调解过程中当事人要求对责任问题表态

应当根据案件事实、法律规定以及调解的实际需要进行表态，注意方式方法，努力促成当事人达成调解协议。

第四十五条 当事人对调解方案有分歧

（一）继续做好协调工作，尽量缩小当事人之间的分歧，以便当事人重新选择，争取调解结案；

（二）分歧较大且确实难以调解的，应当及时依法裁判。

五、文书制作

第四十六条 基本要求

（一）严格遵守格式和规范，提高裁判文书制作能力，确保裁判文书质量，维护裁判文书的严肃性和权威性；

（二）普通程序案件的裁判文书应当内容全面、说理透彻、逻辑严密、用语规范、文字精炼；

（三）简易程序案件的裁判文书应当简练、准确、规范；

（四）组成合议庭审理的案件的裁判文书要反映多数人的意见。

第四十七条 裁判文书质量责任的承担

（一）案件承办法官或者独任法官对裁判文书质量负主要责任，其他合议庭成员对裁判文书负有次要责任；

（二）对裁判文书负责审核、签发的法官，应当做到严格审查、认真把关。

第四十八条 对审判程序及审判全过程的叙述

（一）准确叙述当事人的名称、案由、立案时间、开庭审理时间、诉讼参加人到庭等情况；

（二）简易程序转为普通程序的，应当写明转换程序的时间和理由；

（三）追加、变更当事人的，应当写明追加、变更的时间、理由等情况；

（四）应当如实叙述审理管辖异议、委托司法鉴定、评估、审计、延期审理等环节的流程等一些重要事项。

第四十九条 对诉讼各方诉状、答辩状的归纳

（一）简要、准确归纳诉讼各方的诉、辩主张；

（二）应当公平、合理分配篇幅。

第五十条 对当事人质证过程和争议焦点的叙述

（一）简述开庭前证据交换和庭审质证阶段各方当事人质证过程；

（二）准确概括各方当事人争议的焦点；

（三）案件事实、法律关系较复杂的，应当在准确归纳争议焦点的基础上分段、分节叙述。

第五十一条 普通程序案件的裁判文书对事实认定部分的叙述

（一）表述客观，逻辑严密，用词准确，避免使用明显的褒贬词汇；

（二）准确分析说明各方当事人提交证据采信与否的理由以及被采信的证据能够证明的事实；

（三）对证明责任、证据的证明力以及证明标准等问题应当进行合理解释。

第五十二条 对普通程序案件定性及审理结果的分析论证

（一）应当进行准确、客观、简练的说理，对答辩意见、辩护意见、代理意见等是否采纳要阐述理由；

（二）审理刑事案件，应当根据法律、司法解释的有关规定并结合案件具体事实做出有罪或者无罪的判决，确定有罪的，对法定、酌定的从重、从轻、减轻、免除处罚情节等进行分析认定；

（三）审理民事案件，应当根据法律、法规、司法解释的有关规定，结合个案具体情况，理清案件法律关系，对当事人之间的权利义务关系、责任承担及责任大小等进行详细的归纳评判；

（四）审理行政案件，应当根据法律、法规、司法解释的有关规定，结合案件事实，就行政机关及其工作人员所作的具体行政行为是否合法，原告的合法权益是否被侵害，与被诉具体行政行为之间是否存在因果关系等进行分析论证。

第五十三条 法律条文的引用

（一）在裁判理由部分应当引用法律条款原文，必须引用到法律的条、

款、项;
(二)说理中涉及多个争议问题的,应当一论一引;
(三)在判决主文理由部分最终援引法律依据时,只引用法律条款序号。

第五十四条 裁判文书宣告或者送达后发现文字差错
(一)对一般文字差错或者病句,应当及时向当事人说明情况并收回裁判文书,以校对章补正或者重新制作裁判文书;
(二)对重要文字差错或者病句,能立即收回的,当场及时收回并重新制作;无法立即收回的,应当制作裁定予以补正。

六、执行

第五十五条 基本要求
(一)依法及时有效执行,确保生效法律文书的严肃性和权威性,维护当事人的合法权益;
(二)坚持文明执行,严格依法采取执行措施,坚决避免不作为和乱作为;
(三)讲求方式方法,注重执行的法律效果和社会效果。

第五十六条 被执行人以特别授权为由要求执行人员找其代理人协商执行事宜
(一)应当从有利于执行考虑,决定是否与被执行人的代理人联系;
(二)确有必要与被执行人本人联系的,应当告知被执行人有义务配合法院执行工作,不得推托。

第五十七条 申请执行人来电或者来访查询案件执行情况
(一)认真做好记录,及时说明执行进展情况;
(二)申请执行人要求查阅有关案卷材料的,应当准许,但法律规定应予保密的除外。

第五十八条 有关当事人要求退还材料原件
应当在核对当事人提交的副本后将原件退还,并由该当事人签字或者盖章后归档备查。

第五十九条 被执行财产的查找
(一)申请执行人向法院提供被执行财产线索的,应当及时进行调查,依法采取相应的执行措施,并将有关情况告知申请执行人;
(二)应当积极依职权查找被执行人财产,并及时依法采取相应执行措施。

第六十条 执行当事人请求和解
(一)及时将和解请求向对方当事人转达,并以适当方式客观说明执行的难度和风险,促成执行当事人达成和解;
(二)当事人拒绝和解的,应当继续依法执行;
(三)申请执行人和被执行人达成和解的,应当制作书面和解协议并归档,或者将口头达成的和解协议内容记入笔录,并由双方当事人签字或者盖章。
第六十一条 执行中的暂缓、中止、终结
（一）严格依照法定条件和程序采取暂缓、中止、终结执行措施；
（二）告知申请执行人暂缓、中止、终结执行所依据的事实和相关法律规定，并耐心做好解释工作；
（三）告知申请执行人暂缓、中止执行后恢复执行的条件和程序；
（四）暂缓、中止、终结执行确有错误的，应当及时依法纠正。
第六十二条 被执行人对受委托法院执行管辖提出异议
（一）审查案件是否符合委托执行条件，不符合条件的，及时向领导汇报，采取适当方式纠正；
（二）符合委托执行条件的，告知被执行人受委托法院受理执行的依据并依法执行。
第六十三条 案外人对执行提出异议
（一）要求案外人提供有关异议的证据材料，并及时进行审查；
（二）根据具体情况，可以对执行财产采取限制性措施，暂不处分；
（三）异议成立的，采取适当方式纠正；异议不成立的，依法予以驳回。
第六十四条 对被执行人财产采取查封、扣押、冻结、拍卖、变卖等措施
（一）严格依照规定办理手续，不得超标的、超金额查封、扣押、冻结被执行人财产；
（二）对采取措施的财产要认真制作清单，记录好种类、数量，并由当事人签字或者盖章予以确认；
（三）严格按照拍卖、变卖的有关规定，依法委托评估、拍卖机构，不得损害当事人合法利益。
第六十五条 执行款的收取
（一）执行款应当直接划入执行款专用账户；
（二）被执行人即时交付现金或者票据的，应当会同被执行人将现金或者票据交法院财务部门，并及时向被执行人出具收据；
（三）异地执行、搜查扣押、小额标的执行或者因情况紧急确需执行人员直接代收现金或者票据的，应当即时向交款人出具收据，并及时移交法院财务部门；
（四）严禁违规向申请执行人和被执行人收取费用。
第六十六条 执行款的划付
（一）应当在规定期限内办理执行费用和执行款的结算手续，并及时通知申请执行人办理取款手续；
（二）需要延期划付的，应当在期限届满前书面说明原因，并报有关领导审查批准；
（三）申请执行人委托或者指定他人代为收款的，应当审查其委托手续是

否齐全、有效，并要求收款人出具合法有效的收款凭证。

第六十七条 被执行人以生效法律文书在实体或者程序上存在错误而不履行

（一）生效法律文书确有错误的，告知当事人可以依法按照审判监督程序申请再审或者申请有关法院补正，并及时向领导报告；

（二）生效法律文书没有错误的，要及时做好解释工作并继续执行。

第六十八条 有关部门和人员不协助执行

（一）应当告知其相关法律规定，做好说服教育工作；

（二）仍拒不协助的，依法采取有关强制措施。

七、涉诉信访处理

第六十九条 基本要求

（一）高度重视并认真做好涉诉信访工作，切实保护信访人合法权益；

（二）及时处理信访事项，努力做到来访有接待、来信有着落、申诉有回复；

（三）依法文明接待，维护人民法院良好形象。

第七十条 对来信的处理

（一）及时审阅并按规定登记，不得私自扣押或者拖延不办；

（二）需要回复和退回有关材料的，应当及时回复、退回；

（三）需要向有关部门和下级法院转办的，应当及时转办。

第七十一条 对来访的接待

（一）及时接待，耐心听取来访人的意见并做好记录；

（二）能当场解答的，应当立即给予答复，不能当场解答的，收取材料并告知按约定期限等待处理结果。

第七十二条 来访人系老弱病残孕者

（一）优先接待；

（二）来访人申请救助的，可以根据情况帮助联系社会救助站；

（三）在接待时来访人出现意外情况的，应当立即采取适当救护措施。

第七十三条 集体来访

（一）向领导报告，及时安排接待并联系有关部门共同处理；

（二）视情况告知选派1至5名代表说明来访目的和理由；

（三）稳定来访人情绪，并做好劝导工作。

第七十四条 信访事项不属于法院职权范围

告知法院无权处理并解释原因，根据信访事项内容指明有权处理机关。

第七十五条 信访事项涉及国家秘密、商业秘密或者个人隐私

（一）妥善保管涉及秘密和个人隐私的材料；

（二）自觉遵守有关规定，不披露、不使用在信访工作中获得的国家秘密、商业秘密或者个人隐私。

第七十六条 信访人反映辖区法院裁判不公、执行不力、审判作风等问题

（一）认真记录信访人所反映的情况；
（二）对法院裁判不服的，告知其可以依法上诉、申诉或者申请再审；
（三）反映其他问题的，及时将材料转交法院有关部门处理。

第七十七条 信访人反复来信来访催促办理结果
（一）告知规定的办理期限，劝其耐心等待处理结果；
（二）情况紧急的，及时告知承办人或者承办部门；
（三）超过办理期限的，应当告知超期的理由。

第七十八条 信访人对处理结果不满，要求重新处理
（一）处理确实不当的，及时报告领导，按规定进行纠正；
（二）处理结果正确的，应当做好相关解释工作，详细说明处理程序和依据。

第七十九条 来访人表示不解决问题就要滞留法院或者采取其他极端方式
（一）及时进行规劝和教育，避免使用不当言行刺激来访人；
（二）立即向领导报告，积极采取适当措施，防止意外发生。

八、业外活动

第八十条 基本要求
（一）遵守社会公德，遵纪守法；
（二）加强修养，严格自律；
（三）约束业外言行，杜绝与法官形象不相称的、可能影响公正履行职责的不良嗜好和行为，自觉维护法官形象。

第八十一条 受邀请参加座谈、研讨活动
（一）对与案件有利害关系的机关、企事业单位、律师事务所、中介机构等的邀请应当谢绝；
（二）对与案件无利害关系的党、政、军机关、学术团体、群众组织的邀请，经向单位请示获准后方可参加。

第八十二条 受邀请参加各类社团组织或者联谊活动
（一）确需参加在各级民政部门登记注册的社团组织的，及时报告并由所在法院按照法官管理权限审批；
（二）不参加营利性社团组织；
（三）不接受有违清正廉洁要求的吃请、礼品和礼金。

第八十三条 从事写作、授课等活动
（一）在不影响审判工作的前提下，可以利用业余时间从事写作、授课等活动；
（二）在写作、授课过程中，应当避免对具体案件和有关当事人进行评论，不披露或者使用在工作中获得的国家秘密、商业秘密、个人隐私及其他非公开信息；
（三）对于参加司法职务外活动获得的合法报酬，应当依法纳税。

第八十四条 接受新闻媒体与法院工作有关的采访

（一）接受新闻媒体采访必须经组织安排或者批准；

（二）在接受采访时，不发表有损司法公正的言论，不对正在审理中的案件和有关当事人进行评论，不披露在工作中获得的国家秘密、商业秘密、个人隐私及其他非公开信息。

第八十五条 本人或者亲友与他人发生矛盾

（一）保持冷静、克制，通过正当、合法途径解决；

（二）不得利用法官身份寻求特殊照顾，不得妨碍有关部门对问题的解决。

第八十六条 本人及家庭成员遇到纠纷需通过诉讼方式解决

（一）对本人的案件或者以直系亲属代理人身份参加的案件，应当依照有关法律规定，平等地参与诉讼；

（二）在诉讼过程中不以法官身份获取特殊照顾，不利用职权收集所需证据；

（三）对非直系亲属的其他家庭成员的诉讼案件，一般应当让其自行委托诉讼代理人，法官本人不宜作为诉讼代理人参与诉讼。

第八十七条 出入社交场所注意事项

（一）参加社交活动要自觉维护法官形象；

（二）严禁乘警车、穿制服出入营业性娱乐场所。

第八十八条 家人或者朋友约请参与封建迷信活动

（一）不得参加邪教组织或者参与封建迷信活动；

（二）向家人和朋友宣传科学，引导他们相信科学、反对封建迷信；

（三）对利用封建迷信活动违法犯罪的，应当立即向有关组织和公安部门反映。

第八十九条 因私出国（境）探亲、旅游

（一）如实向组织申报所去的国家、地区及返回的时间，经组织同意后方可出行；

（二）准时返回工作岗位；

（三）遵守当地法律，尊重当地民风民俗和宗教习惯；

（四）注意个人形象，维护国家尊严。

九、监督和惩戒

第九十条 各级人民法院要严格要求并督促本院法官遵守本规范，具体由各级法院的政治部门和纪检监察部门负责。

第九十一条 上级人民法院指导、监督下级人民法院对本规范的贯彻执行，最高人民法院指导和监督地方各级人民法院对本规范的贯彻执行。

第九十二条 地方各级人民法院应当结合本院实际，研究制定具体的实施细则或实施办法，切实加强本规范的培训与考核。

第九十三条　各级人民法院广大法官要自觉遵守和执行本规范，对违反本规范的人员，情节较轻且没有危害后果的，进行诫勉谈话和批评教育；构成违纪的，根据人民法院有关纪律处分的规定进行处理；构成违法的，根据法律规定严肃处理。

十、附则

第九十四条　人民陪审员以及人民法院其他工作人员参照本规范执行，法官退休后应当参照本规范有关要求约束言行。

第九十五条　本规范由最高人民法院负责解释。

第九十六条　本规范自发布之日起施行，最高人民法院2005年11月4日发布的《法官行为规范（试行）》同时废止。

A4　裁判文书制作规范（2016）

人民法院民事裁判文书制作规范

（法〔2016〕221号，2016年6月28日公布，自2016年8月1日起施行）

为指导全国法院民事裁判文书的制作，确保文书撰写做到格式统一、要素齐全、结构完整、繁简得当、逻辑严密、用语准确，提高文书质量，制定本规范。

一、基本要素

文书由标题、正文、落款三部分组成。

标题包括法院名称、文书名称和案号。

正文包括首部、事实、理由、裁判依据、裁判主文、尾部。首部包括诉讼参加人及其基本情况，案件由来和审理经过等；事实包括当事人的诉讼请求、事实和理由，人民法院认定的证据及事实；理由是根据认定的案件事实和法律依据，对当事人的诉讼请求是否成立进行分析评述，阐明理由；裁判依据是人民法院作出裁判所依据的实体法和程序法条文；裁判主文是人民法院对案件实体、程序问题作出的明确、具体、完整的处理决定；尾部包括诉讼费用负担和告知事项。

落款包括署名和日期。

二、标题

标题由法院名称、文书名称和案号构成，例如："××××人民法院民事判决书（民事调解书、民事裁定书）＋案号"。

（一）法院名称

法院名称一般应与院印的文字一致。基层人民法院、中级人民法院名称前应冠以省、自治区、直辖市的名称，但军事法院、海事法院、铁路运输法院、知识产权法院等专门人民法院除外。

涉外裁判文书，法院名称前一般应冠以"中华人民共和国"国名；案件当事人中如果没有外国人、无国籍人、外国企业或组织的，地方人民法院、专门人民法院制作的裁判文书标题中的法院名称无需冠以"中华人民共和国"。

(二) 案号

案号由收案年度、法院代字、类型代字、案件编号组成。

案号＝"（"＋收案年度＋"）"＋法院代字＋类型代字＋案件编号＋"号"。

案号的编制、使用应根据《最高人民法院关于人民法院案件案号的若干规定》等执行。

三、正文

(一) 当事人的基本情况

1. 当事人的基本情况包括：诉讼地位和基本信息。
2. 当事人是自然人的，应当写明其姓名、性别、出生年月日、民族、职业或者工作单位和职务、住所。姓名、性别等身份事项以居民身份证、户籍证明为准。

当事人职业或者工作单位和职务不明确的，可以不表述。

当事人住所以其户籍所在地为准；离开户籍所在地有经常居住地的，经常居住地为住所。连续两个当事人的住所相同的，应当分别表述，不用"住所同上"的表述。

3. 有法定代理人或指定代理人的，应当在当事人之后另起一行写明其姓名、性别、职业或工作单位和职务、住所，并在姓名后用括号注明其与当事人的关系。代理人为单位的，写明其名称及其参加诉讼人员的基本信息。
4. 当事人是法人的，写明名称和住所，并另起一行写明法定代表人的姓名和职务。当事人是其他组织的，写明名称和住所，并另起一行写明负责人的姓名和职务。

当事人是个体工商户的，写明经营者的姓名、性别、出生年月日、民族、住所；起有字号的，以营业执照上登记的字号为当事人，并写明该字号经营者的基本信息。

当事人是起字号的个人合伙的，在其姓名之后用括号注明"系……（写明字号）合伙人"。

5. 法人、其他组织、个体工商户、个人合伙的名称应写全称，以其注册登记文件记载的内容为准。
6. 法人或者其他组织的住所是指法人或者其他组织的主要办事机构所在地；主要办事机构所在地不明确的，法人或者其他组织的注册地或者登记地为住所。
7. 当事人为外国人的，应当写明其经过翻译的中文姓名或者名称和住所，并用括号注明其外文姓名或者名称和住所。

外国自然人应当注明其国籍。国籍应当用全称。无国籍人，应当注明无国籍。

港澳台地区的居民在姓名后写明"香港特别行政区居民""澳门特别行政区居民"或"台湾地区居民"。

外国自然人的姓名、性别等基本信息以其护照等身份证明文件记载的内容为准；外国法人或者其他组织的名称、住所等基本信息以其注册登记文件记载的内容为准。

8. 港澳地区当事人的住所，应当冠以"香港特别行政区""澳门特别行政区"。

台湾地区当事人的住所，应当冠以"台湾地区"。

9. 当事人有曾用名，且该曾用名与本案有关联的，裁判文书在当事人现用名之后用括号注明曾用名。

诉讼过程中当事人姓名或名称变更的，裁判文书应当列明变更后的姓名或名称，变更前姓名或名称无需在此处列明。对于姓名或者名称变更的事实，在查明事实部分写明。

10. 诉讼过程中，当事人权利义务继受人参加诉讼的，诉讼地位从其承继的诉讼地位。裁判文书中，继受人为当事人；被继受人在当事人部分不写，在案件由来中写明继受事实。

11. 在代表人诉讼中，被代表或者登记权利的当事人人数众多的，可以采取名单附后的方式表述，"原告×××等×人（名单附后）"。

当事人自行参加诉讼的，要写明其诉讼地位及基本信息。

12. 当事人诉讼地位在前，其后写当事人姓名或者名称，两者之间用冒号。当事人姓名或者名称之后，用逗号。

（二）委托诉讼代理人的基本情况

1. 当事人有委托诉讼代理人的，应当在当事人之后另起一行写明为"委托诉讼代理人"，并写明委托诉讼代理人的姓名和其他基本情况。有两个委托诉讼代理人的，分行分别写明。

2. 当事人委托近亲属或者本单位工作人员担任委托诉讼代理人的，应当列在第一位，委托外单位的人员或者律师等担任委托诉讼代理人的列在第二位。

3. 当事人委托本单位人员作为委托诉讼代理人的，写明姓名、性别及其工作人员身份。其身份信息可表述为"该单位（如公司、机构、委员会、厂等）工作人员"。

4. 律师、基层法律服务工作者担任委托诉讼代理人的，写明律师、基层法院法律服务工作者的姓名，所在律师事务所的名称、法律服务所的名称及执业身份。其身份信息表述为"××律师事务所律师""××法律服务所法律工作者"。属于提供法律援助的，应当写明法律援助情况。

5. 委托诉讼代理人是当事人近亲属的，应当在姓名后用括号注明其与当事人的关系,写明住所。代理人是当事人所在社区、单位以及有关社会团体推荐的公民的,写明姓名、性别、住所,并在住所之后注明具体由何社区、单位、社会团体推荐。

6. 委托诉讼代理人变更的,裁判文书首部只列写变更后的委托诉讼代理人。对于变更的事实可根据需要写明。

7. 委托诉讼代理人后用冒号,再写委托诉讼代理人姓名。委托诉讼代理人姓名后用逗号。

(三) 当事人的诉讼地位

1. 一审民事案件当事人的诉讼地位表述为"原告""被告"和"第三人"。先写原告,后写被告,再写第三人。有多个原告、被告、第三人的,按照起诉状列明的顺序写。起诉状中未列明的当事人,按照参加诉讼的时间顺序写。

提出反诉的,需在本诉称谓后用括号注明反诉原告、反诉被告。反诉情况在案件由来和事实部分写明。

2. 二审民事案件当事人的诉讼地位表述为"上诉人""被上诉人""第三人""原审原告""原审被告""原审第三人"。先写上诉人,再写被上诉人,后写其他当事人。其他当事人按照原审诉讼地位和顺序写明。被上诉人也提出上诉的,列为"上诉人"。

上诉人和被上诉人之后,用括号注明原审诉讼地位。

3. 再审民事案件当事人的诉讼地位表述为"再审申请人""被申请人"。其他当事人按照原审诉讼地位表述,例如,一审终审的,列为"原审原告""原审被告""原审第三人";二审终审的,列为"二审上诉人""二审被上诉人"等。

再审申请人、被申请人和其他当事人诉讼地位之后,用括号注明一审、二审诉讼地位。

抗诉再审案件(再审检察建议案件),应当写明抗诉机关(再审检察建议机关)及申请人与被申请人的诉讼地位。案件由来部分写明检察机关出庭人员的基本情况。对于检察机关因国家利益、社会公共利益受损而依职权启动程序的案件,应列明当事人的原审诉讼地位。

4. 第三人撤销之诉案件,当事人的诉讼地位表述为"原告""被告""第三人"。"被告"之后用括号注明原审诉讼地位。

5. 执行异议之诉案件,当事人的诉讼地位表述为"原告""被告""第三人",并用括号注明当事人在执行异议程序中的诉讼地位。

6. 特别程序案件,当事人的诉讼地位表述为"申请人"。有被申请人的,应当写明被申请人。

选民资格案件,当事人的诉讼地位表述为"起诉人"。

7. 督促程序案件,当事人的诉讼地位表述为"申请人""被申请人"。

公示催告程序案件,当事人的诉讼地位表述为"申请人";有权利申报人的，表述为"申报人"。申请撤销除权判决的案件，当事人表述为"原告""被告"。
8. 保全案件，当事人的诉讼地位表述为"申请人""被申请人"。
9. 复议案件，当事人的诉讼地位表述为"复议申请人""被申请人"。
10. 执行案件，执行实施案件，当事人的诉讼地位表述为"申请执行人""被执行人"。

执行异议案件，提出异议的当事人或者利害关系人的诉讼地位表述为"异议人"，异议人之后用括号注明案件当事人或利害关系人，其他未提出异议的当事人亦应分别列明。

案外人异议案件，当事人的诉讼地位表述为"案外人""申请执行人""被执行人"。

（四）案件由来和审理经过
1. 案件由来部分简要写明案件名称与来源。
2. 案件名称是当事人与案由的概括。民事一审案件名称表述为"原告×××与被告×××……（写明案由）一案"。

诉讼参加人名称过长的，可以在案件由来部分第一次出现时用括号注明其简称，表述为"（以下简称×××）"。裁判文书中其他单位或组织名称过长的，也可在首次表述时用括号注明其简称。

诉讼参加人的简称应当规范，需能够准确反映其名称的特点。
3. 案由应当准确反映案件所涉及的民事法律关系的性质，符合最高人民法院有关民事案件案由的规定。

经审理认为立案案由不当的，以经审理确定的案由为准，但应在本院认为部分予以说明。
4. 民事一审案件来源包括：
   （1）新收；
   （2）有新的事实、证据重新起诉；
   （3）上级人民法院发回重审；
   （4）上级人民法院指令立案受理；
   （5）上级人民法院指定审理；
   （6）上级人民法院指定管辖；
   （7）其他人民法院移送管辖；
   （8）提级管辖。
5. 书写一审案件来源的总体要求是：
   （1）新收、重新起诉的，应当写明起诉人；
   （2）上级法院指定管辖、本院提级管辖的，除应当写明起诉人外，还应写明报请上级人民法院指定管辖（报请移送上级人民法院）日期或者下级法院报请指定管辖（下级法院报请移送）日期，以及上级法院或者本院作出管辖裁定日期；

（3）上级法院发回重审、上级法院指令受理、上级法院指定审理、移送管辖的，应当写明原审法院作出裁判的案号及日期，上诉人，上级法院作出裁判的案号及日期、裁判结果，说明引起本案的起因。

6. 一审案件来源为上级人民法院发回重审的，发回重审的案件应当写明"原告×××与被告×××……（写明案由）一案，本院于××××年××月××日作出……（写明案号）民事判决。×××不服该判决，向×××法院提起上诉。×××法院于××××年××月××日作出……（写明案号）裁定，发回重审。本院依法另行组成合议庭……"。

7. 审理经过部分应写明立案日期及庭审情况。

8. 立案日期表述为："本院于××××年××月××日立案后"。

9. 庭审情况包括适用程序、程序转换、审理方式、参加庭审人员等。

10. 适用程序包括普通程序、简易程序、小额诉讼程序和非讼程序。

非讼程序包括特别程序、督促程序、公示催告程序等。

11. 民事一审案件由简易程序（小额诉讼程序）转为普通程序的，审理经过表述为："于××××年××月××日公开/因涉及……不公开（写明不公开开庭的理由）开庭审理了本案，经审理发现有不宜适用简易程序（小额诉讼程序）的情形，裁定转为普通程序，于××××年××月××日再次公开/不公开开庭审理了本案"。

12. 审理方式包括开庭审理和不开庭审理。开庭审理包括公开开庭和不公开开庭。

不公开开庭的情形包括：

（1）因涉及国家秘密不公开开庭；

（2）因涉及个人隐私不公开开庭；

（3）因涉及商业秘密，经当事人申请，决定不公开开庭；

（4）因离婚，经当事人申请，决定不公开开庭；

（5）法律另有规定的。

13. 开庭审理的应写明当事人出庭参加诉讼情况（包括未出庭或者中途退庭情况）；不开庭的，不写。不开庭审理的，应写明不开庭的原因。

14. 当事人未到庭应诉或者中途退庭的，写明经传票传唤，无正当理由拒不到庭或者未经法庭许可中途退庭的情况。

15. 一审庭审情况表述为："本院于××××年××月××日公开/因涉及……（写明不公开开庭的理由）不公开开庭审理了本案，原告××及其诉讼代理人×××，被告××及其诉讼代理人×××等到庭参加诉讼。"

16. 对于审理中其他程序性事项，如中止诉讼情况应当写明。对中止诉讼情形，表述为："因……（写明中止诉讼事由），于××××年××月××日裁定中止诉讼，××××年××月××日恢复诉讼。"

(五) 事实

1. 裁判文书的事实主要包括：原告起诉的诉讼请求、事实和理由，被告答辩的事实和理由，法院认定的事实和据以定案的证据。

2. 事实首先写明当事人的诉辩意见。按照原告、被告、第三人的顺序依次表述当事人的起诉意见、答辩意见、陈述意见。诉辩意见应当先写明诉讼请求，再写事实和理由。

   二审案件先写明当事人的上诉请求等诉辩意见。然后再概述一审当事人的诉讼请求，人民法院认定的事实、裁判理由、裁判结果。

   再审案件应当先写明当事人的再审请求等诉辩意见，然后再简要写明原审基本情况。生效判决为一审判决的，原审基本情况应概述一审诉讼请求、法院认定的事实、裁判理由和裁判结果；生效判决为二审判决的，原审基本情况先概述一审诉讼请求、法院认定的事实和裁判结果，再写明二审上诉请求、认定的事实、裁判理由和裁判结果。

3. 诉辩意见不需原文照抄当事人的起诉状或答辩状、代理词内容或起诉、答辩时提供的证据，应当全案考虑当事人在法庭上的诉辩意见和提供的证据综合表述。

4. 当事人在法庭辩论终结前变更诉讼请求或者提出新的请求的，应当在诉称部分中写明。

5. 被告承认原告主张的全部事实的，写明"×××承认×××主张的事实"。被告承认原告主张的部分事实的，写明"×××承认×××主张的……事实"。

   被告承认全部诉讼请求的，写明："×××承认×××的全部诉讼请求"。被告承认部分诉讼请求的，写明被告承认原告的部分诉讼请求的具体内容。

6. 在诉辩意见之后，另起一段简要写明当事人举证、质证的一般情况，表述为："本案当事人围绕诉讼请求依法提交了证据，本院组织当事人进行了证据交换和质证。"

7. 当事人举证质证一般情况后直接写明人民法院对证据和事实的认定情况。对当事人所提交的证据原则上不一一列明，可以附录全案证据或者证据目录。

   对当事人无争议的证据，写明"对当事人无异议的证据，本院予以确认并在卷佐证"。对有争议的证据，应当写明争议的证据名称及人民法院对争议证据认定的意见和理由；对有争议的事实，应当写明事实认定意见和理由。

8. 对于人民法院调取的证据、鉴定意见，经庭审质证后，按照当事人是否有争议分别写明。对逾期提交的证据、非法证据等不予采纳的，应当说明理由。

9. 争议证据认定和事实认定，可以合并写，也可以分开写。分开写的，在证据的审查认定之后，另起一段概括写明法院认定的基本事实，表述为："根据当事人陈述和经审查确认的证据，本院认定事实如下：……"。

10. 认定的事实，应当重点围绕当事人争议的事实展开。按照民事举证责任分配和证明标准,根据审查认定的证据有无证明力、证明力大小,对待证事实存在与否进行认定。要说明事实认定的结果、认定的理由以及审查判断证据的过程。

11. 认定事实的书写方式应根据案件的具体情况,层次清楚,重点突出,繁简得当,避免遗漏与当事人争议有关的事实。一般按时间先后顺序叙述,或者对法律关系或请求权认定相关的事实着重叙述,对其他事实则可归纳、概括叙述。

综述事实时,可以划分段落层次,亦可根据情况以"另查明"为引语叙述其他相关事实。

12. 召开庭前会议时或者在庭审时归纳争议焦点的,应当写明争议焦点。争议焦点的摆放位置,可以根据争议的内容处理。争议焦点中有证据和事实内容的,可以在当事人诉辩意见之后在当事人争议的证据和事实中写明。争议焦点主要是法律适用问题的,可以在本院认为部分,先写明争议焦点。

13. 适用外国法的,应当叙述查明外国法的事实。

(六) 理由

1. 理由部分的核心内容是针对当事人的诉讼请求,根据认定的案件事实,依照法律规定,明确当事人争议的法律关系,阐述原告请求权是否成立,依法应当如何处理。裁判文书说理要做到论理透彻,逻辑严密,精炼易懂,用语准确。

2. 理由部分以"本院认为"作为开头,其后直接写明具体意见。

3. 理由部分应当明确纠纷的性质、案由。原审确定案由错误,二审或者再审予以改正的,应在此部分首先进行叙述并阐明理由。

4. 说理应当围绕争议焦点展开,逐一进行分析论证,层次明确。对争议的法律适用问题,应当根据案件的性质、争议的法律关系、认定的事实,依照法律、司法解释规定的法律适用规则进行分析,作出认定,阐明支持或不予支持的理由。

5. 争议焦点之外,涉及当事人诉讼请求能否成立或者与本案裁判结果有关的问题,也应在说理部分一并进行分析论证。

6. 理由部分需要援引法律、法规、司法解释时,应当准确、完整地写明规范性法律文件的名称、条款项序号和条文内容,不得只引用法律条款项序号,在裁判文书后附相关条文。引用法律条款中的项的,一律使用汉字不加括号,例如:"第一项"。

7. 正在审理的案件在基本案情和法律适用方面与最高人民法院颁布的指导性案例相类似的,应当将指导性案例作为裁判理由引述,并写明指导性案例的编号和裁判要点。

8. 司法指导性文件体现的原则和精神,可在理由部分予以阐述或者援引。

9. 在说理最后,可以另起一段,以"综上所述"引出,对当事人的诉讼请求是否支持进行评述。

(七) 裁判依据

1. 引用法律、法规、司法解释时,应当严格适用《最高人民法院关于裁判文书引用法律、法规等规范性法律文件的规定》。

2. 引用多个法律文件的,顺序如下:法律及法律解释、行政法规、地方性法规、自治条例或者单行条例、司法解释;同时引用两部以上法律的,应当先引用基本法律,后引用其他法律;同时引用实体法和程序法的,先引用实体法,后引用程序法。

3. 确需引用的规范性文件之间存在冲突,根据《中华人民共和国立法法》等有关法律规定无法选择适用的,应依法提请有决定权的机关作出裁决,不得自行在裁判文书中认定相关规范性法律文件的效力。

4. 裁判文书不得引用宪法和各级人民法院关于审判工作的指导性文件、会议纪要、各审判业务庭的答复意见以及人民法院与有关部门联合下发的文件作为裁判依据,但其体现的原则和精神可以在说理部分予以阐述。

5. 引用最高人民法院的司法解释时,应当按照公告公布的格式书写。

6. 指导性案例不作为裁判依据引用。

(八) 裁判主文

1. 裁判主文中当事人名称应当使用全称。

2. 裁判主文内容必须明确、具体、便于执行。

3. 多名当事人承担责任的,应当写明各当事人承担责任的形式、范围。

4. 有多项给付内容的,应当先写明各项目的名称、金额,再写明累计金额。如:"交通费……元、误工费……元、……,合计……元"。

5. 当事人互负给付义务且内容相同的,应当另起一段写明抵付情况。

6. 对于金钱给付的利息,应当明确利息计算的起止点、计息本金及利率。

7. 一审判决未明确履行期限的,二审判决应当予以纠正。

   判决承担利息,当事人提出具体请求数额的,二审法院可以根据当事人请求的数额作出相应判决;当事人没有提出具体请求数额的,可以表述为"按×××利率,自××××年××月××日起计算至××××年××月××日止"。

(九) 尾部

1. 尾部应当写明诉讼费用的负担和告知事项。

2. 诉讼费用包括案件受理费和其他诉讼费用。收取诉讼费用的,写明诉讼费用的负担情况。如:"案件受理费……元,由……负担;申请费……元,由……负担"。

3. 诉讼费用不属于诉讼争议的事项,不列入裁判主文,在判决主文后另起一段写明。

4. 一审判决中具有金钱给付义务的,应当在所有判项之后另起一行写明:"如果未按本判决指定的期间履行给付金钱义务,应当依照《中华人民共和国民事诉讼法》第二百五十三条的规定，加倍支付迟延履行期间的债务利息。"二审判决具有金钱给付义务的，属于二审改判的，无论一审判决是否写入了上述告知内容，均应在所有判项之后另起一行写明上述告知内容。二审维持原判的判决，如果一审判决已经写明上述告知内容，可不再重复告知。

5. 对依法可以上诉的一审判决，在尾部表述为："如不服本判决，可以在判决书送达之日起十五日内，向本院递交上诉状，并按对方当事人的人数或者代表人的人数提出副本，上诉于×××人民法院。"
6. 对一审不予受理、驳回起诉、管辖权异议的裁定，尾部表述为："如不服本裁定，可以在裁定书送达之日起十日内，向本院递交上诉状，并按对方当事人的人数或者代表人的人数提出副本，上诉于×××人民法院。"

四、落款

（一）署名

诉讼文书应当由参加审判案件的合议庭组成人员或者独任审判员署名。

合议庭的审判长，不论审判职务，均署名为"审判长"；合议庭成员有审判员的，署名为"审判员"；有助理审判员的，署名为"代理审判员"；有陪审员的，署名为"人民陪审员"。独任审理的，署名为"审判员"或者"代理审判员"。书记员，署名为"书记员"。

（二）日期

裁判文书落款日期为作出裁判的日期，即裁判文书的签发日期。当庭宣判的，应当写宣判的日期。

（三）核对戳

本部分加盖"本件与原本核对无异"字样的印戳。

五、数字用法

（一）裁判主文的序号使用汉字数字，例："一""二"；
（二）裁判尾部落款时间使用汉字数字，例："二〇一六年八月二十九日"；
（三）案号使用阿拉伯数字，例："（2016）京0101民初1号"；
（四）其他数字用法按照《中华人民共和国国家标准GB/T15835—2011出版物上数字用法》执行。

六、标点符号用法

（一）"被告辩称""本院认为"等词语之后用逗号。
（二）"×××向本院提出诉讼请求""本院认定如下""判决如下""裁定如下"等词语之后用冒号。
（三）裁判项序号后用顿号。
（四）除本规范有明确要求外，其他标点符号用法按照《中华人民共和国国家标准GB/T15834—2011标点符号用法》执行。

七、引用规范

(一) 引用法律、法规、司法解释应书写全称并加书名号。
(二) 法律全称太长的,也可以简称,简称不使用书名号。可以在第一次出现全称后使用简称,例:"《中华人民共和国民事诉讼法》(以下简称民事诉讼法)"。
(三) 引用法律、法规和司法解释条文有序号的,书写序号应与法律、法规和司法解释正式文本中的写法一致。
(四) 引用公文应先用书名号引标题,后用圆括号引发文字号;引用外文应注明中文译文。

八、印刷标准

(一) 纸张标准,A4型纸,成品幅面尺寸为:210mm×297mm。
(二) 版心尺寸为:156mm×225mm,一般每面排22行,每行排28个字。
(三) 采用双面印刷;单页页码居右,双页页码居左;印品要字迹清楚、均匀。
(四) 标题位于版心下空两行,居中排布。标题中的法院名称和文书名称一般用二号小标宋体字;标题中的法院名称与文书名称分两行排列。
(五) 案号之后空二个汉字空格至行末端。
(六) 案号、主文等用三号仿宋体字。
(七) 落款与正文同处一面。排版后所剩空白处不能容下印章时,可以适当调整行距、字距,不用"此页无正文"的方法解决。审判长、审判员每个字之间空二个汉字空格。审判长、审判员与姓名之间空三个汉字空格,姓名之后空二个汉字空格至行末端。
(八) 院印加盖在日期居中位置。院印上不压审判员,下不压书记员,下弧骑年压月在成文时间上。印章国徽底边缘及上下弧以不覆盖文字为限。公章不应歪斜、模糊。
(九) 凡裁判文书中出现误写、误算,诉讼费用漏写、误算和其他笔误的,未送达的应重新制作,已送达的应以裁定补正,避免使用校对章。
(十) 确需加装封面的应印制封面。封面可参照以下规格制作:
1. 国徽图案高55mm,宽50mm。
2. 上页边距为65mm,国徽下沿与标题文字上沿之间距离为75mm。
3. 标题文字为"××××人民法院××判决书(或裁定书等)",位于国徽图案下方,字体为小标宋体字;标题分两行或三行排列,法院名称字体大小为30磅,裁判文书名称字体大小为36磅。
4. 封面应庄重、美观,页边距、字体大小及行距可适当进行调整。

九、其他

(一) 本规范可以适用于人民法院制作的其他诉讼文书,根据具体文书性质和内容作相应调整。

（二）本规范关于裁判文书的要素和文书格式、标点符号、数字使用、印刷规范等技术化标准，各级人民法院应当认真执行。对于裁判文书正文内容、事实认定和说理部分，可以根据案件的情况合理确定。
（三）逐步推行裁判文书增加二维条形码，增加裁判文书的可识别性。

A5 立审执意见（2018）

最高人民法院关于人民法院立案、审判与执行工作协调运行的意见

（法发〔2018〕9号。2018年5月28日公布并施行）

为了进一步明确人民法院内部分工协作的工作职责，促进立案、审判与执行工作的顺利衔接和高效运行，保障当事人及时实现合法权益，根据《中华人民共和国民事诉讼法》《中华人民共和国刑事诉讼法》《中华人民共和国行政诉讼法》等有关法律规定，制定本意见。

一、立案工作

1. 立案部门在收取起诉材料时，应当发放诉讼风险提示书，告知当事人诉讼风险，就申请财产保全作必要的说明，告知当事人申请财产保全的具体流程、担保方式及风险承担等信息，引导当事人及时向人民法院申请保全。

立案部门在收取申请执行材料时，应发放执行风险提示书，告知申请执行人向人民法院提供财产线索的义务，以及无财产可供执行导致执行不能的风险。

2. 立案部门在立案时与执行机构共享信息，做好以下信息的采集工作：
（1）立案时间；
（2）当事人姓名、性别、民族、出生日期、身份证件号码；
（3）当事人名称、法定代表人或者主要负责人、统一社会信用代码或者组织机构代码；
（4）送达地址；
（5）保全信息；
（6）当事人电话及其他联系方式；
（7）其他应当采集的信息。

立案部门在立案时应充分采集原告或者申请执行人的前款信息，提示原告或者申请执行人尽可能提供被告或者被执行人的前款信息。

3. 在执行案件立案时，有字号的个体工商户为被执行人的，立案部门应当将生效法律文书注明的该字号个体工商户经营者一并列为被执行人。

4. 立案部门在对刑事裁判涉财产部分移送执行立案审查时，重点审查《移送执行表》载明的以下内容：

（1）被执行人、被害人的基本信息；
（2）已查明的财产状况或者财产线索；
（3）随案移送的财产和已经处置财产的情况；
（4）查封、扣押、冻结财产的情况；
（5）移送执行的时间；
（6）其他需要说明的情况。
《移送执行表》信息存在缺漏的，应要求刑事审判部门及时补充完整。
5. 立案部门在受理申请撤销仲裁裁决、执行异议之诉、变更追加执行当事人异议之诉、参与分配异议之诉、履行执行和解协议之诉等涉及执行的案件后，应提示当事人及时向执行法院或者本院执行机构告知有关情况。
6. 人民法院在判决生效后退还当事人预交但不应负担的诉讼费用时，不得以立执行案件的方式退还。

二、审判工作

7. 审判部门在审理案件时，应当核实立案部门在立案时采集的有关信息。信息发生变化或者记录不准确的，应当及时予以更正、补充。
8. 审判部门在审理确权诉讼时，应当查询所要确权的财产权属状况。需要确权的财产已经被人民法院查封、扣押、冻结的，应当裁定驳回起诉，并告知当事人可以依照民事诉讼法第二百二十七条的规定主张权利。
9. 审判部门在审理涉及交付特定物、恢复原状、排除妨碍等案件时，应当查明标的物的状态。特定标的物已经灭失或者不宜恢复原状、排除妨碍的，应告知当事人可申请变更诉讼请求。
10. 审判部门在审理再审裁定撤销原判决、裁定发回重审的案件时，应当注意审查诉讼标的物是否存在灭失或者发生变化致使原诉讼请求无法实现的情形。存在该情形的，应告知当事人可申请变更诉讼请求。
11. 法律文书主文应当明确具体：
（1）给付金钱的，应当明确数额。需要计算利息、违约金数额的，应当有明确的计算基数、标准、起止时间等；
（2）交付特定标的物的，应当明确特定物的名称、数量、具体特征等特定信息，以及交付时间、方式等；
（3）确定继承的，应当明确遗产的名称、数量、数额等；
（4）离婚案件分割财产的，应当明确财产名称、数量、数额等；
（5）继续履行合同的，应当明确当事人继续履行合同的内容、方式等；
（6）排除妨碍、恢复原状的，应当明确排除妨碍、恢复原状的标准、时间等；
（7）停止侵害的，应当明确停止侵害行为的具体方式，以及被侵害权利的具体内容或者范围等；
（8）确定子女探视权的，应当明确探视的方式、具体时间和地点，以及交接办法等；

(9) 当事人之间互负给付义务的，应当明确履行顺序。

对前款规定中财产数量较多的，可以在法律文书后另附清单。

12. 审判部门在民事调解中，应当审查双方意思的真实性、合法性，注重调解书的可执行性。能即时履行的，应要求当事人即时履行完毕。

13. 刑事裁判涉财产部分的裁判内容，应当明确、具体。涉案财物或者被害人人数较多，不宜在判决主文中详细列明的，可以概括叙明并另附清单。判处没收部分财产的，应当明确没收的具体财物或者金额。判处追缴或者责令退赔的，应当明确追缴或者退赔的金额或财物的名称、数量等有关情况。

三、执行工作

14. 执行标的物为特定物的，应当执行原物。原物已经毁损或者灭失的，经双方当事人同意，可以折价赔偿。双方对折价赔偿不能协商一致的，按照下列方法处理：

(1) 原物毁损或者灭失发生在最后一次法庭辩论结束前的，执行机构应当告知当事人可通过审判监督程序救济；

(2) 原物毁损或者灭失发生在最后一次法庭辩论结束后的，执行机构应当终结执行程序并告知申请执行人可另行起诉。

无法确定原物在最后一次法庭辩论结束前还是结束后毁损或者灭失的，按照前款第二项规定处理。

15. 执行机构发现本院作出的生效法律文书执行内容不明确的，应书面征询审判部门的意见。审判部门应在15日内作出书面答复或者裁定予以补正。审判部门未及时答复或者不予答复的，执行机构可层报院长督促审判部门答复。

执行内容不明确的生效法律文书是上级法院作出的，执行法院的执行机构应当层报上级法院执行机构，由上级法院执行机构向审判部门征询意见。审判部门应在15日内作出书面答复或者裁定予以补正。上级法院的审判部门未及时答复或者不予答复的，上级法院执行机构层报院长督促审判部门答复。

执行内容不明确的生效法律文书是其他法院作出的，执行法院的执行机构可以向作出生效法律文书的法院执行机构发函，由该法院执行机构向审判部门征询意见。审判部门应在15日内作出书面答复或者裁定予以补正。审判部门未及时答复或者不予答复的，作出生效法律文书的法院执行机构层报院长督促审判部门答复。

四、财产保全工作

16. 下列财产保全案件一般由立案部门编立"财保"字案号进行审查并作出裁定：

(1) 利害关系人在提起诉讼或者申请仲裁前申请财产保全的案件；

(2) 当事人在仲裁过程中通过仲裁机构向人民法院提交申请的财产保全

案件；

(3) 当事人在法律文书生效后进入执行程序前申请财产保全的案件。

当事人在诉讼中申请财产保全的案件，一般由负责审理案件的审判部门沿用诉讼案号进行审查并作出裁定。

当事人在上诉后二审法院立案受理前申请财产保全的案件，由一审法院审判部门审查并作出裁定。

17. 立案、审判部门作出的财产保全裁定，应当及时送交立案部门编立"执保"字案号的执行案件，立案后送交执行。

上级法院可以将财产保全裁定指定下级法院立案执行。

18. 财产保全案件的下列事项，由作出财产保全裁定的部门负责审查：

(1) 驳回保全申请；

(2) 准予撤回申请、按撤回申请处理；

(3) 变更保全担保；

(4) 续行保全、解除保全；

(5) 准许被保全人根据《最高人民法院关于人民法院办理财产保全案件若干问题的规定》第二十条第一款规定申请自行处分被保全财产；

(6) 首先采取查封、扣押、冻结措施的保全法院将被保全财产移送给在先轮候查封、扣押、冻结的执行法院；

(7) 当事人或者利害关系人对财产保全裁定不服，申请复议；

(8) 对保全内容或者措施需要处理的其他事项。

采取保全措施后，案件进入下一程序的，由有关程序对应的受理部门负责审查前款规定的事项。判决生效后申请执行前进行续行保全的，由作出该判决的审判部门作出续行保全裁定。

19. 实施保全的部门负责执行财产保全案件的下列事项：

(1) 实施、续行、解除查封、扣押、冻结措施；

(2) 监督被保全人根据《最高人民法院关于人民法院办理财产保全案件若干问题的规定》第二十条第一款规定自行处分被保全财产，并控制相应价款；

(3) 其他需要实施的保全措施。

20. 保全措施实施后，实施保全的部门应当及时将财产保全情况通报作出财产保全裁定的部门，并将裁定、协助执行通知书副本等移送入卷。"执保"字案件单独立卷归档。

21. 保全财产不是诉讼争议标的物，案外人基于实体权利对保全裁定或者执行行为不服提出异议的，由负责审查案外人异议的部门根据民事诉讼法第二百二十七条的规定审查该异议。

五、机制运行

22. 各级人民法院可以根据本院机构设置，明确负责立案、审判、执行衔接工作的部门，制定和细化立案、审判、执行工作衔接的有关制度，并结合本院机构设置的特点，建立和完善本院立案、审判、执行工作衔接的长效机制。

23. 审判人员、审判辅助人员在立案、审判、执行等环节中，因故意或者重大过失致使立案、审判、执行工作脱节，导致生效法律文书难以执行的，应当依照有关规定，追究相应责任。

最高人民法院
2018 年 5 月 28 日

A6-1 级别管辖通知（2015）

最高人民法院关于调整高级人民法院和中级人民法院管辖第一审民商事案件标准的通知

（法发〔2015〕7 号。2015 年 4 月 30 日公布，自 2015 年 5 月 1 日起施行）

各省、自治区、直辖市高级人民法院，解放军军事法院，新疆维吾尔自治区高级人民法院生产建设兵团分院：

为适应经济社会发展和民事诉讼需要，准确适用修改后的民事诉讼法关于级别管辖的相关规定，合理定位四级法院民商事审判职能，现就调整高级人民法院和中级人民法院管辖第一审民商事案件标准问题，通知如下：

一、当事人住所地均在受理法院所处省级行政辖区的第一审民商事案件

北京、上海、江苏、浙江、广东高级人民法院，管辖诉讼标的额 5 亿元以上一审民商事案件，所辖中级人民法院管辖诉讼标的额 1 亿元以上一审民商事案件。

天津、河北、山西、内蒙古、辽宁、安徽、福建、山东、河南、湖北、湖南、广西、海南、四川、重庆高级人民法院，管辖诉讼标的额 3 亿元以上一审民商事案件，所辖中级人民法院管辖诉讼标的额 3000 万元以上一审民商事案件。

吉林、黑龙江、江西、云南、陕西、新疆高级人民法院和新疆生产建设兵团分院，管辖诉讼标的额 2 亿元以上一审民商事案件，所辖中级人民法院管辖诉讼标的额 1000 万元以上一审民商事案件。

贵州、西藏、甘肃、青海、宁夏高级人民法院，管辖诉讼标的额 1 亿元以上一审民商事案件，所辖中级人民法院管辖诉讼标的额 500 万元以上一审民商事案件。

二、当事人一方住所地不在受理法院所处省级行政辖区的第一审民商事案件

北京、上海、江苏、浙江、广东高级人民法院，管辖诉讼标的额 3 亿元以上一审民商事案件，所辖中级人民法院管辖诉讼标的额 5000 万元以上一审民商事案件。

天津、河北、山西、内蒙古、辽宁、安徽、福建、山东、河南、湖北、湖南、广西、海南、四川、重庆高级人民法院,管辖诉讼标的额1亿元以上一审民商事案件,所辖中级人民法院管辖诉讼标的额2000万元以上一审民商事案件。

吉林、黑龙江、江西、云南、陕西、新疆高级人民法院和新疆生产建设兵团分院,管辖诉讼标的额5000万元以上一审民商事案件,所辖中级人民法院管辖诉讼标的额1000万元以上一审民商事案件。

贵州、西藏、甘肃、青海、宁夏高级人民法院,管辖诉讼标的额2000万元以上一审民商事案件,所辖中级人民法院管辖诉讼标的额500万元以上一审民商事案件。

三、解放军军事法院管辖诉讼标的额1亿元以上一审民商事案件,大单位军事法院管辖诉讼标的额2000万元以上一审民商事案件。

四、婚姻、继承、家庭、物业服务、人身损害赔偿、名誉权、交通事故、劳动争议等案件,以及群体性纠纷案件,一般由基层人民法院管辖。

五、对重大疑难、新类型和在适用法律上有普遍意义的案件,可以依照民事诉讼法第三十八条的规定,由上级人民法院自行决定由其审理,或者根据下级人民法院报请决定由其审理。

六、本通知调整的级别管辖标准不涉及知识产权案件、海事海商案件和涉外涉港澳台民商事案件。

七、本通知规定的第一审民商事案件标准,包含本数。

本通知自2015年5月1日起实施,执行过程中遇到的问题,请及时报告我院。

最高人民法院
2015年4月30日

A6-2 级别管辖通知(2018)

最高人民法院关于调整部分高级人民法院和中级人民法院管辖第一审民商事案件标准的通知

(法发〔2018〕13号。2018年7月17日公布,自2018年8月1日起施行)

贵州省、陕西省、甘肃省、青海省、宁夏回族自治区、新疆维吾尔自治区高级人民法院,新疆维吾尔自治区高级人民法院生产建设兵团分院:

为适应新时期经济社会发展和民事诉讼需要,准确适用民事诉讼法关于级别管辖的相关规定,合理定位四级法院民商事审判职能,现就调整部分高级人民法院和中级人民法院管辖第一审民商事案件标准问题,通知如下:

一、当事人住所地均在受理法院所处省级行政辖区的第一审民商事案件贵州省、陕西省、新疆维吾尔自治区高级人民法院和新疆维吾尔自治区高级人民法院生产建设兵团分院管辖诉讼标的额 3 亿元以上一审民商事案件，所辖中级人民法院管辖诉讼标的额 3000 万元以上一审民商事案件。

甘肃省、青海省、宁夏回族自治区高级人民法院管辖诉讼标的额 2 亿元以上一审民商事案件，所辖中级人民法院管辖诉讼标的额 1000 万元以上一审民商事案件。

二、当事人一方住所地不在受理法院所处省级行政辖区的第一审民商事案件

贵州省、陕西省、新疆维吾尔自治区高级人民法院和新疆维吾尔自治区高级人民法院生产建设兵团分院管辖诉讼标的额 1 亿元以上一审民商事案件，所辖中级人民法院管辖诉讼标的额 2000 万元以上一审民商事案件。

甘肃省、青海省、宁夏回族自治区高级人民法院管辖诉讼标的额 5000 万元以上一审民商事案件，所辖中级人民法院管辖诉讼标的额 1000 万元以上一审民商事案件。

三、本通知未作调整的，按照《最高人民法院关于调整高级人民法院和中级人民法院管辖第一审民商事案件标准的通知》（法发〔2015〕7 号）执行。

本通知自 2018 年 8 月 1 日起实施，执行过程中遇到的问题，请及时报告我院。

最高人民法院
2018 年 7 月 17 日

A6-3 级别管辖通知（2019）

最高人民法院关于调整高级人民法院和中级人民法院管辖第一审民事案件标准的通知

（法发〔2019〕14 号。2019 年 4 月 30 日公布，自 2019 年 5 月 1 日起施行）

各省、自治区、直辖市高级人民法院，解放军军事法院，新疆维吾尔自治区高级人民法院生产建设兵团分院：

为适应新时代审判工作发展要求，合理定位四级法院民事审判职能，促进矛盾纠纷化解重心下移，现就调整高级人民法院和中级人民法院管辖第一审民事案件标准问题，通知如下：

一、中级人民法院管辖第一审民事案件的诉讼标的额上限原则上为 50 亿元（人民币），诉讼标的额下限继续按照《最高人民法院关于调整地方各级人民法院管辖第一审知识产权民事案件标准的通知》（法发〔2010〕5 号）、《最高人民法院关于调整高级人民法院和中级人民法院管辖第一审民商事案件标准的通知》（法发〔2015〕7 号）、《最高人民法院关于明确第一审涉外民商事案件级别管辖标准以及归口办理有关问题的通知》（法〔2017〕359 号）、《最高人

民法院关于调整部分高级人民法院和中级人民法院管辖第一审民商事案件标准的通知》（法发〔2018〕13号）等文件执行。

二、高级人民法院管辖诉讼标的额50亿元（人民币）以上（包含本数）或者其他在本辖区有重大影响的第一审民事案件。

三、海事海商案件、涉外民事案件的级别管辖标准按照本通知执行。

四、知识产权民事案件的级别管辖标准按照本通知执行，但《最高人民法院关于知识产权法庭若干问题的规定》第二条所涉案件类型除外。

五、最高人民法院以前发布的关于第一审民事案件级别管辖标准的规定与本通知不一致的，不再适用。

本通知自2019年5月1日起实施，执行过程中遇到的问题，请及时报告我院。

最高人民法院
2019年4月30日

A7　送达意见（2017）

最高人民法院关于进一步加强民事送达工作的若干意见

（法发〔2017〕19号。2017年7月19日公布并施行）

送达是民事案件审理过程中的重要程序事项，是保障人民法院依法公正审理民事案件、及时维护当事人合法权益的基础。近年来，随着我国社会经济的发展和人民群众司法需求的提高，送达问题已经成为制约民事审判公正与效率的瓶颈之一。为此，各级人民法院要切实改进和加强送达工作，在法律和司法解释的框架内，创新工作机制和方法，全面推进当事人送达地址确认制度，统一送达地址确认书格式，规范送达地址确认书内容，提升民事送达的质量和效率，将司法为民切实落到实处。

一、送达地址确认书是当事人送达地址确认制度的基础。送达地址确认书应当包括当事人提供的送达地址、人民法院告知事项、当事人对送达地址的确认、送达地址确认书的适用范围和变更方式等内容。

二、当事人提供的送达地址应当包括邮政编码、详细地址以及受送达人的联系电话等。同意电子送达的，应当提供并确认接收民事诉讼文书的传真号、电子信箱、微信号等电子送达地址。当事人委托诉讼代理人的，诉讼代理人确认的送达地址视为当事人的送达地址。

三、为保障当事人的诉讼权利，人民法院应当告知送达地址确认书的填写要求和注意事项以及拒绝提供送达地址、提供虚假地址或者提供地址不准确的法律后果。

四、人民法院应当要求当事人对其填写的送达地址及法律后果等事项进行确认。当事人确认的内容应当包括当事人已知晓人民法院告知的事项及送达地址确认书的法律后果,保证送达地址准确、有效,同意人民法院通过其确认的地址送达诉讼文书等,并由当事人或者诉讼代理人签名、盖章或者捺印。

五、人民法院应当在登记立案时要求当事人确认送达地址。当事人拒绝确认送达地址的,依照《最高人民法院关于登记立案若干问题的规定》第七条的规定处理。

六、当事人在送达地址确认书中确认的送达地址,适用于第一审程序、第二审程序和执行程序。当事人变更送达地址,应当以书面方式告知人民法院。当事人未书面变更的,以其确认的地址为送达地址。

七、因当事人提供的送达地址不准确、拒不提供送达地址、送达地址变更未书面告知人民法院,导致民事诉讼文书未能被受送达人实际接收的,直接送达的,民事诉讼文书留在该地址之日为送达之日;邮寄送达的,文书被退回之日为送达之日。

八、当事人拒绝确认送达地址或以拒绝应诉、拒接电话、避而不见送达人员、搬离原住所等躲避、规避送达,人民法院不能或无法要求其确认送达地址的,可以分别以下列情形处理:

(一)当事人在诉讼所涉及的合同、往来函件中对送达地址有明确约定的,以约定的地址为送达地址;

(二)没有约定,以当事人在诉讼中提交的书面材料中载明的、自己的地址为送达地址;

(三)没有约定、当事人也未提交书面材料或者书面材料中未载明地址的,以一年内进行其他诉讼、仲裁案件中提供的地址为送达地址;

(四)无以上情形的,以当事人一年内进行民事活动时经常使用的地址为送达地址。

人民法院按照上述地址进行送达的,可以同时以电话、微信等方式通知受送达人。

九、依第八条规定仍不能确认送达地址的,自然人以其户籍登记的住所或者在经常居住地登记的住所为送达地址,法人或者其他组织以其工商登记或其他依法登记、备案的住所地为送达地址。

十、在严格遵守民事诉讼法和民事诉讼法司法解释关于电子送达适用条件的前提下,积极主动探索电子送达及送达凭证保全的有效方式、方法。有条件的法院可以建立专门的电子送达平台,或以诉讼服务平台为依托进行电子送达,或者采取与大型门户网站、通信运营商合作的方式,通过专门的电子邮箱、特定的通信号码、信息公众号等方式进行送达。

十一、采用传真、电子邮件方式送达的,送达人员应记录传真发送和接收号码、电子邮件发送和接收邮箱、发送时间、送达诉讼文书名称,并打印传真发送确认单、电子邮件发送成功网页,存卷备查。

十二、采用短信、微信等方式送达的,送达人员应记录收发手机号码、发送时间、送达诉讼文书名称,并将短信、微信等送达内容拍摄照片,存卷备查。
十三、可以根据实际情况,有针对性地探索提高送达质量和效率的工作机制,确定由专门的送达机构或者由各审判、执行部门进行送达。在不违反法律、司法解释规定的前提下,可以积极探索创新行之有效的工作方法。
十四、对于移动通信工具能够接通但无法直接送达、邮寄送达的,除判决书、裁定书、调解书外,可以采取电话送达的方式,由送达人员告知当事人诉讼文书内容,并记录拨打、接听电话号码、通话时间、送达诉讼文书内容,通话过程应当录音以存卷备查。
十五、要严格适用民事诉讼法关于公告送达的规定,加强对公告送达的管理,充分保障当事人的诉讼权利。只有在受送达人下落不明,或者用民事诉讼法第一编第七章第二节规定的其他方式无法送达的,才能适用公告送达。
十六、在送达工作中,可以借助基层组织的力量和社会力量,加强与基层组织和有关部门的沟通、协调,为做好送达工作创造良好的外部环境。有条件的地方可以要求基层组织协助送达,并可适当支付费用。
十七、要树立全国法院一盘棋意识,对于其他法院委托送达的诉讼文书,要认真、及时进行送达。鼓励法院之间建立委托送达协作机制,节约送达成本,提高送达效率。

A8 委托鉴定评估拍卖规定(2007)

最高人民法院对外委托鉴定、评估、拍卖等工作管理规定

(法办发〔2007〕5号。2007年8月23日公布,自2007年9月1日起施行)

第一章 总 则

第一条 为规范最高人民法院对外委托鉴定、评估、拍卖等工作,保护当事人的合法权益,维护司法公正,根据《中华人民共和国刑事诉讼法》、《中华人民共和国民事诉讼法》、《中华人民共和国行政诉讼法》、《全国人大常委会关于司法鉴定管理问题的决定》和《最高人民法院关于地方各级人民法院设立司法技术辅助工作机构的通知》的规定,结合最高人民法院对外委托鉴定、评估、拍卖等工作实际,制定本规定。
第二条 对外委托鉴定、评估、拍卖等工作是指人民法院审判和执行工作中委托专门机构或专家进行鉴定、检验、评估、审计、拍卖、变卖和指定破产清算管理人等工作,并进行监督协调的司法活动。
第三条 最高人民法院司法辅助工作部门负责统一办理审判、执行工作中需要对外委托鉴定、检验、评估、审计、拍卖、变卖和指定破产清算管理人等工作。
第四条 涉及到举证时效、证据的质证与采信、评估基准日、拍卖保留价的确

定、拍卖撤回、暂缓与中止等影响当事人相关权利义务的事项由审判、执行部门决定。

第五条 对外委托鉴定、评估、拍卖等工作按照公开、公平、择优的原则，实行对外委托名册制度，最高人民法院司法辅助工作部门负责《最高人民法院司法技术专业机构、专家名册》（以下简称《名册》）的编制和对入册专业机构、专家的工作情况进行监督和协调。

第二章 收 案

第六条 最高人民法院的审判、执行部门在工作中对需要进行对外委托鉴定、检验、评估、审计、拍卖、变卖和指定破产清算管理人等工作的，应当制作《对外委托工作交接表》（格式表附后），同相关材料一起移送司法辅助工作部门。

地方各级人民法院和专门人民法院需要委托最高人民法院对外委托鉴定、评估、拍卖等工作的，应当层报最高人民法院。

第七条 对外委托鉴定、检验、评估、审计、变卖和指定破产清算管理人等工作时，应当移交以下材料：

（一）相关的卷宗材料；

（二）经法庭质证确认的当事人举证材料；

（三）法院依职权调查核实的材料；

（四）既往鉴定、检验、评估、审计、变卖和指定破产清算管理人报告文书；

（五）申请方当事人和对方当事人及其辩护人、代理人的通讯地址、联系方式，代理人的代理权限；

（六）与对外委托工作有关的其他材料。

第八条 对外委托拍卖的案件移送时应当移交以下材料：

（一）执行所依据的法律文书；

（二）拍卖财产的评估报告副本和当事人确认价格的书面材料；

（三）拍卖标的物的相关权属证明复印件；

（四）拍卖标的物的来源和瑕疵情况说明；

（五）拍卖财产现状调查表；

（六）当事人授权书复印件；

（七）当事人及其他相关权利人的基本情况及联系方式；

（八）被执行人履行债务的情况说明。

第九条 对外委托的收案工作由司法辅助工作部门的专门人员负责，按以下程序办理：

（一）审查移送手续是否齐全；

（二）审查、核对移送材料是否齐全，是否符合要求；

（三）制作案件移送单并签名，报司法辅助工作部门负责人签字并加盖部门公章。由司法辅助工作部门和审判、执行部门各存一份备查；

（四）进行收案登记。

第十条 司法辅助工作部门负责人指定对外委托案件的监督、协调员。监督、协调员分为主办人和协办人。

主办人负责接收案件，保管对外委托的卷宗等材料，按照委托要求与协办人办理对外委托工作；协办人应积极配合主办人完成工作。

第十一条 主办人接到案件后应在3个工作日内提出初审意见，对不具备委托条件的案件应制作《不予委托意见书》说明理由，报司法辅助工作部门负责人审批后，办理结案手续，并于3个工作日内将案件材料退回审判、执行部门。

第三章 选择专业机构与委托

第十二条 选择鉴定、检验、评估、审计专业机构，指定破产清算管理人实行协商选择与随机选择相结合的方式。选择拍卖专业机构实行随机选择的方式。

凡需要由人民法院依职权指定的案件由最高人民法院司法辅助工作部门按照随机的方式，选择对外委托的专业机构，然后进行指定。

第十三条 司法辅助工作部门专门人员收案后，除第十一条第二款的情况外，应当在3个工作日内采取书面、电传等有效方式，通知当事人按指定的时间、地点选择专业机构或专家。

第十四条 当事人不按时到场，也未在规定期间内以书面形式表达意见的，视为放弃选择专业机构的权利。

第十五条 选择专业机构在司法辅助工作部门专门人员的主持下进行，选择结束后，当事人阅读选择专业机构笔录，并在笔录上签字。

第十六条 协商选择程序如下：

（一）专门人员告知当事人在选择程序中的权利、义务；

（二）专门人员向当事人介绍《名册》中相关专业的所有专业机构或专家的情况。当事人听取介绍后协商选择双方认可的专业机构或专家，并告知专门人员和监督、协调员；

（三）当事人协商一致选择名册以外的专业机构或专家的，司法辅助工作部门应对选择的专业机构进行资质、诚信、能力的程序性审查，并告知双方应承担的委托风险；

（四）审查中发现专业机构或专家没有资质或有违法违规行为的，应当要求双方当事人重新选择；

（五）发现双方当事人选择有可能损害国家利益、集体利益或第三方利益的，应当终止协商选择程序，采用随机选择方式；

（六）有下列情形之一的，采用随机选择方式：

1. 当事人都要求随机选择的；
2. 当事人双方协商不一致的；

3. 一方当事人表示放弃协商选择权利，或一方当事人无故缺席的。

第十七条 随机选择程序主要有两种：

（一）计算机随机法

1. 计算机随机法应当统一使用最高人民法院确定的随机软件；

2. 选择前，专门人员应当向当事人介绍随机软件原理、操作过程等基本情况，并进行操作演示；

3. 专门人员从计算机预先录入的《名册》中选择所有符合条件的专业机构或专家列入候选名单；

4. 启动随机软件，最终选定的候选者当选。

（二）抽签法

1. 专门人员向当事人说明抽签的方法及相关事项；

2. 专门人员根据移送案件的需要，从《名册》中选出全部符合要求的候选名单，并分别赋予序号；

3. 当事人全部到场的，首先确定做签者和抽签者，由专门人员采用抛硬币的方法确定一方的当事人为做签者，另外一方当事人为抽签者。做签者按候选者的序号做签，抽签者抽签后当场交给专门人员验签。专门人员验签后应当将余签向当事人公示；

4. 当事人一方不能到场的，由专门人员做签，到场的当事人抽签。当事人抽签后，专门人员当场验签确定，并将余签向当事人公示。

第十八条 名册中的专业机构仅有一家时，在不违反回避规定的前提下，即为本案的专业机构。

第十九条 专业机构或专家确定后，当事人应当签字确认。对没有到场的当事人应先通过电话、传真送达，再邮寄送达。

第二十条 采用指定方法选择的，司法辅助工作部门负责人到场监督，专门人员应向当事人出示《名册》中所有相关专业机构或专家的名单，由专门人员采用计算机随机法、抽签法中的一种方法选择专业机构或专家。

第二十一条 指定选择时，对委托要求超出《名册》范围的，专门人员应根据委托要求从具有相关专业资质的专业机构或专家中选取，并征求当事人意见。当事人也可以向本院提供相关专业机构或专家的信息，经专门人员审查认为符合委托条件的，应当听取其他当事人意见。

第二十二条 重大、疑难、复杂案件的委托事项，选择专业机构或专家时，应邀请院领导或纪检监察部门和审判、执行部门人员到场监督。

第二十三条 应当事人或合议庭的要求，对重大、疑难、复杂或涉及多学科的专门性问题，司法技术辅助工作部门可委托有资质的专业机构组织相关学科的专家进行鉴定。

组织鉴定由3名以上总数为单数的专家组组成。

第二十四条 专业机构确定后，监督、协调员应在3个工作日内通知专业机构审查材料，专业机构审查材料后同意接受委托的，办理委托手续，并由专业机构出具接受材料清单交监督、协调员存留。审查材料后不接受委托的，通知当事人在3个工作日内重新选择或者由司法辅助工作部门重新指定。

第二十五条 向非拍卖类专业机构出具委托书时，应当明确委托要求、委托期限、送检材料、违约责任，以及标的物的名称、规格、数量等情况。

向拍卖机构出具委托书时，应当明确拍卖标的物的来源、存在的瑕疵、拍卖保留价、保证金及价款的支付方式、期限，写明对标的物瑕疵不承担担保责任，并附有该案的民事判决书、执行裁定书、拍卖标的物清单及评估报告复印件等文书资料。

委托书应当统一加盖最高人民法院司法辅助工作部门对外委托专用章。

第二十六条 司法精神疾病鉴定在正式对外委托前，监督、协调员应当根据委托要求和专业机构鉴定所需的被鉴定人基本情况，做委托前的先期调查工作，将所调查的材料与其他委托材料一并交专业机构。监督、协调员应在调查材料上签名。

第二十七条 监督、协调员向专业机构办理移交手续后，应于3个工作日内通知双方当事人，按指定时间、地点在监督、协调员主持下与专业机构商谈委托费用。委托费用主要由当事人与专业机构协商，委托费用数额应结合案件实际情况，以参照行业标准为主，协商为辅的方式进行，监督、协调员不得干涉。报价悬殊较大时，监督、协调员可以调解。对故意乱要价的要制止。确定委托费用数额后，交费一方当事人于3个工作日内将委托费用交付委托方。

对于当事人无故逾期不缴纳委托费用的，可中止委托，并书面告知专业机构；当事人即时缴纳委托费用的，仍由原专业机构继续进行鉴定。

第二十八条 对于商谈后不能确定委托费用的，监督、协调员应告知双方当事人可重新启动选择专业机构程序，重新选择专业机构。

公诉案件的对外委托费用在人民法院的预算费用中支付。

第四章　监督协调

第二十九条 专业机构接受委托后，监督、协调员应当审查专业机构专家的专业、执业资格，对不具有相关资质的应当要求换人。专业机构坚持指派不具有资质的专家从事委托事项的，经司法辅助工作部门负责人批准后撤回对该机构的委托，重新选择专业机构。

第三十条 对外委托的案件需要勘验现场的，监督、协调员应提前3个工作日通知专业机构和当事人。任何一方当事人无故不到场的，不影响勘验工作的进行。勘验应制作勘验笔录。

第三十一条 需要补充材料的，应由监督、协调员通知审判或执行部门依照法律法规提供。补充的材料须经法庭质证确认或主办法官审核签字。当事人私自向专业机构或专家个人送交的材料不得作为鉴定的依据。

第三十二条 专业机构出具报告初稿，送交监督、协调员。需要听证的，监督、协调员应在3个工作日内通知专业机构及当事人进行听证，并做好记录。对报告初稿有异议的当事人，应在规定期限内提出证据和书面材料，期限由监督、协调员根据案情确定，最长不得超过10个工作日。

第三十三条 对当事人提出的异议及证据材料，专业机构应当认真审查，自主决定是否采纳，并说明理由。需要进行调查询问时，由监督、协调员与专业机构共同进行，专业机构不得单独对当事人进行调查询问。

第三十四条 专业机构一般应在接受委托后的30个工作日内完成工作，重大、疑难、复杂的案件在60个工作日内完成。因委托中止在规定期限内不能完成，需要延长期限的，专业机构应当提交书面申请，并按法院重新确定的时间完成受委托工作。

第三十五条 专业机构在规定时间内没有完成受委托的工作，经二次延长时间后仍不能完成的，应终止委托，收回委托材料及全部委托费用，并通知当事人重新选择专业机构。对不能按时完成委托工作的专业机构，一年内不再向其委托。

第三十六条 对外委托拍卖案件时，监督、协调员应当履行以下职责：

（一）审查拍卖师执业资格；

（二）监督拍卖展示是否符合法律规定；

（三）监督拍卖机构是否按照拍卖期限发布拍卖公告；并对拍卖公告的内容进行审核；

（四）检查拍卖人对竞买人的登记记录；

（五）审查拍卖人是否就拍卖标的物瑕疵向竞买人履行了告知义务；

（六）定向拍卖时审查竞买人的资格或者条件；

（七）审查优先购买权人的权利是否得到保障；

（八）拍卖多项财产时，其中部分财产卖得的价款足以清偿债务和支付相关费用的，审查对剩余财产的拍卖是否符合规定；对不可分或分别拍卖可能严重减损其价值的，监督拍卖机构是否采用了合并拍卖的方式；

（九）审查是否有暂缓、撤回、停止拍卖的情况出现；

（十）拍卖成交后，监督买受人是否在规定期限内交付价款；

（十一）审核拍卖报告的内容及所附材料是否全面妥当；

（十二）监督拍卖机构是否有其他违反法律法规的行为。

第五章 结 案

第三十七条 对外委托案件应当以出具鉴定报告、审计报告、评估报告、清算报告等报告形式结案，或者以拍卖成交、流拍、变卖、终止委托或不予委托的方式结案。

第三十八条 以出具报告形式结案的，监督、协调员应在收到正式报告后5个工作日内制作委托工作报告，载明委托部门或单位、委托内容及要求、选择专业机构的方式方法、专业机构的工作过程、对其监督情况等事项，报告书由监督、协调员署名；经司法辅助工作部门负责人签发后加盖司法辅助工作部门印章；填写案件移送清单，与委托材料、委托结论报告、委托工作报告等一并送负责收案的专门人员，由其移送委托方。

第三十九条 具有下列情形之一，影响对外委托工作期限的，应当中止委托：

（一）确因环境因素（如台风、高温）暂时不能进行鉴定工作的；

（二）暂时无法进行现场勘验的；

（三）暂时无法获取必要的资料的；

（四）其他情况导致对外委托工作暂时无法进行的。

第四十条 具有下列情形之一的，应当终结对外委托：

（一）无法获取必要材料的；

（二）申请人不配合的；

（三）当事人撤诉或调解结案的；

（四）其他情况致使委托事项无法进行的。

第四十一条 中止对外委托和终结对外委托的，都应向审判、执行部门出具正式的说明书。

第六章 编制与管理人民法院专业机构、专家名册

第四十二条 法医、物证、声像资料三类鉴定的专业机构名册从司法行政管理部门编制的名册中选录编制。其他类别的专业机构、专家名册由相关行业协会或主管部门推荐，按照公开、公平、择优的原则选录编制。

名册中同专业的专业机构应不少于3个，同专业的专业机构不足3个的除外。

第四十三条 司法辅助工作部门应对名册中的专业机构、专家履行义务的情况进行监督。对不履行法定义务或者违反相关规定的专业机构，司法辅助工作部门应当及时予以指正，视情节轻重，停止其一次至多次候选资格；对乱收鉴定费、故意出具错误鉴定结论、不依法履行出庭义务的，撤销其入册资格，通报给司法行政管理部门和行业协会或行业主管部门；对情节恶劣，造成严重后果的，应报有关部门追究其法律责任。

第七章 回 避

第四十四条 监督、协调员有下列情形之一的，应当主动申请回避，当事人也有权申请回避：

（一）是本案的当事人或者当事人的近亲属的；

（二）本人或其近亲属和本案有利害关系的；

（三）本人或其近亲属担任过本案的证人、鉴定人、勘验人、辩护人或诉讼代理人的；

（四）本人的近亲属在将要选择的相关类专业机构工作的；

（五）向本案的当事人推荐专业机构的；

（六）与本案当事人有其他关系，可能影响对案件进行公正处理的。

第四十五条 监督、协调员有第四十四条规定的回避情形的，应在 1 个工作日内主动提出回避申请，报司法辅助工作部门负责人审批。

第四十六条 发现专业机构有需要回避的情形时，监督、协调员应向司法辅助工作部门负责人提出重新选择专业机构的建议，由司法辅助工作部门负责人批准后重新选择专业机构。专业机构的承办人员有回避情形的，监督、协调员应当要求专业机构更换承办人员。

第八章 附 则

第四十七条 法院工作人员在对外委托司法辅助工作中有以下行为的，按照《人民法院违法审判责任追究办法（试行）》和《人民法院审判纪律处分办法（试行）》追究责任：

（一）泄露审判机密；

（二）要求当事人选择某一专业机构；

（三）与专业机构或当事人恶意串通损害他人合法权益；

（四）接受当事人或专业机构的吃请、钱物等不正当利益；

（五）违反工作程序或故意不作为；

（六）未经司法辅助工作部门擅自对外委托；

（七）其他违法违纪行为。

构成犯罪的，依法追究其刑事责任。

第四十八条 本规定自 2007 年 9 月 1 日施行。

B 审判程序

B1 民事案由规定（2011）

民事案件案由规定

（法〔2011〕42号。2007年10月29日最高人民法院审判委员会第1438次会议通过，2011年2月18日《最高人民法院关于修改〈民事案件案由规定〉的决定》（法〔2011〕41号）第一次修正，2018年12月12日最高人民法院关于增加民事案由的通知（法〔2018〕344号）第二次修正，2018年12月28日《最高人民法院关于补充增加民事案件案由的通知》（法〔2018〕364号）第三次修正，2011年2月18日公布，自2011年4月1日起施行）

为了正确适用法律，统一确定案由，根据《中华人民共和国民法通则》、《中华人民共和国物权法》、《中华人民共和国合同法》、《中华人民共和国侵权责任法》和《中华人民共和国民事诉讼法》等法律规定，结合人民法院民事审判工作实际情况，对民事案件案由规定如下：

第一部分　人格权纠纷
一、人格权纠纷
1. 生命权、健康权、身体权纠纷
2. 姓名权纠纷
3. 肖像权纠纷
4. 名誉权纠纷
5. 荣誉权纠纷
6. 隐私权纠纷
7. 婚姻自主权纠纷
8. 人身自由权纠纷
9. 一般人格权纠纷
   （1）平等就业权纠纷

第二部分　婚姻家庭、继承纠纷
二、婚姻家庭纠纷
10. 婚约财产纠纷
11. 离婚纠纷
12. 离婚后财产纠纷
13. 离婚后损害责任纠纷
14. 婚姻无效纠纷
15. 撤销婚姻纠纷
16. 夫妻财产约定纠纷
17. 同居关系纠纷
    （1）同居关系析产纠纷
    （2）同居关系子女抚养纠纷
18. 抚养纠纷
    （1）抚养费纠纷
    （2）变更抚养关系纠纷
19. 扶养纠纷
    （1）扶养费纠纷
    （2）变更扶养关系纠纷
20. 赡养纠纷
    （1）赡养费纠纷
    （2）变更赡养关系纠纷
21. 收养关系纠纷
    （1）确认收养关系纠纷
    （2）解除收养关系纠纷

22. 监护权纠纷
23. 探望权纠纷
24. 分家析产纠纷

三、继承纠纷
25. 法定继承纠纷
    (1) 转继承纠纷
    (2) 代位继承纠纷
26. 遗嘱继承纠纷
27. 被继承人债务清偿纠纷
28. 遗赠纠纷
29. 遗赠扶养协议纠纷

第三部分 物权纠纷

四、不动产登记纠纷
30. 异议登记不当损害责任纠纷
31. 虚假登记损害责任纠纷

五、物权保护纠纷
32. 物权确认纠纷
    (1) 所有权确认纠纷
    (2) 用益物权确认纠纷
    (3) 担保物权确认纠纷
33. 返还原物纠纷
34. 排除妨害纠纷
35. 消除危险纠纷
36. 修理、重作、更换纠纷
37. 恢复原状纠纷
38. 财产损害赔偿纠纷

六、所有权纠纷
39. 侵害集体经济组织成员权益纠纷
40. 建筑物区分所有权纠纷
    (1) 业主专有权纠纷
    (2) 业主共有权纠纷
    (3) 车位纠纷
    (4) 车库纠纷
41. 业主撤销权纠纷
42. 业主知情权纠纷
43. 遗失物返还纠纷
44. 漂流物返还纠纷
45. 埋藏物返还纠纷
46. 隐藏物返还纠纷
47. 相邻关系纠纷
    (1) 相邻用水、排水纠纷
    (2) 相邻通行纠纷
    (3) 相邻土地、建筑物利用关系纠纷
    (4) 相邻通风纠纷
    (5) 相邻采光、日照纠纷
    (6) 相邻污染侵害纠纷
    (7) 相邻损害防免关系纠纷
48. 共有纠纷
    (1) 共有权确认纠纷
    (2) 共有物分割纠纷
    (3) 共有人优先购买权纠纷

七、用益物权纠纷
49. 海域使用权纠纷
50. 探矿权纠纷
51. 采矿权纠纷
52. 取水权纠纷
53. 养殖权纠纷
54. 捕捞权纠纷
55. 土地承包经营纠纷
    (1) 土地承包经营权确认纠纷
    (2) 承包地征收补偿费用分配纠纷
    (3) 土地承包经营权继承纠纷
56. 建设用地使用权纠纷
57. 宅基地使用权纠纷
58. 地役权纠纷

八、担保物权纠纷
59. 抵押权纠纷
    (1) 建筑物和其他土地附着物抵押权纠纷
    (2) 在建建筑物抵押纠纷
    (3) 建设用地使用权抵押权纠纷
    (4) 土地承包经营权抵押权纠纷

(5) 动产抵押权纠纷
(6) 在建船舶、航空器抵押权纠纷
(7) 动产浮动抵押权纠纷
(8) 最高额抵押权纠纷
60. 质权纠纷
(1) 动产质权纠纷
(2) 转质权纠纷
(3) 最高额质权纠纷
(4) 票据质权纠纷
(5) 债券质权纠纷
(6) 存单质权纠纷
(7) 仓单质权纠纷
(8) 提单质权纠纷
(9) 股权质权纠纷
(10) 基金份额质权纠纷
(11) 知识产权质权纠纷
(12) 应收账款质权纠纷
61. 留置权纠纷

九、占有保护纠纷

62. 占有物返还纠纷
63. 占有排除妨害纠纷
64. 占有消除危险纠纷
65. 占有物损害赔偿纠纷

第四部分 合同、无因管理、不当得利纠纷

十、合同纠纷

66. 缔约过失责任纠纷
67. 确认合同效力纠纷
(1) 确认合同有效纠纷
(2) 确认合同无效纠纷
68. 债权人代位权纠纷
69. 债权人撤销权纠纷
70. 债权转让合同纠纷
71. 债务转移合同纠纷
72. 债权债务概括转移合同纠纷
73. 悬赏广告纠纷
74. 买卖合同纠纷
(1) 分期付款买卖合同纠纷
(2) 凭样品买卖合同纠纷
(3) 试用买卖合同纠纷
(4) 互易纠纷
(5) 国际货物买卖合同纠纷
(6) 网络购物合同纠纷
(7) 电视购物合同纠纷
75. 招标投标买卖合同纠纷
76. 拍卖合同纠纷
77. 建设用地使用权合同纠纷
(1) 建设用地使用权出让合同纠纷
(2) 建设用地使用权转让合同纠纷
78. 临时用地合同纠纷
79. 探矿权转让合同纠纷
80. 采矿权转让合同纠纷
81. 房地产开发经营合同纠纷
(1) 委托代建合同纠纷
(2) 合资、合作开发房地产合同纠纷
(3) 项目转让合同纠纷
82. 房屋买卖合同纠纷
(1) 商品房预约合同纠纷
(2) 商品房预售合同纠纷
(3) 商品房销售合同纠纷
(4) 商品房委托代理销售合同纠纷
(5) 经济适用房转让合同纠纷
(6) 农村房屋买卖合同纠纷
83. 房屋拆迁安置补偿合同纠纷
84. 供用电合同纠纷
85. 供用水合同纠纷
86. 供用气合同纠纷
87. 供用热力合同纠纷
88. 赠与合同纠纷

(1) 公益事业捐赠合同纠纷
(2) 附义务赠与合同纠纷
89. 借款合同纠纷
 (1) 金融借款合同纠纷
 (2) 同业拆借纠纷
 (3) 企业借贷纠纷
 (4) 民间借贷纠纷
 (5) 小额借款合同纠纷
 (6) 金融不良债权转让合同纠纷
 (7) 金融不良债权追偿纠纷
90. 保证合同纠纷
91. 抵押合同纠纷
92. 质押合同纠纷
93. 定金合同纠纷
94. 进出口押汇纠纷
95. 储蓄存款合同纠纷
96. 银行卡纠纷
 (1) 借记卡纠纷
 (2) 信用卡纠纷
97. 租赁合同纠纷
 (1) 土地租赁合同纠纷
 (2) 房屋租赁合同纠纷
 (3) 车辆租赁合同纠纷
 (4) 建筑设备租赁合同纠纷
98. 融资租赁合同纠纷
99. 承揽合同纠纷
 (1) 加工合同纠纷
 (2) 定作合同纠纷
 (3) 修理合同纠纷
 (4) 复制合同纠纷
 (5) 测试合同纠纷
 (6) 检验合同纠纷
 (7) 铁路机车、车辆建造合同纠纷
100. 建设工程合同纠纷
 (1) 建设工程勘察合同纠纷
 (2) 建设工程设计合同纠纷
 (3) 建设工程施工合同纠纷
 (4) 建设工程价款优先受偿权纠纷
 (5) 建设工程分包合同纠纷
 (6) 建设工程监理合同纠纷
 (7) 装饰装修合同纠纷
 (8) 铁路修建合同纠纷
 (9) 农村建房施工合同纠纷
101. 运输合同纠纷
 (1) 公路旅客运输合同纠纷
 (2) 公路货物运输合同纠纷
 (3) 水路旅客运输合同纠纷
 (4) 水路货物运输合同纠纷
 (5) 航空旅客运输合同纠纷
 (6) 航空货物运输合同纠纷
 (7) 出租汽车运输合同纠纷
 (8) 管道运输合同纠纷
 (9) 城市公交运输合同纠纷
 (10) 联合运输合同纠纷
 (11) 多式联运合同纠纷
 (12) 铁路货物运输合同纠纷
 (13) 铁路旅客运输合同纠纷
 (14) 铁路行李运输合同纠纷
 (15) 铁路包裹运输合同纠纷
 (16) 国际铁路联运合同纠纷
102. 保管合同纠纷
103. 仓储合同纠纷
104. 委托合同纠纷
 (1) 进出口代理合同纠纷
 (2) 货运代理合同纠纷
 (3) 民用航空运输销售代理合同纠纷
 (4) 诉讼、仲裁、人民调解代理合同纠纷
105. 委托理财合同纠纷
 (1) 金融委托理财合同纠纷
 (2) 民间委托理财合同纠纷

106. 行纪合同纠纷
107. 居间合同纠纷
108. 补偿贸易纠纷
109. 借用合同纠纷
110. 典当纠纷
111. 合伙协议纠纷
112. 种植、养殖回收合同纠纷
113. 彩票、奖券纠纷
114. 中外合作勘探开发自然资源合同纠纷
115. 农业承包合同纠纷
116. 林业承包合同纠纷
117. 渔业承包合同纠纷
118. 牧业承包合同纠纷
119. 农村土地承包合同纠纷
   (1) 土地承包经营权转包合同纠纷
   (2) 土地承包经营权转让合同纠纷
   (3) 土地承包经营权互换合同纠纷
   (4) 土地承包经营权入股合同纠纷
   (5) 土地承包经营权抵押合同纠纷
   (6) 土地承包经营权出租合同纠纷
120. 服务合同纠纷
   (1) 电信服务合同纠纷
   (2) 邮寄服务合同纠纷
   (3) 医疗服务合同纠纷
   (4) 法律服务合同纠纷
   (5) 旅游合同纠纷
   (6) 房地产咨询合同纠纷
   (7) 房地产价格评估合同纠纷
   (8) 旅店服务合同纠纷
   (9) 财会服务合同纠纷
   (10) 餐饮服务合同纠纷
   (11) 娱乐服务合同纠纷
   (12) 有线电视服务合同纠纷
   (13) 网络服务合同纠纷
   (14) 教育培训合同纠纷
   (15) 物业服务合同纠纷
   (16) 家政服务合同纠纷
   (17) 庆典服务合同纠纷
   (18) 殡葬服务合同纠纷
   (19) 农业技术服务合同纠纷
   (20) 农机作业服务合同纠纷
   (21) 保安服务合同纠纷
   (22) 银行结算合同纠纷
121. 演出合同纠纷
122. 劳务合同纠纷
123. 离退休人员返聘合同纠纷
124. 广告合同纠纷
125. 展览合同纠纷
126. 追偿权纠纷
127. 请求确认人民调解协议效力

十一、不当得利纠纷
128. 不当得利纠纷

十二、无因管理纠纷
129. 无因管理纠纷

第五部分 知识产权与竞争纠纷
十三、知识产权合同纠纷
130. 著作权合同纠纷
   (1) 委托创作合同纠纷
   (2) 合作创作合同纠纷
   (3) 著作权转让合同纠纷
   (4) 著作权许可使用合同纠纷
   (5) 出版合同纠纷
   (6) 表演合同纠纷
   (7) 音像制品制作合同纠纷
   (8) 广播电视播放合同纠纷
   (9) 邻接权转让合同纠纷
   (10) 邻接权许可使用合同纠纷

(11) 计算机软件开发合同纠纷
(12) 计算机软件著作权转让合同纠纷
(13) 计算机软件著作权许可使用合同纠纷
131. 商标合同纠纷
(1) 商标权转让合同纠纷
(2) 商标使用许可合同纠纷
(3) 商标代理合同纠纷
132. 专利合同纠纷
(1) 专利申请权转让合同纠纷
(2) 专利权转让合同纠纷
(3) 发明专利实施许可合同纠纷
(4) 实用新型专利实施许可合同纠纷
(5) 外观设计专利实施许可合同纠纷
(6) 专利代理合同纠纷
133. 植物新品种合同纠纷
(1) 植物新品种育种合同纠纷
(2) 植物新品种申请权转让合同纠纷
(3) 植物新品种权转让合同纠纷
(4) 植物新品种实施许可合同纠纷
134. 集成电路布图设计合同纠纷
(1) 集成电路布图设计创作合同纠纷
(2) 集成电路布图设计专有权转让合同纠纷
(3) 集成电路布图设计许可使用合同纠纷
135. 商业秘密合同纠纷
(1) 技术秘密让与合同纠纷
(2) 技术秘密许可使用合同纠纷
(3) 经营秘密让与合同纠纷
(4) 经营秘密许可使用合同纠纷
136. 技术合同纠纷
(1) 技术委托开发合同纠纷
(2) 技术合作开发合同纠纷
(3) 技术转化合同纠纷
(4) 技术转让合同纠纷
(5) 技术咨询合同纠纷
(6) 技术服务合同纠纷
(7) 技术培训合同纠纷
(8) 技术中介合同纠纷
(9) 技术进口合同纠纷
(10) 技术出口合同纠纷
(11) 职务技术成果完成人奖励、报酬纠纷
(12) 技术成果完成人署名权、荣誉权、奖励权纠纷
137. 特许经营合同纠纷
138. 企业名称（商号）合同纠纷
(1) 企业名称（商号）转让合同纠纷
(2) 企业名称（商号）使用合同纠纷
139. 特殊标志合同纠纷
140. 网络域名合同纠纷
(1) 网络域名注册合同纠纷
(2) 网络域名转让合同纠纷
(3) 网络域名许可使用合同纠纷
141. 知识产权质押合同纠纷

十四、知识产权权属、侵权纠纷

142. 著作权权属、侵权纠纷
(1) 著作权权属纠纷
(2) 侵害作品发表权纠纷
(3) 侵害作品署名权纠纷
(4) 侵害作品修改权纠纷
(5) 侵害保护作品完整权纠纷
(6) 侵害作品复制权纠纷
(7) 侵害作品发行权纠纷
(8) 侵害作品出租权纠纷

(9) 侵害作品展览权纠纷
(10) 侵害作品表演权纠纷
(11) 侵害作品放映权纠纷
(12) 侵害作品广播权纠纷
(13) 侵害作品信息网络传播权纠纷
(14) 侵害作品摄制权纠纷
(15) 侵害作品改编权纠纷
(16) 侵害作品翻译权纠纷
(17) 侵害作品汇编权纠纷
(18) 侵害其他著作财产权纠纷
(19) 出版者权权属纠纷
(20) 表演者权权属纠纷
(21) 录音录像制作者权权属纠纷
(22) 广播组织权权属纠纷
(23) 侵害出版者权纠纷
(24) 侵害表演者权纠纷
(25) 侵害录音录像制作者权纠纷
(26) 侵害广播组织权纠纷
(27) 计算机软件著作权权属纠纷
(28) 侵害计算机软件著作权纠纷

143. 商标权权属、侵权纠纷
(1) 商标权权属纠纷
(2) 侵害商标权纠纷

144. 专利权权属、侵权纠纷
(1) 专利申请权权属纠纷
(2) 专利权权属纠纷
(3) 侵害发明专利权纠纷
(4) 侵害实用新型专利权纠纷
(5) 侵害外观设计专利权纠纷
(6) 假冒他人专利纠纷
(7) 发明专利临时保护期使用费纠纷
(8) 职务发明创造发明人、设计人奖励、报酬纠纷
(9) 发明创造发明人、设计人署名权纠纷

145. 植物新品种权属、侵权纠纷
(1) 植物新品种申请权权属纠纷
(2) 植物新品种权权属纠纷
(3) 侵害植物新品种权纠纷
(4) 植物新品种临时保护期使用费纠纷

146. 集成电路布图设计专有权权属、侵权纠纷
(1) 集成电路布图设计专有权权属纠纷
(2) 侵害集成电路布图设计专有权纠纷

147. 侵害企业名称（商号）权纠纷

148. 侵害特殊标志专有权纠纷

149. 网络域名权属、侵权纠纷
(1) 网络域名权属纠纷
(2) 侵害网络域名纠纷

150. 发现权纠纷

151. 发明权纠纷

152. 其他科技成果权纠纷

153. 确认不侵害知识产权纠纷
(1) 确认不侵害专利权纠纷
(2) 确认不侵害商标权纠纷
(3) 确认不侵害著作权纠纷
(4) 确认不侵害植物新品种权纠纷；
(5) 确认不侵害集成电路布图设计专用权纠纷；
(6) 确认不侵害计算机软件著作权纠纷

154. 因申请知识产权临时措施损害责任纠纷
(1) 因申请诉前停止侵害专利权

损害责任纠纷
(2) 因申请诉前停止侵害注册商标专用权损害责任纠纷
(3) 因申请诉前停止侵害著作权损害责任纠纷
(4) 因申请诉前停止侵害植物新品种权损害责任纠纷
(5) 因申请海关知识产权保护措施损害责任纠纷
(6) 因申请诉前停止侵害计算机软件著作权损害责任纠纷;
(7) 因申请诉前停止侵害集成电路布图设计专用权损害责任纠纷

155. 因恶意提起知识产权诉讼损害责任纠纷
156. 专利权宣告无效后返还费用纠纷

十五、不正当竞争纠纷

157. 仿冒纠纷
(1) 擅自使用知名商品特有名称、包装、装潢纠纷
(2) 擅自使用他人企业名称、姓名纠纷
(3) 伪造、冒用产品质量标志纠纷
(4) 伪造产地纠纷
158. 商业贿赂不正当竞争纠纷
159. 虚假宣传纠纷
160. 侵害商业秘密纠纷
(1) 侵害技术秘密纠纷
(2) 侵害经营秘密纠纷
161. 低价倾销不正当竞争纠纷
162. 捆绑销售不正当竞争纠纷
163. 有奖销售纠纷
164. 商业诋毁纠纷
165. 串通投标不正当竞争纠纷

十六、垄断纠纷

166. 垄断协议纠纷
(1) 横向垄断协议纠纷
(2) 纵向垄断协议纠纷
167. 滥用市场支配地位纠纷
(1) 垄断定价纠纷
(2) 掠夺定价纠纷
(3) 拒绝交易纠纷
(4) 限定交易纠纷
(5) 捆绑交易纠纷
(6) 差别待遇纠纷
168. 经营者集中纠纷

第六部分 劳动争议、人事争议

十七、劳动争议

169. 劳动合同纠纷
(1) 确认劳动关系纠纷
(2) 集体合同纠纷
(3) 劳务派遣合同纠纷
(4) 非全日制用工纠纷
(5) 追索劳动报酬纠纷
(6) 经济补偿金纠纷
(7) 竞业限制纠纷
170. 社会保险纠纷
(1) 养老保险待遇纠纷
(2) 工伤保险待遇纠纷
(3) 医疗保险待遇纠纷
(4) 生育保险待遇纠纷
(5) 失业保险待遇纠纷
171. 福利待遇纠纷

十八、人事争议

172. 人事争议
(1) 辞职争议
(2) 辞退争议
(3) 聘用合同争议

第七部分 海事海商纠纷

十九、海事海商纠纷

173. 船舶碰撞损害责任纠纷

174. 船舶触碰损害责任纠纷
175. 船舶损坏空中设施、水下设施损害责任纠纷
176. 船舶污染损害责任纠纷
177. 海上、通海水域污染损害责任纠纷
178. 海上、通海水域养殖损害责任纠纷
179. 海上、通海水域财产损害责任纠纷
180. 海上、通海水域人身损害责任纠纷
181. 非法留置船舶、船载货物、船用燃油、船用物料损害责任纠纷
182. 海上、通海水域货物运输合同纠纷
183. 海上、通海水域旅客运输合同纠纷
184. 海上、通海水域行李运输合同纠纷
185. 船舶经营管理合同纠纷
186. 船舶买卖合同纠纷
187. 船舶建造合同纠纷
188. 船舶修理合同纠纷
189. 船舶改建合同纠纷
190. 船舶拆解合同纠纷
191. 船舶抵押合同纠纷
192. 航次租船合同纠纷
193. 船舶租用合同纠纷
　　（1）定期租船合同纠纷
　　（2）光船租赁合同纠纷
194. 船舶融资租赁合同纠纷
195. 海上、通海水域运输船舶承包合同纠纷
196. 渔船承包合同纠纷
197. 船舶属具租赁合同纠纷
198. 船舶属具保管合同纠纷
199. 海运集装箱租赁合同纠纷
200. 海运集装箱保管合同纠纷
201. 港口货物保管合同纠纷
202. 船舶代理合同纠纷
203. 海上、通海水域货运代理合同纠纷
204. 理货合同纠纷
205. 船舶物料和备品供应合同纠纷
206. 船员劳务合同纠纷
207. 海难救助合同纠纷
208. 海上、通海水域打捞合同纠纷
209. 海上、通海水域拖航合同纠纷
210. 海上、通海水域保险合同纠纷
211. 海上、通海水域保赔合同纠纷
212. 海上、通海水域运输联营合同纠纷
213. 船舶营运借款合同纠纷
214. 海事担保合同纠纷
215. 航道、港口疏浚合同纠纷
216. 船坞、码头建造合同纠纷
217. 船舶检验合同纠纷
218. 海事请求担保纠纷
219. 海上、通海水域运输重大责任事故责任纠纷
220. 港口作业重大责任事故责任纠纷
221. 港口作业纠纷
222. 共同海损纠纷
223. 海洋开发利用纠纷
224. 船舶共有纠纷
225. 船舶权属纠纷
226. 海运欺诈纠纷
227. 海事债权确权纠纷

第八部分　与公司、证券、保险、票据等有关的民事纠纷

二十、与企业有关的纠纷

228. 企业出资人权益确认纠纷

229. 侵害企业出资人权益纠纷
230. 企业公司制改造合同纠纷
231. 企业股份合作制改造合同纠纷
232. 企业债权转股权合同纠纷
233. 企业分立合同纠纷
234. 企业租赁经营合同纠纷
235. 企业出售合同纠纷
236. 挂靠经营合同纠纷
237. 企业兼并合同纠纷
238. 联营合同纠纷
239. 企业承包经营合同纠纷
　（1）中外合资经营企业承包经营合同纠纷
　（2）中外合作经营企业承包经营合同纠纷
　（3）外商独资企业承包经营合同纠纷
　（4）乡镇企业承包经营合同纠纷
240. 中外合资经营企业合同纠纷
241. 中外合作经营企业合同纠纷

二十一、与公司有关的纠纷

242. 股东资格确认纠纷
243. 股东名册记载纠纷
244. 请求变更公司登记纠纷
245. 股东出资纠纷
246. 新增资本认购纠纷
247. 股东知情权纠纷
248. 请求公司收购股份纠纷
249. 股权转让纠纷
250. 公司决议纠纷
　（1）公司决议效力确认纠纷
　（2）公司决议撤销纠纷
251. 公司设立纠纷
252. 公司证照返还纠纷
253. 发起人责任纠纷
254. 公司盈余分配纠纷
255. 损害股东利益责任纠纷
256. 损害公司利益责任纠纷
257. 股东损害公司债权人利益责任纠纷
258. 公司关联交易损害责任纠纷
259. 公司合并纠纷
260. 公司分立纠纷
261. 公司减资纠纷
262. 公司增资纠纷
263. 公司解散纠纷
264. 申请公司清算
265. 清算责任纠纷
266. 上市公司收购纠纷

二十二、合伙企业纠纷

267. 入伙纠纷
268. 退伙纠纷
269. 合伙企业财产份额转让纠纷

二十三、与破产有关的纠纷

270. 申请破产清算
271. 申请破产重整
272. 申请破产和解
273. 请求撤销个别清偿行为纠纷
274. 请求确认债务人行为无效纠纷
275. 对外追收债权纠纷
276. 追收未缴出资纠纷
277. 追收抽逃出资纠纷
278. 追收非正常收入纠纷
279. 破产债权确认纠纷
　（1）职工破产债权确认纠纷
　（2）普通破产债权确认纠纷
280. 取回权纠纷
　（1）一般取回权纠纷
　（2）出卖人取回权纠纷
281. 破产抵销权纠纷
282. 别除权纠纷
283. 破产撤销权纠纷
284. 损害债务人利益赔偿纠纷
285. 管理人责任纠纷

二十四、证券纠纷

286. 证券权利确认纠纷
    （1）股票权利确认纠纷
    （2）公司债券权利确认纠纷
    （3）国债权利确认纠纷
    （4）证券投资基金权利确认纠纷
287. 证券交易合同纠纷
    （1）股票交易纠纷
    （2）公司债券交易纠纷
    （3）国债交易纠纷
    （4）证券投资基金交易纠纷
288. 金融衍生品种交易纠纷
289. 证券承销合同纠纷
    （1）证券代销合同纠纷
    （2）证券包销合同纠纷
290. 证券投资咨询纠纷
291. 证券资信评级服务合同纠纷
292. 证券回购合同纠纷
    （1）股票回购合同纠纷
    （2）国债回购合同纠纷
    （3）公司债券回购合同纠纷
    （4）证券投资基金回购合同纠纷
    （5）质押式证券回购纠纷
293. 证券上市合同纠纷
294. 证券交易代理合同纠纷
295. 证券上市保荐合同纠纷
296. 证券发行纠纷
    （1）证券认购纠纷
    （2）证券发行失败纠纷
297. 证券返还纠纷
298. 证券欺诈责任纠纷
    （1）证券内幕交易责任纠纷
    （2）操纵证券交易市场责任纠纷
    （3）证券虚假陈述责任纠纷
    （4）欺诈客户责任纠纷
299. 证券托管纠纷
300. 证券登记、存管、结算
301. 融资融券交易纠纷
302. 客户交易结算资金纠纷

二十五、期货交易纠纷

303. 期货经纪合同纠纷
304. 期货透支交易纠纷
305. 期货强行平仓纠纷
306. 期货实物交割纠纷
307. 期货保证合约纠纷
308. 期货交易代理合同纠纷
309. 侵占期货交易保证金纠纷
310. 期货欺诈责任纠纷
311. 操纵期货交易市场责任纠纷
312. 期货内幕交易责任纠纷
313. 期货虚假信息责任纠纷

二十六、信托纠纷

314. 民事信托纠纷
315. 营业信托纠纷
316. 公益信托纠纷

二十七、保险纠纷

317. 财产保险合同纠纷
    （1）财产损失保险合同纠纷
    （2）责任保险合同纠纷
    （3）信用保险合同纠纷
    （4）保证保险合同纠纷
    （5）保险人代位求偿权纠纷
318. 人身保险合同纠纷
    （1）人寿保险合同纠纷
    （2）意外伤害保险合同纠纷
    （3）健康保险合同纠纷
319. 再保险合同纠纷
320. 保险经纪合同纠纷
321. 保险代理合同纠纷
322. 进出口信用保险合同纠纷
323. 保险费纠纷

二十八、票据纠纷

324. 票据付款请求权纠纷
325. 票据追索权纠纷

326. 票据交付请求权纠纷
327. 票据返还请求权纠纷
328. 票据损害责任纠纷
329. 票据利益返还请求权纠纷
330. 汇票回单签发请求权纠纷
331. 票据保证纠纷
332. 确认票据无效纠纷
333. 票据代理纠纷
334. 票据回购纠纷

二十九、信用证纠纷

335. 委托开立信用证纠纷
336. 信用证开证纠纷
337. 信用证议付纠纷
338. 信用证欺诈纠纷
339. 信用证融资纠纷
340. 信用证转让纠纷

第九部分 侵权责任纠纷

三十、侵权责任纠纷

341. 监护人责任纠纷
342. 用人单位责任纠纷
343. 劳务派遣工作人员侵权责任纠纷
344. 提供劳务者致害责任纠纷
345. 提供劳务者受害责任纠纷
346. 网络侵权责任纠纷
347. 违反安全保障义务责任纠纷
    (1) 公共场所管理人责任纠纷
    (2) 群众性活动组织者责任纠纷
348. 教育机构责任纠纷
348之一、性骚扰损害责任纠纷
349. 产品责任纠纷
    (1) 产品生产者责任纠纷
    (2) 产品销售者责任纠纷
    (3) 产品运输者责任纠纷
    (4) 产品仓储者责任纠纷
350. 机动车交通事故责任纠纷
351. 医疗损害责任纠纷
    (1) 侵害患者知情同意权责任纠纷
    (2) 医疗产品责任纠纷
352. 环境污染责任纠纷
    (1) 大气污染责任纠纷
    (2) 水污染责任纠纷
    (3) 噪声污染责任纠纷
    (4) 放射性污染责任纠纷
    (5) 土壤污染责任纠纷
    (6) 电子废物污染责任纠纷
    (7) 固体废物污染责任纠纷
353. 高度危险责任纠纷
    (1) 民用核设施损害责任纠纷
    (2) 民用航空器损害责任纠纷
    (3) 占有、使用高度危险物损害责任纠纷
    (4) 高度危险活动损害责任纠纷
    (5) 遗失、抛弃高度危险物损害责任纠纷
    (6) 非法占有高度危险物损害责任纠纷
354. 饲养动物损害责任纠纷
355. 物件损害责任纠纷
    (1) 物件脱落、坠落损害责任纠纷
    (2) 建筑物、构筑物倒塌损害责任纠纷
    (3) 不明抛掷物、坠落物损害责任纠纷
    (4) 堆放物倒塌致害责任纠纷
    (5) 公共道路妨碍通行损害责任纠纷
    (6) 林木折断损害责任纠纷
    (7) 地面施工、地下设施损害责任纠纷
356. 触电人身损害责任纠纷
357. 义务帮工人受害责任纠纷

358. 见义勇为人受害责任纠纷
359. 公证损害责任纠纷
360. 防卫过当损害责任纠纷
361. 紧急避险损害责任纠纷
362. 驻香港、澳门特别行政区军人执行职务侵权责任纠纷
363. 铁路运输损害责任纠纷
    （1）铁路运输人身损害责任纠纷
    （2）铁路运输财产损害责任纠纷
364. 水上运输损害责任纠纷
    （1）水上运输人身损害责任纠纷
    （2）水上运输财产损害责任纠纷
365. 航空运输损害责任纠纷
    （1）航空运输人身损害责任纠纷
    （2）航空运输财产损害责任纠纷
366. 因申请诉前财产保全损害责任纠纷
367. 因申请诉前证据保全损害责任纠纷
368. 因申请诉中财产保全损害责任纠纷
369. 因申请诉中证据保全损害责任纠纷
370. 因申请先予执行损害责任纠纷

第十部分 适用特殊程序案件案由

三十一、选民资格案件
371. 申请确定选民资格

三十二、宣告失踪、宣告死亡案件
372. 申请宣告公民失踪
373. 申请撤销宣告失踪
374. 申请为失踪人财产指定、变更代管人
375. 失踪人债务支付纠纷
376. 申请宣告公民死亡
377. 申请撤销宣告公民死亡
378. 被撤销死亡宣告人请求返还财产纠纷

三十三、认定公民无民事行为能力、限制民事行为能力案件
379. 申请宣告公民无民事行为能力
380. 申请宣告公民限制民事行为能力
381. 申请宣告公民恢复限制民事行为能力
382. 申请宣告公民恢复完全民事行为能力

三十四、认定财产无主案件
383. 申请认定财产无主
384. 申请撤销认定财产无主

三十五、监护权特别程序案件
385. 申请确定监护人
386. 申请变更监护人
387. 申请撤销监护人资格

三十六、督促程序案件
388. 申请支付令

三十七、公示催告程序案件
389. 申请公示催告

三十八、申请诉前停止侵害知识产权案件
390. 申请诉前停止侵害专利权
391. 申请诉前停止侵害注册商标专用权
392. 申请诉前停止侵害著作权
393. 申请诉前停止侵害植物新品种权

三十九、申请保全案件
394. 申请诉前财产保全
395. 申请诉中财产保全
396. 申请诉前证据保全
397. 申请诉中证据保全
398. 仲裁程序中的财产保全
399. 仲裁程序中的证据保全
400. 申请中止支付信用证项下款项
401. 申请中止支付保函项下款项

四十、仲裁程序案件
402. 申请确认仲裁协议效力
403. 申请撤销仲裁裁决

四十一、海事诉讼特别程序案件
404. 申请海事请求保全
    （1）申请扣押船舶
    （2）申请拍卖扣押船舶
    （3）申请扣押船载货物
    （4）申请拍卖扣押船载货物
    （5）申请扣押船用燃油及船用物料
    （6）申请拍卖扣押船用燃油及船用物料
405. 申请海事支付令
406. 申请海事强制令
407. 申请海事证据保全
408. 申请设立海事赔偿责任限制基金
409. 申请船舶优先权催告
410. 申请海事债权登记与受偿

四十二、申请承认与执行法院判决、仲裁裁决案件
411. 申请执行海事仲裁裁决
412. 申请执行知识产权仲裁裁决
413. 申请执行涉外仲裁裁决
414. 申请认可和执行香港特别行政区法院民事判决
415. 申请认可和执行香港特别行政区仲裁裁决
416. 申请认可和执行澳门特别行政区法院民事判决
417. 申请认可和执行澳门特别行政区仲裁裁决
418. 申请认可和执行台湾地区法院民事判决
419. 申请认可和执行台湾地区仲裁裁决
420. 申请承认和执行外国法院民事判决、裁定
421. 申请承认和执行外国仲裁裁决

四十三、执行异议之诉
422. 案外人执行异议之诉
423. 申请执行人执行异议之诉
424. 执行分配方案异议之诉

B2 防范虚假诉讼意见（2016）

最高人民法院关于防范和制裁虚假诉讼的指导意见

（法发〔2016〕13号。2016年6月20日公布并施行）

当前，民事商事审判领域存在的虚假诉讼现象，不仅严重侵害案外人合法权益，破坏社会诚信，也扰乱了正常的诉讼秩序，损害司法权威和司法公信力，人民群众对此反映强烈。各级人民法院对此要高度重视，努力探索通过多种有效措施防范和制裁虚假诉讼行为。

1. 虚假诉讼一般包含以下要素：（1）以规避法律、法规或国家政策谋取非法利益为目的；（2）双方当事人存在恶意串通；（3）虚构事实；（4）借用合法的民事程序；（5）侵害国家利益、社会公共利益或者案外人的合法权益。
2. 实践中，要特别注意以下情形：（1）当事人为夫妻、朋友等近亲关系或者关联企业等共同利益关系；（2）原告诉请司法保护的标的额与其自身经济状况严重不符；（3）原告起诉所依据的事实和理由明显不符合常理；（4）当事

人双方无实质性民事权益争议；（5）案件证据不足，但双方仍然主动迅速达成调解协议，并请求人民法院出具调解书。

3. 各级人民法院应当在立案窗口及法庭张贴警示宣传标识，同时在"人民法院民事诉讼风险提示书"中明确告知参与虚假诉讼应当承担的法律责任，引导当事人依法行使诉权，诚信诉讼。

4. 在民间借贷、离婚析产、以物抵债、劳动争议、公司分立（合并）、企业破产等虚假诉讼高发领域的案件审理中，要加大证据审查力度。对可能存在虚假诉讼的，要适当加大依职权调查取证力度。

5. 涉嫌虚假诉讼的，应当传唤当事人本人到庭，就有关案件事实接受询问。除法定事由外，应当要求证人出庭作证。要充分发挥民事诉讼法司法解释有关当事人和证人签署保证书规定的作用，探索当事人和证人宣誓制度。

6. 诉讼中，一方对另一方提出的于己不利的事实明确表示承认，且不符合常理的，要做进一步查明，慎重认定。查明的事实与自认的事实不符的，不予确认。

7. 要加强对调解协议的审查力度。对双方主动达成调解协议并申请人民法院出具调解书的，应当结合案件基础事实，注重审查调解协议是否损害国家利益、社会公共利益或者案外人的合法权益；对人民调解协议司法确认案件，要按照民事诉讼法司法解释要求，注重审查基础法律关系的真实性。

8. 在执行公证债权文书和仲裁裁决书、调解书等法律文书过程中，对可能存在双方恶意串通、虚构事实的，要加大实质审查力度，注重审查相关法律文书是否损害国家利益、社会公共利益或者案外人的合法权益。如果存在上述情形，应当裁定不予执行。必要时，可向仲裁机构或者公证机关发出司法建议。

9. 加大公开审判力度，增加案件审理的透明度。对与案件处理结果可能存在法律上利害关系的，可适当依职权通知其参加诉讼，避免其民事权益受到损害，防范虚假诉讼行为。

10. 在第三人撤销之诉、案外人执行异议之诉、案外人申请再审等案件审理中，发现已经生效的裁判涉及虚假诉讼的，要及时予以纠正，保护案外人诉权和实体权利；同时也要防范有关人员利用上述法律制度，制造虚假诉讼，损害原诉讼中合法权利人利益。

11. 经查明属于虚假诉讼，原告申请撤诉的，不予准许，并应当根据民事诉讼法第一百一十二条的规定，驳回其请求。

12. 对虚假诉讼参与人，要适度加大罚款、拘留等妨碍民事诉讼强制措施的法律适用力度；虚假诉讼侵害他人民事权益的，虚假诉讼参与人应当承担赔偿责任；虚假诉讼违法行为涉嫌虚假诉讼罪、诈骗罪、合同诈骗罪等刑事犯罪的，民事审判部门应当依法将相关线索和有关案件材料移送侦查机关。

13. 探索建立虚假诉讼失信人名单制度。将虚假诉讼参与人列入失信人名单，逐步开展与现有相关信息平台和社会信用体系接轨工作，加大制裁力度。

14. 人民法院工作人员参与虚假诉讼的,要依照法官法、法官职业道德基本准则和法官行为规范等规定,从严处理。

15. 诉讼代理人参与虚假诉讼的,要依法予以制裁,并应当向司法行政部门、律师协会或者行业协会发出司法建议。

16. 鉴定机构、鉴定人参与虚假诉讼的,可以根据情节轻重,给予鉴定机构、鉴定人训诫、责令退还鉴定费用、从法院委托鉴定专业机构备选名单中除名等制裁,并应当向司法行政部门或者行业协会发出司法建议。

17. 要积极主动与有关部门沟通协调,争取支持配合,探索建立多部门协调配合的综合治理机制。要通过向社会公开发布虚假诉讼典型案例等多种形式,震慑虚假诉讼违法行为。

18. 各级人民法院要及时组织干警学习了解中央和地方的各项经济社会政策,充分预判有可能在司法领域反映出来的虚假诉讼案件类型,也可以采取典型案例分析、审判业务交流、庭审观摩等多种形式,提高甄别虚假诉讼的司法能力。

最高人民法院
2016 年 6 月 20 日

B3 审理公益诉讼实施办法(2016)

人民法院审理人民检察院提起公益诉讼案件试点工作实施办法

(法发〔2016〕6 号。2016 年 2 月 22 日由最高人民法院审判委员会第 1679 次会议通过,2016 年 6 月 25 日公布,自 2016 年 3 月 1 日起施行)

为贯彻实施《全国人民代表大会常务委员会关于授权最高人民检察院在部分地区开展公益诉讼试点工作的决定》,依法审理人民检察院提起的公益诉讼案件,依据《中华人民共和国民事诉讼法》《中华人民共和国行政诉讼法》等法律的规定,结合审判工作实际,制定本办法。

一、民事公益诉讼

第一条 人民检察院认为被告有污染环境、破坏生态、在食品药品安全领域侵害众多消费者合法权益等损害社会公共利益的行为,在没有适格主体提起诉讼或者适格主体不提起诉讼的情况下,向人民法院提起民事公益诉讼,符合民事诉讼法第一百一十九条第二项、第三项、第四项规定的,人民法院应当登记立案。

第二条 人民检察院提起民事公益诉讼应当提交下列材料:

(一)符合民事诉讼法第一百二十一条规定的起诉状,并按照被告人数提出副本；

（二）污染环境、破坏生态、在食品药品安全领域侵害众多消费者合法权益等损害社会公共利益行为的初步证明材料；

（三）人民检察院已经履行督促或者支持法律规定的机关或有关组织提起民事公益诉讼的诉前程序的证明材料。

第三条 人民检察院提起民事公益诉讼，可以提出要求被告停止侵害、排除妨碍、消除危险、恢复原状、赔偿损失、赔礼道歉等诉讼请求。

第四条 人民检察院以公益诉讼人身份提起民事公益诉讼，诉讼权利义务参照民事诉讼法关于原告诉讼权利义务的规定。民事公益诉讼的被告是被诉实施损害社会公共利益行为的公民、法人或者其他组织。

第五条 人民检察院提起的第一审民事公益诉讼案件由侵害行为发生地、损害结果地或者被告住所地的中级人民法院管辖，但法律、司法解释另有规定的除外。

第六条 人民法院审理人民检察院提起的民事公益诉讼案件，被告提出反诉请求的，不予受理。

第七条 人民法院审理人民检察院提起的第一审民事公益诉讼案件，原则上适用人民陪审制。

当事人申请不适用人民陪审制审理的，人民法院经审查可以决定不适用人民陪审制审理。

第八条 人民检察院与被告达成和解协议或者调解协议后，人民法院应当将协议内容公告，公告期间不少于三十日。

公告期满后，人民法院审查认为和解协议或者调解协议内容不损害社会公共利益的，应当出具调解书。

第九条 人民检察院在法庭辩论终结前申请撤诉，或者在法庭辩论终结后，人民检察院的诉讼请求全部实现，申请撤诉的，应予准许。

第十条 对于人民法院作出的民事公益诉讼判决、裁定，当事人依法提起上诉、人民检察院依法提起抗诉或者其他当事人依法申请再审且符合民事诉讼法第二百条规定的，分别按照民事诉讼法规定的第二审程序、审判监督程序审理。

二、行政公益诉讼

第十一条 人民检察院认为在生态环境和资源保护、国有资产保护、国有土地使用权出让等领域负有监督管理职责的行政机关或者法律、法规、规章授权的组织违法行使职权或不履行法定职责，造成国家和社会公共利益受到侵害，向人民法院提起行政公益诉讼，符合行政诉讼法第四十九条第二项、第三项、第四项规定的，人民法院应当登记立案。

第十二条 人民检察院提起行政公益诉讼应当提交下列材料：

（一）行政公益诉讼起诉状，并按照被告人数提出副本；

（二）被告的行为造成国家和社会公共利益受到侵害的初步证明材料；

（三）人民检察院已经履行向相关行政机关提出检察建议、督促其纠正违法行政行为或者依法履行职责的诉前程序的证明材料。

第十三条 人民检察院提起行政公益诉讼，可以向人民法院提出撤销或者部分撤销违法行政行为、在一定期限内履行法定职责、确认行政行为违法或者无效等诉讼请求。

第十四条 人民检察院以公益诉讼人身份提起行政公益诉讼，诉讼权利义务参照行政诉讼法关于原告诉讼权利义务的规定。行政公益诉讼的被告是生态环境和资源保护、国有资产保护、国有土地使用权出让等领域行使职权或者负有行政职责的行政机关，以及法律、法规、规章授权的组织。

第十五条 人民检察院提起的第一审行政公益诉讼案件由最初作出行政行为的行政机关所在地基层人民法院管辖。经复议的案件，也可以由复议机关所在地基层人民法院管辖。

人民检察院对国务院部门或者县级以上地方人民政府所作的行政行为提起公益诉讼的案件以及本辖区内重大、复杂的公益诉讼案件由中级人民法院管辖。

第十六条 人民法院审理人民检察院提起的第一审行政公益诉讼案件，原则上适用人民陪审制。

第十七条 人民法院审理人民检察院提起的行政公益诉讼案件，不适用调解。

第十八条 人民法院对行政公益诉讼案件宣告判决或者裁定前，人民检察院申请撤诉的，是否准许，由人民法院裁定。

第十九条 对于人民法院作出的行政公益诉讼判决、裁定，当事人依法提起上诉、人民检察院依法提起抗诉或者其他当事人申请再审且符合行政诉讼法第九十一条规定的，分别按照行政诉讼法规定的第二审程序、审判监督程序审理。

三、其他规定

第二十条 人民法院审理人民检察院提起的公益诉讼案件，应当依法公开进行。人民法院可以邀请人大代表、政协委员等旁听庭审，并可以通过庭审直播录播等方式满足公众和媒体了解庭审实况的需要。裁判文书应当按照有关规定在互联网上公开发布。

第二十一条 人民法院审理人民检察院提起的公益诉讼案件，认为应当提出司法建议的，按照《最高人民法院关于加强司法建议工作的意见》办理。

第二十二条 人民法院审理人民检察院提起的公益诉讼案件，人民检察院免交《诉讼费用交纳办法》第六条规定的诉讼费用。

第二十三条 人民法院审理人民检察院提起的公益诉讼案件，本办法没有规定的，适用《中华人民共和国民事诉讼法》《中华人民共和国行政诉讼法》及相关司法解释的规定。

四、附则

第二十四条 本办法适用于北京、内蒙古、吉林、江苏、安徽、福建、山东、湖北、广东、贵州、云南、陕西、甘肃等十三个省、自治区、直辖市。

第二十五条 本办法自2016年3月1日起施行。

B4 再审立案意见（2002）

最高人民法院关于规范人民法院再审立案的若干意见（试行）

（法发〔2002〕13号。最高人民法院审判委员会第1230次会议通过，2002年9月10日公布，自2002年11月1日起施行）

为加强审判监督，规范再审立案工作，根据《中华人民共和国刑事诉讼法》、《中华人民共和国民事诉讼法》和《中华人民共和国行政诉讼法》的有关规定，结合审判实际，制定本规定。

第一条 各级人民法院、专门人民法院对本院或者上级人民法院对下级人民法院作出的终审裁判，经复查认为符合再审立案条件的，应当决定或裁定再审。

人民检察院依照法律规定对人民法院作出的终审裁判提出抗诉的，应当再审立案。

第二条 地方各级人民法院、专门人民法院负责下列案件的再审立案：

（一）本院作出的终审裁判，符合再审立案条件的；
（二）下一级人民法院复查驳回或者再审改判，符合再审立案条件的；
（三）上级人民法院指令再审的；
（四）人民检察院依法提出抗诉的。

第三条 最高人民法院负责下列案件的再审立案：

（一）本院作出的终审裁判，符合再审立案条件的；
（二）高级人民法院复查驳回或者再审改判，符合再审立案条件的；
（三）最高人民检察院依法提出抗诉的；
（四）最高人民法院认为应由自己再审的。

第四条 上级人民法院对下级人民法院作出的终审裁判，认为确有必要的，可以直接立案复查，经复查认为符合再审立案条件的，可以决定或裁定再审。

第五条 再审申请人或申诉人向人民法院申请再审或申诉，应当提交以下材料：

（一）再审申请书或申诉状，应当载明当事人的基本情况、申请再审或申诉的事实与理由；
（二）原一、二审判决书、裁定书等法律文书，经过人民法院复查或再审的，应当附有驳回通知书、再审判决书或裁定书；
（三）以有新的证据证明原裁判认定的事实确有错误为由申请再审或申诉

的，应当同时附有证据目录、证人名单和主要证据复印件或者照片；需要人民法院调查取证的，应当附有证据线索。

申请再审或申诉不符合前款规定的，人民法院不予审查。

第六条 申请再审或申诉一般由终审人民法院审查处理。

上一级人民法院对未经终审人民法院审查处理的申请再审或申诉，一般交终审人民法院审查；对经终审人民法院审查处理后仍坚持申请再审或申诉的，应当受理。

对未经终审人民法院及其上一级人民法院审查处理，直接向上级人民法院申请再审或申诉的，上级人民法院应当交下一级人民法院处理。

第七条 对终审刑事裁判的申诉，具备下列情形之一的，人民法院应当决定再审：

（一）有审判时未收集到的或者未被采信的证据，可能推翻原定罪量刑的；

（二）主要证据不充分或者不具有证明力的；

（三）原裁判的主要事实依据被依法变更或撤销的；

（四）据以定罪量刑的主要证据自相矛盾的；

（五）引用法律条文错误或者违反刑法第十二条的规定适用失效法律的；

（六）违反法律关于溯及力规定的；

（七）量刑明显不当的；

（八）审判程序不合法，影响案件公正裁判的；

（九）审判人员在审理案件时索贿受贿、徇私舞弊并导致枉法裁判的。

第八条 对终审民事裁判、调解的再审申请，具备下列情形之一的，人民法院应当裁定再审：

（一）有再审申请人以前不知道或举证不能的证据，可能推翻原裁判的；

（二）主要证据不充分或者不具有证明力的；

（三）原裁判的主要事实依据被依法变更或撤销的；

（四）就同一法律事实或同一法律关系，存在两个相互矛盾的生效法律文书，再审申请人对后一生效法律文书提出再审申请的；

（五）引用法律条文错误或者适用失效、尚未生效法律的；

（六）违反法律关于溯及力规定的；

（七）调解协议明显违反自愿原则，内容违反法律或者损害国家利益、公共利益和他人利益的；

（八）审判程序不合法，影响案件公正裁判的；

（九）审判人员在审理案件时索贿受贿、徇私舞弊并导致枉法裁判的。

第九条 对终审行政裁判的申诉，具备下列情形之一的，人民法院应当裁定再审：

（一）依法应当受理而不予受理或驳回起诉的；

（二）有新的证据可能改变原裁判的；

（三）主要证据不充分或不具有证明力的；
（四）原裁判的主要事实依据被依法变更或撤销的；
（五）引用法律条文错误或者适用失效、尚未生效法律的；
（六）违反法律关于溯及力规定的；
（七）行政赔偿调解协议违反自愿原则，内容违反法律或损害国家利益、公共利益和他人利益的；
（八）审判程序不合法，影响案件公正裁判的；
（九）审判人员在审理案件时索贿受贿、徇私舞弊并导致枉法裁判的。

第十条 人民法院对刑事案件的申诉人在刑罚执行完毕后两年内提出的申诉，应当受理；超过两年提出申诉，具有下列情形之一的，应当受理：

（一）可能对原审被告人宣告无罪的；
（二）原审被告人在本条规定的期限内向人民法院提出申诉，人民法院未受理的；
（三）属于疑难、复杂、重大案件的。

不符合前款规定的，人民法院不予受理。

第十一条 人民法院对刑事附带民事案件中仅就民事部分提出申诉的，一般不予再审立案。但有证据证明民事部分明显失当且原审被告人有赔偿能力的除外。

第十二条 人民法院对民事、行政案件的再审申请人或申诉人超过两年提出再审申请或申诉的，不予受理。

第十三条 人民法院对不符合法定主体资格的再审申请或申诉，不予受理。

第十四条 人民法院对下列民事案件的再审申请不予受理：

（一）人民法院依照督促程序、公示催告程序和破产还债程序审理的案件；
（二）人民法院裁定撤销仲裁裁决和裁定不予执行仲裁裁决的案件；
（三）人民法院判决、调解解除婚姻关系的案件，但当事人就财产分割问题申请再审的除外。

第十五条 上级人民法院对经终审法院的上一级人民法院依照审判监督程序审理后维持原判或者经两级人民法院依照审判监督程序复查均驳回的申请再审或申诉案件，一般不予受理。

但再审申请人或申诉人提出新的理由，且符合《中华人民共和国刑事诉讼法》第二百零四条、《中华人民共和国民事诉讼法》第一百七十九条、《中华人民共和国行政诉讼法》第六十二条及本规定第七、八、九条规定条件的，以及刑事案件的原被告人可能被宣告无罪的除外。

第十六条 最高人民法院再审裁判或者复查驳回的案件，再审申请人或申诉人仍不服提出再审申请或申诉的，不予受理。

第十七条 本意见自2002年11月1日起施行。以前有关再审立案的规定与本意见不一致的，按本意见执行。

执行程序

C1 规范执行通知（2018）

最高人民法院关于进一步规范近期执行工作相关问题的通知

（法〔2018〕141号。2018年5月28日公布并施行）

一、关于失信被执行人名单相关问题

（一）执行法院应当严格依照《最高人民法院关于公布失信被执行人名单信息的若干规定》（法释〔2017〕7号，以下简称《失信规定》）第一条的规定审查被执行人是否符合纳入名单的法定情形，严禁将不符合条件的被执行人纳入失信名单。

（二）具有《失信规定》第三条规定情形之一的，不得依据《失信规定》第一条第一项的规定将被执行人纳入失信名单。已经纳入的，应当撤销，纳入后才具有《失信规定》第三条第（一）、（二）项情形之一的，应当屏蔽。

（三）对于有失信期限的失信被执行人名单信息，失信被执行人履行完毕的，应当依照《失信规定》第二条第二款的规定提前删除失信信息，具体操作按我院"法明传〔2018〕33号"通知要求进行。

（四）案件已经以终结本次执行程序方式报结，执行法院按照我院"法明传〔2017〕699号"通知要求，已将案件标注为实结，尚有失信被执行人名单信息处于发布状态的，应当屏蔽；如果纳入失信被执行人名单错误的，应当撤销。

二、关于终结本次执行程序相关问题

（一）原终结本次执行程序中已发出限制消费令的恢复执行案件，人民法院再次终结本次执行程序的，可无须再根据《终本规定》第一条第二项发出限制消费令。

（二）在严格按照《终本规定》的程序标准和实质标准完成必要的执行措施后，人民法院终结本次执行程序，可不受《终本规定》第一条第四项三个月期限的限制。同时，要严格杜绝随立随结、违规报结等滥用终结本次程序的行为。立案后不满三个月即终结本次执行程序的案件，将作为日常考核和本次巡查、评估工作中重点抽查的案件。

（三）执行法院通过总对总网络执行查控系统查询被执行人财产的，必须完成对所有已开通查询功能的财产项目的查询，仅查询部分财产项目的，不符合完成网络调查事项的要求。拟终结本次执行程序时距完成前次总对总网络查控已超过三个月的，还应在终结本次程序之前再次通过总对总网络执行查控系

询被执行人的财产。

（四）根据《终本规定》第五条征求申请执行人意见时，可以采取面谈、电话、邮件、传真、短信、微信等方式，必须将征求意见情况记录入卷为凭；有下列情形之一的，可不再征求申请执行人意见：

1. 执行内容仅为追缴诉讼费或罚款的；
2. 行政非诉执行案件；
3. 刑事财产刑执行案件；
4. 申请执行人申请终结本次执行程序的。

（五）人民法院终结本次执行程序前，应严格执行《最高人民法院关于民事执行中财产调查若干问题的规定》，积极采取现场调查等方式，查明被执行人财产状况和履行义务能力，一般应当完成下列调查事项：

1. 对申请执行人提供的财产线索，必须予以核实，并将核实情况记录入卷；
2. 向被执行人发出报告财产令时，应及时传唤被执行人或其法定代表人、负责人、实际控制人到人民法院接受调查询问；
3. 住房公积金、金融理财产品、收益类保险、股息红利等未实现网络查控的财产，应前往现场调查，并制作调查笔录附卷为凭；
4. 被执行人是自然人的，向被执行人所在单位及居住地周边群众调查了解被执行人生活居住、劳动就业、收入、债权、股权等情况，并制作调查笔录附卷为凭；
5. 被执行人是法人或其他组织的，对其住所地、经营场所进行现场调查；全面核查被执行人企业性质及设立、合并分立、投资经营、债权债务、变更终止等情况，并可依申请进行审计调查。

（六）本辖区中级、基层人民法院机构发生调整的，对此前已裁定终结本次执行程序的案件，高级人民法院应及时指定相关法院负责后续管理。

三、关于和解长期履行案件的报结问题

当事人达成执行和解协议，需要长期履行的，可以以终结执行方式（选择"和解长期履行"情形）报结。执行案件流程系统须进行相应改造，在终结执行内增加"和解长期履行"作为终结执行的一种情形；同时，对该种情形终结执行的案件在报结时可以不作必须解除强制执行措施的要求。因被执行人不履行和解协议申请执行人申请恢复执行原生效法律文书的，以恢复执行方式立案。对接使用最高人民法院执行案件流程信息管理系统的执行法院，由各高级人民法院负责改造系统；直接使用最高人民法院执行案件流程信息管理系统的执行法院，由我院负责改造系统并进行远程升级。

以上通知，请遵照执行。执行中发现的新情况、新问题，请及时报告我院。

最高人民法院
2018年5月28日

C2 执行立案结案意见（2014）

最高人民法院关于执行案件立案、结案若干问题的意见

（法发〔2014〕26号。2014年12月17日公布，
自2015年1月1日起施行）

为统一执行案件立案、结案标准，规范执行行为，根据《中华人民共和国民事诉讼法》等法律、司法解释的规定，结合人民法院执行工作实际，制定本意见。

第一条 本意见所称执行案件包括执行实施类案件和执行审查类案件。

执行实施类案件是指人民法院因申请执行人申请、审判机构移送、受托、提级、指定和依职权，对已发生法律效力且具有可强制执行内容的法律文书所确定的事项予以执行的案件。

执行审查类案件是指在执行过程中，人民法院审查和处理执行异议、复议、申诉、请示、协调以及决定执行管辖权的移转等事项的案件。

第二条 执行案件统一由人民法院立案机构进行审查立案，人民法庭经授权执行自审案件的，可以自行审查立案，法律、司法解释规定可以移送执行的，相关审判机构可以移送立案机构办理立案登记手续。

立案机构立案后，应当依照法律、司法解释的规定向申请人发出执行案件受理通知书。

第三条 人民法院对符合法律、司法解释规定的立案标准的执行案件，应当予以立案，并纳入审判和执行案件统一管理体系。

人民法院不得有审判和执行案件统一管理体系之外的执行案件。

任何案件不得以任何理由未经立案即进入执行程序。

第四条 立案机构在审查立案时，应当按照本意见确定执行案件的类型代字和案件编号，不得违反本意见创设案件类型代字。

第五条 执行实施类案件类型代字为"执字"，按照立案时间的先后顺序确定案件编号，单独进行排序；但执行财产保全裁定的，案件类型代字为"执保字"，按照立案时间的先后顺序确定案件编号，单独进行排序；恢复执行的，案件类型代字为"执恢字"，按照立案时间的先后顺序确定案件编号，单独进行排序。

第六条 下列案件，人民法院应当按照恢复执行案件予以立案：

（一）申请执行人因受欺诈、胁迫与被执行人达成和解协议，申请恢复执行原生效法律文书的；

（二）一方当事人不履行或不完全履行执行和解协议，对方当事人申请恢复执行原生效法律文书的；

（三）执行实施案件以裁定终结本次执行程序方式报结后，如发现被执行人有财产可供执行，申请执行人申请或者人民法院依职权恢复执行的；

（四）执行实施案件因委托执行结案后，确因委托不当被已立案的受托法院退回委托的；

（五）依照民事诉讼法第二百五十七条的规定而终结执行的案件，申请执行的条件具备时，申请执行人申请恢复执行的。

第七条 除下列情形外，人民法院不得人为拆分执行实施案件：

（一）生效法律文书确定的给付内容为分期履行的，各期债务履行期间届满，被执行人未自动履行，申请执行人可分期申请执行，也可以对几期或全部到期债权一并申请执行；

（二）生效法律文书确定有多个债务人各自单独承担明确的债务的，申请执行人可以对每个债务人分别申请执行，也可以对几个或全部债务人一并申请执行；

（三）生效法律文书确定有多个债权人各自享有明确的债权的（包括按份共有），每个债权人可以分别申请执行；

（四）申请执行赡养费、扶养费、抚养费的案件，涉及金钱给付内容的，人民法院应当根据申请执行时已发生的债权数额进行审查立案，执行过程中新发生的债权应当另行申请执行；涉及人身内容的，人民法院应当根据申请执行时义务人未履行义务的事实进行审查立案，执行过程中义务人延续消极行为的，应当依据申请执行人的申请一并执行。

第八条 执行审查类案件按下列规则确定类型代字和案件编号：

（一）执行异议案件类型代字为"执异字"，按照立案时间的先后顺序确定案件编号，单独进行排序；

（二）执行复议案件类型代字为"执复字"，按照立案时间的先后顺序确定案件编号，单独进行排序；

（三）执行监督案件类型代字为"执监字"，按照立案时间的先后顺序确定案件编号，单独进行排序；

（四）执行请示案件类型代字为"执请字"，按照立案时间的先后顺序确定案件编号，单独进行排序；

（五）执行协调案件类型代字为"执协字"，按照立案时间的先后顺序确定案件编号，单独进行排序。

第九条 下列案件，人民法院应当按照执行异议案件予以立案：

（一）当事人、利害关系人认为人民法院的执行行为违反法律规定，提出书面异议的；

（二）执行过程中，案外人对执行标的提出书面异议的；

（三）人民法院受理执行申请后，当事人对管辖权提出异议的；

（四）申请执行人申请追加、变更被执行人的；

（五）被执行人以债权消灭、超过申请执行期间或者其他阻止执行的实体事由提出阻止执行的；

（六）被执行人对仲裁裁决或者公证机关赋予强制执行效力的公证债权文书申请不予执行的；

（七）其他依法可以申请执行异议的。

第十条 下列案件，人民法院应当按照执行复议案件予以立案：

（一）当事人、利害关系人不服人民法院针对本意见第九条第（一）项、第（三）项、第（五）项作出的裁定，向上一级人民法院申请复议的；

（二）除因夫妻共同债务、出资人未依法出资、股权转让引起的追加和对一人公司股东的追加外，当事人、利害关系人不服人民法院针对本意见第九条第（四）项作出的裁定，向上一级人民法院申请复议的；

（三）当事人不服人民法院针对本意见第九条第（六）项作出的不予执行公证债权文书、驳回不予执行公证债权文书申请、不予执行仲裁裁决、驳回不予执行仲裁裁决申请的裁定，向上一级人民法院申请复议的；

（四）其他依法可以申请复议的。

第十一条 上级人民法院对下级人民法院，最高人民法院对地方各级人民法院依法进行监督的案件，应当按照执行监督案件予以立案。

第十二条 下列案件，人民法院应当按照执行请示案件予以立案：

（一）当事人向人民法院申请执行内地仲裁机构作出的涉港澳仲裁裁决或者香港特别行政区、澳门特别行政区仲裁机构作出的仲裁裁决或者临时仲裁庭在香港特别行政区、澳门特别行政区作出的仲裁裁决，人民法院经审查认为裁决存在依法不予执行的情形，在作出裁定前，报请所属高级人民法院进行审查的，以及高级人民法院同意不予执行，报请最高人民法院的；

（二）下级人民法院依法向上级人民法院请示的。

第十三条 下列案件，人民法院应当按照执行协调案件予以立案：

（一）不同法院因执行程序、执行与破产、强制清算、审判等程序之间对执行标的产生争议，经自行协调无法达成一致意见，向共同上级人民法院报请协调处理的；

（二）对跨高级人民法院辖区的法院与公安、检察等机关之间的执行争议案件，执行法院报请所属高级人民法院与有关公安、检察等机关所在地的高级人民法院商有关机关协调解决或者报请最高人民法院协调处理的；

（三）当事人对内地仲裁机构作出的涉港澳仲裁裁决分别向不同人民法院申请撤销及执行，受理执行申请的人民法院对受理撤销申请的人民法院作出的决定撤销或者不予撤销的裁定存在异议，亦不能直接作出与该裁定相矛盾的执行或者不予执行的裁定，报请共同上级人民法院解决的；

（四）当事人对内地仲裁机构作出的涉港澳仲裁裁决向人民法院申请执行且人民法院已经作出应予执行的裁定后，一方当事人向人民法院申请撤销该裁决，受理撤销申请的人民法院认为裁决应予撤销且该人民法院与受理执行申请的人民法院非同一人民法院时，报请共同上级人民法院解决的；

（五）跨省、自治区、直辖市的执行争议案件报请最高人民法院协调处理的；

（六）其他依法报请协调的。

第十四条 除执行财产保全裁定、恢复执行的案件外，其他执行实施类案件的结案方式包括：

（一）执行完毕；

（二）终结本次执行程序；

（三）终结执行；

（四）销案；

（五）不予执行；

（六）驳回申请。

第十五条 生效法律文书确定的执行内容，经被执行人自动履行、人民法院强制执行，已全部执行完毕，或者是当事人达成执行和解协议，且执行和解协议履行完毕，可以以"执行完毕"方式结案。

执行完毕应当制作结案通知书并发送当事人。双方当事人书面认可执行完毕或口头认可执行完毕并记入笔录的，无需制作结案通知书。

执行和解协议应当附卷，没有签订书面执行和解协议的，应当将口头和解协议的内容作成笔录，经当事人签字后附卷。

第十六条 有下列情形之一的，可以以"终结本次执行程序"方式结案：

（一）被执行人确无财产可供执行，申请执行人书面同意人民法院终结本次执行程序的；

（二）因被执行人无财产而中止执行满两年，经查证被执行人确无财产可供执行的；

（三）申请执行人明确表示提供不出被执行人的财产或财产线索，并在人民法院穷尽财产调查措施之后，对人民法院认定被执行人无财产可供执行书面表示认可的；

（四）被执行人的财产无法拍卖变卖，或者动产经两次拍卖、不动产或其他财产权经三次拍卖仍然流拍，申请执行人拒绝接受或者依法不能交付其抵债，经人民法院穷尽财产调查措施，被执行人确无其他财产可供执行的；

（五）经人民法院穷尽财产调查措施，被执行人确无财产可供执行或虽有财产但不宜强制执行，当事人达成分期履行和解协议，且未履行完毕的；

（六）被执行人确无财产可供执行，申请执行人属于特困群体，执行法院已经给予其适当救助的。

人民法院应当依法组成合议庭，就案件是否终结本次执行程序进行合议。

终结本次执行程序应当制作裁定书，送达申请执行人。裁定应当载明案件的执行情况、申请执行人债权已受偿和未受偿的情况、终结本次执行程序的理由，以及发现被执行人有可供执行财产，可以申请恢复执行等内容。

依据本条第一款第（二）（四）（五）（六）项规定的情形裁定终结本次执行程序前，应当告知申请执行人可以在指定的期限内提出异议。申请执行人提出异议的，应当另行组成合议庭组织当事人就被执行人是否有财产可供执行进行听证；申请执行人提供被执行人财产线索的，人民法院应当就其提供的线索重新调查核实，发现被执行人有财产可供执行的，应当继续执行；经听证认定被执行人确无财产可供执行，申请执行人亦不能提供被执行人有可供执行财产的，可以裁定终结本次执行程序。

本条第一款第（三）（四）（五）项中规定的"人民法院穷尽财产调查措施"，是指至少完成下列调查事项：

（一）被执行人是法人或其他组织的，应当向银行业金融机构查询银行存款，向有关房地产管理部门查询房地产登记，向法人登记机关查询股权，向有关车管部门查询车辆等情况；

（二）被执行人是自然人的，应当向被执行人所在单位及居住地周边群众调查了解被执行人的财产状况或财产线索，包括被执行人的经济收入来源、被执行人到期债权等。如果根据财产线索判断被执行人有较高收入，应当按照对法人或其他组织的调查途径进行调查；

（三）通过最高人民法院的全国法院网络执行查控系统和执行法院所属高级人民法院的"点对点"网络执行查控系统能够完成的调查事项；

（四）法律、司法解释规定必须完成的调查事项。

人民法院裁定终结本次执行程序后，发现被执行人有财产的，可以依申请执行人的申请或依职权恢复执行。申请执行人申请恢复执行的，不受申请执行期限的限制。

第十七条 有下列情形之一的，可以以"终结执行"方式结案：

（一）申请人撤销申请或者是当事人双方达成执行和解协议，申请执行人撤回执行申请的；

（二）据以执行的法律文书被撤销的；

（三）作为被执行人的公民死亡，无遗产可供执行，又无义务承担人的；

（四）追索赡养费、扶养费、抚育费案件的权利人死亡的；

（五）作为被执行人的公民因生活困难无力偿还借款，无收入来源，又丧失劳动能力的；

（六）作为被执行人的企业法人或其他组织被撤销、注销、吊销营业执照或者歇业、终止后既无财产可供执行，又无义务承受人，也没有能够依法追加变更执行主体的；

（七）依照刑法第五十三条规定免除罚金的；

（八）被执行人被人民法院裁定宣告破产的；

（九）行政执行标的灭失的；

（十）案件被上级人民法院裁定提级执行的；

（十一）案件被上级人民法院裁定指定由其他法院执行的；

（十二）按照《最高人民法院关于委托执行若干问题的规定》，办理了委托执行手续，且收到受托法院立案通知书的；

（十三）人民法院认为应当终结执行的其他情形。

前款除第（十）项、第（十一）项、第（十二）项规定的情形外，终结执行的，应当制作裁定书，送达当事人。

第十八条 执行实施案件立案后，有下列情形之一的，可以以"销案"方式结案：

（一）被执行人提出管辖异议，经审查异议成立，将案件移送有管辖权的法院或申请执行人撤回申请的；

（二）发现其他有管辖权的人民法院已经立案在先的；

（三）受托法院报经高级人民法院同意退回委托的。

第十九条 执行实施案件立案后，被执行人对仲裁裁决或公证债权文书提出不予执行申请，经人民法院审查，裁定不予执行的，以"不予执行"方式结案。

第二十条 执行实施案件立案后，经审查发现不符合《最高人民法院关于人民法院执行工作若干问题的规定（试行）》第18条规定的受理条件，裁定驳回申请的，以"驳回申请"方式结案。

第二十一条 执行财产保全裁定案件的结案方式包括：

（一）保全完毕，即保全事项全部实施完毕；

（二）部分保全，即因未查询到足额财产，致使保全事项未能全部实施完毕；

（三）无标的物可实施保全，即未查到财产可供保全。

第二十二条 恢复执行案件的结案方式包括：

（一）执行完毕；

（二）终结本次执行程序；

（三）终结执行。

第二十三条 下列案件不得作结案处理：

（一）人民法院裁定中止执行的；

（二）人民法院决定暂缓执行的；

（三）执行和解协议未全部履行完毕，且不符合本意见第十六条、第十七条规定终结本次执行程序、终结执行条件的。

第二十四条 执行异议案件的结案方式包括：

（一）准予撤回异议或申请，即异议人撤回异议或申请的；

（二）驳回异议或申请，即异议不成立或者案外人虽然对执行标的享有实体权利但不能阻止执行的；

（三）撤销相关执行行为、中止对执行标的的执行、不予执行、追加变更当事人，即异议成立的；

（四）部分撤销并变更执行行为、部分不予执行、部分追加变更当事人，即异议部分成立的；

（五）不能撤销、变更执行行为，即异议成立或部分成立，但不能撤销、变更执行行为的；

（六）移送其他人民法院管辖，即管辖权异议成立的。

执行异议案件应当制作裁定书，并送达当事人。法律、司法解释规定对执行异议案件可以口头裁定的，应当记入笔录。

第二十五条 执行复议案件的结案方式包括：

（一）准许撤回申请，即申请复议人撤回复议申请的；

（二）驳回复议申请，维持异议裁定，即异议裁定认定事实清楚，适用法律正确，复议理由不成立的；

（三）撤销或变更异议裁定，即异议裁定认定事实错误或者适用法律错误，复议理由成立的；

（四）查清事实后作出裁定，即异议裁定认定事实不清，证据不足的；

（五）撤销异议裁定，发回重新审查，即异议裁定遗漏异议请求或者异议裁定错误对案外人异议适用执行行为异议审查程序的。

人民法院对重新审查的案件作出裁定后，当事人申请复议的，上级人民法院不得再次发回重新审查。

执行复议案件应当制作裁定书，并送达当事人。法律、司法解释规定对执行复议案件可以口头裁定的，应当记入笔录。

第二十六条 执行监督案件的结案方式包括：

（一）准许撤回申请，即当事人撤回监督申请的；

（二）驳回申请，即监督申请不成立的；

（三）限期改正，即监督申请成立，指定执行法院在一定期限内改正的；

（四）撤销并改正，即监督申请成立，撤销执行法院的裁定直接改正的；

（五）提级执行，即监督申请成立，上级人民法院决定提级自行执行的；

（六）指定执行，即监督申请成立，上级人民法院决定指定其他法院执行的；

（七）其他，即其他可以报结的情形。

第二十七条 执行请示案件的结案方式包括：

（一）答复，即符合请示条件的；

（二）销案，即不符合请示条件的。

第二十八条 执行协调案件的结案方式包括：

（一）撤回协调请求，即执行争议法院自行协商一致，撤回协调请求的；

（二）协调解决，即经过协调，执行争议法院达成一致协调意见，将协调意见记入笔录或者向执行争议法院发出协调意见函的。

第二十九条 执行案件的立案、执行和结案情况应当及时、完整、真实、准确地录入全国法院执行案件信息管理系统。

第三十条 地方各级人民法院不能制定与法律、司法解释和本意见规定相抵触的执行案件立案、结案标准和结案方式。

违反法律、司法解释和本意见的规定立案、结案，或者在全国法院执行案件信息管理系统录入立案、结案情况时弄虚作假的，通报批评；造成严重后果或恶劣影响的，根据《人民法院工作人员纪律处分条例》追究相关领导和工作人员的责任。

第三十一条 各高级人民法院应当积极推进执行信息化建设，通过建立、健全辖区三级法院统一使用、切合实际、功能完备、科学有效的案件管理系统，加强对执行案件立、结案的管理。实现立、审、执案件信息三位一体的综合管理；实现对终结本次执行程序案件的单独管理；实现对恢复执行案件的动态管理；实现辖区的案件管理系统与全国法院执行案件信息管理系统的数据对接。

第三十二条 本意见自 2015 年 1 月 1 日起施行。

C3 执行款物规定（2017）

最高人民法院关于执行款物管理工作的规定

（法发〔2017〕6 号。2017 年 2 月 27 日公布，自 2017 年 5 月 1 日起施行）

为规范人民法院对执行款物的管理工作，维护当事人的合法权益，根据《中华人民共和国民事诉讼法》及有关司法解释，参照有关财务管理规定，结合执行工作实际，制定本规定。

第一条 本规定所称执行款物，是指执行程序中依法应当由人民法院经管的财物。

第二条 执行款物的管理实行执行机构与有关管理部门分工负责、相互配合、相互监督的原则。

第三条 财务部门应当对执行款的收付进行逐案登记，并建立明细账。

对于由人民法院保管的查封、扣押物品，应当指定专人或部门负责，逐案登记，妥善保管，任何人不得擅自使用。

执行机构应当指定专人对执行款物的收发情况进行管理，设立台账、逐案登记，并与执行款物管理部门对执行款物的收发情况每月进行核对。

第四条 人民法院应当开设执行款专户或在案款专户中设置执行款科目，对执行款实行专项管理、独立核算、专款专付。

人民法院应当采取一案一账号的方式，对执行款进行归集管理，案号、款项、被执行人或交款人应当一一对应。

第五条 执行人员应当在执行通知书或有关法律文书中告知人民法院执行款专户或案款专户的开户银行名称、账号、户名，以及交款时应当注明执行案件案号、被执行人姓名或名称、交款人姓名或名称、交款用途等信息。

第六条 被执行人可以将执行款直接支付给申请执行人;人民法院也可以将执行款从被执行人账户直接划至申请执行人账户。但有争议或需再分配的执行款,以及人民法院认为确有必要的,应当将执行款划至执行款专户或案款专户。

人民法院通过网络执行查控系统扣划的执行款,应当划至执行款专户或案款专户。

第七条 交款人直接到人民法院交付执行款的,执行人员可以会同交款人或由交款人直接到财务部门办理相关手续。

交付现金的,财务部门应当即时向交款人出具收款凭据;交付票据的,财务部门应当即时向交款人出具收取凭证,在款项到账后三日内通知执行人员领取收款凭据。

收到财务部门的收款凭据后,执行人员应当及时通知被执行人或交款人在指定期限内用收取凭证更换收款凭据。被执行人或交款人未在指定期限内办理更换手续或明确拒绝更换的,执行人员应当书面说明情况,连同收款凭据一并附卷。

第八条 交款人采用转账汇款方式交付和人民法院采用扣划方式收取执行款的,财务部门应当在款项到账后三日内通知执行人员领取收款凭据。

收到财务部门的收款凭据后,执行人员应当参照本规定第七条第三款规定办理。

第九条 执行人员原则上不直接收取现金和票据;确有必要直接收取的,应当不少于两名执行人员在场,即时向交款人出具收取凭证,同时制作收款笔录,由交款人和在场人员签名。

执行人员直接收取现金或者票据的,应当在回院后当日将现金或票据移交财务部门;当日移交确有困难的,应当在回院后一日内移交并说明原因。财务部门应当按照本规定第七条第二款规定办理。

收到财务部门的收款凭据后,执行人员应当按照本规定第七条第三款规定办理。

第十条 执行人员应当在收到财务部门执行款到账通知之日起三十日内,完成执行款的核算、执行费用的结算、通知申请执行人领取和执行款发放等工作。

有下列情形之一的,报经执行局局长或主管院领导批准后,可以延缓发放:

(一) 需要进行案款分配的;

(二) 申请执行人因另案诉讼、执行或涉嫌犯罪等原因导致执行款被保全或冻结的;

(三) 申请执行人经通知未领取的;

(四) 案件被依法中止或者暂缓执行的;

(五) 有其他正当理由需要延缓发放执行款的。

上述情形消失后,执行人员应当在十日内完成执行款的发放。

第十一条 人民法院发放执行款,一般应当采取转账方式。

执行款应当发放给申请执行人,确需发放给申请执行人以外的单位或个人的,应当组成合议庭进行审查,但依法应当退还给交款人的除外。

第十二条 发放执行款时,执行人员应当填写执行款发放审批表。执行款发放审批表中应当注明执行案件案号、当事人姓名或名称、交款人姓名或名称、交款金额、交款时间、交款方式、收款人姓名或名称、收款人账号、发款金额和方式等情况。报经执行局局长或主管院领导批准后,交由财务部门办理支付手续。

委托他人代为办理领取执行款手续的,应当附特别授权委托书、委托代理人的身份证复印件。委托代理人是律师的,应当附所在律师事务所出具的公函及律师执照复印件。

第十三条 申请执行人要求或同意人民法院采取转账方式发放执行款的,执行人员应当持执行款发放审批表及申请执行人出具的本人或本单位接收执行款的账户信息的书面证明,交财务部门办理转账手续。

申请执行人或委托代理人直接到人民法院办理领取执行款手续的,执行人员应当在查验领款人身份证件、授权委托手续后,持执行款发放审批表,会同领款人到财务部门办理支付手续。

第十四条 财务部门在办理执行款支付手续时,除应当查验执行款发放审批表,还应当按照有关财务管理规定进行审核。

第十五条 发放执行款时,收款人应当出具合法有效的收款凭证。财务部门另有规定的,依照其规定。

第十六条 有下列情形之一,不能在规定期限内发放执行款的,人民法院可以将执行款提存:

(一)申请执行人无正当理由拒绝领取的;

(二)申请执行人下落不明的;

(三)申请执行人死亡未确定继承人或者丧失民事行为能力未确定监护人的;

(四)按照申请执行人提供的联系方式无法通知其领取的;

(五)其他不能发放的情形。

第十七条 需要提存执行款的,执行人员应当填写执行款提存审批表并附具有提存情形的证明材料。执行款提存审批表中应注明执行案件案号、当事人姓名或名称、交款人姓名或名称、交款金额、交款时间、交款方式、收款人姓名或名称、提存金额、提存原因等情况。报经执行局局长或主管院领导批准后,办理提存手续。

提存费用应当由申请执行人负担,可以从执行款中扣除。

第十八条 被执行人将执行依据确定交付、返还的物品(包括票据、证照等)

直接交付给申请执行人的，被执行人应当向人民法院出具物品接收证明；没有物品接收证明的，执行人员应当将履行情况记入笔录，经双方当事人签字后附卷。

被执行人将物品交由人民法院转交给申请执行人或由人民法院主持双方当事人进行交接的，执行人员应当将交付情况记入笔录，经双方当事人签字后附卷。

第十九条 查封、扣押至人民法院或被执行人、担保人等直接向人民法院交付的，执行人员应当立即通知保管部门对物品进行清点、登记，有价证券、金银珠宝、古董等贵重物品应当封存，并办理交接。保管部门接收物品后，应当出具收取凭证。

对于在异地查封、扣押，且不便运输或容易毁损的物品，人民法院可以委托物品所在地人民法院代为保管，代为保管的人民法院应当按照前款规定办理。

第二十条 人民法院应当确定专门场所存放本规定第十九条规定的物品。

第二十一条 对季节性商品、鲜活、易腐烂变质以及其他不宜长期保存的物品，人民法院可以责令当事人及时处理，将价款交付人民法院；必要时，执行人员可予以变卖，并将价款按照本规定要求交财务部门。

第二十二条 人民法院查封、扣押或被执行人交付，且属于执行依据确定交付、返还的物品，执行人员应当自查封、扣押或被执行人交付之日起三十日内，完成执行费用的结算、通知申请执行人领取和发放物品等工作。不属于执行依据确定交付、返还的物品，符合处置条件的，执行人员应当依法启动财产处置程序。

第二十三条 人民法院解除对物品的查封、扣押措施的，除指定由被执行人保管的外，应当自解除查封、扣押措施之日起十日内将物品发还给所有人或交付人。

物品在人民法院查封、扣押期间，因自然损耗、折旧所造成的损失，由物品所有人或交付人自行负担，但法律另有规定的除外。

第二十四条 符合本规定第十六条规定情形之一的，人民法院可以对物品进行提存。

物品不适于提存或者提存费用过高的，人民法院可以提存拍卖或者变卖该物品所得价款。

第二十五条 物品的发放、延缓发放、提存等，除本规定有明确规定外，参照执行款的有关规定办理。

第二十六条 执行款物的收发凭证、相关证明材料，应当附卷归档。

第二十七条 案件承办人调离执行机构，在移交案件时，必须同时移交执行款物收发凭证及相关材料。执行款物收发情况复杂的，可以在交接时进行审计。执行款物交接不清的，不得办理调离手续。

第二十八条 各高级人民法院在实施本规定过程中,结合行政事业单位内部控制建设的要求,以及执行工作实际,可制定具体实施办法。

第二十九条 本规定自 2017 年 5 月 1 日起施行。2006 年 5 月 18 日施行的《最高人民法院关于执行款物管理工作的规定(试行)》(法发〔2006〕11 号)同时废止。

C4 执转破意见(2017)

最高人民法院关于执行案件移送破产审查若干问题的指导意见

(法发〔2017〕2 号。2017 年 1 月 20 日公布并施行)

推进执行案件移送破产审查工作,有利于健全市场主体救治和退出机制,有利于完善司法工作机制,有利于化解执行积案,是人民法院贯彻中央供给侧结构性改革部署的重要举措,是当前和今后一段时期人民法院服务经济社会发展大局的重要任务。为促进和规范执行案件移送破产审查工作,保障执行程序与破产程序的有序衔接,根据《中华人民共和国企业破产法》《中华人民共和国民事诉讼法》《最高人民法院关于适用〈中华人民共和国民事诉讼法〉的解释》等规定,现对执行案件移送破产审查的若干问题提出以下意见。

一、执行案件移送破产审查的工作原则、条件与管辖

1. 执行案件移送破产审查工作,涉及执行程序与破产程序之间的转换衔接,不同法院之间、同一法院内部执行部门、立案部门、破产审判部门之间,应坚持依法有序、协调配合、高效便捷的工作原则,防止推诿扯皮,影响司法效率,损害当事人合法权益。

2. 执行案件移送破产审查,应同时符合下列条件:

(1)被执行人为企业法人;

(2)被执行人或者有关被执行人的任何一个执行案件的申请执行人书面同意将执行案件移送破产审查;

(3)被执行人不能清偿到期债务,并且资产不足以清偿全部债务或者明显缺乏清偿能力。

3. 执行案件移送破产审查,由被执行人住所地人民法院管辖。在级别管辖上,为适应破产审判专业化建设的要求,合理分配审判任务,实行以中级人民法院管辖为原则、基层人民法院管辖为例外的管辖制度。中级人民法院经高级人民法院批准,也可以将案件交由具备审理条件的基层人民法院审理。

二、执行法院的征询、决定程序

4. 执行法院在执行程序中应加强对执行案件移送破产审查有关事宜的告知和征询工作。执行法院采取财产调查措施后,发现作为被执行人的企业法人符合

破产法第二条规定的，应当及时询问申请执行人、被执行人是否同意将案件移送破产审查。申请执行人、被执行人均不同意移送且无人申请破产的，执行法院应当按照《最高人民法院关于适用〈中华人民共和国民事诉讼法〉的解释》第五百一十六条的规定处理，企业法人的其他已经取得执行依据的债权人申请参与分配的，人民法院不予支持。

5. 执行部门应严格遵守执行案件移送破产审查的内部决定程序。承办人认为执行案件符合移送破产审查条件的，应提出审查意见，经合议庭评议同意后，由执行法院院长签署移送决定。

6. 为减少异地法院之间移送的随意性，基层人民法院拟将执行案件移送异地中级人民法院进行破产审查的，在作出移送决定前，应先报请其所在地中级人民法院执行部门审核同意。

7. 执行法院作出移送决定后，应当于五日内送达申请执行人和被执行人。申请执行人或被执行人对决定有异议的，可以在受移送法院破产审查期间提出，由受移送法院一并处理。

8. 执行法院作出移送决定后，应当书面通知所有已知执行法院，执行法院均应中止对被执行人的执行程序。但是，对被执行人的季节性商品、鲜活、易腐烂变质以及其他不宜长期保存的物品，执行法院应当及时变价处置，处置的价款不作分配。受移送法院裁定受理破产案件的，执行法院应当在收到裁定书之日起七日内，将该价款移交受理破产案件的法院。

案件符合终结本次执行程序条件的，执行法院可以同时裁定终结本次执行程序。

9. 确保对被执行人财产的查封、扣押、冻结措施的连续性，执行法院决定移送后、受移送法院裁定受理破产案件之前，对被执行人的查封、扣押、冻结措施不解除。查封、扣押、冻结期限在破产审查期间届满的，申请执行人可以向执行法院申请延长期限，由执行法院负责办理。

三、移送材料及受移送法院的接收义务

10. 执行法院作出移送决定后，应当向受移送法院移送下列材料：

（1）执行案件移送破产审查决定书；

（2）申请执行人或被执行人同意移送的书面材料；

（3）执行法院采取财产调查措施查明的被执行人的财产状况，已查封、扣押、冻结财产清单及相关材料；

（4）执行法院已分配财产清单及相关材料；

（5）被执行人债务清单；

（6）其他应当移送的材料。

11. 移送的材料不完备或内容错误，影响受移送法院认定破产原因是否具备的，受移送法院可以要求执行法院补齐、补正，执行法院应于十日内补齐、补正。该期间不计入受移送法院破产审查的期间。

受移送法院需要查阅执行程序中的其他案件材料,或者依法委托执行法院办理财产处置等事项的,执行法院应予协助配合。

12. 执行法院移送破产审查的材料,由受移送法院立案部门负责接收。受移送法院不得以材料不完备等为由拒绝接收。立案部门经审核认为移送材料完备的,应以"破申"作为案件类型代字编制案号登记立案,并及时将案件移送破产审判部门进行破产审查。破产审判部门在审查过程中发现本院对案件不具有管辖权的,应当按照《中华人民共和国民事诉讼法》第三十六条的规定处理。

四、受移送法院破产审查与受理

13. 受移送法院的破产审判部门应当自收到移送的材料之日起三十日内作出是否受理的裁定。受移送法院作出裁定后,应当在五日内送达申请执行人、被执行人,并送交执行法院。

14. 申请执行人申请或同意移送破产审查的,裁定书中以该申请执行人为申请人,被执行人为被申请人;被执行人申请或同意移送破产审查的,裁定书中以该被执行人为申请人;申请执行人、被执行人均同意移送破产审查的,双方均为申请人。

15. 受移送法院裁定受理破产案件的,在此前的执行程序中产生的评估费、公告费、保管费等执行费用,可以参照破产费用的规定,从债务人财产中随时清偿。

16. 执行法院收到受移送法院受理裁定后,应当于七日内将已经扣划到账的银行存款、实际扣押的动产、有价证券等被执行人财产移交给受理破产案件的法院或管理人。

17. 执行法院收到受移送法院受理裁定时,已通过拍卖程序处置且成交裁定已送达买受人的拍卖财产,通过以物抵债偿还债务且抵债裁定已送达债权人的抵债财产,已完成转账、汇款、现金交付的执行款,因财产所有权已经发生变动,不属于被执行人的财产,不再移交。

五、受移送法院不予受理或驳回申请的处理

18. 受移送法院做出不予受理或驳回申请裁定的,应当在裁定生效后七日内将接收的材料、被执行人的财产退回执行法院,执行法院应当恢复对被执行人的执行。

19. 受移送法院作出不予受理或驳回申请的裁定后,人民法院不得重复启动执行案件移送破产审查程序。申请执行人或被执行人以有新证据足以证明被执行人已经具备了破产原因为由,再次要求将执行案件移送破产审查的,人民法院不予支持。但是,申请执行人或被执行人可以直接向具有管辖权的法院提出破产申请。

20. 受移送法院裁定宣告被执行人破产或裁定终止和解程序、重整程序的,应

当自裁定作出之日起五日内送交执行法院，执行法院应当裁定终结对被执行人的执行。

六、执行案件移送破产审查的监督

21. 受移送法院拒绝接收移送的材料，或者收到移送的材料后不按规定的期限作出是否受理裁定的，执行法院可函请受移送法院的上一级法院进行监督。上一级法院收到函件后应当指令受移送法院在十日内接收材料或作出是否受理的裁定。

受移送法院收到上级法院的通知后，十日内仍不接收材料或不作出是否受理裁定的，上一级法院可以径行对移送破产审查的案件行使管辖权。上一级法院裁定受理破产案件的，可以指令受移送法院审理。

C5 终本规定（2016）

关于严格规范终结本次执行程序的规定（试行）

（法〔2016〕373号。2016年10月29日公布，自2016年12月1日起施行）

为严格规范终结本次执行程序，维护当事人的合法权益，根据《中华人民共和国民事诉讼法》及有关司法解释的规定，结合人民法院执行工作实际，制定本规定。

第一条 人民法院终结本次执行程序，应当同时符合下列条件：

（一）已向被执行人发出执行通知、责令被执行人报告财产；

（二）已向被执行人发出限制消费令，并将符合条件的被执行人纳入失信被执行人名单；

（三）已穷尽财产调查措施，未发现被执行人有可供执行的财产或者发现的财产不能处置；

（四）自执行案件立案之日起已超过三个月；

（五）被执行人下落不明的，已依法予以查找；被执行人或者其他人妨害执行的，已依法采取罚款、拘留等强制措施，构成犯罪的，已依法启动刑事责任追究程序。

第二条 本规定第一条第一项中的"责令被执行人报告财产"，是指应当完成下列事项：

（一）向被执行人发出报告财产令；

（二）对被执行人报告的财产情况予以核查；

（三）对逾期报告、拒绝报告或者虚假报告的被执行人或者相关人员，依法采取罚款、拘留等强制措施，构成犯罪的，依法启动刑事责任追究程序。

人民法院应当将财产报告、核实及处罚的情况记录入卷。

第三条 本规定第一条第三项中的"已穷尽财产调查措施"，是指应当完成下列调查事项：

（一）对申请执行人或者其他人提供的财产线索进行核查；

（二）通过网络执行查控系统对被执行人的存款、车辆及其他交通运输工具、不动产、有价证券等财产情况进行查询；

（三）无法通过网络执行查控系统查询本款第二项规定的财产情况的，在被执行人住所地或者可能隐匿、转移财产所在地进行必要调查；

（四）被执行人隐匿财产、会计账簿等资料且拒不交出的，依法采取搜查措施；

（五）经申请执行人申请，根据案件实际情况，依法采取审计调查、公告悬赏等调查措施；

（六）法律、司法解释规定的其他财产调查措施。

人民法院应当将财产调查情况记录入卷。

第四条 本规定第一条第三项中的"发现的财产不能处置"，包括下列情形：

（一）被执行人的财产经法定程序拍卖、变卖未成交，申请执行人不接受抵债或者依法不能交付其抵债，又不能对该财产采取强制管理等其他执行措施的；

（二）人民法院在登记机关查封的被执行人车辆、船舶等财产，未能实际扣押的。

第五条 终结本次执行程序前，人民法院应当将案件执行情况、采取的财产调查措施、被执行人的财产情况、终结本次执行程序的依据及法律后果等信息告知申请执行人，并听取其对终结本次执行程序的意见。

人民法院应当将申请执行人的意见记录入卷。

第六条 终结本次执行程序应当制作裁定书，载明下列内容：

（一）申请执行的债权情况；

（二）执行经过及采取的执行措施、强制措施；

（三）查明的被执行人财产情况；

（四）实现的债权情况；

（五）申请执行人享有要求被执行人继续履行债务及依法向人民法院申请恢复执行的权利，被执行人负有继续向申请执行人履行债务的义务。

终结本次执行程序裁定书送达申请执行人后，执行案件可以作结案处理。人民法院进行相关统计时，应当对以终结本次执行程序方式结案的案件与其他方式结案的案件予以区分。

终结本次执行程序裁定书应当依法在互联网上公开。

第七条 当事人、利害关系人认为终结本次执行程序违反法律规定的，可以提出执行异议。人民法院应当依照民事诉讼法第二百二十五条的规定进行审查。

第八条 终结本次执行程序后，被执行人应当继续履行生效法律文书确定的义务。被执行人自动履行完毕的，当事人应当及时告知执行法院。

第九条 终结本次执行程序后,申请执行人发现被执行人有可供执行财产的,可以向执行法院申请恢复执行。申请恢复执行不受申请执行时效期间的限制。执行法院核查属实的,应当恢复执行。

终结本次执行程序后的五年内,执行法院应当每六个月通过网络执行查控系统查询一次被执行人的财产,并将查询结果告知申请执行人。符合恢复执行条件的,执行法院应当及时恢复执行。

第十条 终结本次执行程序后,发现被执行人有可供执行财产,不立即采取执行措施可能导致财产被转移、隐匿、出卖或者毁损的,执行法院可以依申请执行人申请或依职权立即采取查封、扣押、冻结等控制性措施。

第十一条 案件符合终结本次执行程序条件,又符合移送破产审查相关规定的,执行法院应当在作出终结本次执行程序裁定的同时,将执行案件相关材料移送被执行人住所地人民法院进行破产审查。

第十二条 终结本次执行程序裁定书送达申请执行人以后,执行法院应当在七日内将相关案件信息录入最高人民法院建立的终结本次执行程序案件信息库,并通过该信息库统一向社会公布。

第十三条 终结本次执行程序案件信息库记载的信息应当包括下列内容:

(一)作为被执行人的法人或者其他组织的名称、住所地、组织机构代码及其法定代表人或者负责人的姓名,作为被执行人的自然人的姓名、性别、年龄、身份证件号码和住址;

(二)生效法律文书的制作单位和文号、执行案号、立案时间、执行法院;

(三)生效法律文书确定的义务和被执行人的履行情况;

(四)人民法院认为应当记载的其他事项。

第十四条 当事人、利害关系人认为公布的终结本次执行程序案件信息错误的,可以向执行法院申请更正。执行法院审查属实的,应当在三日内予以更正。

第十五条 终结本次执行程序后,人民法院已对被执行人依法采取的执行措施和强制措施继续有效。

第十六条 终结本次执行程序后,申请执行人申请延长查封、扣押、冻结期限的,人民法院应当依法办理续行查封、扣押、冻结手续。

终结本次执行程序后,当事人、利害关系人申请变更、追加执行当事人,符合法定情形的,人民法院应予支持。变更、追加被执行人后,申请执行人申请恢复执行的,人民法院应予支持。

第十七条 终结本次执行程序后,被执行人或者其他人妨害执行的,人民法院可以依法予以罚款、拘留;构成犯罪的,依法追究刑事责任。

第十八条 有下列情形之一的,人民法院应当在三日内将案件信息从终结本次执行程序案件信息库中屏蔽:

（一）生效法律文书确定的义务执行完毕的；
（二）依法裁定终结执行的；
（三）依法应予屏蔽的其他情形。
第十九条 本规定自 2016 年 12 月 1 日起施行。

C6　执行检察监督规定（2017）

关于民事执行活动法律监督若干问题的规定

（法发〔2016〕30 号。2016 年 11 月 2 日公布，自 2017 年 1 月 1 日起施行）

为促进人民法院依法执行，规范人民检察院民事执行法律监督活动，根据《中华人民共和国民事诉讼法》和其他有关法律规定，结合人民法院民事执行和人民检察院民事执行法律监督工作实际，制定本规定。

第一条 人民检察院依法对民事执行活动实施法律监督。人民法院依法接受人民检察院的法律监督。

第二条 人民检察院办理民事执行监督案件，应当以事实为依据，以法律为准绳，坚持公开、公平、公正和诚实信用原则，尊重和保障当事人的诉讼权利，监督和支持人民法院依法行使执行权。

第三条 人民检察对人民法院执行生效民事判决、裁定、调解书、支付令、仲裁裁决以及公证债权文书等法律文书的活动实施法律监督。

第四条 对民事执行活动的监督案件，由执行法院所在地同级人民检察院管辖。

上级人民检察院认为确有必要的，可以办理下级人民检察院管辖的民事执行监督案件。下级人民检察院对有管辖权的民事执行监督案件，认为需要上级人民检察院办理的，可以报请上级人民检察院办理。

第五条 当事人、利害关系人、案外人认为人民法院的民事执行活动存在违法情形向人民检察院申请监督，应当提交监督申请书、身份证明、相关法律文书及证据材料。提交证据材料的，应当附证据清单。

申请监督材料不齐备的，人民检察院应当要求申请人限期补齐，并明确告知应补齐的全部材料。申请人逾期未补齐的，视为撤回监督申请。

第六条 当事人、利害关系人、案外人认为民事执行活动存在违法情形，向人民检察院申请监督，法律规定可以提出异议、复议或者提起诉讼，当事人、利害关系人、案外人没有提出异议、申请复议或者提起诉讼的，人民检察院不予受理，但有正当理由的除外。

当事人、利害关系人、案外人已经向人民法院提出执行异议或者申请复议，人民法院审查异议、复议期间，当事人、利害关系人、案外人又向人民检察院申请监督的，人民检察院不予受理，但申请对人民法院的异议、复议程序进行监督的除外。

第七条 具有下列情形之一的民事执行案件,人民检察院应当依职权进行监督:

(一)损害国家利益或者社会公共利益的;

(二)执行人员在执行该案时有贪污受贿、徇私舞弊、枉法执行等违法行为,司法机关已经立案的;

(三)造成重大社会影响的;

(四)需要跟进监督的。

第八条 人民检察院因办理监督案件的需要,依照有关规定可以调阅人民法院的执行卷宗,人民法院应当予以配合。

通过拷贝电子卷、查阅、复制、摘录等方式能够满足办案需要的,不调阅卷宗。

人民检察院调阅人民法院卷宗,由人民法院办公室(厅)负责办理,并在五日内提供,因特殊情况不能按时提供的,应当向人民检察院说明理由,并在情况消除后及时提供。

人民法院正在办理或者已结案尚未归档的案件,人民检察院办理民事执行监督案件时可以直接到办理部门查阅、复制、拷贝、摘录案件材料,不调阅卷宗。

第九条 人民检察院因履行法律监督职责的需要,可以向当事人或者案外人调查核实有关情况。

第十条 人民检察院认为人民法院在民事执行活动中可能存在怠于履行职责情形的,可以向人民法院书面了解相关情况,人民法院应当说明案件的执行情况及理由,并在十五日内书面回复人民检察院。

第十一条 人民检察院向人民法院提出民事执行监督检察建议,应当经检察长批准或者检察委员会决定,制作检察建议书,在决定之日起十五日内将检察建议书连同案件卷宗移送同级人民法院。

检察建议书应当载明检察机关查明的事实、监督理由、依据以及建议内容等。

第十二条 人民检察院提出的民事执行监督检察建议,统一由同级人民法院立案受理。

第十三条 人民法院收到人民检察院的检察建议书后,应当在三个月内将审查处理情况以回复意见函的形式回复人民检察院,并附裁定、决定等相关法律文书。有特殊情况需要延长的,经本院院长批准,可以延长一个月。

回复意见函应当载明人民法院查明的事实、回复意见和理由并加盖院章。不采纳检察建议的,应当说明理由。

第十四条 人民法院收到检察建议后逾期未回复或者处理结果不当的,提出检察建议的人民检察院可以依职权提请上一级人民检察院向其同级人民法院提出检察建议。上一级人民检察院认为应当跟进监督的,应当向其同级人民法院提出检察建议。人民法院应当在三个月内提出审查处理意见并以回复意见函的形式回复人民检察院,认为人民检察院的意见正确的,应当监督下级人民法院及时纠正。

第十五条 当事人在人民检察院审查案件过程中达成和解协议且不违反法律规定的,人民检察院应当告知其将和解协议送交人民法院,由人民法院依照民事诉讼法第二百三十条的规定进行处理。

第十六条 当事人、利害关系人、案外人申请监督的案件,人民检察院认为人民法院民事执行活动不存在违法情形的,应当作出不支持监督申请的决定,在决定之日起十五日内制作不支持监督申请决定书,发送申请人,并做好释法说理工作。

人民检察院办理依职权监督的案件,认为人民法院民事执行活动不存在违法情形的,应当作出终结审查决定。

第十七条 人民法院认为检察监督行为违反法律规定的,可以向人民检察院提出书面建议。人民检察院应当在收到书面建议后三个月内作出处理并将处理情况书面回复人民法院;人民法院对于人民检察院的回复有异议的,可以通过上一级人民法院向上一级人民检察院提出。上一级人民检察院认为人民法院建议正确的,应当要求下级人民检察院及时纠正。

第十八条 有关国家机关不依法履行生效法律文书确定的执行义务或者协助执行义务的,人民检察院可以向相关国家机关提出检察建议。

第十九条 人民检察院民事检察部门在办案中发现被执行人涉嫌构成拒不执行判决、裁定罪且公安机关不予立案侦查的,应当移送侦查监督部门处理。

第二十条 人民法院、人民检察院应当建立完善沟通联系机制,密切配合,互相支持,促进民事执行法律监督工作依法有序稳妥开展。

第二十一条 人民检察院对人民法院行政执行活动实施法律监督,行政诉讼法及有关司法解释没有规定的,参照本规定执行。

第二十二条 本规定自2017年1月1日起施行。

C7 执行信访意见(2016)

最高人民法院关于人民法院办理执行信访案件若干问题的意见

(法发〔2016〕15号。2016年6月27日公布并施行)

为贯彻落实中央关于涉诉信访纳入法治轨道解决、实行诉访分离以及建立健全信访终结制度的指导精神,根据《中华人民共和国民事诉讼法》(以下简称《民事诉讼法》)及有关司法解释,结合人民法院执行工作实际,现针对执行信访案件交办督办、实行诉访分离以及信访终结等若干问题,提出如下

意见:

一、关于办理执行信访案件的基本要求

1. 执行信访案件,指信访当事人向人民法院申诉信访,请求督促执行或者纠正执行错误的案件。执行信访案件分为执行实施类信访案件、执行审查类信访案件两类。

2. 各级人民法院执行部门应当设立执行信访专门机构;执行信访案件的接待处理、交办督办以及信访终结的复查、报请、决定及备案等各项工作,由各级人民法院执行部门统一归口管理。

3. 各级人民法院应当建立健全执行信访案件办理机制,畅通执行申诉信访渠道,切实公开信访办理流程与处理结果,确保相关诉求依法、及时、公开得到处理:

(1) 设立执行申诉来访接待窗口,公布执行申诉来信邮寄地址,并配备专人接待来访与处理来信;

(2) 收到申诉信访材料后,应当通过网络系统、内部函文等方式,及时向下级人民法院交办;

(3) 以书面通知或其他适当方式,向信访当事人告知案件处理过程及结果。

4. 各级人民法院应当建立执行信访互联网申诉、远程视频接访等网络系统,引导信访当事人通过网络反映问题,减少传统来人来信方式信访。

5. 各级人民法院应当建立和落实执行信访案件交办督办制度:

(1) 上级人民法院交办执行信访案件后,通过挂牌督办、巡回督导、领导包案等有效工作方式进一步督促办理;

(2) 设立执行信访案件台账,以执行信访案件总数、已化解信访案件数量等作为基数,以案访比、化解率等作为指标,定期对辖区法院进行通报;

(3) 将辖区法院执行信访工作情况纳入绩效考评,并提请同级党委政法委纳入社会治安综合治理考核范围;

(4) 下级人民法院未落实督办意见或者信访化解工作长期滞后,上级人民法院可以约谈下级人民法院分管副院长或者执行局长,进行告诫谈话,提出整改要求。

二、关于执行实施类信访案件的办理

6. 执行实施类信访案件,指申请执行人申诉信访,反映执行法院消极执行,请求督促执行的案件。

执行实施类信访案件的办理,应当遵照"执行到位、有效化解"原则。如果被执行人具有可供执行财产,应当穷尽各类执行措施,尽快执行到位。如果被执行人确无财产可供执行,应当尽最大努力解释说明,争取息诉罢访,有效化解信访矛盾;经解释说明,仍然反复申诉、缠访闹访,可以依法终结

信访。
7. 执行实施类信访案件，符合下列情形的，可以认定为有效化解，上级人民法院不再交办督办：
  （1）案件确已执行到位；
  （2）当事人达成执行和解协议并已开始依协议实际履行；
  （3）经重新核查，被执行人确无财产可供执行，经解释说明或按照有关规定进行司法救助后，申请执行人书面承诺息诉罢访。
8. 申请执行人申诉信访请求督促执行，如果符合下列情形，上级人民法院不再作为执行信访案件交办督办：
  （1）因受理破产申请而中止执行，已告知申请执行人依法申报债权；
  （2）再审裁定中止执行，已告知申请执行人依法应诉；
  （3）因牵涉犯罪，案件已根据相关规定中止执行并移送有关机关处理；
  （4）信访诉求系认为执行依据存在错误。
9. 案件已经执行完毕，但申请执行人以案件尚未执行完毕为由申诉信访，应当制作结案通知书，并告知针对结案通知书提出执行异议。
10. 被执行人确无财产可供执行，执行法院根据相关规定作出终结本次执行程序裁定，申请执行人以案件尚未执行完毕为由申诉信访，告知针对终结本次执行程序裁定提出执行异议。

三、关于执行审查类信访案件的办理

11. 执行审查类信访案件，指信访当事人申诉信访，反映执行行为违反法律规定或对执行标的主张实体权利，请求纠正执行错误的案件。

   执行审查类信访案件的办理，应当遵照"诉访分离"原则。如果能够通过《民事诉讼法》及相关司法解释予以救济，必须通过法律程序审查；如果已经穷尽法律救济程序以及本意见所规定的执行监督程序，仍然反复申诉、缠访闹访，可以依法终结信访。如果属于审判程序、国家赔偿程序处理范畴，告知通过相应程序寻求救济。

12. 信访当事人向执行法院请求纠正执行错误，如果符合执行异议、案外人异议受理条件，应当严格按照立案登记制要求，正式立案审查。

13. 信访当事人未向执行法院提交《执行异议申请》，但以"申诉书"、"情况反映"等形式主张执行行为违反法律规定或对执行标的主张实体权利的，应当参照执行异议申请予以受理。

14. 信访当事人向上级人民法院申诉信访，主张下级人民法院执行行为违反法律规定或对执行标的主张实体权利，如案件尚未经过异议程序或执行监督程序处理，上级人民法院一般不进行实质性审查，按照如下方式处理：
  （1）告知信访当事人按照相关规定寻求救济；
  （2）通过信访制度交办督办，责令下级人民法院按照异议程序或执行监督程序审查；

（3）下级人民法院正式立案审查后，上级人民法院不再交办督办。

15. 当事人、利害关系人不服《民事诉讼法》第二百二十五条所规定执行复议裁定，向上一级人民法院申诉信访，上一级人民法院应当作为执行监督案件立案审查，以裁定方式作出结论。

16. 当事人、利害关系人在异议期限之内已经提出异议，但是执行法院未予立案审查，如果当事人、利害关系人在异议期限之后继续申诉信访，执行法院应当作为执行监督案件立案审查，以裁定方式作出结论。

当事人、利害关系人不服前款所规定执行监督裁定，向上一级人民法院继续申诉信访，上一级人民法院应当作为执行监督案件立案审查，以裁定方式作出结论。

17. 信访当事人向上级人民法院申诉信访，反映异议、复议案件严重超审限的，上级人民法院应当通过信访制度交办督办，责令下级人民法院限期作出异议、复议裁定。

18. 当事人、利害关系人申诉信访请求纠正执行错误，如果符合下列情形，上级人民法院不再作为执行信访案件交办督办：

（1）信访诉求系针对人民法院根据行政机关申请所作出准予执行裁定，并非针对执行行为；

（2）信访诉求系认为执行依据存在错误。

四、关于执行信访案件的依法终结

19. 被执行人确无财产可供执行，申请执行人书面承诺息诉罢访，如果又以相同事由反复申诉、缠访闹访，执行法院可以逐级报请高级人民法院决定终结信访。

20. 当事人、利害关系人提出执行异议，经异议程序、复议程序及执行监督程序审查，最终结论驳回其请求，如果仍然反复申诉、缠访闹访，可以依法终结信访：

（1）执行监督裁定由高级人民法院作出的，由高级人民法院决定终结信访；

（2）执行复议、监督裁定由最高人民法院作出的，由最高人民法院决定终结信访或交高级人民法院终结信访。

21. 执行实施类信访案件，即使已经终结信访，执行法院仍然应当定期查询被执行人财产状况；申请执行人提出新的财产线索而请求恢复执行的，执行法院应当立即恢复执行。

22. 申请执行人因案件未能执行到位而导致生活严重困难的，一般不作信访终结。

23. 高级人民法院决定终结信访之前，应当报请最高人民法院备案。最高人民法院对于不符合条件的，及时通知高级人民法院予以补正或者退回。不予终结备案的，高级人民法院不得终结。

24. 最高人民法院、高级人民法院决定终结信访的，应当书面告知信访当事人。
25. 已经终结的执行信访案件，除另有规定外，上级人民法院不再交办督办，各级人民法院不再重复审查；信访终结后，信访当事人仍然反复申诉、缠访闹访的，依法及时处理，并报告同级党委政法委。
26. 执行信访终结其他程序要求，依照民事案件信访终结相关规定办理。

C8 制裁规避执行意见（2011）

最高人民法院关于依法制裁规避执行行为的若干意见

（法〔2011〕195号。2011年5月27日公布并施行）

为了最大限度地实现生效法律文书确认的债权，提高执行效率，强化执行效果，维护司法权威，现就依法制裁规避执行行为提出以下意见：

一、强化财产报告和财产调查，多渠道查明被执行人财产

1. 严格落实财产报告制度。对于被执行人未按执行通知履行法律文书确定义务的，执行法院应当要求被执行人限期如实报告财产，并告知拒绝报告或者虚假报告的法律后果。对于被执行人暂时无财产可供执行的，可以要求被执行人定期报告。
2. 强化申请执行人提供财产线索的责任。各地法院可以根据案件的实际情况，要求申请执行人提供被执行人的财产状况或者财产线索，并告知不能提供的风险。各地法院也可根据本地的实际情况，探索尝试以调查令、委托调查函等方式赋予代理律师法律规定范围内的财产调查权。
3. 加强人民法院依职权调查财产的力度。各地法院要充分发挥执行联动机制的作用，完善与金融、房地产管理、国土资源、车辆管理、工商管理等各有关单位的财产查控网络，细化协助配合措施，进一步拓宽财产调查渠道，简化财产调查手续，提高财产调查效率。
4. 适当运用审计方法调查被执行人财产。被执行人未履行法律文书确定的义务，且有转移隐匿处分财产、投资开设分支机构、入股其他企业或者抽逃注册资金等情形的，执行法院可以根据申请执行人的申请委托中介机构对被执行人进行审计。审计费用由申请执行人垫付，被执行人确有转移隐匿处分财产等情形的，实际执行到位后由被执行人承担。
5. 建立财产举报机制。执行法院可以依据申请执行人的悬赏执行申请，向社会发布举报被执行人财产线索的悬赏公告。举报人提供的财产线索经查证属实并实际执行到位的，可按申请执行人承诺的标准或者比例奖励举报人。奖励资金由申请执行人承担。

二、强化财产保全措施,加大对保全财产和担保财产的执行力度

6. 加大对当事人的风险提示。各地法院在立案和审判阶段,要通过法律释明向当事人提示诉讼和执行风险,强化当事人的风险防范意识,引导债权人及时申请财产保全,有效防止债务人在执行程序开始前转移财产。
7. 加大财产保全力度。各地法院要加强立案、审判和执行环节在财产保全方面的协调配合,加大依法进行财产保全的力度,强化审判与执行在财产保全方面的衔接,降低债务人或者被执行人隐匿、转移财产的风险。
8. 对保全财产和担保财产及时采取执行措施。进入执行程序后,各地法院要加大对保全财产和担保财产的执行力度,对当事人、担保人或者第三人提出的异议要及时进行审查,审查期间应当依法对相应财产采取控制性措施,驳回异议后应当加大对相应财产的执行力度。

三、依法防止恶意诉讼,保障民事审判和执行活动有序进行

9. 严格执行关于案外人异议之诉的管辖规定。在执行阶段,案外人对人民法院已经查封、扣押、冻结的财产提起异议之诉的,应当依照《中华人民共和国民事诉讼法》第二百零四条和《最高人民法院关于适用民事诉讼法执行程序若干问题的解释》第十八条的规定,由执行法院受理。

案外人违反上述管辖规定,向执行法院之外的其他法院起诉,其他法院已经受理尚未作出裁判的,应当中止审理或者撤销案件,并告知案外人向作出查封、扣押、冻结裁定的执行法院起诉。
10. 加强对破产案件的监督。执行法院发现被执行人有虚假破产情形的,应当及时向受理破产案件的人民法院提出。申请执行人认为被执行人利用破产逃债的,可以向受理破产案件的人民法院或者其上级人民法院提出异议,受理异议的法院应当依法进行监督。
11. 对于当事人恶意诉讼取得的生效裁判应当依法再审。案外人违反上述管辖规定,向执行法院之外的其他法院起诉,并取得生效裁判文书将已被执行法院查封、扣押、冻结的财产确权或者分割给案外人,或者第三人与被执行人虚构事实取得人民法院生效裁判文书申请参与分配,执行法院认为该生效裁判文书系恶意串通规避执行损害执行债权人利益的,可以向作出该裁判文书的人民法院或其上级人民法院提出书面建议,有关法院应当依照《中华人民共和国民事诉讼法》和有关司法解释的规定决定再审。

四、完善对被执行人享有债权的保全和执行措施,运用代位权、撤销权诉讼制裁规避执行行为

12. 依法执行已经生效法律文书确认的被执行人的债权。对于被执行人已经生效法律文书确认的债权,执行法院可以书面通知被执行人在限期内向有管辖权的人民法院申请执行该生效法律文书。限期届满被执行人仍怠于申请执行的,执行法院可以依法强制执行该到期债权。

被执行人已经申请执行的，执行法院可以请求执行该债权的人民法院协助扣留相应的执行款物。

13. 依法保全被执行人的未到期债权。对被执行人的未到期债权，执行法院可以依法冻结，待债权到期后参照到期债权予以执行。第三人仅以该债务未到期为由提出异议的，不影响对该债权的保全。

14. 引导申请执行人依法诉讼。被执行人怠于行使债权对申请执行人造成损害的，执行法院可以告知申请执行人依照《中华人民共和国合同法》第七十三条的规定，向有管辖权的人民法院提起代位权诉讼。

被执行人放弃债权、无偿转让财产或者以明显不合理的低价转让财产，对申请执行人造成损害的，执行法院可以告知申请执行人依照《中华人民共和国合同法》第七十四条的规定向有管辖权的人民法院提起撤销权诉讼。

五、充分运用民事和刑事制裁手段，依法加强对规避执行行为的刑事处罚力度

15. 对规避执行行为加大民事强制措施的适用。被执行人既不履行义务又拒绝报告财产或者进行虚假报告、拒绝交出或者提供虚假财务会计凭证、协助执行义务人拒不协助执行或者妨碍执行、到期债务第三人提出异议后又擅自向被执行人清偿等，给申请执行人造成损失的，应当依法对相关责任人予以罚款、拘留。

16. 对构成犯罪的规避执行行为加大刑事制裁力度。被执行人隐匿财产、虚构债务或者以其他方法隐藏、转移、处分可供执行的财产，拒不交出或者隐匿、销毁、制作虚假财务会计凭证或资产负债表等相关资料，以虚假诉讼或者仲裁手段转移财产、虚构优先债权或者申请参与分配，中介机构提供虚假证明文件或者提供的文件有重大失实，被执行人、担保人、协助义务人有能力执行而拒不执行或者拒不协助执行等，损害申请执行人或其他债权人利益，依照刑法的规定构成犯罪的，应当依法追究行为人的刑事责任。

17. 加强与公安、检察机关的沟通协调。各地法院应当加强与公安、检察机关的协调配合，建立快捷、便利、高效的协作机制，细化拒不执行判决裁定罪和妨害公务罪的适用条件。

18. 充分调查取证。各地法院在执行案件过程中，在行为人存在拒不执行判决裁定或者妨害公务行为的情况下，应当注意收集证据。认为构成犯罪的，应当及时将案件及相关证据材料移送犯罪行为发生地的公安机关立案查处。

19. 抓紧依法审理。对检察机关提起公诉的拒不执行判决裁定或者妨害公务案件，人民法院应当抓紧审理，依法审判，快速结案，加大判后宣传力度，充分发挥刑罚手段的威慑力。

六、依法采取多种措施，有效防范规避执行行为

20. 依法变更追加被执行主体或者告知申请执行人另行起诉。有充分证据证明被执行人通过离婚析产、不依法清算、改制重组、关联交易、财产混同等方式恶意转移财产规避执行的，执行法院可以通过依法变更追加被执行人或者告知申请执行人通过诉讼程序追回被转移的财产。

21. 建立健全征信体系。各地法院应当逐步建立健全与相关部门资源共享的信用平台，有条件的地方可以建立个人和企业信用信息数据库，将被执行人不履行债务的相关信息录入信用平台或者信息数据库，充分运用其形成的威慑力制裁规避执行行为。

22. 加大宣传力度。各地法院应当充分运用新闻媒体曝光、公开执行等手段，将被执行人因规避执行被制裁或者处罚的典型案例在新闻媒体上予以公布，以维护法律权威，提升公众自觉履行义务的法律意识。

23. 充分运用限制高消费手段。各地法院应当充分运用限制高消费手段，逐步构建与有关单位的协作平台，明确有关单位的监督责任，细化协作方式，完善协助程序。

24. 加强与公安机关的协作查找被执行人。对于因逃避执行而长期下落不明或者变更经营场所的被执行人，各地法院应当积极与公安机关协调，加大查找被执行人的力度。

D 涉外民诉

D1 涉外级别管辖通知（2018）

最高人民法院关于明确第一审涉外民商事案件级别管辖标准以及归口办理有关问题的通知

（法〔2017〕359号。2017年12月7日公布，自2018年1月1日起施行）

各省、自治区、直辖市高级人民法院、解放军军事法院、新疆维吾尔自治区高级人民法院生产建设兵团分院：

为合理定位四级法院涉外民商事审判职能，统一裁判尺度，维护当事人的合法权益，保障开放型经济的发展，现就第一审涉外民商事案件级别管辖标准以及归口办理的有关问题，通知如下：

一、关于第一审涉外民商事案件的级别管辖标准

北京、上海、江苏、浙江、广东高级人民法院管辖诉讼标的额人民币2亿元以上的第一审涉外民商事案件；直辖市中级人民以及省会城市、计划单列市、经济特区所在地的市中级人民法院管辖诉讼标的额人民币2000万元以上的第一审涉外民商事案件，其他中级人民法院管辖诉讼标的额人民币1000万元以上的第一审涉外民商事案件。

天津、河北、山西、内蒙古、辽宁、安徽、福建、山东、河南、湖北、湖南、广西、海南、四川、重庆高级人民法院管辖诉讼标的额人民币8000万元以上的第一审涉外民商事案件；直辖市中级人民法院以及省会城市、计划单列市、经济特区所在地的市中级人民法院管辖诉讼标的额人民币1000万元以上的第一审涉外民商事案件，其他中级人民法院管辖诉讼标的额人民币500万元以上的第一审涉外民商事案件。

吉林、黑龙江、江西、云南、陕西、新疆高级人民法院和新疆生产建设兵团分院管辖诉讼标的额人民币4000万元以上的第一审涉外民商事案件；省会城市、计划单列市中级人民法院，管辖诉讼标的额人民币500万元以上的第一审涉外民商事案件，其他中级人民法院管辖诉讼标的额人民币200万元以上的第一审涉外民商事案件。

贵州、西藏、甘肃、青海、宁夏高级人民法院管辖诉讼标的额人民币2000万元以上的第一审涉外民商事案件；省会城市、计划单列市中级人民法院，管辖诉讼标的额人民币200万元以上的第一审涉外民商事案件，其他中级人民法院管辖诉讼标的额人民币100万元以上的第一审涉外民商事案件。

各高级人民法院发布的本辖区级别管辖标准，除于2011年1月后经我院

批复同意的外，不再作为确定第一审涉外民商事案件级别管辖的依据。

二、下列案件由涉外审判庭或专门合议庭审理：

（一）当事人一方或者双方是外国人、无国籍人、外国企业或者组织，或者当事人一方或者双方的经常居所地在中华人民共和国领域外的民商事案件；

（二）产生、变更或者消灭民事关系的法律事实发生在中华人民共和国领域外，或者标的物在中华人民共和国领域外的民商事案件；

（三）外商投资企业设立、出资、确认股东资格、分配利润、合并、分立、解散等与该企业有关的民商事案件；

（四）一方当事人为外商独资企业的民商事案件；

（五）信用证、保函纠纷案件，包括申请止付保全案件；

（六）对第一项至第五项案件的管辖权异议裁定提起上诉的案件；

（七）对第一项至第五项案件的生效裁判申请再审的案件，但当事人依法向原审人民法院申请再审的除外；

（八）跨境破产协助案件；

（九）民商事司法协助案件；

（十）最高人民法院《关于仲裁司法审查案件归口办理有关问题的通知》确定的仲裁司法审查案件。

前款规定的民商事案件不包括婚姻家庭纠纷、继承纠纷、劳动争议、人事争议、环境污染侵权纠纷及环境公益诉讼。

三、海事海商及知识产权纠纷案件，不适用本通知。

四、涉及香港、澳门特别行政区和台湾地区的民商事案件参照适用本通知。

五、本通知自 2018 年 1 月 1 日起执行。之前已经受理的案件不适用本通知。

本通知执行过程中遇到的问题，请及时报告我院。

最高人民法院
2017 年 12 月 7 日

E 仲 裁

E1 贸仲规则（2015）

中国国际经济贸易仲裁委员会仲裁规则（2015）

（自2015年1月1日起施行）

第一章 总 则

第一条 仲裁委员会

（一）中国国际经济贸易仲裁委员会（以下简称"仲裁委员会"），原名中国国际贸易促进委员会对外贸易仲裁委员会、中国国际贸易促进委员会对外经济贸易仲裁委员会，同时使用"中国国际商会仲裁院"名称。

（二）当事人在仲裁协议中订明由中国国际贸易促进委员会/中国国际商会仲裁，或由中国国际贸易促进委员会/中国国际商会的仲裁委员会或仲裁院仲裁的，或使用仲裁委员会原名称为仲裁机构的，均视为同意由中国国际经济贸易仲裁委员会仲裁。

第二条 机构及职责

（一）仲裁委员会主任履行本规则赋予的职责。副主任根据主任的授权可以履行主任的职责。

（二）仲裁委员会设有仲裁院，在授权的副主任和仲裁院院长的领导下履行本规则规定的职责。

（三）仲裁委员会设在北京。仲裁委员会设有分会或仲裁中心（本规则附件一）。仲裁委员会的分会/仲裁中心是仲裁委员会的派出机构，根据仲裁委员会的授权，接受仲裁申请，管理仲裁案件

（四）分会/仲裁中心设仲裁院，在分会/仲裁中心仲裁院院长的领导下履行本规则规定由仲裁委员会仲裁院履行的职责。

（五）案件由分会/仲裁中心管理的，本规则规定由仲裁委员会仲裁院院长履行的职责，由仲裁委员会仲裁院院长授权的分会/仲裁中心仲裁院院长履行。

（六）当事人可以约定将争议提交仲裁委员会或仲裁委员会分会/仲裁中心进行仲裁；约定由仲裁委员会进行仲裁的，由仲裁委员会仲裁院接受仲裁申请并管理案件；约定由分会/仲裁中心仲裁的，由所约定的分会/仲裁中心仲裁院接受仲裁申请并管理案件。约定的分会/仲裁中心不存在、被终止授权或约定不明的，由仲裁委员会仲裁院接受仲裁申请并管理案件。如有争议，由仲裁委员会作出决定。

第三条 受案范围

（一）仲裁委员会根据当事人的约定受理契约性或非契约性的经济贸易等争议案件。

（二）前款所述案件包括：

1. 国际或涉外争议案件；
2. 涉及香港特别行政区、澳门特别行政区及台湾地区的争议案件；
3. 国内争议案件。

第四条 规则的适用

（一）本规则统一适用于仲裁委员会及其分会/仲裁中心。

（二）当事人约定将争议提交仲裁委员会仲裁的，视为同意按照本规则进行仲裁。

（三）当事人约定将争议提交仲裁委员会仲裁但对本规则有关内容进行变更或约定适用其他仲裁规则的，从其约定，但其约定无法实施或与仲裁程序适用法强制性规定相抵触者除外。当事人约定适用其他仲裁规则的，由仲裁委员会履行相应的管理职责。

（四）当事人约定按照本规则进行仲裁但未约定仲裁机构的，视为同意将争议提交仲裁委员会仲裁。

（五）当事人约定适用仲裁委员会专业仲裁规则的，从其约定，但其争议不属于该专业仲裁规则适用范围的，适用本规则。

第五条 仲裁协议

（一）仲裁协议指当事人在合同中订明的仲裁条款或以其他方式达成的提交仲裁的书面协议。

（二）仲裁协议应当采取书面形式。书面形式包括合同书、信件、电报、电传、传真、电子数据交换和电子邮件等可以有形地表现所载内容的形式。在仲裁申请书和仲裁答辩书的交换中，一方当事人声称有仲裁协议而另一方当事人不做否认表示的，视为存在书面仲裁协议。

（三）仲裁协议的适用法对仲裁协议的形式及效力另有规定的，从其规定。

（四）合同中的仲裁条款应视为与合同其他条款分离的、独立存在的条款，附属于合同的仲裁协议也应视为与合同其他条款分离的、独立存在的一个部分；合同的变更、解除、终止、转让、失效、无效、未生效、被撤销以及成立与否，均不影响仲裁条款或仲裁协议的效力。

第六条 对仲裁协议及/或管辖权的异议

（一）仲裁委员会有权对仲裁协议的存在、效力以及仲裁案件的管辖权作出决定。如有必要，仲裁委员会也可以授权仲裁庭作出管辖权决定。

（二）仲裁委员会依表面证据认为存在有效仲裁协议的，可根据表面证据作出仲裁委员会有管辖权的决定，仲裁程序继续进行。仲裁委员会依表面证据作出的管辖权决定并不妨碍其根据仲裁庭在审理过程中发现的与表面证据不一致的事实及/或证据重新作出管辖权决定。

（三）仲裁庭依据仲裁委员会的授权作出管辖权决定时，可以在仲裁程序进行中单独作出，也可以在裁决书中一并作出。

（四）当事人对仲裁协议及/或仲裁案件管辖权的异议，应当在仲裁庭首次开庭前书面提出；书面审理的案件，应当在第一次实体答辩前提出。

（五）对仲裁协议及/或仲裁案件管辖权提出异议不影响仲裁程序的继续进行。

（六）上述管辖权异议及/或决定包括仲裁案件主体资格异议及/或决定。

（七）仲裁委员会或经仲裁委员会授权的仲裁庭作出无管辖权决定的，应当作出撤销案件的决定。撤案决定在仲裁庭组成前由仲裁委员会仲裁院院长作出，在仲裁庭组成后，由仲裁庭作出。

第七条 仲裁地

（一）当事人对仲裁地有约定的，从其约定。

（二）当事人对仲裁地未作约定或约定不明的，以管理案件的仲裁委员会或其分会/仲裁中心所在地为仲裁地；仲裁委员会也可视案件的具体情形确定其他地点为仲裁地。

（三）仲裁裁决视为在仲裁地作出。

第八条 送达及期限

（一）有关仲裁的一切文书、通知、材料等均可采用当面递交、挂号信、特快专递、传真或仲裁委员会仲裁院或仲裁庭认为适当的其他方式发送。

（二）上述第（一）款所述仲裁文件应发送当事人或其仲裁代理人自行提供的或当事人约定的地址；当事人或其仲裁代理人没有提供地址或当事人对地址没有约定的，按照对方当事人或其仲裁代理人提供的地址发送。

（三）向一方当事人或其仲裁代理人发送的仲裁文件，如经当面递交收件人或发送至收件人的营业地、注册地、住所地、惯常居住地或通讯地址，或经对方当事人合理查询不能找到上述任一地点，仲裁委员会仲裁院以挂号信或特快专递或能提供投递记录的包括公证送达、委托送达和留置送达在内的其他任何手段投递给收件人最后一个为人所知的营业地、注册地、住所地、惯常居住地或通讯地址，即视为有效送达。

（四）本规则所规定的期限，应自当事人收到或应当收到仲裁委员会仲裁院向其发送的文书、通知、材料等之日的次日起计算。

第九条 诚实信用

仲裁参与人应遵循诚实信用原则，进行仲裁程序。

第十条 放弃异议

一方当事人知道或理应知道本规则或仲裁协议中规定的任何条款或情事未被遵守，仍参加仲裁程序或继续进行仲裁程序而且不对此不遵守情况及时地、明示地提出书面异议的，视为放弃其提出异议的权利。

第二章 仲裁程序

第一节 仲裁申请、答辩、反请求

第十一条 仲裁程序的开始

仲裁程序自仲裁委员会仲裁院收到仲裁申请书之日起开始。

第十二条 申请仲裁

当事人依据本规则申请仲裁时应：

（一）提交由申请人或申请人授权的代理人签名及/或盖章的仲裁申请书。仲裁申请书应写明：

1. 申请人和被申请人的名称和住所，包括邮政编码、电话、传真、电子邮箱或其他电子通讯方式；
2. 申请仲裁所依据的仲裁协议；
3. 案情和争议要点；
4. 申请人的仲裁请求；
5. 仲裁请求所依据的事实和理由。

（二）在提交仲裁申请书时，附具申请人请求所依据的证据材料以及其他证明文件。

（三）按照仲裁委员会制定的仲裁费用表的规定预缴仲裁费。

第十三条 案件的受理

（一）仲裁委员会根据当事人在争议发生之前或在争议发生之后达成的将争议提交仲裁委员会仲裁的仲裁协议和一方当事人的书面申请，受理案件。

（二）仲裁委员会仲裁院收到申请人的仲裁申请书及其附件后，经审查，认为申请仲裁的手续完备的，应将仲裁通知、仲裁委员会仲裁规则和仲裁员名册各一份发送给双方当事人；申请人的仲裁申请书及其附件也应同时发送给被申请人。

（三）仲裁委员会仲裁院经审查认为申请仲裁的手续不完备的，可以要求申请人在一定的期限内予以完备。申请人未能在规定期限内完备申请仲裁手续的，视同申请人未提出仲裁申请；申请人的仲裁申请书及其附件，仲裁委员会仲裁院不予留存。

（四）仲裁委员会受理案件后，仲裁委员会仲裁院应指定一名案件秘书协助仲裁案件的程序管理。

第十四条 多份合同的仲裁

申请人就多份合同项下的争议可在同一仲裁案件中合并提出仲裁申请，但应同时符合下列条件：

1. 多份合同系主从合同关系；或多份合同所涉当事人相同且法律关系性质相同；

2. 争议源于同一交易或同一系列交易；

3. 多份合同中的仲裁协议内容相同或相容。

第十五条 答辩

（一）被申请人应自收到仲裁通知后45天内提交答辩书。被申请人确有正当理由请求延长提交答辩期限的，由仲裁庭决定是否延长答辩期限；仲裁庭尚未组成的，由仲裁委员会仲裁院作出决定。

（二）答辩书由被申请人或被申请人授权的代理人签名及/或盖章，并应包括下列内容及附件：

1. 被申请人的名称和住所，包括邮政编码、电话、传真、电子邮箱或其他电子通讯方式；

2. 对仲裁申请书的答辩及所依据的事实和理由；

3. 答辩所依据的证据材料以及其他证明文件。

（三）仲裁庭有权决定是否接受逾期提交的答辩书。

（四）被申请人未提交答辩书，不影响仲裁程序的进行。

第十六条 反请求

（一）被申请人如有反请求，应自收到仲裁通知后45天内以书面形式提交。被申请人确有正当理由请求延长提交反请求期限的，由仲裁庭决定是否延长反请求期限；仲裁庭尚未组成的，由仲裁委员会仲裁院作出决定。

（二）被申请人提出反请求时，应在其反请求申请书中写明具体的反请求事项及其所依据的事实和理由，并附具有关的证据材料以及其他证明文件。

（三）被申请人提出反请求，应按照仲裁委员会制定的仲裁费用表在规定的时间内预缴仲裁费。被申请人未按期缴纳反请求仲裁费的，视同未提出反请求申请。

（四）仲裁委员会仲裁院认为被申请人提出反请求的手续已完备的，应向双方当事人发出反请求受理通知。申请人应在收到反请求受理通知后30天内针对被申请人的反请求提交答辩。申请人确有正当理由请求延长提交答辩期限的，由仲裁庭决定是否延长答辩期限；仲裁庭尚未组成的，由仲裁委员会仲裁院作出决定。

（五）仲裁庭有权决定是否接受逾期提交的反请求和反请求答辩书。

（六）申请人对被申请人的反请求未提出书面答辩的，不影响仲裁程序的进行。

第十七条 变更仲裁请求或反请求

申请人可以申请对其仲裁请求进行变更，被申请人也可以申请对其反请求进行变更；但是仲裁庭认为其提出变更的时间过迟而影响仲裁程序正常进行的，可以拒绝其变更请求。

第十八条 追加当事人

（一）在仲裁程序中，一方当事人依据表面上约束被追加当事人的案涉仲裁协议可以向仲裁委员会申请追加当事人。在仲裁庭组成后申请追加当事人的，如果仲裁庭认为确有必要，应在征求包括被追加当事人在内的各方当事人的意见后，由仲裁委员会作出决定。

仲裁委员会仲裁院收到追加当事人申请之日视为针对该被追加当事人的仲裁开始之日。

（二）追加当事人申请书应包含现有仲裁案件的案号，涉及被追加当事人在内的所有当事人的名称、住所及通讯方式，追加当事人所依据的仲裁协议、事实和理由，以及仲裁请求。

当事人在提交追加当事人申请书时，应附具其申请所依据的证据材料以及其他证明文件。

（三）任何一方当事人就追加当事人程序提出仲裁协议及/或仲裁案件管辖权异议的，仲裁委员会有权基于仲裁协议及相关证据作出是否具有管辖权的决定。

（四）追加当事人程序开始后，在仲裁庭组成之前，由仲裁委员会仲裁院就仲裁程序的进行作出决定；在仲裁庭组成之后，由仲裁庭就仲裁程序的进行作出决定。

（五）在仲裁庭组成之前追加当事人的，本规则有关当事人选定或委托仲裁委员会主任指定仲裁员的规定适用于被追加当事人。仲裁庭的组成应按照本规则第二十九条的规定进行。

在仲裁庭组成后决定追加当事人的，仲裁庭应就已经进行的包括仲裁庭组成在内的仲裁程序征求被追加当事人的意见。被追加当事人要求选定或委托仲裁委员会主任指定仲裁员的，双方当事人应重新选定或委托仲裁委员会主任指定仲裁员。仲裁庭的组成应按照本规则第二十九条的规定进行。

（六）本规则有关当事人提交答辩及反请求的规定适用于被追加当事人。被追加当事人提交答辩及反请求的期限自收到追加当事人仲裁通知后起算。

（七）案涉仲裁协议表面上不能约束被追加当事人或存在其他任何不宜追加当事人的情形的，仲裁委员会有权决定不予追加。

第十九条　合并仲裁

（一）符合下列条件之一的，经一方当事人请求，仲裁委员会可以决定将根据本规则进行的两个或两个以上的仲裁案件合并为一个仲裁案件，进行审理。

1. 各案仲裁请求依据同一个仲裁协议提出；

2. 各案仲裁请求依据多份仲裁协议提出，该多份仲裁协议内容相同或相容，且各案当事人相同、各争议所涉及的法律关系性质相同；

3. 各案仲裁请求依据多份仲裁协议提出，该多份仲裁协议内容相同或相容，且涉及的多份合同为主从合同关系；

4. 所有案件的当事人均同意合并仲裁。

（二）根据上述第（一）款决定合并仲裁时，仲裁委员会应考虑各方当事人的意见及相关仲裁案件之间的关联性等因素，包括不同案件的仲裁员的选定或指定情况。

（三）除非各方当事人另有约定，合并的仲裁案件应合并至最先开始仲裁程序的仲裁案件。

（四）仲裁案件合并后，在仲裁庭组成之前，由仲裁委员会仲裁院就程序的进行作出决定；仲裁庭组成后，由仲裁庭就程序的进行作出决定。

第二十条 仲裁文件的提交与交换

（一）当事人的仲裁文件应提交至仲裁委员会仲裁院。

（二）仲裁程序中需发送或转交的仲裁文件，由仲裁委员会仲裁院发送或转交仲裁庭及当事人，当事人另有约定并经仲裁庭同意或仲裁庭另有决定者除外。

第二十一条 仲裁文件的份数

当事人提交的仲裁申请书、答辩书、反请求书和证据材料以及其他仲裁文件，应一式五份；多方当事人的案件，应增加相应份数；当事人提出财产保全申请或证据保全申请的，应增加相应份数；仲裁庭组成人数为一人的，应相应减少两份。

第二十二条 仲裁代理人

当事人可以授权中国及/或外国的仲裁代理人办理有关仲裁事项。当事人或其仲裁代理人应向仲裁委员会仲裁院提交授权委托书。

第二十三条 保全及临时措施

（一）当事人依据中国法律申请保全的，仲裁委员会应当依法将当事人的保全申请转交当事人指明的有管辖权的法院。

（二）根据所适用的法律或当事人的约定，当事人可以依据《中国国际经济贸易仲裁委员会紧急仲裁员程序》（本规则附件三）向仲裁委员会仲裁院申请紧急性临时救济。紧急仲裁员可以决定采取必要或适当的紧急性临时救济措施。紧急仲裁员的决定对双方当事人具有约束力。

（三）经一方当事人请求，仲裁庭依据所适用的法律或当事人的约定可以决定采取其认为必要或适当的临时措施，并有权决定由请求临时措施的一方当事人提供适当的担保。

第二节 仲裁员及仲裁庭

第二十四条 仲裁员的义务

仲裁员不代表任何一方当事人，应独立于各方当事人，平等地对待各方当事人。

第二十五条 仲裁庭的人数

（一）仲裁庭由一名或三名仲裁员组成。

（二）除非当事人另有约定或本规则另有规定，仲裁庭由三名仲裁员组成。

第二十六条 仲裁员的选定或指定

（一）仲裁委员会制定统一适用于仲裁委员会及其分会/仲裁中心的仲裁员名册；当事人从仲裁委员会制定的仲裁员名册中选定仲裁员。

（二）当事人约定在仲裁委员会仲裁员名册之外选定仲裁员的，当事人选定的或根据当事人约定指定的人士经仲裁委员会主任确认后可以担任仲裁员。

第二十七条 三人仲裁庭的组成

（一）申请人和被申请人应各自在收到仲裁通知后15天内选定或委托仲裁委员会主任指定一名仲裁员。当事人未在上述期限内选定或委托仲裁委员会主任指定的，由仲裁委员会主任指定。

（二）第三名仲裁员由双方当事人在被申请人收到仲裁通知后15天内共同选定或共同委托仲裁委员会主任指定。第三名仲裁员为仲裁庭的首席仲裁员。

（三）双方当事人可以各自推荐一至五名候选人作为首席仲裁员人选，并按照上述第（二）款规定的期限提交推荐名单。双方当事人的推荐名单中有一名人选相同的，该人选为双方当事人共同选定的首席仲裁员；有一名以上人选相同的，由仲裁委员会主任根据案件的具体情况在相同人选中确定一名首席仲裁员，该名首席仲裁员仍为双方共同选定的首席仲裁员；推荐名单中没有相同人选时，由仲裁委员会主任指定首席仲裁员。

（四）双方当事人未能按照上述规定共同选定首席仲裁员的，由仲裁委员会主任指定首席仲裁员。

第二十八条 独任仲裁庭的组成

仲裁庭由一名仲裁员组成的，按照本规则第二十七条第（二）、（三）、（四）款规定的程序，选定或指定独任仲裁员。

第二十九条 多方当事人仲裁庭的组成

（一）仲裁案件有两个或两个以上申请人及/或被申请人时，申请人方及/或被申请人方应各自协商，各方共同选定或共同委托仲裁委员会主任指定一名仲裁员。

（二）首席仲裁员或独任仲裁员应按照本规则第二十七条第（二）、（三）、（四）款规定的程序选定或指定。申请人方及/或被申请人方按照本规则第二十七条第（三）款的规定选定首席仲裁员或独任仲裁员时，应各方共同协商，提交各方共同选定的候选人名单。

（三）如果申请人方及/或被申请人方未能在收到仲裁通知后15天内各方共同选定或各方共同委托仲裁委员会主任指定一名仲裁员，则由仲裁委员会主任指定仲裁庭三名仲裁员，并从中确定一人担任首席仲裁员。

第三十条 指定仲裁员的考虑因素

仲裁委员会主任根据本规则的规定指定仲裁员时，应考虑争议的适用法律、仲裁地、仲裁语言、当事人国籍，以及仲裁委员会主任认为应考虑的其他因素。

第三十一条 披露

（一）被选定或被指定的仲裁员应签署声明书，披露可能引起对其公正性和独立性产生合理怀疑的任何事实或情况。

（二）在仲裁程序中出现应披露情形的，仲裁员应立即书面披露。

（三）仲裁员的声明书及/或披露的信息应提交仲裁委员会仲裁院并转交各方当事人。

第三十二条 仲裁员的回避

（一）当事人收到仲裁员的声明书及/或书面披露后，如果以披露的事实或情况为理由要求该仲裁员回避，则应于收到仲裁员的书面披露后10天内书面提出。逾期没有申请回避的，不得以仲裁员曾经披露的事项为由申请该仲裁员回避。

（二）当事人对被选定或被指定的仲裁员的公正性和独立性产生具有正当理由的怀疑时，可以书面提出要求该仲裁员回避的请求，但应说明提出回避请求所依据的具体事实和理由，并举证。

（三）对仲裁员的回避请求应在收到组庭通知后15天内以书面形式提出；在此之后得知要求回避事由的，可以在得知回避事由后15天内提出，但应不晚于最后一次开庭终结。

（四）当事人的回避请求应当立即转交另一方当事人、被请求回避的仲裁员及仲裁庭其他成员。

（五）如果一方当事人请求仲裁员回避，另一方当事人同意回避请求，或被请求回避的仲裁员主动提出不再担任该仲裁案件的仲裁员，则该仲裁员不再担任仲裁员审理本案。上述情形并不表示当事人提出回避的理由成立。

（六）除上述第（五）款规定的情形外，仲裁员是否回避，由仲裁委员会主任作出终局决定并可以不说明理由。

（七）在仲裁委员会主任就仲裁员是否回避作出决定前，被请求回避的仲裁员应继续履行职责。

第三十三条 仲裁员的更换

（一）仲裁员在法律上或事实上不能履行职责，或没有按照本规则的要求或在本规则规定的期限内履行应尽职责时，仲裁委员会主任有权决定将其更换；该仲裁员也可以主动申请不再担任仲裁员。

（二）是否更换仲裁员，由仲裁委员会主任作出终局决定并可以不说明理由。

（三）在仲裁员因回避或更换不能履行职责时，应按照原选定或指定仲裁员的方式在仲裁委员会仲裁院规定的期限内选定或指定替代的仲裁员。当事人未选定或指定替代仲裁员的，由仲裁委员会主任指定替代的仲裁员。

（四）重新选定或指定仲裁员后，由仲裁庭决定是否重新审理及重新审理的范围。

第三十四条 多数仲裁员继续仲裁程序

最后一次开庭终结后，如果三人仲裁庭中的一名仲裁员因死亡或被除名等情形而不能参加合议及/或作出裁决，另外两名仲裁员可以请求仲裁委员会主任按照第三十三条的规定更换该仲裁员；在征求双方当事人意见并经仲裁委员会主任同意后，该两名仲裁员也可以继续进行仲裁程序，作出决定或裁决。仲裁委员会仲裁院应将上述情况通知双方当事人。

第三节 审 理

第三十五条 审理方式

（一）除非当事人另有约定，仲裁庭可以按照其认为适当的方式审理案件。在任何情形下，仲裁庭均应公平和公正地行事，给予双方当事人陈述与辩论的合理机会。

（二）仲裁庭应开庭审理案件，但双方当事人约定并经仲裁庭同意或仲裁庭认为不必开庭审理并征得双方当事人同意的，可以只依据书面文件进行审理。

（三）除非当事人另有约定，仲裁庭可以根据案件的具体情况采用询问式或辩论式的庭审方式审理案件。

（四）仲裁庭可以在其认为适当的地点以其认为适当的方式进行合议。

（五）除非当事人另有约定，仲裁庭认为必要时可以就所审理的案件发布程序令、发出问题单、制作审理范围书、举行庭前会议等。经仲裁庭其他成员授权，首席仲裁员可以单独就仲裁案件的程序安排作出决定。

第三十六条 开庭地

（一）当事人约定了开庭地点的，仲裁案件的开庭审理应当在约定的地点进行，但出现本规则第八十二条第（三）款规定的情形的除外。

（二）除非当事人另有约定，由仲裁委员会仲裁院或其分会/仲裁中心仲裁院管理的案件应分别在北京或分会/仲裁中心所在地开庭审理；如仲裁庭认为必要，经仲裁委员会仲裁院院长同意，也可以在其他地点开庭审理。

第三十七条 开庭通知

（一）开庭审理的案件，仲裁庭确定第一次开庭日期后，应不晚于开庭前20天将开庭日期通知双方当事人。当事人有正当理由的，可以请求延期开庭，但应于收到开庭通知后5天内提出书面延期申请；是否延期，由仲裁庭决定。

（二）当事人有正当理由未能按上述第（一）款规定提出延期开庭申请的，是否接受其延期申请，由仲裁庭决定。

（三）再次开庭审理的日期及延期后开庭审理日期的通知及其延期申请，不受上述第（一）款期限的限制。

第三十八条 保密

（一）仲裁庭审理案件不公开进行。双方当事人要求公开审理的，由仲裁庭决定是否公开审理。

（二）不公开审理的案件，双方当事人及其仲裁代理人、仲裁员、证人、翻译、仲裁庭咨询的专家和指定的鉴定人，以及其他有关人员，均不得对外界透露案件实体和程序的有关情况。

第三十九条　当事人缺席

（一）申请人无正当理由开庭时不到庭的，或在开庭审理时未经仲裁庭许可中途退庭的，可以视为撤回仲裁申请；被申请人提出反请求的，不影响仲裁庭就反请求进行审理，并作出裁决。

（二）被申请人无正当理由开庭时不到庭的，或在开庭审理时未经仲裁庭许可中途退庭的，仲裁庭可以进行缺席审理并作出裁决；被申请人提出反请求的，可以视为撤回反请求。

第四十条　庭审笔录

（一）开庭审理时，仲裁庭可以制作庭审笔录及/或影音记录。仲裁庭认为必要时，可以制作庭审要点，并要求当事人及/或其代理人、证人及/或其他有关人员在庭审笔录或庭审要点上签字或盖章。

（二）庭审笔录、庭审要点和影音记录供仲裁庭查用。

（三）应一方当事人申请，仲裁委员会仲裁院视案件具体情况

可以决定聘请速录人员速录庭审笔录，当事人应当预交由此产生的费用。

第四十一条　举证

（一）当事人应对其申请、答辩和反请求所依据的事实提供证据加以证明，对其主张、辩论及抗辩要点提供依据。

（二）仲裁庭可以规定当事人提交证据的期限。当事人应在规定的期限内提交证据。逾期提交的，仲裁庭可以不予接受。当事人在举证期限内提交证据材料确有困难的，可以在期限届满前申请延长举证期限。是否延长，由仲裁庭决定。

（三）当事人未能在规定的期限内提交证据，或虽提交证据但不足以证明其主张的，负有举证责任的当事人承担因此产生的后果。

第四十二条　质证

（一）开庭审理的案件，证据应在开庭时出示，当事人可以质证。

（二）对于书面审理的案件的证据材料，或对于开庭后提交的证据材料且当事人同意书面质证的，可以进行书面质证。书面质证时，当事人应在仲裁庭规定的期限内提交书面质证意见。

第四十三条　仲裁庭调查取证

（一）仲裁庭认为必要时，可以调查事实，收集证据。

（二）仲裁庭调查事实、收集证据时，可以通知当事人到场。经通知，一方或双方当事人不到场的，不影响仲裁庭调查事实和收集证据。

（三）仲裁庭调查收集的证据，应转交当事人，给予当事人提出意见的

机会。

第四十四条 专家报告及鉴定报告

（一）仲裁庭可以就案件中的专门问题向专家咨询或指定鉴定人进行鉴定。专家和鉴定人可以是中国或外国的机构或自然人。

（二）仲裁庭有权要求当事人、当事人也有义务向专家或鉴定人提供或出示任何有关资料、文件或财产、实物，以供专家或鉴定人审阅、检验或鉴定。

（三）专家报告和鉴定报告的副本应转交当事人，给予当事人提出意见的机会。一方当事人要求专家或鉴定人参加开庭的，经仲裁庭同意，专家或鉴定人应参加开庭，并在仲裁庭认为必要时就所作出的报告进行解释。

第四十五条 程序中止

（一）双方当事人共同或分别请求中止仲裁程序，或出现其他需要中止仲裁程序的情形的，仲裁程序可以中止。

（二）中止程序的原因消失或中止程序期满后，仲裁程序恢复进行。

（三）仲裁程序的中止及恢复，由仲裁庭决定；仲裁庭尚未组成的，由仲裁委员会仲裁院院长决定。

第四十六条 撤回申请和撤销案件

（一）当事人可以撤回全部仲裁请求或全部仲裁反请求。申请人撤回全部仲裁请求的，不影响仲裁庭就被申请人的仲裁反请求进行审理和裁决。被申请人撤回全部仲裁反请求的，不影响仲裁庭就申请人的仲裁请求进行审理和裁决。

（二）因当事人自身原因致使仲裁程序不能进行的，可以视为其撤回仲裁请求。

（三）仲裁请求和反请求全部撤回的，案件可以撤销。在仲裁庭组成前撤销案件的，由仲裁委员会仲裁院院长作出撤案决定；仲裁庭组成后撤销案件的，由仲裁庭作出撤案决定。

（四）上述第（三）款及本规则第六条第（七）款所述撤案决定应加盖"中国国际经济贸易仲裁委员会"印章。

第四十七条 仲裁与调解相结合

（一）双方当事人有调解愿望的，或一方当事人有调解愿望并经仲裁庭征得另一方当事人同意的，仲裁庭可以在仲裁程序中对案件进行调解。双方当事人也可以自行和解。

（二）仲裁庭在征得双方当事人同意后可以按照其认为适当的方式进行调解。

（三）调解过程中，任何一方当事人提出终止调解或仲裁庭认为已无调解成功的可能时，仲裁庭应终止调解。

（四）双方当事人经仲裁庭调解达成和解或自行和解的，应签订和解协议。

（五）当事人经调解达成或自行达成和解协议的，可以撤回仲裁请求或反请求，也可以请求仲裁庭根据当事人和解协议的内容作出裁决书或制作调解书。

（六）当事人请求制作调解书的，调解书应当写明仲裁请求和当事人书面和解协议的内容，由仲裁员署名，并加盖"中国国际经济贸易仲裁委员会"印章，送达双方当事人。

（七）调解不成功的，仲裁庭应当继续进行仲裁程序并作出裁决。

（八）当事人有调解愿望但不愿在仲裁庭主持下进行调解的，经双方当事人同意，仲裁委员会可以协助当事人以适当的方式和程序进行调解。

（九）如果调解不成功，任何一方当事人均不得在其后的仲裁程序、司法程序和其他任何程序中援引对方当事人或仲裁庭在调解过程中曾发表的意见、提出的观点、作出的陈述、表示认同或否定的建议或主张作为其请求、答辩或反请求的依据。

（十）当事人在仲裁程序开始之前自行达成或经调解达成和解协议的，可以依据由仲裁委员会仲裁的仲裁协议及其和解协议，请求仲裁委员会组成仲裁庭，按照和解协议的内容作出仲裁裁决。除非当事人另有约定，仲裁委员会主任指定一名独任仲裁员成立仲裁庭，由仲裁庭按照其认为适当的程序进行审理并作出裁决。具体程序和期限，不受本规则其他条款关于程序和期限的限制。

第三章 裁　决

第四十八条 作出裁决的期限

（一）仲裁庭应在组庭后 6 个月内作出裁决书。

（二）经仲裁庭请求，仲裁委员会仲裁院院长认为确有正当理由和必要的，可以延长该期限。

（三）程序中止的期间不计入上述第（一）款规定的裁决期限。

第四十九条 裁决的作出

（一）仲裁庭应当根据事实和合同约定，依照法律规定，参考国际惯例，公平合理、独立公正地作出裁决。

（二）当事人对于案件实体适用法有约定的，从其约定。当事人没有约定或其约定与法律强制性规定相抵触的，由仲裁庭决定案件实体的法律适用。

（三）仲裁庭在裁决书中应写明仲裁请求、争议事实、裁决理由、裁决结果、仲裁费用的承担、裁决的日期和地点。当事人协议不写明争议事实和裁决理由的，以及按照双方当事人和解协议的内容作出裁决书的，可以不写明争议事实和裁决理由。仲裁庭有权在裁决书中确定当事人履行裁决的具体期限及逾期履行所应承担的责任。

（四）裁决书应加盖"中国国际经济贸易仲裁委员会"印章。

（五）由三名仲裁员组成的仲裁庭审理的案件，裁决依全体仲裁员或多数仲裁员的意见作出。少数仲裁员的书面意见应附卷，并可以附在裁决书后，该书面意见不构成裁决书的组成部分。

（六）仲裁庭不能形成多数意见的，裁决依首席仲裁员的意见作出。其他仲裁员的书面意见应附卷，并可以附在裁决书后，该书面意见不构成裁决书的组成部分。

（七）除非裁决依首席仲裁员意见或独任仲裁员意见作出并由其署名，裁决书应由多数仲裁员署名。持有不同意见的仲裁员可以在裁决书上署名，也可以不署名。

（八）作出裁决书的日期，即为裁决发生法律效力的日期。

（九）裁决是终局的，对双方当事人均有约束力。任何一方当事人均不得向法院起诉，也不得向其他任何机构提出变更仲裁裁决的请求。

第五十条 部分裁决

（一）仲裁庭认为必要或当事人提出请求并经仲裁庭同意的，仲裁庭可以在作出最终裁决之前，就当事人的某些请求事项先行作出部分裁决。部分裁决是终局的，对双方当事人均有约束力。

（二）一方当事人不履行部分裁决，不影响仲裁程序的继续进行，也不影响仲裁庭作出最终裁决。

第五十一条 裁决书草案的核阅

仲裁庭应在签署裁决书之前将裁决书草案提交仲裁委员会核阅。在不影响仲裁庭独立裁决的情况下，仲裁委员会可以就裁决书的有关问题提请仲裁庭注意。

第五十二条 费用承担

（一）仲裁庭有权在裁决书中裁定当事人最终应向仲裁委员会支付的仲裁费和其他费用。

（二）仲裁庭有权根据案件的具体情况在裁决书中裁定败诉方应补偿胜诉方因办理案件而支出的合理费用。仲裁庭裁定败诉方补偿胜诉方因办理案件而支出的费用是否合理时，应具体考虑案件的裁决结果、复杂程度、胜诉方当事人及/或代理人的实际工作量以及案件的争议金额等因素。

第五十三条 裁决书的更正

（一）仲裁庭可以在发出裁决书后的合理时间内自行以书面形式对裁决书中的书写、打印、计算上的错误或其他类似性质的错误作出更正。

（二）任何一方当事人均可以在收到裁决书后30天内就裁决书中的书写、打印、计算上的错误或其他类似性质的错误，书面申请仲裁庭作出更正；如确有错误，仲裁庭应在收到书面申请后30天内作出书面更正。

（三）上述书面更正构成裁决书的组成部分，应适用本规则第四十九条第（四）至（九）款的规定。

第五十四条 补充裁决

（一）如果裁决书中有遗漏事项，仲裁庭可以在发出裁决书后的合理时间内自行作出补充裁决。

（二）任何一方当事人可以在收到裁决书后30天内以书面形式请求仲裁庭就裁决书中遗漏的事项作出补充裁决；如确有漏裁事项，仲裁庭应在收到上述书面申请后30天内作出补充裁决。

（三）该补充裁决构成裁决书的一部分，应适用本规则第四十九条第（四）至（九）款的规定。

第五十五条 裁决的履行

（一）当事人应依照裁决书写明的期限履行仲裁裁决；裁决书未写明履行期限的，应立即履行。

（二）一方当事人不履行裁决的，另一方当事人可以依法向有管辖权的法院申请执行。

第四章 简易程序

第五十六条 简易程序的适用

（一）除非当事人另有约定，凡争议金额不超过人民币500万元，或争议金额超过人民币500万元但经一方当事人书面申请并征得另一方当事人书面同意，或双方当事人约定适用简易程序的，适用简易程序。

（二）没有争议金额或争议金额不明确的，由仲裁委员会根据案件的复杂程度、涉及利益的大小以及其他有关因素综合考虑决定是否适用简易程序。

第五十七条 仲裁通知

申请人提出仲裁申请，经审查可以受理并适用简易程序的，仲裁委员会仲裁院应向双方当事人发出仲裁通知。

第五十八条 仲裁庭的组成

除非当事人另有约定，适用简易程序的案件，依照本规则第二十八条的规定成立独任仲裁庭审理案件。

第五十九条 答辩和反请求

（一）被申请人应在收到仲裁通知后20天内提交答辩书及证据材料以及其他证明文件；如有反请求，也应在此期限内提交反请求书及证据材料以及其他证明文件。

（二）申请人应在收到反请求书及其附件后20天内针对被申请人的反请求提交答辩。

（三）当事人确有正当理由请求延长上述期限的，由仲裁庭决定是否延长；仲裁庭尚未组成的，由仲裁委员会仲裁院作出决定。

第六十条 审理方式

仲裁庭可以按照其认为适当的方式审理案件，可以在征求当事人意见后决定只依据当事人提交的书面材料和证据进行书面审理，也可以决定开庭审理。

第六十一条 开庭通知

（一）对于开庭审理的案件，仲裁庭确定第一次开庭日期后，应不晚于开庭前15天将开庭日期通知双方当事人。当事人有正当理由的，可以请求延期开庭，但应于收到开庭通知后3天内提出书面延期申请；是否延期，由仲裁庭决定。

（二）当事人有正当理由未能按上述第（一）款规定提出延期开庭申请的，是否接受其延期申请，由仲裁庭决定。

（三）再次开庭审理的日期及延期后开庭审理日期的通知及其延期申请，不受上述第（一）款期限的限制。

第六十二条　作出裁决的期限

（一）仲裁庭应在组庭后3个月内作出裁决书。

（二）经仲裁庭请求，仲裁委员会仲裁院院长认为确有正当理由和必要的，可以延长该期限。

（三）程序中止的期间不计入上述第（一）款规定的裁决期限。

第六十三条　程序变更

仲裁请求的变更或反请求的提出，不影响简易程序的继续进行。经变更的仲裁请求或反请求所涉争议金额分别超过人民币500万元的案件，除非当事人约定或仲裁庭认为有必要变更为普通程序，继续适用简易程序。

第六十四条　本规则其他条款的适用

本章未规定的事项，适用本规则其他各章的有关规定。

第五章　国内仲裁的特别规定

第六十五条　本章的适用

（一）国内仲裁案件，适用本章规定。

（二）符合本规则第五十六条规定的国内仲裁案件，适用第四章简易程序的规定。

第六十六条　案件的受理

（一）收到仲裁申请书后，仲裁委员会仲裁院认为仲裁申请符合本规则第十二条规定的受理条件的，应当在5天内通知当事人；认为不符合受理条件的，应书面通知当事人不予受理，并说明理由。

（二）收到仲裁申请书后，仲裁委员会仲裁院经审查认为申请仲裁的手续不符合本规则第十二条规定的，可以要求当事人在规定的期限内予以完备。

第六十七条　仲裁庭的组成

仲裁庭应按照本规则第二十五条、第二十六条、第二十七条、第二十八条、第二十九条和第三十条的规定组成。

第六十八条　答辩和反请求

（一）被申请人应在收到仲裁通知后20天内提交答辩书及所依据的证据材料以及其他证明文件；如有反请求，也应在此期限内提交反请求书及所依据的证据材料以及其他证明文件。

（二）申请人应在收到反请求书及其附件后20天内针对被申请人的反请求

提交答辩。

（三）当事人确有正当理由请求延长上述期限的，由仲裁庭决定是否延长；仲裁庭尚未组成的，由仲裁委员会仲裁院作出决定。

第六十九条 开庭通知

（一）对于开庭审理的案件，仲裁庭确定第一次开庭日期后，应不晚于开庭前15天将开庭日期通知双方当事人。当事人有正当理由的，可以请求延期开庭，但应于收到开庭通知后3天内提出书面延期申请；是否延期，由仲裁庭决定。

（二）当事人有正当理由未能按上述第（一）款规定提出延期开庭申请的，是否接受其延期申请，由仲裁庭决定。

（三）再次开庭审理的日期及延期后开庭审理日期的通知及其延期申请，不受上述第（一）款期限的限制。

第七十条 庭审笔录

（一）仲裁庭应将开庭情况记入笔录。当事人和其他仲裁参与人认为对自己陈述的记录有遗漏或有差错的，可以申请补正；仲裁庭不同意其补正的，应将该申请记录在案。

（二）庭审笔录由仲裁员、记录人员、当事人和其他仲裁参与人签名或盖章。

第七十一条 作出裁决的期限

（一）仲裁庭应在组庭后4个月内作出裁决书。

（二）经仲裁庭请求，仲裁委员会仲裁院院长认为确有正当理由和必要的，可以延长该期限。

（三）程序中止的期间不计入上述第（一）款规定的裁决期限。

第七十二条 本规则其他条款的适用

本章未规定的事项，适用本规则其他各章的有关规定。本规则第六章的规定除外。

第六章 香港仲裁的特别规定

第七十三条 本章的适用

（一）仲裁委员会在香港特别行政区设立仲裁委员会香港仲裁中心。本章适用于仲裁委员会香港仲裁中心接受仲裁申请并管理的仲裁案件。

（二）当事人约定将争议提交仲裁委员会香港仲裁中心仲裁或约定将争议提交仲裁委员会在香港仲裁的，由仲裁委员会香港仲裁中心接受仲裁申请并管理案件。

第七十四条 仲裁地及程序适用法

除非当事人另有约定，仲裁委员会香港仲裁中心管理的案件的仲裁地为香港，仲裁程序适用法为香港仲裁法，仲裁裁决为香港裁决。

第七十五条 管辖权决定的作出

当事人对仲裁协议及/或仲裁案件管辖权的异议，应不晚于第一次实体答辩前提出。

仲裁庭有权对仲裁协议的存在、效力以及仲裁案件的管辖权作出决定。

第七十六条 仲裁员的选定或指定

仲裁委员会现行仲裁员名册在仲裁委员会香港仲裁中心管理的案件中推荐使用，当事人可以在仲裁委员会仲裁员名册外选定仲裁员。被选定的仲裁员应经仲裁委员会主任确认。

第七十七条 临时措施和紧急救济

（一）除非当事人另有约定，应一方当事人申请，仲裁庭有权决定采取适当的临时措施。

（二）在仲裁庭组成之前，当事人可以按照《中国国际经济贸易仲裁委员会紧急仲裁员程序》（本规则附件三）申请紧急性临时救济。

第七十八条 裁决书的印章

裁决书应加盖"中国国际经济贸易仲裁委员会香港仲裁中心"印章。

第七十九条 仲裁收费

依本章接受申请并管理的案件适用《中国国际经济贸易仲裁委员会仲裁费用表（三）》（本规则附件二）。

第八十条 本规则其他条款的适用

本章未规定的事项，适用本规则其他各章的有关规定，本规则第五章的规定除外。

第七章 附 则

第八十一条 仲裁语言

（一）当事人对仲裁语言有约定的，从其约定。当事人对仲裁语言没有约定的，以中文为仲裁语言。仲裁委员会也可以视案件的具体情形确定其他语言为仲裁语言。

（二）仲裁庭开庭时，当事人或其代理人、证人需要语言翻译的，可由仲裁委员会仲裁院提供译员，也可由当事人自行提供译员。

（三）当事人提交的各种文书和证明材料，仲裁庭或仲裁委员会仲裁院认为必要时，可以要求当事人提供相应的中文译本或其他语言译本。

第八十二条 仲裁费用及实际费用

（一）仲裁委员会除按照制定的仲裁费用表向当事人收取仲裁费外，还可以向当事人收取其他额外的、合理的实际费用，包括仲裁员办理案件的特殊报酬、差旅费、食宿费、聘请速录员速录费，以及仲裁庭聘请专家、鉴定人和翻译等费用。仲裁员的特殊报酬由仲裁委员会仲裁院在征求相关仲裁员和当事人意见后，参照《中国国际经济贸易仲裁委员会仲裁费用表（三）》（本规则附件二）有关仲裁员报酬和费用标准确定。

（二）当事人未在仲裁委员会规定的期限内为其选定的仲裁员预缴特殊报

酬、差旅费、食宿费等实际费用的,视为没有选定仲裁员。

(三) 当事人约定在仲裁委员会或其分会/仲裁中心所在地之外开庭的,应预缴因此而发生的差旅费、食宿费等实际费用。当事人未在仲裁委员会规定的期限内预缴有关实际费用的,应在仲裁委员会或其分会/仲裁中心所在地开庭。

(四) 当事人约定以两种或两种以上语言为仲裁语言的,或根据本规则第五十六条的规定适用简易程序的案件但当事人约定由三人仲裁庭审理的,仲裁委员会可以向当事人收取额外的、合理的费用。

第八十三条 规则的解释

(一) 本规则条文标题不用于解释条文含义。

(二) 本规则由仲裁委员会负责解释。

第八十四条 规则的施行

本规则自 2015 年 1 月 1 日起施行。本规则施行前仲裁委员会及其分会/仲裁中心管理的案件,仍适用受理案件时适用的仲裁规则;双方当事人同意的,也可以适用本规则。

E2 北仲规则(2019)

北京仲裁委员会仲裁规则(2019)

(自 2019 年 9 月 1 日起施行)

第一章 总 则

第一条 北京仲裁委员会

(一) 北京仲裁委员会(以下称"本会")系在中国北京登记注册的解决平等主体的自然人、法人和其他组织之间发生的合同纠纷和其他财产权益纠纷的仲裁机构。

(二) 本会同时使用"北京国际仲裁中心"名称,当事人在仲裁协议中约定"北京国际仲裁中心"为仲裁机构的,由本会进行仲裁。

(三) 本会主任(以下称"主任")履行本规则赋予的职责,副主任或秘书长受主任的委托履行主任的职责。

(四) 本会办公室负责本会的日常事务。办公室指派工作人员担任案件秘书,负责案件的程序管理和服务工作。

第二条 本规则的适用

(一) 当事人协议将争议提交本会仲裁的,适用本规则。当事人就仲裁程序事项或者仲裁适用的规则另有约定的,从其约定,但该约定无法执行或者与仲裁地强制性法律规定相抵触的除外。当事人约定适用其他仲裁规则的,由本会履行相应的管理职责。

（二）当事人约定适用本规则但未约定仲裁机构的，视为当事人同意将争议提交本会仲裁。

（三）本规则未明确规定的事项，本会或者仲裁庭有权按照其认为适当的方式推进仲裁程序，以促使当事人之间的争议得到高效和公平的解决。

（四）本会、仲裁庭、当事人及其代理人均应当本着诚信、善意、合作及妥善解决纠纷的原则适用本规则。

第三条　放弃异议权

当事人知道或者理应知道本规则或仲裁协议中规定的任何条款或条件未被遵守，但仍参加或者继续参加仲裁程序且未对上述不遵守情况及时向本会或仲裁庭提出书面异议的，视为其放弃提出异议的权利。

第二章　仲裁协议

第四条　仲裁协议的定义和形式

（一）仲裁协议是指当事人同意将他们之间的特定法律关系中已经发生或者可能发生的争议提交仲裁的协议。仲裁协议包括合同中订立的仲裁条款或者以其他书面形式订立的仲裁协议。

（二）仲裁协议应当采取书面形式。书面形式包括但不限于合同书、信件和数据电文（包括电传、传真、电子数据交换和电子邮件）等可以有形表现所载内容的形式。

（三）在仲裁申请书和答辩书的交换中，一方当事人声称有仲裁协议而另一方当事人不作否认表示的，视为存在书面仲裁协议。

第五条　仲裁协议的独立性

仲裁协议独立存在，其效力应单独判断，无论合同是否成立、变更、解除、终止、无效、失效、未生效、被撤销，均不影响仲裁协议的效力。

第六条　管辖权异议

（一）当事人对仲裁协议的存在、效力或者仲裁案件的管辖权有异议，可以向本会提出管辖权异议。管辖权异议应当在首次开庭前以书面形式提出，当事人约定书面审理的，应当在首次答辩期限届满前以书面形式提出。

（二）当事人未依照上述规定提出管辖权异议的，视为承认本会对仲裁案件的管辖权。

（三）当事人向本会提出管辖权异议不影响仲裁程序的进行。

（四）本会或者本会授权的仲裁庭有权就仲裁案件的管辖权作出决定。仲裁庭的决定可以在仲裁程序进行中作出，也可以在裁决书中作出。

（五）本会或者经本会授权的仲裁庭对仲裁案件作出无管辖权决定的，案件应当撤销。仲裁庭组成前，撤销案件的决定由本会作出；仲裁庭组成后，撤销案件的决定由仲裁庭作出。

第三章　仲裁申请、答辩与反请求

第七条　申请仲裁

（一）申请仲裁，应当提交：

1. 仲裁协议；

2. 写明下列内容的仲裁申请书：

（1）申请人、被申请人的姓名或者名称、住所、邮政编码、电话号码、传真、电子邮箱以及其他可能的快捷联系方式；法人或者其他组织法定代表人或主要负责人的姓名、职务、住所、邮政编码、电话号码、传真、电子邮箱以及其他可能的快捷联系方式；

（2）仲裁请求；

（3）仲裁请求所根据的事实、理由；

3. 仲裁申请所依据的证据或者其他证明文件；

4. 申请人身份证明文件。

（二）当事人申请仲裁，应当按照本规则附录1《北京仲裁委员会案件收费标准》的规定预交仲裁员报酬和机构费用（以下称"仲裁费用"）。当事人的请求没有明确争议金额的，由本会确定争议金额或者应当预交的仲裁费用。

（三）当事人有特殊情况无法在规定期限内预交仲裁费用的，可以申请缓交，由本会决定是否批准。当事人不预交仲裁费用，又不提出缓交申请或者在本会批准的缓交期限内未预交全部仲裁费用的，视为未提出或者撤回仲裁申请。

第八条 多份合同合并申请

（一）在满足以下各项条件时，当事人可以就多份合同项下的争议在同一案件中合并申请仲裁：

1. 多份合同的仲裁协议内容相同或相容；

2. 多份合同存在主从合同关系；或多份合同当事人相同且仲裁标的为同一种类或有关联。

（二）当事人就多份合同合并申请仲裁的，由本会根据实际情况决定是否同意。

第九条 受理

（一）收到仲裁申请后，本会认为符合受理条件的，自当事人预交仲裁费用之日起10日内予以受理。

（二）仲裁申请不符合本规则第七条第（一）款规定的，当事人应当在本会规定的时间内予以补正；未补正的，视为当事人未提出仲裁申请。

（三）仲裁程序自本会受理仲裁申请之日开始。

第十条 发送仲裁通知

本会自受理案件之日起10日内，将受理通知、本规则和仲裁员名册发送申请人；将答辩通知连同仲裁申请书及其附件、本规则、仲裁员名册发送被申请人。

第十一条 答辩

（一）被申请人应当自收到答辩通知之日起15日内提交下列文件：

1. 写明下列内容的答辩书：

（1）被申请人的姓名或者名称、住所、邮政编码、电话号码、传真、电子邮箱以及其他可能的快捷联系方式；法人或者其他组织法定代表人或主要负责人的姓名、职务、住所、邮政编码、电话号码、传真、电子邮箱以及其他可能的快捷联系方式；

（2）答辩意见和所根据的事实、理由；

2. 答辩意见所依据的证据或者其他证明文件；

3. 被申请人身份证明文件。

（二）本会自收到答辩书之日起10日内，将答辩书及其附件发送申请人。

（三）被申请人未提交答辩书的，不影响仲裁程序的继续进行。

第十二条 反请求

（一）被申请人如有反请求，应当自收到答辩通知之日起15日内提交反请求申请书。逾期提交的，仲裁庭组成前由本会决定是否受理；仲裁庭组成后由仲裁庭决定是否受理。

（二）本会或者仲裁庭决定是否受理逾期提出的反请求时，应当考虑反请求与本请求合并审理的必要性、逾期提出的时间、是否会造成程序的不必要拖延以及其他有关因素。

（三）反请求的提出和受理参照本规则第七条和第九条的规定。

（四）自受理反请求申请之日起10日内，本会将反请求答辩通知连同反请求申请书及其附件发送申请人。

（五）申请人按照本规则第十一条的规定提交答辩书。

（六）本规则对反请求的其他事项未作出规定的，参照本规则关于仲裁请求的相关规定办理。

第十三条 变更仲裁请求或者反请求

（一）当事人可以变更仲裁请求或者反请求。变更仲裁请求或反请求应当采取书面形式，仲裁庭组成前由本会予以受理；仲裁庭组成后由仲裁庭予以受理。

（二）当事人对仲裁请求或者反请求的变更过于迟延从而可能影响仲裁程序正常进行的，本会或者仲裁庭有权拒绝接受其变更。

（三）变更仲裁请求或者反请求的提出、受理、答辩等事项，参照本规则第七条、第九条至第十一条的规定办理。

第十四条 追加当事人

（一）仲裁庭组成前，经本会同意，当事人可以依据相同仲裁协议在案件中申请追加当事人。

（二）申请追加当事人应当提交追加当事人申请书，申请书的内容及受理、答辩等事项，参照本规则第七条、第九条至第十一条的规定办理。

（三）仲裁庭组成后，除非申请人、被申请人及被追加的当事人均同意，否则不再接受追加当事人的申请。

第十五条 多方当事人之间的仲裁请求

（一）案件有两个或者两个以上的申请人或被申请人，或者存在追加当事人的情况下，任何当事人均可以依据相同的仲裁协

议针对其他当事人提出仲裁请求。仲裁庭组成前，由本会决定是否受理；仲裁庭组成后，由仲裁庭决定是否受理。

（二）上述仲裁请求的提出、受理、答辩、变更等事项参照本规则第七条、第九条至第十一条、第十三条的规定办理。

第十六条 文件的提交与份数

（一）除非另有约定，当事人应向本会提交仲裁文件，由本会转交仲裁庭及其他当事人。如当事人约定直接向仲裁庭提交仲裁文件，则应向本会提交相应副本。

（二）当事人提交仲裁申请书、答辩书、反请求申请书、证据材料以及其他书面文件，应当一式五份。如果当事人人数超过两人，增加相应份数；如果仲裁庭组成人数为一人，减少两份。

第十七条 仲裁保全

（一）一方当事人因另一方当事人的行为或者其他原因，可能使裁决难以执行或者造成当事人其他损害的，可以提出申请，要求对另一方当事人的财产进行保全、责令其作出一定行为或者禁止其作出一定行为。

（二）证据可能灭失或者以后难以取得的情况下，当事人可以提出证据保全申请。

（三）当事人向本会提出上述申请的，本会将当事人的申请转交至有管辖权的法院。

（四）因情况紧急，不立即申请保全将会使其合法权益受到难以弥补的损害或者证据可能灭失或以后难以取得的情况下，当事人可以在申请仲裁前提出上述申请。

第十八条 代理人

当事人委托代理人进行仲裁活动的，应当向本会提交载明具体委托事项和权限的授权委托书。

第四章 仲裁庭

第十九条 仲裁员名册

本会制定有仲裁员名册，当事人从本会提供的仲裁员名册中选择仲裁员。

第二十条 仲裁庭的组成

（一）除非当事人另有约定或本规则另有规定，仲裁庭由三名仲裁员组成。

（二）双方当事人应当自收到仲裁通知之日起15日内分别选定或者委托主

任指定一名仲裁员。当事人未在上述期限内选定或者委托主任指定仲裁员的，由主任指定。

（三）双方当事人应当自被申请人收到仲裁通知之日起 15 日内共同选定或者共同委托主任指定首席仲裁员。双方当事人也可以在上述期限内，各自推荐一至三名仲裁员作为首席仲裁员人选；经双方当事人申请或者同意，本会也可以提供五至七名首席仲裁员候选名单，由双方当事人在本会规定的期限内从中选择三至四名仲裁员作为首席仲裁员人选。推荐名单或者选择名单中有一名相同的，为双方当事人共同选定的首席仲裁员；有一名以上相同的，由主任根据案件具体情况在相同人选中确定，确定的仲裁员仍为双方当事人共同选定的首席仲裁员；推荐名单或者选择名单中没有相同的人选，由主任在推荐名单或者选择名单之外指定首席仲裁员。

（四）双方当事人未能依照上述规定共同选定首席仲裁员的，由主任指定。

（五）案件有两个或者两个以上的申请人或者被申请人时，申请人方或者被申请人方应当共同协商选定或者共同委托主任指定一名仲裁员；未能自最后一名当事人收到仲裁通知之日起 15 日内就选定或者委托主任指定仲裁员达成一致意见的，由主任指定。

（六）在追加当事人的情况下，被追加的当事人可与申请人或被申请人作为一方选定仲裁员；未能共同选定该方仲裁员的，则仲裁庭全部成员均由主任指定。

（七）当事人选择居住在北京以外地区的仲裁员的，应当承担仲裁员因审理案件必需的差旅费。如果未在本会规定的期限内预交的，视为未选定仲裁员。主任可以根据本规则的规定代为指定仲裁员。

（八）仲裁员拒绝接受当事人的选定或者因疾病以及其他可能影响正常履行仲裁员职责的原因不能参加案件审理的，当事人应当自收到重新选定仲裁员通知之日起 5 日内重新选定仲裁员。未能在该期限内重新选定仲裁员的，由主任指定。

第二十一条 组庭通知

自仲裁庭组成之日起 5 日内，本会将组庭情况通知当事人。秘书在组庭后应当及时将案卷移交仲裁庭。

第二十二条 仲裁员信息披露

（一）仲裁员任职后，应当签署保证独立、公正仲裁的声明书，声明书由秘书转交各方当事人。

（二）仲裁员知悉与案件当事人或者代理人存在可能导致当事人对其独立性、公正性产生合理怀疑的情形的，应当书面披露。

（三）当事人应当自收到仲裁员书面披露之日起 10 日内就是否申请回避提出书面意见。

（四）当事人以仲裁员披露的事项为由申请仲裁员回避的，适用本规则第二十三条第（一）、（二）、（四）、（五）、（六）款的规定。

（五）当事人在上述第（三）款规定的期限内没有申请回避的，不得再以仲裁员曾经披露的事项为由申请回避。

第二十三条　仲裁员回避

（一）当事人对仲裁员的独立性、公正性产生合理怀疑时，有权提出回避申请。

（二）当事人应当通过书面方式提出回避申请，说明理由，并提供相应证据。

（三）对仲裁员的回避申请应当在首次开庭前提出。回避事由在首次开庭后知道的，可以在最后一次开庭终结前提出；不再开庭或者书面审理的案件，应当在得知回避事由后10日内提出。但本规则第二十二条第（三）款规定的情形除外。

（四）秘书应当及时将回避申请转送其他当事人和仲裁庭全体成员。

（五）一方当事人申请仲裁员回避，其他当事人表示同意，或者被申请回避的仲裁员获知后主动退出，则该仲裁员不再参加案件审理。但上述任何情形均不意味着当事人提出回避的理由成立。

（六）除上述第（五）款规定情形外，仲裁员是否回避，由主任决定。主任的决定是终局的，并有权根据具体情况决定是否说明理由。

（七）当事人在获知仲裁庭组成情况后聘请的代理人与仲裁员形成应予回避情形的，视为该当事人放弃就此申请回避的权利，但其他当事人就此申请回避的权利不受影响。因此导致仲裁程序拖延的，造成回避情形的当事人承担由此发生的费用。

第二十四条　仲裁员更换

（一）仲裁员因死亡或者健康原因不能从事仲裁工作，或者主动退出案件审理，或者主任决定其回避，或者各方当事人一致要求其退出案件审理的，应当更换。

（二）主任认为仲裁员在法律上或者事实上不能履行职责或者没有按照本规则的要求履行职责时，也可以主动更换。

（三）主任根据第（二）款作出决定前应当给予各方当事人和仲裁庭全体成员提出书面意见的机会。

（四）被更换的仲裁员由当事人选定的，当事人应当自收到通知之日起5日内重新选定；由主任指定的，主任另行指定。重新选定或者指定仲裁员后5日内，本会将重新组成仲裁庭通知发送当事人。重新组成仲裁庭后，当事人可以请求已进行的审理程序重新进行，是否必要，由仲裁庭决定；仲裁庭也可以自行决定已进行的审理程序是否重新进行以及重新进行的范围。仲裁庭决定审理程序全部重新进行的，本规则第四十八条、第五十九条及第六十八条规定的期限自重新组成仲裁庭之日起计算。

第五章 审 理

第二十五条 审理方式

（一）仲裁庭应当开庭审理案件。

（二）当事人约定不开庭，或者仲裁庭认为不必要开庭审理并征得各方当事人同意的，可以根据当事人提交的文件进行书面审理。

（三）无论采取何种审理方式，仲裁庭均应当公平、公正地对待各方当事人，给予各方当事人陈述和辩论的合理机会。

第二十六条 保密义务

（一）仲裁不公开审理。当事人协议公开的，可以公开，但涉及国家秘密、第三人商业秘密或者仲裁庭认为不适宜公开的除外。

（二）不公开审理的案件，当事人及其代理人、证人、仲裁员、仲裁庭咨询的专家和指定的鉴定人、本会的有关人员，均不得对外界透露案件实体和程序进行的情况。

第二十七条 仲裁地

（一）除非当事人另有约定，本会所在地为仲裁地。本会也可以根据案件具体情况确定其他地点为仲裁地。

（二）仲裁裁决视为在仲裁地作出。

第二十八条 开庭地点

（一）开庭审理在本会所在地进行。当事人另有约定的，从其约定。

（二）当事人约定在本会所在地以外的其他地点开庭的，承担由此发生的费用。当事人应当在本会规定的期限内按照约定或仲裁庭确定的比例预交上述费用。未预交的，在本会所在地开庭。

第二十九条 合并审理

（一）在满足以下各项条件时，仲裁庭可以将两个或两个以上的仲裁案件合并审理：

1. 仲裁标的为同一种类或者有关联；
2. 经一方当事人申请并征得其他当事人同意；
3. 仲裁庭组成均相同。

（二）仲裁庭可以根据情况决定合并审理的具体程序。

第三十条 合并仲裁

（一）经各方当事人同意，或者一方当事人申请且本会认为必要，本会可以决定将根据本规则进行的两个或两个以上的仲裁案件合并为一个仲裁案件进行审理。除非当事人另有约定，合并的仲裁案件应合并于最先开始仲裁程序的仲裁案件中。

（二）在决定是否进行上述合并时，本会将考虑相关仲裁案件所依据的仲裁协议的具体情况、案件之间的关联性、案件程序进行的阶段以及已经组成仲裁庭的案件仲裁员的指定或者选定等情况。

第三十一条 开庭通知

（一）开庭审理的案件，仲裁庭应当于开庭 10 日前将开庭日期通知当事人；经商当事人同意，仲裁庭可以提前开庭。当事人有正当理由请求延期开庭的，应当在开庭 5 日前提出；是否延期，由仲裁庭决定。

（二）再次开庭以及延期后开庭日期的通知，不受 10 日期限限制。

第三十二条 当事人缺席

（一）申请人经书面通知，无正当理由不到庭或者未经仲裁庭许可中途退庭的，可以视为撤回仲裁申请。被申请人提出反请求的，不影响仲裁庭对被申请人的反请求进行缺席审理。

（二）被申请人经书面通知，无正当理由不到庭或者未经仲裁庭许可中途退庭的，仲裁庭可以进行缺席审理。被申请人提出反请求的，可以视为撤回反请求。

第三十三条 证据提交

（一）当事人对自己的主张承担举证责任。

（二）仲裁庭有权要求当事人在一定期限内提交证据材料，当事人应当在要求的期限内提交；逾期提交的，仲裁庭有权拒绝接受。当事人另有约定或者仲裁庭认为有必要接受的除外。

（三）当事人未能在规定的期限内提交证据，或者虽提交证据但不能证明其主张的，负有举证责任的当事人承担因此产生的不利后果。

（四）当事人对自己提交的证据材料应当装订，标明序号和页码，并附证据清单，简要写明证据材料的名称、证明对象，签名盖章并注明提交日期。

（五）一方当事人对另一方当事人提交的复制品、照片、副本、节录本的真实性没有表示异议，可以视为与原件或者原物一致。

（六）除非当事人另有约定或者本规则另有规定，提交的外文证据材料和书面文件应当附有中文译本。仲裁庭认为必要时，可以要求当事人提供其他语言的译本。

第三十四条 仲裁庭自行调查事实、收集证据

（一）当事人申请且仲裁庭认为必要，或者当事人虽未申请，但仲裁庭根据案件审理情况认为必要时，仲裁庭可以自行调查事实、收集证据。仲裁庭调查事实、收集证据时，认为有必要通知当事人到场的，应当及时通知。经通知，当事人未到场，不影响仲裁庭调查事实和收集证据。

（二）仲裁庭自行收集的证据应当转交当事人，由当事人发表质证意见。

第三十五条 鉴定

（一）当事人申请鉴定且仲裁庭同意，或者当事人虽未申请鉴定但仲裁庭认为需要鉴定的，可以通知当事人在仲裁庭规定的期限内共同选定鉴定人或者由仲裁庭指定鉴定人。

（二）当事人应当按照约定或者仲裁庭确定的比例预交鉴定费用。不预交的，仲裁庭有权决定不进行相关鉴定。

（三）仲裁庭有权要求当事人，而且当事人也有义务向鉴定人提供或出示鉴定所需的任何文件、数据、财产或其他物品。当事人与鉴定人之间就鉴定所需的文件、资料、财产或其他物品是否与案件有关有争议的，由仲裁庭作出决定。

（四）鉴定人应当提出书面鉴定意见，鉴定意见的副本，应当送交当事人。当事人有权对鉴定意见发表意见。

（五）仲裁庭认为必要或者根据当事人的请求，可以通知鉴定人参加开庭。当事人经仲裁庭许可，可以就鉴定意见的有关事项向鉴定人提问。

（六）鉴定期间不计算在本规则第四十八条、第五十九条及第六十八条规定的期限内。

第三十六条 审理措施

仲裁庭有权根据审理需要采取制作案件审理日程表、发出问题单、举行庭前会议、制作审理范围书等各项审理措施。首席仲裁员可以接受仲裁庭委托采取上述审理措施。

第三十七条 质证

（一）仲裁庭可以根据案件审理需要，安排当事人自行就证据材料原件与复印件是否一致进行核对。仲裁庭可以委托秘书组织当事人进行上述核对工作。

（二）开庭审理的案件，在开庭前已经交换的证据应当在开庭时出示，由当事人质证。当事人已经认可的证据，经仲裁庭在庭审中说明后，可以不经出示，直接作为认定案件事实的依据。

（三）对于当事人当庭或者开庭后提交的证据材料，仲裁庭决定接受但不再开庭审理的，可以要求当事人在一定期限内提交书面质证意见。

第三十八条 证据的认定

（一）证据由仲裁庭认定；鉴定意见，由仲裁庭决定是否采纳。

（二）仲裁庭在认定证据时，除依照相关法律、行政法规，参照司法解释外，还可以结合行业惯例、交易习惯等，综合案件整体情况进行认定。

第三十九条 辩论

当事人在审理过程中有权进行辩论。仲裁庭也可以根据审理情况要求当事人提交书面辩论意见。

第四十条 最后陈述意见

仲裁庭在审理终结前，应当征询当事人的最后意见。当事人的最后意见可以在开庭时以口头方式提出，也可以在仲裁庭规定的期限内以书面方式提出。

第四十一条 庭审记录

（一）仲裁庭应当将开庭情况记入笔录，但调解情况除外。

（二）仲裁庭可以对庭审进行录音或者录像。

（三）当事人和其他仲裁参与人认为对自己陈述的记录有遗漏或者差错的，有权申请补正；仲裁庭不予补正时，应当记录该申请。

（四）笔录由仲裁员、记录人员、当事人和其他仲裁参与人签名或者盖章。

（五）经各方当事人申请，或者一方当事人申请且本会同意，本会可以聘请速录人员对开庭情况进行记录，由此发生的费用由当事人预交。

第四十二条　撤回仲裁申请和撤销案件

（一）申请仲裁后，申请人可以撤回仲裁申请，被申请人有反请求的，不影响仲裁庭对反请求进行审理和裁决。被申请人可以撤回仲裁反请求，被申请人撤回反请求的，不影响仲裁庭对申请人的仲裁请求进行审理和裁决。

（二）仲裁请求和反请求（如有）全部撤回的，案件可以撤销。仲裁庭组成前，撤销案件的决定由本会作出；仲裁庭组成后，撤销案件的决定由仲裁庭作出。

（三）除上述情况外，因为任何其他原因使仲裁程序不需要或者不可能继续进行的，本会或者仲裁庭可以作出撤销案件的决定。

（四）撤销案件的情况下，本会有权根据实际情况决定是否退回预收的仲裁费用或者其他费用以及退回的具体金额。

第四十三条　仲裁庭调解

（一）仲裁庭可以根据当事人的请求或者在征得当事人同意的情况下按照其认为适当的方式进行调解。

（二）调解达成协议的，当事人可以撤回仲裁申请，也可以请求仲裁庭根据调解协议的内容制作调解书或者裁决书。

（三）调解书应当写明仲裁请求和当事人协议的结果。调解书由仲裁员签名，加盖本会印章，送达各方当事人。调解书经各方当事人签收即发生法律效力。

（四）对于调解书中的文字、计算错误或者类似错误，仲裁庭应当补正。当事人也有权在签收调解书后30日内要求补正。调解书的补正为调解书的组成部分，经送达当事人后生效。

（五）调解不成的，任何一方当事人均不得在之后的仲裁程序、司法程序和其他任何程序中援引对方当事人或仲裁庭在调解过程中的任何陈述、意见、观点或建议作为其请求、答辩或者反请求的依据。

第四十四条　独立调解

（一）案件审理过程中，当事人可以自行和解或者依据《北京仲裁委员会调解中心调解规则》的规定向本会调解中心申请由调解员进行调解。

（二）调解达成和解协议的，当事人可以共同要求组成仲裁庭依据该和解协议的内容制作调解书或者裁决书。由此产生的相关费用，由当事人承担。

第四十五条 仲裁程序中止和恢复

（一）各方当事人共同申请或者一方当事人申请、其他当事人未表示反对的，仲裁程序可以中止。任何一方当事人申请恢复仲裁程序或者本会或仲裁庭认为有必要恢复的，仲裁程序恢复。

（二）出现特殊情况需要中止仲裁程序的，仲裁程序可以中止。特殊情况消失后，仲裁程序恢复。

（三）中止和恢复仲裁程序的决定，仲裁庭组成前由本会作出；仲裁庭组成后由仲裁庭作出。程序中止的期间不计算在本规则第四十八条、第五十九条及第六十八条规定的期限内。

第四十六条 多数仲裁员继续仲裁程序

最后一次开庭终结后，如果三人仲裁庭中的一名仲裁员因死亡或其他原因不能参加合议并作出裁决，主任可以按照本规则第二十四条的规定更换该仲裁员；在征得各方当事人及主任同意后，其他两名仲裁员也可以继续进行仲裁程序，作出决定或裁决。

第六章 决定和裁决

第四十七条 仲裁程序事项的决定

（一）仲裁庭有权在案件审理过程中，就涉及到的程序事项作出决定。

（二）由三名仲裁员组成仲裁庭的，任何决定均应当按照多数意见作出。如未能形成多数意见，则应当按照首席仲裁员的意见作出。

（三）经当事人同意或者仲裁庭授权，首席仲裁员也可以就程序事项作出决定。

第四十八条 裁决作出期限

仲裁庭应当自组庭之日起4个月内作出裁决。有特殊情况需要延长的，由首席仲裁员提请秘书长批准，可以适当延长。

第四十九条 裁决的作出

（一）由三名仲裁员组成仲裁庭的，裁决应当按照多数仲裁员的意见作出，少数仲裁员的不同意见可以记入笔录。不能形成多数意见时，裁决应当按照首席仲裁员的意见作出。

（二）裁决书应当写明仲裁请求、争议事实、裁决理由、裁决结果、仲裁费用的承担和裁决日期、仲裁地。当事人另有约定的，以及按照当事人的和解协议作出裁决的，可以不写明争议事实和裁决理由。

（三）裁决书由仲裁员签名。对裁决持不同意见的仲裁员，可以签名，也可以不签名；不签名的仲裁员应当针对裁决出具个人意见。本会将其个人意见随裁决书送达当事人，但该意见不构成裁决书的一部分。

（四）裁决书经仲裁员签名后，加盖本会印章。

第五十条 部分裁决和中间裁决

（一）仲裁庭认为必要或者当事人申请经仲裁庭同意时，仲裁庭可以在最终裁决作出前,就当事人的某些请求事项作出部分裁决。

(二) 仲裁庭认为必要或者当事人申请经仲裁庭同意时,仲裁庭可以就案件争议的程序问题或者实体问题作出中间裁决。

(三) 当事人应当履行部分裁决或中间裁决,不履行部分裁决或者中间裁决的,不影响仲裁程序的进行和最终裁决的作出。

第五十一条 裁决的效力和履行

(一) 裁决书自作出之日起发生法律效力。

(二) 裁决书作出后,当事人应当按照裁决书确定的履行期限履行裁决;没有规定履行期限的,应当立即履行。任何一方不履行的,当事人可以向有管辖权的法院申请强制执行。

第五十二条 费用承担

(一) 仲裁庭有权在裁决书中确定各方当事人应当承担的仲裁费用和实际发生的其他费用,包括但不限于鉴定费用、评估费用、审计费用等。

(二) 除非当事人另有约定,仲裁费用原则上由败诉的当事人承担;当事人部分胜诉,部分败诉的,由仲裁庭根据当事人责任大小确定其各自承担的比例。当事人自行和解或者经仲裁庭调解结案的,当事人可以协商确定各自承担的比例。

(三) 当事人有本规则第二十三条第(七)款规定的情形,或者有其他违反本规则的情形导致案件审理程序拖延的,其仲裁费用承担不受前款规定的限制。因程序拖延导致其他费用发生或者增加的,还应承担其他相应的费用。

(四) 仲裁庭有权根据当事人的请求在裁决书中裁定败诉方补偿胜诉方因办理案件支出的合理费用,包括但不限于律师费、保全费、差旅费、公证费等。仲裁庭在确定上述费用时,应考虑案件的裁决结果、复杂程度、当事人或代理人的实际工作量以及案件的争议金额等有关因素。

第五十三条 裁决补正、补充

(一) 对裁决书中的文字、计算错误或者仲裁庭意见部分对当事人申请仲裁的事项已经作出判断但在裁决主文遗漏的,仲裁庭应当补正。裁决书对当事人申请仲裁的事项有遗漏的,仲裁庭应当作出补充裁决。

(二) 当事人发现裁决书中有前款规定情形的,可以自收到裁决书之日起30日内,书面请求仲裁庭补正或者作出补充裁决。

(三) 仲裁庭作出的补正或者补充裁决,是原裁决书的组成部分。

第七章 简易程序

第五十四条 简易程序的适用

(一) 除非当事人另有约定,凡案件争议金额不超过500万元(指人民币,下同)的,适用简易程序。

(二) 当事人约定由一名仲裁员(独任仲裁员)组成仲裁庭审理案件的,适用简易程序,除非当事人就适用程序另有约定。

（三）案件争议金额不超过500万元，当事人约定由三名仲裁员组成仲裁庭审理案件的，适用普通程序，除非当事人就适用程序另有约定。

（四）案件争议金额超过500万元，当事人约定或者同意的，也可适用简易程序，仲裁费用予以减收。

（五）案件争议金额不超过500万元，当事人约定适用普通程序的，承担由此增加的仲裁费用。

（六）本规则第八章对简易程序作出特别规定的，适用第八章的有关规定。

第五十五条 仲裁庭的组成

（一）适用简易程序的案件，由独任仲裁员审理。

（二）各方当事人应当自收到仲裁通知之日起10日内在仲裁员名册中共同选定或者共同委托主任指定独任仲裁员。选择独任仲裁员时，可以适用本规则第二十条第（三）款规定的方式。各方当事人逾期未能共同选定或者共同委托主任指定独任仲裁员的，由主任指定。

第五十六条 答辩和反请求的期限

被申请人应当自收到答辩通知之日起10日内，提交答辩书及有关证明文件；如有反请求，也应当在此期限内提交申请书及有关证明文件。

第五十七条 开庭通知

（一）开庭审理的案件，仲裁庭应当于开庭3日前将开庭日期通知当事人。

（二）仲裁庭决定开庭审理的，只开庭一次；确有必要的，可以决定再次开庭。再次开庭日期的通知，不受3日期限限制。

第五十八条 简易程序变更为普通程序

（一）简易程序进行中，各方当事人共同申请或者一方当事人申请、其他当事人同意的，可以将简易程序变更为普通程序。

（二）仲裁请求的变更或者反请求的提出、变更导致案件争议金额超过500万元的，不影响简易程序的进行。任何一方当事人认为影响的，可以向主任申请变更为普通程序。是否同意，由主任决定。

（三）因简易程序变更为普通程序而增加的仲裁费用，由当事人协商确定预交比例。无法协商达成一致意见的，由本会确定。未能按照本会要求预交仲裁费用的，程序不予变更。

（四）仲裁庭组成后简易程序变更为普通程序的，当事人应当自收到程序变更通知之日起5日内，按照本规则的规定各自选定或者各自委托主任指定一名仲裁员。除非当事人另有约定，原独任仲裁员作为首席仲裁员。新仲裁庭组成前已进行的审理程序是否重新进行以及重新进行的范围，由新仲裁庭决定；新仲裁庭决定审理程序全部重新进行的，本规则第四十八条、第六十八条规定的期限自新仲裁庭组成之日起计算。

（五）程序变更之日起仲裁程序的进行，不再适用简易程序。

第五十九条 裁决作出期限

仲裁庭应当自组庭之日起75日内作出裁决。有特殊情况需要延长的，由独任仲裁员提请秘书长批准，可以适当延长。

第六十条 本规则其他条款的适用

本章未规定的事项，适用或参照适用本规则其他有关规定。

第八章 国际商事仲裁的特别规定

第六十一条 本章适用

（一）除非当事人另有约定，国际商事案件适用本章规定。本章没有规定的，适用或参照适用本规则其他有关规定。

（二）涉及香港特别行政区、澳门特别行政区及台湾地区的案件，参照适用本章规定。

（三）当事人对案件是否具有国际因素有争议的，由仲裁庭决定。仲裁庭的决定不影响此前已经进行的仲裁程序。仲裁庭决定案件具有国际因素后，案件适用本章规定的程序进行审理。

第六十二条 临时措施

（一）根据当事人申请，仲裁庭可以依据有关法律决定采取其认为适当的临时措施，采取临时措施的决定可以以仲裁庭决定、中间裁决或者有关法律认可的其他方式作出。如果必要，仲裁庭有权要求申请临时措施的当事人提供适当的担保。

（二）当事人也可以依据有关法律直接向具有管辖权的法院提出临时措施申请。

第六十三条 紧急仲裁员

（一）组成仲裁庭之前，当事人需要申请临时措施的，可以依据有关法律规定向本会提出指定紧急仲裁员的书面申请。是否同意，由本会决定。

（二）当事人的书面申请应写明：当事人基本信息；申请临时措施相对方当事人的有效送达方式；申请指定紧急仲裁员及采取临时措施的理由；申请临时措施的具体内容；其他必要的内容。

（三）本会同意指定紧急仲裁员的，应在当事人按照本规则附录2的标准预交相应费用后2日内在仲裁员名册中指定一名紧急仲裁员，并将指定情况通知当事人。

（四）除非当事人另有约定，本会或紧急仲裁员可以采取电子送达方式向当事人送达相关文件。

（五）紧急仲裁员的信息披露、回避等事项，参照本规则第二十二条、第二十三条的规定办理。

（六）紧急仲裁员有权采取其认为适当的方式就当事人的临时措施申请进行审查，但应保证当事人有合理陈述的机会。

（七）紧急仲裁员应当于指定之日起15日内作出相关决定、指令或裁决，并说明理由,该决定、指令或裁决由紧急仲裁员签字并加盖本会印章后发送当事人。

(八) 当事人对紧急仲裁员作出的相关决定、指令或裁决有异议的,有权自收到相关决定、指令或裁决之日起3日内向紧急仲裁员提出修改、中止或撤销相关决定、指令或裁决的申请,是否同意由紧急仲裁员决定。

(九) 除非当事人另有约定,紧急仲裁员不再担任与临时措施申请有关的争议案件的仲裁员。

(十) 紧急仲裁员在上述程序中作出的相关决定、指令或裁决,对仲裁庭不具有约束力。仲裁庭可以修改、中止或撤销紧急仲裁员作出的相关决定、指令或裁决。

第六十四条 仲裁庭的组成

(一) 当事人可以从本会提供的仲裁员名册中选择仲裁员,也可以从仲裁员名册外选择仲裁员。

(二) 当事人从仲裁员名册外选定仲裁员的,应当向本会提供候选人的简历和具体联系方式,经本会确认后可以担任仲裁员。

(三) 双方当事人应当自收到仲裁通知之日起20日内按照本规则第二十条的规定分别选定或者委托主任为其指定一名仲裁员、共同选定或者共同委托主任指定首席仲裁员。当事人未能按照上述规定选定或者委托主任指定仲裁员的,由主任指定。

(四) 经当事人同意增加的外籍仲裁员的报酬,当事人应当在本会规定的期限内预交。未在本会规定的期限内预交的,视为未选定仲裁员。主任可以根据本规则的规定代为指定仲裁员。

(五) 符合本规则第五十四条规定的案件,按照本规则第五十五条的规定组成仲裁庭。

第六十五条 答辩及反请求

被申请人应当自收到答辩通知之日起45日(符合本规则第五十四条规定的案件为30日)内,提交答辩书和有关证明文件;如有反请求,也应当在上述期限内以书面形式提出。

第六十六条 开庭通知

(一) 开庭审理的案件,仲裁庭应当于开庭30日(符合本规则第五十四条规定的案件为10日)前将开庭日期通知当事人;经商当事人同意,仲裁庭可以提前开庭。当事人有正当理由请求延期开庭的,可以在开庭12日(符合本规则第五十四条规定的案件为5日)前书面提出;是否延期,由仲裁庭决定。

(二) 再次开庭以及延期后开庭日期的通知,不受30日或10日期限限制。

第六十七条 仲裁庭调解

(一) 经各方当事人同意,仲裁庭可以进行调解。

（二）因调解不成导致调解程序终止的，如果各方当事人以避免裁决结果可能受到调解影响为由请求更换仲裁员的，主任可以批准。各方当事人承担由此增加的费用。

第六十八条　裁决作出期限

仲裁庭应当自组庭之日起6个月（符合本规则第五十四条规定的案件为90日）内作出裁决。有特殊情况需要延长的，由首席仲裁员或独任仲裁员提请秘书长批准，可以适当延长。

第六十九条　法律适用

（一）仲裁庭应当根据当事人选择适用的法律对争议作出裁决。除非当事人另有约定，选择适用的法律系指实体法，而非法律冲突法。

（二）当事人未选择的，仲裁庭有权根据案件情况确定适用的法律。

（三）根据当事人的约定，或者在仲裁程序中当事人一致同意，仲裁庭可以依据公平合理的原则作出裁决，但不得违背法律的强制性规定和社会公共利益。

（四）在任何情况下，仲裁庭均应当根据有效的合同条款并考虑有关交易惯例作出裁决。

第九章　附　则

第七十条　期限的计算

（一）本规则规定的期限或者根据本规则确定的期限，应当自期限开始之次日起算。期限开始之日，不计算在期限内。

（二）如果期限开始之次日为送达地公共假日或者非工作日，则从其后的第一个工作日开始计算。期限内的公共假日和非工作日应计算在期限内。期限届满日是公共假日或者非工作日的，以其后的第一个工作日为期限届满日。

（三）期限不包括在途时间，仲裁文书、通知、材料在期限届满前交邮、交发的，不算过期。

（四）当事人因不可抗力或者其他正当理由耽误期限的，在障碍消除后10日内，可以申请顺延；是否准许，由本会或者仲裁庭决定。

（五）本规则规定的属于本会管理性质的期限（包括但不限于本规则第九条第一款、第十条、第十一条第二款、第十二条第四款、第二十一条中规定的期限），经本会秘书长批准后，可以根据实际情况予以延长。

第七十一条　送达

（一）有关仲裁的文书、通知、材料等可以当面送达或者以邮寄、专递、传真、电子邮件的方式或者本会或仲裁庭认为适当的其他方式送达当事人或者其代理人。

（二）向当事人或者其代理人发送的仲裁文书、通知、材料等，如经当面送交受送达人或者邮寄至受送达人或者对方当事人提供的受送达人的营业地点、注册地、居住地、身份证载明地址、户籍地址、当事人约定的送达地址或者其他通讯地址，即视为已经送达。

（三）经合理查询不能找到受送达人的营业地点、注册地、居住地、身份证载明地址、户籍地址、当事人约定的送达地址或者其他通讯地址而以邮寄、专递的方式或者能提供投递记录的其他任何方式投递给受送达人最后一个为人所知的营业地点、注册地、居住地、身份证载明地址、户籍地址、当事人约定的送达地址或者其他通讯地址，即视为已经送达。

第七十二条 仲裁语言

（一）当事人可以约定仲裁程序中使用的语言。当事人没有约定的，本会或者仲裁庭可以根据案件具体情况确定使用中文或者其他语言为仲裁程序的语言。

（二）当事人约定使用两种或者两种以上语言的，仲裁庭在征得当事人同意的情况下可以确定使用其中一种语言。如果当事人无法达成一致意见，仲裁程序可以以多种语言进行，由此增加的相关费用由当事人承担。

（三）本会或者仲裁庭可以根据案件具体情况确定国际商事仲裁程序中的书面材料是否需要附具中文译本或者其他语言译本。

（四）当事人或者其代理人、证人需要语言翻译，可以由本会提供译员，也可以由当事人自行提供译员。当事人承担翻译费用。

第七十三条 本规则的解释

（一）本规则由本会解释。

（二）除非本会另有声明，本会发布的其他文件不构成本规则的组成部分。

第七十四条 本规则的正式文本

本会公布的本规则的中文、英文以及其他语文文本，均为正式文本。不同文本的表述产生歧义时，以中文文本的表述为准。

第七十五条 本规则的施行

本规则自2019年9月1日起施行。本规则施行前受理的案件，适用受理时施行的仲裁规则。双方当事人协商一致且本会同意的，可以适用本规则。

E3 深国仲规则（2019）

深圳国际仲裁院仲裁规则（2019）

（自2019年2月21日起施行）

第一章 总 则

第一条 仲裁机构

（一）深圳国际仲裁院（又名深圳仲裁委员会、华南国际经济贸易仲裁委员会，曾用名中国国际经济贸易仲裁委员会华南分会、中国国际经济贸易仲裁委员会深圳分会，下称"仲裁院"）是在中国深圳设立的仲裁机构。

（二）当事人在仲裁协议中约定争议由仲裁院仲裁，或约定的仲裁机构名称为仲裁院曾用名的，或可推定为仲裁院的，均可向仲裁院申请仲裁。

第二条 受案范围

（一）仲裁院受理当事人之间发生的合同争议和其他财产权益争议仲裁案件，包括：

1. 国际或涉外仲裁案件；
2. 涉及中国香港特别行政区、澳门特别行政区或台湾地区的仲裁案件；
3. 中国内地仲裁案件。

（二）仲裁院受理一国政府与他国投资者之间的投资争议仲裁案件。

第三条 规则适用

（一）当事人同意由仲裁院进行仲裁的，除非另有约定，应视为同意按照本规则进行仲裁。

（二）当事人约定按照本规则或者仲裁院制定的特别规则进行仲裁，即视为同意将争议提交仲裁院仲裁。

（三）当事人约定适用其他仲裁规则，或约定对本规则有关内容进行变更的，从其约定。但其约定无法实施或与仲裁程序所适用法律的强制性规定相抵触的除外。当事人约定适用的其他仲裁规则规定由仲裁机构履行的职责，由仲裁院履行。

（四）当事人约定第二条第（一）款第1项或第2项案件适用《联合国国际贸易法委员会仲裁规则》的，仲裁院按照该规则及《深圳国际仲裁院关于适用〈联合国国际贸易法委员会仲裁规则〉的程序指引》管理案件。

（五）当事人将第二条第（二）款投资仲裁案件交付仲裁院仲裁的，仲裁院按照《联合国国际贸易法委员会仲裁规则》及《深圳国际仲裁院关于适用〈联合国国际贸易法委员会仲裁规则〉的程序指引》管理案件。

（六）仲裁院制定的特别规则或指引的规定与本规则不一致的，以特别规则或指引的规定为准。特别规则或指引未规定的，适用本规则。

（七）本规则未明确规定的事项，仲裁院或者仲裁庭有权按照其认为适当的方式处理。

第四条 仲裁地

（一）当事人对仲裁地有约定的，从其约定。

（二）当事人对仲裁地没有约定的，以仲裁院所在地为仲裁地。仲裁院也可视案件的具体情形确定其他地点为仲裁地。

（三）仲裁裁决应视为在仲裁地作出。

第五条 仲裁语言

（一）当事人对仲裁语言有约定的，从其约定。

（二）当事人对仲裁语言没有约定的，在仲裁庭组成前，仲裁院可以考虑案件所涉合同的语言等因素决定仲裁程序初步适用的仲裁语言；在仲裁庭组成后，由仲裁庭决定仲裁程序最终适用的仲裁语言。

（三）当事人约定两种或两种以上仲裁语言的，仲裁庭在征得当事人同意后可以确定适用其中一种语言。如果当事人无法达成一致意见，仲裁程序可以按当事人约定的多种语言进行，由此增加的相关费用由当事人承担。

（四）仲裁庭开庭时，当事人或其代理人、证人需要语言翻译的，当事人应自行提供或请求仲裁院提供翻译服务。

（五）当事人提交的各种文书和证明材料，仲裁庭或仲裁院认为必要时，可以要求当事人提供仲裁程序适用的仲裁语言的译本或节译本。

（六）仲裁裁决应当以本条第（一）、（二）或（三）款确定的仲裁语言作出。

第六条 送达

（一）当事人对送达方式有约定的，从其约定。

（二）除非当事人另有约定，有关仲裁的文书、通知、材料等可以当面送达或者以邮寄、传真、电子邮件、其他能提供记录的电子数据交换方式或者仲裁院认为适当的其他方式送达。

（三）仲裁院向当事人或者其代理人发送的仲裁文书、通知、材料等，有以下情形之一的，视为送达：

1. 送达至受送达人的营业地、注册地、居住地、户籍登记地址、身份证地址、口头或书面向仲裁院确认的地址、对外使用的任何有效地址、当事人协议中列明的地址或者仲裁院认为适当的其他通讯地址中的任意一个地址；

2. 经合理查询不能找到上述任一地点而以邮寄的方式或者能提供投递记录的其他任何方式投递给受送达人最后一个为人所知的通讯地址；

3. 当事人或者其代理人收到仲裁院送达的仲裁文书、通知、材料后变更地址而未通知仲裁院的，仲裁院将后续仲裁文书、通知、材料等投递给受送达人原送达地址。

（四）送达时间以上述送达方式中最先送达到受送达人的时间为准。

（五）经当事人同意，仲裁院或仲裁庭可以决定当事人在提交仲裁文书和证明材料时直接发送其他当事人或发送至仲裁院网络仲裁服务平台提供的在线存储系统，并将送达记录提交仲裁院。送达时间由仲裁院或仲裁庭根据送达记录确定。

第七条 诚信合作

（一）当事人及其代理人应当遵循诚实信用和善意合作的原则参加仲裁。

（二）当事人或其代理人违反本规则规定、当事人之间的约定或仲裁庭的决定而导致程序拖延或费用增加等问题的，仲裁庭有权决定该当事人承担相应的后果。

（三）当事人及其代理人应确保其所作陈述和提交材料的真实性，否则该当事人应承担相应的后果。

第二章 仲裁协议和管辖权

第八条 仲裁协议

（一）仲裁协议是指在合同中订明的仲裁条款或者以其他方式达成的约定仲裁的协议。

（二）仲裁协议可以由当事人在争议发生之前达成，也可以在争议发生之后达成。

（三）仲裁协议应当采取书面形式。书面形式包括但不限于合同书、信件和数据电文（包括电传、传真、电子邮件和电子数据交换）等可以有形表现所载内容的形式。

（四）有下列情形之一的，视为存在书面仲裁协议：

1. 在仲裁申请书和仲裁答辩书的交换中，一方当事人声称有仲裁协议而另一方当事人不作否认表示的；

2. 一方当事人向仲裁院申请仲裁而另一方当事人作出同意仲裁的书面意思表示的；

3. 一方当事人作出愿意将争议提交仲裁院仲裁的书面承诺，另一方向仲裁院申请仲裁的；

4. 当事人在仲裁过程中共同签署的庭审笔录等文件载明当事人同意在仲裁院仲裁的。

第九条 仲裁协议的独立性

合同中的仲裁条款或附属于合同的仲裁协议相对于合同独立存在。合同的成立与否、未生效、无效、失效、被撤销、变更、解除、中止、终止、转让或不能履行，均不影响仲裁协议的效力。

第十条 管辖权异议及管辖权决定

（一）当事人就仲裁协议的存在、效力或者其他问题对仲裁案件的管辖权有异议的，可以向仲裁院提出。

（二）管辖权异议应当在首次开庭前以书面形式提出；书面审理的，应当在首次答辩期限届满前以书面形式提出。当事人未依照上述规定提出管辖权异议的，视为承认仲裁院对仲裁案件的管辖权。

（三）仲裁院或者仲裁院授权的仲裁庭有权就仲裁案件的管辖权作出决定。仲裁庭的决定可以在仲裁程序进行中作出，也可以在裁决书中作出。

（四）当事人向仲裁院提出管辖权异议不影响仲裁程序的进行。

（五）仲裁院或者仲裁院授权的仲裁庭对仲裁案件作出无管辖权决定的，案件应当撤销。在仲裁庭组成前，撤销案件的决定由仲裁院作出；在仲裁庭组成后，撤销案件的决定由仲裁庭作出。

第三章 仲裁程序的开始

第十一条 申请仲裁

（一）当事人申请仲裁应提交仲裁申请书。

（二）仲裁申请书应包括以下内容：

1. 各方当事人及其代理人的名称和地址、电话号码、传真号码、电子邮箱及其他联络方式；

2. 申请仲裁所依据的仲裁协议；

3. 仲裁请求；

4. 仲裁请求所依据的事实和理由；

5. 申请人或申请人授权的代理人的签名或印章。

（三）仲裁申请书应当附具仲裁请求所依据的证明材料以及申请人的主体资格证明材料。

（四）仲裁程序自仲裁院收到仲裁申请书之日开始。

第十二条 受理

申请人提交仲裁申请书及其附件并按照本规则第二十二条的规定预缴仲裁费后，仲裁院确认申请仲裁的手续已完备的，予以受理。手续不完备的，仲裁院可以要求申请人在一定期限内予以完备；逾期不完备的，视为申请人未提出仲裁申请。

第十三条 仲裁通知

仲裁院受理案件后，将仲裁通知、适用的仲裁规则和仲裁员名册发送各方当事人，申请人的仲裁申请书及其附件同时转发被申请人。

第十四条 答辩

（一）被申请人应在收到仲裁通知之日起30日内提交答辩书。

（二）答辩书应包括以下内容：

1. 被申请人及其代理人的名称和地址、电话号码、传真号码、电子邮箱及其他联络方式；

2. 答辩意见及所依据的事实和理由；

3. 被申请人或被申请人授权的代理人的签名或印章。

（三）答辩书应当附具答辩意见所依据的证明材料以及被申请人的主体资格证明材料。

（四）被申请人申请延期答辩，且仲裁庭认为有正当理由的，可以适当延长答辩期限。仲裁庭尚未组成的，由仲裁院决定是否延长答辩期限。

（五）被申请人不答辩或者答辩不符合本规则规定的，不影响仲裁程序的继续进行。

第十五条 反请求

（一）被申请人如有反请求，应当自收到仲裁通知之日起30日内以书面形式提出。逾期提交的，仲裁庭组成前由仲裁院决定是否受理，仲裁庭组成后由仲裁庭决定是否受理。

（二）反请求的提出和受理，参照本规则第十一条和第十二条的规定办理。

（三）仲裁院认为被申请人提出反请求的手续已完备的，向当事人发出反请求受理通知。

（四）申请人对反请求的答辩，参照本规则第十四条的规定办理。

第十六条 变更仲裁请求或反请求

（一）当事人可书面申请变更仲裁请求或反请求。

（二）是否同意变更，仲裁庭组成前由仲裁院决定，仲裁庭组成后由仲裁庭决定。仲裁院或仲裁庭认为变更会造成仲裁程序过于延迟、对另一方不公平或导致任何其他情况而不宜变更的，有权拒绝变更。

（三）变更仲裁请求或反请求不影响仲裁程序的继续进行。

（四）变更仲裁请求或反请求的提出、受理和答辩，参照本规则第十一条至第十四条的规定办理。

第十七条 多份合同的单次仲裁

（一）当事人之间因多份合同、主从合同或其他关联合同引起的争议，如果多份合同、主从合同或关联合同的仲裁协议都约定由仲裁院仲裁，且相关争议源于同一交易或同一系列交易，申请人可以在单次仲裁中就多份合同、主从合同或关联合同争议一并提出仲裁申请。

（二）被申请人提出异议的，由仲裁院或仲裁院授权的仲裁庭作出决定。

第十八条 合并仲裁

（一）经当事人书面同意，仲裁院可以决定将已经进入仲裁程序的两个或两个以上的关联案件合并为一个仲裁案件，由同一仲裁庭进行审理。

（二）除非当事人另有约定或者仲裁院另有决定，合并的仲裁案件应合并于最先开始仲裁程序的仲裁案件。

（三）仲裁案件合并后，在仲裁庭组成前，由仲裁院对程序事项作出决定；在仲裁庭组成后，由仲裁庭对程序事项作出决定。

（四）仲裁案件合并后，仲裁庭有权就当事人之间的争议分别或一并作出仲裁裁决。

第十九条 合并开庭

两个或者两个以上仲裁案件所涉法律或事实问题相同、相类似或相关联，且仲裁庭组成人员相同的，经当事人同意，可以合并开庭审理。

第二十条 追加当事人

（一）已经进入仲裁程序的任何一方当事人可以依据相同仲裁协议书面申请追加当事人。是否接受，由仲裁庭作出决定；仲裁庭尚未组成的，由仲裁院作出决定。

（二）经当事人和案外人一致同意后，案外人可以书面申请加入仲裁程序。是否接受，由仲裁庭作出决定；仲裁庭尚未组成的，由仲裁院作出决定。

（三）仲裁庭尚未组成，仲裁院接受追加当事人请求的，各方当事人应按照本规则第二十八至三十一条的规定指定仲裁员组成仲裁庭，其所规定的期限从同意追加当事人的决定送达之日起算。仲裁庭已组成，仲裁庭接受追加当事人请求的，由仲裁庭继续审理。任何未参与仲裁庭组成程序的当事人视为放弃此项权利，但不影响该当事人根据本规则第三十三条的规定申请仲裁员回避的权利。

第二十一条 多方当事人之间的仲裁请求

（一）案件有两个或者两个以上的申请人或被申请人，或者存在追加当事人的情况下，任何当事人均可以依据相同的仲裁协议针对其他任意一方当事人提出仲裁请求。在仲裁庭组成前，由仲裁院决定是否受理；在仲裁庭组成后，由仲裁庭决定是否受理。

（二）上述仲裁请求的提出、受理、答辩、变更等事项参照本规则第十一条至第十六条的规定办理。

第二十二条 预缴仲裁费

（一）当事人提出仲裁请求或反请求，变更仲裁请求或反请求，应当按照仲裁院的通知在规定的时间内预缴仲裁费。

（二）当事人要求抵销任何仲裁请求，且该要求需要仲裁庭考虑额外事项的，该抵销按单独的请求计算仲裁费。

第二十三条 文件的提交

（一）当事人提交的仲裁申请书、答辩书、反请求申请书、证明文件以及其他书面文件，应当保证仲裁庭成员、各方当事人、仲裁院各一式一份，除非当事人另有约定或者仲裁院或仲裁庭另有要求。

（二）仲裁院或仲裁庭可要求当事人在提交上述书面文件的同时，提交相应的电子版本；当事人也可以约定相关仲裁文件以电子文件形式提交。

第二十四条 代理人

当事人可以委托包括中国内地、香港特别行政区、澳门特别行政区、台湾地区和外国律师在内的人士担任其仲裁代理人。当事人委托代理人进行仲裁活动的，应当向仲裁院提交载明具体委托事项和权限的授权委托书。

第四章　临时措施

第二十五条 保全

（一）因情况紧急，不立即申请保全将会使其合法权益受到难以弥补的损害的，或担心因对方的行为或者其他原因可能使裁决不能执行或者难以执行的，当事人可以在申请仲裁前或仲裁程序中申请财产保全或行为保全。

（二）在证据可能灭失或者以后难以取得的情况下，当事人可以在申请仲裁前或仲裁程序中申请证据保全。

（三）如果仲裁地在中国内地，当事人在仲裁程序开始前申请保全的，可以将其申请直接提交有管辖权的法院；当事人在仲裁程序中申请保全的，仲裁院应将其申请提交有管辖权的法院。如果仲裁地在其他国家或地区，当事人申请保全的，应按照适用的法律将其申请提交有管辖权的法院裁定或仲裁庭决定。

第二十六条 紧急仲裁员

（一）在仲裁程序适用法律允许的情况下，从仲裁程序开始后至仲裁庭组成之前，当事人因情况紧急需要申请临时措施的，可以向仲裁院提出指定紧急仲裁员的书面申请。是否同意，由仲裁院决定。

（二）书面申请材料应包含以下内容：

1. 所涉及的当事人及其代理人的名称和地址、电话号码、传真号码、电子邮箱及其他联络方式；

2. 所申请的具体临时措施及理由；

3. 有关紧急仲裁员程序进行地、语言及适用法律的意见。

（三）仲裁院决定适用紧急仲裁员程序的，应在收到申请及申请人按规定预缴的紧急仲裁员费用后 2 日内指定紧急仲裁员，并将指定情况通知所有当事人。仲裁院应将申请人的申请材料及其附件同时转发被申请人。

（四）紧急仲裁员的信息披露、回避等事项，参照本规则第三十二条和第三十三条的规定办理。当事人若以紧急仲裁员披露的事项为由要求该仲裁员回避，应于收到紧急仲裁员的书面披露后 2 日内书面提出。逾期没有申请回避的，不得以紧急仲裁员曾经披露的事项为由申请回避。

（五）除非当事人另有约定，紧急仲裁员不担任与该临时措施申请有关的案件的仲裁员。

（六）紧急仲裁员有权采取其认为适当的方式就当事人的临时措施申请进行审查，但应保证各方当事人有合理陈述的机会。

（七）紧急仲裁员应当于指定之日起 14 日内作出相关决定并说明理由。当事人应当遵守紧急仲裁员作出的相关决定。

（八）当事人对紧急仲裁员作出的相关决定有异议的，有权自收到相关决定之日起 3 日内向紧急仲裁员提出修改、中止或撤销相关决定的申请，是否同意，由紧急仲裁员决定。

（九）仲裁庭组成后，可以修改、中止或撤销紧急仲裁员作出的相关决定。

第五章　仲裁庭

第二十七条 独立和公平原则

仲裁员应当独立于当事人，并应公平地对待当事人。

第二十八条 仲裁员名册的适用

（一）当事人应从《深圳国际仲裁院仲裁员名册》中指定仲裁员。

（二）适用《联合国国际贸易法委员会仲裁规则》或《深圳国际仲裁院海事物流仲裁规则》的案件，当事人可以从《深圳国际仲裁院仲裁员名册》中指定仲裁员,也可以在前述名册之外提出仲裁员人选。在前述名册之外提出仲裁员人选的,该人选经仲裁院确认后方可担任该案仲裁员。

（三）适用本规则快速程序、《深圳国际仲裁院金融借款争议仲裁规则》或《深圳国际仲裁院网络仲裁规则》的案件,当事人应从《深圳国际仲裁院仲裁员名册》或《深圳国际仲裁院特定类型案件仲裁员名册》中指定仲裁员。

第二十九条 仲裁庭的人数和组成方式

（一）当事人可以约定仲裁庭人数为一名或三名。

（二）除非当事人另有约定或本规则另有规定,仲裁庭由三名仲裁员组成。

（三）当事人可以约定仲裁庭的组成方式,但其约定无法实施或与仲裁程序适用法律的强制性规定相抵触的除外。

第三十条 三人仲裁庭的组成

（一）除非当事人另有约定,申请人和被申请人应当各自在收到仲裁通知之日起15日内指定或委托仲裁院院长指定一名仲裁员；当事人未能按照上述规定指定或委托仲裁院院长指定的,由仲裁院院长指定。如果一方当事人有多个,则该方多个当事人应共同指定或共同委托仲裁院院长指定仲裁员；该方多个当事人无法达成一致的,由仲裁院院长指定。

（二）除非当事人另有约定,首席仲裁员由当事人在被申请人收到仲裁通知之日起15日内共同指定或共同委托仲裁院院长指定。当事人未能按照上述规定共同指定或共同委托仲裁院院长指定的,首席仲裁员由仲裁院院长指定；一方当事人书面表示放弃与对方当事人共同指定或共同委托仲裁院院长指定的,首席仲裁员由仲裁院院长指定,并不受上述期限限制。

（三）当事人可以约定,仲裁院院长也可以决定,首席仲裁员由根据本条第（一）款已确定的两名仲裁员共同指定。除非当事人另有约定,在第二名仲裁员确定之日起10日内该两名已确定的仲裁员对首席仲裁员人选未达成一致的,首席仲裁员由仲裁院院长指定。

（四）经双方当事人申请或同意,仲裁院院长可以推荐三名以上首席仲裁员候选名单,供双方当事人在收到候选名单之日起5日内按照各自意愿作先后排序。在推荐人选中,双方当事人叠加排序名列最前的,为双方当事人共同指定的首席仲裁员；叠加排序有两名或两名以上并列最前的,由仲裁院院长在并列人选中确定一名为双方当事人共同指定的首席仲裁员。

（五）经双方当事人申请或同意,仲裁院院长可以推荐三名以上首席仲裁员候选名单,供双方当事人在收到候选名单之日起5日内选择。在推荐人选中,双方当事人的选择有一名相同的,为双方当事人共同指定的首席仲裁员；有两名以上相同的,由仲裁院院长在相同人选中确定一名为双方当事人共同指定的首席仲裁员；没有相同人选的,由仲裁院院长在候选名单之外为双方当事人指定首席仲裁员。

（六）经双方当事人申请或同意，仲裁院院长可以推荐三名以上首席仲裁员候选名单。双方当事人在收到候选名单之日起5日内可以各排除一名或若干名候选人。首席仲裁员由仲裁院院长在剩余候选名单中指定；候选人均被排除的，由仲裁院院长在候选名单之外指定。

第三十一条　独任仲裁庭的组成

仲裁庭由一名仲裁员组成的，按照本规则第三十条第（二）款、第（四）款、第（五）款或第（六）款规定的程序，指定该独任仲裁员。

第三十二条　仲裁员信息披露

（一）仲裁员被指定后，应签署保证独立公正仲裁的声明书。

（二）仲裁员应当在声明书中披露其知悉的可能引起对其公正性和独立性产生合理怀疑的任何情形。

（三）仲裁员在签署声明书后的仲裁程序中出现应当披露的情形的，应当立即书面披露。

第三十三条　仲裁员回避

（一）当事人以仲裁员披露的信息为由要求该仲裁员回避的，应于收到仲裁员的书面披露后10日内书面提出。逾期没有申请回避的，不得以仲裁员曾经披露的事项为由申请该仲裁员回避。

（二）当事人对被指定的仲裁员的公正性和独立性产生合理怀疑时，可以书面提出回避申请，但应说明具体理由，并提供相应证据。

（三）当事人的回避申请应当及时转交其他当事人和仲裁庭所有成员。

（四）如果一方当事人申请回避，另一方当事人同意回避申请，或者被申请回避的仲裁员主动退出仲裁庭，则该仲裁员不再参加本案审理。但上述情形并不表示当事人提出回避的理由成立。

（五）除本条（四）款规定的情形外，仲裁员是否回避，由仲裁院院长作出决定。在仲裁院院长作出决定前，被申请回避的仲裁员应当继续履行职责。

（六）当事人在收到仲裁庭组成通知之后聘请的代理人与仲裁员构成应当回避情形的，该方当事人无权再就此提出回避申请，但另一方当事人申请回避的权利不受影响。因此而导致仲裁程序拖延的，造成回避情形的当事人应承担相应的后果，包括但不限于由此而产生的费用。

第三十四条　仲裁员替换

（一）仲裁员由于回避、主动退出或其他特定原因不能履行职责的，应当替换。

（二）仲裁员在法律上或事实上不能履行其职责，或者没有按照本规则的要求履行职责的，仲裁院院长有权决定将其替换，并给予各方当事人和仲裁庭全体成员提出书面意见的机会。

（三）被替换的仲裁员原来由当事人指定的，当事人应当按原指定仲裁员的方式自收到通知之日起 5 日内重新指定，逾期未重新指定的，由仲裁院院长指定；原来由仲裁院院长指定的，由仲裁院院长另行指定。

（四）除非当事人另有约定，仲裁员替换后，由仲裁庭决定此前已进行过的全部或部分审理程序是否需要重新进行。仲裁庭决定全部审理程序重新进行的，本规则第五十条规定的裁决作出期限从仲裁庭决定重新进行审理程序之日起计算。

第三十五条 多数仲裁员继续仲裁程序

最后一次开庭结束后，三人仲裁庭中的一名仲裁员由于特定原因不能继续参加仲裁程序，仲裁院院长可以按照本规则第三十四条的规定替换该仲裁员；但在征得各方当事人及仲裁院院长同意后，其他两名仲裁员也可以继续进行仲裁程序，作出决定或裁决。

第六章 审 理

第三十六条 审理方式

（一）除非当事人另有约定，仲裁庭有权决定程序事项，并按照其认为适当的方式审理案件。在任何情形下，仲裁庭均应保持独立和中立，公平、公正地对待各方当事人，给予各方当事人陈述和辩论的合理机会。

（二）仲裁庭对程序事项意见不一致时，仲裁程序按照仲裁庭的多数意见进行；仲裁庭不能形成多数意见时，仲裁程序按照首席仲裁员的意见进行。

（三）仲裁庭认为必要时，可以发布程序指令、发出问题清单、举行庭前会议、议定审理范围、要求当事人进行庭前证据交换、要求当事人披露相关文件、要求当事人共同拟定争议焦点问题、在适用法律许可的范围内行使释明权。

（四）除非本规则另有规定，仲裁庭应当开庭审理案件；仲裁庭认为不必开庭审理，并经征得当事人同意的，仲裁庭可以依据书面文件进行审理。

（五）当事人约定书面审理的，从其约定；但仲裁庭认为有必要开庭审理的，可以开庭审理。

（六）当事人可以约定采用询问式、辩论式或其他方式开庭审理案件。

第三十七条 开庭通知

（一）对于开庭审理的案件，仲裁庭确定第一次开庭时间后，应不迟于开庭前 10 日通知当事人。当事人有正当理由的，可以申请延期开庭，但应不迟于开庭前 5 日以书面形式提出，是否延期，由仲裁庭决定。

（二）当事人有正当理由未能按第（一）款规定的期限提出延期开庭申请的，是否延期，由仲裁庭决定。

（三）第二次和其后各次开庭审理时间及延期后开庭审理时间的通知，不受第（一）款所列期限的限制。

（四）经当事人同意，仲裁庭可以提前开庭。

第三十八条 开庭地点

（一）除非当事人另有约定，应当在仲裁院所在地开庭。如仲裁庭认为有必要，并经仲裁院同意，也可以在其他地点开庭。

（二）当事人约定在仲裁院所在地之外的地点开庭的，应承担相应费用。当事人应当按照约定或者仲裁院确定的比例，在仲裁院通知的期限内预缴上述费用；未预缴的，在仲裁院所在地开庭。

第三十九条 当事人缺席

（一）申请人经通知，无正当理由不到庭的，或未经仲裁庭许可而中途退庭的，视为撤回仲裁申请；被申请人提出反请求的，不影响仲裁庭就反请求进行审理。

（二）被申请人经通知，无正当理由不到庭的，或未经仲裁庭许可而中途退庭的，仲裁庭可以进行缺席审理，并继续仲裁程序；被申请人提出反请求的，视为撤回反请求。

第四十条 庭审声明

在开庭审理时，仲裁庭就独立公正宣读声明书；当事人及其代理人、证人、鉴定人等相关人员可以就诚实信用和善意合作宣读声明书。

第四十一条 庭审记录

（一）仲裁庭将开庭情况记入庭审笔录，也可以对庭审进行语音或图像记录。经当事人申请，庭审笔录可以提供给当事人。

（二）庭审笔录由仲裁员、当事人及其代理人、证人或其他有关人员签名确认。当事人和其他仲裁参与人认为庭审笔录对自己陈述的记录存在遗漏或者差错的，可以申请补正；仲裁庭不同意补正的，应记录该申请。

（三）经当事人共同申请，或经一方当事人申请且得到仲裁庭的同意，或经仲裁庭自行决定，仲裁院可以为仲裁庭聘请专业速录人员或采用其他方式制作庭审笔录。

第四十二条 举证

（一）仲裁庭可以决定举证期限，当事人应当在该期限内提交证据。逾期提交的，仲裁庭有权拒绝接受。

（二）当事人对自己的主张承担举证责任。仲裁庭有权决定当事人的举证责任。

（三）负有举证责任的当事人未能在规定的期限内提交证据，或者虽提交证据但不足以证明其主张的，应承担因此产生的后果。

（四）当事人申请证人出庭的，应当在书面申请中列明拟出庭的证人的身份信息、证词和所用的语言。

（五）就法律及其他专业问题，当事人可以聘请专家证人提出书面意见和/或出庭作证。

（六）当事人对证据规则有特别约定的，从其约定，但其约定无法实施或与仲裁程序适用法律强制性规定相抵触的除外。

第四十三条 质证

（一）除非当事人另有约定，证据应当在开庭审理时出示，当事人可以质证。

（二）对于书面审理的案件中的证明材料，或者须在开庭后补交的证明材料，当事人同意书面质证的，应在仲裁庭决定的期限内提交书面质证意见。

（三）当事人共同确认或没有异议的证据，视为已经质证。

（四）当事人提供伪造的证据的，应承担相应的后果，仲裁庭有权据此驳回该方当事人提出的请求或反请求。

第四十四条 仲裁庭调查

（一）仲裁庭认为有必要，或者当事人申请且仲裁庭同意的，仲裁庭可以调查事实、收集证据。

（二）仲裁庭现场调查事实、收集证据时，认为有必要通知当事人到场的，应及时通知。当事人经通知不到场的，不影响仲裁庭调查事实和收集证据。

（三）仲裁庭调查的有关情况及收集的证据，应告知或转交当事人，并给予当事人提出意见的机会。

第四十五条 专家报告

（一）仲裁庭认为有必要，或者当事人提出请求且经仲裁庭同意的，仲裁庭可以决定聘请专家进行鉴定、审计、评估、检测或咨询，并提供专家报告。

（二）仲裁庭可以通知当事人在一定的期限内共同选定专家；当事人不能达成一致的，由仲裁庭指定。

（三）当事人应当按照约定或仲裁庭决定的比例预交专家费用。当事人不预交的，仲裁庭有权决定不进行本条第（一）款的程序。

（四）专家报告副本应转交当事人，给予当事人提出意见的机会。仲裁庭认为有必要，或者根据当事人的请求，可以通知专家参加开庭，并就专家报告进行解释。

第四十六条 程序中止

（一）当事人请求中止仲裁程序，或者出现法律或本规则规定的其他需要中止仲裁程序的情形的，由仲裁庭决定仲裁程序是否中止。仲裁庭尚未组成的，由仲裁院决定。

（二）中止仲裁程序的原因消失后，仲裁程序恢复进行。

第四十七条 撤回申请和撤销案件

（一）当事人可以撤回全部仲裁请求或全部仲裁反请求。申请人撤回全部仲裁请求的，不影响仲裁庭就被申请人的仲裁反请求进行审理和裁决。被申请人撤回全部仲裁反请求的，不影响仲裁庭就申请人的仲裁请求进行审理和裁决。

（二）仲裁请求和反请求全部撤回的，仲裁庭应作出撤销案件的决定。在仲裁庭组成前撤销案件的，由仲裁院作出撤销案件的决定。仲裁院或仲裁庭有权决定提出撤回申请的当事人承担相应的仲裁费用，当事人另有约定的，从其约定。

（三）案件经开庭审理后，当事人申请撤回全部仲裁请求或全部仲裁反请求的，仲裁庭可给予对方当事人合理机会发表意见。如果对方当事人提出合理的反对意见，并且仲裁庭认为有正当理由通过裁决解决争议，仲裁庭有权继续仲裁程序。

第七章　调解与和解

第四十八条　仲裁庭主持的调解

（一）如果各方当事人有调解意愿，仲裁庭可以在仲裁程序中主持调解。当事人同意由仲裁庭调解的，主持调解的仲裁员在其后的仲裁程序中可以继续履行仲裁员职责，除非当事人另有约定或者适用法律另有规定。

（二）仲裁庭可以按照其认为适当的方式进行调解。经征得当事人同意，调解可以由仲裁庭全部或部分成员主持。

（三）一方当事人申请案外人参加调解，所有当事人以及该案外人书面同意的，仲裁庭可以通知案外人参加调解。

（四）在调解过程中，任何一方当事人提出终止调解或仲裁庭认为已无调解成功的可能时，应停止调解。

（五）当事人经调解达成和解的，可以撤回仲裁请求或反请求，也可以请求仲裁庭依照和解协议的内容作出裁决书或调解书。

（六）如果调解不成功，任何一方当事人均不得在其后的仲裁程序、司法程序或其他任何程序中援引当事人、仲裁员在调解过程中的任何陈述、意见、观点、建议或主张作为支持其请求、答辩或反请求的依据。

第四十九条　和解、调解及谈判促进

（一）当事人可以对其争议自行达成和解，可以向仲裁院调解中心或仲裁院认可的其他调解机构申请调解，也可以向仲裁院谈判促进中心申请谈判促进。

（二）在仲裁案件审理过程中，当事人根据本条第（一）款规定的方式达成和解协议的，当事人可以请求仲裁庭依照和解协议的内容作出裁决书、调解书或申请撤销仲裁案件。当事人尚未申请仲裁或仲裁庭尚未组成的，如当事人请求依照和解协议作出裁决书或调解书，除非当事人另有约定，仲裁院院长应指定一名独任仲裁员组成仲裁庭，由仲裁庭按照其认为适当的程序进行审理并作出裁决书或调解书，具体程序和期限不受本规则其他条款限制。

（三）仲裁院或仲裁庭有权要求当事人作出声明，保证和解协议及相关交易的合法性和真实性，承诺不损害案外人利益或公共利益。仲裁庭对和解协议的合法性、真实性有合理怀疑，或者认为依据和解协议的内容作出裁决书或调解书有可能损害案外人利益或公共利益的，应当驳回当事人关于按照和解协议

内容作出裁决书或调解书的请求。

第八章 裁　决

第五十条　作出裁决的期限

（一）本规则第二条第（一）款第1项、第2项所涉争议案件，仲裁庭应当在组庭之日起6个月内作出裁决。

（二）本规则第二条第（一）款第3项所涉争议案件，仲裁庭应当在组庭之日起4个月内作出裁决。

（三）本规则第二条第（一）款所涉争议案件适用第九章快速程序的，仲裁庭应当在组庭之日起2个月内作出裁决。

（四）确有特殊情况和正当理由需要延长裁决期限的，由仲裁庭提请仲裁院批准，可以适当延长。

（五）下列期间不计入上述期限：

1. 根据本规则第四十五条进行鉴定、审计、评估、检测、专家咨询等的期间；

2. 根据本规则第四十八条、第四十九条进行和解、调解和谈判促进的期间；

3. 依照法律和本规则规定中止仲裁程序的期间。

第五十一条　裁决的作出

（一）仲裁庭应当基于事实，依据可适用的法律及公认的法律原则，参考商业惯例，公平合理、独立公正地作出裁决。

（二）当事人对于实体适用法律有约定的，从其约定；当事人没有约定或其约定与仲裁地法律强制性规定相抵触的，由仲裁庭决定。

（三）仲裁庭在其作出的裁决中，应当写明仲裁请求、争议事实、裁决理由、裁决结果、仲裁费用的承担、裁决日期和仲裁地。当事人另有约定的，以及按照当事人和解协议的内容作出裁决的，可以不写明争议事实和裁决理由。仲裁庭有权确定当事人履行裁决的具体期限及逾期履行所应承担的责任。

（四）由三名仲裁员组成仲裁庭审理的案件，裁决依全体仲裁员或多数仲裁员的意见作出；少数仲裁员的书面意见应当附卷，并可以裁决书一同发送当事人，但该书面意见不构成裁决书的组成部分。仲裁庭不能形成多数意见时，裁决依首席仲裁员的意见作出；其他仲裁员的书面意见应当附卷，并可以和裁决书一同发送当事人，但该书面意见不构成裁决书的组成部分。

（五）裁决书应由仲裁员签署。持有不同意见的仲裁员可以在裁决书上署名，也可以不署名。

（六）作出裁决的日期，即为裁决发生法律效力的日期。

（七）裁决书应加盖仲裁院印章。

（八）裁决是终局的，对各方当事人均有约束力。但当事人约定适用选择性复裁程序的，裁决效力依本规则第六十八条及《深圳国际仲裁院选择性复裁程序指引》确定。

第五十二条 部分裁决

仲裁庭认为必要或当事人提出请求并经仲裁庭同意的,仲裁庭可以在按照第五十一条的规定作出裁决之前,就当事人的部分请求事项作出部分裁决。部分裁决是终局的,对各方当事人均有约束力。

第五十三条 裁决书草案的核阅

仲裁庭应在签署裁决书之前将裁决书草案提交仲裁院核阅。仲裁院可以提出形式上的修改建议,也可以提示仲裁庭注意实体问题,但不影响仲裁庭独立作出裁决。

第五十四条 裁决书补正

(一)任何一方当事人均可以在收到裁决书之日起 30 日内就裁决书中的书写、打印或计算错误,或者其他类似性质的错误,书面申请仲裁庭作出更正。如确有错误,仲裁庭应在收到书面申请之日起 30 日内作出书面更正。

(二)任何一方当事人均可以在收到裁决书之日起 30 日内就裁决书中遗漏的仲裁请求事项,书面申请仲裁庭作出补充裁决。如确有遗漏,仲裁庭应在收到上述书面申请之日起 30 日内作出补充裁决。

(三)仲裁庭可以在作出裁决后的合理时间内自行以书面形式对裁决书进行更正或者作出补充裁决。

(四)上述书面更正或补充裁决构成裁决书的一部分。

第五十五条 重新仲裁

(一)有管辖权的法院按照法律规定通知重新仲裁的,案件由原仲裁庭审理。原仲裁庭组成人员由于回避、主动退出或者其他特定原因不能履行职责的,按照本规则第三十四条的规定替换仲裁员。

(二)重新仲裁的案件,具体仲裁程序由仲裁庭决定。

(三)仲裁庭应按照本规则重新作出裁决。

(四)重新仲裁的裁决书取代原裁决书,当事人应当履行重新仲裁的裁决书。

第九章 快速程序

第五十六条 快速程序的适用

(一)凡争议金额不超过人民币 300 万元的,或争议金额超过人民币 300 万元但经当事人书面同意的,或当事人约定适用快速程序或简易程序的,适用快速程序。

(二)争议金额不明确的,由仲裁院根据案件的复杂程度、涉及权益的情况以及其他有关因素综合考虑决定是否适用快速程序。

第五十七条 答辩和反请求

(一)被申请人应在收到仲裁通知之日起 10 日内提交答辩书及有关证明材料。

（二）被申请人如有反请求，应在收到仲裁通知之日起 10 日内以书面形式提出。申请人对反请求的答辩书，应在收到反请求受理通知后 10 日内提交。

第五十八条 仲裁庭的组成

适用快速程序的案件，依据本规则第三十一条的规定组成独任仲裁庭审理案件。独任仲裁员从《深圳国际仲裁院仲裁员名册》或《深圳国际仲裁院特定类型案件仲裁员名册》中产生。

第五十九条 审理方式

仲裁庭可以按照其认为适当的方式审理案件。仲裁庭可以决定依据当事人提交的书面材料和证据进行书面审理，也可以决定开庭审理。

第六十条 开庭通知

（一）对于开庭审理的案件，仲裁庭确定第一次开庭时间后，应不迟于开庭前 7 日通知当事人。当事人有正当理由的，可以申请延期开庭，但应不迟于开庭前 3 日以书面形式提出；是否延期开庭，由仲裁庭决定。

（二）当事人有正当理由未能按第（一）款规定的期限提出延期开庭申请的，是否延期，由仲裁庭决定。

（三）第二次和其后各次开庭审理时间及延期后开庭审理时间的通知，不受第（一）款所列期限的限制。

第六十一条 程序变更

（一）仲裁请求的变更或反请求的提出，不影响快速程序的继续进行。

（二）变更后的仲裁请求或反请求所涉及的争议金额超过人民币 300 万元的，经一方当事人请求或者仲裁庭提议，仲裁院认为有必要的，仲裁院可以决定将快速程序变更为普通程序。

（三）原适用普通程序的案件，仲裁庭组成前，申请人变更仲裁请求的，变更后的仲裁请求金额不超过人民币 300 万元的，适用快速程序；仲裁庭组成后，仲裁请求的变更或反请求的提出，不影响普通程序的继续进行。

第六十二条 其他规定

本章未规定的事项，适用本规则其他各章的有关规定。

第十章 附 则

第六十三条 仲裁费用

（一）当事人应当按照仲裁院制定的《仲裁费用规定》向仲裁院缴付仲裁费用。

（二）当事人约定适用其他仲裁规则的，仲裁院可以适用其他仲裁规则规定的仲裁收费办法收费；该规则没有规定仲裁收费办法的，适用仲裁院的《仲裁费用规定》。

（三）在仲裁过程中，若当事人未按规定缴付相关费用，仲裁院应通知当事人，以便由任何一方缴付。若仍未缴付，仲裁院可决定中止仲裁程序，或视为当事人撤回全部仲裁请求或反请求。

（四）本规则所附《仲裁费用规定》构成本规则的组成部分。

第六十四条 费用承担

（一）仲裁庭有权在裁决书中决定当事人应承担的仲裁费和其他费用，包括当事人按照《仲裁费用规定》所应缴付的仲裁费用和实际开支，以及当事人为进行仲裁而发生的合理的法律费用和其他费用。

（二）除非当事人另有约定或本规则另有规定，仲裁费用原则上应由败诉方承担。但仲裁庭可以在考虑相关情况后，按照其认为合理的比例，决定仲裁费的承担。当事人自行和解或者经仲裁庭调解结案的，当事人可以协商确定仲裁费的承担。

（三）当事人违反本规则或者不履行仲裁庭决定而导致仲裁程序拖延的，其仲裁费用承担不受前款规定的限制；因仲裁程序拖延导致其他费用发生或者增加的，还应承担其他相应的费用。

（四）仲裁庭有权根据当事人的请求在裁决书中决定败诉方补偿胜诉方因办理案件支出的合理费用，包括但不限于律师费、保全费、差旅费、公证费和证人作证费用等。仲裁庭在确定上述费用时，应考虑案件的裁决结果、复杂程度、当事人或代理人的实际工作量以及案件的争议金额等有关因素。

第六十五条 期限的计算

（一）本规则规定的期限或者根据本规则确定的期限，应当自期限开始之次日起算。期限开始之日，不计算在期限之内。

（二）如果期限开始之次日为送达地公共假日或者非工作日，则从其后的第一个工作日开始计算。期限内的公共假日和非工作日应计算在期限内。期限届满日是公共假日或者非工作日的，以其后的第一个工作日为期限届满日。

（三）当事人因不可抗力或者其他正当理由耽误期限的，在障碍消除后10日内，可以申请顺延。是否准许，由仲裁庭决定；仲裁庭尚未组成的，由仲裁院决定。

第六十六条 保密

（一）仲裁不公开进行。

（二）如果当事人同意公开审理，由仲裁庭作出是否公开审理的决定。

（三）不公开审理的案件，当事人及其仲裁代理人、证人、翻译、仲裁员、仲裁庭咨询的专家和指定的鉴定人、庭审记录人员、仲裁院工作人员等相关人员，均不得对外界透露案件实体或程序有关情况，但法律另有规定的除外。

第六十七条 信息技术应用

经当事人同意，仲裁院或仲裁庭可以决定全部或者部分仲裁程序借助信息技术进行，包括但不限于网上立案、送达、开庭、质证。

第六十八条 选择性复裁程序

（一）在仲裁地法律不禁止的前提下，当事人约定任何一方就仲裁庭依照本规则第八章作出的裁决可以向仲裁院提请复裁的，从其约定。适用本规则快速程序的案件，不适用本条规定的选择性复裁程序。

（二）选择性复裁程序按照《深圳国际仲裁院选择性复裁程序指引》的规定进行。

第六十九条 异议权的放弃

当事人在知道或应当知道本规则、适用于仲裁程序的其他仲裁规则、仲裁庭的任何决定或仲裁协议中的任何条款或条件未被遵守的情况下，仍继续参与仲裁程序且未及时提出书面异议的，视为其放弃提出异议的权利。

第七十条 责任的限制

仲裁员、仲裁院及其相关人员均不就依本规则进行的仲裁中的任何作为或不作为承担任何民事责任，除非是不诚实的作为或不作为。

第七十一条 规则的解释

（一）本规则条文标题不用于解释条文含义。

（二）本规则由仲裁院负责解释。

（三）除非另有声明，仲裁院发布的其他文件不构成本规则的组成部分。

第七十二条 规则的施行

本规则经仲裁院理事会审议通过后自2019年2月21日起施行。自本规则施行之日起，仲裁院受理的案件适用本规则。仲裁院在本规则施行前受理的案件，仍适用受理案件时适用的仲裁规则；当事人一致同意的，也可以适用本规则。

附录

附录

附录一 最新民诉法律规范

附录二 民事诉讼法修订历程

索 引

案件受理费 16,71,72,131,163—167,169,192,225,399

保全 11,13,14,21,36,42,52,66—68,91,101,108,111,120,132,135,136,144,146,150,154—161,163,165,168,173,222,230,234,248,253,259—262,264,267,273,274,276,286,290,332,335,339,343,351,354,357—359,373,374,381,395,402,404,405,410,431,432,442,445,447,450,465—467,470,477,493,501,512,513,523

保证 3,39,56,103,132,133,136,137,142,155,171,177,197,246,252,261,265,274,276—278,292,293,297,304—307,359,410,415,422,429,430,494,503,512,513,515,519

保证书 61,63,70,103,142,143,155,433

变更被执行人 103,264,443

变更当事人 76,385,447,448

变卖 15,26,32,33,66,69—72,90,103,105,164,168,195,255—258,262,267,269,271,277,286,289,290,293,294,296,298—302,307—309,312,387,411,412,416,445,452,457

辩论 4,7,19,26,43,61,74,75,81,86,93,95,115,134,139,140,200,201,204,208,209,219,220,228,234,237,239,334,342,366,367,382,397,404,435,480,481,496,498,516

驳回起诉 21,41,72,73,76,80,86,92,95,96,153,163,166,167,191,335,343,355,400,403,438

不动产 5,51,52,105,118,134,156,176,251,256,270—272,282,285—287,289,291,293,294,305,307,317,420,445,457

不开庭审理 23,86,94,122,205,368,396

不予受理 17,18,21,39,41,51,72—74,76,81—83,86,87,89—92,94—99,103,107,110,114,147,156,157,163,166,167,185,186,212,213,227,231,240,245,254,266—269,276,278—281,300,335,339,343,345,348,349,353—356,379,380,400,435,438,439,455,459,486

不予执行 21,31,32,36,37,39,45,103,104,111,147,253,263,265,268,270,274,279—281,283,301,320,346,350—355,360,361,433,439,444,445,447,448

不制作调解书 13

参与分配 107,250,261,262,403,454,466,467

查封 14,15,32,33,66—69,103—108,136,156,157,195,217,232,236,250,256,257,259—262,264,267,271—278,284—290,293,294,296,302,303,309,316,319,351,387,403,405,449,452,454,457,458,466

查询 15,32,69,104,153,155,156,172,181,216,223,252,255,262,272,

283,284,310,320,386,403,416,440, 441,446,447,457,458,464,473,506, 508

撤回起诉　87,96,117,206,234,237, 240,241

撤回上诉　23,85,87

撤诉　18,20,21,57,71,72,74,75,81, 87,96,128,130,157,165,167,182, 186,200,201,228,379,381,417,433, 435,436

撤销原判决　8,23,25,76,83,96,97, 206—208,403

撤销仲裁裁决　163,165,263,332, 345,346,351,353,354,403,432,439

诚实信用　4,209,459,473,508,517

初步证据　81,127,230

除权判决　102,395

传唤　14,20,22,26,33,68,74—77, 94,95,104,111,198,200,201,204, 206,208,220,255,262,268,284,332, 334,338,341,342,366,396,433,441

代表人　8,22,54,55,57,82,109,110, 126—132,348,393,400

担保　13,14,26,31,60,66,67,70— 72,82,84,89—91,99,103,107,111, 132,136,154,155,157,159,160,162, 178,179,234,247,249,250,252, 260—263,269—271,276—282,287, 289,290,292,294,301,302,305,316, 318,319,351,358,359,402,405,415, 420,427,452,465—467,477,503

当事人陈述　19,22,95,115,133,206, 216,397,480,496,516

登记立案　72,114,181,182,184,186, 240—242,410,434,435,455

地域管辖　4,39,117,119

第三人　8,19,57,66,70,71,73,74, 76,77,81—85,114,139,141,155, 157,179,206,258,259,269,282, 286—289,294,300,313,315,316, 368,394,397,466,467,496

第三人撤销之诉　81—83,185,394, 433

第一审民事案件　4,6,53,117—119, 194,195,408,409

电子数据　9,19,62,114,115,135, 136,145,146,297,307,330,333,337, 344,472,490,508,509

电子邮件　12,36,62,64,77,115,135, 198,200,325,328,333,337,344,369, 410,472,490,505,508,509

调查核实　28,62,97,171,215—217, 232,234—237,252,282,283,301, 376,412,446,460

调查取证　10,15,37,150,173,226, 228,323,324,433,438,467,481

调解　3,7,8,12,13,15,17—19,23— 28,31,44,55,61,64—66,71,74,75, 77—79, 81—83, 86—89, 91—98, 102,109,112,116,120,122,125— 127,129,131,163,165,167,170, 173—175, 177—183, 186, 195, 196, 199—203, 205—208, 210—213, 215, 216,218,220—224,228,234,237, 245,246,253,254,324,327,332,336, 340,346,350,351,353,354,356,365, 368,369,373,374,383,384,391,404, 411,415,417,433,435,436,438,439, 444,448,459,482,483,498,499,501, 504,505,519,520,523

冻结　14,15,32,66—70,104—108, 156,157,217,232,236,250,255— 259, 261, 262, 264, 267, 271—278, 285—290,293,294,296,302,306,

307,310,316,319,351,387,403,405,450,454,458,466,467
独任 6,22,24,43,49,54,68,78,90,101,162,171,188,189,192,193,219,367,368,371,373,374,376,383,384,400,478,483—485,501—503,505,515,519,522
恶意串通 15,60,61,65,70,83,84,87,144,148,262,269,272,292,297,300,307,308,418,432,433,466
罚款 10,14—16,32,60,62,69—71,141,175,186,189,194,222,229,283,284,318,335,339,343,433,441,456,458,467
法定代表人 7,12,17,18,22,32,33,41,54,64,91,104,106,114,152,153,176,184,185,191,202,211,212,226,252,254,255,262,284,317,319,324,325,327,328,333,338,348,358—360,392,402,441,458,491,492
法定代理人 8,9,20,26,32,42,57,66,74,85,86,124,125,143,152,153,172—176,193,208,220,252,283,392
法律禁止性规定 61,85,155
反驳 7,42,58—61,134,138,140,141,146,234,243
反请求 42,474—477,481—483,485,486,490,492,493,497,499,502,504,510—512,517—519,521,522
反诉 7,9,19,20,53,58,73—76,80,86,133,140,165,166,197,209,227,230,234,240,324,327,367,394,435
复议 7,14,15,30,68,69,103,120—122,127,157,158,161,162,175,186,194,211,213,248,249,265,266,268,270,272,279—281,308,316,321,335,339,343,349,351,354,372,377,

395,405,436,442—444,448,459,464
高度可能性 61
高消费 70,317,318,468
个人隐私 10,19,22,59,61,65,77,79,133,147,171,176,202,285,319,379,388—390,396
个体工商户 55,314,392,402
公告 8,12,19,24,25,29,33,36,57,64,65,73,75,81,87,88,100—102,110,116,126—131,141,149,153,164,168,172,187,193,195,196,226,228,230,239,240,244,249,256,262,269,284,285,287,291,293,298—300,302,304,305,307,318,320,325,328,338,367,381,399,411,416,435,455,457,465
公共利益 8,27,28,31,37,38,44,59,65,70,77,80—82,85,87,89,95,96,104,105,160,168,175,179,180,205,206,209,214,218,220,225—240,244,246,334,338,342,352,353,355,361,368,394,432—436,438,439,460,505,519
公开 4,10,19,20,43,61,65,73,76,77,115,129,139,144,151,170—178,180,181,187,188,193,209,228,244,286,291,294,297,299,303,305,315,325,328,369,373,374,378,381,383,389,390,396,412,417,433,434,436,457,459,462,468,480,481,496,523
公示催告 29,65,82,89,92,96,100—102,163,165,167,178,198,221,394,396,431,439
公益诉讼 80—82,113,155,175,225—241,244,434—436,470
公证机关 21,31,32,35,109,135,146,165,253,255,433,444

共同诉讼　7,8,55—57,85,87,97,98,127,134,167,198,207
共有　56,282,287,420,427,443
管辖协议　52,113,334,336—338
管辖异议　18,53,57,73,75,80,110,117,118,385,447
国际条约　35,37,38,110,111,152,345
国家利益　27,59,65,70,77,85,87,89,95,96,175,179,180,205,206,209,214,218,220,238,240,244,246,368,394,413,432,433,438,439,460
过错　33,82,96,141,147,148,153,191,206,227,256,288,371,375—377
海事　5,36,45,50,79,81,90,158,163—165,168,193,221,264,273,332,345,347,391,407,409,426,427,432,470,513
合并审理　7,19,73,74,165,492,496
合伙　50,55,200,260,314,392,423,428
合同纠纷　5,35,39,46,51,52,56,79,80,113,118,199,271,333,356,421—424,426—429,489
合同履行地　5,35,51,109,118,333
合议庭　6,13,18,23,24,27,31,36,44,45,54,68,77,79,82,90,94,97,98,101,108,112,119—123,125,150,151,173,187,192,193,195,199,203,219,242,249,253,268,307,315,316,345,346,348,352,368,371—376,382—384,396,400,414,445,446,451,454,470
互联网　49,112—116,172—177,188,193,252,297,303,308,370,436,457,462
划拨　15,32,69,255,256,312

回避　4,6,7,19,20,26,42,53,54,60,78,85,120,124—126,144,149,150,173,178,182,200,201,208,210,211,214,220,352,356,381,414,417,418,479,494,495,503,512,513,515,521
级别管辖　4,6,18,39,53,117—119,253,278,350,365,406—409,453,469,470
监护人　8,25,50,56,57,88,125,279,430,431,451
检察建议　28,92,96,97,209,211—213,215—224,233,234,236,237,240,394,436,460,461
鉴定人　7,11,15,19,43,54,63,74,124,137,138,143,144,146,148—150,163,176,182,187,188,210,227,415,417,434,481,482,488,496—498,517,523
鉴定意见　9,11,19,25,63,114,136—138,144,218,227,243,381,397,498
金钱　28,33,79,80,98,99,107,247,255,256,261,269,271,272,275,282,292,293,311,312,334,350,366,399,400,403,443
经验法则　59,61,134
拘传　14,15,68,75,104,262,284
拘留　14—16,32,62,69,70,104,175,186,189,194,222,283,284,318,433,456,458,467
举证期限　59,60,62,63,78,80,135,136,140—142,168,199,200,366,481,517
举证时限　139,381
举证责任　137,140,145,146,200,227,237,242,243,397,481,497,517
勘验笔录　9,19,114,203,218,415
抗诉　27,28,92,95—97,173,175,

193,196,205,206,208—216,218—221,224,234,235,237,383,394,435—437

口头起诉 17,22,78,198,379

扣押 14—16,32,33,35,66—69,103—108,136,156,157,168,189,195,217,232,236,250,256,257,259—262,264,267,271,273—278,284—290,293,294,296,302,316,319,351,387,388,403,405,432,449,452,454,455,457,458,466

劳动争议 46,71,164,407,426,433,470

劳务 55,79,199,423,426,427,430

离婚 9,13,18—21,50,51,65,66,72—74,86,92,111,164,167,175,313,331,340—342,396,403,419,433,467

利息 33,99,104,107,247,255,279,311,312,334,339,343,399,400,403

连带 56,71,148,259,314,315

律师 9,35,40,42,54,58,78,109,124,125,129,130,132,171,172,176,181,187,189,200,227,231,243,339,375,379,389,393,434,451,465,501,512,523

拍卖 26,32,33,69,71,72,90,105,164,168,195,256—258,267,269,271,286,289—296,298—309,312,387,411—413,415,416,421,432,445,452,455,457

排除合理怀疑 61,144

判决驳回 73,84,241,250,281,316

陪审员 6,54,120,122,125,181,182,219,221,242,371,378,391,400

破产 53,71,82,89,92,96,107,108,163,165,166,168,178,198,221,261,263,264,313,320,332,411—413,428,433,439,444,446,453—456,458,463,466,470

期间 7,8,11,12,14,15,18,21,24,25,29,32,33,35,36,49,52,55,57,63,64,67,69,73,75,78,80,81,83—85,87,88,94,95,99—105,107,108,111,112,117,119,120,127—131,136—138,140,152,155—158,168,178,181,185,191,195,201,202,204—206,211,213,227,228,239,243,244,247—252,255,257,259,261,263,265,267,268,275,277—282,287,292,299,307,308,311,312,316—318,321,328,333,335,338,339,341—344,351,353,366,399,400,413,435,443,452,454,458,459,466,483,486,487,498,500,520

起诉 3,4,6,8,11,13,14,17,18,24,26,29—31,35—37,39,41,50—52,55—57,59,63,65,67,70—78,80—88,91—93,95,96,99—101,103—105,107,108,110,111,114,118,127—133,136,147,152,153,156—159,161,165,167—169,173,182—186,191,195,197—199,204,207,213,219,222,225,226,228,230,232—235,237—242,244,247,250,251,275,276,278—281,308,316,324,327,335,339,343,344,354,368,369,379,380,394—397,402,404,432,434,435,459,466,467,484

签名 6,9—13,18,20,30,32,33,43,44,60—62,64—66,78,88,91,106,115,116,121,135,137,139,142,145,151,152,179,183,198,200,216,217,245,261,275,277,288,323,326,372,

373,379,410,412,415,450,474,475,487,497,499,500,510,517

强制执行效力的公证债权文书 93,147,253,270,444

侵害他人合法权益 15,61,65

侵权纠纷 113,322,333,334,424,425,470

侵权行为地 5,35,52,81,109,232,239

权利登记 126—129,131

缺席判决 20,23,26,74—77,94,110,111,200,201,208,220,332,341

确有错误 26,31,32,87,93,97,100,104,117,130,168,203,205,206,219,220,222,224,234,237,241,247,265,300,387,388,437,484,521

人民调解 25,55,175,180—182,186,215,245,246,365,422,423,433

赡养费 14,21,27,34,50,73,79,155,168,254,341,419,443,446

商业秘密 10,19,22,59,61,65,73,77,79,133,139,147,159,171,176,202,285,319,334,379,388—390,396,424,426,496

上诉 7,9,17,20—23,27,36,53,57,58,64,65,67,71,75,83,85—87,93,95,98,110,111,113,116,117,127,130,163,165—170,173,175,186,188,192—194,196,197,201,204,212,213,219,235,237,239,324,327,332,335,336,338—340,342,343,348,349,355,367,368,389,394,396,397,400,405,435,436,470

申请再审 18,26,27,64,83,91—94,97,98,111,132,148,163,166,167,170,186,202—207,212,231,268,271,349,388,389,433,435—439,470

审判长 6,7,19,120—123,171,188,189,371,373,400,401

审判监督程序 26—28,30,53,64,75,77,91,96,98,148,163,194,195,198,202,207,221,231,263,265,332,336,339,340,368,375,388,404,435,436,439

审判委员会 7,26,50,54,100,112,118—126,133,147,148,150,151,153,154,158,161,170,177,180,187,192,205,208,210,220,238,247,252,266,272,274,277,278,285,295,309,310,317,318,329,331,347,354,371—376,378,419,434,437

声明 35,41,94,131,205,226,230,231,305,479,494,506,515,517,519,524

失信 108,283,317—321,433,440,456

实现担保物权 24,26,71,89—91,102

视听资料 9,10,19,62,135,136,141,143,145,146,232,235,330

视为撤销 23

书证 9,10,19,61,62,114,135,136,139,141,145,146,232,235,330

司法确认 25,49,88,89,182,183,244—246,365,433

诉前保全 52,66,67,98,247

诉讼标的 7,8,35,71,74,76,77,136,141,167,200,403,406—409,469

诉讼费用 16,21,71,72,75,80,132,138,161,162,164—170,179,207,229,339,367,391,399,401,403,436

诉讼请求 7—9,13,17,19,21,26,53,57,58,67,68,71—76,78—81,83,84,86,93,95,115,117,127,129,130,139,140,157,164—168,178,179,

184,185,198,200—202,206,208,209,220,226—228,230,234,237,240,241,243,244,250,281,316,333,338,366,367,379,380,391,396—398,400,403,435,436

诉讼权利 3,4,7,8,18,19,21,49,76,79,126,133,151,153,162,170,177,178,180,187,197,200,201,205,209,223,239,366,367,381,409,411,435,436,459

诉讼时效 8,25,73

诉讼中止 20,88,222

诉讼终结 222

溯及力 93,204,219,438,439

特邀调解 180—183,365

庭长 6,54,120—123,125,371,374,378

同一事实 73

推定 59,62,116,134,145,227,369,507

推翻 10,26,59,62,87,94,134,146,163,203,204,218,219,228,231,243,438

委托代理人 7,65,104,109,176,212,222,255,275,279,380,451,493,512

委托执行 194,263—265,267,272—274,280,387,443,447,455

文书 4,7,10,12,15,21,22,26,30—35,37,55,59,62,64,67,69—71,73,75—77,79,80,90,91,93,102—108,110,114,115,120—123,126,127,131,134,145—148,151—156,163,165,169,170,173—177,189,196,199,201,202,204,210—212,220,223,224,248,249,251—258,260—265,268,269,271—281,283,284,286,288,289,292,301,302,305,310—315,317—320,323—329,349,351,352,360,366,367,369,371,373—376,378,383—386,388,391—396,398—406,409—412,415,433,436—438,441—447,449,457—461,465,466,473,488,505,508

无独立请求权的第三人 57,66,75,76,82,140

物证 9—11,19,63,136,137,139,141,217,232,235,330,417

下落不明 5,12,24,73,77,87,88,98,152,156,197,264,284,296,298,299,366,411,451,456,468

先行判决 21

相反证据 10,59,62,134,146,228,231,243

消费者 8,52,80,229—232,239,240,434,435

协助执行 15,32,33,67,69,70,104,105,131,156,256—258,262,263,265,267,274,283,285,286,289,290,304,310,311,318,388,405,461,467

新的事实 23,76,368,395

新的证据 19,20,26,60,74,92,94,96,123,140,163,168,195,203,204,206,218,219,437,438

行为能力 8,20,24—26,40,56,57,63,66,74,85,86,88,118,129,142,145,152,208,220,252,279,305,332,360,431,451

虚假诉讼 70,186,319,432—434,467

宣告失踪 5,24,25,87,88,313,431

宣告死亡 24,25,87,88,313,431

训诫 10,14,60,68,189,216,434

徇私舞弊 6,26,31,44,93,151,204,205,208,212,214,220,224,279,349,375,377,438,439,460

延期审理 195,385
一审终审 22,24,79,80,366,394
移送 6,18,31,52,53,67,72,86,107,108,116,117,119,131,157,166,173,182,183,186,191,192,195—197,210,213,214,217,220—224,229,232,233,235,236,254,302,322,350,377,380,395,396,403,405,412,414,417,433,442,447,448,453—456,458,460,461,463,467
移送执行 31,154,157,229,239,254,302,351,402,403,442
营业执照 55,91,114,148,185,212,254,273,315,392,446
优先债权 291,302,467
邮寄 12,36,76,110,151,152,196,199,201,299,325,328,380,410,411,414,423,462,505,506,508
有独立请求权的第三人 57,75,86,140,165
有价证券 28,98,99,247,251,270,282,452,455,457
逾期 10,28,31,33,60,65,76,78,92,93,99,101,107,137,140,141,155,156,166,198,201,211,213,226,230,247,251,256,258,266,283,293,353,381,397,415,456,459,460,475,479,481,483,492,497,502,510,513,515—517,520
院长 6,7,15,20,23,24,26,27,33,54,64,69,77,87,100,108,120—123,125,168,176,192—194,196,245,247,249,253,260,263,265,266,280,315,316,318,319,352,366,367,371,372,374,376—378,404,454,460,462,471,473,480,482,483,486,487,514—516,519

争议焦点 18,74,150,200,201,385,398,516
征信系统 34,320
证据保全 11,43,45,60,74,111,120,136,146,161,168,239,253,357,374,381,431,432,477,493,512
证据交换 73,74,113—116,122,133,139,141,173,192,366,373,374,381,385,397,516
证明标准 61,243,385,398
证明力 61,144,145,219,385,398,438,439
证明责任 59,61,62,78,84,231,385
证人证言 9,19,146,330
支付令 28,29,51,71,98—100,102,163,165,175,222,247,253,324,327,332,336,431,432,459
执行担保 103,195,250,261,262,264,276—278
执行和解 195,205,255,261,263,264,274—276,292,319,320,403,441,442,445—447,463
执行回转 104,263,264,312,354
执行行为异议 267,268,448
指定管辖 6,53,81,113,119,210,226,254,395
质证 10,26,43,60,61,63,79,80,93,97,114,115,130,137—139,141,144,148,170,173,189,200,201,203,209,218,219,227,234,237,239,243,366—368,385,397,411,412,415,481,497,498,518,523
中华人民共和国法院 109—112
中止执行 27,34,45,82—85,94—96,102,156,166,249,250,260,263,264,267,275,276,292,293,299,301,307,312,320,346,351,387,445,447,463

终结本次执行 108,283,320,440—442,445—447,449,454,456—458,463
终结执行 21,34,45,102,105,108,263,264,267,283,320,353,387,404,441,443,445—447,459
仲裁裁决 21,31,36,37,45,93,103,104,111,112,157,158,253—255,263,322,332,334,338,345—361,432,433,439,444,447,459,473,483—485,487,496,507,508,511
仲裁机构 17,31,36—38,46,59,73,103,111,134,154,157,159,163,165,253—255,263,265,338,344—353,355—359,404,433,444,471,472,489,490,506,507
仲裁庭 31,37,41—45,73,111,345,346,350—353,356,359,361,444,472,473,475—490,492—524
仲裁协议 17,31,36,37,39—41,43,44,73,103,163,165,255,332,334,344—349,352,354,355,358,360,432,471—476,483,488—492,496,507,509—512,524
重大过失 60,375,406
主要负责人 7,12,15,17,18,22,32,33,41,54,64,70,91,106,110,152,153,176,184,185,202,211,212,252,254,283,284,317,324,325,327,328,333,338,358,359,402,491,492
专家 40,181,215,216,227,228,330,411—415,417,481,482,488,496,517,518,520,523
专门法院 265,324
专属管辖 5,6,18,53,74,86,109,110,118,204,333,338
追加 56,57,60,73,76,80,97,140,155,160,207,260,261,269,278,312—316,367,385,403,443,444,446—448,458,467,468,475,476,492—494,511,512
自认 59,78,127,134,200,201,433
自愿 3,12,13,27,39,44,65,72,86,89,95,102,126—128,148,167,180,198,207,222,261,269,274,276,277,284,285,295,315,379,383,438,439

后记：认真对待民诉法条

（一）

近年来，法教义学在中国理论研究和司法实务中的强势崛起，已经不用赘述。但也必须看到，这种以中国法律规范为依托，以文义解释、体系解释等为主要方式的法学研究和法律适用方法，其阵地还多集中在实体法。

这种现象的根源，或许还是重实体轻程序的传统理念。很多人都自然地认为，实体价值要高于程序价值。实体法的规范关系着最终的人身和财产利益，理应小心谨慎地对待相关规范的内容。相比之下，程序法更多是诉讼过程中的具体操作流程，即便违反了相关规则，也并不直接产生实体权利义务的改变。因此，在面对诉讼法的问题时，我们往往并不关注法条规范本身的要求，而是用一种"自然公正"的朴素法律观来看待并解决，甚至将其美化为反对僵化形式主义的"程序柔性"。

但是，仍然有必要强调，只要从事争议解决工作——无论是法官、仲裁员，还是律师或企业法务——就必须认真对待民诉法条。

一方面，民事诉讼既是实现民事实体权利的工具，但也是民事实体权利打折的过程。没有依照民诉规则按时提出主张或证据，可能会导致相关主张或证据无法在本案中得到处理；没有依照民诉规则选对管辖法院或列明当事人，可能会导致诉请得不到正式处理；没有依照民诉规则及时提出各种异议，可能会导致财产被保全甚至执行……总之，诉讼法的确不像实体法那样直接关系到最终的处理结果，但一旦对其不重视，却可能导致实体权益的减损或解决成本的提升。

另一方面，程序法规则的刚性决定了一旦违反规则，就必然构成错误，从而成为有效的上诉、再审、撤裁或其他异议的理由。与实体处理结果往往公说公有理婆说婆有理不同，程序法的规则一般更加明确、清晰，因而如果不认真对待民诉法条，似是而非地处理程序问题，最终可能导致全部程序被推翻重来。在浪费巨大成本的同时，也会给实体权益带来极大的不稳定。

这些理由，法学初学者往往体会不深，可能需要亲历过数次惨痛的教训后，才会深刻地感悟到，必须认真对待民诉法条！

这或许就是成长为法律老手的代价吧。

（二）

也有很多人认同认真对待包括程序法在内的所有法条的理念。但是，一个普遍的感受是，与民事实体法相比，民事诉讼法的法条规范既不体系，又不稳定。

这一感受有其合理性。一方面,实体法的体系性和封闭性都要强于程序法。民法典明确的总分结构,使我们在面临具体问题时,能够相对容易地定位所涉问题在法条中的具体位置,并由此延伸开去展开解释和讨论。相反,民事诉讼法的法典体例编排没有明显的逻辑线索,法条之间的链接关系不清晰。例如,"管辖异议"的规范,既存在于阐释"管辖"制度的章节中,也存在于规定具体行为和程序的"诉讼程序"的章节中,还可能因为涉及其他程序中的管辖异议,因而在"救济程序""非讼程序""执行程序"中也有其身影。体系的缺失使得民诉法条及其蕴含的知识内容显得有些支ణ破碎。

另一方面,我国自20世纪90年代开始,迄今尚未结束的司法改革,一直以程序法为重要阵地。不管是中央决策部门,还是各地司法机构,都以"改革"为名,对诉讼程序的具体操作加以各种改造。这不仅降低了民事诉讼规范的效力品级,也造成了民事诉讼法律规范内容本身的不稳定。法条内容前后不一,在不同的时空环境下更可能得出不同的解释方案。

上述客观现象的确增加了查阅、研究和适用民诉法条的难度,但并不构成不认真对待民诉法条的理由。我们需要的是合适的工具,在熟练掌握民诉法条及其体系的基础上,进一步融会贯通,从而做到一体化的整体理解和高效率的准确运用。

(三)

对民事诉讼法的学习和运用来说,合适的工具十分重要,简明扼要的教材、浩繁全面的体系书、不断更新的案例集以及对前沿问题深入分析的论文……都是法律人需要准备的工具。除此之外,一本理想的法条汇编,更是认真对待民诉法条必不可少的武器。

可能有人会认为,在信息化时代下,法条汇编乃至上述所有的工具都已经被各类数据库收录,纸质版本更新不及时,检索不方便,还占据物理空间,应该被历史淘汰。仅就纸质版的法条汇编来说,这一观点不能成立,原因恰恰在于我们需要"认真对待民诉法条"。

首先,认真对待民诉法条需要保持对法条体系的模糊思维。数据库虽然可以方便地查阅检索,但目前的检索方式,都是在人们遇到问题后,向数据库提出具体指令和关键词,进而返回具体的结果。而要能梳理出关键词,往往需要大致把握法条的体系,对其大概的位置有所了解。这其实是一种只有人类才能具有的"模糊思维",目前的人工智能并不能自动直接输出相应的结果。而这种对法条"模糊思维"的养成,恰恰只有通过熟读法条方能做到,具体而言,就是保持快速浏览纸质版法条的习惯,保持对法条体系的熟悉感。

其次,认真对待民诉法条需要保持查阅法条的惯性思维。数据库虽然不占物理空间,但无论是通过电脑还是智能手机,查阅起来都需要经过开机、打开浏览器/app、检索关键词等多个步骤，虽然每个步骤都不繁琐，但耗费的时间必然降低查阅的频次，最终就是依靠大脑的记忆。相反，手不释卷才能降低查阅法条的麻烦度，让我们在遇到任何问题时都保持惯性思维，时刻考虑法条究竟是如何规定的。

（四）

当然，市场上已经有了很多纸质版的民诉法条汇编，笔者本人也购买了大多数市场上出版的法条汇编，在日常的教学、研究和实务操作中受益良多。但现在市场上的产品有三个遗憾，让笔者感觉用起来不太称心顺手：

其一是无法在内容丰富度与随身便携性之间实现平衡。目前便携的法条主要是为参加国家统一法律职业资格考试的考生准备，因而只收录考试大纲中的法条和司法解释，并不能够满足法律实务和法学教育的需求；而非应试的法条汇编往往又过于追求内容的全面性，收录了包括批复在内的所有司法解释，导致内容太过丰富，不利于随身携带查阅。事实上，2010年之后，民事诉讼绝大多数批复的内容都已经被体系化的司法解释吸收，再行收录反而无益。相反，一些并非司法解释的文件，对于实务操作却有很大的意义，但由于效力层级不高，大多数法律汇编并不会收录。

其二是编排体例上加入了太多编辑者的主观因素。或许是为了让读者更能够感受到法条之间的关系，或许是为了帮助考生强化记忆民诉法条中的重点内容，总之，大多数法条汇编都并非忠实地收录法条原文，而是人为地对法条内容进行了改造：要么用着重号、下划线对法条内容中的关键词进行标记，要么在一个法条之下插入编者认为相关的司法解释。这种做法虽然对初学者或许有一定帮助，但对于稍微成熟的法律人而言，都会构成一种无谓的"干扰"，影响读者查阅法条的速度。

其三是割裂实体法与程序法的关联。民事实体法和民事诉讼法是推动民事诉讼顺利运行的两大法律基础支柱，司法实务中一个案件必然既涉及实体问题又存在程序正义，而在近年来的法学教育中，实体和程序的结合也愈发紧密，北京大学法学院的民法学和民诉法学两个学科联合开设了"民商事争议解决"方向的法本法硕项目。2018年和2019年国家统一法律职业资格考试的主观题，也都采取了在一道综合性案例中一并考察民法和民诉学科知识的做法，与司法实践愈发相似。而我国的司法解释也往往是针对一类案件，既涉及实体法规则，也包含诉讼法安排。因此，如果民诉的法条汇编只收录民事诉讼法和相关司法解释的内容，对于读者来说，并不解渴，无法依靠这类汇编真正解决民事诉讼的相关问题。

（五）

站着说话不腰疼。虽然上述遗憾广泛存在，但笔者也并没有能力解决这些

后记：认真对待民诉法条

问题，因而一直带着遗憾，使用着这些纸质版的法条汇编。

中央民族大学的唐勇博士深耕民法教学和司法实务多年。我们既是北大校友，也因为很多其他机缘，经常在一起切磋交流。谈到上述法条汇编的遗憾之处，大家都心有戚戚。在民法典的立法背景下，我们都认同，应该趁此机会，将我们认为的全面法条汇编整理成集，在解决个人需求的同时，也满足大多数民事法律学习者和操作者的需要。而实体与程序的割裂，也可基于系列书的形式得以化解。

唐勇博士和我一拍即合之后，这一策划有幸迅速得到了北京大学出版社郭薇薇编辑的支持，让两本在我们看来已经可以基本覆盖民事实体法和民事诉讼法常用法条的"小全书"能够迅速付梓出版。而在编辑法条的过程中，北京大学法院硕士研究生鲁晓彤和杜思佳查阅了多个数据库，仔细认真地核对了所收法条的内容，确保了收录法条的权威与可靠。

愿这本小书能够为中国民诉法的教义学转型作出微薄贡献！
愿这本小书能够为有志于争议解决的法律人的法条查阅提供些许便利！
愿民诉法条能够在中国得到认真对待！

刘哲玮
二〇二〇年七月二十四日
于北大陈明楼